Comentários à
LEI FEDERAL DO PROCESSO ADMINISTRATIVO
Lei nº 9.784/99

Conselho Editorial
André Luís Callegari
Carlos Alberto Molinaro
Daniel Francisco Mitidiero
Darci Guimarães Ribeiro
Draiton Gonzaga de Souza
Elaine Harzheim Macedo
Eugênio Facchini Neto
Giovani Agostini Saavedra
Ingo Wolfgang Sarlet
Jose Luis Bolzan de Morais
José Maria Rosa Tesheiner
Leandro Paulsen
Lenio Luiz Streck
Paulo Antônio Caliendo Velloso da Silveira

H468c   Heinen, Juliano.
   Comentários à Lei Federal do Processo Administrativo: Lei nº 9.784/99 / Juliano Heinen, Priscilia Sparapani, Rafael Maffini. – Porto Alegre: Livraria do Advogado Editora, 2015.
   469 p.; 25 cm.
   Inclui bibliografia.
   ISBN 978-85-7348-948-4

   1. Processo administrativo - Legislação - Brasil. 2. Brasil. Lei n. 9.784, de 29 de janeiro de 1999. 3. Administração pública. I. Sparapani, Priscilia. II. Maffini, Rafael. III. Título.

CDU 342.9(81)(094.5)
CDD 342.81066

Índice para catálogo sistemático:
1. Processo administrativo: Legislação: Brasil   342.9(81)(094.5)

(Bibliotecária responsável: Sabrina Leal Araujo – CRB 10/1507)

Juliano Heinen
Priscilia Sparapani
Rafael Maffini

Comentários à
LEI FEDERAL DO PROCESSO ADMINISTRATIVO
Lei nº 9.784/99

livraria
DO ADVOGADO
editora

Porto Alegre, 2015

©
Juliano Heinen
Priscilia Sparapani
Rafael Maffini
2014

Edição finalizada em outubro/2014

Capa, projeto gráfico e diagramação
Livraria do Advogado Editora

Revisão
Rosane Marques Borba

Direitos desta edição reservados por
Livraria do Advogado Editora Ltda.
Rua Riachuelo, 1300
90010-273 Porto Alegre RS
Fone/fax: 0800-51-7522
editora@livrariadoadvogado.com.br
www.doadvogado.com.br

Impresso no Brasil / Printed in Brazil

Notas dos autores

Após quinze anos de vigência, a Lei nº 9.784/99 passou por um bom período de maturação. Consolidou-se com bastante expressividade no limiar do regime jurídico administrativo a tal ponto, que acabou sendo aplicada, em não raras situações, fora do seu âmbito de proteção original, ou seja, aos demais entes federados. Neste período, a *Lei do Processo Administrativo Federal* demonstrou ser uma importante fonte hermenêutica, a fornecer parâmetros à interpretação de inúmeros institutos jurídicos.

O processo administrativo, estruturado a partir da lei ora comentada, tornou-se um canal de interação entre os cidadãos e os Poderes do Estado, revestindo-se de um requisito de validade da atuação destes Poderes. Não se terá, por vezes, uma decisão administrativa válida, caso não forem cumpridas as formalidades de cada procedimento pertinente. Eis uma das marcas deixadas pela Lei nº 9.784/99.

Cientes da magnitude do diploma legislativo em questão, compreendemos a importância de trazer a público uma análise profunda e atual das possibilidades e dos limites da Lei nº 9.784/99. Um projeto que percorreu alguns anos até a sua conclusão. Ansiava-se, é certo, que somente viesse à tona quando estivesse suficientemente detalhado em termos de conteúdo, a fornecer subsídios ao leitor que venha a necessitar da lei.

Dessa forma, os presentes comentários aos artigos da lei analisam, de maneira crítica, coerente e pragmática, os principais aspectos e efeitos gerados na realidade nacional. Ao final de cada dispositivo, apresentamos ao leitor as principais decisões judiciais, até para poder completar o viés teórico e prático que marcou os comentários. Logo, o livro foi estruturado comentando-se artigo por artigo, o que permite ao leitor compreender um dispositivo sem ter de necessariamente percorrer todo o texto do livro.

Pode-se dizer, então, que a comissão de notáveis juristas que formularam a *Lei do Processo Administrativo Federal* pode se orgulhar de ter conseguido alcançar seu objetivo: criaram uma lei que nasceu para durar, para fornecer ferramentas criativas ao gestor público, para melhorar o País. De outro lado, então, mas seguindo o mesmo caminho, que a obra em questão possa também cumprir com este papel: contribuir.

Juliano Heinen
Priscilia Sparapani
Rafael Maffini

Índice

RAFAEL MAFFINI – Artigos 1º ao 4º 9

CAPÍTULO I
DAS DISPOSIÇÕES GERAIS

Artigo 1º 9
Artigo 2º 22

CAPÍTULO II
DOS DIREITOS DOS ADMINISTRADOS

Artigo 3º 47

CAPÍTULO III
DOS DEVERES DO ADMINISTRADO

Artigo 4º 58

JULIANO HEINEN – Artigos 5º ao 17 60

CAPÍTULO IV
DO INÍCIO DO PROCESSO

Artigo 5º 60
Artigo 6º 68
Artigo 7º 77
Artigo 8º 78

CAPÍTULO V
DOS INTERESSADOS

Artigo 9º 80
Artigo 10 117

CAPÍTULO VI
DA COMPETÊNCIA

Artigo 11 122
Artigo 12 134
Artigo 13 146
Artigo 14 151
Artigo 15 157
Artigo 16 160
Artigo 17 165

PRISCILIA SPARAPANI – Artigos 18 ao 21 ..168

CAPÍTULO VII
DOS IMPEDIMENTOS E DA SUSPEIÇÃO

Artigo 18 168
Artigo 19 172
Artigo 20 175
Artigo 21 175

JULIANO HEINEN – Artigos 22 ao 25 177

CAPÍTULO VIII
DA FORMA, TEMPO E LUGAR
DOS ATOS DO PROCESSO

Artigo 22 177
Artigo 23 184
Artigo 24 185
Artigo 25 188

PRISCILIA SPARAPANI – Artigos 26 ao 47 ..189

CAPÍTULO IX
DA COMUNICAÇÃO DOS ATOS

Artigo 26 189
Artigo 27 194
Artigo 28 196

CAPÍTULO X
DA INSTRUÇÃO

Artigo 29 197
Artigo 30 201
Artigo 31 211
Artigo 32 222
Artigo 33 226
Artigo 34 229
Artigo 35 231
Artigo 36 233
Artigo 37 234
Artigo 38 237
Artigo 39 244
Artigo 40 246
Artigo 41 247
Artigo 42 249
Artigo 43 256
Artigo 44 258
Artigo 45 261
Artigo 46 266
Artigo 47 270

RAFAEL MAFFINI – Artigos 48 e 49 273

CAPÍTULO XI
DO DEVER DE DECIDIR

Artigo 48. 273
Artigo 49. 273

JULIANO HEINEN – Artigos 50 ao 52 288

CAPÍTULO XII
DA MOTIVAÇÃO

Artigo 50. 288

CAPÍTULO XIII
DA DESISTÊNCIA E OUTROS CASOS DE EXTINÇÃO DO PROCESSO

Artigo 51. 316
Artigo 52. 320

RAFAEL MAFFINI – Artigos 53 ao 55 322

CAPÍTULO XIV
DA ANULAÇÃO, REVOGAÇÃO E CONVALIDAÇÃO

Artigo 53. 322
Artigo 54. 343
Artigo 55. 373

PRISCILIA SPARAPANI – Artigos 56 ao 62 .377

CAPÍTULO XV
DO RECURSO ADMINISTRATIVO E DA REVISÃO

Artigo 56. 377
Artigo 57. 386
Artigo 58. 389
Artigo 59. 391
Artigo 60. 394
Artigo 61. 395
Artigo 62. 399

JULIANO HEINEN – Artigos 63 ao 70 401

Artigo 63. 401
Artigo 64. 410
Artigo 64-A. 417
Artigo 64-B. 423
Artigo 65. 429

CAPÍTULO XVI
DOS PRAZOS

Artigo 66. 435
Artigo 67. 439

CAPÍTULO XVII
DAS SANÇÕES

Artigo 68. 442

CAPÍTULO XVIII
DAS DISPOSIÇÕES FINAIS

Artigo 69. 448
Artigo 69-A. 456
Artigo 70. 460

Referências consolidadas 461

RAFAEL MAFFINI
Artigos 1º ao 4º

CAPÍTULO I – DAS DISPOSIÇÕES GERAIS

Artigo 1º

Esta Lei estabelece normas básicas sobre o processo administrativo no âmbito da Administração Federal direta e indireta, visando, em especial, à proteção dos direitos dos administrados e ao melhor cumprimento dos fins da Administração.

§ 1º Os preceitos desta Lei também se aplicam aos órgãos dos Poderes Legislativo e Judiciário da União, quando no desempenho de função administrativa.

§ 2º Para os fins desta Lei, consideram-se:

I – órgão – a unidade de atuação integrante da estrutura da Administração direta e da estrutura da Administração Indireta;

II – entidade – a unidade de atuação dotada de personalidade jurídica;

III – autoridade – o servidor ou agente público dotado de poder de decisão.

SUMÁRIO: 1. Aplicabilidade da Lei nº 9.784/99; 2. Da competência legislativa em matéria de direito administrativo – aplicabilidade da Lei nº 9.784/99 nos variados níveis federados; 3. Dos fins do processo administrativo; 3.1. Garantia aos destinatários da função administrativa; 3.2. Aprimoramento e sistematização do conteúdo das decisões administrativas; 3.3. Legitimação do poder; 3.4. Justiça na administração pública; 3.5. Aproximação entre o poder público e o cidadão; 3.6. Controle da administração pública; 4. Incidência da Lei nº 9.784/99 nos Poderes Legislativo e Judiciário; 5. Conceitos legais sobre a organização administrativa; Jurisprudência; Referências.

1. Aplicabilidade da Lei nº 9.784/99

O artigo 1º da Lei nº 9.784/99 (LFPA) afigura-se relevante por uma série de razões, dentre as quais a de balizar a aplicabilidade do referido Diploma Legal. De início, dispõe tal preceito que a Lei nº 9.784/99 estabelece "normas básicas sobre o processo administrativo". A compreensão de tal norma pressupõe o seu cotejo com o disposto no artigo 69 da Lei nº 9.784/99, segundo o qual "os processos administrativos específicos continuarão a reger-se por lei própria, aplicando-se-lhes apenas subsidiariamente os preceitos desta Lei".

Diante do cotejo de tais preceitos, faz-se necessária a seguinte conclusão acerca do sentido da expressão *normas básicas*, tal como empregada no artigo ora comentado: no caso de processos administrativos que não tenham regramento oriundo de lei próprias, a aplicação da LFPA dar-se-á de modo integral. Já naqueles casos em que os processos administrativos submetem-se a regramento específico,[1] a LFPA será aplicável tão somente de modo subsidiário.

Precedente extraído da jurisprudência do STJ serve para demonstrar como se dá a aplicabilidade subsidiária da LFPA. A Lei 8.112/90 (Estatuto dos Servidores Públicos Federais) estabelece, em seu art. 156, o direito do servidor processado de acompanhar todo o processo administrativo disciplinar, inclusive e, sobretudo, quanto à produção de provas. Ocorre que a Lei 8.112/90 não contém nenhuma norma que estabeleça a antecedência mínima a ser observada para a comunicação dos servidores públicos quanto aos atos do processo disciplinar. Um determinado servidor restou comunicado da realização de audiência de oitiva de testemunhas no dia que antecedeu tal ato processual. Impetrou-se, então, mandado de segurança junto ao STJ (MS 9.511), que culminou em decisão de concessão da ordem justamente por conta da existência de normas inseridas na Lei nº 9.784/99 – art. 26, § 2º,[2] e art. 41[3] –, as quais, demais de conferirem concretização aos princípios do contraditório e da ampla defesa, deveriam ser observadas por força dos artigos 1º e 69 da LFPA.

Contudo, afigura-se conveniente uma advertência: a LFPA traz *normas básicas* sobre processo administrativo cuja aplicabilidade cede em face de normas mais específicas, contidas em *lei própria*. Isso implica afirmar que eventuais normas jurídicas contidas em atos normativos infralegais, tais como decretos, regulamentos, portarias, etc., não têm o condão de afastar, em nome do princípio da especialidade, as normas contidas na Lei nº 9.784/99. Em outras palavras, pode-se afirmar que somente normas legais mais específicas podem afastar as normas legais básicas veiculadas na LFPA. Normas infralegais que não sirvam para a regulamentação de leis em sentido formal que contenham regramento próprio sobre processo administrativo devem ser consideradas inválidas caso conflitem com as disposições da LFPA. Uma exceção, contudo, parece merecer destaque. Com efeito, quando o STF julgou a MC-ADI 1.105, entendeu que em matéria de funcionamento interno dos Tribunais, esses teriam atribuição para a normatização originária, por força do disposto no art. 96, I, *a*, da CF/88.[4] Em tal julgamento, decidiu-se inclusive por uma espécie de *reserva de regulamento*, no sentido de que, em matéria de funcionamento interno, a lei não poderia invadir matéria cuja regulamentação restou constitucionalmente atribuída, de modo originário e

---

[1] Recorda-se, por exemplo, do processo licitatório (Lei 8.666/93), do processo administrativo-fiscal (Decreto 70.235/72), do processo administrativo disciplinar dos servidores públicos federais (artigos 143 a 182 da Lei 8.112/90), do processo administrativo de apuração de infração contra a ordem econômica (artigos 30 a 54 da Lei 8.884/94).

[2] Art. 26. O órgão competente perante o qual tramita o processo administrativo determinará a intimação do interessado para ciência de decisão ou a efetivação de diligências... § 2º A intimação observará a antecedência mínima de três dias úteis quanto à data de comparecimento.

[3] Art. 41. Os interessados serão intimados de prova ou diligência ordenada, com antecedência mínima de três dias úteis, mencionando-se data, hora e local de realização.

[4] Art. 96. Compete privativamente: I – aos tribunais: a) eleger seus órgãos diretivos e elaborar seus regimentos internos, com observância das normas de processo e das garantias processuais das partes, dispondo sobre a competência e o funcionamento dos respectivos órgãos jurisdicionais e administrativos.

primário, aos próprios Tribunais. Diante disso, regras contidas em regimentos internos de Tribunais que tratam de processos administrativos inseridos na noção de seus respectivos funcionamentos internos têm o mesmo *status* normativos das regras conditas na LFPA e, por conseguinte, as afasta em razão da especialidade. Entretanto, é de ser novamente destacado que não sendo caso peculiarizado pela existência de norma constitucional, como na hipótese contida no art. 96, I, *a*, da CF/88, em que se reconhece a normas infralegais a possibilidade de regulamentação originária de determinados assuntos, somente por lei em sentido formal é que se pode regrar normas primárias acerca de processos administrativos, razão pela qual a especialidade que proporciona o afastamento da aplicabilidade da LFPA somente se mostra legítima se provocada pela existência de outras normas legais mais específicas.

De outro lado, considerada a norma contida no art. 69 da LFPA, é possível afirmar que tal Diploma Legal não operou a revogação ou derrogação de qualquer outra regra jurídica, justamente em face veicular *"normas básicas"*, sobre processo administrativo. Tal circunstância, aliás, provoca a reiterada inserção, no texto da LFPA, de ressalvas decorrentes da existência de normas mais específicas.

2. Da competência legislativa em matéria de direito administrativo – aplicabilidade da Lei nº 9.784/99 nos variados níveis federados

O art. 1º da LFPA contém norma de autolimitação, no sentido de veicular normas básicas sobre o processo administrativo, a serem aplicadas "no âmbito da Administração Federal direta e indireta". Diante disso, afigura-se inegável que a Lei nº 9.784/99 há de ser observada em todos os órgãos da União, pessoa jurídica de direito público interno (art. 41, I, do CC/02) que traduz a noção de "Administração Pública direta", em nível federal, bem assim a todas as autarquias, fundações públicas, sociedades de economia mista e empresas públicas, entidades essas que, em seu conjunto, perfazem, no plano federal, a noção de "Administração Pública indireta".

Contudo, para que se compreenda tal autolimitação, bem assim para que se estude a eventual aplicabilidade da Lei nº 9.784/99 em outros entes federados (Estados, Municípios, Distrito Federal), afigura-se conveniente que se analise a questão pertinente à competência legislativa em matéria de Direito Administrativo, tema esse que não costuma merecer a necessária atenção.

Em outro trabalho, já se tratou do assunto,[5] oportunidade em que se assentou que em matéria de Direito Administrativo, a distribuição de competência legislativa não ocorre tal como com o Direito Penal, Direito Civil, Direito Processual e outros tanto ramos da ciência jurídica, em relação aos quais se destina a competência privativa da União (art. 22, I, da CF). Do mesmo modo, a distribuição de competências no Direito Administrativo não se apresenta exatamente do mesmo modo – concorrente – que em relação ao Direito Tributário.

---

[5] MAFFINI, Rafael. *Direito Administrativo*. 4. ed. São Paulo: Revista dos Tribunais, 2013, p. 29-32.

Há concorrência, sim, na distribuição de competência legislativa sobre o Direito Administrativo, mas ela se apresenta peculiar, própria de tal área do Direito.

Com efeito, considerando-se a autonomia político-administrativa que cada ente federal possui (art. 18 da CF), bem assim o fato de que não se atribui à União (por exemplo, no art. 22 da CF) uma competência geral de legislação sobre o Direito Administrativo, impõe-se a conclusão de que, como regra geral, cada ente federal detém competência para legislar sobre os assuntos de seus respectivos interesses.

Depreende-se disso que, embora, numa perspectiva teórica, o Direito Administrativo brasileiro deva ser considerado como uma área específica e sistematizada de conhecimento humano, numa outra perspectiva, de Direito objetivo ou Direito posto, ou seja, de leis aplicáveis, seria possível a afirmação de que, em regra, existem tantos Direitos Administrativos quantos são os entes federados que compõem a República Federativa do Brasil. Daí a clássica diferença proposta por Geraldo Ataliba[6] entre lei federal e lei nacional, a qual assim se resume: "Há leis federais (ou da União), estaduais (ou dos Estados) e municipais (ou dos Municípios) dirigidas às pessoas na qualidade de administrados da União, dos Estados e dos Municípios e emendas dos legislativos, dessas entidades políticas, respectivamente. E há leis nacionais, leis brasileiras, voltadas para todos os brasileiros, indistintamente, abstração feita da circunstância de serem eles súditos desta ou daquela pessoa política".

Não é difícil alcançar a conclusão referida, sobretudo se se atentar para exemplos mais cotidianos, como é o caso da matéria relativa aos servidores públicos. Em relação a tal matéria, obedecidas as regras constitucionais vigentes, cada ente federal terá competência para a fixação de suas próprias disposições legais. Assim, determinada norma que preveja certa vantagem na lei federal aplicável aos servidores públicos (Lei 8.112/1990) não é aplicável, de modo direto, aos servidores públicos de outros entes federados (Estados e Municípios). Por óbvio, pode ocorrer a coincidência de a legislação estadual conter regra idêntica à existente em âmbito federal. Neste caso, não se trata de aplicação da lei federal aos servidores estaduais, mas de mera coincidência, como referido.

Tal regra geral, contudo, possui exceções, as quais somente podem ser previstas na própria Constituição Federal, uma vez que nesta se encontra a regra excepcionada. A *ratio* de tais exceções também é de singela compreensão. Trata-se de matérias que, segundo a própria Constituição Federal, merecem uniformização nacional. Embora sejam temas a serem enfrentados oportunamente, referem-se, desde já, duas das principais exceções. É o caso das desapropriações (art. 22, II, da CF) e das normas gerais sobre licitações e contratos administrativos (art. 22, XXVII, da CF).

Feitas tais considerações, resta analisar se o tema *"processo administrativo"* consiste num daqueles que se situam na regra geral, pela qual cada ente federal teria competência para editar normas que lhe dissessem respeito – a Lei

---

[6] ATALIBA, Geraldo. *Pareceres de direito tributário.* São Paulo: Revista dos Tribunais, 1980, v. 3, p. 16/17.

nº 9.784/99, neste caso, seria tão somente uma lei federal – da ou se se trata de assunto para o qual a União tem competência normativa de cunho nacional.

Pois bem, numa perspectiva eminentemente técnico-jurídica, parece-nos que a resposta seria no sentido de que o tema "processo administrativo", por se tratar de questão mais ampla, que abarca toda a atividade decisória inerente à função de administração pública,[7] não se enquadra em nenhuma das exceções constitucionais, situando-se, pois, na regra constitucional geral, pela qual cada ente federal possuiria competência autônoma para editar suas normas pertinentes ao Direito Administrativo.[8] Diante disso, nessa linha de raciocínio, a LFPA não poderia ser aplicada em relação a Estados e Municípios. Daí, por que se discorda da posição pela qual a União teria competência para regrar sobre normas gerais pertinentes a processos administrativos aplicáveis em âmbito nacional, com a possibilidade de que os demais entes federados estabelecessem normas específicas.[9]

Contudo, não se pode olvidar que, embora alguns entes federados tenham suas leis próprias de processo ou procedimento administrativo,[10] a grande maioria dos Estados e Municípios brasileiros não possuem Diplomas Legais que prevejam normas gerais ou específicas sobre processos administrativo ou que, ao menos, regulem minimamente a atividade decisória de suas respectivas funções administrativas. Em relação a estes entes federados que não possuam regramento próprio sobre processos administrativo, parecer ser adequada a aplicação, por analogia, da LFPA.[11] Tal aplicação, como já referido, não se dá de modo direto, mas por analogia, a qual, por seu turno, afigura-se legitimada por conta do fato de que a LFPA contém normas de concretização de regras e princípios constitucionais, as quais já teriam a chancela doutrinária e jurisprudencial há vários anos. Por exemplo, a aplicação analógica do art. 54 da LFPA, que contém prazo decadencial que confere uma limitação prazal para a anulação de atos administrativos, em relação a Estados e Municípios que não possuam lei própria sobre a atividade decisória da função administrativa, ocorre mais por conta de uma imposição emergente do princípio constitucional da segurança jurídica, do que pela existência de norma federal sobre a questão, a qual é invocada somente por uma analogia.[12]

---

[7] SUNDFELD, Carlos Ari. Processo e procedimento no Brasil. *As Leis de Processo Administrativo – Lei Federal 9.784/99 e Lei Paulista 10.177/98*, Carlos Ari Sundfeld e Guillermo Andrés Muñoz (Org.). São Paulo: Malheiros, 2006, p. 19.

[8] Neste sentido: ROCHA, Cármen Lúcia Antunes. Princípios constitucionais do processo administrativo no Direito brasileiro. *Revista de Direito Administrativo*, Rio de Janeiro, 2004, p. 198, jul./set. 1997 e MARRARA, Thiago; NOHARA, Irene Patrícia. *Processo Administrativo – Lei nº 9.784/99 Comentada*. São Paulo: Atlas, 2009, p. 26/28.

[9] Tal posição fundamenta-se no cotejo – inadequado, ao que parece – dos artigos 22, I, e 24, XI, da CF/88 e é defendida, entre outros, por JUSTEN FILHO, Marçal. *Curso de Direito Administrativo*. 7. ed. Belo Horizonte: Forum, 2011, p. 314.

[10] Cita-se, dentre outros, os seguintes entes federados: Município de São Paulo (Lei Municipal 14.141/2006), Estado de São Paulo (Lei Estadual 10.177/1998), Amazonas (Lei Estadual 2.794/2003), Alagoas (Lei Estadual 6.161/2000), Goiás (Lei Estadual 13.800/2001), Minas Gerais (Lei Estadual 14.184/2002), Pernambuco (Lei Estadual 11.781/2000), Roraima (Lei Estadual 418/2004), Sergipe (Lei Complementar Estadual 33/1996), Mato Grosso (Lei Estadual 7.692/2002), Estado Rio de Janeiro (Lei Estadual 5.427/2009) e Distrito Federal (Lei Distrital nº 2.834/01).

[11] Neste sentido: FURTADO, Lucas. *Curso de Direito Administrativo*. Belo Horizonte: Fórum, 2007, p. 1.213.

[12] Neste sentido: MAFFINI, Rafael. *Princípio da proteção substancial da confiança no Direito Administrativo brasileiro*. Porto Alegre: Verbo Jurídico, 2006, p. 157/158.

Este entendimento de aplicação, por analogia, da Lei n° 9.784/99 em entes federados que não contenham lei própria sobre processo administrativo ou naquilo que suas leis próprias sobre processo não tratem, vem sendo chancelado pelo STJ, como se depreende dos seguintes arestos: REsp 610.464, REsp 655.551, REsp 676.394, AgRg-REsp 715.037, RMS 24.423 e REsp 1.148.460.

3. Dos fins do processo administrativo

São inúmeros os fins do processo administrativo. Aliás, a análise de tais misteres passa, necessariamente, pela exata compreensão do atual estágio do Direito Administrativo.[13]

Com efeito, a Ciência Jurídica vem enfrentando uma crise de paradigmas,[14] uma vez que tende a superar conceitos e premissas que lhe serviram de base, substituindo-os por outros mais consentâneos com o atual estágio evolutivo da sociedade pós-moderna e massificada. Enfim, o Direito Público vem buscando paradigmas teóricos compatíveis com a noção atual de Estado.

Tal fenômeno é sobremaneira relevante no caso do Direito Administrativo, uma vez que embora o surgimento de tal área do conhecimento humano tenha sido fundamentado sob a égide um discurso libertário, como uma categoria consectária dos primados da separação de poderes e da submissão do Estado à ordem jurídica, trata-se de um ramo do Direito que somente em tempos muito recentes vem realmente desempenhando o mister para o qual teria sido criado, de asseguração dos direitos e garantias fundamentais dos cidadãos em face do Poder Público.

Durante anos o Direito Administrativo serviu tão somente para a sistematização de um discurso que, em seu âmago, incumbia-se quase que exclusivamente da legitimação jurídica de um perfil autoritário de atuação estatal.[15]

Não é árdua, pois, a tarefa de se depreender uma forte carga autoritária da noção vetusta de legalidade (ou legalismo) administrativa, da supremacia irrestrita do interesse público sobre o privado, da insindicabilidade judicial das decisões administrativas discricionárias, da unilateralidade/imperatividade. Tais institutos por muito tempo foram – e infelizmente para alguns ainda são – dogmas intransponíveis do Direito Administrativo. Trata-se de uma série de conceitos que senão restaram empregados de modo intencionalmente autoritário por parte de que os pronunciava, ao menos continham a grave potencialidade de sê-lo.

---

[13] Tal abordagem também pode ser encontrada em MAFFINI, Rafael. Administração pública dialógica (proteção procedimental da confiança): em torno da súmula vinculante n° 3 do Supremo Tribunal Federal. In: SCHWARZ, Rodrigo Garcia (Org.). *Direito administrativo contemporâneo*. Rio de Janeiro: Elsevier, 2010. v. 01, p. 131/143.

[14] Utiliza-se aqui a noção de "paradigma" no sentido de ideias, conceitos, normas que conferem a compreensão científica de um determinado objeto. Para o aprofundamento acerca de tal noção, vide: KUHN, Thomas. *A estrutura das Revoluções Científicas*. São Paulo: Perspectiva, 2005. Vide, ainda, MORIN, Edgar. *O paradigma perdido: a natureza humana*. Lisboa: Europa-américa, 2006.

[15] Para um aprofundamento sobre tal ponderação, vide OTERO, Paulo. *Legalidade e Administração Pública. O sentido da vinculação administrativa à juridicidade*. Coimbra: Almedina, 2003, p. 269/331, especialmente quando o referido autor trata do que denominou de *"ilusão garantística da génese do Direito Administrativo"* (páginas 275 e seguintes).

Num sinal de elogiável evolução, alvorece na doutrina pátria uma série de trabalhos que buscam a necessária adaptação do Direito Administrativo a um discurso efetivamente moderno e apto ao seu papel essencial,[16] qual seja o de compatibilizar a existência de prerrogativas públicas, imprescindíveis à atuação estatal, com uma série de direitos e garantias fundamentais assegurados na Carta Política vigente,[17] inserindo o ser humano na condição de aspecto nuclear na ordem jurídica,[18] como se pode extrair – já numa concepção topográfica[19] – da Constituição Federal de 1988, adequadamente concebida como cidadã.

Dentre os inúmeros componentes de tal moderna leitura do Direito Administrativo, destaca-se aqui um aspecto que, *ultima ratio*, pretende sobrelevar o papel do cidadão nas relações jurídico-administrativas. Em efeito, na perspectiva em superação, o cidadão (ou administrado) apresentava-se ou de modo absolutamente irrelevante à construção teórica do Direito Administrativo ou de forma a figurar somente como o simples destinatário da administração pública, ou seja, alguém que tão somente "sofre" a função administrativa. Quanto à posição do cidadão na teoria do Direito Administrativo moderno, busca-se um novo paradigma, em que esse, demais de obviamente ser o destinatário da administração pública, coloca-se como um importante ator no cenário das relações jurídico-administrativas, o qual terá, juntamente com o Estado, o desiderato de construir as tomadas de decisão que lhe afetam e que afetam a sociedade com um todo. Trata-se de uma decorrência do princípio da participação, o qual há de se colocar em relevante patamar no horizonte de paradigmas que se inclinam à modernização e racionalização do Direito Administrativo.

Neste sentido é que se insere a relevância da temática dos *"processos administrativos"*, ou seja, trata-se de um assunto que demais de regular meras formalizações procedimentais, serve de um novo paradigma que busca assegurar aos destinatários da função estatal de administração pública, ou seja, aos administrados, um relevante papel na construção das decisões que podem lhe afetar.[20]

---

[16] Destacam-se, neste sentido: MOREIRA NETO, Diogo de Figueiredo. *Mutações do Direito Administrativo*. 3. ed. Rio de Janeiro: Renovar, 2007; BAPTISTA, Patrícia. *Transformações do Direito Administrativo*. Rio de Janeiro: Renovar, 2003; BINENBOJM, Gustavo. *Uma teoria do Direito Administrativo* – Direitos Fundamentais, Democracia e Constitucionalização. 2. ed. Rio de Janeiro, Renovar, 2008.

[17] "Ora, sendo a Administração Pública, em seus vários aspectos, objeto central do direito administrativo, este se caracteriza essencialmente pela busca de um equilíbrio entre as prerrogativas da autoridade e os direitos individuais" (DI PIETRO, Maria Sylvia Zanella. *Discricionariedade administrativa na Constituição de 1988*. São Paulo: Atlas, 1991, p. 9.)

[18] Neste aspecto e também quanto à substituição da necessária supremacia do interesse público sobre particulares por uma constante ponderação entre os interesses públicos com os demais interesses em jogo, remete a precursor: JUSTEN FILHO, Marçal. Conceito de interesse público e a "personalização" do Direito Administrativo. *Revista Trimestral de Direito Público 26/1999*. São Paulo: Malheiros, p. 115/136.

[19] Um dos sintomas de textos constitucionais autoritários consiste na distribuição de temas, que começa pela organização do Estado, passando pelo sistema tributário-financeiro, e chegando – quando chega – a um tímido rol de direitos e garantias fundamentais. Na situação oposta, ou seja, em textos constitucionais verdadeiramente cidadãos, inicia-se por um rol de direitos e garantias fundamentais, colocando-se o ser humano como elemento nuclear de todo o sistema jurídico. Topograficamente, portanto, a Constituição Federal de 1988 não possui a nota autoritária que caracterizava a Constituição que a antecedeu.

[20] Tais ideias que inserem o processo administrativo como instrumento de modernização da ciência do Direito Administrativo são desenvolvidas em MEDAUAR, Odete. *A processualidade do Direito Administrativo*. 2. ed. São Paulo: Revista dos Tribunais: 2008.

Sendo, pois, um dos papéis modernos do Direito Administrativo servir de ponto de equilíbrio entre a necessidade de asseguração dos direitos e garantias fundamentais dos administrados em geral e a imperiosa existência de prerrogativas públicas voltadas à satisfação do interesse público, mostra-se elogiável que o art. 1º da LFPA tenha destacado como objetivos conjuntos a "proteção dos direitos dos administrados e ao melhor cumprimento dos fins da Administração".

Igualmente elogiável que o referido prefeito legal tenha esclarecido tratar tal enumeração de finalidades de um elenco meramente exemplificativo, eis que a relevância dos processos administrativos ao regime jurídico-administrativo torna multifacetados os seus fins.

Neste diapasão, não se pode olvidar que inúmeros outros fins podem ser atribuídos aos processos administrativos, decorrência que são do princípio constitucional do devido processo legal (art. 5º, LIV, da CF). Tais finalidades se relacionam e se fundamentam entre si. Dentre os inúmeros fins, podem ser destacados as seguintes:[21]

3.1. Garantia aos destinatários da função administrativa

A primeira, e talvez mais importante, das finalidades dos processos administrativos consiste em propiciar garantias aos destinatários da função administrativa, notadamente no sentido de que as decisões aptas a afetarem-nos serão precedidas de ritos e parâmetros previamente delimitados.

3.2. Aprimoramento e sistematização do conteúdo das decisões administrativas

Assegurando uma participação mais efetiva daqueles que direta ou indiretamente serão atingidos pela decisão resultante dos processos administrativos, estes tendem a gerar um maior conjunto de informações que contribuirão para a construção da decisão mais correta. Além disso, o desenvolvimento dos processos administrativos gera a racionalização da edição de decisões, inclusive com a figura dos *"precedentes administrativos"*.

3.3. Legitimação do poder

A processualidade do exercício da atividade de administração pública enseja também a legitimação das decisões tomadas, na medida em que impõe a adequada concretização das regras gerais e abstratas delimitadoras de tal função estatal.

3.4. Justiça na administração pública

A existência de processos administrativos tende a assegurar que os interesses em jogo sejam adequadamente sopesados, criando um ambiente decisório mais justo.

---

[21] MAFFINI, Rafael. *Direito Administrativo*. 4. ed. São Paulo: Revista dos Tribunais, 2013, p. 123/124. Em linhas gerais, tal rol de fins do processo administrativo aproxima-se daquele proposto por MEDAUAR, Odete. *Op.cit.* p. 65/74.

3.5. Aproximação entre o poder público e o cidadão

A ideia inerente à processualidade da função administrativa corresponde à efetivação do princípio da participação, no sentido de trazer o administrado à posição de construtor das decisões que serão tomadas também pela Administração Pública. Assim, concatena-se a pluralidade social, que atualmente se mostra inafastável.

3.6. Controle da administração pública

A exigência da observância de ritos processuais facilita sobremaneira o controle da Administração Pública, tanto no que diz com os aspectos formais quanto naquilo que são os aspectos substanciais da atuação administrativa.

4. Incidência da Lei nº 9.784/99 nos Poderes Legislativo e Judiciário

Os Poderes do Estado (Executivo, Judiciário e Legislativo) relacionam-se de sorte a preservar um ambiente de independência e harmonia, consoante se depreende da norma inserta no art. 2º da CF/88. A relação entre tais Poderes mostra-se articulada pela noção de "freios e contrapesos" (*checks and balances*), da qual emergem inúmeras consequências na organização do Estado.

Dentre tais decorrências da relação entre os Poderes Executivo, Legislativo e Judiciário, destaca-se o fato de que se mostra equivocado falar numa separação absoluta de Poderes (ou funções) estatais. Depreende-se disso que os Poderes do Estado interagem constantemente, de modo que é possível que um dos Poderes desempenhe, atipicamente, uma função que, tipicamente, é incumbida a outro. Disso resulta, por exemplo, que a função estatal de Administração Pública é encontrada tipicamente no Poder Executivo, mas também, porém de modo atípico, nos Poderes Legislativo e Judiciário.[22]

Quando o Poder Legislativo edita uma determinada lei (art. 59 da CF), está desempenhando a sua função típica, qual seja, a legislação. Todavia, quando o Poder Legislativo nomeia um servidor público, tal função estatal não é de legislação, mas de Administração Pública. Quanto o Poder Judiciário julga uma determinada demanda cível, opera sua função típica, qual seja, a de jurisdição, mas quando pratica um ato administrativo de punição de contratados que não cumprem suas obrigações contratuais, exerce função de administração pública.

Nesse sentido, já se disse[23] que, no Poder Executivo, a função de Administração Pública é, ao mesmo tempo, um fim e um meio. Já nos Poderes Legislativo e Judiciário, a Administração Pública não é o fim, mas é meio (ou instrumento) para o desenvolvimento de suas respectivas funções típicas.

A norma contida no art. 1º, § 1º, da LFPA presta-se a evidenciar que os Poderes Judiciário e Legislativo, quando estiverem no desempenho de função atí-

---

[22] MAFFINI, Rafael. *Op. cit.* p. 24.
[23] FAGUNDES, Miguel Seabra. *O controle dos atos administrativos pelo Poder Judiciário*. 5. ed. Rio de Janeiro: Forense, 1979, p. 3-16.

Art. 1º

pica de administração pública estarão sujeitos aos ditames da Lei nº 9.784/99.[24] Há de se reconhecer, ademais, a aplicação da LFPA em relação ao Ministério Público e aos Tribunais de Contas, entidades orgânicas independentes que são, quando estiverem no desempenho de função de administração pública. Em relação aos Tribunais de Contas, a incidência da Lei nº 9.784/99 é mais evidente, eis que organicamente costumam as Cortes de Contas ser consideradas integrantes do Poder Legislativo, na condição de órgãos auxiliares no controle externo da contas públicas.[25] Neste sentido, o STF, quando do julgamento do MS 24.519, decidiu no sentido de que "embora caiba ao Tribunal de Contas da União a elaboração de seu regimento interno [art. 1º, X, da Lei n., 8.443/92], os procedimentos nele estabelecidos não afastam a aplicação dos preceitos legais referentes ao processo administrativo, notadamente a garantia processual prevista no art. 3º, III, da Lei nº 9.784/99". No mesmo sentido, o Pretório Excelso decidiu quando do julgamento do MS 23.550.

Já no que tange ao Ministério Público, não se encontra no direito posto brasileiro uma definição suficientemente clara sobre a natureza de tal instituição. De qualquer modo, uma interpretação sistemática das normas de organização do Estado brasileiro, impõe a conclusão de que o Ministério Público, no desempenho de função administrativa, estará sujeito às normas da LFPA.

Tal norma, embora elogiável por explicitar a aplicabilidade da LFPA em todo e qualquer ambiente estatal que esteja no desempenho da função administrativa, apresenta-se redundante em razão do disposto no *caput* do art. 1º, que refere expressamente a aplicabilidade da LFPA à Administração Pública direta, na qual se incluem os Poderes referidos no art. 1º, § 1º, demais do Ministério Público e do Tribunal de Contas.

Com efeito, a expressão *Administração Pública direta*[26] consiste na pessoa jurídica que se confunde com os próprios entes federados (União, Estados, Distrito Federal e Municípios). Por tal razão, ou seja, por serem pessoas jurídicas que têm atribuições e competências políticas, especialmente relacionadas com a competência legislativa, são também denominadas de *pessoas políticas*.

Existe, portanto, uma *Administração Pública direta* para cada ente federal, correspondendo a pessoas jurídicas de direito público, nos termos do que dispõe o art. 41, I, II e III, do Código Civil.

A organização específica de cada uma das Administrações Públicas diretas, cumpre salientar, dependerá de lei respectiva, ou seja, lei federal regerá a organização da Administração Pública direta federal, ao passo que lei estadual disporá a organização em relação ao Estado, o mesmo ocorrendo com o Dis-

---

[24] Ressalva-se, como referido no item 1 acima, a existência de normas insertas em regimentos internos de Tribunais que regulamentem processos administrativos referentes a funcionamento interno de tais Cortes, as quais, por força do disposto no art. 96, I, "a", da CF/88, têm *status* de normas jurídicas originárias e, por conseguinte, prestam-se a afastar a incidência da LFPA no caso de possuírem maior especialidade.

[25] Não se desconhece a interminável discussão acerca da natureza jurídica e do *status* orgânico dos Tribunais de Contas. Contudo, para o fim pretendido no texto, qual seja, o de que se aplica aos Tribunais de Contas a LFPA em relação ao desempenho de sua função administrativa, tais questões parecem restar pressupostas. Demais disso, as regras contidas na Lei Complementar 101/2000, sobretudo o art. 20, I, "a", art. 20, II, "a" e art. 20, III, "a", legitimam a conclusão de que os Tribunais de Contas se incluem na estrutura orgânica do Poder Legislativo.

[26] Tais referências são também encontradas em MAFFINI, Rafael. *Op. cit.* p. 246.

trito Federal e com os Municípios. Não existe, assim, uniformidade, de modo que cada ente federado terá legitimação para, com autonomia, e respeitadas as regras constitucionais, tratar da matéria. No plano federal, por exemplo, tal matéria é regrada pela Lei 10.683/2003 e inúmeras alterações posteriores.

Embora não exista a necessidade de uniformidade, dada a já referida autonomia, é praxe que todas as Administrações Públicas diretas sigam um mesmo modelo. Tal modelo organiza a Administração Pública direta colocando no topo de uma estrutura piramidal o órgão de chefia do Poder Executivo (Presidência da República, Gabinete do Governador ou Governadoria do Estado, Gabinete do Prefeito, etc.). Além do órgão de chefia do Poder Executivo, a Administração Pública Direta seria também composta por todos os órgãos públicos ligados à chefia do Poder Executivo por meio de um vínculo de natureza hierárquica.

Os Poderes Judiciário e Legislativo, além do Ministério Público, da Defensoria Pública e dos Tribunais ou Cortes de Contas, obviamente, não podem ser considerados órgãos do Poder Executivo. Todavia, analisados no que tange à personalidade jurídica, ou seja, no que diz com a titularização de direitos subjetivos e deveres jurídicos, tais Poderes ou Órgãos Essenciais podem ser considerados integrantes da noção de Administração Pública Direta.

Daí por que se afirma que a norma explicitada no § 1° da regra em comento já se mostra presente, de forma implícita, no próprio *caput* do referido dispositivo legal.

5. Conceitos legais sobre a organização administrativa

Nem sempre é desempenhada a contento a tarefa conceitual a que se incumbem textos legais. Em geral, regras jurídicas devem contem mandamentos deônticos de índole comportamental. Quando a lei se imiscui na tarefa de definir institutos jurídicos pode incorrer em equívocos conceituais ou semânticos, os quais passam a ser acompanhados da imperatividade típica do Direito posto. Tal combinação é, pois, potencialmente perigosa, sobretudo quando a lei define de modo incorreto ou impreciso alguns institutos jurídicos.

Contudo, ao menos na regra ora comentada – art. 1°, § 2°, da LFPA – tal risco não parecer ter se concretizado, eis que traz consigo conceitos que, ao menos segundo os padrões doutrinários e jurisprudenciais mais comuns, se mostram dotados da devida precisão.

Define-se, inicialmente, órgão como "a unidade de atuação integrante da estrutura da Administração direta e da estrutura da Administração Indireta" (art. 1°, § 2°, I). Tal definição alinha-se à noção de que órgãos públicos correspondem a unidades administrativas sem personalidade jurídica.[27]

Daí, pois, a diferença entre órgão e entidade administrativa, definida no art. 1°, § 2°, II, da LFPA como "unidade de atuação dotada de personalidade jurídica". Diante disso, os entes federados que consubstanciam a noção de

---
[27] Para uma análise mais detidas sobre a "teoria do órgão público", contemplando seu conceito, suas características e a sua classificação, vide: MAFFINI, Rafael. *Op. cit.* p. 258/260.

"Administração Pública direta" (União, Estados, DF, Municípios), bem como as demais pessoas jurídicas que compõem o conceito de "Administração Pública indireta" (autarquias, fundações públicas, sociedades de economia mista e empresas públicas) devem ser consideradas entidades administrativas para os fins e efeitos da Lei n° 9.784/99.

Por fim, a LFPA define autoridade todo "o servidor ou agente público dotado de poder de decisão" (art. 1°, § 2°, III, da Lei n° 9.784/99). Destaca-se, neste sentido, a referência ao gênero "agente público" ao lado de uma de suas espécies ("servidor"), o que poderia denotar, em princípio, uma imprecisão técnica. Contudo, a *ratio legis* parece ter sido a de evidenciar que será considerada autoridade para os fins e efeitos da LFPA todo e qualquer agente público que esteja no desempenho da função de administração pública, independente do vínculo jurídico que a relacione com a Administração Pública.Demais disso, parece evidente que tal definição há de se subsumir àqueles que, mesmo não integrando a estrutura da Administração Pública, esteja no desempenho de função estatal de administração pública, legitimado por um vínculo de delegação.

Jurisprudência

CONSTITUCIONAL. ADMINISTRATIVO. MANDADO DE SEGURANÇA. SERVIDOR PÚBLICO. DEMISSÃO. PROCESSO ADMINISTRATIVO DISCIPLINAR. NULIDADE. PRAZO PARA NOTIFICAÇÃO DO ACUSADO. INOBSERVÂNCIA. PRINCÍPIOS DA AMPLA DEFESA E DO CONTRADITÓRIO CONTRARIADOS. SEGURANÇA CONCEDIDA. 1. Na sindicância, não se exige observância dos princípios do contraditório e da ampla defesa quando, configurando mera fase inquisitorial, precede ao processo administrativo disciplinar. 2. A omissão existente no Regime Jurídico dos Servidores Públicos – Lei 8.112/90 – quanto ao prazo a ser observado para a notificação do acusado em processo administrativo disciplinar é sanada pela regra existente na Lei nº 9.784/99, que regula o processo administrativo no âmbito da Administração Pública Federal. 3. O servidor público acusado deve ser intimado com antecedência mínima de 3 (três) dias úteis a respeito de provas ou diligências ordenadas pela comissão processante, mencionando-se data, hora e local de realização do ato. Inteligência dos arts. 41 e 69 da Lei nº 9.784/99 e 156 da Lei 8.112/90. 4. Ilegalidade da audiência de oitiva de testemunhas e, por conseguinte, do processo administrativo disciplinar em razão do fato de que o impetrante foi notificado desse ato no dia que antecedeu a sua realização, contrariando a legislação de regência e os princípios da ampla defesa e do contraditório. 5. Segurança concedida. (STJ, MS 9.511, Rel. Min. Arnaldo Esteves Lima, j. 23.2.2005)

PROCESSUAL CIVIL. ADMINISTRATIVO. Lei nº 9.784/99. ADMINISTRAÇÃO ESTADUAL. APLICAÇÃO. ANULAÇÃO DE ATO ILEGAL PELA ADMINISTRAÇÃO FEDERAL. DECADÊNCIA. NÃO-OCORRÊNCIA. RECURSO ESPECIAL CONHECIDO E IMPROVIDO. 1. O Superior Tribunal de Justiça possui entendimento firmado no sentido de que o prazo decadencial de 5 (cinco) anos para a Administração rever seus atos, nos termos da Lei nº 9.784/99, deve ser aplicado no âmbito estadual, quando ausente norma específica. 2. *In casu*, todavia, a revisão do ato ocorreu em 1996, antes, portanto, do advento do referido diploma legal. Aplica-se, por conseguinte, a regra geral então vigente, segundo a qual a Administração poderia, a qualquer tempo, rever atos eivados de vícios que os tornam ilegais. Aplicação da Súmula 473/STF. 3. Recurso especial conhecido e improvido. (STJ, REsp 610.464, Rel. Min. Arnaldo Esteves Lima, j. 01.3.2007)

RECURSO ESPECIAL. ADMINISTRATIVO. FILHA SOLTEIRA DE EX-SERVIDOR DO IPERGS. PENSÃO POR MORTE. CANCELAMENTO. DECADÊNCIA AFASTADA. APLICAÇÃO RETROATIVA DA LEI Nº 9.784/99. PRECEDENTES. 1. De acordo com a jurisprudência firmada nesta Corte Superior de Justiça, na ausência de lei estadual específica, pode a Administração Estadual rever seus próprios atos no prazo decadencial previsto na Lei Federal nº 9.784, de 1º/2/99. 2. A colenda Corte Especial, no julgamento do MS 9.112/DF, firmou entendimento no sentido de que os atos administrativos praticados anteriormente ao advento da mencionada Lei estão sujeitos ao prazo decadencial qüinqüenal contado da sua entrada em vigor. *In casu*, cancelada a pensão da autora em 2002, resta afastada a decadência. 3. Recurso especial provido. (STJ, REsp. 655.551, Rel. Min. Maria Thereza de Assis Moura, j. 17.10.2006)

Art. 1º

RECURSO ESPECIAL. LEI Nº 9.784/99. APLICAÇÃO SUBSIDIÁRIA. ESTADOS E MUNICÍPIOS. PRAZO DECADENCIAL. SUSPENSÃO. INTERRUPÇÃO. NÃO-OCORRÊNCIA. REVISÃO. FATOS. NÃO-CABIMENTO. SÚMULA 07/STJ. 1. A recorrida teve alvará de construção cassado pelo Município recorrente. O Tribunal de origem manteve a licença para construir, à vista dos seguintes fundamentos: a) transcurso do prazo quinquenal, previsto no art. 54 da Lei nº 9.784/99, para a revisão da referida licença; b) ausência de causas suspensivas ou interruptivas, devido à natureza decadencial do prazo quinquenal previsto na Lei nº 9.784/99; c) inexistência de direito de terceiro, eventualmente lesado, por culpa do recorrido. 2. O recorrente, por sua vez, alega ofensa ao disposto no art. 1º da Lei nº 9.784/99, vez que a instância ordinária aplicou, no âmbito municipal, diploma destinado à Administração Pública Federal. Outrossim, sustenta que houve violação dos artigos 54 e 55, da Lei nº 9.784/99, vez que o Tribunal de origem considerara como termo a quo do prazo quinquenal a data da primeira concessão do alvará, desprezando posteriores cassações, suspensões e anulações desta licença, afirmando, ainda, que o alvará de construção somente fora expedido, porque o recorrido teria induzido a Municipalidade a erro. 3. Os motivos de ordem fático-material, suscitados pelo recorrente, na defesa do ato que cassara o alvará, a exemplo de instauração de procedimento administrativo e posteriores cassações, suspensões e anulações do ato, não foram considerados pelo Tribunal de origem, nem explícita nem implicitamente, sendo vedado o reexame de provas, em recurso especial. Inteligência da Súmula 07/STJ: "A pretensão de simples reexame de prova não enseja recurso especial". 4. Ademais, o prazo de 05 (cinco) anos, previsto na Lei nº 9.784/99, para que a Administração Pública anule os atos de que decorram efeitos favoráveis para os administrados, tem natureza decadencial. 5. Nos termos do art. 207 do Código Civil, a menos que exista previsão legal expressa, não se aplicam à decadência as normas que impedem, suspendem ou interrompem a prescrição. Portanto, a regra geral é a ausência de suspensão ou interrupção dos prazos decadenciais, que poderá ser excepcionada por expressa previsão legal em contrário. 6. No caso, o art. 54 da Lei nº 9.784/99 fixou prazo decadencial de cinco anos para a Administração anular seus próprios atos, não prevendo, todavia, qualquer causa de suspensão ou interrupção desse prazo. Assim, embora possível, em tese, a suspensão e interrupção de prazos decadenciais, deve ser aplicada ao caso a regra geral do art. 207 do Código Civil, dada a ausência de previsão expressa na Lei nº 9.784/99. 7. Por outro lado, o recorrente argumenta que a convalidação de atos irregulares depende da inexistência de prejuízo a terceiros e que recorrido obteve alvará mediante indução dos órgãos municipais em erro. 8. Contudo, o Tribunal de origem expressamente rechaçou as teses de prejuízo a terceiros e de má-fé por parte do recorrido, pelo que se mostra inviável a revisão do quadro fático-probatório da demanda para analisar a incidência do disposto no art. 55 da Lei nº 9.784/99, em face do óbice imposto pela Súmula 07/STJ. 9. Ao contrário do que alega a municipalidade recorrente, o aresto impugnado deixou expresso que o impetrante agiu com boa-fé ao requerer o alvará de construção, como se observa do seguinte fragmento do voto condutor: "Destarte, percebe-se que o d. juízo a quo decidiu a lide de forma escorreita, balizando-se pela boa-fé do impetrante (...)". 10. A Lei nº 9.784/99 pode ser aplicada de forma subsidiária no âmbito dos demais Estados-Membros, se ausente lei própria regulando o processo administrativo no âmbito local. Precedentes do STJ. 11. Recurso especial conhecido em parte e não provido. (STJ, REsp. 1.148.460, Rel. Min. Castro Meira, j. 19.10.2010)

AÇÃO DIRETA DE INCONSTITUCIONALIDADE. Inciso IX, do art. 7º, da Lei 8.906/94 (Estatuto da Advocacia e da Ordem dos Advogados do Brasil), que pospõe a sustentação oral do advogado ao voto do relator. Liminar. Os antigos regimentos lusitanos se não confundem com os regimentos internos dos tribunais; de comum eles têm apenas o nome. Aqueles eram variantes legislativas da monarquia absoluta, enquanto estes resultam do fato da elevação do Judiciário a Poder do Estado e encontram no Direito Constitucional seu fundamento e previsão expressa. O ato do julgamento é o momento culminante da ação jurisdicional do Poder Judiciário e há de ser regulado em seu regimento interno, com exclusão de interferência dos demais Poderes. A questão está em saber se o legislador se conteve nos limites que a Constituição lhe traçou ou se o Judiciário se manteve nas raias por ela traçadas, para resguardo de sua autonomia. Necessidade do exame em face do caso concreto. A lei que interferisse na ordem do julgamento violaria a independência do judiciário e sua conseqüente autonomia. Aos tribunais compete elaborar seus regimentos internos, e neles dispor acerca de seu funcionamento e da ordem de seus serviços. Esta atribuição constitucional decorre de sua independência em relação aos Poderes Legislativo e Executivo. Esse poder, já exercido sob a Constituição de 1891, tornou- se expresso na Constituição de 34, e desde então vem sendo reafirmado, a despeito, dos sucessivos distúrbios institucionais. A Constituição subtraiu ao legislador a competência para dispor sobre a economia dos tribunais e a estes a imputou, em caráter exclusivo. Em relação à economia interna dos tribunais a lei é o seu regimento. O regimento interno dos tribunais é lei material. Na taxinomia das normas jurídicas o regimento interno dos tribunais se equipara à lei. A prevalência de uma ou de outro depende de matéria regulada, pois são normas de igual categoria. Em matéria processual prevalece a lei, no que tange ao funcionamento dos tribunais o regimento interno prepondera. Constituição, art. 5º, LIV e LV, e 96, I, a. Relevância jurídica da questão: precedente do STF e resolução do Senado Federal. Razoabilidade da suspensão cautelar de norma que alterou a ordem dos julgamentos, que é deferida até o julgamento da ação direta. (STF, MC-ADI 1.105/DF, Rel. Min. Paulo Brossard, j. 03.8.2010)

Art. 2º

Referências

ATALIBA, Geraldo. *Pareceres de direito tributário*. São Paulo: Revista dos Tribunais, 1980, v. 3.

BAPTISTA, Patrícia. *Transformações do Direito Administrativo*. Rio de Janeiro: Renovar, 2003.

BINENBOJM, Gustavo. *Uma teoria do Direito Administrativo* – Direitos Fundamentais, Democracia e Constitucionalização. 2. ed. Rio de Janeiro, Renovar, 2008.

DI PIETRO, Maria Sylvia Zanella. *Discricionariedade administrativa na Constituição de 1988*. São Paulo: Atlas, 1991.

FAGUNDES, Miguel Seabra. O controle dos atos administrativos pelo Poder Judiciário. 5. ed. Rio de Janeiro: 1979.

FURTADO, Lucas. *Curso de Direito Administrativo*. Belo Horizonte: Fórum, 2007.

JUSTEN FILHO, Marçal. Conceito de interesse público e a 'personalização' do Direito Administrativo. *Revista Trimestral de Direito Público*, 26/1999. São Paulo: Malheiros, p. 115/136.

———. *Curso de Direito Administrativo*. 7. ed. Belo Horizonte: Forum, 2011.

KUHN, Thomas. *A estrutura das Revoluções Científicas*. São Paulo: Perspectiva, 2005.

MAFFINI, Rafael. *Direito Administrativo*. 4. ed. São Paulo: Revista dos Tribunais, 2013.

———. *Administração Pública Dialógica (Proteção Procedimental da Confiança)* – Em Torno da Súmula Vinculante Nº 3 do Supremo Tribunal Federal. Direito Administrativo Contemporâneo. Org. Rodrigo Garcia Schwarz. Rio de Janeiro: Elsevier, 2010, v. 01, p. 131-143.

MEDAUAR, Odete. *A processualidade do Direito Administrativo*. 2. ed. São Paulo: Revista dos Tribunais: 2008.

MOREIRA NETO, Diogo de Figueiredo. *Mutações do Direito Administrativo*. 3. ed. Rio de Janeiro: Renovar, 2007.

MORIN, Edgar. *O paradigma perdido:* a natureza humana. Lisboa: Europa-américa, 2006.

NOHARA, Irene Patrícia; MARRARA, Thiago. *Processo Administrativo* – Lei n° 9.784/99 Comentada. São Paulo: Atlas, 2009.

OTERO, Paulo. *Legalidade e Administração Pública*. O sentido da vinculação administrativa à juridicidade. Coimbra: Almedina, 2003.

ROCHA, Cármen Lúcia Antunes. Princípios constitucionais do processo administrativo no Direito brasileiro. *Revista de Direito Administrativo*, Rio de Janeiro, 2004, jul./set. 1997.

SUNDFELD, Carlos Ari. Processo e procedimento no Brasil. As Leis de Processo Administrativo – Lei Federal 9.784/99 e Lei Paulista 10.177/98. Org. Carlos Ari Sundfeld e Guillermo Andrés Muñoz. São Paulo: Malheiros, 2006.

Artigo 2º

A Administração Pública obedecerá, dentre outros, aos princípios da legalidade, finalidade, motivação, razoabilidade, proporcionalidade, moralidade, ampla defesa, contraditório, segurança jurídica, interesse público e eficiência.

Parágrafo único. Nos processos administrativos serão observados, entre outros, os critérios de:

I – atuação conforme a lei e o Direito;

II – atendimento a fins de interesse geral, vedada a renúncia total ou parcial de poderes ou competências, salvo autorização em lei;

III – objetividade no atendimento do interesse público, vedada a promoção pessoal de agentes ou autoridades;

IV – atuação segundo padrões éticos de probidade, decoro e boa-fé;

V – divulgação oficial dos atos administrativos, ressalvadas as hipóteses de sigilo previstas na Constituição;

VI – adequação entre meios e fins, vedada a imposição de obrigações, restrições e sanções em medida superior àquelas estritamente necessárias ao atendimento do interesse público;

VII – indicação dos pressupostos de fato e de direito que determinarem a decisão;

VIII – observância das formalidades essenciais à garantia dos direitos dos administrados;

IX – adoção de formas simples, suficientes para propiciar adequado grau de certeza, segurança e respeito aos direitos dos administrados;

X – garantia dos direitos à comunicação, à apresentação de alegações finais, à produção de provas e à interposição de recursos, nos processos de que possam resultar sanções e nas situações de litígio;

XI – proibição de cobrança de despesas processuais, ressalvadas as previstas em lei;

XII – impulsão, de ofício, do processo administrativo, sem prejuízo da atuação dos interessados;

XIII – interpretação da norma administrativa da forma que melhor garanta o atendimento do fim público a que se dirige, vedada aplicação retroativa de nova interpretação.

SUMÁRIO: 1. Considerações gerais; 2. Legalidade; 3. Finalidade; 4. Motivação; 5. Razoabilidade; 6. Proporcionalidade; 7. Moralidade; 8. Ampla defesa e contraditório; 9. Segurança jurídica; 10. Interesse público; 11. Eficiência; Jurisprudência; Referências.

1. Considerações gerais

Na Ciência Jurídica, modernamente, afigura-se inquestionável a relevância do estudo dos princípios, enquanto categoria de normas jurídicas que são.[28] Não mais se admite qualquer tarefa interpretativa que não tenha em tal espécie de norma seu embasamento.[29] Nesse sentido, é inegável que a *"afirmación y desarrollo de esta jurisprudencia de principios domina avasalladoramente el momento actual de la ciencia jurídica"*.[30]

Vive-se num Estado de Direito que, mais do que um Estado de Leis, tal como em sua feição original, revela-se um Estado dos Princípios. Justamente por isso não há, nem pode haver, trabalhos científicos sobre o Direito Público que – nos dias de hoje –, não tratem de tal assunto, mesmo que não o façam de forma expressa.[31]

De outro lado, surge a necessidade de que sejam os princípios analisados com um mínimo de responsabilidade científica, para que não se os empregue indevidamente. Em alguns casos, em que não se atenta para tal cautela, os princípios são utilizados como instrumentos erroneamente justificadores de interpretações decisionistas e absolutamente carentes de fundamentação racional. São os princípios, por vezes, empregados como elementos mágicos, míticos, dos quais tudo se poderia extrair. Utilizá-los desse modo afigura-se

---

[28] Para o aprofundamento do conceitos e operatividade dos princípios, bem como para sua comparação com as demais categorias de normas jurídicas, vide, por todos, ÁVILA, Humberto. *Teoria dos princípios:* da definição à aplicação dos princípios jurídicos. 11. ed. São Paulo: Malheiros, 2010.

[29] Importante leitura acerca do papel dos princípios no Direito, especialmente no Direito Administrativo é encontrada em GARCÍA DE ENTERRÍA, Eduardo; FERNÁNDEZ, Tomás-Ramón. *Curso de derecho administrativo*. 11. ed. Madrid: Civitas, 2002, v. 1, p. 83-90.

[30] GONZÁLES PÉREZ, Jesús. *El principio general de la buena fe en el derecho administrativo*. 3. ed. Madri: Civitas, 1999, p. 21.

[31] MAFFINI, Rafael. *Direito Administrativo*. 4. ed. São Paulo: Revista dos Tribunais, 2013, p. 34.

pernicioso e, por certo, as consequências de um mau emprego como esse serão tão prejudiciais como seria uma – atualmente impensável – interpretação jurídica imunizada da influência principiológica. Daí a importância de uma correta compreensão do que seja um princípio jurídico.

Especialmente no Direito Administrativo, os princípios adquirem sobrelevada importância, eis que, dada a falta de codificação sistematizada, são eles que dão uma conformação uniforme a tal ramo da ciência jurídica, sendo que grande parte deles encontra *status* constitucional. Daí a relevância de serem compreendidos os princípios do Direito Administrativo, os quais, representando normas jurídicas finalísticas, prestam-se como instrumentos de interpretação, de integração e de fundamentação indireta ou mediata de deveres jurídicos e de limites à atuação estatal.

O art. 2º da LFPA traz consigo um rol de princípios a serem observados nos processos administrativos e, por conseguinte, em toda a atividade decisória emergente da função estatal de administração pública.

O primeiro destaque a ser feito em relação ao rol de princípios mencionados no art. 2º da LFPA consiste no fato de que se optou pela explicitação da natureza meramente exemplificativa dos princípios destacados na referida regra. Com efeito, é consabido que a normatividade dos princípios não está condicionada à positivação dos mesmos, embora até se possa afirmar que sua menção expressa em preceitos legais ou constitucionais seja conveniente para que inexistam dúvidas quanto ao seu reconhecimento na ordem jurídica.[32] Mostra-se, pois, elogiável que a norma em comento tenha explicitado que a relação de princípios arrolados no art. 2º da LFPA não são os únicos a serem observados quando dos expedientes administrativos voltadas às tomadas de decisão perante a Administração Pública. Há princípios que não se encontram expressamente referidos na regra do art. 2º da LFPA, mas cuja aplicabilidade do Direito Administrativo brasileiro se mostra inegável e que, inclusive, se vêm concretizados por algumas das regras jurídicas contidas na LFPA. Cita-se, a título de exemplo, o princípio da proteção da confiança, cuja principal forma de materialização se dá pela estabilização de atos administrativos, mesmo que inválidos, em decorrência da presunção de legitimidade que os caracteriza somada à boa fé de seus destinatários e ao decurso de significativo lapso temporal, exatamente como se depreende da regra inserta no art. 54 da LFPA.[33]

---

[32] *"El hecho de su consagración en una norma legal no suponía que con anterioridad no existiera, ni que por tal consagración legislativa hubiera perdido tal carácter. Pues si los principios generales del Derecho, por su propia naturaleza, existen con independencia de su consagración en una norma jurídica positiva, como tales subsistirán cuando en un Ordenamiento jurídico se recogen en un precepto positivo, con objeto de que no queda duda su pleno reconocimiento"* (GONZÁLES PÉREZ, Jesús. Op. cit., p. 22).

[33] Sobre proteção da confiança, vide, dentre outros CALMES, Sylvia. *Du principe de protection de la confiance légitime en droits allemand, communautaire et français*. Paris: Dalloz, 2001; CASTILLO BLANCO, Federico A. *La protección de confianza en el derecho administrativo*. Madrid: Marcial Pons, 1998; COUTO E SILVA, Almiro. O princípio da segurança jurídica (proteção à confiança) no Direito Público brasileiro e o direito da administração pública de anular os seus próprios atos administrativos: o prazo decadencial do art. 54 da lei do processo administrativo da União (Lei nº 9.784/99). *Revista de Direito Administrativo*, nº 237. Rio de Janeiro: Renovar, jul/set 2004; GARCIA LUENGO, Javier. *El principio de protección de la confianza en el derecho administrativo*. Madrid: Civitas, 2002; MAFFINI, Rafael. *Princípio da proteção substancial da confiança no Direito Administrativo brasileiro*. Porto Alegre: Verbo Jurídico, 2006; SCHONBERG, Soren J. *Legitimate expectations in administrative law*. Oxford: Oxford, 2000.

De outro lado, igualmente elogiável o fato de que o art. 2º da LFPA amplia a relação expressa de princípios em relação àqueles que se encontram previstos explicitamente na CF/88. Assim, princípios constitucionais implícitos são explicitados no art. 2º da LFPA, como ocorre, por exemplo, com os princípios da motivação, da razoabilidade, da proporcionalidade, da segurança jurídica e do interesse público.

Além disso, há princípios mencionados no art. 2º da LFPA que simplesmente repetem aqueles referidos no texto constitucional, seja no art. 37 da CF/88 (legalidade, moralidade, eficiência), seja no art. 5º, LV (ampla defesa e contraditório).

O princípio da publicidade não se encontra expressamente mencionado no art. 2º da Lei nº 9.784/99, mas tem sua aplicação evidenciada em inúmeras outras regras da LFPA, como, por exemplo, no art. 2º, parágrafo único, V.

Já o princípio da finalidade, como será a seguir demonstrado, é tratado por parte da doutrina como sinônimo de impessoalidade, razão pela qual esse não se encontra referido, ao menos, de modo expresso, no *caput* do art. 2º da LFPA. É de ser destacado, por fim, que o rol de princípios contido no *caput* do art. 2º da LFPA é acompanhado de critérios de interpretação contidos no parágrafo único.

Feitas tais considerações, passa-se à análise dos princípios indicados na regra em comento, o que é feita sem a pretensão de esgotamento e tendo como perspectiva precípua a sua compreensão a partir do micro-sistema jurídico contido na LFPA.

2. Legalidade

O princípio da legalidade ocupa posição destacada no Direito Administrativo brasileiro. Celso Antônio Bandeira de Mello assevera ser a legalidade administrativa o "princípio capital para a configuração do regime jurídico-administrativo".[34] Do mesmo modo, ensina Hartmut Maurer que "o Direito Administrativo é determinado por toda uma série de princípios. O mais importante é, seguramente, o princípio da legalidade da administração pública".[35] Tais passagens prestam-se evidentemente a demonstrar a relevância do princípio da legalidade administrativa, o qual inclusive possui *status* constitucionais, eis que expressado no art. 5º, II, e no art. 37 da CF/88. Contudo, há de se fazer uma advertência importante, a qual decorre do atual estágio de compreensão do papel normativo dos princípios. Com efeito, em tese, ou seja, num plano abstrato típico da análise doutrinária de um determinado princípio, não é possível que se estabeleçam priorizações de determinados princípios sobre os demais. Depreende-se, pois, da teoria dos princípios, que tais espécies de normas jurídicas não podem ser hierarquizados num plano abstrato. Diante disso, a realidade hermenêutica atual busca uma visão de coerência do Direito, conformada atra-

---

[34] MELLO, Celso Antônio Bandeira de. *Curso de Direito Administrativo*. 28. ed. São Paulo: Malheiros, 2011, p. 99.
[35] MAURER, Hartmut. *Elementos de Direito Administrativo Alemão*. Trad. Luís Afonso Heck. Porto Alegre, Sergio Antonio Fabris Editor, 2001, p. 45.

vés de mecanismos de ponderação. Nenhum princípio, *a priori*, terá o condão de esgotar o conteúdo dos demais princípios presentes no sistema jurídico. Por certo, existirão colisões, em termos concretos, entre princípios, as quais deverão ser solvidas através de outros instrumentos hermenêuticos, numa análise eminentemente casuística.[36] Especificamente em relação ao princípio da legalidade, cuja relevância não se coloca em dúvida, há casos, relativamente frequentes, em que numa determinada situação concreta, por conta de mecanismos de ponderação, tal princípio cederá em favor da norma da razoabilidade, da segurança jurídica ou de outras tantas outras normas principiológicas.

Impossível imiscuir-se na tarefa de estudar o conceito de princípio da legalidade da Administração Pública sem que se tome como ponto de partida a clássica parêmia pela qual "enquanto na administração particular é lícito fazer tudo que a lei não proíbe, na Administração Pública só é permitido fazer o que a lei autoriza". Tal frase, merecedora de elogios por trazer consigo perfeita síntese, costuma ser atribuída a Hely Lopes Meirelles.[37] Em verdade, seu conteúdo remonta o início do século XX, em obra de João Barbalho Uchoa Cavalcanti acerca da Constituição Federal de 1891.[38] [39] Do mesmo modo, não raro, sumariza-se o princípio da legalidade em outra parêmia, essa exarada por Michel Stassinopoulos, pela qual a "Administração Pública não pode agir *contra legem* ou *praeter legem*, mas somente *secundum legem*".[40]

A legalidade da Administração Pública nada mais seria, conforme ensina Diogo Freitas do Amaral,[41] do que o princípio da competência, pela qual somente seria permitido fazer o que previsto como admitido em regras de atribuição. Tal princípio da competência é traduzido na expressão latina *quae non sunt permissa prohibita intelliguntur*,[42] ao contrário do princípio da liberdade, típico do Direito Privado, onde *permissum videtur in omne quod non prohibitum*.[43]

Assim, é possível vislumbrar ao princípio da legalidade da Administração Pública um duplo papel. De um lado, a legalidade faz-se limite a atividade administrativa, tal como ocorre com as relações jurídicas privadas. De outro, e esta é a peculiaridade do Direito Público, sobretudo do Direito Administrativo, a legalidade administrativa impõe ser a lei a própria fonte de atuação da Administração Pública, isto é, corresponde ao seu próprio fundamento.[44] [45]

---

[36] MAFFINI, Rafael. *Direito Administrativo*. 4. ed. São Paulo: Revista dos Tribunais, 2013, p. 35.

[37] MEIRELLES, Hely Lopes. *Direito Administrativo Brasileiro*. 37. ed. São Paulo: Malheiros, 2011, p. 89.

[38] "De modo que, ao indivíduo é reconhecido o direito de fazer tudo quanto a lei não tem prohibido, e não póde elle ser obrigado sinão ao que ella lhe impõe. ... Com a autoridade, porém com os funccionários públicos, dá-se justamente o contrario, – só podem fazer, nessa qualidade, o que a lei autoriza, como n'outra parte já expozemos. Suas attribuições são somente as que se acham definidas nas leis e nos regulamentos que com ellas se conformam." (CAVALCANTI, João Barbalho Uchôa. *Constituição Federal Brasileiro, 1891:* Comentada. Brasília: Ed. Senado Federal, 2002, p. 302.)

[39] Não há nisto qualquer sugestão de plágio. A frase em lume resume com tamanha precisão o princípio da legalidade, sobretudo a reserva legal, que pode muito bem ser considerada, nos dias de hoje, de *"domínio público"*.

[40] STASSINPOULOS, Michel. *Traité des Actes Administratifs*. Atenas: Sirey, 1954, p. 69.

[41] AMARAL, Diogo Freitas do. *Curso de Direito Administrativo*. 2. ed. Coimbra: Almedina, 2006, v. 2. p. 43.

[42] "O que não for permitido considera-se que é proibido".

[43] "Considera-se permitido tudo o que não estiver proibido".

[44] "[...] na concepção mais recente, a lei não é apenas um limite à actuação da Administração: é também o fundamento da acção administrativa.. Quer isto dizer que, hoje em dia, não há um poder livre de a Administração fazer o que bem entender, salvo quando a lei lho proibir; pelo contrário, vigora a regra de que a

Desta forma, surge a necessidade de se buscar atribuir uma fórmula conceitual que se aproxime de um teor racional próximo do que seja a legalidade administrativa em um Estado Democrático de Direito, até mesmo para que se possa dimensionar o modo através do qual a regulação da atividade estatal é desempenhado, bem assim, o controle que dela resulta.

Com efeito, a definição do princípio da legalidade parte de uma opção entre dois significados: a legalidade em sentido estrito ou formal ou a legalidade em sentido amplo ou material.[46] Isto porque, aproveitando-se, com adaptações, a classificação dos conceitos do princípio da legalidade, proposta por Francesco Caringela *et alli*,[47] a legalidade da Administração Pública poderia ser considerada através de três concepções: a) fraquíssimo: a legalidade significaria a simples possibilidade de se agir se não houver contrariedade com a lei; b) fraco: a legalidade significaria que a atuação da Administração Pública dependeria de previsão positiva da lei, independentemente do conteúdo desta (legalidade em sentido estrito); e, por fim, c) forte: a legalidade significaria que a atuação da Administração Pública conforme previsão positiva da lei, necessariamente coadunada por imperativos principiológicos maiores contidos no texto constitucional (legalidade em sentido amplo).

Assim, considerando-se que o primeiro dos significados (fraquíssimo) mostra-se próprio das relações jurídicas privadas naquilo que consubstancia o princípio da liberdade, sendo, portanto, afastado,[48] remanescem os dois outros significados: a legalidade em sentido estrito (fraco) e a legalidade em sentido amplo (forte).

A legalidade em sentido estrito (ou formal) significaria, pois, que a atividade administrativa ficaria adstrita à "lei", sem que importasse o seu conteúdo normativo, ou seja, revelar-se-ia desinteressante, para os fins de regulação da atividade administrativa, aquilo que não estivesse disposto na lei. A regra

---

Administração só pode fazer aquilo que a lei lhe permitir que faça" (Diogo Freitas do Amaral. *Op. cit.*, p. 43). Vide, ainda no sentido de que a lei é o próprio fundamento de atuação da Administração Pública, MOREIRA NETO, Diogo de Figueiredo. *Curso de Direito Administrativo*. 14. ed. Rio de Janeiro: Forense, 2005, p. 81/82.

[45] A referência a tal duplo papel dado ao princípio da legalidade converge com os dois sentidos atribuídos a tal princípio por Otto Mayer ao final do Século XIX. Segundo tal autor, num primeiro significado, denominado pelo autor de preferência (ou primazia) da lei (*Vorrang des Gesetzes*), a lei (*rectius*: a lei e o Direito, no sentido a seguir desenvolvido) teria a qualidade da irrefragabilidade, ou seja, "*cuando la voluntad del Estado tiene ese origen [a lei], no puede ser válidamente anulada, modificada o privada de sus efectos por ninguna otra via; por otro lado, ella anula todos los actos ya emitidos em del Estrado, que le sean contrarios*" (MAYER, Otto. *Derecho Administrativo Alemán*. T. I, trad. Horacio H. Heredia e Ernesto Krotoschin. Buenos Aires: Depalma, 1949, p. 95). O outro significado que se pode atribuir à legalidade administrativa, denominado por Otto Mayer de reserva da lei (*Vorbehalt des Gesetzes*), corresponde à necessidade de a atuação administrativa encontrar supedâneo no Direito vigente (*Idem*, p. 98).

[46] Neste passo, faz-se imperiosa uma advertência: não se pode confundir a diferença havida entre a "legalidade em sentido estrito ou formal" e a "legalidade em sentido amplo ou material" – da qual se depreenderá o conteúdo jurídico do princípio da legalidade – com a diferença entre "*lei em sentido formal*" e "lei em sentido material", diferença esta que será tratada posteriormente quando do estudo da reserva legal administrativa e que também se mostra deveras pertinente ao princípio da legalidade, porém não para conceituá-lo.

[47] CARINGELA, F.; DELPINO, L.; DEL GIUDICE, F. *Diritto Amministrativo*. Napoli: Ed. Giuridiche Simone, 1999, p. 330.

[48] Para uma análise comparativa entre as relações de Direito Privado e aqueloutras de Direito Administrativo, vide CIRNE LIMA, Ruy, *Princípios de Direito Administrativo*. 6. ed. São Paulo: Revista dos Tribunais, 1987, p. 51 e seg.

jurídica e, assim, o legislador ganharia feição absoluta, ilimitada, incompatível com a visão moderna do Estado de Direito.

Já a legalidade em sentido amplo (ou material) corresponderia, segundo Marcelo Harger, àquilo que "é expresso pelos valores consagrados na Constituição. É natural que assim o seja, em decorrência da concepção já exposta de Estado de Direito, como aquele que se submete às leis editadas em conformidade com a Constituição".[49] Conclui, neste sentido, que "a legalidade formal é insuficiente para garantir o respeito aos direitos dos administrados".[50] Este significado material do princípio da legalidade é traduzido em lapidar passagem de Eduardo Garcia de Enterría,[51] pela qual "quanto ao conteúdo das leis, a que o princípio da legalidade remete, fica também claro que não é tampouco válido qualquer conteúdo (*dura lex, sed lex*), não é qualquer comando ou preceito normativo que se legitima, mas somente aqueles (arts. 161.1. a, 163 e 164) que o produzem "dentro da Constituição" e especialmente de acordo com sua "ordem de valores" que, como toda explicitude, expressem e, principalmente, que não atentem, mas que pelo contrário sirvam aos direitos fundamentais".

O conceito substancial do princípio da legalidade, fora de qualquer dúvida, há de preponderar até mesmo para que seja devidamente homenageado o princípio da supremacia da constituição, merecedor de toda estima possível. Tal merecida preponderância vem ocorrendo doutrinariamente, mesmo que se dê ao significado ora pugnado uma gama variegada de denominações. Ou seja, embora convergente no sentido de ser a função administrativa pautada pelo conjunto normativo presente no ordenamento jurídico, mais complexo do que o conjunto de regras positivadas, a ideia que se pretende para a legalidade administrativa já foi denominada por Maurice Hauriou de "bloco de legalidade", enquanto Laubadère preferia "legalidade lato sensu".

Embora não exista divergência de fundo entre os autores referidos, mas tão somente de terminologia, quer parecer que a expressão que melhor traduz o que se pretende hodiernamente do princípio da legalidade é a "juridicidade administrativa", pugnada originalmente por Adolf Merkl[52] e, de plano, aderida por Eduardo García de Enterría e Ramón Fernández,[53] bem como, em solo pátrio, por Cármen Lúcia Antunes Rocha,[54] para quem "a preferência que se confere à expressão deste princípio da juridicidade, e não apenas ao da legalidade como antes era afirmado, é que, ainda que se entenda esta em sua generalidade (e não na especificidade da lei formal), não se tem a inteireza do Direito e a grandeza da Democracia em seu conteúdo, como se pode e se tem naquele. Se a legalidade continua a participar da juridicidade a que se vincula a Administração Pública – e é certo que assim é –, esta vai muito além da legalidade,

---

[49] HARGER, Marcelo. *Princípios Constitucionais do Processo Administrativo*. Rio de Janeiro: Forense, 2001, p. 107.

[50] Idem.

[51] GARCIA DE ENTERRÍA, Eduardo, O princípio da legalidade na Constituição espanhola. *Revista de Direito Público*, v. 86, 1988, p. 6.

[52] MERKL, Adolf. *Teoria general del derecho administrativo*. México: Nacional, 1980, *passim*.

[53] GARCÍA DE ENTERRÍA, Eduardo; FERNÁNDEZ, Tomás-Ramón. *Curso de Derecho Administrativo*. 11. ed. Madri: Civitas, 2002, v. I, p. 437.

[54] ROCHA, Cármen Lúcia Antunes. *Princípios constitucionais da Administração Pública*. Belo Horizonte: Del Rey, 1994, p. 69/70.

pois afirma-se em sua autoridade pela legitimidade do seu comportamento, que não se contém apenas na formalidade das normas jurídicas, ainda que consideradas na integralidade do ordenamento de Direito. A transformação não é apenas de nome do princípio, mas do seu significado e, em especial, do seu conteúdo".

Tal acepção da legalidade administrativa, aliás, vem recebendo cada vez mais adesão na doutrina pátria. Cita-se, à guisa de exemplo, Lucia Valle Figueiredo, para quem "o princípio da legalidade é bem mais amplo do que a mera sujeição do administrador à lei, pois aquele, necessariamente, deve estar submetido também ao Direito, ao ordenamento jurídico, às normas e princípios constitucionais".[55]

Do mesmo modo, é possível encontrar, quanto ao conceito pugnado, a chancela de Carlos Ari Sundfeld ao asseverar o ilustre autor que a "Administração não age apenas de acordo com a lei; subordina-se ao que se pode chamar de bloco de legalidade. Na basta a autorização legal: necessário atentar à moralidade administrativa, à boa-fé, à igualdade, à boa administração, à razoabilidade, à proporcionalidade – enfim, aos princípios que adensam o conteúdo das imposições legais".[56]

Também Vladimir da Rocha França, para quem "a juridicidade cuida da compatibilidade formal e substancial da atividade administrativa com o ordenamento jurídico instituído pela lei, que concede o ponto de partida do processo de concretização da função administrativa".[57]

Assim, quer parecer que se mostra inegável que o conteúdo jurídico do princípio da legalidade que mais de ajusta à feição atual do Direito Público é aquele que leva em conta uma acepção mais ampla do que a simples observância aos preceitos legais positivados no mister de regulação da atividade administrativa. Pugna-se, pois, por uma fórmula que compreenda o princípio da legalidade como a imposição de que a Administração Pública somente possa atuar com a permissão e nos limites dispostos pelo Direito como um todo. Ou seja, pugna-se por um conceito de juridicidade da Administração Pública no sentido de que tenha a Administração Pública de agir em conformidade com as regras aplicáveis, bem como de modo compatível com os princípios norteadores do Direito Administrativo. Este é, pois, o sentido que se pretende atribuir ao princípio da legalidade.

Tais ideias, que pugnam pela necessidade de a Administração Pública agir de modo consentâneo não somente com a regras legais aplicáveis mas também com o Direito como um todo, sobretudo em razão da evoluída principiologia afeta a tal área de conhecimento, restaram absorvidas pela LFPA, uma vez que o seu art. 2°, parágrafo único, I, traz consigo interessante critério de interpretação do princípio da legalidade, estabelecendo que "nos processos administrativos serão observados, entre outros, os critérios de ... atuação conforme a lei e o Direito". Tal norma jurídica, que possui como fonte de inspiração, o

---

[55] FIGUEIREDO, Lúcia Valle. *Curso de Direito Administrativo*. 5. ed. São Paulo: Malheiros, 2001, p. 42.
[56] SUNDFELD, Carlos Ari. *Direito Administrativo Ordenador*. São Paulo: Malheiros, 1997, p. 32.
[57] FRANÇA, Vladimir da Rocha. *Invalidação judicial da discricionariedade administrativa no regime jurídico-administrativo brasileiro*. Rio de Janeiro: Forense, 2000, p. 83.

disposto no art. 20.3 da Constituição da Alemanha,[58] presta-se a evidenciar que as noções de "lei" e de "Direito", de um lado, não podem ser tratadas como sinonímias e, de outro, hão de ser observadas em toda e qualquer manifestação da atividade decisória da Administração Pública.

Diante disso, tem-se um verdadeiro e elogiável desprestígio à interpretação do Direito Administrativo que seja pautada por um verdadeiro "legalismo" – infelizmente ainda presente em setores mais conservadores da jurisprudência –, assim considerado o modo de percepção da Ciência Jurídica pelo qual os textos positivados correspondem ao único horizonte do intérprete. Em outras palavras, tem-se que a própria lei – no caso, a LFPA – prevê que não é o bastante para a concretização da noção de juridicidade, que se obedeçam às regras legais, impondo-se, pois, a obediência de todos os demais princípios norteadores do Direito Administrativo.[59]

3. Finalidade

Parcela significativa da doutrina assevera que o princípio da impessoalidade, referido no art. 37 da CF/88, corresponderia ao princípio da finalidade. Neste sentido, por exemplo, é deveras conhecida a passagem de Hely Lopes Meirelles, para quem "o princípio da impessoalidade, referido na Constituição de 1988 (art. 37, *caput*), nada mais é que o clássico princípio da finalidade, o qual impõe ao administrador público que só pratique o ato para o seu fim legal. E o fim legal é unicamente aquele que a norma de Direito indica expressa ou virtualmente como objetivo do ato, de forma impessoal".[60]

Tal circunstância, como já referido, explica a menção expressa do princípio da finalidade no art. 2º da LFPA e a omissão ao princípio da impessoalidade em tal preceito legal, a despeito de seu *status* constitucional.

---

[58] "*Die Gesetzgebung ist an die verfassungsmäßige Ordnung; die vollziehende Gewalt und die Rechtsprechung sind an Gesetz und Recht gebunden*" (O Poder Legislativo está subordinado à ordem constitucional; os poderes executivo e judicial obedecem à lei e ao Direito).

[59] "Ainda em relação ao sentido ora analisado (primazia da lei e do Direito), uma última consideração deve ser feita. Especial-mente após a vigência da Constituição Federal de 1988, doutrina e jurisprudência vêm convergindo num sentido mais amplo da noção de legalidade administrativa enquanto primazia da lei e do Direito. Ocorre que, antes da Constituição de 1988, a compreensão mais usual andava no sentido de que o único vetor da validade da atividade de Administração Pública era a estrita legalidade (ou legalidade *stricto sensu*), ou seja, tinha-se uma noção meramente formal da validade da ação administrativa, no sentido de que bastaria esta seguir formalmente o texto literal da lei, para que se concluísse pela sua validade. Nos dias de hoje, tem-se por correta uma noção mais abrangente do que seja a legalidade administrativa (aqui legalidade *lato sensu*). Não se está a defender, por óbvio, a desimportância da legalidade estritamente considerada, mas não se mostra adequado considerá-la o único elemento componente da validade da ação administrativa. Como já decidiu inúmeras vezes o STF (ex. RMS 24.699), exige-se mais do que isso, no sentido de que, para a validade da ação administrativa, não basta que seja formalmente compatível com a lei; é também necessário que esteja substancialmente em consonância com toda a principiologia do Direito Administrativo. Neste sentido, uma conduta administrativa formalmente de acordo com a lei, mas substancialmente imoral, irrazoável, pessoalizada, etc., deverá ser também considerada inválida. Tal leitura – que vem sendo denominada de "juridicidade administrativa" – abarca tanto a legalidade formalmente considerada (compatibilidade com a lei) quanto a principiologia como um todo (consonância com o Direito), corresponde à feição moderna da legalidade, no que tange ao plano de validade no Direito Administrativo. No plano federal, ademais, tal modo de ver a legalidade administrativa encontra respaldo no art. 2º, parágrafo único, I, da Lei nº 9.784/99" (MAFFINI, Rafael. *Op. cit.*, p. 43/44).

[60] MEIRELLES, Hely Lopes. *Op. cit.*, p. 93.

De qualquer modo, o princípio da finalidade coloca-se em destacada posição no regime jurídico administrativo. Ruy Cirne Lima tornou clássica sua passagem pela qual "o fim – e não a vontade – domina todas as formas de administração".[61] Em efeito, a finalidade subjacente a todo e qualquer instituto de Direito Administrativo há de ser o interesse público, o qual terá sua feição principiológica a seguir estudada, eis que também referido tal princípio no art. 2º da LFPA.

A partir da referida relação entre finalidade e impessoalidade, a qual é aqui pressuposta, embora possua algumas restrições teóricas,[62] é possível depreender de tal princípio inúmeros significados.[63] Num sentido amplo, finalidade ou impessoalidade significa que a Administração Pública deve agir de modo a desconsiderar, em linha de princípio, as características pessoais ou subjetivas de todos quantos estejam envolvidos nas relações jurídico-administrativas. Por certo, não se poderia cogitar de uma atividade jurídica estatal absolutamente depurada de aspectos subjetivos, típicos da condição humana. Todavia, a finalidade ou impessoalidade impõe seja, tanto quanto possível, a ação administrativa objetivada, no sentido de evitar odiosas discriminações ou a utilização da estrutura administrativa em favor de interesses pessoais egoístas. Tal sentido geral de finalidade ou impessoalidade é encontrado textualmente, no art. 2º, parágrafo único, III, da LFPA, pelo qual há de ser observada na atividade decisória da Administração Pública a "objetividade no atendimento do interesse público". Demais disso, é encontrado no art. 2º, parágrafo único, II, da LFPA ("atendimento a fins de interesse geral"), bem como no art. 2º, parágrafo único, XIII, da LFPA ("interpretação da norma administrativa da forma que melhor garanta o atendimento do fim público a que se dirige").

A par de tal significado geral do princípio da finalidade ou impessoalidade, existem outros sentidos que a ele se pode atribuir e que se encontram textualmente inseridos na regra legal em comento.

A título de exemplo, tem-se o princípio da impessoalidade como vedação de promoção pessoal dos administradores.[64] Trata-se de uma decorrência do art. 37, § 1º, da CF ("a publicidade dos atos, programas, obras, serviços e campanhas dos órgãos públicos deverá ter caráter educativo, informativo ou de orientação social, dela não podendo constar nomes, símbolos ou imagens que caracterizem promoção pessoal de autoridades ou servidores públicos"), que se encontra presente no art. 2º, parágrafo único, III, da Lei nº 9.784/99, que estabelece ser "vedada a promoção pessoal de agentes ou autoridades".

Por fim, não se pode olvidar que há outros sentidos são atribuídos, doutrinária e jurisprudencialmente, ao princípio da finalidade e impessoalidade.

---

[61] CIRNE LIMA, Ruy. *Op. cit.*, p. 22.

[62] Não se pode negar que finalidade e impessoalidade representam signos normativos relacionados em vários aspectos. Contudo, tratá-los como simples sinônimos não se mostra adequado sem que se façam temperamos e acordos semânticos que talvez os distancie ou lhes proporcionem sentidos diversos dos que são a eles originariamente destinados.

[63] MAFFINI, Rafael. *Op. cit.*, p. 46.

[64] Para aprofundamento de tal sentido do princípio da finalidade ou impessoalidade, vide FINGER, Julio Cesar. *Constituição e publicidade* – sobre os limites e possibilidades no controle jurisdicional da publicidade pessoal da Administração. Porto Alegre: Livraria do Advogado, 2006.

Para alguns autores, por exemplo, tal princípio deveria ser relacionado com a noção de isonomia.[65] Para outros, de tal princípio resultaria o dever de imparcialidade.[66]

4. Motivação

Com a promulgação da Constituição Federal de 1988, enriqueceram-se os debates acerca do princípio da motivação no Direito Administrativo. O dever de fundamentação expressa das decisões administrativas passou a merecer atenção, a ponto de o tema ser atualmente tão ou até mais desenvolvido que a questão da fundamentação das decisões judiciais.[67]

Trata-se de princípio que se vê fundamentado por vários outros princípios constitucionais, embora não tenha previsão expressa na Carta Magna. Incontroversamente, contudo, é-lhe reconhecido o status de princípio constitucional. Como asseverado, vários são os princípios constitucionais que lhe dão conformação, podendo-se entendê-lo como resultado da conjugação das seguintes normas constitucionais: a) princípio do Estado Democrático de Direito (art. 1º, parágrafo único); b) princípio da inafastabilidade do controle judicial (art. 5º, XXXV); c) princípio da moralidade (art. 37); d) princípio da publicidade (art. 37); e) regra de obrigatoriedade da motivação das decisões administrativas exaradas pelos Tribunais (art. 93, X), que somente atipicamente desempenham a função administrativa, impondo *a fortiori* que assim também o seja em relação a quem desempenhar tipicamente tal espécie de função estatal.[68]

Por motivação entenda-se o dever de a Administração Pública externar, prévia ou contemporaneamente, quais fundamentos fático-jurídicos embasam a sua atuação, bem como sua conexão com o resultado pretendido. Dessa forma, não basta a divulgação tão somente do resultado da conduta administrativa, apresentando-se necessária também a divulgação das razões que levaram à sua concretização.

A motivação, ademais, tem mais de uma função, no que José Carlos Vieira de Andrade denominou de "complexidade funcional". De tais várias funções destacam-se as seguintes: a) legitimação da atuação administrativa, uma vez que impõe seja promovida uma mais cuidadosa ponderação dos interesses em jogo, com vistas à obtenção de decisões dotadas de racionalidade objetiva; b) alargamento da publicidade, pelas razões acima apontadas; c) o aperfeiçoamento dos mecanismos de controle da validade da ação administrativa. A última das finalidades – ampliação dos mecanismos de controle – representa, sem dúvida, a mais importante delas, na medida em que potencializa não só a sindicabilidade do resultado da atividade decisória da Administração Pública,

---

[65] MELLO, Celso Antônio Bandeira de. *Op. cit.*, p. 114.
[66] ÁVILA, Ana Paula Oliveira. *O princípio da impessoalidade da Administração Pública* – Para uma Administração imparcial. Rio de Janeiro: Revonar, 2004.
[67] No Direito Comparado, vide, dentre outros, VIEIRA DE ANDRADE, José Carlos. *O dever de fundamentação expressa de actos administrativos*. Coimbra: Almedina, 1992.
[68] MAFFINI, Rafael. *Op. cit.*, 53/54.

mas, sobretudo, dos fundamentos fático-jurídicos intrínsecos a tal tomada de decisão.

O princípio da motivação é notavelmente prestigiado na LFPA, tendo merecido, não só a referência no *caput* do art. 2º, como também a menção expressa no art. 2º, parágrafo único, VII, que contempla o dever de "indicação dos pressupostos de fato e de direito que determinarem a decisão". Mas tal prestígio é ainda mais evidente pelo fato de ter merecido todo um Capítulo[69] na Lei nº 9.784/99, o qual será analisado mais detidamente em momento oportuno.

5. Razoabilidade

A razoabilidade,[70] que corresponde a um princípio diretamente relacionado ao conteúdo da atuação estatal, visa à interdição de condutas irrazoáveis, absurdas, desmedidas. A sua definição, ou expressão verbal, não é singela. Costuma-se afirmar que é muito difícil indicar o que seja razoável, embora seja, no caso concreto, singela a tarefa de serem apontadas condutas irrazoáveis.

Tal princípio possui dúplice repercussão. De um lado, sob um aspecto positivo, impõe sejam as condutas administrativas possuidoras de uma "relação de congruência entre as situações de fato e a atuação administrativa".[71]

De outro lado, na sua feição negativa, interdita a prática de condutas administrativas irrazoáveis, absurdas, incondizentes com a própria finalidade concreta almejada com o ato em questão. Caso desrespeitada essa feição negativa do princípio da razoabilidade, a situação resta acoimada de invalidade, com o que se permite a invalidação judicial do ato administrativo irrazoável. Nesse sentido, interessante colacionar passagem de Celso Antônio Bandeira de Mello, para quem "não serão apenas inconvenientes, mas também ilegítimas – e, portanto, jurisdicionalmente invalidáveis – as condutas desarrazoadas, bizarras, incoerentes ou praticadas com desconsideração às situações e circunstâncias que seriam atendidas por quem tivesse atributos normais de prudência, sensatez e disposição de acatamento às finalidades da lei atributiva da discrição manejada".[72] É importante destacar, assim, que a razoabilidade é princípio que compõe a noção de validade da ação administrativa, no sentido de que a conduta irrazoável é inválida e, assim, suscetível de invalidação, seja pela própria Administração Pública, seja pelo Poder Judiciário.[73]

No que tange ao seu conteúdo, já se disse que é de difícil apreensão numa fórmula conceitual. Em linhas aproximadas, sendo a razoabilidade uma norma jurídica metódica de interpretação/aplicação de outras regras e princípios, tal princípio possui índole estruturante, cuja operatividade se manifesta de vários

---

[69] Trata-se do Capítulo XII, denominado "Da motivação".
[70] As ideias aqui vertidas também são encontradas em MAFFINI, Rafael. *Op. cit.* p. 53/55.
[71] HARGER, Marcelo. *Op. cit.*, p. 114.
[72] MELLO, Celso Antônio Bandeira de. *Op. cit.*, p. 108.
[73] Para uma análise aprofundada acerca do controle judicial da razoabilidade e, de resto, de vários outros aspectos pertinentes a tal princípio, vide OLIVEIRA, José Roberto Pimenta. *Os princípios da razoabilidade e da proporcionalidade no Direito Administrativo brasileiro*. São Paulo: Malheiros, 2006.

modos. O principal desses modos consiste na imposição de congruência das medidas adotadas pela Administração Pública. Tal vínculo de congruência, por seu turno, deve ser mantido em relação a dois aspectos: de um lado, deve haver congruência entre as medidas adotadas pela Administração Pública e as circunstâncias fático-jurídicas que as determinam; de outro, deve existir congruência entre tais medidas e a satisfação dos interesses públicos para os quais tais providências são determinadas.

Em tal sentido, é conveniente recordar o disposto no art. 2º, VI, da Lei nº 9.784/99, pelo qual se mostra "vedada a imposição de obrigação, restrições e sanções em medida superior àquelas estritamente necessárias ao atendimento do interesse público".

Com isso, as medidas administrativas, para serem consideradas razoáveis, devem conciliar, portanto, duas características: devem ser, a um só tempo, necessárias e suficientes para a consecução dos fins pretendidos pela Administração Pública. Daí por que o exame da necessidade e da suficiência há de estar relacionado diretamente com as circunstâncias fáticas que tangenciam a providência administrativa, bem como há de ser considerada a finalidade pretendida. Uma medida administrativa que não seja necessária ou uma medida administrativa que seja insuficiente são, portanto, irrazoáveis.

6. Proporcionalidade

Não se mostra singela a tarefa de se definir o princípio da proporcionalidade. Trata-se de tarefa ainda mais árdua a compreensão de sua relação com o princípio da razoabilidade. Há opiniões segundo as quais tais princípios deveriam ser compreendidos como de sinônimos. Para outros, a razoabilidade seria um aspecto da proporcionalidade. Há quem sustente que a proporcionalidade é que seria um dos aspectos da razoabilidade. Por fim, há autores que sustentam tratarem-se de princípios dotados de conteúdos jurídicos diversos.

A LFPA embora destine o art. 2º, parágrafo único, VI, para a fixação de critérios a serem empregados tanto no princípio da razoabilidade quanto no princípio da proporcionalidade, destina à noção de proporcionalidade o dever de "adequação entre meios e fins", noção essa que costuma ter sua relevância maximizada quando tal cotejo entre meios e fins envolve direitos fundamentais.

Em linhas gerais, a proporcionalidade é compreendida a partir da conjugação de três aspectos. O primeiro deles consiste na noção de "*adequação*" pelo qual se analisa a aptidão do meio utilizado para o alcance do fim pretendido. O segundo aspecto é o da "necessidade", pelo qual se analisa a dimensão das restrições impostas quando da utilização dos meios utilizados em cotejo com outras formas de atingimento do mesmo fim. Finalmente, tem-se o aspecto denominado "proporcionalidade em sentido estrito" que, segundo Humberto Ávila, "exige a comparação entre a importância da realização do fim e a intensidade da restrição aos direito fundamentais", sendo esse um "exame complexo, pois o julgamento daquilo que será considerado como vantagem e daquilo que será contado como desvantagem depende de uma avaliação fortemente subjetiva. Normalmente um meio é adotado para atingir uma finalidade público, relacionada ao interesse coletivo (proteção do meio ambiente, proteção dos consumidores), e sua adoção causa, como efeito colateral, restrições a direitos fundamentais do cidadão".[74]

7. Moralidade

Não é singela a tarefa de definir o que seja a moralidade administrativa, mesmo que na despretensiosa incumbência de se lhe conferir um significado jurídico mínimo. É de difícil expressão verbal, como ensina Odete Medauar.[75] Tal princípio erigido à condição de princípio constitucional explícito (art. 37, *caput*, da CF) somente pode ser definido por meio de fórmulas teóricas deveras abstratas, que, por certo, não contemplam toda a riqueza das situações cotidianas que, na Administração Pública, devem ser interpretadas na perspectiva da moralidade administrativa.

Buscando-se, pois, uma formulação teórica que seja a mais adequada para traduzir a noção de moralidade administrativa, ainda que persista o problema de sua aplicação concreta, tem-se que a moralidade administrativa busca a obtenção de um estado de honestidade na Administração Pública, para o que impõe, em todas as suas relações jurídicas, deveres de boa-fé, probidade, lealdade, transparência, etc.[76]

De tal noção se depreendem algumas consequências que devem ser destacadas. A primeira delas é a de que a moralidade administrativa é princípio dotado de conteúdo jurídico autônomo. Tal consideração mostra-se importante porque, no passado, já se sustentou que a moralidade deveria ser necessariamente secundada na legalidade, ou seja, já se defendeu que somente se exigiria a moralidade que a lei explicitamente previsse. Essa forma de pensar a moralidade administrativa já não mais se sustenta, uma vez que a moralidade administrativa possui, como asseverado, conteúdo autônomo que até pode estar cristalizado em preceitos legais, mas não é imprescindível que o esteja para fins de juridicização de seu conteúdo.

De outra banda, não mais se discute que a moralidade administrativa ocupa importante papel na noção ampla de validade da ação administrativa, também qualificada como juridicidade. Disso resultam duas principais consequências: a) será inválida toda e qualquer ação administrativa que houver sido concretizada de modo contrário ao princípio da moralidade; b) será responsabilizado severamente o agente público que não respeitar tais deveres decorrentes da moralidade administrativa, inclusive por improbidade administrativa (art. 37, § 4º, da CF e Lei 8.429/1992).

Na LFPA, o princípio da moralidade mereceu o critério definido no art. 2º, parágrafo único, IV, o qual impõe uma "atuação segundo padrões éticos de probidade, decoro e boa-fé".

---

[74] ÁVILA, Humberto. *Op. cit.* p. 160.
[75] MEDAUAR, Odete. *Direito Administrativo Moderno*. 13. ed. São Paulo: Revista dos Tribunais, 2009, p. 129.
[76] MAFFINI, Rafael. *Op. cit.*, p. 48.

8. Ampla defesa e contraditório

Os princípios da ampla defesa e contraditório – aqui estudados em conjunto pela proximidade conceitual que os caracteriza – têm *status* constitucional, por conta do art. 5º, LV, da CF/88,[77] o qual pode ser considerado inovador em relação ao regime constitucional anterior, eis que naquele tais garantias eram asseguradas de modo expresso somente em relação aos processos penais. Atualmente, mostra-se inegável que o contraditório e a ampla defesa são constitucionalmente assegurados também aos processos judiciais não penais e, o que interesse ao presente comentário, aos processos administrativos. Demais disso, costuma-se afirmar que os princípios do contraditório e da ampla defesa correspondem à face procedimental do devido processo legal (art. 5º, LIV, da CF/88), cuja face substancial ou substantiva traduz-se nas noções de proporcionalidade e razoabilidade.

Vários são os consectários dos princípios do contraditório e da ampla defesa, os quais serão aqui destacados a partir do universo normativo que se encontra na Lei nº 9.784/99. Em termos sumários, o art. 2º, parágrafo único, X, da LFPA estabelece a "garantia dos direitos à comunicação, à apresentação de alegações finais, à produção de provas e à interposição de recursos, nos processos de que possam resultar sanções e nas situações de litígio".

Desdobrando-se tal regra, há de ser considerado resultado dos princípios do contraditório e da ampla defesa, o *direito de o administrado ser informado sobre a existência do processo de seu interesse*. Tal direito encontra-se assegurado no art. 3º, II, da LFPA. Aliás, embora o princípio constitucional da publicidade (art. 37 da CF/88) não tenha sido referido no art. 2º da LFPA, de tal princípio e também do contraditório e da ampla defesa resulte os critérios "divulgação oficial dos atos administrativos, ressalvadas as hipóteses de sigilo previstas na Constituição".

Igualmente, decorre dos princípios do contraditório e da ampla defesa, o direito de formular alegações e apresentar documentos antes da decisão, os quais serão objeto de consideração pelo órgão competente, tal como estabelecido no art. 3º, III, da LFPA. Trata-se, pois, do que vem sendo denominado de poder de influência, no sentido de que não basta assegurar uma participação meramente formal do administrado nos processos de seu interesse, sendo imperioso que sua participação tenha do condão de influenciar a decisão que possa vir a afetá-lo. Tal direito é igualmente assegurado no art. 28 da Lei nº 9.784/99, segundo o qual "devem ser objeto de intimação os atos do processo que resultem para o interessado em imposição de deveres, ônus, sanções ou restrição ao exercício de direitos e atividades e os atos de outra natureza, de seu interesse", no que se poderia qualificar como um desdobramento do conceito de "administração pública dialógica", a qual, por seu turno, corresponde a um consectário do "direito fundamental à boa administração pública", previsto no art. 41 da Carta dos Direitos Fundamentais da União Europeia (Carta de Nice).[78]

---

[77] Aos litigantes, em processo judicial ou administrativo, e aos acusados em geral são assegurados o contraditório e ampla defesa, com os meios e recursos a ela inerentes.

[78] Para uma compreensão da noção de "administração pública dialógica", vide MAFFINI, Rafael Da Cás. Administração pública dialógica (proteção procedimental da confiança): em torno da Súmula Vinculante nº 3 do

Também resulta do contraditório e da ampla defesa o *direito de produzir e acompanhar a produção de provas*, tal como se depreende dos artigos 29 a 47 da LFPA.

Outra decorrência de tais princípios é o *direito de que as decisões administrativas sejam motivadas*. Como já referido, o princípio da motivação é amplamente prestigiado na LFPA, de sorte que se pode visualizar em tal Diploma Legal, o reconhecimento do contraditório e da ampla defesa tanto no art. 2°, parágrafo único, VII, quanto no art. 50.

O *direito de interposição de recursos* também se relaciona com os princípios do contraditório e da ampla defesa, sendo tal matéria merecedora de um Capítulo na LFPA.[79]

É de ser destacado o *direito (ou princípio) de gratuidade*, como uma decorrência dos princípios do contraditório e da ampla defesa. A LFPA estabelece, em seu art. 2°, parágrafo único, XI, a "proibição de cobrança de despesas processuais, ressalvadas as previstas em lei". Diante de tal preceito legal, tem-se, pois, como regra geral, a proibição de cobrança de despesas processuais. Existindo previsão legal, contudo, é juridicamente viável a cobrança de valores que sirvam para a contraprestação de despesas típicas da tramitação de um processo administrativos, como é o caso de cópias, portes de remessa e de retornos, etc. O que não se mostra consentâneo com a noção de contraditório e de ampla defesa é condicionar-se requerimentos administrativos ou a interposição de recursos administrativos à prévia realização de depósitos, arrolamentos, etc. Neste sentido, o STF editou a Súmula Vinculante n° 21, pela qual "é inconstitucional a exigência de depósito ou arrolamento prévios de dinheiro ou bens para admissibilidade de recurso administrativo" e, antes disso, o STJ, ao editar a Súmula 373 ("é ilegítima a exigência de depósito prévio para admissibilidade de recurso administrativo").

Por fim, a questão que envolve o *direito de defesa técnica*, por meio de advogado constituído ou dativo, pode ser caracterizada como uma decorrência do princípio do contraditório e da ampla defesa. Com efeito, a LFPA, em seu art. 3°, IV, estabelece que o administrado tem o direito de "fazer-se assistir, facultativamente, por advogado, salvo quando obrigatória a representação, por força de lei". Tal regra legal contém norma jurídica que restou chancelada pelo Supremo Tribunal Federal quando da edição da Súmula Vinculante n° 5 "a falta de defesa técnica por advogado no processo administrativo disciplinar não ofende a constituição".

9. Segurança jurídica

Afigura-se elogiável que a LFPA tenha explicitado o princípio da segurança jurídica, o qual já vinha sendo reconhecido como um princípio constitucional implícito, emergente da própria noção de Estado Democrático de Direito.

Supremo Tribunal Federal. In: SCHWARZ, Rodrigo Garcia (Org.). *Direito administrativo contemporâneo*. Rio de Janeiro: Elsevier, 2010, p. 131-143.
[79] Capítulo XV.

O princípio da segurança jurídica, em verdade, decorre de uma confluência qualificada das noções de certeza, estabilidade, previsibilidade, confiança, o que necessariamente se dá em face da conjugação de várias normas jurídicas, dentre os quais se poderiam mencionar a própria legalidade administrativa, a irretroatividade, a proibição de arbitrariedade, a proteção da confiança, dentre outras tantas (regras, princípios e postulados) que dão conformação ao sobreprincípio da segurança jurídica, sendo, todavia, mais do que a simples conjugação de tais subprincípios para alcançar uma noção de instrumento de justiça social.[80]

Nesse sentido, elucidativa é a célebre decisão do Tribunal Constitucional da Espanha, na Sentença 27/1981, de 20 de julho,[81] pela qual se decidiu que a regra expressa referida no artigo 9.3 da Constituição espanhola[82] deveria ser interpretada no sentido de que a segurança jurídica, embora seja a soma de certeza, legalidade, hierarquia, publicidade normativa, irretroatividade do desfavorável, interdição da arbitrariedade, não se esgotaria na simples adição de tais princípios, porquanto devem os mesmos ser equilibrados *"de tal suerte que permita promover, en el orden jurídico, la justicia y la igualdad en libertad"*.

Assim, tem-se uma plurissignificação típica da ideia de segurança jurídica. Justamente por tal razão, não é singela a tarefa de se sistematizar o princípio da segurança jurídica em relação às suas proposições teóricas. É possível afirmar, neste diapasão, que a sistematização mais precisa parece ser a proposta por Sylvia Calmes.[83] Segundo a autora, a aproximação do conceito de segurança jurídica deve ser declinada em três proposições. Num primeiro aspecto, segurança jurídica induz à ideia de "previsibilidade" (*Voraussehbarkeit*) ou, em outros termos, de possibilidade de "cálculo prévio" (*Vorausberechenbarkeit*) acerca das medidas ou comportamentos do Poder Público em qualquer de suas funções (legislação, jurisdição e administração pública).[84] Nesse primeiro significado, necessariamente reenviado ao futuro, a segurança jurídica possui uma faceta *ex ante*,[85] ou seja, o estado de coisas pretendido pelo princípio em lume conduz à necessidade de que os destinatários das funções estatais tenham condição de conhecê-las antes de sua concretização. Em tal sentido, a segurança jurídica justificará – e estará conformada – pela legalidade, especialmente na sua feição de reserva legal, pela irretroatividade legal de preceitos mais gravosos, pela necessidade de regras de transição,

---

[80] Vide o desenvolvimento de tal princípio, com mais detalhamento em MAFFINI, Rafael. *Princípio da proteção substancial da confiança no Direito Administrativo brasileiro.* Porto Alegre: Verbo Jurídico, 2006, p. 48/53.

[81] Citada por NOVOA, César García. Seguridad jurídica y derecho tributario. In: MELLO, Celso Antônio Bandeira de (Org.) *Direito Tributário:* estudos em homenagem a Geraldo Ataliba. São Paulo: Malheiros, 1997, v. 1, p. 50.

[82] "Artigo 9.3. La Constitución garantiza el principio de legalidad, la jerarquía normativa, la publicidad de las normas, la irretroactividad de las disposiciones sancionadoras no favorables o restrictivas de derechos individuales, la seguridad jurídica, la responsabilidad y la interdicción de la arbitrariedad de los poderes públicos."

[83] CALMES, Sylvia. *Op. cit.* p. 158-159.

[84] *Idem, ibidem.*

[85] Vide GARCIA LUENGO, Javier. *Op. cit.*, p. 199.

pela anterioridade de previsão de algumas matérias[86] e, ainda, pela proteção da confiança legítima em relação às regras legais, dentre outros instrumentos de previsibilidade (*ex ante*) dos modos de ação estatal. Esta primeira proposição do princípio da segurança jurídica é considerada por Humberto Ávila como uma "dimensão formal-temporal da segurança jurídica", a qual "pode ser descrita sem consideração ao conteúdo da lei", no sentido de que "a segurança jurídica diz respeito à possibilidade do 'cálculo prévio' independente do conteúdo da lei".[87]

Numa segunda dimensão, o princípio da segurança jurídica conduziria à noção de "acessibilidade" (*Vermittelbarkeit*), muito mais relacionada com o "saber"[88] (conhecer) as ações estatais do que com a sua previsibilidade propriamente dita. Em termos mais amplos, tal dimensão da segurança jurídica aproxima-se, ao menos no que tange ao Direito Administrativo, da noção de transparência administrativa[89] e possui dois aspectos, um formal e outro material: no que tange ao aspecto formal da noção de acessibilidade, relaciona-se com a publicidade efetiva, adequada e suficiente; já, na perspectiva material, a segurança jurídica, enquanto acessibilidade, produz a necessidade de que os atos advindos do Poder Público tragam consigo a necessidade de motivação, de coerência, de clareza e de precisão, seja no que tange às ações propriamente ditas, seja no que toca às razões que os determinaram.

Por fim, numa terceira acepção, a segurança jurídica tem novamente uma feição de previsibilidade, porém agora *ex post*, ou seja, no sentido de "estabilidade" (*Beständigkeit*), de continuidade, permanência, regularidade das situações e relações jurídicas (sejam atos, sejam comportamentos do Poder Público) vigentes.[90] Por certo, tal noção de estabilidade não se permite absoluta, porquanto não se faz cabível qualquer pretensão de petrificação na ordem jurídica. Todavia, a segurança jurídica, enquanto indutora de estabilidade, cria mecanismos para um mínimo de continuidade dos efeitos advindos das relações jurídicas.

No caso da LFPA, há várias normas jurídicas que conferem concreção ao princípio da segurança jurídica. A primeira delas consiste no disposto no disposto na parte final do art. 2º, parágrafo único, XIII. Segundo tal preceito legal, afigura-se "vedada aplicação retroativa de nova interpretação". Ora, assim como o Direito posto não pode ser petrificado, é possível que das normas jurídicas decorram várias interpretações. Novas interpretações são bem vindas, sobretudo quando denotam evoluções teórico-científicas. No entanto, novas interpretações não podem ser aplicadas a momentos anteriores ao seu próprio surgimento. Diante disso, a autotutela administrativa, por exemplo, há de observar a tal consectário da segurança jurídica. Isso implica dizer que se a Administração Pública, a partir de uma determinada interpretação, pratica

---

[86] Exemplo disso é a anterioridade tributária estipulada, no direito brasileiro, pelo Artigo 150, III, "b" e "c", da CF/88.
[87] ÁVILA, Humberto. *Sistema constitucional tributário*. São Paulo: Saraiva, 2004, p. 296/297.
[88] CALMES, Sylvia. *Op. cit.*, p. 160-161.
[89] Vide: MARTINS FILHO, Wallace Paiva. *Transparência administrativa*: publicidade, motivação e participação popular. São Paulo: Saraiva, 2004.
[90] CALMES, Sylvia. *Op. cit.*, p. 161.

ato administrativo benéfico ao seu destinatário, não poderá desfazê-lo ulteriormente sob o argumento da superveniência de nova interpretação.

Outra regra da LFPA que dá concreção ao princípio da segurança jurídica consiste no art. 54 que estabelece limitação prazal para a anulação de atos administrativos viciados, quando praticados em favor de administrados que estejam de boa-fé.

10. Interesse público

O interesse público, enquanto finalidade de toda e qualquer conduta administrativo, é um dos principais elementos do denominado regime jurídico administrativo. Trata-se, portanto, de conceito central no Direito Administrativo.[91]

Em solo pátrio, um dos principais – senão o principal – propagador de tal ideário é Celso Antônio Bandeira de Mello, para quem a supremacia do interesse público sobre o privado consiste num "verdadeiro axioma reconhecível no moderno Direito Público. Proclama a superioridade do interesse da coletividade, firmando a prevalência dele sobre o particular, como condição, até mesmo, da sobrevivência e asseguramento deste último".[92]

Recentemente, contudo, surgiram novas reflexões sobre a referida supremacia do interesse público sobre interesses privados, inclusive quanto à sua condição de princípio, assim como em relação ao modo de sua aplicabilidade no Direito Administrativo.[93] Essas reflexões, por certo, decorreram da própria vagueza e imprecisão do que se deva – ou se possa – compreender por interesse público, o que, dependendo da interpretação pugnada, poderia, inclusive, ensejar consequências totalmente contrapostas ao próprio princípio. Não se pode desconsiderar que, em nome do interesse público – noção, de resto, facilmente manipulável por administradores nocivos –, não poucas arbitrariedades foram e são cometidas.

Rogando-se vênia a todos os que se imbuíram nesta verdadeira cruzada em nome da supremacia do interesse público, tanto os que a prestigiam em termos peremptórios e absolutos, quanto aqueles que sequer a reconhecem, parece-nos que a questão se encontra inadequadamente colocada no cenário jurídico-constitucional pátrio.

---

[91] MAFFINI, Rafael. *Op.cit.*, p. 36.

[92] MELLO, Celso Antônio Bandeira de. *Curso de Direito Administrativo*. 28. ed. São Paulo: Malheiros, 2011, p. 70.

[93] Alguns trabalhos devem ser aqui destacados: ÁVILA, Humberto. Repensando o 'princípio da supremacia do interesse público sobre o particular'. *Revista Trimestral de Direito Público*, São Paulo, n. 24, p. 159-180, 1998; JUSTEN FILHO, Marçal. Conceito de interesse público e a 'personalização" do direito administrativo. *Revista Trimestral de Direito Público*, São Paulo, n. 26, p. 115-136, 1999; OSÓRIO, Fábio Medina. Existe uma supremacia do interesse público sobre o privado no direito administrativo brasileiro? *Revista Trimestral de Direito Público*, São Paulo, n. 28, p. 32-65, 1998; SCHIER, Paulo Ricardo. Ensaio sobre a supremacia do interesse público sobre o privado e o regime jurídico dos direitos fundamentais. *Revista Brasileira de Direito Público*, Belo Horizonte, n. 4, p. 167-185, jan./mar. 2004; ARAGÃO, Alexandre Santos de. A 'supremacia do interesse público' no advento do estado de direito e na hermenêutica do direito público contemporâneo. *Revista Brasileira de Direito Público*, Belo Horizonte, n. 8, p. 7-21, jan./mar. 2005; BINENBOJM, Gustavo. Da supremacia do interesse público ao dever de proporcionalidade: um novo paradigma para o direito administrativo. *Revista Brasileira de Direito Público*, Belo Horizonte, n. 8, p. 77-113, jan./mar. 2005.

Isso porque, de um lado e como já acima mencionado, mostra-se evidente que o interesse público há de ser considerado como a finalidade havida em toda e qualquer espécie de conduta estatal. Aliás, é neste sentido que se conformam alguns institutos jurídicos do Direito Administrativo, como, por exemplo, o desvio de finalidade, previsto no art. 2º, parágrafo único, *e*, da Lei 4.717/1965 e que será oportunamente analisado. Daí, e considerada a natureza de norma finalística que particulariza os princípios, poder-se falar no "princípio do interesse público", tal como faz o art. 2º, *caput*, da Lei 9.784/1999. Neste aspecto, parece sobremodo criticável falar-se no "princípio da finalidade", porquanto expressão pleonástica, uma vez que os princípios, por definição, são normas que trazem consigo um mandamento de otimização e, portanto, uma finalidade. Afigura-se, portanto, correta a referência ao "princípio do interesse público", e não ao "princípio da finalidade", embora este também se encontre referido no art. 2º, *caput*, da Lei 9.784/1999.

De outro lado, merece ser revista a noção de "supremacia" do interesse público como instrumento legitimador de prerrogativas públicas, sendo essa crítica pertinente e plenamente aceitável. Com efeito, o emprego da "supremacia" do interesse público como mecanismo justificador das prerrogativas outorgadas à Administração Pública fazia-se necessário nos períodos que antecederam os atuais regimes constitucionais ocidentais. Antes de se reconhecer o papel normativo das Constituições, e na falta de outros instrumentos de legitimação do poder público, outra solução não havia senão o emprego da noção de "supremacia" do interesse público para fundamentar, por exemplo, a prerrogativa de se desapropriar, de se impor sanções, de se alterar contratos e assim por diante.

Ou seja, utilizava-se tal noção, quase que mística, para fundamentar as prerrogativas estatais. Contudo, tal justificação não mais se mostra adequado em regimes jurídico-constitucionais, como o brasileiro, atribui as competências e as prerrogativas públicas de modo expresso, demais de assegurar, em favor do cidadão, que o mesmo não será obrigado a fazer ou deixar de fazer senão em virtude de norma legal que preveja e imponha tais comportamentos (art. 5º, II, da CF). Dito de outro modo, as prerrogativas estatais existem porque a Constituição as autoriza diretamente ou por meio da atuação do legislador infraconstitucional. Neste diapasão, o interesse público somente poderia ser utilizado como fundamentação indireta ou mediata, num sentido que inclusive exorbita das preocupações próprias do Direito.[94]

Seja como for, algumas considerações acerca da noção de interesse público são especialmente importantes para a análise de sua condição principiológica.

Inicialmente, como já referido, deve-se ter que é bem verdade que o interesse público representa uma verdadeira finalidade – conceitual, aliás – do Direito Administrativo. Do mesmo modo, afigura-se apropriado reconhecer a existência de inúmeras técnicas e instrumentos de prerrogativas públicas, outorgados em favor da Administração Pública, o que, por certo, contribui sobremaneira para o próprio desempenho concreto de tal espécie de atividade

---

[94] MAFFINI, Rafael. *Op. cit.*, p. 37.

estatal. Num exame superficial, é possível relacionar vários exemplos em que o interesse público, devidamente mediatizado por regras legais de atribuição de competência, culmina por outorgar posições de superioridade em favor da Administração Pública nas relações travadas com particulares ou, até mesmo, com outros entes públicos.[95]

Assim, embora não se possa controverter a função do interesse público como estado de coisas que a Administração Pública há de alcançar – daí sua natureza normativa de princípio –, afigura-se inadequado propagar uma "supremacia" que sirva para legitimar as prerrogativas públicas, uma vez que estas decorrem e têm os seus limites insculpidos na Constituição. Pode-se afirmar, pois, que o constitucionalismo moderno, o qual determina o cotejo analítico das competências públicas com os direitos e garantias fundamentais dos cidadãos, assumiu o papel que outrora foi da "supremacia do interesse público".

É bom repetir – para que se evitem confusões –, que não se está atribuindo pouca relevância à noção de interesse público. Trata-se, sim, de uma finalidade inafastável do Direito Administrativo. Além disso, tal princípio representa o fundamento mediato de todas quantas forem as prerrogativas públicas atribuídas à Administração.

Entretanto, deve-se compreender como opera a funcionalidade do princípio do interesse público, para que não sirva como fundamento para arbitrariedades cometidas pelo Estado.

Andou bem, pois, a LFPA ao mencionar o princípio do "interesse público", e não da "supremacia do interesse público".

A correta compreensão da funcionalidade do interesse público no Direito Administrativo parte da compreensão da assim denominada "relação de administração". Como ensina Rui Cirne Lima,[96] sendo a administração uma atividade de quem não tem o domínio sobre o que se está administrando, é orientada "a um fim alheio à pessoa e aos interesses particulares do agente ou órgão que a exercita".

No Direito Privado, as partes envolvidas nas relações jurídicas que são típicas a tal área do Direito, em geral, disponibilizam seus próprios interesses. Diante disso, tais relações orbitam em torno da noção de direito subjetivo. Tal instituto, que muito preocupou e ainda preocupa aqueles que tratam da Teoria Geral do Direito, consiste no conjunto de "poderes" (normalmente de natureza processual, nos dias de hoje) que são outorgados aos sujeitos de direito, para a proteção de interesses que lhes são próprios. Assim, como normalmente disponibilizam seus interesses, disponibilizam também de tais poderes e, por consequência, podem dispor do próprio direito subjetivo.

Já a relação de administração (atividade de quem não exerce o domínio, como já referido) é norteada pela noção de função, a qual guarda semelhanças e diferenças em relação ao conceito de direito subjetivo. A semelhança se dá porque a função é também um conjunto de poderes. A diferença, por seu turno, consiste no fato de que a função é orientada à satisfação de interesses alheios

---

[95] MAFFINI, Rafael. *Op. cit.*, p. 38.
[96] CIRNE LIMA, Ruy. *Op. cit.*, p. 51-55.

àqueles que recebem tais poderes. Em outras palavras, o direito subjetivo é um conjunto de poderes outorgados para a satisfação de interesses próprios, ao passo que a função representa um conjunto de poderes que são outorgados para a satisfação de interesses alheios, ou seja, não titularizados por aqueles que têm tais poderes. É importante referir que, na função, sendo os poderes outorgados para a proteção de interesses alheios, indisponíveis, portanto, tais poderes traduzem-se em deveres, ou, como prefere Celso Antônio Bandeira de Mello,[97] deveres-poderes (numa evolução ao que Santi Romano havia denominado, no século XIX, de "poderes-deveres").

No Direito Administrativo, todos os institutos que lhe são pertinentes devem ser compreendidos por meio da noção de função pública, segundo a qual todos os poderes outorgados em favor dos administradores (das mais altas autoridades administrativas àqueles que ocupam as mais baixas posições hierárquicas) o são para a satisfação de um interesse que não lhes pertence, mas à coletividade, qual seja, o interesse público. Aí reside, pois, a funcionalidade do princípio do interesse público ao Direito Administrativo: servir de finalidade para toda e qualquer espécie de ação estatal.

Todavia, não se pode extrair de uma fórmula tão vaga como essa (interesse público) a justificação imediata de poderes (ou deveres-poderes) outorgados à Administração Pública. Tal leitura hipertrofiada do interesse público serviria tão somente para o cometimento de arbitrariedades e, assim, não respeitaria, como dito, a *ratio* da Constituição Federal tendente a colocar o cidadão (ou administrado) em condição privilegiada de tutela jurídica. Não se pode, portanto, reconhecer ao interesse público uma feição relacional única e invariável, da qual resultaria incontrastável e absolutamente recorrente a predileção dos interesses públicos – o emprego no plural é proposital –, quaisquer que fossem, em detrimento de toda e qualquer manifestação de interesses privados.

As prerrogativas públicas existentes em favor da administração Pública garantem a ela um mínimo de governabilidade e gestão racional. Portanto, não são direta ou imediatamente fundamentadas pelo interesse público. Ele (o interesse público) serve como instrumento de legitimação indireta ou mediata dos poderes públicos, reclamando, necessariamente, a existência de outro instrumento de legitimação direta ou imediata desses mesmos poderes públicos, qual seja: a lei, aqui entendida como verdadeiro direito fundamental do cidadão (art. 5º, II, da CF).

Alguns autores (Renato Alessi, na Itália, e Celso Antônio Bandeira de Mello, no Brasil, por exemplo) fazem menção à diferença entre o interesse público primário e o interesse secundário da Administração Pública. Aquele seria o interesse geral e legítimo; este, o interesse da Administração Pública enquanto gestora do patrimônio público. Por tal razão, há ainda quem sustente que o interesse público secundário não seria interesse público, em sentido próprio, mas mero "interesse da Administração Pública". Independentemente da denominação que se empregue, é possível, sim, reconhecer um interesse da Administração Pública, diverso do interesse da coletividade. De qualquer forma, deve-se considerar que ao Direito Administrativo releva precipuamente o

---

[97] MELLO, Celso Antônio Bandeira de. *Op. cit.*, p. 72.

interesse geral e legítimo (interesse público primário, para alguns). O interesse patrimonial do Estado (interesse secundário), relevante a outros ramos do Direito (ex.: Direito Financeiro, Direito Tributário, etc.), somente importaria ao Direito Administrativo quando coincidente com o interesse geral e legítimo, ou primário.

Deve-se ter em mente também que os interesses públicos não se colocam sempre de modo contrário a interesses privados. Aliás, por definição decorrente da noção de regime democrático, os interesses públicos devem, na medida do possível, coincidir com o maior número possível de interesses privados.

Por fim, a própria noção de interesse público determina sua indisponibilidade, no sentido de que os agentes públicos que atuam em nome da Administração Público agem em nome e em razão de um interesse do qual não são titulares, razão pela qual de tal interesse não disponibilizam.

É de ser destacado, em relação ao princípio do interesse público, o disposto no art. 2º, parágrafo único, II, pelo qual deve ser observado o critério de "atendimento a fins de interesse geral, vedada a renúncia total ou parcial de poderes ou competências, salvo autorização em lei".

11. Eficiência

O princípio da eficiência foi explicitamente inserido no texto da Constituição Federal por meio da EC 19/1998, embora desde há muito já se reconhecesse tal condição, bem como sua importância no atual estágio do Direito Administrativo.

Trata-se de princípio de difícil definição e, talvez, nem se possa defini-lo sem o auxílio de parâmetros objetivos previamente estabelecidos. Isso significa dizer que não se pode constatar a eficiência de um agente público ou de um determinado concessionário de serviços públicos sem que seja objetivada por normas previamente dispostas acerca da matéria. Em termos gerais, é princípio que impõe sejam as condutas administrativas orientadas a resultados satisfatórios, significando, assim, um primado de qualidade da ação da Administração Pública.

Não é apropriado afirmar que a eficiência teria o condão de sacrificar a legalidade. A eficiência deve ser sempre considerada em consonância com a validade da ação administrativa (legalidade, moralidade, impessoalidade, etc.).[98]

Jurisprudência

RECURSO ORDINÁRIO EM MANDADO DE SEGURANÇA. DIREITO ADMINISTRATIVO. PODER DE AUTOTUTELA DA ADMINISTRAÇÃO PÚBLICA. ANISTIA [LEI N. 10.559/02]. REVOGAÇÃO POR ATO DO MINISTRO DE ESTADO DA JUSTIÇA. POSSIBILIDADE. INEXISTÊNCIA DE VIOLAÇÃO DO ARTIGO 2º, PARÁGRAFO ÚNICO, XIII, DA LEI N. 9.784/99. SÚMULAS 346 E 473 DO STF. MANIFESTAÇÃO PRÉVIA DA COMISSÃO DE ANISTIA. FUNÇÃO MERAMENTE CONSULTIVA. NÃO VINCULAÇÃO DO MINISTRO DA JUSTIÇA. PORTARIA GM3 N. 1.106/64. ATO DE EXCEÇÃO APENAS QUANTO AOS MILITARES QUE INGRESSARAM ANTES DE SUA EDIÇÃO. RECURSO IMPROVIDO. 1. A anistia política é ato vinculado. Comprovados os requisitos previstos na lei e no regulamento, é dever da Administração declará-la. A ausência

---

[98] MAFFINI, Rafael. *Op. cit.*, p. 53.

de qualquer desses requisitos impede o reconhecimento desse direito. 2. Decorre do poder de autotutela o dever das autoridades de revisar, de ofício, os atos administrativos irregulares que impliquem ônus ao Estado, como é o caso da declaração da condição de anistiado político [Súmulas 346 e 473, STF]. Precedente: RMS n. 21.259, Relator o Ministro SEPÚLVEDA PERTENCE, DJ de 8.11.91 3. Não há violação do disposto no art. 2º, parágrafo único, XIII, da Lei n. 9.784/99 quando o ato de anulação for praticado com fundamento no poder de autotutela da Administração Pública. 4. O parecer da Comissão de Anistia consubstancia um dos requisitos da declaração de anistiado político, sendo necessário o enquadramento do requerente em uma das hipóteses do art. 2º da Lei n. 10.559/02. A Comissão tem função meramente consultiva. O Ministro da Justiça não está vinculado à manifestação do colegiado, nos termos do disposto nos artigos 10 e 12 da Lei n. 10.559/02. 5. A Portaria do Ministério da Aeronáutica n. 1.104/1964 não consubstancia ato de exceção em relação aos militares que não integravam os quadros das Forças Armadas à época em que foi editada. Precedentes: RE n. 584.705, Relatora a Ministra CÁRMEN LÚCIA, DJ de 13.6.08; RMS n. 26.636, Relatora a Ministra ELLEN GRACIE, DJ de 4.6.08; RMS n. 25.581, Relator o Ministro CARLOS VELLOSO, DJ de 29.11.05 e RMS n. 25.272, Relator o Ministro CARLOS BRITTO, DJ de 21.10.05. Recurso ordinário a que se nega provimento. (STF, RMS 25.988, Rel. Min. Eros Grau, j. 09.3.2010)

DIREITO ADMINISTRATIVO. RECURSO ORDINÁRIO EM MANDADO DE SEGURANÇA. CARTÓRIO DE REGISTRO CIVIL DE PESSOAS NATURAIS. ATO ADMINISTRATIVO QUE ANULA ANTERIOR AUTORIZAÇÃO PARA PRÁTICA DE ATOS NOTARIAIS. CONTRADITÓRIO E AMPLA DEFESA. NECESSIDADE. RECURSO PROVIDO. 1. Consoante inteligência da Súmula 473/STF, a Administração, com fundamento no seu poder de autotutela, pode anular seus próprios atos, desde que ilegais. Ocorre que, quando tais atos produzem efeitos na esfera de interesses individuais, mostra-se necessária a prévia instauração de processo administrativo, garantindo-se a ampla defesa e o contraditório, nos termos do art. 5º, LV, da Constituição Federal, 2º da Lei nº 9.784/99 e 35, II, da Lei 8.935/94, o que não ocorreu no presente caso. 2. Recurso ordinário provido. (STJ, RMS 28.266, Rel. Min. Luiz Fux, j. 10.8.2010)

DIREITO ADMINISTRATIVO. AGRAVO REGIMENTAL NO RECURSO ESPECIAL. SERVIDOR PÚBLICO FEDERAL. ANULAÇÃO DO ATO DE NOMEAÇÃO. CONTRADITÓRIO E AMPLA DEFESA. NECESSIDADE. AGRAVO IMPROVIDO. 1. Consoante inteligência da Súmula 473/STF, a Administração, com fundamento no seu poder de autotutela, pode anular seus próprios atos, desde que ilegais. Ocorre que, quando tais atos produzem efeitos na esfera de interesses individuais, mostra-se necessária a prévia instauração de processo administrativo, garantindo-se a ampla defesa e o contraditório, nos termos do art. 5º, LV, da Constituição Federal e 2º da Lei nº 9.784/99, o que não ocorreu no presente caso. 2. Agravo regimental improvido. (STJ, AgRg no REsp 1.090.884, Rel. Min. Arnaldo Esteves Lima, j. 11.5.2010)

ADMINISTRATIVO. SERVIDOR PÚBLICO FEDERAL. SUPRESSÃO DE VANTAGEM. AUSÊNCIA DO DEVIDO PROCESSO LEGAL. IMPOSSIBILIDADE. 1. Nos termos da Súmula 473/STF, a Administração, com fundamento no seu poder de autotutela, pode anular seus próprios atos, desde que ilegais. 2. Entretanto, quando a anulação produz efeitos na esfera de interesses individuais, é necessária a prévia instauração de processo administrativo, garantindo-se a ampla defesa e o contraditório, nos termos dos arts. 5º, LV, da Constituição Federal e 2º da Lei nº 9.784/99. 3. Agravo regimental improvido. (STJ, Ag.Rg no Ag 1.165.527, Rel. Min. Jorge Mussi, j. 23.2.2010)

MANDADO DE SEGURANÇA. MILITAR. ANULAÇÃO DE ATO DE ANISTIA. DEVIDO PROCESSO LEGAL E CONTRADITÓRIO. INOBSERVÂNCIA. 1. A jurisprudência desta Corte Superior de Justiça, seguindo orientação do Pretório Excelso, firmou entendimento no sentido de que a desconstituição da eficácia de qualquer ato administrativo, que repercuta no âmbito dos interesses individuais dos servidores ou administrados, deve ser precedida de instauração de processo administrativo, em obediência aos princípios constitucionais do devido processo legal e da ampla defesa, com todos os recursos a ela inerentes. 2. Impõe-se afirmar a nulidade do processo administrativo que culmina com a anulação de anistia política antes concedida, sem a análise da defesa escrita apresentada pelo anistiado. 3. Ordem concedida para, sem prejuízo da renovação da intimação pessoal do anistiado para a sua defesa, tornar sem efeito a Portaria nº 2.746, publicada no Diário Oficial da União de 7 de outubro de 2004. (STJ, MS 10.189, Rel. Min. Hamilton Carvalhido, j. 26.3.2008)

ATO ADMINISTRATIVO – REPERCUSSÕES – PRESUNÇÃO DE LEGITIMIDADE – SITUAÇÃO CONSTITUÍDA – INTERESSES CONTRAPOSTOS – ANULAÇÃO – CONTRADITÓRIO. Tratando-se da anulação de ato administrativo cuja formalização haja repercutido no campo de interesses individuais, a anulação não prescinde da observância do contraditório, ou seja, da instauração de processo administrativo que enseje a audição daqueles que terão modificada situação já alcançada. Presunção de legitimidade do ato administrativo praticado, que não pode ser afastada unilateralmente, porque é comum a Administração e ao particular. (STF, RE 158.543, Rel. Min. Marco Aurélio, j. 30.8.1994).

Art. 2°

ATO ADMINISTRATIVO – REPERCUSSÕES – PRESUNÇÃO DE LEGITIMIDADE – SITUAÇÃO CONSTITUÍDA – INTERESSES CONTRAPOSTOS – ANULAÇÃO – CONTRADITÓRIO. Tratando-se de ato administrativo cuja formalização haja repercutido no campo de interesses individuais, a anulação não prescinde da observância do contraditório, ou seja, da instauração de processo administrativo que enseje a audição daqueles que terão modificada situação já alcançada. Presunção de legitimidade do ato administrativo praticado, que não pode ser afastada unilateralmente, porque é comum à Administração e ao particular. CONCURSO PÚBLICO. FEITURA. APROVAÇÃO. NOMEAÇÃO. POSSE. EXONERAÇÃO. DEVIDO PROCESSO LEGAL. INOBSERVÂNCIA. Uma vez ocorridos os atos próprios a chegar-se ao exercício de certo cargo público, há de observar-se o devido processo legal para o afastamento de tal quadro. Insubsistência de ato da Administração Pública unilateral e imediato a resultar na exoneração dos concursados sem o atendimento do devido processo legal. (STF, RE 199.733-8, Rel. Min. Marco Aurélio, j. 15.12.1998).

Referências

AMARAL, Diogo Freitas do. *Curso de Direito Administrativo*. 2. ed. Coimbra: Almedina, 2006, v. 2.

ARAGÃO, Alexandre Santos de. A 'supremacia do interesse público' no advento do estado de direito e na hermenêutica do direito público contemporâneo. *Revista Brasileira de Direito Público*, Belo Horizonte, n. 8, p. 7-21, jan./mar. 2005.

ÁVILA, Ana Paula Oliveira. *O princípio da impessoalidade da Administração Pública* – Para uma Administração imparcial. Rio de Janeiro: Revonar, 2004.

ÁVILA, Humberto. Repensando o 'princípio da supremacia do interesse público sobre o particular'. *Revista Trimestral de Direito Público*. São Paulo, n. 24, p. 159-180, 1998.

——. *Sistema constitucional tributário*. São Paulo: Saraiva, 2004, p. 296-297.

——. *Teoria dos princípios:* da definição à aplicação dos princípios jurídicos. 11. ed. São Paulo: Malheiros, 2010.

BINENBOJM, Gustavo. Da supremacia do interesse público ao dever de proporcionalidade: um novo paradigma para o direito administrativo. *Revista Brasileira de Direito Público*, Belo Horizonte, n. 8, p. 77-113, jan./mar. 2005.

CALMES, Sylvia. *Du principe de protection de la confiance légitime en droits allemand, communautaire et français*. Paris: Dalloz, 2001.

CARINGELA, F.; DELPINO L. e DEL GIUDICE, F. *Diritto Amministrativo*. Napoli: Ed. Giuridiche Simone, 1999.

CASTILLO BLANCO, Federico A. *La protección de confianza en el derecho administrativo*. Madrid: Marcial Pons, 1998.

CAVALCANTI, João Barbalho Uchôa. *Constituição Federal Brasileiro, 1891:* comentada. Brasília: Ed. Senado Federal, 2002.

CIRNE LIMA, Ruy, *Princípios de Direito Administrativo*, 6. ed. São Paulo: Revista dos Tribunais, 1987.

COUTO E SILVA, Almiro. O princípio da segurança jurídica (proteção à confiança) no Direito Público brasileiro e o direito da administração pública de anular os seus próprios atos administrativos: o prazo decadencial do art. 54 da lei do processo administrativo da União (Lei n° 9.784/99). *Revista de Direito Administrativo*, n° 237. Rio de Janeiro: Renovar, jul/set 2004.

FIGUEIREDO, Lucia Valle. *Curso de Direito Administrativo*. 5. ed. São Paulo: Malheiros, 2001.

FRANÇA, Vladimir da Rocha. *Invalidação judicial da discricionariedade administrativa no regime jurídico-administrativo brasileiro*. Rio de Janeiro: Forense, 2000.

GARCIA DE ENTERRÍA, Eduardo, O princípio da legalidade na Constituição espanhola. *Revista de Direito Público*, v. 86, 1988.

——; FERNÁNDEZ, Tomás-Ramón. *Curso de derecho administrativo*. 11. ed. Madrid: Civitas, 2002, v. 1.

GARCIA LUENGO, Javier. *El principio de protección de la confianza en el derecho administrativo*. Madrid: Civitas, 2002.

GONZÁLES PÉREZ, Jesús. *El principio general de la buena fe en el derecho administrativo*. 3. ed. Madri: Civitas, 1999.

HARGER, Marcelo. *Princípios Constitucionais do Processo Administrativo*. Rio de Janeiro: Forense, 2001.

JUSTEN FILHO, Marçal. Conceito de interesse público e a 'personalização" do direito administrativo. *Revista Trimestral de Direito Público*, São Paulo, n. 26, p. 115-136, 1999.

MAFFINI, Rafael Da Cás. Administração pública dialógica (proteção procedimental da confiança): em torno da Súmula Vinculante n° 3 do Supremo Tribunal Federal. *Direito Administrativo contemporâneo*. SCHWARZ, Rodrigo Garcia (Org.). Rio de Janeiro: Elsevier, 2010, p. 131/143.

——. *Direito Administrativo*. 4. ed. São Paulo: Revista dos Tribunais, 2013.

——. Princípio da proteção substancial da confiança no Direito Administrativo brasileiro. Porto Alegre: Verbo Jurídico, 2006.

MARTINS FILHO, Wallace Paiva. *Transparência administrativa*: publicidade, motivação e participação popular. São Paulo: Saraiva, 2004.

MAURER, Hartmut. *Elementos de Direito Administrativo Alemão*. Trad. Luís Afonso Heck. Porto Alegre, Sergio Antonio Fabris Editor, 2001.

MAYER, Otto. *Derecho Administrativo Alemán*, T. I, trad. Horacio H. Heredia e Ernesto Krotoschin. Buenos Aires: Depalma, 1949.

MEDAUAR, Odete. *Direito Administrativo Moderno*. 13. ed. São Paulo: Revista dos Tribunais, 2009.

MEIRELLES, Hely Lopes. *Direito Administrativo Brasileiro*. 37. ed. São Paulo: Malheiros, 2011.

MELLO, Celso Antônio Bandeira de. *Curso de Direito Administrativo*. 28. ed. São Paulo: Malheiros, 2011.

MERKL, Adolf. Teoria general del derecho administrativo. México: Nacional, 1980.

MOREIRA NETO, Diogo de Figueiredo. *Curso de Direito Administrativo*. 14. ed. Rio de Janeiro: Forense, 2005.

NOVOA, César García. Seguridad jurídica y derecho tributario. In: MELLO, Celso Antônio Bandeira de. (Org.) *Direito tributário*: Estudos em homenagem a Geraldo Ataliba. São Paulo: Malheiros, 1997, v. 1, p. 50.

OLIVEIRA, José Roberto Pimenta. Os princípios da razoabilidade e da proporcionalidade no Direito Administrativo brasileiro. São Paulo: Malheiros, 2006.

OSÓRIO, Fábio Medina. Existe uma supremacia do interesse público sobre o privado no direito administrativo brasileiro? *Revista Trimestral de Direito Público*, São Paulo, n. 28, p. 32-65, 1998.

ROCHA, Cármen Lúcia Antunes. *Princípios constitucionais da Administração Pública*. Belo Horizonte: Del Rey, 1994.

SCHIER, Paulo Ricardo. Ensaio sobre a supremacia do interesse público sobre o privado e o regime jurídico dos direitos fundamentais. *Revista Brasileira de Direito Público*, Belo Horizonte, n. 4, p. 167-185, jan./mar. 2004.

SCHONBERG, Soren J. *Legitimate expectations in administrative law*. Oxford: Oxford, 2000.

STASSINPOULOS, Michel. *Traité des Actes Administratifs*, Atenas: Sirey, 1954.

SUNDFELD, Carlos Ari. *Direito Administrativo Ordenador*. São Paulo: Malheiros, 1997.

VIEIRA DE ANDRADE, José Carlos. *O dever de fundamentação expressa de actos administrativos*. Coimbra: Almedina, 1992.

CAPÍTULO II – DOS DIREITOS DOS ADMINISTRADOS

Artigo 3º

O administrado tem os seguintes direitos perante a Administração, sem prejuízo de outros que lhe sejam assegurados:

I – ser tratado com respeito pelas autoridades e servidores, que deverão facilitar o exercício de seus direitos e o cumprimento de suas obrigações;

II – ter ciência da tramitação dos processos administrativos em que tenha a condição de interessado, ter vista dos autos, obter cópias de documentos neles contidos e conhecer as decisões proferidas;

III – formular alegações e apresentar documentos antes da decisão, os quais serão objeto de consideração pelo órgão competente;

IV – fazer-se assistir, facultativamente, por advogado, salvo quando obrigatória a representação, por força de lei.

Art. 3º

SUMÁRIO: 1. A noção de "processo administrativo" e os direitos e deveres da relação jurídico-processual; 2. Contraditório como cooperação entre as partes; 3. Direito à ciência do processo e no processo; 4. Participação efetiva e "poder de influência; 5. Direito à defesa técnica; Jurisprudência; referência.

1. A noção de "processo administrativo" e os direitos e deveres da relação jurídico-processual

Após a análise da aplicabilidade da LFPA e dos princípios aplicáveis aos processos administrativos – e, de resto à totalidade da atividade administrativa decisória decorrente da função administrativa –, contidas no Capítulo I do referido Diploma Legal, a Lei 9.784/99 destina dois capítulos aos direitos e deveres dos administrados.[99]

Trata-se, estreme de dúvidas, de um compartimento deveras relevante da LFPA, uma vez que a própria noção de "processo" não prescinde da compreensão de um conjunto de direito e deveres que perfazem a noção de relação jurídica que, ao lado, do contraditório, perfazem o conceito de "módulo processual" a que se refere Elio Fazzalari.[100]

Aliás, justamente por tal razão, é que parece mais adequada a denominação "processo administrativo", adotada pela LFPA, do que a expressão "procedimento administrativo", empregada em outros Diplomas Legais que tratam do mesmo tema.

Com efeito, a opção aqui pugnada induz a se denominar um determinado conjunto de atos administrativos ordenados à tomada de uma decisão administrativa por meio da expressão "processo administrativo". Não parece ter fundamento teórico a afirmação de que o termo "processo" deveria ficar restrito à função jurisdicional. Por razões a seguir tratadas, o termo "processo" pode ser empregado em qualquer modo de atividade estatal.

A justificar a terminologia proposta, devem-se utilizar alguns postulados do Direito Processual Civil. Uma premissa se afigura, pois, insofismável, qual seja, a de que a atividade decisória da Administração Pública se faz norteada por alguns princípios comuns àquela área da ciência jurídica, especialmente os princípios do contraditório e da ampla defesa, com um destaque especial no que tange ao tema ora proposto ao primeiro. Tal é a realidade imposta pelo art. 5º, LV, da Constituição Federal, pelo qual "aos litigantes, em processo judicial ou administrativo, e aos acusados em geral são assegurados o contraditório e ampla defesa, com os meios e recursos a ela inerentes".

---

[99] A Lei 9.784/99 normatiza, nos artigos 3º (Capítulo II) e 4º (Capítulo III), os direitos e os deveres dos "administrados", respectivamente. Por tal razão, utilizar-se-á, nestes comentários, o referido vocábulo "administrativo". Contudo, melhor opção seria o emprego da expressão "cidadão" para se referir aos destinatários da função administrativa, ao invés de "administrados", porquanto a noção de "cidadão" dimensiona mais adequadamente o atual estágio do Direito Administrativo, em que os destinatários da administração pública não somente sofrem os efeitos de tal função estatal, como também e sobretudo devem auxiliar na construção das tomadas de decisão que lhe afetam e afetam a sociedade em geral. Daí porque se passou a utilizar a expressão "cidadão" em MAFFINI, Rafael. Direito Administrativo. 4. ed. São Paulo: Revista dos Tribunais, 2013, diferentemente das edições anteriores.

[100] Vide: FAZZALARI, Elio. *Note in tema di diritto e processo*. Milano: Giuffrè, 1957.

Tal regra constitucional, cumpre salientar, merece interpretação ampliativa e afastada de qualquer literalidade que lhe pudesse retirar a importância normativa que se lhe pretendeu atribuir. Com isso, não se pode interpretar os vocábulos "litigante" e "acusado" com a parcimônia de quem deseja vislumbrar o princípio do contraditório tão somente em processos administrativos que sejam qualificados pelo viés contencioso ou punitivo. Ao contrário, há de ser hermeneuticamente atribuído um significado que permita inferir de tal fórmula normativa a obrigatoriedade de incidência do princípio do contraditório em todos os processos em que a Administração Pública venha a interferir, de algum modo, na esfera jurídico-patrimonial dos destinatários de tal função estatal. A fórmula gramatical da regra diz menos do que a garantia quer realmente significar, em situação traduzida pela parêmia *lex minus dixit quam voluit*. Nesse sentido, a reforçar o significado da garantia do contraditório em todos os processos administrativos, não somente naqueles em que há, a rigor, um "litigante" ou um "acusado", tem-se que o preceito constitucional em tela possui *status* de garantia fundamental, qualidade esta que impõe interpretação ampliativa.

Demais disso, o próprio significado jurídico que se dá hodiernamente ao princípio do contraditório impõe dita conclusão. Com efeito, a observância ao contraditório não mais se contenta com a "ciência bilateral dos atos e termos processuais e possibilidade de contrariá-los", na clássica fórmula de Joaquim Canuto Mendes de Almeida.

O atual estágio do conceito de princípio do contraditório impõe uma ideia que consubstancia uma participação em sentido amplo dos interessados no resultado de alguma providência estatal que possa incidir em seus direitos ou interesses. Tal participação, em sentido amplo, induz uma ideia de colaboração e cooperação, ou seja, o princípio do contraditório tem como "conteúdo mínimo" a garantia de se permitir que um determinado interessado em certa providência possa, mediante a sua participação, incidir no desenvolvimento de uma determinada tomada de decisão, mesmo que de natureza jusadministrativa. Trata-se, pois, de um verdadeiro consectário do princípio da participação. Inegável, assim, a incidência de ditos princípios (devido processo legal, contraditório, ampla defesa, participação, cooperação processual) em todos os processos em que haja a possibilidade de a atividade administrativa repercutir em direitos e interesses dos cidadãos.

Com base no pressuposto teórico de que o princípio do contraditório há de ter incidência plena nos processos administrativos que de alguma forma repercutem em direitos e interesses dos cidadãos, ou seja, em sua absoluta maioria, torna-se singela a tarefa de se justificar a opção pelo termo "processo administrativo", em vez de "procedimento administrativo".

Mais uma vez se socorre do Direito Processual Civil, o qual se mostra sensivelmente mais avançado no trato e na teorização de assuntos como o que aqui é tratado. Com efeito, o conceito de "processo" não afasta o de "procedimento". Ao contrário, o processo contém o procedimento. Este, o procedimento, corresponde a um "sistema de atos interligados numa relação de dependência sucessiva e unificados pela finalidade comum de preparar o ato final de consumação do exercício do poder".[101] Assim, o conceito de procedimento diz respeito tão somente ao conjunto de atos coordenados e sucessivos. Trata-se de um conceito formal, sem que se lhe dê um preenchimento substancial. O processo administrativo é, sim, um procedimento, ou seja, um conjunto de atos. Mas não é só isso.

Como visto, o processo administrativo tem a potencialidade de ensejar um determinado ato de poder estatal que venha a interferir na esfera jurídica dos cidadãos. Norteia-se, assim, pelo princípio do contraditório. De outro lado, "processo" significa um procedimento – ou seja, um conjunto de atos – conduzido em contraditório, naquilo que Elio Fazzalari batizou de "módulo processual", necessariamente permeado por um conjunto de direito e deveres recíprocos titularizados por quem figura na relação processual própria da função administrativa.

Ora, sendo o processo administrativo um procedimento em contraditório e sendo o contraditório um princípio que incide naqueles procedimentos (no sentido de conjunto de atos sucessivos e coordenados a um determinado ato de poder) em que se possa interferir em direitos e interesses dos destinatários da função administrativa, a única conclusão possível, quanto à terminologia a ser empregada, conduz à utilização da expressão "processo administrativo".

Bem verdade que há uma minoria insignificante de procedimentos administrativos de mero expediente que não tem o condão de interferir, de modo algum, no patrimônio jurídico de destinatários da função administrativa, de modo que não carecem de sua participação. Esses atos ordenados de mera tramitação interna poderiam ser chamados, pois, de procedimentos administrativos. Esse é, ao que parece, o entendimento defendido por Lucia Valle Figueiredo.[102] Todavia, estes procedimentos são tão poucos que não devem ser relevados para fins de um estudo acerca da denominação dos processos administrativos, menos ainda em relação à sua essência.[103]

Conclui-se, pois, que não há de se falar em processo administrativo sem que nele sejam assegurados direitos e deveres recíprocos de todos quantos figuram na relação jurídico-processual, inclusive a decorrente da função administrativa, seja a própria Administração Pública, seja os administrados que com ela se relacionam.

2. Contraditório como cooperação entre as partes

O artigo 3º da LFPA, ao definir os direitos do administrado, em certa medida, contempla uma série de consectários do princípio do contraditório e da ampla defesa, princípios esses que possuem *status* constitucional, por força do disposto no artigo 5º, LV, da CF/88.

Consabido que num momento anterior à atual Carta Política, atribui-se uma noção um tanto quanto restrita ao contraditório e à ampla defesa, na

---

[101] DINAMARCO, Candido Rangel. *A instrumentalidade do processo*. São Paulo: Malheiros, 1994, p. 131.
[102] FIGUEIREDO, Lúcia Valle. *Curso de Direito Administrativo*. 5 ed. São Paulo: Malheiros, 2001, p. 410-418.
[103] Tais ideias se encontram igualmente desenvolvidas em MAFFINI, Rafael. *Op. cit.*, p. 120-123.

medida em que deles se depreendia, em suma, a ideia de ciência necessária e participação potencial.[104]

Contudo, sob a égide do atual regime constitucional, elaboram-se novas concepções atribuíveis aos conceitos de contraditório e de ampla defesa, voltadas à ampliação do núcleo essencial de tais direitos ou garantias fundamentais, sobretudo em favor dos administrados. Neste itinerário, merece destaque concepção proposta pelo saudoso Carlos Alberto Alvaro de Oliveira, segundo a qual do contraditório também emergiria uma imposição de cooperação entre as partes que figuram em relações processuais, como titulares de direitos e deveres.[105]

Justamente por tal razão, é que se mostra elogiável que o primeiro dos direitos do administrativo, segundo o artigo 3º, I, da LFPA, corresponda justamente ao de ser tratado com respeito pelas autoridades e servidores, bem como o direito de ser por eles facilitado o exercícios de seus direitos e o cumprimento de suas obrigações.

Tal regra legal, ora comentada, integra um sistema de cooperação processual do qual também faz parte o artigo 4º da LFPA, o qual, como será a seguir analisado, contém um rol de deveres dos administrados.

Cumpre salientar que, a par de tal direito subjetivo dos administrados, de ser tratado de modo cooperativo pela Administração Pública, na suas relações jurídico-processuais, a LFPA possui uma série de outras regras que se prestam à concretização do referido direito de ser tratado com respeito, bem como de lhe serem facilitados o exercício de seus direito e o cumprimento de seus deveres.

Destaca-se, neste sentido, o disposto no artigo 6º, parágrafo único, em razão do qual, além de ser vedada a recusa imotivada de documentos endereçados à Administração Pública, devem os servidores responsáveis pelo setor de protocolo "o interessado quanto ao suprimento de eventuais falhas". Ora, diante de tal elogiável primado de cooperação processual, impõe-se à Administração Pública que, caso determinado documento a ela endereçado por determinado administrado contenha vício ou faleça de determinado pressuposto de admissibilidade, que justifique o seu não protocolo, terá o administrado o direito subjetivo de que tal recusa seja devidamente fundamentada, bem como o direito subjetivo de que eventual falha suprível seja apontada pela Administração Pública, bem assim seja o cidadão orientado quanto à sua supressão. Neste caso, restará acoimado de invalidade qualquer ato administrativo que venha a indeferir pleitos administrativos por quaisquer falhas que não tenham sido oportunamente apontadas pela Administração Pública, juntamente com a necessária orientação quanto à supressão das mesmas.

Outro exemplo concreto de cooperação processual contida na LFPA, que se extrai, em termos gerais, do artigo 3º, I, é encontrado no artigo 63, § 1º, da Lei 9.784/99. Da referida regra, extrai-se norma pela qual, no caso de

---

[104] Neste sentido, é conhecido o conceito de contraditório proposto por ALMEIDA, Joaquim Canuto de. *A contrariedade na instrução criminal*. São Paulo: Saraiva, 1937.
[105] ALVARO DE OLIVEIRA, Carlos Alberto. A Garantia do Contraditório. In: *Garantias Constitucionais do Processo Civil*. José Rogério Cruz e Tucci (Coord.). São Paulo: Revista dos Tribunais, 1999.

ser interposto recurso administrativo perante órgão incompetente (artigo 63, II), a par de ser caso de não ser tal insurgência conhecida, deverá ser indicada a autoridade competente ao administrado recorrente, com a reabertura do prazo recursal. Trata-se inegavelmente de uma norma elogiável, por viabilizar o trânsito a recurso administrativo que, por algum lapso, restou endereçado inadequadamente. Há, pois, o predomínio do direito material em relação à forma, tal como parece ser a noção hodierna de processo. Contudo, não se pode cogitar da subsunção de tal norma jurídica, para fins diversos daquele que decorre da *ratio* que lhe é inerente, qual seja, a de se levar a efeito tal noção de cooperação processual. Ou seja, não se poderia dar vazão a tal preceito legal como um estratagema do administrado que almejasse com um propositai erro de endereçamento uma simples ampliação do prazo para a interposição do recurso administrativo. Não se olvide que a noção de cooperação, tanto quanto imposição de direitos, afigura-se igualmente a gênese de deveres de comportamento legal e cooperativo. Assim, demonstrada tal propositalmente errônea interposição, parece ser adequado preservar-se o direito a que se refere o artigo 63, § 1º, da LFPA, no sentido de ser reaberto o prazo para a interposição do recurso com a indicação do órgão competente para o seu julgamento, contudo com uma limitação temática do recurso a ser conhecido, no sentido de se vedar que o novo recurso contenha novos argumentos ou maior desenvolvimento dos argumentos esposados no recurso originário. Bem verdade que seria talvez mais simples que a LFPA houvesse determinado que o órgão incompetente encaminhasse ao competente para o respectivo julgamento. Todavia, a interpretação acima proposta parece preservar, em método de concordância prática, todos os valores em jogo.

3. Direito à ciência do processo e no processo

Do contraditório e da ampla defesa surge, como um dos mais evidente consectários, o direito subjetivo de que o administrado é titular de ter ciência da existência de processos de seu interesse, bem como, no seio de tal relação jurídico-processual, de ter ciência de tudo o quanto nele se materializa.

Eis o teor do artigo 3º, II, da LFPA, pela qual é direito do administrado "ter ciência da tramitação dos processos administrativos em que tenha a condição de interessado, ter vista dos autos, obter cópias de documentos neles contidos e conhecer as decisões proferidas".

Aliás, tal norma jurídica encontra eco no artigo 46, também da LFPA, pela qual " os interessados têm direito à vista do processo e a obter certidões ou cópias reprográficas dos dados e documentos que o integram, ressalvados os dados e documentos de terceiros protegidos por sigilo ou pelo direito à privacidade, à honra e à imagem".

O direito subjetivo à obtenção de informações acerca do processo e acerca de atos havidos no processo decorre de uma noção mais ampla de transparência administrativa, a qual decorre da confluência de uma série de princípio de índole constitucional como é o caso da publicidade, da motivação e, *ultima ratio*, da moralidade administrativa. Trata-se da mesma noção de transparência administrativa que, ao lado de normas constitucionais como o artigo 5°, XXIII, o artigo 37, § 3°, II e o artigo 216, § 2°, deram ensejo à Lei de Acesso à Informação (Lei 12.527/11).[106]

Com efeito, não se poderia cogitar do processo administrativo como instrumento de compatibilização das prerrogativas públicas com os direitos fundamentais dos cidadãos, tal como proclamado no artigo 1° da LFPA, caso nele houvesse qualquer circunstância de cunho sigiloso que não fosse uma daquelas hipóteses constitucionais de sigilo.

Em linhas gerais, nos institutos próprios do Direito Público brasileiro, somente se poderia cogitar de situações de sigilo que decorram ou de questões que orbitam ao redor na privacidade ou intimidade (artigo 5°, X, da CF/88) ou de questões que se embasem na segurança da sociedade ou do próprio Estado (artigo 5°, XXXIII, *in fine*, da CF/88). Justamente por tal razão, é que se poderia aplicar, no âmbito dos processos administrativos, restrições às informações que estejam em fase de produção probatória, como aquela contida na *ratio* interpretativa formalizada pelo STF, por meio da interpretação, *a contrariu senso*, da Súmula Vinculante 14 ("é direito do defensor, no interesse do representado, ter acesso amplo aos elementos de prova que, já documentados em procedimento investigatório realizado por órgão com competência de polícia judiciária, digam respeito ao exercício do direito de defesa"), caso tal restrição decorra, por exemplo, de razões de segurança.

De qualquer sorte, caso não sejam fundamentadas nas referidas hipóteses de sigilo constitucional, será juridicamente inadequada qualquer restrição imposta ao administrado quanto à própria existência do processo ou quanto aos atos e fatos ocorridos no processo.

Importante salientar que, além de se garantir a informação sobre os atos do processo, o sistema legal contido na LFPA assegura igualmente que tais informações ocorram com determinada antecedência, para que a participação do administrado (ou cidadão) seja a mais efetiva possível (*v.g.* artigo 26, § 2°, e artigo 41, ambos da LFPA).

4. Participação efetiva e "poder de influência"

O artigo 3°, III, da LFPA estabelece ser direito do administrado "formular alegações e apresentar documentos antes da decisão, os quais serão objeto de consideração pelo órgão competente".

Aqui é de ser enfatizado que a regra em comento busca assegurar a participação dos cidadãos de modo efetivo, com a possibilidade de manifestação antes das tomadas de decisão, com a formulação de alegações, apresentação de documentos e produção de provas antes da decisão, sendo igualmente assegurado ao cidadão o direito de que suas alegações e provas sejam necessariamente objeto de consideração pelo órgão competente para a decisão que irá lhe afetar.

---

[106] Vide, por todos: HEINEN, Juliano. *Comentários à Lei de Acesso à Informação* – Lei n° 12.527/2011. Belo Horizonte: Fórum, 2013.

Art. 3º

Tal consectário do contraditório e da ampla defesa vem sendo denominado de "poder de influência" e no direito pátrio encontra-se também positivado no artigo 38 da LFPA ("o interessado poderá, na fase instrutória e antes da tomada da decisão, juntar documentos e pareceres, requerer diligências e perícias, bem como aduzir alegações referentes à matéria objeto do processo").

Tal direito à manifestação antes das tomadas de decisão, que constitui a regra geral em tema de processo administrativo, pode excepcionalmente restar ressalvado quando a Administração Pública estiver diante de situação de perigo público iminente, nas quais poderá ela "motivadamente adotar providências acauteladoras sem a prévia manifestação do interessado", consoante dispõe o artigo 45 da Lei 9.784/1999.

Igualmente de tal "poder de influência", assegurado aos administrados, resulta o direito subjetivo de produção de provas, de sorte que "somente poderão ser recusadas, mediante decisão fundamentada, as provas propostas pelos interessados quando sejam ilícitas, impertinentes, desnecessárias ou protelatórias", consoante estabelece o artigo 38, § 2º, da Lei 9.784/1999.[107]

No direito pátrio, o direito a que se refere o artigo 3º, III, da LFPA, qual seja, o referido "poder de influência", vem merecendo especial destaque tanto no plano doutrinário, quanto jurisprudencial, no tocante à extinção de atos ou condutas administrativas.[108]

Com efeito, sendo a presunção de validade ou de legitimidade um atributo a ser aplicado não somente em relação à Administração Pública, mas também em favor dos destinatários do ato administrativo, notadamente os de efeitos concretos e benéficos, estes não podem ser surpreendidos com a extinção de tal ato administrativo, sem que lhes seja assegurada a observância do devido processo legal (art. 5º, LIV, da CF), através das garantias fundamentais instrumentais do contraditório e da ampla defesa (art. 5º, LV, da CF).

Trata-se, pois, da necessidade de processualização da extinção de atos benéficos aos cidadãos, com vistas a garantir a participação dos destinatários da função administrativa. Tal garantia vem sendo considerada uma decorrência da "proteção procedimental da confiança", bem como uma manifestação da noção conhecida no Direito europeu como "administração pública dialógica", a qual, por seu turno, corresponde a um consectário do "direito fundamental à boa administração pública", previsto no art. 41 da Carta dos Direitos Fundamentais da União Europeia (Carta de Nice), no sentido de se assegurar "o direito de qualquer pessoa a ser ouvida antes de a seu respeito ser tomada qualquer medida individual que a afecte desfavoravelmente".

---

[107] MAFFINI, Rafael. *Op. cit.*, p. 124-125.

[108] Neste sentido, vide, por exemplo: FREITAS, Juarez. *Discricionariedade administrativa e o direito fundamental à boa administração pública*. São Paulo: Malheiros, 2007; MAFFINI, Rafael. Administração pública dialógica (proteção procedimental da confiança). Em torno da súmula vinculante nº3, do supremo tribunal federal. *Revista de Direito Administrativo*, São Paulo: FGV/Atlas, v. 253, p. 159-172, jan./abr. 2010; SILVA, Clarissa Sampaio. *Limites à invalidação dos atos administrativos*. São Paulo: Max Limonad, 2001; SIMÕES, Mônica Martins Toscano. *O processo administrativo e a invalidação de atos viciados*. São Paulo: Malheiros, 2004. Ademais, tais considerações são também encontradas em MAFFINI, Rafael. *Direito Administrativo*. 4. ed. São Paulo: Revista dos Tribunais, 2013, p. 115-116.

Assim, sempre que um determinado ato administrativo não precário for praticado de modo a produzir efeitos concretos benéficos aos seus destinatários, não se poderá extingui-lo sem que se permita a participação daqueles que, por serem beneficiados com o ato, serão prejudicados com a sua extinção.

Tal limite formal à extinção de atos ampliativos vem recebendo sobejo reconhecimento doutrinário e, especialmente, jurisprudencial, como se pode vislumbrar em decisões do STJ (RMS 257) e do STF (RE 158.543, RE 199.733 e, mais recentemente, MS 24.268, MS 22.357, RMS 23.383 e RG-RE 594.296. Merece destaque o que foi decidido pelo STF no MS 24.268. Neste precedente, entendeu-se que o Tribunal de Contas não poderia negar registro (art. 71, III, da CF) a um ato de pensionamento – o que importaria a sua desconstituição – sem que se possibilitasse a manifestação da pensionista, ou seja, daquela que era a destinatária dos efeitos benéficos do ato administrativo em questão. Posteriormente, todavia, o STF, quando do julgamento do MS 25.440, retrocedeu em seu posicionamento em relação aos atos de concessão inicial de aposentadoria, pensão ou reforma. Em tais casos, segundo a Corte Constitucional, ter-se-ia caso de ato administrativo complexo – com o que se discorda, respeitosamente –, razão pela qual o ato administrativo somente seria perfectibilizado quando do pronunciamento da Corte de Contas. Diante disso, até tal momento, o ato de concessão inicial de aposentadoria, pensão ou reforma poderia ser extinto sem a garantia do contraditório ou da ampla defesa.

Daí por que o STF editou a Súmula Vinculante 3, segundo a qual "nos processos perante o Tribunal de Contas da União asseguram-se o contraditório e a ampla defesa quando da decisão puder resultar anulação ou revogação de ato administrativo que beneficie o interessado, excetuada a apreciação da legalidade do ato de concessão inicial de aposentadoria, reforma e pensão".

Ocorre que, posteriormente à edição da referida Súmula Vinculante, o próprio STF vem temperando seus termos para asseverar que, mesmo em atos de concessão inicial de aposentadoria, reforma e pensão, será necessário assegurar o contraditório e a ampla defesa em favor do beneficiário do ato administrativo sob apreciação da Corte de Contas, caso tal ato tenha sido praticado há mais de cinco anos (MS 24.448 e MS 25.116).

De qualquer modo, quando a própria Administração Pública ou o Tribunal de Contas, neste caso com a ressalva dos atos de concessão inicial de aposentadoria, pensão ou reforma, forem extinguir um ato ou conduta administrativa que produzam efeitos favoráveis aos seus destinatários, a estes deverão ser garantidos os princípios do contraditório e da ampla defesa, como requisito formal para a extinção de tais atos ampliativos. Caso não seja respeitado tal limite formal à extinção de atos favoráveis aos cidadãos, a própria extinção apresentar-se-á inválida.

5. Direito à defesa técnica

Já o artigo 3º, IV, da LFPA assegura o que se poderia denominar de "direito subjetivo à defesa técnica", porquanto assegura aos administrados o direito de "fazer-se assistir, facultativamente, por advogado, salvo quando obrigatória a representação, por força de lei". Já da interpretação literal do referido dispositivo, constata-se que a regra geral consiste na faculdade de que os administrados sejam representados por advogados. A exceção à regra consiste nas hipóteses e que a defesa técnica por meio de advogado se mostra obrigatória, por previsão legal. Importa destacar que no sistema pátrio não há caso em que o administrado será proibido de ver-se representado por meio de advogado, até mesmo em razão do *status* jurídico-constitucional atribuído à advocacia, segundo o disposto no artigo 133 da CF/88.

Quanto a tal aspecto, mais especificamente nos processos de natureza disciplinar, embora o STJ tenha editado a Súmula 343, pela qual "é obrigatória a presença de advogado em todas as fases do processo administrativo disciplinar", o STF editou a Súmula Vinculante 5, pela qual "a falta de defesa técnica por advogado no processo administrativo disciplinar não ofende a Constituição". Tramita no STF a PSV 58, intentada pela OAB, visando ao cancelamento da Súmula Vinculante 5.

Com efeito, parece conveniente que seja revista a opção interpretativa atualmente presente na jurisprudência do STF. Com efeito, há processos administrativos em que, seja pela complexidade dos fatos em jogo, seja pelo despreparo pessoal ou profissional do próprio administrado interessado, a falta de defesa técnica mostrar-se-á determinante para a inefetividade do contraditório e da ampla defesa.

Jurisprudência

RECURSO EXTRAORDINÁRIO. DIREITO ADMINISTRATIVO. EXERCÍCIO DO PODER DE AUTOTUTELA ESTATAL. REVISÃO DE CONTAGEM DE TEMPO DE SERVIÇO E DE QUINQUÊNIOS DE SERVIDORA PÚBLICA. REPERCUSSÃO GERAL RECONHECIDA. 1. Ao Estado é facultada a revogação de atos que repute ilegalmente praticados; porém, se de tais atos já decorreram efeitos concretos, seu desfazimento deve ser precedido de regular processo administrativo. 2. Ordem de revisão de contagem de tempo de serviço, de cancelamento de quinquênios e de devolução de valores tidos por indevidamente recebidos apenas pode ser imposta ao servidor depois de submetida a questão ao devido processo administrativo, em que se mostra de obrigatória observância o respeito ao princípio do contraditório e da ampla defesa. 3. Recurso extraordinário a que se nega provimento. (RE 594296, Relator(a): Min. DIAS TOFFOLI, Tribunal Pleno, julgado em 21/09/2011, REPERCUSSÃO GERAL – MÉRITO ACÓRDÃO ELETRÔNICO DJe-030 DIVULG 10-02-2012 PUBLIC 13-02-2012)

MANDADO DE SEGURANÇA. PROCESSO ADMINISTRATIVO. REGIMENTO INTERNO DO TRIBUNAL DE CONTAS DA UNIÃO. AFASTAMENTO DE OUTROS PRECEITOS LEGAIS. IMPOSSIBILIDADE. CONSTITUCIONAL. AUTONOMIA DAS INSTITUIÇÕES DE PESQUISA CIENTÍFICA E TECNOLÓGICA [ART. 207, CAPUT E § 2º DA CB/88]. LEGITIMIDADE DE SUAS RESOLUÇÕES. FUNÇÃO REGULAMENTAR. OBRIGAÇÃO DE RETORNO DO BENEFICIÁRIO DE BOLSA DE ESTUDOS NO EXTERIOR COM FINANCIAMENTO PÚBLICO IMEDIATAMENTE APÓS O PERÍODO DE CONCESSÃO. REGRESSO APÓS ONZE ANOS. AFASTAMENTO DA RESPONSABILIDADE DE RESSARCIMENTO DO ERÁRIO. IMPOSSIBILIDADE. 1. Embora caiba ao Tribunal de Contas da União a elaboração de seu regimento interno [art. 1º, X, da Lei n., 8.443/92], os procedimentos nele estabelecidos não afastam a aplicação dos preceitos legais referentes ao processo administrativo, notadamente a garantia processual prevista no art. 3º, III, da Lei n. 9.784/99. Precedente [MS n. 23.550, Relator para o acórdão o Ministro SEPULVEDA PERTENCE, DJ 31.10.2001]. 2. O beneficiário de bolsa de estudos no exterior, às expensas do Poder Público, não pode alegar o desconhecimento de obrigação prevista em ato normativo do órgão provedor. 3. A legitimidade das resoluções do CNPq, bem como das demais instituições de pesquisa científica e tecnológica decorre da autonomia conferida pelo artigo 207, caput e § 2º, da Constituição do Brasil. 4. O retorno do impetrante ao Brasil onze anos após o encerramento do benefício não afasta --- ante a existência de preceito regulamentar que determinava o regresso imediatamente após o término do período de concessão da bolsa, sob pena de devolução integral dos valores recebidos --- sua responsabilidade pelo ressarcimento do erário. 5. Segurança denegada.(MS 24519, Relator(a): Min. EROS GRAU, Tribunal Pleno, julgado em 28/09/2005, DJ 02-12-2005 PP-00003 EMENT VOL-02216-01 PP-00162 LEXSTF v. 28, n. 325, 2006, p. 180-189)

AGRAVO DE INSTRUMENTO. 2. Procedimento Administrativo. Exclusão de vantagens salariais de servidores públicos. Direito de defesa. Não observância. 3. Direito de defesa ampliado com a Constituição de 1988. Âmbito de proteção que contempla todos os processos, judiciais ou administrativos, e não se resume a um simples direito de manifestação no processo. 4. Direito constitucional comparado. Pretensão à tutela jurídica que envolve não só o direito de manifestação e de informação, mas também o direito de ver seus argumentos contemplados pelo órgão julgador. 5. Os princípios do contraditório e da ampla defesa, assegurados pela Constituição, aplicam-se a todos os procedimentos administrativos. 6. O exercício pleno do contraditório não se limita à garantia de alegação oportuna e eficaz a respeito de fatos, mas implica a possibilidade de ser ouvido também em matéria jurídica. Precedentes. 7. Agravo de instrumento a que se nega provimento (AI 481015, Relator(a): Min. GILMAR MENDES, Segunda Turma, julgado em 01/02/2005, DJ 08-09-2006 PP-00056 EMENT VOL-02246-04 PP-00781 LEXSTF v. 28, n. 334, 2006, p. 107-119)

ADMINISTRATIVO E PROCESSUAL CIVIL. EMBARGOS DE DIVERGÊNCIA. TERRENOS DE MARINHA. TAXA DE OCUPAÇÃO. ALTERAÇÃO DO VALOR DE MERCADO DO DOMÍNIO PLENO DO IMÓVEL. NECESSIDADE DE INTIMAÇÃO DOS INTERESSADOS PARA TOMAREM CONHECIMENTO DA NOVA BASE DE CÁLCULO DA TAXA DE OCUPAÇÃO. ARTIGOS 3º, INCISOS II E III, E 28 DA LEI N. 9.784/1999. 1. Trata-se de embargos de divergência opostos contra acórdão da Segunda Turma, nos quais se aduz haver divergência com o entendimento da Primeira Seção, no que se refere à necessidade de intimação do interessado para se proceder à alteração dos valores da taxa de ocupação de terreno da marinha, quando alterado o valor venal do imóvel. 2. Conforme entendimento externado pela Primeira Seção do STJ, no julgamento do REsp 1.150.579/SC, realizado na sistemática do art. 543-C do CPC, é desnecessária a intimação prévia dos interessados, quanto à majoração da taxa de ocupação decorrente da atualização monetária do valor venal do imóvel. Porém, esse entendimento deve ser restrito à hipótese de simples correção monetária. 3. A reavaliação do valor de mercado do imóvel qualificado como terreno de marinha, embora esteja contida na primeira parte do art. 1º do DL n. 2.398/1987 ("calculada sobre o valor do domínio pleno do terreno") e até seja uma obrigação legal (v.g.: artigos 3º-A, inciso V, 12, 24 da Lei n. 9.636/1988), não pode implicar na imediata exigência de novo valor de taxa de ocupação, sem o prévio conhecimento daqueles que irão suportar esse ônus. 4. É que, tratando-se da alteração da base de cálculo inicialmente estipulada em procedimento administrativo, sua alteração não se pode dar à revelia daqueles que suportarão o ônus financeiro da taxa de ocupação. Esse é o fim das normas estipuladas no art. 3º, incisos II e III, e no art. 28 da Lei n. 9.784/1999. 5. Embargos de divergência não providos. (EREsp 1241464/SC, Rel. Ministro BENEDITO GONÇALVES, PRIMEIRA SEÇÃO, julgado em 23/10/2013, DJe 04/11/2013)

RECURSO ORDINÁRIO EM MANDADO DE SEGURANÇA. ADMINISTRATIVO. CONCURSO PÚBLICO. CONVOCAÇÃO APENAS POR DIÁRIO OFICIAL. INSUFICIÊNCIA. AVISO ENTREGUE PELOS CORREIOS A TERCEIRO. PRESUNÇÃO RELATIVA DE VERACIDADE CONTESTADA POR DOCUMENTO IDÔNEO. PUBLICIDADE DO ATO CONVOCATÓRIO. DIREITO LÍQUIDO E CERTO. RECURSO PROVIDO. – O Tribunal de origem, ao atribuir presunção absoluta de veracidade à declaração dos Correios de que entregou o telegrama, violou o disposto no art. 125, inciso I, do Código de Processo Civil, que impõe ao juiz o tratamento igualitário entre as partes. Ora, se o objetivo da atividade probatória é o de chegar à verdade dos fatos, entre as alegações de ambas as partes, deve ser prestigiada a que se mostrar mais verossímil. No caso, revelou-se mais consistente a prova documental produzida pela impetrante afirmando que, no dia e hora da suposta entrega, encontrava-se em local diverso. – Não é a lei que se curva à cláusula editalícia, mas o edital que deve obediência à lei. Cláusula que impõe aos candidatos o dever de acompanhar a publicação pelo diário oficial não encontra amparo legal. – Provado o não recebimento da notificação, é nulo, por vício de objeto, o ato administrativo de exclusão do concurso público. Inteligência da Lei n. 9.784/1999. Recurso ordinário provido. (RMS 33.717/DF, Rel. Ministro CESAR ASFOR ROCHA, SEGUNDA TURMA, julgado em 17/05/2012, DJe 30/05/2012)

PROCESSO ADMINISTRATIVO DISCIPLINAR. SERVIDORA FEDERAL. DEMISSÃO. FALTA DE DEFENSOR QUALIFICADO NA FASE INSTRUTÓRIA. CERCEAMENTO DE DEFESA. NULIDADE. INOCORRÊNCIA. 1. A Lei de regência do processo disciplinar – Lei nº 8.112/1990 – não obriga – apenas faculta – a assistência por advogado (art. 156). Na mesma direção está o Estatuto do Processo Administrativo (Lei nº 9.784/1999), como se extrai do teor do seu art. 3º. 2. Esta Terceira Seção vem decidindo, na linha da Súmula Vinculante nº 5 do STF, que "a falta de defesa técnica por advogado no processo administrativo não ofende a Constituição". Precedentes. 3. Ordem denegada. (MS 12.953/DF, Rel. Ministro HAROLDO RODRIGUES (DESEMBARGADOR CONVOCADO DO TJ/CE), TERCEIRA SEÇÃO, julgado em 28/10/2009, DJe 25/02/2010)

Referências

ALVARO DE OLIVEIRA, Carlos Alberto. A Garantia do Contraditório. In *Garantias Constitucionais do Processo Civil*. José Rogério Cruz e Tucci (Coord.) – São Paulo: Revista dos Tribunais, 1999.

ALMEIDA, Joaquim Canuto Mendes. *A contrariedade na instrução criminal*. São Paulo: Saraiva, 1937.

DINAMARCO, Candido Rangel. *A instrumentalidade do processo*. São Paulo: Malheiros, 1994.

FAZZALARI, Elio. *Note in tema di diritto e processo*. Milano: Giuffrè, 1957.

FREITAS, Juarez. *Discricionariedade administrativa e o direito fundamental à boa administração pública*. São Paulo: Malheiros, 2007.

HEINEN, Juliano. *Comentários à Lei de Acesso à Informação*: Lei nº 12.527/2011. Belo Horizonte: Fórum, 2013.

MAFFINI, Rafael. Administração Pública Dialógica (proteção procedimental da confiança). Em torno da Súmula Vinculante n. 3, do Supremo Tribunal Federal. *Revista de Direito Administrativo*. v. 253. p. 159.

———. *Direito Administrativo*. 4. ed. São Paulo: Revista dos Tribunais, 2013.

SILVA, Clarissa Sampaio. *Limites à invalidação dos atos administrativos*. São Paulo: Max Limonad, 2001.

SIMÕES, Mônica Martins Toscano. *O processo administrativo e a invalidação de atos viciados*. São Paulo: Malheiros, 2004.

CAPÍTULO III – DOS DEVERES DO ADMINISTRADO

Artigo 4º

São deveres do administrado perante a Administração, sem prejuízo de outros previstos em ato normativo:

I – expor os fatos conforme a verdade;

II – proceder com lealdade, urbanidade e boa-fé;

III – não agir de modo temerário;

IV – prestar as informações que lhe forem solicitadas e colaborar para o esclarecimento dos fatos.

SUMÁRIO: 1. Deveres de cooperação processual; Jurisprudência; Referência.

1. Deveres de cooperação processual

No comentário ao artigo 3º da LFPA (Capítulo II), afirmou-se que uma das decorrências da noção hodierna de contraditório e de ampla defesa consiste justamente na noção da cooperação processual.

Por óbvio, a noção de cooperação pressupõe uma via de dois sentidos, porquanto não se pode cogitar de o administrado fazer jus a um tratamento cooperativo imposto à Administração Pública, sem que dele se exija igualmente um tratamento cooperativo. Daí por que o Capítulo III da LFPA, em seu artigo 4º, contém uma série de deveres que impõe aos administrados uma atuação processualmente legal.

A imposição de um tratamento recíproco de boa-fé e lealdade processual, de todos quantos forem atores da relação jurídico-processual, consubstancia o conceito de "probidade processual".[109]

---

[109] Por todos: MILMAN, Fabio. *Improbidade processual* – comportamento das partes e de seus procuradores no processo civil. 2. ed. Rio de Janeiro: Forense, 2009.

Tal é o que se depreende da confluência do já comentado artigo 3º, I (dever de o administrado ser tratado com respeito pelos agentes públicos e de lhe ser por eles facilitado o exercício de seus direitos e o cumprimento de suas obrigações), e o artigo 4º da LFPA, o qual impõe uma gama de obrigações todas as quais orbitando a ideia de lealdade e boa fé processual.

Jurisprudência

CONSTITUCIONAL E ADMINISTRATIVO. CASSAÇÃO DE TÍTULO DE UTILIDADE PÚBLICA DE INSTITUIÇÃO DE ENSINO. OBSERVÂNCIA DO CONTRADITÓRIO E DA AMPLA DEFESA NO PROCESSO ADMINISTRATIVO. OMISSÃO DO INTERESSADO NA PRODUÇÃO DE PROVAS E NO ACOMPANHAMENTO DA INSTRUÇÃO. RECURSO ORDINÁRIO EM MANDADO DE SEGURANÇA CONHECIDO E IMPROVIDO. O interessado que, intimado em processo administrativo, apresenta defesa e, posteriormente, deixa de produzir provas e de participar da instrução, não pode alegar cerceamento de defesa ou violação ao contraditório e à ampla defesa (art. 5º, LV, da Constituição).(RMS 24462, Relator(a): Min. AYRES BRITTO, Relator(a) p/ Acórdão: Min. TEORI ZAVASCKI, Primeira Turma, julgado em 05/03/2013, DJe-053 DIVULG 19-03-2013 PUBLIC 20-03-2013 EMENT VOL-02682-01 PP-00001)

DIREITO ADMINISTRATIVO. RECURSO ESPECIAL. SERVIDOR PÚBLICO. CARGO PÚBLICO. VACÂNCIA PARA OCUPAR EMPREGO PÚBLICO INACUMULÁVEL.DEFERIMENTO ADMINISTRATIVO. EXISTÊNCIA. RECONDUÇÃO. POSSIBILIDADE.RECURSO ESPECIAL CONHECIDO E IMPROVIDO.1. Os ocupantes de cargo e de emprego públicos são espécies do gênero agentes públicos, tendo em comum o fato de que integram o aparelho estatal.2. Os institutos da vacância e da recondução têm por finalidade garantir ao servidor público federal sua permanência da esfera do serviço público, sem, como isso, tolher o inalienável direito de buscar sua evolução profissional.3. Sob pena de afronta ao princípio da isonomia, deve a regra dos arts. 29, I, e 33, VIII, da Lei 8.112/90 ser estendida às hipóteses em que o servidor público pleiteia a declaração de vacância para ocupar emprego público federal, garantindo-lhe, por conseguinte, se necessário, sua recondução ao cargo de origem.4. Tendo os requerimentos de vacância e, posteriormente, de recondução ao cargo de origem sido deferidos pela Autarquia/recorrente, sua não-inclusão na respectiva folha de pagamento importaria em ofensa direta aos princípios da boa-fé objetiva e da moralidade pública, que devem pautar os atos da Administração.5. Recurso especial conhecido e improvido. (REsp 817.061/RJ, Rel. Ministro ARNALDO ESTEVES LIMA, QUINTA TURMA, julgado em 29/05/2008, DJe 04/08/2008)

Referência

MILMAN, Fabio. *Improbidade processual* – comportamento das partes e de seus procuradores no processo civil. 2. ed. Rio de Janeiro: Forense, 2009.

JULIANO HEINEN
Artigos 5º ao 17

CAPÍTULO IV – DO INÍCIO DO PROCESSO
Artigo 5º
O processo administrativo pode iniciar-se de ofício ou a pedido de interessado.

SUMÁRIO: 1. Do início do processo administrativo; 2. Do início do processo administrativo por denúncia anônima; Jurisprudência; Referências.

1. Do início do processo administrativo

O processo administrativo não abrange todos os atos jurídicos previamente praticados, muito embora relacionados com a decisão a ser produzida. Vários atos ficam de fora do procedimento, ou melhor, nele não produzem efeitos. Somente entram em cena, ou seja, são englobados pelo processo administrativo, os atos que são praticados em função do provimento final. "Não entram, por isso, no procedimento, os actos que a sua instauração pressupõe, mas apenas aqueles que são praticados em função da decisão final, como é o caso, desde logo, do requerimento".[1] Da mesma forma, não fazem parte do processo administrativo os *atos particulares* (queixas, denúncias, petições, etc.) que dão base a uma atuação de ofício, porque será o ato da autoridade pública a gênese do processo.

O requerimento inicial, então, tem natureza *propulsiva*, ou seja, inaugura e põe em marcha o processo administrativo. Tanto é verdade, que a data dos atos de iniciativa configura a data da abertura do processo. Assim, o principal efeito do requerimento inicial é a abertura do processo, o que implica dizer que a autoridade processante deve manifestar-se se permite ou não a continuidade do feito. Enfim, deve exarar um pronunciamento sobre a viabilidade da abertura do processo, o que não impõe que tenha de decidir sobre o pedido formulado,[2] o que só será feito ao final.

---

[1] AMORIM, João Pacheco de; GONÇALVES, Pedro Costa; OLIVEIRA, Mário Esteves de. *Código do Procedimento Administrativo Comentado*. Coimbra: Almedina, 2006, p. 293.

[2] Não é à toa que José Pacheco Amorim e outros consideram o requerimento inicial como sendo um *pressuposto do procedimento*, ou também o requerimento inicial pode ser visto como um *direito potestativo* da parte interessada (*Op. Cit.*, p. 294).

Sendo assim, pode-se dizer que o Capítulo IV da Lei do Processo Administrativo Federal, inaugura a *fase de iniciativa* ou *propulsória*. Trata-se do impulso inaugural ao processo, cuja continuidade terá alicerce na movimentação dada pela autoridade processante ou pelos interessados. O requerimento inicial é um ato jurídico movido por um sujeito que julga ser titular de uma posição jurídica substancial, que visa a obter da Administração Pública uma decisão, ou seja, a produção de um ato administrativo, cujos efeitos têm a potencialidade de deferir a pretensão exposta. Resumindo, o requerimento inicial, em processo administrativo, *pede uma decisão*.

Nesse sentido, o artigo 5º da Lei nº 9.784/99, informa que o processo administrativo pode ter origem de duas maneiras:

a) por provocação dos interessados, devidamente catalogados no artigo 9º;

b) por iniciativa da própria autoridade pública.

Dessa forma, o processo administrativo pode ser de *autoiniciativa*, quando originário da atuação de ofício da entidade estatal, ou por meio de uma *heteroiniciativa*, no momento em que o processo é inaugurado pela provocação de outrem. A lei é que definirá quando um procedimento pode ser aberto por heteroiniciativa ou por autoiniciativa, ou, ainda, por ambos. Por exemplo: o processo administrativo para obtenção de uma licença para construir deve ser iniciado, pela lógica, por um pedido do administrado. Já processo administrativo que vise à revisão dos coeficientes ambientais de uma área pode ser iniciado pelo Poder Público ou por pedido do cidadão. Por fim, o início de um processo para contratação de pessoal a desempenhar uma função pública é tido como típico exemplo de um processo oficioso, enfim, que somente pode ser iniciado por ato da autoridade pública.

No que tange à atuação de ofício, a Administração Pública tanto pode impulsionar o processo desde a sua gênese, como pode dar continuidade a ele quando o demandante desiste.[3] Caso o interesse público revelar conveniente, deve a entidade estatal tomar para si a condução do processo, porque a busca pela resolução do pedido já não fica mais ao alvedrio de um interesse individual. Imagine que certo sujeito compareça perante o órgão que fiscaliza sua profissão (p. ex., os Conselhos Profissionais que são responsáveis pela tarefa mencionada), e denuncie que um profissional da área esteja a praticar publicidade fora dos parâmetros legalmente admitidos, requerendo seja fiscalizada tal situação e aplicada as sanções pertinentes, a fim de coibir a reiteração de tal conduta. Na hipótese de o interessado que desencadeou o processo venha, em momento posterior, a desistir deste, pode o ente estatal dar continuidade ao procedimento, porque existe um interesse público na apuração das ilegalidades, que transborda a esfera meramente privada.

Os requerimentos iniciais formulados por particulares normalmente visam a satisfazer interesses pessoais. Contudo, em certas oportunidades, além

---

[3] "Excepcionalmente puede ser lo primero y se se iniciará una verdadera actuación, como también puede hacerse cuando ocurre el desistimiento del interesado en la hipótesis que contempla el art. 8º, y la administración queda autorizada a continuar de oficio si la actuación es necesaria para el interés público; para tal propósito expedirá resolución motivada." (PERDOMO, Jaime Vidal. *Derecho Administrativo*. Santa Fé de Bogotá: Temis, 1994, p. 276).

de satisfazer uma pretensão do interessado, a decisão final acabará por afetar a esfera jurídica de outrem. Por exemplo: uma empresa postula que órgão da previdência social verifique se seu funcionário possui capacidade para o trabalho.

Em outros casos, o pedido não veicula pretensão que agregue algo na esfera jurídica do interessado ou de outrem, mas, simplesmente, que a Administração Pública atue como um árbitro, definindo uma situação por tal obnubilada entre as partes. Este *procedimento destinado a resolver um conflito* pode ocorrer, por hipótese, quando o Poder Público é chamado a definir os limites territoriais de dois imóveis.

As duas formas de iniciativa do processo administrativo, mencionadas pelo artigo 5º da Lei nº 9.784/99, devem ser adaptadas aos *processos públicos* que se desenvolvem entre dois órgãos estatais. São procedimentos administrativos comuns, atuantes nas relações interorgânicas. Seria o caso de um processo que intenta analisar e decidir, p. ex., acerca da requisição de um servidor ou mesmo acerca da permuta de imóveis entre dois órgãos públicos, etc.

Uma dúvida corrente consiste em saber se a autoridade pública tem o dever de iniciar o processo administrativo, independentemente do tipo de ato que confere origem a ele. Na Alemanha, a lei que disciplina o processo administrativo (no § 22) dispõe que é a autoridade administrativa quem deve decidir sobre a abertura ou não do processo. Ao menos diante da legislação brasileira e dos princípios administrativos aqui incidentes, a premissa germânica deve ser recebida com muita cautela.

A possibilidade de inauguração do processo administrativo, ou a decisão sobre a continuidade deste, frente a um requerimento do cidadão, deverão ser tomadas toda vez que presentes seus pressupostos, salvo se a Administração Pública detenha, no caso, um espaço *discricionário* de atuação – ligado aos vetores da oportunidade e da conveniência. Então, o que definirá a obrigatoriedade de se iniciar um processo administrativo será a *fattispecie* incidente, ou seja, se o suporte fático da norma confere ao Administrador Público uma conduta discricionária ou vinculada, ou seja, se a abertura do processo é de uma ou outra natureza.

Um exemplo emblemático pode ser visualizado diante do verbete nº 473 do Supremo Tribunal Federal: "A administração pode anular seus próprios atos, quando eivados de vícios que os tornam ilegais, porque deles não se originam direitos; ou revogá-los, por motivo de conveniência ou oportunidade, respeitados os direitos adquiridos, e ressalvada, em todos os casos, a apreciação judicial.". Logo, quando a entidade estatal constata a presença de uma nulidade em um ato administrativo, deve atuar de ofício. Eventual processo derivado desta atividade deverá ser iniciado da mesma forma e, claro, de maneira vinculada. Não há espaço para o gestor público decidir se abre ou não o processo, porque é dever seu declarar o vício constatado em ato administrativo. Já a revogação está atrelada aos limites da discricionariedade administrativa, o que implica dizer que o processo pertinente, mesmo que de autoiniciativa, terá sua gênese calcada na oportunidade e na conveniência. Aqui sim o agente estatal tem a possibilidade de decidir acerca da abertura ou não do processo.

As diferenças existentes entre os processos administrativos inaugurados por iniciativa privada ou de ofício são mínimas. Essencialmente, além dos elementos do ato inaugural, que são, de certa forma, diversos, há discrepâncias no que tange à renúncia e à desistência do processo.

Além disso, conclui-se que não incide, no limiar do processo administrativo, o *princípio da inércia* ou *da demanda*, sendo este uma característica do processo jurisdicional. O *princípio da demanda* determina ao juiz uma inércia prematura, porque só admite a instauração do processo por iniciativa da parte, já que é ela quem pode dispor de seus direitos e do próprio poder de ação[4] (artigos 2° e 262, ambos do Código de Processo Civil). No momento em que o Código menciona que "[...] o processo civil começa por iniciativa da parte, mas se desenvolve por impulso oficial.", o artigo 262 escancara a diversidade entre *iniciativa* e *impulso*. A iniciativa da demanda é privilégio somente das partes interessadas (*ne procedat judex ex officio*).[5] Após instaurado o processo, cabe ao juiz movimentá-lo ao termo final, enfim, dar-lhe impulso – *princípio do impulso oficial*.[6]

Complementa tal dispositivo o artigo 2° do CPC: "Nenhum juiz prestará a tutela jurisdicional senão quando a parte ou interessado a requerer, nos casos e formas legais". Ada Pellegrini Grinover e outros afirmam que o *princípio da ação* (ou *princípio da demanda*), "[...] indica a atribuição à parte da iniciativa de provocar o exercício da função jurisdicional. Como veremos, denomina-se ação o direito (ou o poder) de ativar os órgãos jurisdicionais, visando à satisfação de uma pretensão".[7] E arrematam: "A jurisdição é inerte e, para sua movimentação, exige a provocação do interessado. É a isto que se denomina princípio da ação: *nemo iudex sine actore*". Em resumo, salvo raras exceções, a formação do processo jurisdicional depende necessariamente de provocação da parte. Antes dessa provocação, deve o juiz manter-se inerte.

No limiar do processo administrativo federal, não necessariamente se deverá esperar a iniciativa de qualquer interessado para que se inaugure o procedimento, tendo em vista que a autoridade pública possui um poder-dever de agir quando perceber uma situação que reclame a abertura de um processo administrativo. Atuará de ofício. Então, não vige aqui o princípio da demanda. Aliás, há casos em que nem sequer existirão sujeitos que demonstrem interesse na origem do procedimento, mas o agente estatal deverá dar cabo de iniciá-lo,

---

[4] DINAMARCO, Cândido Rangel. *Instituições de direito processual civil*. São Paulo: Malheiros, 2001, v. 3, n. 784.

[5] Existem pouquíssimas exceções ao *princípio da demanda*: deferimento de *habeas corpus* de ofício; conversão de concordata em falência; início do processo de inventário no caso do artigo 989, do CPC ("O juiz determinará, de ofício, que se inicie o inventário, se nenhuma das pessoas mencionadas nos artigos antecedentes o requerer no prazo legal."); no caso de herança jacente, o juiz pode tomar a iniciativa de arrecadar os bens do ausente e nomear-lhe curador (artigo 1.160, do CPC: "O juiz mandará arrecadar os bens do ausente e nomear-lhe-á curador na forma estabelecida no Capítulo antecedente."); pode o magistrado determinar a exibição de testamento (artigo 1.129, do CPC: "O juiz, de ofício ou a requerimento de qualquer interessado, ordenará ao detentor de testamento que o exiba em juízo para os fins legais, se ele, após a morte do testador, não se tiver antecipado em fazê-lo."); na hipótese de arrecadação de bens vagos (artigos 1.142 e 1.149 do CPC). Por fim, na situação narrada no artigo 878, da Consolidação das Leis do Trabalho (CLT).

[6] Para um aprofundado estudo sobre os princípios incidentes no processo civil, conferir: PORTANOVA, Rui. *Princípios do Processo Civil*. Porto Alegre: Livraria do Advogado, 1999.

[7] CINTRA, Antônio Carlos de Araújo; GRINOVER, Ada Pellegrini; DINAMARCO, Cândido Rangel. *Teoria Geral do Processo*. São Paulo: Malheiros, 2004, p. 57.

ou seja, somente a Administração Pública possui interesse na iniciativa do processo. Por exemplo: abre-se de ofício um procedimento administrativo para caçar a aposentadoria de um servidor ou de um pensionista, uma vez que este benefício foi concedido à revelia da lei. Ao que tudo indica, ninguém se interessaria em protocolar pedido de nulidade do ato que deferiu o pagamento dos proventos, nem mesmo o próprio beneficiário. Este, por sua vez, será interessado somente *após* inaugurado o processo, até porque deverá ser notificado a exercer o direito à ampla defesa e ao contraditório. Então, somente cabia à Administração Pública o dever de regularizar a situação – *princípio da autotutela* –, ou melhor, só ela tinha interesse.

Quando o processo administrativo é iniciado por ato da Autoridade Pública, incide à espécie o *princípio da oficialidade*, o qual informa que o Poder Público tem o dever de aplicar a lei sem que, para tanto, tenha de ser provocado. A regra da oficialidade desdobra-se em dois aspectos: na:

a) *autoridade* (pois o órgão oficial que aplica a lei e impulsiona o processo é uma autoridade pública, que tem o poder-dever da persecução) e na

b) *oficiosidade* (premissa que informa que as autoridades incumbidas de aplicar a lei devem exercer seu múnus, "[...] sem a necessidade de provocação ou assentimento de outrem").[8]

Resumindo: o processo administrativo pode ser iniciado de ofício a partir, por exemplo, de um auto de infração. No momento em que este é lavrado, dá-se continuidade aos atos processuais necessários (procedimento) para a aplicação da penalidade e, quiçá, imposição de uma obrigação. Por outro lado, o início do processo pode ser derivado de uma denúncia, requerimento, reclamação, pedido, etc., no caso de o processo ser inaugurado por um cidadão interessado.[9]

Após o pleito inicial ter sido devidamente autuado, sendo, se for o caso, designada comissão processante, os autos deverão conter uma sequência cronológica das peças processuais. Nesse sentido, todas as folhas serão rubricadas e numeradas – artigo 22, § 4°, da Lei n° 9.784/99.[10] É de bom alvitre que os autos do procedimento administrativo contenham uma capa, na qual seja indicado o número do processo, o nome das partes, o objeto da controvérsia, a data da autuação, o órgão e o local em que se processa.

2. Do início do processo administrativo por denúncia anônima

Esta é uma discussão que ganha cotidianamente corpo nas cortes nacionais, especialmente diante de processos criminais.[11] Não raro, a Suprema Corte brasi-

---

[8] CINTRA, Antônio Carlos de Araújo; GRINOVER, Ada Pellegrini; DINAMARCO, Cândido Rangel. *Op cit.*, p. 69.

[9] A título ilustrativo, em Portugal, o Código de Procedimento Administrativo vigente, no seu artigo 54°, possui texto semelhante ao disposto no artigo 5°, da Lei n° 9.784/99: "O procedimento administrativo inicia-se oficiosamente ou a requerimento dos interessados".

[10] COSTA, Nelson Nery. *Processo administrativo e suas espécies*. 3. ed. Rio de Janeiro: Forense, 2001, p. 30,

[11] Conferir: "O Min. Marco Aurélio, relator, concedeu a ordem por entender que a instauração de procedimento criminal originada, unicamente, de documento apócrifo seria contrária à ordem jurídica constitucional, que veda expressamente o anonimato. Salientando a necessidade de se preservar a dignidade da pessoa humana, afirmou que o acolhimento da delação anônima permitiria a prática do denuncismo inescrupuloso, voltado a

leira é chamada a decidir sobre a possibilidade de se iniciar inquérito policial por denúncia anônima e, com base nestes elementos, dar gênese a uma ação penal.[12] Esta discussão migra à seara administrativa, especialmente diante de processos aflitivos, como aqueles que visam à aplicação de penas disciplinares.

Um consenso estabelecido consiste no fato de que a atuação da autoridade pública não pode ser lastreada com base unicamente em denúncia anônima, o que violaria o inciso IV do art. 5º da Constituição Federal ("é livre a manifestação do pensamento, sendo vedado o anonimato;"). No plano infraconstitucional, pode-se conferir o disposto nos artigos 144 da Lei nº 8.112/90,[13] e 14, § 1º, da Lei nº 8.429/92,[14] que versam sobre a inidoneidade da denúncia anônima para os fins, quer de instauração de processo administrativo que intencione aplicar pena disciplinar, quer de ação concernente à expiação por ato de improbidade administrativa, respectivamente. Ressalta-se, ainda, a existência da Resolução nº 290/2004, que criou a Ouvidoria do STF, cujo inciso II do artigo 4º impede o recebimento de reclamações, críticas ou denúncias anônimas.

Tendo em vista que a denúncia apócrifa incentiva a acusação desmedida e inescrupulosa, em regra, é de ser rechaçada. Os dispositivos mencionados visam a garantir o próprio funcionamento da Administração Pública, preservando-a da abertura de processos administrativos cujo motivo único é lastreado em causas pessoais e embebido de má-fé.[15]

---

prejudicar desafetos, impossibilitando eventual indenização por danos morais ou materiais, o que ofenderia os princípios consagrados nos incisos V e X do art. 5º da CF." (STF, HC 84827/TO, Rel. Min. Marco Aurélio, j. 15/2/2005). No mesmo sentido: Informativo nº 475, do Supremo Tribunal Federal (de 06 a 10 de agosto de 2007). O Superior Tribunal de Justiça já enfrentou a matéria em várias oportunidades: "A Turma concedeu a ordem e determinou o arquivamento do procedimento criminal instaurado contra procurador-geral, pois calcado em *e-mail* contendo denúncia anônima que atribuiu ao paciente, detentor de foro por prerrogativa de função, prática de crime contra a honra. O art. 5º, IV, da CF/1988 veda o anonimato, a fim de coibir tais abusos contra os direitos de personalidade (honra, vida privada e intimidade)." (HC 95.838-RJ, Rel. Min. Nilson Naves, j. em 26/2/2008). Conferir, ainda, Informativo nº 357, do STJ, de 26 a 30 de maio de 2008. Podem ser citados, também, os precedentes do STF: Pet-AgR 2.805-DF, DJ 13/11/2002; RHC 90.376-RJ, DJ 18/05/2007; ou mesmo do STJ: HC 44.649-SP, DJ 8/10/2007; HC 38.093-AM, DJ 17/12/2004, e HC 67.433-RJ, DJ 7/5/2007.

[12] Que não deixa de ser um procedimento administrativo. No caso, para coleta de elementos de prova de um delito.

[13] Art. 144. As denúncias sobre irregularidades serão objeto de apuração, desde que contenham a identificação e o endereço do denunciante e sejam formuladas por escrito, confirmada a autenticidade.

[14] Art. 14. Qualquer pessoa poderá representar à autoridade administrativa competente para que seja instaurada investigação destinada a apurar a prática de ato de improbidade. § 1º A representação, que será escrita ou reduzida a termo e assinada, conterá a qualificação do representante, as informações sobre o fato e sua autoria e a indicação das provas de que tenha conhecimento.

[15] Comentando o artigo 144 da Lei nº 8.112/90, José Armando da Costa assim se manifesta: "Não é jurídico nem democrático que o servidor público venha, sem mais nem menos, responder a processo disciplinar (...) O Direito Processual Disciplinar exige a presença desses conectivos (princípios de prova) como forma de evitar que venha o servidor público sofrer os incômodos e os aborrecimentos oriundos de um processo disciplinar precipitadamente instaurado, além de, com tal cuidado, proporcionar resguardo à dignidade do cargo público ocupado pelo acusado, o que reverte-se, por fim, em benefício da normalidade e regularidade do serviço público, escopo inarredável a que deve preordenar-se toda repressão disciplinar. (...) Pela alternativa postulatória (precisa e definida) requer o Regime Jurídico dos Servidores Públicos Civis da União (Lei nº. 8.112/90, art. 144 e parágrafo único) que somente devem constituir objeto de apuração em processo as denúncias que: a) sejam formalizadas por escrito; b) contenham a identificação e o endereço dos denunciantes; c) tiverem a autenticidade das assinaturas dos denunciantes devidamente confirmadas (...) A inobservância dessa exigência de caráter legal poderá oportunizar ensejo a que o servidor prejudicado ingresse em juízo com o pedido de trancamento do processo, através do remédio heróico do mandado de segurança." (COSTA, José Armando da. *Teoria e prática do processo administrativo disciplinar*. 5. ed. Brasília: Jurídica, 2005, p. 204-205).

Assim, muito embora a Lei do Processo Administrativo Federal nada tenha referido acerca da (im)possibilidade de se iniciar expediente exclusivamente com base em denúncia apócrifa, em uma interpretação sistemática, diante de outros dispositivos de Direito Administrativo que impedem esta conduta, entende-se como vedado.[16]

Contudo, é possível o início de processo administrativo a partir de denúncia anônima, desde que acompanhada de demais elementos colhidos a partir dela. Inexiste qualquer constrangimento ilegal neste sentido. A autoridade pública, ao receber uma denúncia anônima, pode diligenciar preliminarmente, a fim de perceber se os fatos narrados na "delação" são materialmente verdadeiros, para, só então, iniciar o processo.[17]

Especificamente em tema de Direito Administrativo, o Superior Tribunal de Justiça já enfrentou a matéria, sendo que admitiu, em várias oportunidades, processo administrativo iniciado por denúncia anônima.[18] Ela foi considerada apta a deflagrar "procedimento de averiguação", para dar base a processo administrativo disciplinar, "desde que observadas as devidas cautelas no que diz respeito à identidade do investigado".[19]

Em outra oportunidade, o mesmo STJ permitiu instaurar processo administrativo disciplinar iniciado por denúncia anônima, alegando que a Administração Pública possui o *poder-dever de autotutela*.[20] E é esta a posição que ficou consolidada no limiar da referida corte, apesar do conteúdo constante no limiar dos dispositivos legais mencionados.

Jurisprudência

MANDADO DE SEGURANÇA. SINDICÂNCIA. ALEGAÇÃO DOS IMPETRANTES DE NÃO TEREM SIDO OUVIDOS NESTA FASE. PROCEDIMENTO DESTINADO À SIMPLES VERIFICAÇÃO DE IRREGULARIDADES.

---

[16] Esta posição, contudo, possui divergência: "AÇÃO PENAL. Porte ilegal de arma de fogo de uso restrito. Tipicidade. Caracterização. São típicas as condutas de possuir, ter em depósito, manter sob guarda e ocultar arma de fogo de uso restrito. 2. INQUÉRITO POLICIAL. Denúncia anônima. Irrelevância. Procedimento instaurado a partir da prisão em flagrante. Ordem indeferida. Não é nulo o inquérito policial instaurado a partir da prisão em flagrante dos acusados, ainda que a autoridade policial tenha tomado conhecimento prévio dos fatos por meio de denúncia anônima." (STF, HC 90.178-RJ, Rel. Min. Cezar Peluso, Segunda Turma, j. 2/2/2010).

[17] Em analogia ao processo criminal: "Possibilidade de denúncia anônima, desde que acompanhada de demais elementos colhidos a partir dela. Inexistência de constrangimento ilegal. 1. O precedente referido pelo impetrante na inicial (HC nº 84.827/TO, Relator o Ministro Marco Aurélio, DJ de 23/11/07), de fato, assentou o entendimento de que é vedada a persecução penal iniciada com base, exclusivamente, em denúncia anônima. Firmou-se a orientação de que a autoridade policial, ao receber uma denúncia anônima, deve antes realizar diligências preliminares para averiguar se os fatos narrados nessa 'denúncia' são materialmente verdadeiros, para, só então, iniciar as investigações. 2. No caso concreto, ainda sem instaurar inquérito policial, policiais civis diligenciaram no sentido de apurar a eventual existência de irregularidades cartorárias que pudessem conferir indícios de verossimilhança aos fatos. Portanto, o procedimento tomado pelos policiais está em perfeita consonância com o entendimento firmado no precedente supracitado, no que tange à realização de diligências preliminares para apurar a veracidade das informações obtidas anonimamente e, então, instaurar o procedimento investigatório propriamente dito. 3.Ordem denegada." (STF, HC 98.345-RJ, Rel. Min. Marco Aurélio, Rel. para o acórdão Min. Dias Toffoli, Primeira Turma, j. 16/6/2010).

[18] STJ, MS 13.348-DF, Rel. Min. Laurita Vaz, Terceira Seção, j. 27/5/2009 – a íntegra da ementa está a seguir disposta, juntamente com outras que tratam da matéria.

[19] Idem.

[20] STJ, Resp. 876.8666-DF, Rel. Min. Arnaldo Esteves Lima, Quinta Turma, j. 27/4/2009 – a íntegra da ementa está ao final disponibilizada.

EQUIPARAÇÃO AO INQUÉRITO POLICIAL. DISCUSSÃO QUANTO À APLICAÇÃO DE PENA NO ÂMBITO DE SINDICÂNCIA. AMPLA DEFESA NO PROCESSO ADMINISTRATIVO DISCIPLINAR. PORTARIA. PUBLICAÇÃO NO BOLETIM DE SERVIÇO. VALIDADE. PRECEDENTE. EXCESSO DE PRAZO NÃO IMPLICA NULIDADE DO PROCESSO. § 1º DO ART. 169 DA LEI 8.112. CONTROVÉRSIA ACERCA DOS FATOS. MATÉRIA NÃO SUPORTÁVEL NA VIA DO MANDADO DE SEGURANÇA. Segurança indeferida. [Neste caso, permitiu-se que sindicância administrativa, que visava a apurar irregularidades cometidas por servidores públicos, poderia ser instaurada e processada com base em denúncia anônima, porque se equipara a um inquérito policial e é prévia ao processo administrativo disciplinar propriamente dito, bem como porque, nela, não se necessita dar vazão à ampla defesa e ao contraditório]. (STF, MS 22.888-PR, Rel. Min. Nelson Jobim, Tribunal Pleno, j. 18/2/1998). A instauração, por autoridade competente, de portaria que determina a instauração de processo de revisão da condição de anistiado político do impetrante, importa exercício regular do direito de anular, causa interruptiva do prazo decadencial (conf. art. 54, § 2º, da Lei nº 9.784/99). (...) VI – Devidamente oportunizado ao Impetrante o exercício da ampla defesa e do contraditório no processo administrativo que ensejou a portaria anulatória do ato anistiador, não há qualquer vício a macular o procedimento, vez que o ato impugnado foi proferido após minuciosa análise da defesa e documentos integrantes do processo anulatório. Preliminares rejeitadas. Segurança denegada. (STJ, MS 14.748-DF, Rel. Min. Felix Fischer, Terceira Seção, j. 26/5/2010).

ADMINISTRATIVO. MANDADO DE SEGURANÇA. SERVIDOR PÚBLICO FEDERAL. CASSAÇÃO DE APOSENTADORIA. PROCESSO ADMINISTRATIVO DISCIPLINAR INSTAURADO COM BASE EM INVESTIGAÇÃO PROVOCADA POR DENÚNCIA ANÔNIMA. ADMISSIBILIDADE. PRECEDENTES. INEXISTÊNCIA DE AFRONTA AOS PRINCÍPIOS DO CONTRADITÓRIO, DA AMPLA DEFESA E DO DEVIDO PROCESSO LEGAL. DILAÇÃO PROBATÓRIA. INADEQUAÇÃO DA VIA ELEITA. 1. Ainda que com reservas, a denúncia anônima é admitida em nosso ordenamento jurídico, sendo considerada apta a deflagrar procedimentos de averiguação, como o processo administrativo disciplinar, conforme contenham ou não elementos informativos idôneos suficientes, e desde que observadas as devidas cautelas no que diz respeito à identidade do investigado. Precedentes desta Corte. 2. As acusações que resultaram da apreensão de documentos feita pela Comissão de Sindicância, sem a presença do indiciado, não foram consideradas para a convicção acerca da responsabilização do servidor, pois restaram afastados os enquadramentos das condutas resultantes das provas produzidas na mencionada diligência. 3. Eventual nulidade no Processo Administrativo exige a respectiva comprovação do prejuízo sofrido, o que não restou configurado na espécie, sendo, pois, aplicável o princípio *pas de nullité sans grief*. Precedentes. 4. Em sede de ação mandamental, a prova do direito líquido e certo deve ser pré-constituída, não se admitindo a dilação probatória. Precedentes. 5. Segurança denegada. (STJ, MS 13.348-DF, Rel. Min. Laurita Vaz, Terceira Seção, j. 27/5/2009).

DIREITO ADMINISTRATIVO. RECURSO ESPECIAL. SERVIDOR PÚBLICO FEDERAL. PROCESSO ADMINISTRATIVO DISCIPLINAR. DENÚNCIA ANÔNIMA. NULIDADE. NÃO-OCORRÊNCIA. RECURSO CONHECIDO E IMPROVIDO. 1. Tendo em vista o poder-dever de autotutela imposto à Administração, não há ilegalidade na instauração de processo administrativo com fundamento em denúncia anônima. Precedentes do STJ. 2. Recurso especial conhecido e improvido. (STJ, REsp. 876.8666-DF, Rel. Min. Arnaldo Esteves Lima, Quinta Turma, j. 27/4/2009).[21]

(...) III – Denúncia anônima como causa de deflagração de processo administrativo disciplinar não constitui ilegalidade insanável (Precedentes). IV – Inexiste vício a macular o processo administrativo disciplinar no fato de as intimações terem sido feitas apenas ao advogado nomeado pelo servidor indiciado. (...) Recurso ordinário provido. (STJ, RMS 19.741-MT, Rel. Min. Felix Fischer, Quinta Turma, DJ de 31/03/2008).

I – Não enseja nulidade do processo administrativo disciplinar o simples fato de sua instauração ser motivada por fita de vídeo encaminhada anonimamente à autoridade pública, vez que esta, ao ter ciência de irregularidade no serviço, é obrigada a promover sua apuração. II – Não configura prova ilícita gravação feita em espaço público, no caso, rodovia federal, tendo em vista a inexistência de "situação de intimidade" (HC n. 87341-3, Min. SEPÚLVEDA PERTENCE, Julgamento: 07.02.2006) III – O contraditório na prova pericial se desenvolve por meio da apresentação de quesitos, não havendo disposição legal que assegure às partes o acompanhamento direto da elaboração do laudo pericial. Art. 156 da Lei nº 8.112/90. IV – A infração funcional consistente em recebimento de vantagem econômica indevida, e de resto todas as infrações que possam levar à penalidade de demissão, deve ser respaldada em prova convincente, sob pena de comprometimento da razoabilidade e proporcionalidade. Segurança concedida. (STJ, MS 12.429-DF, Rel. Min. Felix Fischer, Terceira Seção, DJ de 29/06/2007).

---

[21] No mesmo sentido: STJ, MS 12.385-DF, Rel. Min. Paulo Gallotti, Terceira Seção, DJ 5/9/08.

Art. 6º

Referências

AMORIM, João Pacheco de; GONÇALVES, Pedro Costa; OLIVEIRA, Mário Esteves de. *Código do Procedimento Administrativo Comentado*. Coimbra: Almedina, 2006.

CINTRA, Antônio Carlos de Araújo; DINAMARCO, Cândido Rangel; GRINOVER, Ada Pellegrini. *Teoria Geral do Processo*. 20. ed. São Paulo: Malheiros, 2004.

COSTA, José Armando. *Teoria e prática do processo administrativo disciplinar*. 5. ed. Brasília: Jurídica, 2005.

COSTA, Nelson Nery. *Processo administrativo e suas espécies*. 3. ed. Rio de Janeiro: Forense, 2001.

DINAMARCO, Cândido Rangel. *Instituições de direito processual civil*. São Paulo: Malheiros, 2001, v. 3.

PERDOMO, Jaime Vidal. *Derecho Administrativo*. Santa Fé de Bogotá: Temis, 1994.

PORTANOVA, Rui. *Princípios do Processo Civil*. Porto Alegre: Livraria do Advogado, 1999.

Artigo 6º

O requerimento inicial do interessado, salvo casos em que for admitida solicitação oral, deve ser formulado por escrito e conter os seguintes dados:

I – órgão ou autoridade administrativa a que se dirige;

II – identificação do interessado ou de quem o represente;

III – domicílio do requerente ou local para recebimento de comunicações;

IV – formulação do pedido, com exposição dos fatos e de seus fundamentos;

V – data e assinatura do requerente ou de seu representante.

Parágrafo único. É vedada à Administração a recusa imotivada de recebimento de documentos, devendo o servidor orientar o interessado quanto ao suprimento de eventuais falhas.

SUMÁRIO: 1. Requisitos da petição inicial; 2. Impossibilidade de recusa de documentos por parte da autoridade processante; Jurisprudência; Referências.

1. Requisitos da petição inicial

O processo administrativo é um complexo de atos previamente ordenados tendentes a um fim. Cada ato do processo terá certa autonomia, apesar de estar ligado ao outro, em uma verdadeira sequência. E cada um deles deverá ser constituído respeitando a forma prevista em lei, ou seja, importante que possua determinados parâmetros.

Com o pedido inaugural não foi diferente. Dada a sua importância, foram previstas inúmeras providências a serem adotadas com o fito de dar retidão ao processo, e possibilidade de este ter um desenvolvimento coerente. O artigo 6º, *caput* e incisos, da Lei nº 9.794/99, ocupa-se exclusivamente em definir parâmetros e requisitos ao pedido que inaugure o processo administrativo. As inúmeras condições elencadas nestes dispositivos são nodais ao restante da demanda. Afinal, será a petição inicial que firmará os limites ao processo, o tipo de procedimento a ser desenvolvido, as provas necessárias a serem colhidas, enfim, quais atos processuais que serão praticados a seguir.

As leis processuais são pouco rigorosas quanto ao *nomen juris* do ato particular de requerimento inicial. Desde que se compreenda que a peça elaborada e protocolada contenha os requisitos processuais reclamados, deve ser aceita como se requerimento inicial fosse.

Estas providências permitem com que as duas finalidades do processo administrativo, ao menos na forma, sejam guarnecidas: "a) resguardar os administrados; e b) concorrer para uma atuação administrativa mais clarividente".[22] Como anuncia a cabeça do artigo, a petição inicial deverá ter *formaescrita*. Somente quando a lei expressamente fizer ressalva, os requerimentos poderão ser formulados oralmente.

As exigências de conteúdo quanto ao requerimento inicial estão catalogadas nos incisos I a V. O primeiro deles determina que seja indicado o "órgão ou autoridade administrativa a que se dirige". Esse requisito é importante para definir a (in)competência da autoridade processante, de acordo com o objeto posto em debate.

É lógico que o administrado faça seu requerimento administrativo perante algum agente estatal. Então, deverá indicar qual é o agente ou órgão público competente para decidir sobre o pedido formulado. Esta informação normalmente é alocada no cabeçalho da primeira página do requerimento, devendo ser atendidas as normas locais sobre organização administrativa.

Quando existem duas ou mais autoridades públicas simultaneamente competentes para processar – ou para processar e julgar – a causa, basta que o interessado as refira, pois a fixação da autoridade que venha a ser competente dar-se-á por distribuição. Caso seja protocolado pedido à autoridade que não é competente à causa, esta, se possível, deverá remeter ao órgão competente. Para as regras de *fixação da competência* relativas ao processo administrativo, importante tomar por analogia, o artigo 30º do Código do Procedimento Administrativo português.

Artigo 30º. Fixação da competência

1. A competência fixa-se no momento em que se inicia o procedimento, sendo irrelevantes as modificações de facto que ocorram posteriormente.

2. São igualmente irrelevantes as modificações de direito, excepto se for extinto o órgão a que o procedimento estava afecto, se deixar de ser competente ou se lhe for atribuída a competência de que inicialmente carecesse.

3. Quando o órgão territorialmente competente passar a ser outro, deve o processo ser-lhe remetido oficiosamente.

A competência fixa-se no momento da propositura do pedido, no caso de o processo ser iniciado por iniciativa de um particular. Fatos posteriores não vão alterar a competência, salvo nos casos expressamente indicados no dispositivo da regra portuguesa, que, em verdade, nada mais são do que *modificações de direito*.[23] A *perpetuatio jurisdicioinis* faz com que se mantenha "[...] o 'mando do procedimento' na titularidade do órgão inicialmente competente".[24]

---

[22] MELLO, Celso Antônio. *Curso de Direito Administrativo*. 28. ed. São Paulo: Malheiros, 2011, p. 501.

[23] Claro que certas modificações de fato podem alterar a competência do processo administrativo, muito embora, nem o dispositivo português, nem o brasileiro, tenham feito previsão a respeito. Ex. quando a mudança de residência ou de escola for um fator decisivo ao deslinde da causa,

[24] AMORIM, João Pacheco de; GONÇALVES, Pedro Costa; OLIVEIRA, Mário Esteves de. *Código do Procedimento Administrativo Comentado*. Coimbra: Almedina, 2006, p. 196.

Quando a *competência processual* de uma autoridade administrativa for *plena*, significa que ela é competente para tudo. No entanto, quando a lei atribui ao órgão julgador apenas o conhecimento de determinadas causas, trata-se de uma *competência processual privativa*. Quando a *competência processual é comum*, significa que ela se contrapõe à privativa, ou seja, o órgão administrativo conhece toda a competência residual. Ainda, podem ser fixados parâmetros à competência *recursal*, ou seja, qual o órgão dentro do organograma administrativo é competente para apreciar determinado recurso.

Da mesma forma, deve o interessado ou representante fornecer dados essenciais à sua identificação (inciso II). É importante que no requerimento conste o nome completo, a nacionalidade, os dados pessoais como número do CPF ou da Carteira de Identidade e, em certos casos, inclusive o estado civil. Estas informações individualizam o requerente e impedem que se tenham petições apócrifas (denúncias anônimas), conforme comentários feitos ao artigo precedente.

Dispõe o inciso II do artigo 282 do Código de Processo Civil que é dever do autor indicar na petição inicial "os nomes prenomes, estado civil, profissão, domicílio e residência do autor e do réu". Tal quais os incisos II e III do artigo 6º da Lei do Procedimento Administrativo Federal, a regra do CPC trata da individualização das partes (interessados) e da explicitação de circunstâncias que lhes dizem respeito e podem ser relevantes para o processo. É conveniente, por exemplo, que se individualize o respectivo representante legal do interessado, a fim de evitar a posterior anulação do feito, ocasionada por notificações e intimações efetivadas em pessoa inapta a recebê-las.

Além disso, a individualização mostra-se imprescindível para que a decisão final obrigue pessoas certas. "Quando não for possível a qualificação completa das partes, é suficiente que se as individue".[25] O nome ou a identificação mínima da pessoa é requisito essencial ao recebimento do pedido inaugural. Esta premissa deve ser estendida também ao representante, tendo em vista que ele praticará os atos processuais em nome do interessado e, portanto, deve ser plenamente identificado.[26]

O domicílio do requerente ou o local para recebimento de comunicações deve ser mencionado na peça que inaugura o processo administrativo (inciso III). Não é demais indicar, da mesma forma, outras maneiras até mais céleres de comunicação, como o número de telefone ou de fax, ou, ainda, endereço eletrônico para eventual comunicação instantânea. Estas medidas vêm a beneficiar o próprio interessado, que pode exercer com facilidade o contraditório e a ampla defesa, bem como visualizar o termo final do processo com maior rapidez, porque não se perderá tempo procurando seu paradeiro.

Aliás, considera-se ser ônus do administrado atualizar seu endereço ou o local em que pode ser comunicado dos atos processuais ou do resultado do

---

[25] NERY JÚNIOR, Nelson; NERY, Rosa Maria de Andrade. *Código de Processo Civil Comentado e Legislação Extravagante*. São Paulo: Revista dos Tribunais, 2004, p. 743.

[26] "[...] a falta da indicação do estado civil ou da profissão (mas já não a da respectiva morada) não deve implicar a rejeição liminar da pretensão e pode nem ser necessário a Administração pedir o suprimento de tais deficiências. Pelo menos para pôr em marcha o procedimento." (AMORIM, João Pacheco de; GONÇALVES, Pedro Costa; OLIVEIRA, Mário Esteves de. *Op. Cit.*, p. 379).

processo. Caso mude de domicílio, cabe a ele informar à autoridade processante seu novo paradeiro. Do contrário, considerar-se-á válida a comunicação feita no último endereço constante no banco de dados do órgão onde se processa a pretensão administrativa.

Exceção a esta exigência pode ser visualizada quando o processo administrativo ficou parado por longa data. Neste caso, não basta a simples tentativa de notificação do interessado no endereço outrora fornecido. Deve a autoridade processante diligenciar no sentido de tentar encontrar o administrado pelos meios extraprocessuais acessíveis. Assim, entende-se que o interessado deve ser cientificado pessoalmente, caso se encontre outro endereço ou, após esgotarem-se todos os meios possíveis para achá-lo, deve ser publicado edital, tudo em homenagem aos princípios constitucionais da razoabilidade e da publicidade. Este último postulado, catalogado no art. 37, *caput*, da Constituição Federal, mostra-se como um dever da Administração Pública em dar aos atos processuais a mais ampla divulgação possível,[27] principalmente quando os administrados, por longo tempo, não tenham tido acesso aos autos e forem individualmente afetados pela prática do ato.[28]

O artigo 6º, em seu inciso IV, indica, ainda, que o interessado deve formular pedido, cuja base contenha a exposição dos fatos e seus fundamentos.[29] A ausência no que tange à exposição dos fatos e do direito deve reputar como impossível o recebimento da peça inaugural. Da mesma forma, o artigo 282, inciso III, do CPC, dispõe acerca da necessidade de se mencionar na peça inaugural do processo "os fatos e os fundamentos jurídicos do pedido". Trata-se da chamada *causa de pedir*.

Não basta que o autor peça à autoridade processante a consequência jurídica pretendida. É necessário alicerçá-la em fatos e fundamentos de que decorram os efeitos jurídicos que o interessado pretende obter. No momento em que ocorre a incidência do direito material nos fatos naturais, surge uma pretensão. Será no limiar da instrução e dos demais atos processuais que os fatos alegados

---

[27] "A exigência da *publicação* ou *publicidade* dos actos administrativos liga-se à sua divulgação ou difusão junto ao público – sem cuidar de saber quem soube dessa divulgação –, enquanto a exigência da *notificação* respeita ao conhecimento que é (deve ser) dado ao respectivo destinatário ou destinatários." (*Ibidem*, p. 627).

[28] RECURSO ORDINÁRIO. MANDADO DE SEGURANÇA. ADMINISTRATIVO. CONCURSO PÚBLICO. PROCURADOR DO ESTADO DE MINAS GERAIS. NOMEAÇÃO APÓS MAIS DE TRÊS ANOS DA DATA DE HOMOLOGAÇÃO DO CONCURSO. EFETIVAÇÃO DO ATO SOMENTE MEDIANTE PUBLICAÇÃO NO DIÁRIO OFICIAL. PRINCÍPIOS DA PUBLICIDADE E DA RAZOABILIDADE. NÃO OBSERVÂNCIA. 1. Muito embora não houvesse previsão expressa no edital do certame de intimação pessoal do candidato acerca de sua nomeação, em observância aos princípios constitucionais da publicidade e da razoabilidade, a Administração Pública deveria, mormente em face do longo lapso temporal decorrido entre homologação do concurso e a nomeação do recorrente (mais de 3 anos), comunicar pessoalmente o candidato sobre a sua nomeação, para que pudesse exercer, se fosse de seu interesse, seu direito à posse. 2. De acordo com o princípio constitucional da publicidade, insculpido no art. 37, caput, da Constituição Federal, é dever da Administração conferir aos seus atos a mais ampla divulgação possível, principalmente quando os administrados forem individualmente afetados pela prática do ato. 3. Não se afigura razoável exigir que o candidato aprovado em concurso público leia diariamente, ao longo de 4 anos (prazo de validade do concurso), o Diário Oficial para verificar se sua nomeação foi efetivada. 4. Recurso ordinário provido. (STJ, RMS 21.554-MG, Rel. Min. Maria Thereza de Assis Moura, Sexta Turma, j. 4/5/2010).

[29] "A petição inicial deverá indicar os fundamentos de fato (causa de pedir próxima) e os fundamentos de direito (causa de pedir remota) do pedido. O autor deverá indicar *o porquê* de seu pedido." (NERY JÚNIOR, Nelson; NERY, Rosa Maria de Andrade. *Op. Cit.*, p. 743).

Art. 6º

serão provados, surgindo, pois, a verdade ou não acerca de sua existência e, claro, as consequências jurídicas que dali derivam.

O pedido é elemento essencial do requerimento. Seria um completo contrassenso – para dizer o mínimo – a existência de um requerimento sem pedido. Seria o mesmo que se ter um automóvel sem motor.

A regra em pauta não impôs nenhum requisito específico para a formulação do pedido. Contudo, tal omissão não pode tributar a possibilidade de ser formulada pretensão processual à revelia de certos parâmetros. Para tanto, a Seção II, inserida no Capítulo II do Título II do Código de Processo Civil (artigos 286 a 294), fornece bons subsídios para, em analogia, formatar uma padrão razoável ao pedido em processo administrativo.

O pleito é, pois, o parâmetro que define e limita a controvérsia que é apresentada. Nesse sentido, o *princípio da congruência* informa, "[...] como parece ser intuitivo, que compete ao autor, ao conceber a petição inicial, estabelecer os limites do pedido".[30] Por conta desta obrigação, estabelecem-se os limites do julgamento (da parte dispositiva da sentença) "[...] conforme se faça necessário segundo seu entender. Assim, é o autor que determinará o que participará de seu requerimento de tutela jurisdicional como simples fundamento do pedido e em que consistirá, efetivamente, o pedido de prestação jurisdicional formulado".[31] Então: "Ao assim proceder, fixa o autor os parâmetros para a incidência da coisa julgada, que somente irá recair sobre o exame judicial efetivado sobre o pedido de tutela jurisdicional feito pelo autor".[32] O pedido é a pretensão deduzida, ou seja, a providência que se busca no/com o processo. Assim, resume o núcleo da petição inicial.

Entende-se aplicável ao processo administrativo, por analogia, o artigo 264 do Código de Processo Civil.[33] Então, depois de cientificadas as partes interessadas do despacho que mandou processar o feito, não mais se pode modificar o pedido ou a causa de pedir sem o consentimento da autoridade processante ou, se for o caso, com a concordância dos demais interessados que eventualmente sejam afetados pela decisão.[34]

Faltando o pedido, ausente estará o conteúdo para a prolação da decisão final, uma vez que não se saberá qual é o bem da vida pretendido pelo autor. Da mesma forma, faltando a causa de pedir, omissa estará a enunciação do fato

---

[30] ARENHART, Sérgio Cruz; MARINONI, Luiz Guilherme. *Manual do Processo de Conhecimento*. São Paulo: Revista dos Tribunais, 2005, p. 152.

[31] *Idem.*

[32] *Idem.*

[33] Art. 264. Feita a citação, é defeso ao autor modificar o pedido ou a causa de pedir, sem o consentimento do réu, mantendo-se as mesmas partes, salvo as substituições permitidas por lei.

[34] Ressalta-se que a alteração do pedido refere-se à substituição do pedido originário por outro (modificação qualitativa). Já a ampliação e a redução referem-se a modificações quantitativas. A ampliação do pedido, em processo civil, só é permitida antes da citação do réu, correndo as custas acrescidas por conta do autor (artigo 294, CPC). Conferir, para tanto: NERY JUNIOR, Nelson; NERY, Rosa Maria de Andrade. *Op. cit.*, p. 751. Todo o pedido contém o que se denomina de *pedido imediato*, que é o tipo de provimento judicial a que se pretende, bem como o chamado *pedido mediato*, que é propriamente o "bem da vida" a que se requer com a propositura da demanda. Assim, em um pedido de demolição de acessão prestes a ruir e que está a causar perigo, o pedido imediato corresponde a um provimento executivo. Já o pedido mediato consistirá na ablação da construção que está prestes a causar sérios danos. Para tanto, importante ao tema é a monografia de Milton Paulo de Carvalho (*Do Pedido no Processo Civil*. Porto Alegre: Sergio Fabris-FIEO, 1992).

jurídico sobre o qual se assenta a pretensão do interessado. O poder de exercício, no caso concreto, é subtraído, se ao processo não se oferece o fato constitutivo do direito. Não se conseguirá fornecer uma solução, porquanto, sem fato conhecido, não há direito a aplicar.

Caso a narração dos fatos não possui nexo de causa com o pedido, ou quando o interessado atribui consequências jurídicas não autorizadas aos fatos, conclui-se que seu pedido não guarda coerência lógica com estes últimos. Logo, percebe-se que foi tipificado incorretamente o fato jurídico e, por conseguinte, pediu-se aquilo que os fatos não autorizavam. Sendo assim, o requerimento inicial pode ser rejeitado de plano. Outra hipótese na qual o requerimento inaugural é inepto ocorre quando, existindo cumulação de pedidos, estes não forem compatíveis entre si, salvo se for o caso de pedidos alternativos.

Por fim, o requerimento deverá ser assinado pelo interessado ou por seu representante (inciso V). Caso se trate de um pedido oral, a Autoridade Administrativa deverá reduzi-lo a termo, colhendo, em ato contínuo, a firma do requerente. A data do pedido inicial mostra-se irrelevante, "[...] se o documento contiver um carimbo (ou similar de recepção datado, pois é esta a data que contará para todos os efeitos legais".[35]

Importante mencionar que o pedido inicial deve encontrar acolhida no *princípio do informalismo*, incidente no limiar do processo administrativo – até porque a Lei nº 9.784/99 determina a "[...] adoção de formas simples, suficientes para propiciar adequado grau de certeza, segurança e respeito aos direitos dos administrados" (art. 2º, inciso IX). Completa o referido dispositivo o artigo 22, *caput*: "Os atos do processo administrativo não dependem de forma determinada, senão quando a lei expressamente a exigir".

O processo administrativo deve avançar *informalmente*, mas sem a burla aos direitos fundamentais e mantendo o resguardo à coisa pública. A informalidade que marca o processo administrativo menciona que este se desenvolve "[...] sem arreigo a formas especiais ou pré-determinadas, como as circunstâncias recomendarem para a decisão vir atempadamente e capaz para produzir o seu melhor efeito".[36]

Logo, não devem ser exigidas maiores formalidades ao pedido inicial que não aquelas previstas no artigo 6º e as estritamente necessárias à compreensão do litígio. Por exemplo: caso um interessado peça a retificação das informações cadastrais de um imóvel de sua propriedade junto ao Instituto Nacional de Colonização e Reforma Agrária (INCRA), é importante que faça acompanhar o pedido com prova do domínio, ou seja, com cópia da matrícula do bem. Este seria um documento importante a ser exigido.[37]

Nesse sentido, na linha da democratização do acesso ao processo administrativo, deve ser privilegiada a máxima participação do administrado, fle-

---

[35] AMORIM, João Pacheco de; GONÇALVES, Pedro Costa; OLIVEIRA, Mário Esteves de. *Op. cit.*, p. 381.
[36] *Ibidem*, p. 132.
[37] Cabe a advertência de José Joaquim Calmon de Passos: "Em face disso, nem só os documentos ditos indispensáveis à propositura da ação devem acompanhar a inicial. Anexados a ela deverão estar todos os documentos que constituam fonte de prova para a demanda do autor, sob pena de não mais deles poder se utilizar no processo." (*Comentários ao Código de Processo Civil*. Rio de Janeiro: Forense, v. 3, 1998, p. 148). E o processualista ainda adverte que a juntada de documento é ônus do requerente, no caso, do interessado.

xibilizando, no que for possível, o seu ingresso. Por isso, as formas rígidas devem ser minimizadas caso seja possível a superação. Por exemplo, não há necessidade de se qualificar juridicamente o requerimento inicial, desde que se consiga perceber com clareza a intenção do interessado ou de seu representante.[38]

Eventuais falhas no requerimento inicial, caso passíveis de superação, deverão ser supridas pela autoridade processante. Conforme determina a parte final do parágrafo único do artigo 6°, deve "[...] o servidor orientar o interessado quanto ao suprimento de eventuais falhas.". Esta é uma providência que dinamiza o acesso ao processo administrativo e nele democratiza a participação dos cidadãos.[39]

Ainda, deve a autoridade processante, antes de rejeitar liminarmente o pleito inicial, proceder à intimação do requerente para que anexe os documentos ou as informações eventualmente omissas, como, por exemplo, para que junte certidões negativas, prova documental que ampare o pedido afirmado, etc. Somente diante de exemplos claros de inidoneidade da pretensão é que a petição inicial pode ser rejeitada. Exemplo: caducidade do pedido, manifesta ilegitimidade, pedido claramente contrário à lei, etc. – tudo em homenagem ao *princípio "pro actione"*.

Tal princípio determina que a interpretação deve ser favorável ao recebimento da peça inaugural, sendo que sua rejeição deve passar por uma hermenêutica restritiva.[40] Tal paradigma visa a permitir que o administrado venha a obter uma decisão sobre seu pedido, perdoando erros desculpáveis que, em tese, impediriam o recebimento do pleito inicial. Sempre que possível, a tutela deve ser conhecida, patrocinando um processo efetivo. O princípio *pro actione* é de cunho antiformalista. Diante dos pressupostos processuais do artigo 6°, deve-se privilegiar uma interpretação que se apresente como mais favorável ao acesso ao processo e a uma tutela jurisdicional eficaz, resumida na fórmula *in dubio pro habilitata instanciae*.

Contudo, entende-se que, quando a Administração Pública iniciar o processo, deve ser aplicado o *princípio do formalismo*. Assim, o ato administrativo que abre o processo deve revestir-se dos pressupostos exigidos em lei. Evidente que este "formalismo" não pode ser levado ao extremo, devendo guardar a necessária e sempre presente razoabilidade.

---

[38] DROMI, Roberto. *Derecho Administrativo*. Buenos Aires: Ediciones Ciudad Argentina, 1996, p. 769.

[39] Idem.

[40] Verifique o interessante acórdão proferido pelo Tribunal Central Administrativo Sul, de Portugal: "PRINCÍPIO 'PRO ACTIONE'. DESPACHO DE APERFEIÇOAMENTO. SUBSTITUIÇÃO DA PETIÇÃO. ART. 89° N° 2 DO CPTA. A natureza especialíssima e urgente do processo cautelar não impede o uso, por parte do juiz, do convite para o aperfeiçoamento da petição, nomeadamente quando se verifique a falta de indicação de contra-interessados. II – Contudo, se o juiz determinar a absolvição da instância sem ter proferido despacho de aperfeiçoamento, tal não significa necessariamente violação do princípio 'pro actione', uma vez que a lei possibilita ao autor, por força do disposto no art. 89° n° 2 do CPTA, a apresentação de nova petição considerando-se para esse efeito que a segunda petição foi apresentada na data em que o tinha sido a primeira." (Tribunal Central Administrativo Sul/Portugal, Ac. n° 00783/05, 2° Juízo, j. 19/05/2005, Rel. António Coelho da Cunha) – disponível em: <http://www.dgsi.pt/jtca.nsf/170589492546a7fb802575c3004c6d7d/c78be bca43c17bda80257012004dc24b?OpenDocument>. Acesso em: 6/1/2011).

Contudo, caso o requerimento inicial contenha vícios insuperáveis, o processo administrativo deve ser extinto, sem a pronúncia de uma solução ao pedido. Enfim, sem que se tenha dito se o pleito deve ou não ser acolhido. Além disso, esta decisão tem efeitos *ex tunc*, ou seja, retroage até a propositura.

Por outro lado, o fato de se ter recebido o pedido inicial com vícios não significa preclusão deles, porque qualquer outro interessado ou mesmo a autoridade processante poderá argui-los até a decisão final. O recebimento da inicial não traz implícita a afirmação de que o requerimento inaugural está despido de qualquer mácula.

Similar ao dispositivo brasileiro é o artigo 76° do Código do Procedimento Administrativo de Portugal.

Artigo 74°. Requerimento inicial

1. O requerimento inicial dos interessados, salvo nos casos em que a lei admite o pedido verbal, deve ser formulado por escrito e conter:

a) A designação do órgão administrativo a que se dirige;

b) A identificação do requerente, pela indicação do nome, estado, profissão e residência;

c) A exposição dos factos em que se baseia o pedido e, quando tal seja possível ao requerente, os respectivos fundamentos de direito;

d) A indicação do pedido, em termos claros e precisos;

e) A data e a assinatura do requerente, ou de outrem, a seu rogo, se o mesmo não souber ou não puder assinar.

2. Em cada requerimento não pode ser formulado mais de um pedido, salvo se se tratar de pedidos alternativos ou subsidiários.

Seguramente é o item "2" do artigo 74° que mais chama atenção, porque no procedimento administrativo português é vedada a cumulação simples de pedidos. Cada requerimento deve gerar um processo diverso. Assim, a cumulação objetiva de pretensões, quando em uma soma, devem ser apresentadas em requerimentos separados. "É a proibição do pedido múltiplo (ou duplo)".[41] No Direito Administrativo lusitano não se pode pensar em pedir a isenção parcial do tributo cumulado com a compensação do restante do débito. E esta não é uma regra recente no país europeu mencionado.[42] Somente são passíveis de admissão requerimentos alternativos ou subsidiários que, ao final, gerarão um único (im)provimento.

No Brasil, diante dos termos da Lei n° 9.784/99, a adição simples de pedidos não é vedada. Pode o administrado cumular várias pretensões em um mesmo requerimento. Desde que compatíveis e em consonância com os demais pressupostos processuais na legislação alocados, é possível que peça, por exemplo, a anulação do ato administrativo e a indenização derivada da ilegalidade cometida; o custeio de um medicamento, de uma cirurgia e do tratamento fisioterápico pós-operatório; o transporte escolar e a vaga na escola, etc.

---

[41] AMORIM, João Pacheco de; GONÇALVES, Pedro Costa; OLIVEIRA, Mário Esteves de. *Op. cit.*, p. 381.
[42] CAETANO, Marcello. *Manual de Direito Administrativo*. Rio de Janeiro: Forense, 1970, v. 2, p. 1201-1202.

2. Impossibilidade de recusa de documentos por parte da autoridade processante

Além disso, a primeira parte do parágrafo único do artigo 6º afirma que "é vedada à Administração a recusa imotivada de recebimento de documentos (...)". Tal dispositivo vem ao encontro de tudo o que se mencionou acerca da democratização do processo e do princípio *pro actione*. Jaime Vidal Perdomo, comentando o procedimento administrativo colombiano, afirma que, quando "[...] aportados los documentos requeridos por la autoridad administrativa, debe decidirse sin solicitar otros nuevos".[43]

Contudo, o Poder Público tem o direito e o dever de analisar e fiscalizar todos os documentos de demais informações ligadas ao pedido, percebendo eventuais falsidades, nulidades ou incongruências. Tal conduta não fica atrelada ao que dispuseram as partes.

Ampliando o âmbito de proteção da regra em comento, entende-se que a Administração Pública não pode estabelecer requisitos aos pedidos iniciais que não aqueles previstos no artigo 6º, ou não catalogados em lei especial. Se assim fosse, estar-se-ia a impedir o acesso dos cidadãos ao processo.[44]

Jurisprudência

Ainda acerca do direito probatório, convém ressaltar que, via de regra, a oportunidade adequada para que a parte autora produza seu caderno probatório é a inicial (art. 282, inc. I, do CPC). Para o réu, este momento é a contestação (art. 300 do CPC). Qualquer outro momento processual que possa eventualmente ser destinado à produção probatória deve ser encarado como exceção. (STJ, REsp. 840.690-DF, Rel. Min. Mauro Campbell Marques, Segunda Turma, j. 19/8/2010).

Para que se verifique ofensa ao princípio da congruência, encartado nos artigos 128 e 460, ambos do CPC, é necessário que a decisão ultrapasse o limite dos pedidos deduzidos no processo, o que definitivamente não ocorreu no caso vertente. Precedentes. (STJ, REsp. 1.197.663-ES, Rel. Min. Castro Meira, Segunda Turma, j. 19/10/2010).

É imperioso observar a estrita correlação entre a decisão e os pedidos delineados pelo demandante, sob pena de não o fazendo, ultrapassar os limites formulados na peça exordial e vulnerar o princípio da congruência. Precedentes. (STJ, AgRg no RMS 20.603-MS, Rel. Min. Maria Thereza de Assis Moura, Sexta Turma, 17/11/2009).

Deve-se primar pela obediência ao princípio da correlação ou da congruência existente entre o pedido formulado e a decisão da lide (art. 460 do CPC), já que o próprio autor impôs os limites em que pretendia fosse atendida a sua pretensão. (STJ, REsp. 472.276-SP, Rel. Min. Franciulli Neto, Segunda Turma, DJU 22/07/2003).

Referências

AMORIM, João Pacheco de; GONÇALVES, Pedro Costa; OLIVEIRA, Mário Esteves de. *Código do Procedimento Administrativo Comentado*. Coimbra: Almedina, 2006.

ARENHART, Sérgio Cruz; MARINONI, Luiz Guilherme. *Manual do Processo de Conhecimento*. São Paulo: Revista dos Tribunais, 2005.

CAETANO, Marcello. *Manual de Direito Administrativo*. Rio de Janeiro: Forense, 1970, v. 2.

CARVALHO, Milton Paulo de. *Do Pedido no Processo Civil*. Porto Alegre: Sérgio Fabris-FIEO, 1992.

DROMI, Roberto. *Derecho Administrativo*. Buenos Aires: Ediciones Ciudad Argentina, 1996.

---

[43] *Ibidem*, p. 276.
[44] Em analogia ao processo civil, tem-se o seguinte julgado: STJ, RMs 35.689-RJ, Rel. Min. Humberto Gomes de Barros, Primeira Turma, j. 17/10/1994.

MELLO, Celso Antônio. *Curso de Direito Administrativo*. 28. ed. São Paulo: Malheiros, 2011.

NERY JUNIOR, Nelson; NERY, Rosa Maria de Andrade. *Código de Processo Civil Comentado e Legislação Extravagante*. 8. ed. São Paulo: Revista dos Tribunais, 2004.

PASSOS, José Joaquim Calmon de. *Comentários ao Código de Processo Civil*. Rio de Janeiro: Forense, 1998, v. 3.

PERDOMO, Jaime Vidal. *Derecho Administrativo*. Santa Fé de Bogotá: Temis, 1994.

Artigo 7º
Os órgãos e entidades administrativas deverão elaborar modelos ou formulários padronizados para assuntos que importem pretensões equivalentes.

SUMÁRIO: 1. Acesso padronizado ao processo administrativo

1. Acesso padronizado ao processo administrativo

A Lei do Processo Administrativo Federal esforça-se em, ao máximo possível, facilitar o acesso ao cidadão. E o artigo 7º é mais uma tentativa neste sentido. Determina que, para o caso de se perceber a possibilidade de uma multiplicidade de pedidos idênticos, os órgãos e entidades devem elaborar formulários padronizados, que estabelecerão modelos "de adesão". Enfim, o Poder Público deve elaborar documentos com espaços em branco a serem preenchidos pelos interessados.

Mesmo que ainda não se tenham processos em curso, cujo objeto pode importar em pretensões equivalentes, mas, diante de uma dada situação que permite antever virtualmente uma multiplicidade de processos administrativos, os órgãos e entidades competentes deverão antecipar-se e elaborar os mencionados "formulários-padrão". Por exemplo: é editada e sancionada uma lei que concede parcelamento a determinado imposto. Sabe-se, de antemão, que inúmeros cidadãos demonstrarão interesse no protocolo de pedidos administrativos, cujo objeto consiste no reconhecimento de seu direito ao desconto fiscal concedido. Assim, é importante que a Administração Pública formule, previamente, modelos padronizados.

Contudo, considera-se que, mesmo diante de objetos que, em tese, não tenham similitude ou que nem mesmo venham a gerar uma multiplicidade de processos, ainda assim podem ser confeccionados modelos ou formulários "de adesão" que facilitem o acesso do cidadão menos ou nem um pouco familiarizado com processo administrativo. Seria interessante que as repartições públicas desde já detenham modelos e formulários-padrão, que discriminem, de forma objetiva, campos a serem preenchidos, sendo que um deles seria reservado ao pedido, enfim, àquilo que se requer – objeto do processo.

Por exemplo: cabe ao Instituto Nacional de Metrologia, Normalização e Qualidade Industrial (INMETRO) a fiscalização das medições nos produtos, por meio de metrologia e da avaliação da conformidade. É evidente que o ente mencionado recebe e continuará recebendo inúmeros pedidos de certificação, a fim de que os produtos postos à venda contenham o selo desta autarquia federal. Sendo assim, importante que existam formulários e requeri-

Art. 8º

mentos-padrão, os quais darão uniformidade às pretensões desta espécie. Tais formulários obrigam os requerentes a indicarem as informações relevantes ao julgamento dos pedidos, caso queiram auferir a regularidade dos produtos.

Aliás, o artigo 7º confere um dever à entidade ou ao órgão. Não se trata de um *facultas agiendi*, especialmente diante do tempo verbal no imperativo afirmativo, que consta na regra em comento.

Com a expansão da rede mundial de computadores (a *internet*), vários órgãos e entes públicos disponibilizam, em seus sítios virtuais, *links* e páginas que contêm um espaço uniforme para requerimentos, reclamações, pedidos, etc. São campos-padrão que, quando preenchidos, geram um processo administrativo dentro da entidade ou do órgão, processo este, no mais das vezes, virtual.[45]

Não nos parece que o texto do artigo 7º esteja a obrigar os particulares à adoção do formulário padronizado, quando existente, ou seja, a regra em pauta está a fornecer uma obrigação à Administração Pública, e não ao particular. Logo, impõe ao Poder Público confeccionar modelos impressos com lacunas a serem preenchidas, quando perceber a existência de assuntos que importem pretensões equivalentes. Contudo, quando estes documentos estiverem à disposição da parte, ela não está obrigada a ter de utilizá-los, a não ser que outra regra assim obrigue.

Veja: nada impede que a Administração Pública disponha normativamente nesse sentido, ou seja, obrigando o cidadão a utilizar o formulário-padrão. O que se quer dizer é que o artigo 7º não dispõe desta maneira, mas outro ato normativo pode impor o uso de modelos de requerimentos, a fim de padronizar a atuação processual. Como exemplo, tem-se a obrigatoriedade de o cidadão fornecer a declaração do Imposto de Renda via formulário padronizado que, hoje, é completamente virtual. Neste caso, não se permite ao contribuinte "requerer" de outro modo.

Artigo 8º
Quando os pedidos de uma pluralidade de interessados tiverem conteúdo e fundamentos idênticos, poderão ser formulados em um único requerimento, salvo preceito legal em contrário.

SUMÁRIO: 1. Pluralidade de interessados e pedido único.

---

[45] A rede mundial de computadores reserva centenas de exemplos neste sentido, que vão desde consultas públicas, a reclamações e pedidos de emissão de guias. Somente a título de exemplo, citam-se algumas entidades federais que possuem estes espaços para requerimentos padronizados:
a) o sistema "FOCUS – Suporte do Atendimento aos Usuários", da Agência Nacional de Telecomunicações (ANATEL) abre um espaço para requerimentos-modelo, autorizando que sejam feitas reclamações acerca dos serviços concedidos nesta área (ex. telefonia fixa, móvel, serviço de *internet*, etc.) – <https://sistemas.anatel.gov.br/sis/LoginInternet.asp?codSistema=649&Pagina=http%3A%2F%2Ffocus%2Eanatel%2Egov%2Ebr%2Ffocus%2Ffaleconosco%2Fatendimento%2Easp%3F>. Acesso em 21/1/2011.
b) o Instituto Nacional de Seguridade Social (INSS) possui espaço virtual para pedido de inscrição do contribuinte individual, facultativo, empregado doméstico, segurado especial e auxiliar local, inaugurando processo administrativo pertinente. Conferir: <http://www1.dataprev.gov.br/cadint/sp2cgi.exe?sp2application=cadint>. Acesso em: 21/1/2011.
c) O Ministério do Trabalho e Emprego (MTE) disponibiliza um uma página virtual para que, após preenchidos os campos solicitados, possam ser consultadas Carteiras do Trabalho e Previdência Social (CTPS's) recuperadas: <http://www.mte.gov.br/ctps/Pesquisa.asp>. Acesso em: 21/1/2011.

Art. 8º

1. Pluralidade de interessados e pedido único

Quando uma pluralidade de interessados, ou seja, o que se nominou nesta obra de *interessados litisconsortes*, compuserem um dos polos do processo administrativo, poderão formular requerimento único. Mas o pedido único somente será possível se:

a) tiverem conteúdo idêntico, ou seja, o objeto for igual;
b) o fundamento (causa de pedir) for o mesmo; e
c) não existir vedação legal.

Pode-se perceber, assim, que existem procedimentos *particulares e coletivos* quando aos respectivos requerentes. Nada proíbe, na verdade, que dois particulares pretendam o mesmo objeto da Administração Pública e, para tanto, demandem conjuntamente. Dessa forma, como se admitem atos administrativos coletivos, também devem ser admitidos, evidentemente, os requerimentos titulados e assinados por várias pessoas. Da mesma maneira, não há objeções à existência de requerimentos e *procedimentos gerais* (movidos por "moradores de rua" ou por "ciganos da localidade 'X'", por exemplo).

Exemplos não faltam de requerimentos coletivos. Imagine que vários proprietários lindeiros sofram desapropriação por conta da construção de uma rodovia, sendo que desejam ser indenizados em contrapartida ao domínio pedido. Tal situação autoriza formularem pedido único. No caso, um requerimento nominará todos os proprietários interessados, com seus respectivos dados pessoais, narrando um fundamento idêntico, qual seja, a desapropriação das suas áreas de terra. Ao final, far-se-á um pedido comum: a indenização pelo domínio útil perdido.

Agora, tome por base o seguinte exemplo: um ônibus pertencente a uma empresa pública vem a causar um grave acidente quando prestava o serviço de transporte de passageiros. Apura-se, mediante laudo técnico, que o coletivo não recebeu a manutenção adequada por parte do ente estatal, o que fez com que um problema mecânico gerasse o infortúnio. Do sinistro, ficam feridos os usuários do ônibus e dois funcionários públicos que trabalhavam na condução do veículo automotor. Diante deste quadro, conclui-se que os passageiros poderão formular pedido comum, na linha do artigo 8º, porque o fundamento do requerimento (responsabilidade objetiva) e pedido final (indenização) são idênticos. Contudo, os dois funcionários públicos que sofreram ferimentos não poderão ser agregados no pedido comum feito pelos passageiros, *porque o fundamento do seu pedido é diverso*, dado que a sua relação com a empresa pública, de natureza contratual ou estatutária, lhes garante uma indenização por outro substrato jurídico.

Por oportuno, imagine que dois administrados, com problemas de saúde, pleiteiem junto ao órgão estatal pertinente, pedido administrativo com base no artigo 196 da Constituição Federal. Contudo, um administrado pleiteia medicamento para cura do câncer e o outro uma cirurgia para colocação de prótese. O artigo 8º não poderá ser aplicado, porque o pedido – "bem da vida" pretendido – é diverso, muito embora o fundamento jurídico seja igual.

Art. 9º

Salvo disposição em contrário, os interessados litisconsortes serão considerados, em suas relações com a autoridade pública, como requerentes distintos. Assim, os atos e as omissões de um não prejudicarão nem beneficiarão os outros. Cada requerente tem o direito de promover o andamento do processo e todos devem ser intimados dos respectivos atos, em completa similitude aos artigos 48 e 49 do Código de Processo Civil.[46]

Tal dispositivo prima pela economia processual. É o custo-benefício processual que será mais eficaz pela via do artigo 8º. Fazer mais direito, em menos tempo e com menos custo: esse é o significado deste princípio.

CAPÍTULO V – DOS INTERESSADOS

Artigo 9º

São legitimados como interessados no processo administrativo:

I – pessoas físicas ou jurídicas que o iniciem como titulares de direitos ou interesses individuais ou no exercício do direito de representação;

II – aqueles que, sem terem iniciado o processo, têm direitos ou interesses que possam ser afetados pela decisão a ser adotada;

III – as organizações e associações representativas, no tocante a direitos e interesses coletivos;

IV – as pessoas ou as associações legalmente constituídas quanto a direitos ou interesses difusos.

SUMÁRIO: 1. Democratização do processo; 2. Interessados; 3. Legitimidade processual; 4. Legitimidade diante dos direitos individuais heterogênios (art. 9º, inciso I); 4.1. Direito e interesse; 4.2. Legitimidade nos direitos individuais heterogêneos; 4.3. Distinção entre legitimidade e direito de petição; 4.4. Direito de representação; 5. Interessado litisconsorte ulterior (art. 9º, inciso II); 5.1. Introdução; 5.2. Requisitos; 5.3. Interessado litisconsorte assistente ou assistido; 6. Organizações e associações; 6.1. Delimitações teóricas; 6.2. Tutela constitucional; 7. Direitos e interesses coletivos *lato sensu*; 7.1. Direitos e interesses transindividuais; 7.2. Direitos e interesses coletivos *stricto sensu*; 8. Legitimidade na defesa de direitos coletivos; 9. Direitos e interesses difusos (art. 9º, inciso IV); 9.1. Legitimidade quanto a direitos ou interesses difusos; Jurisprudência; Referências.

1. Democratização do processo

Uma extraordinária inovação trazida pela Lei nº 9.784/99 consistiu no esforço em ampliar a participação do cidadão no processo administrativo federal. A legislação analisada dedicou-se em expandir ao máximo o rol de legitimados a demandarem e a intervirem no limiar do procedimento. Esta participação aberta traz como corolário lógico um intenso valor democrático e plural ao âmbito do processo administrativo. Enfim, permite:

---

[46] Art. 48. Salvo disposição em contrário, os litisconsortes serão considerados, em suas relações com a parte adversa, como litigantes distintos; os atos e as omissões de um não prejudicarão nem beneficiarão os outros. Art. 49. Cada litisconsorte tem o direito de promover o andamento do processo e todos devem ser intimados dos respectivos atos.

Um instituto de participação administrativa aberta e indivíduos e a grupos sociais determinados, visando à legitimidade da ação administrativa, formalmente disciplinada em lei, pela qual se exerce o direito de expor tendências, preferências e opções que possam conduzir o Poder Público a uma decisão de maior aceitação consensual.[47]

Se o processo administrativo é a "[...] maneira mais democrática de se chegar à prolação de um ato administrativo",[48] o que não fez a lei, ao ampliar o rol de legitimados, senão permitir uma maior democracia a um espaço já democrático, ou seja, "democratizar a democratização".

Da mesma maneira, e não menos importante, a Lei do Processo Administrativo Federal procurou tutelar em seu âmbito os direitos transindividuais,[49] na moderna perspectiva das tutelas coletivas, ou melhor, do "processo coletivo", dando aplicabilidade procedimental aos *direitos de terceira dimensão*.[50] Afinal, "[...] a ideia inerente à processualidade da função administrativa corresponde à efetivação do princípio da participação, no sentido de trazer o administrado à posição de construtor das decisões que serão tomadas também pela Administração Pública".[51]

O processo administrativo possui como finalidades a busca de requisitos meramente formais de preparação da vontade pública ou quando atua perante outras motivações essenciais, enraizadas na forma republicana de governo e na essência do Estado Democrático e Social de Direito.[52] No último caso, a abertura à participação individual ou coletiva dos administrados, titulares de direitos subjetivos encara a própria proteção destes administrados.[53]

Encarado dessa forma, o processo administrativo é instrumento promotor da efetividade dos direitos catalogados nas leis e, principalmente, na Constituição Federal[54]. E esta efetividade somente será garantida com a participação concreta do administrado. Não basta sua mera presença.[55]

---

[47] MOREIRA NETO, Diogo Figueiredo. *Direito da Participação Política*. Legislativa – Administrativa – Judicial. Rio de Janeiro: Renovar, 1992, p. 129.

[48] MOREIRA, Egon Bockmann. *Processo Administrativo* – Princípios Constitucionais e a Lei nº 9.784/99. 4. ed. São Paulo: Malheiros, 2010, p. 70.

[49] Cuja delimitação teórica será percebida na exposição que segue.

[50] "Os direitos humanos de primeira geração são aqueles direcionados à tutela dos direitos civis e políticos; nítida característica da revolução francesa. Direitos do indivíduo em contraposição com os poderes do Estado absolutista; os de segunda geração aparecem em cartas constitucionais modernas e tem base em direitos econômicos, sociais e culturais; os de terceira geração são os ditos direitos de solidariedade, tendo titularidade coletiva, ou seja grupos humanos como as instituições sociais; os de quarta geração buscam atingir questões de alta atualidade como os aspectos da biociência, especialmente as manipulações do patrimônio genético dos indivíduos." (BOBBIO, Norberto. *A Era dos Direitos*. Rio de Janeiro: Campus, 1992. p. 53).

[51] MAFFINI, Rafael. *Direito Administrativo*. 4. ed. São Paulo: Revista dos Tribunais, 2013, p. 119.

[52] "A Lei nº 9.784/99/99 é, certamente, um dos mais importantes instrumentos de controle do relacionamento entre Administração e Cidadania. Seus dispositivos trouxeram para nosso Direito Administrativo, o devido processo legal. Não é exagero dizer que a Lei nº 9.784/99/99 instaurou, no Brasil, o verddeiro Estado de Direito." (MS 8.946-DF, Rel. Min. Humberto Gomes de Barros, julgado no dia 22/10/2003, STJ).

[53] DROMI, José Roberto. *Derecho subjetivo y responsabilidad publica*. Madrid: Editorial Grouz, 1986, p. 172-173. Ainda, o processo administrativo permite a execução eficaz da atividade estatal, adotando posições corretas na concretude das necessidades públicas. Além disso, simplifica e sistematiza os meios para a defesa da coisa pública.

[54] REAL, Alberto R. La regulación del procedimiento administrativo en el Uruguay. In: *Acto y procedimiento administrativo*. Buenos Aires: Plus Ultra, 1975, p. 145 e ss.

[55] DROMI, José Roberto. *Op. cit.*, p. 178.

O processo administrativo, então, inserido em um Estado Democrático e Social de Direito, deve guardar o maior aspecto *participativo* possível, garantindo uma ordem existencial e concreta ao cidadão que nele se insere.[56] A relação processual que ostenta direitos e deveres entre o cidadão-administrado e o Estado-administrador sinaliza uma situação subjetiva atualizada, que deve ser "embebida" pelos direitos fundamentais. Eis o caráter substancial do procedimento.

Celso Ribeiro Bastos, quando comenta o instituto da ação popular, afirma que o cidadão é alçado a um controlador da atividade administrativa: "Dá-se, na verdade, a consagração de um direito político, de matiz nitidamente democrático, com a ajuda do qual o cidadão ascende à condição de controlador da legalidade administrativa".[57] E justamente tal perspectiva que se encaminha no limiar do processo administrativo. Deste modo, assegura-se, em última análise, a democratização no controle dos atos da Administração Pública, bem como a inserção dos cidadãos na formação destes.

Assim, as formas democráticas de participação no processo administrativo constituem um canal por deveras eficaz no controle dos atos dos entes públicos. No limiar da democracia participativa, o voto, assim, ganha cada vez menos importância no cenário de inserção política. A tendência, nesse cenário, conduz a uma *associação* cada vez maior entre o cidadão e o poder público.[58] Este é um dos pontos nodais na transformação da administração pública contemporânea, deixando de lado a visão clássica, fechada, autoritária e unilateral.

Nessa esteira, a Lei nº 9.784/97 intenta conferir um espaço público de mediação das várias perspectivas acerca da legalidade dos atos administrativos. Um "espaço público de compreensão" destes atos. E esta "abertura" à inserção democrática dos administrados na construção dos atos administrativos se dá pelo procedimento. E será pelo próprio procedimento que a dita "abertura" encontrará limites. De se ver que, mesmo uma porta que se abre, revela limites à sua passagem.

2. Interessados

O processo administrativo, como forma de exercício do direito, existe para regular o convívio, isto é, para regular relações intersubjetivas ou interpessoais. Esta relação jurídica une, no mais das vezes, sujeitos que se defrontam, salvo quando se está a tratar de um processo administrativo que não encontre, em seu liminar, pretensões contrapostas.

O conteúdo do processo administrativo compreende todos os conflitos jurídicos que surgem no limiar da *relação administrativa*, esta firmada na bilateralidade "administrador-administrado". Afinal, "El procedimiento adminis-

---

[56] ARBELÁEZ, Grabriel Rojas. *El espírito del derecho administrativo*. Bogotá: Temis, 1972, p. 109.

[57] BASTOS, Celso Ribeiro. *Comentários à Constituição do Brasil:* promulgada em 5 de outubro de 1988. São Paulo: Saraiva, 2004, v. 2, p. 396.

[58] AMORIM, João Pacheco de; GONÇALVES, Pedro Costa; OLIVEIRA, Mário Esteves de. *Código de Procedimento Administrativo Comentado*. Coimbra: Almedina, 2006, p. 123.

trativo es bilateral por su propia esencia".[59] A relação mencionada se compõe de *posições, situações, liames jurídicos* de *deveres, obrigações, poderes*. Tais fatores efetivam *créditos* e *débitos*, togados a cada personagem, caso estejam no polo ativo ou passivo da relação.[60]

Seriam estes *conflitos jurídicos públicos* que subjazem como o *objeto* do processo administrativo. E é neste feixe de relações que será formatado o conceito de "parte" no processo administrativo, aqui chamado de "interessado". A bilateralidade *administração x administrado* comporá os polos da relação processual administrativa.

Contudo, pode ser visualizada situação em que ambos os polos do processo estejam ocupados por cidadãos, sendo o conflito submetido à decisão da Administração Pública. Neste caso, o Poder Público atuará como um árbitro. Por exemplo: um cidadão percebe que, no terreno lindeiro àquele que reside, estão construindo um prédio com mais andares do que o permitido pelo Plano Diretor. A construtora alega que o referido regramento autoriza edifícios deste porte. Então, submetem a questão ao juízo do Poder Público municipal. Poder-se-ia, apressadamente, entender que o Município, neste caso, seria uma espécie de julgador equidistante das partes, nos moldes de um magistrado. Mas não. A administração Pública local tem, sim, total interesse no caso, porque tem a prerrogativa irrenunciável de ver aplicadas as determinações do Plano Diretor, bem como poder de polícia para, no caso, determinar a cessação ou demolição da obra que eventualmente transpasse os limites de edificação estabelecidos. Será, pois, interessada.

Mas, neste específico caso, não se terá como alocá-la em um dos polos da relação, até porque caberá ao Poder Público perceber a procedência da reclamação ou das alegações defensivas da outra parte. Enfim, no caso, deve decidir se é possível ou não a construção do prédio.

No processo jurisdicional pode-se conferir pelo menos três personagens: o "interessado" que pretende (chamado de "parte-autora"), o interessado que é pretendido (chamado de "parte-ré") e que tem o direito subjetivo a ver declarada, em definitivo, sua absolvição da pretensão formulada, e o juiz, personagem, por assim dizer, "desinteressado".[61] No processo administrativo, existe uma espécie de bilateralidade, ou seja, um *interessado pretendente* e um *interessado pretendido*, sendo que, em um destes polos, estará a Administração Pública que, ao cabo, formulará uma decisão.

Então, o processo administrativo surge para atender "interesses" ou "direitos", caso exista a devida conveniência ou vantagem para o titular ou para os titulares.[62] Os sujeitos interessados, quando participantes do processo administrativo, procuram formular argumentos e apresentar provas em benefício

---

[59] *Op. cit.*, p. 180.
[60] *Ibidem*, p. 168.
[61] Não se quer dizer que o juiz não queira ver o processo resolvido. Ao contrário. Pelo *princípio do impulso oficial*, uma vez instaurado o processo, cabe ao magistrado a tarefa de movimentá-lo até a decisão final. Contudo, não possui interesse jurídico na vitória ou derrota de uma das partes. Caso eventualmente possua, deve ser afastado da demanda, por impedimento ou por suspeição.
[62] LIMA, Alcides de Mendonça. *Comentários ao Código de Processo Civil*. São Paulo: Revista dos Tribunais, 1982, p. 18-19 – quando comenta o processo de jurisdição voluntária.

Art. 9º

de suas pretensões. Esta atividade visa a persuadir e a dar ao órgão competente à decisão uma visão completa e dialética do litígio.[63]

A palavra "interesse", em sua origem, que dizer "estar entre" ou "obstáculo". Contudo, modificou-se a alcançar o significado de "empenho", "busca pela vantagem de algo". Na esfera do processo administrativo, *interessado* é todo aquele que pretende ver solucionado, por meio da sucessão de atos previamente encadeados, uma pretensão, ou mesmo que tenha intenção de, por esta via, dar validade a uma determinada realidade jurídica. Os interessados nada mais buscam do que a satisfação dos seus interesses, e o processo administrativo seria uma via para este anseio.[64]

Em uma noção sintética, *interesse* seria a necessidade que se tem do *processo*, sendo que somente por ele ter-se-ia acesso ao bem da vida. Mas não só isso: há a necessidade de que o processo seja um meio apto a se conseguir tal bem.[65] Assim, o interesse força a ação.

No processo administrativo, o interessado surge quando demonstra ter direito subjetivo na preparação ou na impugnação da vontade do ente estatal.[66] Afinal, esta via serve de instrumento para legitimar a conduta do administrador e de mecanismo de documentação, formulando um registro histórico dos atos do administrador público.[67]

Contudo, este "interesse" não necessariamente se mostrará arraigado a um direito subjetivo individual. O processo administrativo pode ser movimentado por conta do exercício de uma pretensão que, em tese, beneficia a todos. Por exemplo: uma das finalidades do processo administrativo consiste na fiscalização dos atos praticados pelo agente estatal, sendo que todo o administrado, em regra, possui interesse na correção dos atos que tratem com a coisa pública. Este interesse, portanto, não estará afeto a um indivíduo específico, mas a toda a coletividade. Seu exercício, contudo, pode ser individual, o que, por lógico, beneficiará a todos.

Poder-se-ia perguntar por que o legislador não optou pelo uso da palavra "parte" em vez do termo "interessado". Uma primeira resposta aparece com facilidade: porque o conceito de *parte*, por séculos discutido pelos teóricos do Direito Processual Civil, é encontrado no limiar de um processo jurisdicional litigioso, ou seja, do qual possa advir lide.[68] Os atos administrativos: comportam, mas não

---

[63] CARNEIRO, Athos Gusmão. *Intervenção de terceiros*. São Paulo: Saraiva, 2000, p. 3.

[64] No âmbito do processo civil, "[...] para propor ou contestar a ação é necessário ter interesse e legitimidade" – artigo 3º, do Código de Processo Civil.

[65] DINAMARCO, Cândido Rangel. *Instituições de direito processual civil*. São Paulo: Malheiros, 2001, v. 2, p. 300.

[66] DROMI, *Op. cit.*, p. 171-172.

[67] FIORINI, Bartolomé. *Procedimiento administrativo y recurso jerárquico*. Buenos Aires: Abeledo-Perrot, 1972, p. 32.

[68] A divergência apontada pela doutrina reside especificamente nos conceitos construídos por Chiovenda e por Liebman. O primeiro entende que *parte* é o sujeito que pede ou contra aquele para o qual se formula a pretensão. O segundo autor amplia o conceito, porque considera *parte* todo aquele que participa da relação jurídica processual. Para tanto, conferir a obra de Cássio Scarpinella Bueno: *Partes e terceiros no processo civil brasileiro*. São Paulo: Saraiva, 2003, p. 2. Diante da divergência apontada, como bem adverte Daniel Amorim Assumpção Neves, a doutrina procurou conciliar ambos os conceitos, aparentemente contraditórios. *Parte na demanda* seria atrelada ao conceito de Chiovenda, ou seja, seria um sujeito que pede contra outro que sofre o pedido. Já *parte no processo* estaria ligada ao conceito de Liebman, e trataria daquele sujeito imbricado em

exigem, a presença de partes e são, de regra, praticados de ofício. Visam à tutela de interesses públicos. Um processo administrativo, assim, pela bilateralidade que lhe é afeta, comporta a presença de interessados, e não de partes.[69]

Resumindo, no processo administrativo não há partes no sentido teórico do processo civil, mas sim, interessados, por se tratar de uma relação *bilateral*. Àquele que for juridicamente interessado, estão assegurados os direitos e deveres previstos nos artigos 3º e 4º da Lei do Processo Administrativo Federal. Portanto, ao reverso do que acontece diante de processos entre particulares ou na quase totalidade dos processos judiciais, o procedimento administrativo não se constitui como um processo entre partes.

Por outro lado, não se percebe uma litigiosidade no processo administrativo, enfim, não se caracteriza uma oposição ferrenha. Ainda quando se está diante de uma pretensão proposta por um particular em face do Poder Público, este deverá encontrar a solução mais justa, ou seja, que melhor encontre o interesse público. E este interesse, por vezes, será implementado por meio do deferimento da pretensão pleiteada pelo cidadão. Por exemplo: um cidadão pede o direito de se ver imune de determinado imposto, ou que seja deferida uma isenção, ou, ainda, quando requer a devolução de um valor pago indevidamente. Caso preencha os requisitos normativos, a Administração Pública deverá conceder os pleitos, diante da incidência do *princípio da legalidade*, mesmo que ocorra a perda de receitas.[70]

Como se perceberá, o processo administrativo é aberto aos interessados, podendo uma série de pessoas nele intervir somente com base em um interesse juridicamente protegido. A abertura à intervenção é muito maior do que no processo civil. "O *legítimo interesse* para que a Administração Pública determine a instauração de processo administrativo pode surgir por provocação de qualquer administrado através de denúncia ou de representação".[71]

Além disso, o processo administrativo trata de interessados, e não de partes, porque eventual decisão vincula o próprio ente estatal, que constitui um dos polos da relação jurídica estabelecida.[72] Mas não é só isso, tem a potencia-

---

uma relação jurídica processual, com direitos e deveres. Os demais conceitos da doutrina podem ser conferidos na obra do autor: *Manual de Direito Processual Civil*. São Paulo: Método, 2010, p. 91-92.

[69] "Em termos de processo administrativo, o espírito da Lei nº 9.784/99/99 não indica existirem litigantes. Houve preferência da denominação de *interessados* em vez de litigantes ou, simplesmente, partes." (VELOSO, Waldir de Pinho. *Direito Processual Administrativo*. Curitiba: Juruá, 2010, p. 119).

[70] Idem.

[71] BARROS, Wellington Pacheco. *Curso de processo administrativo*. Porto Alegre: Livraria do Advogado, 2005, p. 88

[72] Wellington Pacheco Barros afirma que, no processo administrativo, a Administração na condição de *parte* não se confunde com a Administração *condutora e julgadora do processo*. Então, considera *interessado* o administrado, "[...] pessoa física ou jurídica que tem direitos ou interesses que podem ser atingidos por decisão administrativa." (Op. cit., p. 86). Diverge-se deste entendimento. A diferenciação feita é muito mais teórica do que pragmática. Até porque, "En ningún caso la administración puede reunir las cualidades del juzgador imparcial e independente." (DROMI, José Roberto. Op. cit., p. 174. No mesmo sentido: GORDILLO, Agustín. *Procedimiento y recursos administractivos*. Buenos Aires: Macchi, 1971, p. 24-29). Os interesses da Administração Pública, em última análise, são os interesses da coletividade, enfim, o interesse público. Em processo administrativo, o Poder Público sempre será interessado, e perseguirá a concretização do interesse público, ainda que seja para deferir o pleito de um particular. Como dito em outro ponto desta obra, a dificuldade, por vezes, surge em alocar a Administração Pública em um dos polos da relação, até porque não se sabe com qual dos sujeitos pretendentes encontra-se a razão, ou melhor, o interesse público – aqui alargado ao seu

lidade de a decisão final atingir ou vincular outras esferas jurídicas que não somente aquelas que participam do processo.

Quando uma decisão indefere um pedido do administrado, ou ainda, é, a ele, desfavorável, o uso da expressão "interessado(s)" ainda é correto, porque a Administração Pública age em nome de um interesse maior, de todos, em face de um interesse menor, individual. A decisão em processo administrativo deve estar focada na finalidade pública, porque ligada ao agir correto. Sendo assim, a lei foi profícua ao adotar o termo "interessados", e não "partes".[73]

A lei alemã do procedimento administrativo, no § 13º, amplia ainda mais a categoria de interessados. Abrange não só aqueles que possuem um interesse legítimo ou todos os que possam ser afetados pela decisão final, mas também os sujeitos que:

> [...] solicitem ou sejam chamadas a participar no procedimento, quando a decisão seja susceptível de afectar os interesses legalmente protegidos de que sejam titulares (caso em que o órgão tem uma faculdade de permitir esta participação) ou quando crie, altere ou suprima direitos (caso em que a possibilidade de participação não pode ser afastada).[74]

A legislação germânica, portanto, além de ampliar o rol de interessados, alargando o âmbito de proteção deste signo, gerou ainda duas outras espécies: aquele que possui uma participação obrigatória, tal qual um *litisconsorte necessário*, e os interessados com intervenção facultativa, em analogia para com o *litisconsorte facultativo*.

Muito embora a legislação brasileira não tenha expressamente feito referência aos "interessados necessários" e "facultativos", tal qual a lei alemã assim procedeu, não quer dizer que o contexto dos fatos e outros dispositivos assim não exigiriam uma presença obrigatória (forçada) ou uma presença acidental. Há procedimentos em que a falta de um interessado causa a invalidade do procedimento e, por consequência, a ineficácia da decisão em face do sujeito que deveria obrigatoriamente ter intervindo. Por exemplo: um candidato a ocupar cargo público impugna os exames do concurso de provas (ou provas e títulos) mediante pleito à Comissão Organizadora do certame. Diz, na hipótese, que todo o certame deve ser anulado. Nesse caso, a decisão afetará os interesses dos candidatos que já tivessem sido nomeados, porque seriam atingidos pela eventual procedência do pleito. Sendo assim, estes merecem ser notificados da existência do pedido, para que exerçam o direito à ampla defesa e ao contraditório,

---

conceito teórico mais amplo. Por exemplo: o deferimento de pedido de cancelamento de multa de trânsito, por violação da ampla defesa, vem ao encontro dos anseios coletividade, porque privilegia o cumprimento reto da lei e da Constituição Federal, como garantia a todos. Se a coletividade, em um "grande consenso" chamado de "Constituição", concordou que, em processo administrativo, deve ser garantida a ampla defesa, o deferimento do pleito de anulação da penalidade é medida que acolhe o interesse de todos, ou seja, o interesse do Estado. Para arrematar: "La autoridad administrativa se presenta siempre como parte interesada en las relaciones y situaciones jurídicas en las cuales desarrolla la propia actividad." (DROMI, José Roberto. *Op. cit.*, p. 175).

[73] "O conceito de *interesse* para que a Administração Pública seja parte no processo administrativo reside na existência de uma pretensão jurídica positiva ou negativa passível de ser resistida por atingir direitos e interesses de qualquer interessado. Esta pretensão jurídica naturalmente deve estar vinculada aos fins da administração que, em outras palavras, é o bem comum." (BARROS, Wellington Pacheco. *Op. cit.*, p. 87).

[74] AMORIM, João Pacheco de; GONÇALVES, Pedro Costa; OLIVEIRA, Mário Esteves de. *Op. cit.*, p. 271.

além de poderem participar do processo administrativo instaurado. Então, os demais candidatos nomeados seriam, no caso, *interessados necessários*.[75]

Em outros casos, a titularidade do interesse juridicamente protegido apenas permite a presença do interessado no procedimento administrativo. Não há a compulsão em chamar este sujeito ao processo. Logo, sua ausência não causa qualquer nulidade ao feito.

Então, diante da diferenciação operada, percebe-se que o processo administrativo pode abarcar dois tipos de interessados: o *interessado necessário*, quando é imperiosa sua presença, sob pena de nulificação do processo e de ineficácia da decisão para com ele; e o *interessado facultativo* que possui um direito que lhe permite, caso assim deseje, intervir ou não no processo. Sua ausência não causará vício no processo.

No caso de um órgão de controle interno da Administração Pública (por exemplo, a Controladoria-Geral da União) impugnar a concessão de uma aposentadoria, será considerado *interessado necessário* o servidor que recebeu e está em gozo do benefício. O processo administrativo que corra entre dois órgãos internos deverá ser ampliado a facultar ao servidor, então aposentado, o direito de intervir no processo e exercer a ampla defesa, na linha do disposto na Súmula Vinculante nº 3, STF.[76]

Contudo, será *interessado facultativo* o proprietário de uma área de terras vizinha a outra que está sob investigação do IBAMA (Instituto Brasileiro do Meio Ambiente e dos Recursos Naturais Renováveis), porque foram descumpridas normas ambientais. O interessado poderá provar que a degradação ambiental causada pelo lindeiro pode afetar o seu imóvel. A intervenção deste proprietário terá o condão de tentar influenciar e persuadir a autoridade administrativa no sentido de que decisão tomar.

Em verdade, o artigo 9º veio a trazer uma garantia aos administrados, porque conferiu uma determinada posição jurídica que, caso negada, poder ser conseguida em outras instâncias. Uma vez presentes os elementos jurídicos que autorizem o particular a intervir no processo administrativo, torna-se vinculativa a pretendida participação. Em resumo, todo e qualquer *interessado* deverá demonstrar que a decisão administrativa venha a atingir um direito ou interesse seu. Do ato que negar ao interessado a participação no processo administrativo, cabe pedido de reconsideração ou recurso administrativo, caso exista previsão legal.

3. Legitimidade processual

A legitimidade processual pode ser conceituada a partir do artigo 6º do Código de Processo Civil: "Ninguém poderá pleitear, em nome próprio, direito

---

[75] "Os candidatos que foram aprovados e devidamente nomeados em concurso público são litisconsortes necessários na ação em que se busca a anulação do certame, pelo que há necessidade de sua citação para integrar a lide" (STJ, RMS nº 19.448/MG, Rel. Min. Arnaldo Esteves Lima, DJ de 01/08/2006). No mesmo sentido: STJ, RMS 19.096/MG, Rel. Min. Teori Albino Zavascki, Primeira Turma, j. 12.12.2006, DJ 12.04.2007, p. 210; STJ, RMS 23.406/SC, Rel. Min. Castro Meira, Segunda Turma, j. 17.04.2007, DJ 26.04.2007, p. 235.

[76] "Nos processos perante o Tribunal de Contas da União asseguram-se o contraditório e a ampla defesa quando da decisão puder resultar anulação ou revogação de ato administrativo que beneficie o interessado, excetuada a apreciação da legalidade do ato de concessão inicial de aposentadoria, reforma e pensão."

alheio, salvo quando autorizado por lei." É, então, uma atribuição específica para agir concretamente.[77] Significa que o próprio titular pode promover sua pretensão perante um órgão processante, porque detentor desta capacidade.

A legitimidade nada mais é do que a *pertinência subjetiva da demanda*.[78] Em outras palavras, é a situação que permite com que um sujeito pretenda algo contra alguém, utilizando-se, para tanto, do processo.[79]

Em verdade, a legitimidade processual se subdivide na *legitimidade para iniciar o processo*, o que os italianos chamam de *intervento a scopo pretensivo*, e na *legitimidade para intervir*, sendo o que a doutrina italiana define como *intervento a scopo oppositivo, difensivo*. A legitimidade para iniciar o processo advém do fato de se ter uma determinada pretensão que pode, ainda que em tese, ser solucionada por aquele agente administrativo que irá decidir.

Nos processos que são inaugurados de ofício, a legitimidade pode se fazer presente, na medida em que o sujeito que é destinatário da decisão também conservar uma posição jurídica que pretenda o resultado final. Na *legitimidade para intervir*, ou seja, para formar a convicção de quem decide, o comando a ser proferido pode afetar a esfera jurídica do interveniente, fato que produz o interesse em ingressar no processo.

Estas diferenciações não têm uma maior relevância no processo administrativo, bastando dizer que existem *interesses "concorrentes"* que podem ser alocados no limiar ou no início do processo.[80] Isso porque, a legitimidade procedimental nasce diante de certa posição jurídica. Esta posição pode variar de acordo com o direito ou com o interesse legalmente protegido.[81] Será esta posição que tributará a forma com que a legitimidade será exercida, por exemplo, se direta ou indireta, defendendo direito próprio ou de outrem, etc.

O artigo 9º, em destaque, procurou tratar da *legitimidade procedimental*, que nada mais é do que a possibilidade de intervir e de dar início a um processo administrativo.[82] Esta legitimidade pode ser exercida nos mais variados casos em que surge ou se faz necessária a procedimentalização da atuação do ente estatal: nos procedimentos que visam à prática de atos administrativos, à aplicação de um ato ablativo, à reação a uma decisão, etc. No momento em que se vê configurada a legitimidade, surgem direitos e deveres processuais para o *interessado* e para a *autoridade pública*.[83]

---

[77] A *legitimidade processual*, nos últimos tempos, tem sido redesenhada, conforme adverte Ada Pellegrini Grinover, especialmente frente às tutelas coletivas: "A legitimação para a causa foi tradicionalmente comprimida, pela processualística clássica, nos limites da coincidência entre a titularidade do direito material e a titularidade da ação." (O acesso à justiça no ano 2000. In: MARINONI, Luiz Guilherme. *O processo civil contemporâneo*. Curitiba: Juruá, 2000, p. 35).

[78] NEVES, Daniel Amorim Assumpção. *Op. cit.*, p. 89.

[79] ASSIS, Araken. Substituição processual. *Revista Dialética de Direito Processual*. São Paulo, v. 9, 2003, p. 9.

[80] *Op. cit.*, p. 274.

[81] A diferença entre direito e de interesse pode ser encontrada nos comentários ao inciso I do artigo 9º.

[82] A diferenciação de *legitimidade* e de *capacidade para estar no processo* será desenvolvida quando dos comentários ao artigo 10.

[83] "En la preparación de la voluntad administrativa siempre hay administrados implicados y afectados, con los que se genera una relación jurídica procesal, por la que 'autoridad administrativa' e 'interesado' titularizan diversos derechos y deberes procesales." (DROMI, José Roberto, *Op. cit.*, p. 180).

Art. 9º

A legitimidade processual, tratada pelo artigo 9º, em verdade, advém de certas *posições jurídicas materiais*, que serão analisadas pela decisão final. Estas posições devem ser prévias e estarem ligadas ao direito debatido no limiar do procedimento, cujo desfecho poderá afetar a esfera jurídica daquele que detém a dita posição.

Imprescindível dizer que não se pode pensar que todos aqueles que possuem legitimidade tenham interesse em intervir no processo administrativo. A matriz teórica formatadora do conceito de *interessado* é mais restritiva do que aquela togada à *legitimidade*. Para ser interessado, deve-se ter, como condição de passagem, legitimidade. Esta funciona como um pressuposto daquele.

Então, a mera possibilidade de intervenção confere a legitimidade processual, mas não necessariamente o interesse. Este reclama uma intervenção efetiva, e não mera expectativa. Dessa forma, o conceito de interessado é compreendido casuisticamente, Tanto que Oliveira, Gonçalves e Amorim[84] conseguem distinguir inúmeras categorias de interessados.

O artigo 9º, como um todo, tributa posições processuais vinculativas à Administração Pública. Confere aos administrados a possibilidade de, por várias maneiras, intervir no processo administrativo ou iniciá-lo. No moimento em que o suporte fático que confere a legitimidade procedimental foi implementado, não cabe ao órgão público pertinente indeferir o processamento do pedido.

A prova da legitimidade, salvo nas situações em que esta esteja ligada com o próprio objeto da decisão, compete ao interessado. Por ocasião do recebimento do pedido administrativo, caso existam dúvidas no que tange à legitimidade do requerente, deve o órgão processante marcar prazo para sanar o vício. Não se percebe qualquer óbice a que se forme incidente processual próprio para dirimir controvérsia sobre a legitimidade da parte que peticiona.

João Pacheco de Amorim *et al.*[85] entendem que a decisão sobre a legitimidade não é definitiva e pode ser novamente analisada até o termo final do procedimento. Afirmam que "Uma decisão favorável sobre a questão da legitimidade nem é acto constitutivo de direitos (ou de interesses legalmente protegidos) nem uma decisão definitiva da questão da legitimidade".[86] No caso de se reputar ausente a legitimidade do interessado, os atos por ele praticados serão considerados nulos. O processo, assim, será extinto.

4. Legitimidade diante dos direitos individuais heterogênios (art. 9º, inciso I)

4.1. *Direito e interesse*

Diante da literalidade do dispositivo em pauta, quiçá o primeiro ponto de apoio do intérprete, será necessário agarrar-se em duas expressões nodais ao

---

[84] *Op. cit.*, p. 272.
[85] *Op. cit.*, p. 282.
[86] *Idem.*

preceito: *direito* e *interesse*. E é tranquila a conclusão no sentido de que o legislador não alocou tais termos aleatoriamente ou de forma pleonástica. A descoberta dos motivos em se inserir proposital distinção mostra ser o prematuro desafio a ser superado.

Para parte da doutrina, as expressões "direito" e "interesse" não possuem diferença prática.[87] Afirma-se que se importou ao direito brasileiro, de forma equivocada, as expressões "interesses legítimos" e "direitos subjetivos", largamente utilizadas na Itália. No país europeu mencionado, *interesses legítimos* seriam pretensões a serem julgadas pelos tribunais administrativos. Paralelamente, os conhecidos *direitos subjetivos* seriam considerados pretensões a serem julgadas pela justiça civil. Eis a diferença apontada.

Esta posição, é certo, bem pode servir ao contexto jurisdicional, quando tais autores estão a comentar o artigo 81 do Código de Defesa do Consumidor (CDC). Não é à toa que Kazuo Watanabe afirma que: "[...] a partir do momento em que passam a ser amparados pelo direito, os interesses assumem o mesmo status de direitos, desaparecendo qualquer razão prática, e mesmo teórica, para a busca de uma diferenciação ontológica entre eles".[88]

A legislação não é sistemática a respeito, ora alocando uma ou outra expressão. O próprio artigo 81, do CDC, local em que mais intensamente se falou dos direitos transindividuais, no *caput*, fala em "interesses e direitos". Já nos três incisos que seguem ao parágrafo único, menciona que serão tutelados "interesses ou direitos". A Constituição Federal, quando trata da legitimidade do Ministério Público, vale-se somente do termo "interesses" – artigo 129, inciso III. Diante deste contexto, Rizzatto Nunes conclui:

> Tem que se entender ambos os termos como sinônimos, na medida em que "interesse", semanticamente em todos os casos, tem o sentido de prerrogativa e esta, e exercício de direito subjetivo. Logo, direito e interesse têm o mesmo valor semântico: direito subjetivo ou prerrogativa, protegidos pelo sistema jurídico. Por isso, nós, aqui, usaremos apenas o termo "direito".[89]

A lei austríaca que disciplinava o processo administrativo em 1925, quiçá a referência mais antiga na matéria, já naquela época fazia uma distinção muito importante: o *direito subjetivo* qualificava a capacidade do participante do processo, situação que se distinguia do *interesse individual legítimo*. Diante deste contexto, Guy Isaac era enfático ao mencionar que, ao contrário do processo judicial clássico, em que o particular não está obrigado a provar de plano a existência de um interesse legal determinado pelo direito de fundo, no processo administrativo, desde o início, o interessado deve demonstrar a existência

---

[87] OLIVEIRA, Carlos Alberto Alvaro de. A ação coletiva de responsabilidade civil e seu alcance In: BITTAR, Carlos Alberto (Coord.). *Responsabilidade civil por danos a consumidores*. São Paulo: Saraiva, 1992, p. 87-116. No mesmo sentido é o posicionamento de Antônio Gidi (*Coisa julgada e litispendência em ações coletivas*. São Paulo: Saraiva, 1995, p. 17-18).

[88] WATANABE, Kazuo. Arts. 81 a 90. In: GRINOVER, Ada Pellegrini *et al*. *Código brasileiro de defesa do consumidor*: comentado pelos autores do anteprojeto. Rio de Janeiro: Forense Universitária, 1998, p. 623.

[89] NUNES, Rizzatto. *Comentários ao Código de Defesa do Consumidor*. São Paulo: Saraiva, 2009, p. 759.

de seu interesse legal. Tudo isso para que possa participar do procedimento e a ele dar marcha.[90]

Considera-se esta distinção um tanto radical, porque hoje, tanto o processo civil (jurisdicional), como o processo administrativo, inauguram uma mesma característica: a desnecessidade de se provar, de plano, o direito de fundo, que somente será analisado quando do provimento final. A par desta posição teórica, no âmbito do processo administrativo, a diferença entre *direito* e *interesse* se faz presente. Até mesmo considerável parte da doutrina que discute o processo coletivo jurisdicional percebe a importância em se positivar dois signos distintos: *interesse* e *direito*.[91]

As noções de *direito subjetivo* e de *interesse legítimo* (também nominado de "direito reflexo") podem ser delimitados da seguinte forma: "[...] o primeiro como uma proteção que o ordenamento jurídico outorga de forma exclusiva a um indivíduo determinado e o segundo como uma proteção, algo mais debilitada do que a anterior, outorgada pelo ordenamento jurídico, geralmente a um conjunto determinado de indivíduos".[92] O *interesse jurídico* protege um conjunto de indivíduos, enquanto o *direito subjetivo* (ou aqui nominado simplesmente de "direito") guarnece um indivíduo de forma exclusiva.

Na Argentina, por exemplo, a diferença entre os dois institutos mostra-se muito importante, porque o direito subjetivo pode ser demandado tanto perante a Administração Pública, como diante do Poder Judiciário, enquanto o interesse legítimo deve, em regra, ser pleiteado somente perante a Administração Pública. Cabe ao indivíduo a demanda judicial de um interesse somente em casos excepcionais.[93] Mas não é esta a posição adotada pela legislação brasileira.

Entende-se que se está diante de um *direito* (subjetivo) no momento em que uma determinada pretensão advém de um ato normativo (direito objetivo), sendo que este protege uma determinada posição jurídica, porque se tem interesse em um determinado bem da vida. Assim, o *direito* tutelado pela norma permite que o titular o pretenda em face de outrem, enfim, possa deste exigir. E essa *exigência* independe da vontade de quem é demandado.

Quando um sujeito procura a tutela de um *interesse legalmente protegido*, "[...] significa que o administrado beneficia, agora, de uma tutela ou proteção *indirecta, reflexa*".[94] O ato normativo invocado como base ao seu pedido tutela interesse público, mas não protege diretamente o direito individual pretendido.

Mas não quer dizer que somente a titularidade de um *direito* seria albergada pela incidência da norma. O *interesse* do sujeito também faz parte do supor-

---

[90] PERDOMO, Jaime Vidal. *Derecho Administrativo*. Santa Fé de Bogotá: Temis, 1994, p. 269.

[91] MENDES, Aluisio Gonçalves de Castro. *Ações coletivas: no direito comparado e nacional*. São Paulo: Revista dos Tribunais, 2001, p. 250; VIGLIAR, José Marcelo Menezes. *Tutela jurisdicional coletiva*. São Paulo: Atlas, 2001, p. 60 e seguintes.

[92] GORDILLO, Agustín. *Princípios gerais de direito público*. São Paulo: Revista dos Tribunais, 1977, p. 191.

[93] *Idem*.

[94] AMORIM, João Pacheco de; GONÇALVES, Pedro Costa; OLIVEIRA, Mário Esteves de. *Código de Procedimento Administrativo Comentado*. Coimbra: Almedina, 2006, p. 276-277.

te fático da regra. Contudo, este ato normativo não visa a proteger um sujeito, individualmente, mas toda a coletividade. O interesse individual surge de forma indireta, porque a proteção da coletividade acabará por proteger seu interesse particular. A proteção deste é reflexa à proteção daquele.

A guarnição de um interesse pode se dar independentemente de um pedido da parte que venha a ser atingida. O procedimento pode ter início de ofício, e a decisão a ele subjacente pode, inclusive, contrariar a vontade do sujeito. Este, ainda, ficará sujeito aos efeitos da decisão, mesmo que nem sequer venha a participar do procedimento.

Por exemplo: a União resolve, com o intuito de melhorar o abastecimento de água em determinada região, desviar parte do fluxo de um rio. Este desvio beneficiaria o sujeito "X". Contudo, prejudicaria o sujeito "Y" – sendo estes dois interesses meramente individuais. Então, "Y" resolve protocolar pretensão na via administrativa, alegando que o transpasse de águas virá a transgredir as normas ambientais. Perceba-se que, ao defender um *interesse de todos*, "Y", o prejudicado, acaba por tutelar um *direito individual* seu. Além disso, observa-se que o processo administrativo poderia ter sido inaugurado de ofício. Também, importante ter consciência de que a decisão atingirá os interesses do sujeito "X", sem que este nem mesmo venha a integrar o processo. Concluindo, a legitimidade existirá independentemente se a proteção jurídica é direta ou indireta.

Segundo João Pacheco de Amorim e outros,[95] ao comentarem o artigo 53º, nº 1,[96] do Código do Procedimento Administrativo português, afirmam que existem, em verdade, dois tipos de procedimento que, por lógico, são iniciados por interesses de categorias distintas. O *início de procedimentos particulares de primeiro grau* ocorre quando a Administração Pública somente venha a proferir decisão caso provocada. Logo, o ente público não age de ofício. Esta legitimidade advém da lei, o que implica dizer que a cláusula geral do dispositivo lusitano mencionado e, claro, do nosso inciso I do artigo 9º, não seria aplicada, porque leis específicas dariam conta de criar a legitimidade de *primeiro grau*. Por exemplo, o processo administrativo para se obter uma licença para dirigir, ou seja, para se expedir uma Carteira Nacional de Habilitação, não será disciplinado pela Lei nº 9.784/99, mas sim, pela Lei nº 9.503/95 (Código de Trânsito Brasileiro). E, é claro, tal processo não poderá ser iniciado de ofício. Esta é a regra.

Já o *início de procedimentos particulares de segundo grau* tem sua gênese pela via da cláusula-geral do artigo 9º (no caso de Portugal, por conta do artigo 53º). Estes sim podendo ser iniciados de ofício.

Contudo, importante mencionar que a defesa de um interesse não pode ser infinita, sob pena de se chegar a perigosos extremos. Não só o interesse deve ser retirado da norma, *mas também a legitimidade*. Diante do suporte fático da regra, deve-se perceber se existe um interesse protegido (que pode ser coletivo e que, neste caso, por tabela, contempla o interesse individual do sujeito pretendente). Ademais, também deve ser avaliado se este sujeito possui legiti-

---

[95] *Op. cit.*, p. 277-278.
[96] Redação exposta na sequência.

midade para demandar o interesse.[97] Por exemplo: um administrado acaba por sofrer prejuízo em face da conduta desidiosa de um servidor público. Este particular não possui legitimidade para inaugurar processo administrativo disciplinar contra o mencionado funcionário, quiçá participar como interveniente, apesar de possuir interesse no caso, porque eventual condenação do funcionário público lhe induz, ainda que indiretamente, direito à indenização.[98]

O particular deve perceber se a norma, além de proteger seu interesse, ainda que de forma reflexa, confira legitimidade a ele.[99] Antigamente, entendia-se que um interesse não poderia ser tutelado processualmente, porque aquele que demandava não era titular do direito, lembrando que a defesa de um interesse ocasiona a proteção reflexa do direito.[100]

Em resumo, entende-se que o procedimento administrativo, em si, traduz uma relação substantiva entre administração e administrado, sendo um papel formal para o cumprimento de um objeto essencial, qual seja, um *direito* ou um *interesse*. O processo administrativo, pois, refletirá a satisfação destes dois institutos.[101]

4.2. Legitimidade nos direitos individuais heterogêneos

No direito português, o artigo 53° do Código do Procedimento Administrativo trata especificamente da matéria.

Artigo 53°. Legitimidade

1. Têm legitimidade para iniciar o procedimento administrativo e para intervir nele os titulares de direitos subjectivos ou interesses legalmente protegidos, no âmbito das decisões que nele forem ou possam ser tomadas, bem como as associações sem carácter político ou *sindical* que tenham por fim a defesa desses interesses.

O dispositivo lusitano atrela a legitimidade dos direitos heterogêneos aos direitos subjetivos. Além disso, a parte final do dispositivo é contemplada pelo artigo 9°, inciso III, da Lei do Processo Administrativo Federal brasileiro, comentado na sequência.

A intervenção dos particulares no processo administrativo reclama mais do que a simples capacidade de exercício de direitos que, como será visto, implica a capacidade postulatória.[102] Nos termos do dispositivo, é necessário que se tenha também legitimidade (procedimental). Logo, ainda que de forma abstrata, há que se ter titularidade de um interesse juridicamente protegido, porque esta titularidade, no plano concreto, somente será auferida quando da decisão final.

---

[97] É o que, na Alemanha, chama-se de *teoria do fim da norma* (*Schutznormtheorie*).

[98] O que não se nega é a legitimidade de o administrado pleitear administrativa a indenização que lhe é devida.

[99] "Aqui tem aplicação plena o *princípio do informalismo em favor do interessado*, afastando-se da lide administrativa tormentosa." (BARROS, Wellington Pacheco. *Curso de processo administrativo*. Porto Alegre: Livraria do Advogado, 2005, p. 90).

[100] Revista dos Tribunais 2002/432.

[101] DROMI, José Roberto. *Derecho subjetivo y responsabilidad publica*. Madrid: Editorial Grouz, 1986, p. 172.

[102] Conferir os comentários ao artigo 10.

A legitimidade é percebida de forma virtual. O intérprete deve compreender se a pretensão pode estar, ainda que potencialmente, na esfera de direitos do interessado. Contudo, somente se saberá se a pretensão *efetivamente* está na esfera de direitos do interessado, quando da decisão final.

Por exemplo, um servidor público federal, que segue o regime estatutário, postula administrativamente licença para tratar de assuntos particulares. O processo administrativo, desde que cumpridos os demais requisitos legais, merece ser aberto e feito processar o pedido, porque, em tese, o pleito encontra-se no rol de direitos de um servidor federal detentor de cargo público – artigo 91 da Lei nº 8.112/90.[103] Há, pois, legitimidade. Se o pleito será deferido, isto somente se saberá, como dito, ao final do processo.

Contudo, legitimidade não existirá, caso o mesmo servidor público pleiteie direito à indenização por praticar horário extraordinário (além da jornada normal), *com lastro normativo na Consolidação das Leis do Trabalho (CLT)*, porque este seria um privilégio de servidor que detém um emprego público. No exemplo hipotético, este servidor é regido por um estatuto próprio, ou seja, por um específico catálogo de direitos e de deveres, e deste cabedal deverá, no caso, retirar suas pretensões. Perceba que a ausência de legitimidade, no caso, já seria visualizada de plano, não dependendo do transcurso do processo e da decisão final.

É preciso que aquele que formula a pretensão possa ser, em tese, titular de direitos e obrigações, possuindo capacidade jurídica. Trata-se da capacidade para figurar num dos pólos da relação processual. É necessário que a decisão que venha ao final a ser proferida, possa afetar o sujeito. Por exemplo, um candidato que se classificou em quinto lugar em concurso público impugna os critérios de avaliação do certame, os quais fizeram com que outrem ficasse em terceiro lugar. Alega que, caso fossem considerados outros vetores na concepção da nota final, o autor do processo ficaria em terceiro e o pretendido, em quinto. Em tese, somente os dois candidatos possuem interesse na *questio juris*, porque os demais classificados não terão suas posições reformuladas, salvo se provarem que a alteração possa lhes causar (des)vantagem.

4.3. Distinção entre legitimidade e direito de petição

Não menos importante destacar a diferença da legitimidade para o processo administrativo, se em comparação com o *direito fundamental de petição*. Este está previsto no artigo 5º, inciso XXXIV, alínea "a", da Constituição Federal: "são a todos assegurados, independentemente do pagamento de taxas: a) o direito de petição aos Poderes Públicos em defesa de direitos ou contra ilegalidade ou abuso de poder;".

O direito de petição é o poder que todos os cidadãos têm de formular solicitações, queixas, insurgências, etc., em face do Poder Público, na defesa de seus direitos, das leis e da Constituição. Esse direito não possui uma relação

---

[103] Art. 91. A critério da Administração, poderão ser concedidas ao servidor ocupante de cargo efetivo, desde que não esteja em estágio probatório, licenças para o trato de assuntos particulares pelo prazo de até três anos consecutivos, sem remuneração.

administrativa correspondente, que vise a tutelar um bem específico, congregado na esfera de direitos daquele que peticiona. Ao poder público não cabe a obrigação de *decidir*, mas tão somente possui obrigação de *examinar* o pedido e, caso assim entenda, de *informar* ou de *esclarecer* o cidadão. Percebe-se que o direito de petição configura mais uma *proposta* do que interesse pretendido. Eis a diferença nodal entre os dois institutos.

Parece-nos muito claro o esclarecimento feito por Jaime Vidal Perdomo: "Una cosa es escuchar lo que se solicita y tener em certa cuenta esos critérios para definir em ejercicio de sus proprias responsabilidades lo que se crea más conveniente, y outra es ser obligado a determinada definición por presiones que impidam la autonomia de judicio".[104] E o autor arremata em outra passagem da obra: "Ya expusimos nuestro craterio acerca de que el derecho de petición no suele dar lugar a actuaciones entendidas como procedimiento, sino a una simple respuesta".[105] Assim, ambos os conceitos não podem ser confundidos, porque completamente diversos.

4.4. Direito de representação

A parte final do inciso I do artigo 9º afirma que se consideram interessados a demandar administrativamente os sujeitos "no exercício do direito de representação". O *direito de representação* a que o dispositivo se refere pode ser interpretado de três maneiras:

a) pode-se entender que ele está a tratar da representação em casos de incapacidade civil absoluta, ou seja, da representação tutelada pelo Código Civil;

b) ou que estaria a fazer referência à representação processual, quando um interessado pleiteia direitos de outrem em nome de outrem, enfim, o que em processo civil se define como sendo a *representação processual*;

c) por fim, poder-se-ia interpretar que a parte final do inciso estaria fazendo alusão à *representação voluntária*, que acontece quando o representante recebe poderes para atuar em nome de outrem, por meio de um mandato – instrumentalizado por uma procuração, geralmente – artigo 653 do Código Civil.

Não se considera que o legislador, no caso do art. 9º, inciso I, tratou da primeira hipótese de "representação", ou seja, de representação de direito material, enfim, no caso de o pretendente estar acometido de incapacidade civil absoluta. Caso o legislador estivesse fazendo alusão à representação de absolutamente incapazes, estaria a reproduzir uma matéria já normatizada por outro diploma (Código Civil), repetindo-a sem qualquer justificativa.

Além disso, o artigo 10 do diploma ora comentado trata da matéria. Essencialmente, a *representação* apontada pelo artigo 9º, inciso I, refere-se ao direito de se fazer assistir por outrem no processo administrativo, nos casos de legitimidade extraordinária ou de representação voluntária – itens "b" e "c", respectivamente apontados acima. Esta seria a melhor interpretação à regra.

---

[104] *Derecho Administrativo*. Santa Fé de Bogotá: Temis, 1994, p. 271.

[105] *Op. cit.*, p. 291.

Art. 9º

O sujeito que demanda administrativamente é um centro de interesse. Diz-se que essa é a regra geral, porque há casos em que não há identidade entre aquele que formula pedido administrativamente (interessado pretendente) e o titular da afirmação de direito deduzida. Com isso, quer-se dizer que é possível (excepcionalmente e por previsão legal ou contratual) que o postulante não seja o titular da pretensão que esteja sendo formulada em pedido administrativo, mas outro que, em lugar deste titular, exerce a pretensão e pleiteia extrajudicialmente.

A representação a que o dispositivo quer apontar diz respeito ao *interessado representante* (formal ou acessório). Seriam todos aqueles que intervêm no processo não sendo interessados principais, mas tutelando direito de outrem. Não se confundem, também, com o *terceiro interveniente*, constante no inciso II, que segue.

De forma objetiva, podem ser definidas três categorias de postulantes:[106]

a) INTERESSADO PRINCIPAL = age em nome próprio, defendendo direito próprio;

b) REPRESENTANTE = age em nome alheio, defendendo direito alheio;

c) SUBSTITUTO = age em nome próprio, defendendo direito alheio;

Essas categorias, tão próprias do processo civil, com a devida razoabilidade, podem bem ser adaptadas ao processo administrativo.

5. Interessado litisconsorte ulterior (art. 9º inciso II)

5.1. Introdução

Normalmente o processo administrativo se desenvolve com apenas um sujeito ativo e outro passivo. Há, porém, casos em que no polo ativo ou no passivo figuram mais de um demandante, criando, assim, a figura do que, em processo civil, convencionou-se chamar de "litisconsórcio".[107] Dá-se o litisconsórcio quando em um mesmo processo atuam, simultaneamente, duas ou mais pessoas. Como cada um destes agentes defende um interesse próprio, existirá, inegavelmente, um cúmulo de pretensões postas em causa.

O artigo 46 do Código de Processo Civil informa quatro situações em que se forma o litisconsórcio. Estas situações podem ser apresentadas como exemplos de ingresso em processo administrativo motivada pelo inciso II, ora em comento. Pelo menos três das quatro alternativas do artigo 46 geram tanto litisconsórcio necessário, quanto facultativo, e uma delas irá gerar apenas o

---

[106] Cuja base teórica assenta-se na doutrina processual civil. Por todos: ALVIM, Arruda. Substituição Processual In: *Revista dos Tribunais*. São Paulo: Revista dos Tribunais, v. 426, 1971, p. 20-32.

[107] Luiz Guilherme Marinoni e Sérgio Cruz Arenhart diferenciam *litisconsórcio* e *cumulação subjetiva*. Para os autores, o primeiro signo designaria uma pluralidade de sujeitos com certa afinidade de interesses, enquanto que, no segundo caso, esta afinidade não existiria, sendo que os interesses seriam contrapostos (*Manual do Processo de Conhecimento*. São Paulo: Revista dos Tribunais, 2005, p. 165). No mesmo sentido, Ovídio Baptista da Silva (*Comentários ao Código de Processo Civil*. São Paulo: Revista dos Tribunais, 2000, v. 1, p. 195-186). Em sentido oposto, Daniel Amorim Assumpção Neves considera litisconsorte somente aquele sujeito que tem a possibilidade de ser atingido pela decisão (*Manual de Direito Processual Civil*. São Paulo: Método, 2010, p. 165-166). Esta última posição, a qual se referenda, é defendida também por Cândido Rangel Dinamarco (*Op. cit.*, p. 41).

litisconsórcio facultativo. No caso do processo administrativo, gerará o *interessado facultativo* ou *necessário*

O *inciso I* do artigo 46 do Código de Processo Civil informa que há litisconsórcio quando entre as duas partes houver comunhão de direitos ou de obrigações relativamente à lide. No caso do processo administrativo, existe a pluralidade quando dois ou mais interessados possuírem comunhão de direitos ou de obrigações relativamente ao "bem da vida" controvertido. Ex.: duas pessoas compram um imóvel em condomínio e não concordam com determinado tributo que vem sendo aplicado, cujo fato gerador é o próprio domínio comum. Neste caso, eventual pedido administrativo no sentido de se verem livrados da exação terá uma comunhão de obrigações relativamente à controvérsia, fato que permite o litisconsórcio de interessados.

Quando os direitos e obrigações derivarem do mesmo fundamento de fato ou de direito, pode acontecer a mencionada pluralidade de interessados em uma das posições do processo administrativo (em analogia ao *inciso II* do artigo 46).. Ex.: uma viatura da Polícia Federal envolve-se em acidente de trânsito, sendo que várias pessoas foram culpadas ou vítimas; elas podem, em conjunto, demandar administrativamente, pedindo o ressarcimento.

Já o *inciso III do art. 46 do CPC* menciona que há litisconsórcio entre as causas quando houver conexão pelo objeto ou pela causa de pedir. Qualquer um destes elementos, desde que comum, pode gerar um pedido em cumulação subjetiva.

Há quem diga que nos três primeiros casos do artigo 46 do Código de Processo Civil, tem-se conexão pelo objeto ou pela causa de pedir.[108] No inciso I, fica bem clara esta premissa. Já no inciso II, nem tanto, pois, para que haja conexão, é necessária a identidade de partes. Pode não haver identidade de objetos ou de causa de pedir, mas deve haver identidade de partes, e no caso deste inciso II, nem sempre existirá tal identidade para poder vislumbrar a conexão.[109]

Por fim, quando ocorrer afinidade de questões por um ponto comum de fato ou de direito, poderá existir pluralidade de interessados. Este *inciso IV* gera o litisconsórcio facultativo, em geral na modalidade simples.[110] Ex.: vários consumidores que compraram um mesmo bem que veio com defeito reúnem-se e pleiteiam administrativamente, junto ao órgão pertinente, a solução do vício junto ao fabricante. Neste caso, há afinidade de questões por um ponto comum de fato ou de direito, mas eles não fazem parte da mesma relação jurídica. Não se pode dizer que há uma conexão, pois as partes são diferentes na relação de direito material.

Seria o mesmo caso de "[...] reunião de contribuintes para litigar contra multas – fatos geradores individualizados – aplicadas pelo mesmo fundamen-

---

[108] DINAMARCO, Cândido Rangel. *Op. cit.*, p. 92/93.

[109] De qualquer forma, a tendência da doutrina (ARENHART, Sérgio Cruz; MARINONI, Luiz Guilherme. *Op. cit.*, p. 168-169) é dizer que o inciso III seria suficiente, junto com o inciso IV, para definir as hipóteses em que é cabível o litisconsórcio. Não precisariam existir quatro alternativas, pois os incisos III e IV seriam mais do que suficientes para darem conta das possibilidades em que se pode visualizar o litisconsórcio.

[110] O *litisconsórcio de natureza simples* informa que a decisão a ser proferida não necessariamente será idêntica a todas as partes.

to".[111] Estas hipóteses de pluralização dos processos administrativos permitem que se tenha a harmonização dos julgamentos e a economia processual.

Dois pontos são fundamentais no estudo da pluralidade de sujeitos em um dos polos da relação jurídica: a necessidade ou eventualidade de intervenção e as relações estabelecidas entre estes agentes pluralizados no processo. O primeiro ponto foi tratado quando dos comentários ao *caput* do art. 9º, apesar de o texto da lei, como foi mencionado naquele momento, não ter feito uma incursão maior a respeito, como assim procedeu a lei espanhola e a alemã.

Quanto às relações entre os sujeitos que litigam no mesmo polo ou em polos diversos, mas de forma pluralizada, o texto da Lei nº 9.784/99 nada disse. Então, para suprir a lacuna, por analogia, os artigos 48 e 49 do Código de Processo Civil[112] servem como subsídio à espécie.

5.2. Requisitos

O *interessado litisconsorte*, para integrar o processo administrativo, deve demonstrar que possui um interesse jurídico conexo com aquele originalmente posto em causa, e que a decisão final a ser exarada pode a ele afetar. Então, é necessário que se tenha:

a) um interesse ligado a outro originariamente posto em causa;

b) que a decisão a ser prolatada venha a influir neste referido interesse;

Importante mencionar que a intervenção somente se dará se presente um interesse jurídico. Este pode ser dividido em dois:

a) *forte/direto/imediato*: caracteriza-se em duas situações:

a1) intervém para ajudar uma das partes porque elas estão discutindo o seu direito. O direito discutido pertence ao terceiro que intervém, não às partes originariamente litigantes. Exemplo: seria o caso de um vizinho pedir ao Município providências para fechar estabelecimento confinante, porque este desrespeita as normas técnicas de acústica; o direito de se instalar no local e permanecer ativo pertence ao terceiro, e vem a ser discutido administrativamente pelo vizinho incomodado;

a2) O colegitimado pede para intervir no processo administrativo já protocolado por outro colegitimado. Exemplo: condômino pede administrativamente para o Estado indenização por desapropriação indireta; o outro condômino, que tem interesse direto no valor a ser pago, pode intervir no processo;

b) *Fraco/indireto/mediato*: o terceiro interessado pede para intervir, a fim de ajudar uma das partes, porque ambas discutem uma relação jurídica que é conexa a outra relação que o terceiro mantém com um dos interessados, já em processo – vínculo indireto. Vai afetar uma relação jurídica sua que não é aquela que se discute. Exemplo: O locador "A" discute administrativamente

---

[111] NEVES, Daniel Amorim Assumpção. *Op. cit.*, p. 167.

[112] Art. 48. Salvo disposição em contrário, os litisconsortes serão considerados, em suas relações com a parte adversa, como litigantes distintos; os atos e as omissões de um não prejudicarão nem beneficiarão os outros.
Art. 49. Cada litisconsorte tem o direito de promover o andamento do processo e todos devem ser intimados dos respectivos atos.

com o Município acerca da possibilidade de manter a construção de um terceiro andar em determinado imóvel que, em tese, não seria permitido pelo Plano Diretor (relação primitiva); contudo, este terceiro andar está alugado a "B", locatário (relação acessória, com ligação indireta à relação primitiva). A decisão que eventualmente declarar a ilegalidade da construção, seguida de determinação para demolir o andar irregular, causará influência na relação locatícia.

A intervenção do interessado no processo administrativo pode ocorrer nos dois casos, tanto na hipótese "a" (e desdobramentos), como no caso "b". Contudo – e este é o ponto-chave – o interesse a ser demonstrado deve ser *jurídico*, jamais econômico ou moral.

5.3. Interessado litisconsorte assistente ou assistido

Inegavelmente, o artigo 9°, inciso II, da Lei n° 9.784/99, tem uma ligação estreita com o artigo 54, *caput*, do Código de Processo Civil. Confira: "Considera-se litisconsorte da parte principal o assistente, toda vez que a sentença houver de influir na relação jurídica entre ele e o adversário do assistido". Sendo assim, conclui-se que o inciso II do artigo 9° está a tratar do que o processo jurisdicional civil nominou de "assistente litisconsorcial".

Enquanto o artigo 8° da Lei n° 9.784/99[113] trata da figura do litisconsorte, a regra em comento procurou tutelar o assistente litisconsorcial, o que, em processo administrativo, nominar-se-á de *interessado litisconsorte ulterior* ou de *interessado assistido/assistente*.[114]

O *interessado litisconsorte assistente* ou *assistido* surgirá quando já iniciada a relação processual ou quando se unem relações processuais diferentes. Já o *interessado litisconsorte* ingressa na relação processual já de início, na gênese do processo administrativo, enquanto que o *interessado litisconsorte ulterior* surge quando intervém na relação processual que já estava em marcha, sendo esta a hipótese do artigo 9°, inciso II.

Resumindo: o interessado litisconsorte pode inaugurar originalmente o processo (artigo 8° da Lei do Processo Administrativo Federal), ou intervir posteriormente, no limiar do procedimento, em uma verdadeira *assistência*

---

[113] Art. 8° Quando os pedidos de uma pluralidade de interessados tiverem conteúdo e fundamentos idênticos, poderão ser formulados em um único requerimento, salvo preceito legal em contrário.

[114] O *litisconsórcio ulterior*, em verdade, é uma exceção ao princípio da *perpetuatio legitimationes*. Nelson Nery Júnior e Rosa Maria de Andrade Nery compreendem como impossível a configuração do litisconsórcio ulterior. Confira: "Proposta a ação, não é mais possível a formação do litisconsórcio ativo facultativo. Não se admite o litisconsórcio facultativo ulterior, que ofenderia o princípio do juiz natural (CF art. 5°, XXXVII e LIII). (...) Existe prática ilegal muito utilizada no foro brasileiro e, infelizmente, tolerada por parte da jurisprudência, de permitir o ingresso na ação, como litisconsorte facultativo ulterior, daquele que pretende, por exemplo, beneficiar-se de liminar concedida, muitas vezes depois de o pretendente ter desistido de ação idêntica, na qual lhe fora nega a liminar." (*Código de Processo Civil Comentado e Legislação Extravagante*. 8. ed. São Paulo: Revista dos Tribunais, 2004, p. 472). Em sentido contrário, Cândido Rangel Dinamarco (*Litisconsórcio*. São Paulo: Malheiros, 2002, p. 333/334). Contudo, o Superior Tribunal de Justiça, ao menos em sede de Mandado de Segurança, não permitiu o ingresso ulterior de litisconsorte facultativo: "[...] O ingresso de litisconsorte ativo facultativo após a apreciação da liminar em mandado de segurança é inadmissível, tendo em vista o princípio do juiz natural. Precedentes. Não obstante se trate de substituição processual, aplica-se a regra em tela, porquanto, em última análise, também haveria comprometimento do direito do jurisdicionado de escolher o julgador. Pedido indeferido." (STJ, MS 8.625-DF, Rel. Min. Arnaldo Esteves Lima, Terceira Seção, j. 10/5/2006).

litisconsorcial– artigo 9º, inciso II. Por exemplo, um sujeito pode integrar o polo ativo desde o início, juntamente com outros demandantes, provando que a decisão final possa afetar um interesse compartilhado posto em causa, ou ainda, intervir no curso do processo administrativo. A diferença entre o *litisconsorte interessado* e o *interessado assistente/assistido* consiste no momento em que o pretendente comum intervém no processo.[115]

Então, o inciso II permite que se ampliem os polos da relação jurídica, criando um verdadeiro litisconsórcio, ou melhor, uma pluralidade de pessoas em uma das pontas da relação jurídica processual. Embora não se chame diretamente de interessado, acaba-se dando o mesmo efeito de assim o ser, pois o interessado litisconsorte adquire os mesmos direitos de um agente que tenha iniciado o processo. Dessa forma é acolhido no processo como se interessado fosse, porque a decisão final o atingirá.

O dispositivo em comento possui correspondência para com o artigo 23º da Ley do Procedimiento Administrativo da Espanha, datada de 1958: "aquellos cuyos intereses legítimos, personales y directos puedan resultar afectados por la resolución, y se personen em el procedimiento em tanto no aya recaído resolución final".[116] A regra espanhola, sem dúvida, é mais completa e operativa do que a brasileira.

6. Organizações e associações

6.1. Delimitações teóricas

A proteção das associações e das organizações é prevista de forma ampla na Constituição Federal de 1988.[117] Contudo, o texto constitucional não se ocupou de delinear, positivamente, os elementos constitutivos destas entidades, o que ficou para o plano da norma infraconstitucional. Ambos os signos, *organização* e *associação*, compõem um conceito maior denominado de "corporações".

As associações, por exemplo, têm seus elementos constitutivos disciplinados no artigo 53 do Código Civil.[118] Dois elementos são nodais em dar características únicas a elas: a) são uma união de *pessoas* – enquanto as fundações se lastreiam em um determinado patrimônio alocado a um fim, ou seja, uma "união de bens"; b) não visam ao lucro pessoal dos sócios, ou melhor, eventual ativo angariado reverter-se-á à própria entidade, ao contrário das *sociedades*, nas quais o lucro pode ser revertido aos membros que as compõe.[119] Este

---

[115] Cassio Scarpinella Bueno afirma que: "Quanto ao *momento* de formação, o litisconsórcio pode ser *inicial* ou *ulterior*: inicial quando já é formado desde a petição inicial; e ulterior quando sua formação é determinada *a posteriori*, ao longo do processo." (*Curso sistematizado de direito processual civil*: procedimento comum: ordinário e sumário. São Paulo: Saraiva, 2007, v.2, p. 448).

[116] A legislação alemã do procedimento administrativo reserva texto muito parecido com o espanhol. Conferir o § 13º.

[117] De acordo com o item que segue.

[118] Art. 53. Constituem-se as associações pela união de pessoas que se organizam para fins não econômicos.

[119] NERY JÚNIOR, Nelson; NERY, Rosa Maria Andrade. *Código Civil Comentado e Legislação Extravagante*. São Paulo: Revista dos Tribunais, 2009, p. 266.

último elemento se justifica porque as associações não se propõem a promover atividades que visem a enriquecer os seus associados.[120]

Segundo Fernando Alves Correia, as associações são "'[...] entidades colectivas constituídas por um conjunto de pessoas com vista à prossecução de um interesse comum".[121] O autor ainda diferencia tais corporações das sociedades, cujo escopo é o lucro.

Pelo menos três dimensões podem ser percebidas no âmbito do direito associativo:

a) a *dimensão institucional* é visualizada no direito de se organizar livremente e de se manter ativa;

b) já a *dimensão individual* é entendida pelo direito livre a se poder constituir uma associação e, por outro lado, não ser coagido a ela pertencer; por fim,

c) a *dimensão instrumental* (que é a que nos interessa neste momento) informa que a entidade deve perseguir, inclusive pela via administrativa, os fins propugnados em seu estatuto.[122]

6.2. Tutela constitucional

A previsão constitucional tutelando a liberdade de associação já era prevista na Constituição Republicana de 1891. Essa prerrogativa foi repetida nos vários diplomas políticos que se seguiram, muito embora, por vezes, a história tenha revelado uma realidade diversa, ou seja, um desrespeito a tal direito fundamental.

Na Constituição Federal de 1934, a liberdade de associação foi diferenciada da liberdade de reunião (art. 113, § 12), ganhando um arcabouço teórico próprio. Em 1988, como será percebido na sequência, a estruturação do direito fundamental em pauta passa a ser ainda mais intensa.[123]

O direito de associação foi alçado a direito fundamental pelo constituinte originário de 1988, ganhando espaço no espectro de direitos desta natureza. Em um primeiro momento, tal prerrogativa, ou seja, o direito de constituir esta pessoa jurídica e, em ato contínuo, de esta poder ser mantida sem a interferência ou turbação de quem quer que seja, foi disciplinada no artigo 5º, incisos XVII, XVIII, XIX e XX, da Constituição da República Federativa do Brasil de

---

[120] Tanto é verdade que o código civil alemão (ZGB), no §60, 1, dispõe que as finalidades de uma associação seriam aquelas de cunho religioso, político, científico, e de lazer.

[121] *Alguns conceitos de Direito Administrativo*. Coimbra: Almedina, 2001, p. 19.

[122] *Op. cit.*, p. 20/21.

[123] "Revela-se importante assinalar, neste ponto, que a liberdade de associação tem uma dimensão positiva, pois assegura a qualquer pessoa (física ou jurídica) o direito de associar-se e de formar associações. Também possui uma dimensão negativa, pois garante, a qualquer pessoa, o direito de não se associar, nem de ser compelida a filiar-se ou a desfiliar-se de determinada entidade. Essa importante prerrogativa constitucional também possui função inibitória, projetando-se sobre o próprio Estado, na medida em que se veda, claramente, ao Poder Público, a possibilidade de interferir na intimidade das associações e, até mesmo, de dissolvê-las, compulsoriamente, a não ser mediante regular processo judicial." (STF, ADI 3.045, voto do Min. Celso de Mello, j. 10/8/05, DJ 1º/6/07).

Art. 9º

1988 (CF/88).[124] Facilmente pode-se perceber a importância que o constituinte originário conferiu a estas entidades, reservando um espaço considerável no catálogo do referido artigo 5º, sem sombra de dúvidas, motivado pela relevância que as referidas organizações da sociedade civil representam no limiar do Estado Democrático de Direito.[125]

A dissolução de uma associação não pode ser feita pela via administrativa. Segundo o inciso XIX, a intervenção e eventual fechamento desta entidade reclamam reserva de jurisdição.[126]

Já no artigo 5º, inciso XXI, da mesma carta de direitos, as associações passaram a ter a disciplina específica no sentido de atuar na defesa dos direitos dos associados: "XXI – as entidades associativas, quando expressamente autorizadas, têm legitimidade para representar seus filiados judicial ou extrajudicialmente".

A defesa de direitos pela via associativa avança, passando pela possibilidade do ente coletivo defender direitos autorais (inciso XXVIII, alínea "b" do artigo 5º),[127] culminando na autorização destas em impetrar mandado de segurança coletivo – artigo 5º, LXX, alínea "b".[128] Desse modo, claramente percebe-se que a legitimidade das associações foi ampliada ao máximo. Em variadas frentes, a capacidade de postular em favor de seus associados ou em defender valores sociais foi tutelada pela CF/88.[129]

Após ser percebida uma proteção genérica do direito de associar-se, a Constituição Federal de 1988 reserva, em matérias específicas, a tutela associativa. No âmbito das relações de trabalho, estabelecidas especialmente no limiar do Segundo Setor (mercado), o direito de associação (e também de sindicali-

---

[124] XVII – é plena a liberdade de associação para fins lícitos, vedada a de caráter paramilitar; XVIII – a criação de associações e, na forma da lei, a de cooperativas independem de autorização, sendo vedada a interferência estatal em seu funcionamento; XIX – as associações só poderão ser compulsoriamente dissolvidas ou ter suas atividades suspensas por decisão judicial, exigindo-se, no primeiro caso, o trânsito em julgado; XX – ninguém poderá ser compelido a associar-se ou a permanecer associado;

[125] No âmbito internacional, o direito de associação foi protegido por inúmeras cartas de direitos supranacionais: *Declaração Universal dos Direitos do Homem* (Art. 20º), *Pacto Internacional de Direitos Civis e Políticos* (art. 22º, nº 1), *Convenção Europeia de Direitos do Homem* (art. 11º, nº 1).

[126] "Cabe enfatizar, neste ponto, que as normas inscritas no art. 5º, incisos XVII a XXI da atual Constituição Federal protegem as associações, inclusive as sociedades, da atuação eventualmente arbitrária do legislador e do administrador, eis que somente o Poder Judiciário, por meio de processo regular, poderá decretar a suspensão ou a dissolução compulsórias das associações. Mesmo a atuação judicial encontra uma limitação constitucional: apenas as associações que persigam fins ilícitos poderão ser compulsoriamente dissolvidas ou suspensas. Atos emanados do Executivo ou do Legislativo, que provoquem a compulsória suspensão ou dissolução de associações, mesmo as que possuam fins ilícitos, serão inconstitucionais." (STF, ADI 3.045, voto do Min. Celso de Mello, j. 10/8/05, DJ 1º/6/07).

[127] XXVIII – são assegurados, nos termos da lei: ... b) o direito de fiscalização do aproveitamento econômico das obras que criarem ou de que participarem aos criadores, aos intérpretes e às respectivas representações sindicais e associativas;

[128] LXX – o mandado de segurança coletivo pode ser impetrado por: ... b) organização sindical, entidade de classe ou associação legalmente constituída e em funcionamento há pelo menos um ano, em defesa dos interesses de seus membros ou associados;

[129] Uma evidência da referida ampliação da legitimidade das associações pode ser percebida diante do conteúdo do artigo 74, § 2º "Qualquer cidadão, partido político, associação ou sindicato é parte legítima para, na forma da lei, denunciar irregularidades ou ilegalidades perante o Tribunal de Contas da União."

zação) vem previsto no artigo 8º ("É livre a associação profissional ou sindical, observado o seguinte: [...]").[130]

Além disso, pode-se perceber o valor que as associações representam na sociedade brasileira quando se visualiza o conteúdo do inciso XII do artigo 29 da Carta Magna.[131] A norma em pauta determina que as Leis Orgânicas dos Municípios brasileiros tenham como preceito, ou seja, como eixo fundamental, a normatização da cooperação entre as entidades associativas que se inserem no espaço federal destes entes federados.

No inciso VI do artigo 37, o legislador constituinte teve o cuidado de expressamente determinar a proteção da livre-associação no âmbito do da Administração Pública: "VI – é garantido ao servidor público civil o direito à livre associação sindical". Este dispositivo, entre outros, confere validade constitucional ao artigo 9º, inciso III, da Lei nº 9.784/99, porque oferta um direito fundamental ao servidor público em associar-se,[132] mesmo em âmbito de relações de direito público (agente estatal –> Estado). Portanto, a legitimidade das associações em promoverem a defesa dos servidores representados, inclusive no limiar do processo administrativo, possui tutela no referido inciso constitucional.

Cumpre referir que a defesa por meio de organizações ou de associações é permanente, e não ocasional, porque a associação deve estar constituída para fins normais, e não para fins ocasionais.[133] No texto do inciso III do art. 9º não constam as duas exigências exigidas pelo artigo 82, inciso IV, da Lei nº 8.078/89, ou seja, que a associação esteja constituída há pelo menos um ano e que a defesa do direito perseguido esteja catalogado nos seus fins institucionais. Estas restrições não foram transpostas à Lei do Processo Administrativo Federal.

Logo, não pode o intérprete transportar para o inciso III, as restrições contidas no artigo 82 do CDC, tendo em vista que o dispositivo em comento nada disse. Seria interpretar ampliativamente, ou melhor, de forma extensiva, quando que, diante de restrições, a interpretação deva ser restritiva. Assim, a necessidade de constituição há pelo menos um ano não se faz necessária quando a associação defende interesses de seus membros em um processo administrativo.

---

[130] Importante mencionar que o dispositivo em comento deve ser interpretado à luz das premissas de direito do trabalho, peculiares por natureza, combinado com a disciplina normativa estabelecida no artigo 5º. "Não se há de confundir a liberdade de associação, prevista de forma geral no inciso XVII do rol das garantias constitucionais, com a criação, em si, de sindicato. O critério da especificidade direciona à observação do disposto no inciso II do artigo 8º da Constituição Federal, no que agasalhada a unicidade sindical de forma mitigada, ou seja, considerada a área de atuação, nunca inferior à de um município." (STF, RE 207.858, Rel. Min. Marco Aurélio, j. 27/10/98, DJ 14/5/99). Muito embora não seja específico à matéria, ainda merece referência o artigo 21, inciso XXV, da CF/88, estabelecendo que compete à União "estabelecer as áreas e as condições para o exercício da atividade de garimpagem, em forma associativa.".

[131] XII – cooperação das associações representativas no planejamento municipal;

[132] Lembrando que o artigo 5º não monopoliza o catálogo de direitos fundamentais, ou seja, existem inúmeros outros direitos desta natureza espalhados pela Constituição Federal, como por exemplo, a regra em comento.

[133] FIGUEIREDO, Lúcia Valle. *Curso de Direito Administrativo*. 5. ed. São Paulo: Malheiros, 2001, p. 377.

Já a segunda restrição – necessidade de que o objeto perseguido esteja entre os fins da associação – deve estar presente, diante da própria essência da legitimidade processual. Seria no mínimo estranho que uma associação de caçadores defendesse, em processo administrativo, o direito a que os assessores jurídicos de determinado órgão público não mais fossem obrigados a recolher determinada contribuição previdenciária; ou que a associação de fiscais fazendários demandasse, em processo administrativo, pedido no sentido de que a educação de determinada escola ganhasse maior qualidade. Portanto, mesmo que ausente o requisito em pauta (necessidade de que o direito esteja contido no objeto institucional), ainda assim se faz necessária sua prova, por uma questão de coerência com a legitimidade das mencionadas corporações.

Dessa forma, por vezes será necessário aprovar a alteração do estatuto da entidade para poder ser solucionada a ausência de legitimidade. A partir da alteração aprovada e registrada é que a associação ganha legitimidade.[134]

Muito embora a Lei do Processo administrativo Federal nada tenha dito a respeito, é desnecessária a autorização em assembleia para protocolar pedido administrativo que vise a guarnecer direito transindividual, em analogia à parte final do artigo 82, inciso IV, da Lei nº 8.078/99.

7. Direitos e interesses coletivos *lato sensu*

Com o advento dos Estados Modernos, geralmente implementados pela burguesia que destronava o *governante absoluto,* a primeira grande conquista consistiu em uma *primeira geração*[135] (ou *dimensão*) dos direitos fundamentais, relacionada aos direitos de liberdade, isso no início dos séculos XVIII-XIX. Tais conquistas impunham limites à atuação dos Estados, porque estes não poderiam avançar sobre a liberdade de ir e vir, sobre liberdade de expressão, sobre o patrimônio, etc. Inaugura-se, assim, o *laisse faire*, que se desdobra nas *liberdades públicas negativas*, pois negam o poder de intervenção do Estado em determinados setores.

No momento em que se implementa a exploração do ser humano pela burguesia, aliada à ascensão do capital, origina-se a *segunda geração (dimensão)* dos Direitos Econômicos e Sociais (Século XIX-XX). Logo, passam a ser previstos os direitos ao salário mínimo, à previdência social, às regras trabalhistas, limitando a exploração do indivíduo. Eis a fase das *liberdades públicas positivas*, em que se espera que o Estado faça, providenciando normas trabalhistas, fiscalização, etc.

Na *terceira geração* de direitos fundamentais surgem os *direitos da coletividade*, formando certos direitos que, tanto pela incerteza, quanto pela titularidade ou pelo inexpressivo valor econômico em si considerado, não são tuteláveis pelo indivíduo. A titularidade, pois, é incerta e o indivíduo não poderá (ou terá sérias dificuldades) defender este direito individualmente, porque, por exemplo, na outra ponta, estará uma entidade intensamente poderosa.

---

[134] NUNES, Rizzato. *Comentários ao Código de Defesa do Consumidor.* São Paulo: Saraiva, 2009, p. 771.

[135] Ou *dimensão* de direitos fundamentais.

Em outros casos, o direito coletivo surge quando o valor econômico em si considerado é inexpressivo. Mas, no momento em que é globalmente considerado, o valor se torna significativo. Exemplo: impugnação administrativa de uma pequena taxa individualmente considerada, mas que, coletivamente, ganha um valor expressivo.

Fala-se em *quarta geração* de direitos fundamentais, que trata dos direitos da globalização, direitos econômicos, extraterritorialidade dos estados, supranacionalidade, etc.

Além disso, cumpre salientar que, tanto o inciso III, como o inciso IV, deste artigo 9º, abordam a legitimidade da tutela de direitos transindividuais, a serem definidos a seguir. Assim, os conceitos e informações expostas nos itens que seguem devem ser transportados também aos comentários feitos ao inciso IV. Em verdade, o referido inciso é um desdobramento do inciso III, sendo que ambos tratam de um tema central: *direitos de terceira geração*.[136]

Assim, a Lei nº 9.784/99 instaurou um verdadeiro *processo coletivo administrativo* na defesa de tais direitos. Tal processo "[...] não apenas deve ser apto a evitar decisões contraditórias como ainda deve conduzir a uma solução mais eficiente da lide, porque o processo coletivo é exercido de uma só vez, em proveito de todo o grupo lesado".[137]

Por conseguinte, e não menos importante, deve ser destacado que os direitos coletivos *lato sensu*, ou metaindividuais, ou supraindividuais ou transindividuais[138] se dividem em três categorias, plenamente definidas no artigo 81, parágrafo único, incisos I a III, da Lei nº 8.078/90 (Código de Defesa do Consumidor – CDC):[139] *direitos difusos, direitos coletivos* (que se pode nominar de *stricto sensu*, para se diferenciar daqueles nominados de "*lato sensu*", que englobariam as três categorias, sinônimo de direitos transindividuais) e os *direitos individuais homogêneos*.[140]

Como se pode antecipar, o inciso III do art. 9º da Lei nº 9.784/99 trata da defesa dos "direitos e interesses coletivos" (*sic*), enquanto o inciso IV trata dos "direitos e interesses difusos" (*sic*). Então, a Lei do Processo Administrativo Federal previu a legitimidade de certas instituições para a defesa de apenas duas categorias de direitos metaindividuais, nada falando, de forma expressa, acerca dos direitos individuais homogêneos.

---

[136] Cujo desenvolvimento teórico será aprimorado na sequência.

[137] MAZZILLI, Hugo Nigro. *A defesa dos interesses difusos em juízo*: meio ambiente, consumidor, patrimônio cultural, patrimônio público e outros interesses. São Paulo: Saraiva, 2003, p. 46.

[138] MORAES, Voltaire de Lima. Ministério Público e a tutela dos interesses difusos. In: ——. *Ministério Público, Direito e Sociedade*. Porto Alegre: Sergio Antonio Fabris Editor, 1986, p. 183.

[139] Art. 81. (...) Parágrafo único. A defesa coletiva será exercida quando se tratar de: I – interesses ou direitos difusos, assim entendidos, para efeitos deste código, os transindividuais, de natureza indivisível, de que sejam titulares pessoas indeterminadas e ligadas por circunstâncias de fato; II – interesses ou direitos coletivos, assim entendidos, para efeitos deste código, os transindividuais, de natureza indivisível de que seja titular grupo, categoria ou classe de pessoas ligadas entre si ou com a parte contrária por uma relação jurídica base; III – interesses ou direitos individuais homogêneos, assim entendidos os decorrentes de origem comum.

[140] ZANETTI JÚNIOR, Hermes. Direitos coletivos lato sensu: a definição conceitual dos direitos difusos, dos direitos coletivos stricto sensu e dos direitos individuais homogêneos. In: AMARAL, Guilherme e CARPENA, Márcia Louzada Carpena (Coord.). *Visões críticas do Processo Civil*. Porto Alegre, Livraria do Advogado. 2005.

Então, em uma interpretação meramente literal, entende-se que o inciso III previu a legitimidade para a defesa de direitos e interesses coletivos, e o inciso IV, a defesa de direitos e interesses difusos. Esta interpretação, em primeiro plano, conduz a uma conclusão muito importante: o signo "coletivo", previsto no inciso III, refere-se aos direitos que se nominou chamar de *stricto sensu*, ou seja, aqueles direitos disciplinados pelo inciso II do art. 81 do Código de Defesa do Consumidor. Direitos estes que se caracterizam por serem transindividuais, indivisíveis, cuja titularidade pertença a um grupo, categoria ou classe de pessoas, ligadas entre si ou com a parte contrária por uma relação jurídica base.

Não quis o dispositivo tratar dos direitos "coletivos *lato sensu*", ou seja, acerca dos próprios direitos metaindividuais, supraindividuais ou transindividuais. A expressão "coletivos" (*sic*) do inciso é estrita. Se assim não fosse, não faria sentido a previsão de defesa dos "direitos ou interesses difusos" no inciso IV, porque todas as três categorias estariam amparadas pelo inciso III, enfim, contidas no signo "coletivos". Não se teria porque desdobrar a tutela dos direitos transindividuais em duas regras distintas, no inciso III (coletivos *stricto sensu*) e no inciso IV (direitos ou interesses difusos).

Logo, o inciso III trata da legitimidade na defesa de um direito transindividual e o inciso IV, na defesa de outro. Contudo, esta interpretação, em consequência, deixaria de fora a previsão de defesa dos direitos individuais homogêneos, que não estariam contemplados na previsão tanto do inciso III, como do IV. Neste sentido, pecou o legislador ao omitir-se, porque o texto de ambos os dispositivos, em sua literalidade, não catalogou nos seus âmbitos de proteção os direitos individuais homogêneos.

Mas, em uma hermenêutica de completude, analisando conceitualmente as três categorias de direitos metaindividuais, pode-se plenamente suprir a lacuna. Perceba-se que os direitos individuais homogêneos podem assim ser definidos:

> Aqui os sujeitos são sempre mais de um e determinados. Mais de um, porque se for um só o direito é individual simples, e determinado porque neste caso, como o próprio nome diz, apesar de homogêneo. o direito é individual.
>
> Mas note-se: não se trata de litisconsórcio e sim de direito coletivo. Não é o caso de ajuntamento de várias pessoas, com direitos próprios e individuais no pólo ativo da demanda, o que se da no litisconsórcio ativo; quando se trata de direito individual homogêneo. a hipótese é de direito coletivo o que permitira, inclusive, o ingresso de ação judicial por parte dos legitimados no art. 82 da lei consumerista.[141]

Então, tais direitos formariam "[...] um conjunto de direitos subjetivos individuais ligados entre si por uma relação de afinidade, de semelhança, de homogeneidade, o que permite a defesa coletiva de todos eles".[142] A origem comum de onde todos estes direitos subjetivos individuais advêm de uma "origem comum" (artigo 81, inciso III, da Lei nº 8.078/90), ou seja, implica

---

[141] NUNES, Rizzatto. *Op. cit.*, p. 764.

[142] ZAVASCKI, Teori Albino. *Processo Coletivo*: tutela de direitos coletivos e tutela coletiva de direitos. São Paulo: Revista dos Tribunais, 2007, p. 43.

a partilha de um prejuízo por parte dos lesados, porque a característica de serem "homogêneos" apenas "[...] indica que o fato gerador é único, já que a dimensão qualitativa ou quantitativa do direito pode variar em razão do indivíduo".[143]

Por primeiro, não se pode confundir o litisconsórcio ativo (facultativo) com os direitos individuais homogêneos. Naquele, há uma reunião concreta, ou seja, uma verdadeira pluralidade de partes em uma das pontas da relação processual. Nos direitos individuais homogêneos, o autor da demanda é único, representando um montante de pessoas indeterminadas.

Por segundo, sabe-se que o direito individual homogêneo, em termos sintéticos, nada mais é do que a soma de uma gama de direitos individuais heterogêneos não plenamente determinados. Sendo assim, claramente podem ser demandados, em procedimento administrativo, os direitos individuais homogêneos, representativos de uma multiplicidade de direitos individuais heterogêneos.

Um ente representaria, no limiar do processo, de forma autônoma, uma gama indeterminada de interessados, ou seja, uma variedade de direitos ou interesses individuais heterogêneos "decorrentes de origem comum" – artigo 81, inciso III, do Código de Defesa do Consumidor –, que, ao fim e ao cabo, representaria um interesse ou direito homogêneo. Portanto, entende-se ser possível a devesa coletiva destes direitos ou interesses em demanda administrativa.

Ainda, cabe referir que a legitimação, na intervenção coletiva, é *concorrente*, assim como ocorre com a interpretação do artigo 5º da Lei nº 7.347/85 (Lei da Ação Civil Pública) Então, vários legitimados estão autorizados a propor a demanda. Além disso, a intervenção em comento é *disjuntiva*, ou seja, um interessado não exclui o outro. Assim, contempladas as primeiras precisões teóricas, passa-se ao desenvolvimento dos demais elementos do preceito normativo.

7.1. Direitos e interesses transindividuais

De plano, há a necessidade de se demonstrar que existe distinção entre interesses difusos e coletivos (*stricto sensu*). Tanto um quanto outro dizem respeito a interesses transindividuais. No entanto, os interesses coletivos pertencem a um grupo determinado de pessoas, sendo todos estes passíveis de identificação. A natureza do direito também é indivisível.[144]

Um exemplo de defesa administrativa de direito coletivo aconteceria quando uma associação que representa certa categoria de servidores públicos protocolasse pedido administrativo para que fosse fornecido equipamento de proteção individual. A entidade de classe defende um direito de pessoas ligadas por uma relação jurídica base, ou seja, pelo fato de pertencerem a esta associação e titularizarem um vínculo para com a Administração Pública.

---

[143] CARVALHO FILHO, José dos Santos. *Ação Civil Pública*: comentários por artigo. Rio de Janeiro: Lumen Juris, 2007, p. 30.
[144] GRINOVER, Ada Pellegrini *et al*. *Código Brasileiro de Defesa do Consumidor Comentado pelos Autores do Anteprojeto*. Rio de Janeiro: Forense Universitária, 1995. p. 503.

Já quando se está diante de interesses difusos, não se podem identificar os titulares de direitos. São dados acontecimentos, ou seja, circunstâncias de fato que ligam pessoas, cuja determinação é impossível. A solução do problema beneficiará a todos, indistintamente, sendo por isto que possuem natureza indivisível. Logo, o direito não é fracionável, ou seja, impossível de ser apropriado pelos titulares. Adaptando o caso apresentado por Carlos Alberto Bittar,[145] pode-se exemplificar dizendo que a defesa em processo administrativo de um direito difuso ocorreria quando uma associação de defesa do consumidor protocolizasse denúncia junto ao PROCON, por conta de uma publicidade falaciosa. A decisão final beneficiaria a todos, de forma indistinta. Além disso, a titularidade não é individualmente identificada.[146]

Em realidade, os interesses coletivos e difusos podem ser determinados e diferenciados quanto à quantidade e qualidade. O interesse coletivo advém da participação do homem vinculado a uma determinada relação, do homem corporativo, associado. Na outra categoria, os sujeitos estão desvinculados, despidos de uma determinada relação para com outrem, enfim, soltos. Pertencem a todos, enquanto seres humanos. Em face do juízo quantitativo, os interesses coletivos ligam-se a uma determinada relação, sendo possível a quantificação de seus beneficiados, enquanto que nos direitos difusos, há uma pulverização dos beneficiários no universo em que se inserem.

Assim, objetivamente, os direitos difusos possuem três elementos em seu suporte fático:

- TITULARES INDETERMINADOS;
- LIGADOS ENTRE SI POR UMA SITUAÇÃO DE FATO;
- OBJETO INDIVISÍVEL.

No interesse coletivo, o suporte fático é estruturado com os seguintes elementos constitutivos:

- TITULARES DETERMINADOS OU DETERMINÁVEIS;
- LIGADOS ENTRE SI POR UMA SITUAÇÃO DE DIREITO;
- OBJETO INDIVISÍVEL.

Aqui, o direito não pode ser partilhado entre a categoria. Ou ele satisfaz a todos, ou a ninguém. Por exemplo, uma associação protocola pedido administrativo, inaugurando um processo, pleiteando seja cessada cobrança de contribuição sobre vencimentos, que julga inconstitucional. O deferimento do pedido beneficiará a todos, e não somente a parte da categoria ora representada.

---

[145] BITTAR, Carlos Alberto. *Direitos do consumidor*. Rio de Janeiro: Forense Universitária. 1990, p. 95.

[146] "É difuso o direito transindividual, de natureza indivisível, de que sejam titulares pessoas indeterminadas, ligadas entre si por circunstâncias de fato: como habitar na mesma região, consumir iguais produtos, expor-se aos efeitos de um determinado serviço perigoso ou de uma publicidade enganosa. São coletivos os direitos transindividuais, de natureza indivisível, de que sejam titulares grupo, categoria ou classe de pessoas, ligadas entre si ou com a parte contrária por uma relação jurídica base: o condomínio, o sindicato, os entes profissionais. Os individuais homogêneos compreendem aqueles direitos que têm origem comum: os relacionados, p. ex., com danos ambientais individuais sofridos por proprietários vizinhos de uma mesma área contaminada – a origem comum – pelo poluidor." (MILARÉ, Édis. *Direito do Ambiente*. São Paulo: Revista dos Tribunais, 2000. p. 413-414).

Por fim, não se poderia deixar de analisar o último tipo de direitos transindividuais, qual seja, os *interesses individuais homogêneos*, os quais possuem a seguinte estruturação:

- TITULARES INDETERMINADOS;
- ORIGEM COMUM DO DIREITO OU DO INTERESSE;
- OBJETO DIVISÍVEL.

Além disso, o bem da vida protegido por esta categoria normativa é tido por *divisível*, ainda que em cotas ideais. Significa dizer que a solução de eventual problema jurídico não necessariamente será uniforme a uma universalidade de pessoas. Imagine que um ente representativo pleiteie administrativamente indenização por conta de ato administrativo ablativo (que causou um ônus aos cidadãos), no caso hipotético, por conta de a Administração Pública ter rebaixado uma grande artéria. A decisão final do órgão administrativo pode contemplar alguns cidadãos outros não, dependendo do entendimento e da prova do efetivo dano.

7.2. Direitos e interesses coletivos stricto sensu

Aqui, da mesma forma, o titular de um direito ou de um interesse não precisa ser concreto. Poderá ser indeterminado ou determinável. Mas consegue-se perceber a titularidade do direito ou do interesse a partir da relação jurídica em jogo.

Nos chamados direitos coletivos, os titulares do direito são também indeterminados, mas determináveis. Isto é. para a verificação da existência de um direito coletivo, não há necessidade de se apontar concretamente um titular específico e real. Todavia, esse titular é facilmente determinado, a partir da verificação do direito em jogo.

Assim, por exemplo, a qualidade de ensino oferecido por uma escola é tipicamente direito coletivo. Ela – a qualidade – é direito de todos os alunos indistintamente, mas claro, afeta cada aluno em particular.[147]

Nos direitos coletivos ditos *"stricto sensu"*, duas são as relações jurídicas estabelecidas, as quais concretizam o elo entre o sujeito passivo e o ativo. A primeira existe entre os sujeitos ativos (titulares), cuja ligação será estabelecida por uma relação jurídica. Por exemplo, os membros de uma entidade de classe a ela ligados. A segunda existe entre os titulares e o outro pólo da relação (sujeito passivo), que também é estabelecida por uma relação jurídica. Exemplificando: os usuários de um serviço público essencial, tal qual o fornecimento de gás, de energia elétrica, etc., estão ligados juridicamente com o fornecedor deste serviço.

Nos direitos coletivos *stricto sensu*, "[...] a lesão ao grupo não decorrerá propriamente da relação fática subjacente, e sim, da própria relação jurídica viciada que une todo o grupo".[148] O exemplo típico fornecido pela doutrina consiste em um grupo de contratantes que firmam negócio jurídico com cláusula abusiva.

---

[147] NUNES, Rizzatto. *Op. cit.*, p. 762.
[148] MAZZILLI, Hugo Nigro. *Op. cit.*, p. 50.

8. Legitimidade na defesa de direitos coletivos

A legitimidade na defesa de direitos coletivos (*stricto sensu*) não deixa de ser uma forma de legitimação extraordinária na defesa de direitos de outrem. A lei alemã dos procedimentos coletivos prevê um instituto similar: as chamadas "petições uniformes" (*gleichformigëm Eingabe*). Neste caso, quando muitos são os interessados, pode-se escolher um representante destes, que tomará a frente na condução do processo administrativo.[149]

Os entes coletivos possuem meios de pressão, por vezes, mais substanciais se comparados ao enfrentamento individualizado. Além disso, por vezes, o administrado não se colocaria em posição de enfrentamento por temer represálias, ou por recear pela parcialidade do julgamento. Então, os entes coletivos, pela maior impessoalidade que detêm, podem conseguir um julgamento quem sabe mais imparcial e sem perseguições.

O inciso III do art. 9º da Lei nº 9.784/99 não se refere à defesa dos interesses pessoais das associações e entes coletivos (legitimidade própria), porque esta legitimidade seria conseguida pelo inciso I. Por exemplo, uma associação pretende discutir a demolição de parte do prédio onde está sediada, a ser executado pelo Poder Público. O procedimento concernente ao exemplo dado será aberto com base no inciso I. A legitimidade conferida pelo inciso III, em pauta, faz referência aos interesses coletivos que a associação ou ente coletivo se obrigou a proteger. Por exemplo, uma associação de caçadores demanda junto ao Estado autorização para abater animais de determinada espécie.[150]

9. Direitos e interesses difusos (art. 9º, inciso IV)

Os interesses ou direitos difusos "[...] são como um conjunto de interesses individuais, de pessoas indetermináveis, unidas por pontos conexos".[151] Para Kazuo Watanabe, a diferença entre os direitos coletivos e aqueles reputados difusos consiste na possibilidade de se determinar ou não os titulares dos direitos ou dos interesses protegidos. Essa proteção se faz diante da:

> [...] relação jurídica-base que as une entre si (membros de uma associação de classe ou ainda acionistas de uma mesma sociedade), seja por meio do vínculo jurídico que as liga à parte contrária (contribuintes de um mesmo tributo, contratantes de um segurador com um mesmo tipo de seguro, estudantes de uma mesma escola, etc.).[152]

Portanto, a característica marcante dos direitos difusos estabelece-se pela indeterminação absoluta de seus titulares, retirando qualquer pessoalidade na relação jurídica, porque o que liga as pessoas a este direito é uma circunstância

---

[149] Em Portugal, as ações e participações populares, na linha do instituto alemão, vêm previstas no artigo 52º, nº 3, da Constituição Federal, e no artigo 10º, da Lei nº 83/95.

[150] AMORIM, João Pacheco de; GONÇALVES, Pedro Costa; OLIVEIRA, Mário Esteves de. *Código de Procedimento Administrativo Comentado*. Coimbra: Almedina, 2006, p. 283.

[151] MAZZILLI, Hugo Nigro. *A defesa dos interesses difusos em juízo:* meio ambiente, consumidor, patrimônio cultural, patrimônio público e outros interesses. São Paulo: Saraiva, 2003, p. 4.

[152] WATANABE, Kazuo. Arts. 81 a 90. In: GRINOVER, Ada Pellegrini *et al. Código brasileiro de defesa do consumidor: comentado pelos autores do anteprojeto*. Rio de Janeiro: Forense Universitária, 1998, p. 623.

fática objetiva. Então, a mudança na titularidade dos direitos difusos não é capaz de alterar esta natureza.

Outra característica marcante consiste na indivisibilidade de seu objeto. Em melhores termos: não se podem atribuir quotas-partes definidas para cada titular, o que implica dizer que a solução do problema de um soluciona o problema de todos.

De fato, não há razão para tratar da legitimidade para a tutela dos direitos transindividuais (ou mesmo dos direitos individuais homogêneos) a partir de seu correspondente no processo civil individual. Quando se pensa em 'direito alheio, raciocina-se a partir de uma visão individualista que não norteia a aplicação da tutela coletiva. Não só a partir da premissa de que apenas o titular do direito material está autorizado a ir a juízo, mas principalmente a partir da idéia de que somente há direitos individuais. A noção de direitos transindividuais, como é óbvio, rompe com a noção de que o direito ou é próprio ou é alheio. Se o direito é da comunidade ou da coletividade, não é possível falar em direito alheio, não sendo mais satisfatória, por simples conseqüência lógica, a clássica dicotomia que classifica a legitimidade em ordinária e extraordinária.[153]

Os direitos ou interesses difusos são tutelados de forma genérica pelo sistema jurídico, sendo que não se evidenciam, de plano, titulares de direitos subjetivos, ou melhor, posições processuais individuais, porque, "[...] melhor do que pessoas *indeterminadas*, são antes pessoas *indetermináveis*, entre as quais inexiste vínculo jurídico ou fático preciso".[154] O direito difuso não se personifica de forma particularizada. Todos os cidadãos anseiam pela correta aplicação de verbas públicas, por um meio-ambiente sadio, pela gestão segura de um estabelecimento prisional, etc. Estas pretensões, por lógico, não demarcam posições processuais individuais.

Em verdade, o direito difuso atinge todos simultaneamente. A veiculação de uma publicidade enganosa é um clássico exemplo de direito difuso.[155] O direito de se vedar nova divulgação falaciosa e de se retirar eventual publicidade mentirosa ainda existente é considerado um direito que beneficia a todos, porque o engodo afeta uma coletividade de pessoas indeterminadamente. Já o dano causado pela publicidade enganosa, que lesionou um específico grupo ou uma determinada pessoa, faz surgir um direito reputado por individual heterogêneo.

Contudo, não se quer dizer que estes direitos não sejam objeto de proteção jurídica, cuja guarda pode ser efetivada por medidas processuais. Ao contrário. A ação popular já há muito dava cabo de tutelar tais direitos difusos (Lei nº 4.717/65). Diante de um interesse desta natureza, não há que se invocar, para o preenchimento da legitimidade, a afetação de um interesse pessoal. A defesa do direito transindividual em pauta compete a quem a lei conferiu legitimidade. Aquele que patrocina causa que visa a tutelar o direito ou o interesse difuso pode até ter um direito pessoal afetado indiretamente com o (in)sucesso da demanda, mas a legitimidade processual não advém desta causa.

---

[153] ARENHARDT, Sérgio Cruz; MARINONI, Luiz Guilherme. *Manual do Processo de Conhecimento*. São Paulo: Revista dos Tribunais, 2005, p. 713.
[154] MAZZILLI, Hugo Nigro. *Op. cit.*, p. 48.
[155] Artigos 6º, inciso IV, e 37, ambos da Lei nº 8.078/90.

Logo, "[...] em matéria de direito difuso, inexiste uma relação jurídica-base. São as circunstâncias de fatos que estabelecem a ligação".[156] O elo entre os sujeitos, e entre eles e a parte adversa, será o *fato*, objetivamente considerado: é o dano ambiental, a publicidade enganosa, o desvio de verbas públicas, enfim, fatos que, caso sejam solucionados, beneficiarão toda uma comunidade, sem especificar quem.

É muito importante deixar destacado que os exemplos fornecidos (meio ambiente sadio, correção da publicidade enganosa, desvio de verbas públicas, etc.), podem gerar não só a pretensão acerca de direitos difusos, mas, da mesma maneira, pretensões relativas aos direitos coletivos *stricto sensu* e relativas a direitos individuais homogêneos. *A situação em si não define o direito transindividual a ser pretendido, mas sim, o objeto ("bem da vida") que se pretende em juízo.*

Perceba: a doutrina muitas vezes fornece, como exemplo de direito difuso, a *proteção ao meio ambiente*. Apesar de vagueza semântica do objeto, em tese é correta tal assertiva. Contudo, um dano ambiental pode gerar também um pedido de tutela a direito ou interesse coletivo *stricto sensu* e individual homogêneo.

Confira: imagine que uma instituição bancária promova publicidade enganosa, praticando contratos lesivos aos consumidores.

a) caso uma associação de proteção aos direitos dos consumidores ou o Ministério Público/Defensoria Pública proponham uma Ação Civil Pública, visando a condenar determinada indústria a reparar o dano ambiental cometido, bem como pleitear a vedação à continuidade da prática poluidora, estar-se-ia diante de uma tutela a interesse difuso;

b) caso as mesmas entidades pleiteassem o pagamento dos lucros cessantes a todos os pescadores ligados a uma corporação, porque deixaram de trabalhar, dada a mortandade de peixes causada pela degradação, perfeitamente se estaria a guarnecer um direito coletivo *stricto sensu*;

c) mas se, por hipótese, as instituições mencionadas pedissem indenização a todos indivíduos que tenham sido atingidos pelo dano ambiental, o objeto deste pleito seria inegavelmente um direito individual homogêneo.

O exemplo elucida conclusões muito claras:

a) No fim e ao cabo, não um tema genérico que define a natureza do direito transindividual (ex. nem sempre "meio ambiente" será atrelado a um direito difuso, como açodadamente se afirma);

b) Não é a instituição que promove a demanda coletiva que define a natureza do direito transindividual (ex. o Ministério Público pode veicular, em Ação Civil Pública, a tutela de um direito coletivo *stricto sensu*);

c) É o *objeto pretendido*, enfim, o *pedido mediato* que determina qual espécie de direito transindividual que se está a proteger juridicamente; esse é o ponto!

9.1. Legitimidade quanto a direitos ou interesses difusos

Na defesa de direitos difusos, não há consenso na doutrina acerca da natureza da legitimidade. Para alguns autores, a legitimidade na tutela de inte-

---

[156] NUNES, Rizzatto. *Comentários ao Código de Defesa do Consumidor*. São Paulo: Saraiva, 2009, p. 760.

resses ou direitos difusos é desempenhada em substituição, ou seja, de forma extraordinária. Resume bem este posicionamento Teori Albino Zavascki, quando aduz que "[...] tratando-se de direitos difusos ou coletivos (= sem titular determinado), a legitimação ativa é exercida, invariavelmente, em regime de substituição processual: o autor defende, em nome próprio, direito de que não é titular".[157] Outros entendem se tratar de uma *legitimidade ordinária*

Nelson Nery Junior e Rosa Maria de Andrade Nery[158] adotam uma posição, por assim dizer, conciliadora. Afirmam que, diante de direitos difusos ou de direitos coletivos *stricto sensu*, a legitimação seria autônoma. Esta posição, baseada na doutrina de Konrad Hellwig, entende que a figura da legitimação extraordinária/ordinária, bem como o instituto da substituição processual, seriam categorias somente aplicáveis à tutela de direitos individuais.[159]

Em interesses transindividuais, nova categoria deve ser construída, qual seja, a *legitimação autônoma para a condução do processo*, o que implica dizer que se está diante de uma legitimidade advinda da lei, autônoma e desvinculada de qualquer categoria subjetiva que lhe possa dar validade. Será a lei que preencherá a condição processual da legitimidade. A legitimidade, portanto, é autônoma, "[...] independente do conteúdo do direito material a ser discutida em juízo".[160]

Muito embora o artigo 9º, inciso III, tenha um apertado texto, não há dúvidas de que a legitimidade para a defesa extrajudicial, em processo administrativo, possa ser praticada *preventivamente*. A defesa dos interesses e direitos difusos pode surgir ainda que exista somente a potencialidade de dano, ou seja, quando um ato provoque ou tenha o condão de afetar um interesse dessa natureza.

Os números 2 e 3 do artigo 53º do Código de Procedimento Administrativo de Portugal são expressos a respeito e delimitam balizas normativas ainda mais intensas acerca da tutela difusa de direitos em âmbito administrativo.

2. Consideram-se, ainda, dotados de legitimidade para protecção de interesses difusos:

a) Os cidadãos a quem a actuação administrativa provoque ou possa previsivelmente provocar prejuízos relevantes em bens fundamentais como a saúde pública, a habitação, a educação, o património cultural, o ambiente, o ordenamento do território e a qualidade de vida;

---

[157] *Processo Coletivo*: tutela de direitos coletivos e tutela coletiva de direitos. São Paulo: Revista dos Tribunais, 2007, p. 76.

[158] *Código de Processo Civil Comentado e Legislação Extravagante*. 8. ed. São Paulo: Revista dos Tribunais, 2004, p. 389.

[159] "A legitimidade das entidades no caso das ações coletivas para a proteção dos direitos difusos e coletivos é autônoma: não se trata de substituição processual. Ela é típica do instituto da ação coletiva, pertencendo, por isso, autonomamente a cada uma das entidades, que respondem por si mesmas na ação. O objeto do direito em jogo não pertence a entidade quer seja caso de direito difuso ou coletivo, mas a ação sim: esta e exercida no âmbito de sua autonomia. É verdade que o direito material discutido não pertence à entidade – aliás, em nenhuma hipótese pertence, nem, e muio menos, o direito individual homogêneo; o direito difuso é de objeto que pertence a toda coletividade, sendo que os titulares são indeterminados; no direito coletivo, apesar de ter titulares determináveis, eles não precisariam sê-lo, para sua caracterização. O importante é que em ambos os casos o objeto e indivisível e não há necessidade de identificação dos titulares." (NUNES, Rizzatto. *Op. cit.*, p. 767).

[160] NERY JÚNIOR, Nelson; NERY, Rosa Maria de Andrade, *Op. cit.*, p. 152-153.

b) Os residentes na circunscrição em que se localize algum bem do domínio público afectado pela acção da Administração.

3. Para defender os interesses difusos de que sejam titulares os residentes em determinada circunscrição têm legitimidade as associações dedicadas à defesa de tais interesses e os órgãos autárquicos da respectiva área.

No caso do item "2", alínea "a", da regra portuguesa mencionada, os cidadãos podem defender, individualmente, um interesse difuso, desde que provem que a defesa deste acarrete a proteção de um direito subjetivo. Há uma lógica de *apropriação individual dos interesses difusos*, "[...] mesmo que isso não implique necessariamente a restrição da respectiva intervenção à defesa dessa posição individual".[161]

Na alínea "b", ao contrário, a defesa de um interesse difuso não precisa estar atrelada à defesa de um interesse individual heterogêneo. A única condição reclamada consiste no cidadão estar residindo na circunscrição onde se localiza o bem dominial em causa. Trata-se de um verdadeiro *procedimento de participação popular*, inexistente na lei brasileira.

Questão interessante surge diante do texto do item "3" do artigo 53°, que pode ser transportada com perfeição à realidade brasileira. O problema consiste em saber a defesa de um direito ou interesse difuso reclama que a associação ou organização detenha *necessariamente* um fim público, ou se é possível a defesa coletiva de direitos e de interesses quando a corporação possui finalidades meramente econômicas, neste último caso, personificando interesses individuais. Por exemplo: induvidoso que associações do tipo "Amigos da Terra", em matéria ambiental, ou do "Instituto de Defesa do Consumidor", no caso de direitos relativos às relações de consumo, tenham legitimidade para atuar em processo administrativo buscando a tutela dos pertinentes direitos ou interesses difusos.

Mas já não cabe, em princípio, na hipótese, o caso da Associação dos Inquilinos ou dos Proprietários, em matéria de habitação, pois não são interesses (públicos) difusos ligados ao problema da habitação, aqueles que eles têm em vista promover, mas interesses econômicos dos respectivos associados.[162]

Esta interpretação deve ser absorvida com cautela. Em primeiro lugar, os autores portugueses ofertam um exemplo de duvidosa natureza difusa, a ser perseguido pela hipotética "associação dos inquilinos" ou dos "proprietários". Dessa forma, claro que a legitimidade da entidade não se adapta ao artigo português citado, nem ao brasileiro ora comentado. No caso da Lei n° 9.784/99, a legitimidade seria suprida pelo inciso III do artigo 9°.

Resumindo, o problema lançado pelos comentaristas da lei lusitana é muito mais aparente do que real, ao menos diante da realidade brasileira, porque, no momento em que uma associação persegue os interesses econômicos de seus filiados, estará atuando na esteira do artigo 9°, inciso III. Caso defenda interesses ou direitos difusos, a legitimidade será adimplida pela via do inciso IV.

---

[161] AMORIM, João Pacheco de; GONÇALVES, Pedro Costa; OLIVEIRA, Mário Esteves de. *Código do Procedimento Administrativo Comentado*. Coimbra: Almedina, 2006, p. 284.
[162] *Op. cit.*, p. 287.

Jurisprudência

LEGITIMIDADE

(...) 3. A impetrante representou administrativamente à ANATEL contra a TELECEARÁ por esta ter bloqueados os serviços prestados pela suas filiadas, tendo lhe sido negado acesso aos autos do PADO – Processo de Apuração de Descumprimento de Obrigação – pela Anatel após esta ter dado provimento ao recurso da concessionária sem notificação da denunciante. 4. No processo administrativo o termo "parte" não foi adotado pela Lei nº 9.784/99, sendo consignados como seus sujeitos a Administração e o administrado. Para a caracterização de "administrado", contentou-se a lei de regência com a existência de interesse individual, coletivo ou difuso afetados pela decisão no processo administrativo, sendo chamado de requerente o administrado que requer a instauração do processo e, requerido, aquele que não requereu o processo, mas este de alguma forma afete o seu interesse. 5. No caso, a impetrante é a requerente do processo administrativo e detém interesse coletivo sobre a decisão a ser tomada, estando inserto no conceito de "administrado" definido na Lei nº 9.784/99, sendo legitimada processual tanto quanto a empresa investigada. (...) 7. Interpretar restritivamente o comando inserto no art. 79 do Regimento Interno da Anatel, de sigilo do PADO, salvo às partes e seus procuradores, não se coaduna com o que dispõe o art. 9º da Lei do Processo Administrativo (Lei nº 9.784/99), que legitima quem deu início ao próprio processo administrativo e todos aqueles que tem interesse individual, coletivo ou difuso afetado na decisão a ser tomada. 8. Recurso especial conhecido em parte e não provido. (STJ, REsp. 1.073.083-DF, Rel. Min. Castro Meira, Segunda Turma, j. 17/9/2009).

LEGITIMIDADE PROCESSUAL E DIREITO DE PETIÇÃO

O DIREITO FUNDAMENTAL DE PETIÇÃO – CONCEITO. O direito de petição, presente em todas as Constituições brasileiras, qualifica-se como importante prerrogativa de caráter democrático. Trata-se de instrumento jurídico-constitucional posto à disposição de qualquer interessado — mesmo daqueles destituídos de personalidade jurídica —, com a explícita finalidade de viabilizar a defesa, perante as instituições estatais, de direitos ou valores revestidos tanto de natureza pessoal quanto de significação coletiva. (STF, ADI 1.247-MC, Rel. Min. Celso de Mello, j. em 17-8-95, DJ de 89-95)

DIFERENÇA ENTRE O DIREITO DE PETIÇÃO E A LEGITIMIDADE PROCESSUAL. O direito de petição, fundado no art. 5º, XXXIV, a, da Constituição não pode ser invocado, genericamente, para exonerar qualquer dos sujeitos processuais do dever de observar as exigências que condicionam o exercício do direito de ação, pois, tratando-se de controvérsia judicial, cumpre respeitar os pressupostos e os requisitos fixados pela legislação processual comum. A mera invocação do direito de petição, por si só, não basta para assegurar à parte interessada o acolhimento da pretensão que deduziu em sede recursal. (STF, AI 258.867-AgR, Rel. Min. Celso de Mello, j. 26-9-00, DJ de 2-2-01).[163]

DIREITO DE PETIÇÃO – LEGITIMIDADE PROCESSUAL – DIFERENÇAS. O direito de petição qualifica-se como prerrogativa de extração constitucional assegurada à generalidade das pessoas pela Carta Política (art. 5º, XXXIV, a). Traduz direito público subjetivo de índole essencialmente democrática. O direito de petição, contudo, não assegura, por si só, a possibilidade de o interessado — que não dispõe de capacidade postulatória — ingressar em juízo, para, independentemente de Advogado, litigar em nome próprio ou como representante de terceiros. (STF, AR 1.354-AgR, Rel. Min. Celso de Mello, j. 21 10-94, DJ de 6-6-97).[164]

LITISCONSÓRCIO FACULTATIVO ULTERIOR

LITISCONSÓRCIO FACULTATIVO ULTERIOR. MS. É admissível o litisconsórcio facultativo ulterior em Mandado de Segurança, enquanto não proferida a sentença de primeiro grau, desde que o impetrado a isso não se oponha. (RTRF 60/126).[165]

LEGITIMIDADE DAS ORGANIZAÇÕES E ASSOCIAÇÕES REPRESENTATIVAS, NO TOCANTE A DIREITOS E INTERESSES COLETIVOS

Mandado de segurança coletivo – Impetração por associação de classe – Legitimidade ativa – Art. 5º, incisos XXI e LXX, "b", da Constituição Federal. A associação regularmente constituída e em funcionamento pode postular em favor dos seus membros ou associados, não carecendo de autorização especial em assembléia-geral, bastando a constante no estatuto. Mas, como é próprio de toda a substituição processual, a legitimação

---

[163] No mesmo sentido: RE 258.088-AgR, Rel. Min.Celso de Mello, julgamento em 18-4-00, DJ de 30-6-00.
[164] No mesmo sentido: MS 21.651-AgR, Rel. Min. Néri da Silveira, julgamento em 5-5-94, DJde 19-8-94; Pet 762-AgR, Rel. Min. Sydney Sanches, julgamento em 1º-2-94, DJ de 8-4-94.
[165] Ementa citada por Nelson Nery Júnior e Rosa Maria de Andrade Nery. *Op. Cit.*, p. 474.

Art. 9º

para agir está condicionada à defesa dos direitos ou interesses jurídicos da categoria que representa. (STF, RE 95.0141733-SP, 1ª Turma, Rel. Min. Ilmar Galvão, j. 7/3/1995).

Na hipótese, aplica-se a tese de que a associação com representatividade nacional é parte legítima para impetrar mandado de segurança preventivo com o fim de declarar legal a greve e obstar medidas punitivas do empregador, se não existir outra entidade de classe de âmbito nacional que represente especificamente a categoria. No caso, a associação impetrante é a única entidade constituída naquele âmbito a representar os servidores públicos em questão e ainda pesa o fato de a autarquia impetrada sempre ter negociado com ela os direitos relacionados a esses servidores. (STJ, MS 15.339-DF, Primeira Seção, Rel. Min. Humberto Martins, j. 29/9/2010).

A recorrente, associação dos provedores de acesso à *internet*, busca ser admitida como assistente litisconsorcial ao alegar que a sentença a ser proferida na ACP diretamente afetaria a ela e a seus associados. Contudo, vê-se que não há seu interesse jurídico na hipótese, que não se confunde com simples interesse econômico ou institucional. Nos limites do que se discute na ação, não há qualquer relação jurídica que una a associação às demais partes da ação, o que refuta admitir assistência. (STJ, REsp. 1.181.118-RJ, Segunda Turma, Rel. Min. Mauro Campbell Marques, j. 14/9/2010).

A entidade associativa que impetra segurança não se coloca, no processo, como mandatária dos respectivos associados, razão porque torna-se desnecessária a prévia autorização de seus membros. (STJ, MS 95.0004126-DF, Primeira Seção, Rel. Min. Demócrito Reinaldo, j. 5/12/1995).

Referências

AMORIM, João Pacheco de; GONÇALVES, Pedro Costa; OLIVEIRA, Mário Esteves de. *Código de Procedimento Administrativo Comentado*. Coimbra: Almedina, 2006.

ARBELÁEZ, Grabriel Rojas. *El espírito del derecho administrativo*. Bogotá: Temis, 1972.

ARENHART, Sérgio Cruz e MARINONI, Luiz Guilherme. *Manual do Processo de Conhecimento*. São Paulo: Revista dos Tribunais, 2005.

ASSIS, Araken. Substituição processual. *Revista Dialética de Direito Processual*. São Paulo, p. 9-23, v. 9, 2003.

BARROS, Wellington Pacheco. *Curso de processo administrativo*. Porto Alegre: Livraria do Advogado, 2005.

BASTOS, Celso Ribeiro; MARTINS, Ives Gandra. *Comentários à Constituição do Brasil:* promulgada em 5 de outubro de 1988. 3. ed. São Paulo: Saraiva, 2004, v. 2.

BITTAR, Carlos Alberto. *Direitos do consumidor*. Rio de Janeiro: Forense Universitária. 1990.

BOBBIO, Norberto. *A Era dos Direitos*. Rio de Janeiro: Campus, 1992.

BUENO, Cássio Scarpinella. *Curso sistematizado de direito processual civil:* procedimento comum: ordinário e sumário. São Paulo: Saraiva, 2007, v. 2.

——. Partes e terceiros no processo civil brasileiro. São Paulo: Saraiva, 2003.

CARNEIRO, Athos Gusmão. *Intervenção de terceiros*. São Paulo: Saraiva, 2000.

CARVALHO FILHO, José dos Santos. *Ação Civil Pública*: comentários por artigo. Rio de Janeiro: Lumen Juris, 2007.

CORREIA, Fernando Alves. *Alguns conceitos de Direito Administrativo*. Coimbra: Almedina, 2001.

DINAMARCO, Cândido Rangel. *Instituições de direito processual civil*. São Paulo: Malheiros, 2001, v. 2.

——. *Litisconsórcio*. São Paulo: Malheiros, 2002.

DROMI, José Roberto. *Derecho subjetivo y responsabilidad publica*. Madrid: Editorial Grouz, 1986.

FIGUEIREDO, Lúcia Valle. *Curso de Direito Administrativo*. 5. ed. São Paulo: Malheiros, 2001.

FIORINI, Bartolomé. *Procedimiento administrativo y recurso jerárquico*. Buenos Aires: Abeledo-Perrot, 1972.

GORDILLO, Agustín. *Procedimiento y recursos administractivos*. Buenos Aires: Macchi, 1971.

GRINOVER, Ada Pellegrini *et al*. Código Brasileiro de Defesa do Consumidor Comentado pelos Autores do Anteprojeto. Rio de Janeiro: Forense Universitária, 1995.

——. O acesso à justiça no ano 2000. In: MARINONI, Luiz Guilherme. *O processo civil contemporâneo*. Curitiba: Juruá, 2000.

LIMA, Alcides de Mendonça. *Comentários ao Código de Processo Civil*. São Paulo: Revista dos Tribunais, 1982.

MAFFINI, Rafael. *Direito Administrativo*. 4. ed. São Paulo: Revista dos Tribunais, 2013.

MAZZILLI, Hugo Nigro. *A defesa dos interesses difusos em juízo:* meio ambiente, consumidor, patrimônio cultural, patrimônio público e outros interesses. São Paulo: Saraiva, 2003.

MILARÉ, Édis. *Direito do Ambiente*. São Paulo: Revista dos Tribunais, 2000.

MORAES, Voltaire de Lima. Ministério Público e a tutela dos interesses difusos. In: ——. *Ministério Público, Direito e Sociedade*. Porto Alegre: Sergio Antonio Fabris Editor, 1986.

MOREIRA NETO, Diogo Figueiredo. *Direito da Participação Política*. Legislativa – Administrativa – Judicial. Rio de Janeiro: Renovar, 1992.

MOREIRA, Egon Bockmann. *Processo Administrativo* – Princípios Constitucionais e a Lei nº 9.784/99. 4. ed. São Paulo: Malheiros, 2010.

NERY JÚNIOR, Nelson; NERY, Rosa Maria de Andrade. *Código de Processo Civil Comentado e Legislação Extravagante*. 8ª ed. São Paulo: Revista dos Tribunais, 2004.

——; NERY, Rosa Maria Andrade. *Código Civil Comentado e Legislação Extravagante*. São Paulo: Revista dos Tribunais, 2009.

NEVES, Daniel Amorim Assumpção. *Manual de Direito Processual Civil*. São Paulo: Método, 2010.

NUNES, Rizzatto. Comentários ao Código de Defesa do Consumidor. São Paulo: Saraiva, 2009.

REAL, Alberto R. La regulación del procedimiento administrativo en el Uruguay. In: *Acto y procedimiento administrativo*. Buenos Aires: Plus Ultra, 1975.

SILVA, Ovídio Baptista da. *Comentários ao Código de Processo Civil*. São Paulo: Revista dos Tribunais, 2000, v. 1.

VELOSO, Waldir de Pinho. *Direito Processual Administrativo*. Curitiba: Juruá, 2010.

WATANABE, Kazuo. Arts. 81 a 90. In: GRINOVER, Ada Pellegrini *et al*. *Código brasileiro de defesa do consumidor: comentado pelos autores do anteprojeto*. Rio de Janeiro: Forense Universitária, 1998.

ZANETTI JÚNIOR, Hermes. Direitos coletivos lato sensu: a definição conceitual dos direitos difusos, dos direitos coletivos stricto sensu e dos direitos individuais homogêneos. In: AMARAL, Guilherme e CARPENA, Márcia Louzada Carpena (Coord.). *Visões críticas do Processo Civil*. Porto Alegre, Livraria do Advogado. 2005.

ZAVASCKI, Teori Albino. *Processo Coletivo*: tutela de direitos coletivos e tutela coletiva de direitos. São Paulo: Revista dos Tribunais, 2007.

Artigo 10
São capazes, para fins de processo administrativo, os maiores de dezoito anos, ressalvada previsão especial em ato normativo próprio.

SUMÁRIO: 1. Capacidade civil em processo administrativo; 2. Capacidade postulatória; Referências

1. Capacidade civil em processo administrativo

A regra geral estabelecida no artigo 10 determina que pessoas maiores de dezoito anos sejam consideradas capazes para intervir no limiar do processo administrativo. Em verdade, o dispositivo considerou a maioridade estabelecida no artigo 5º do Código Civil, como paradigma à capacidade postulatória em processo administrativo. Caso um interessado tenha entre dezesseis e dezoito anos, ou menos de dezesseis, deverá ser assistido ou representado, respectivamente.

Além disso, é necessário que se seja feita uma interpretação sistemática, coligando a regra em comento com o parágrafo único do artigo 5º do Código Civil.[166] Significa dizer que o limite temporal imposto pelo artigo 10 pode ser

---

[166] Art. 5º (...). Parágrafo único. Cessará, para os menores, a incapacidade: I – pela concessão dos pais, ou de um deles na falta do outro, mediante instrumento público, independentemente de homologação judicial, ou por sentença do juiz, ouvido o tutor, se o menor tiver dezesseis anos completos; II – pelo casamento; III – pelo exercício de emprego público efetivo; IV – pela colação de grau em curso de ensino superior; V – pelo

transpassado, ou melhor, adiantando, nas hipóteses em que o interessado adquiriu a capacidade civil prematuramente, ou seja, antes dos dezoito anos.

Dessa forma, entende-se ser plenamente possível que um sujeito que tenha casado aos dezessete anos e, por conta disso, tenha adquirido a plena capacidade civil (art. 5°, parágrafo único, inciso II, do Código Civil), possa demandar administrativamente sem a necessidade de ser assistido. Apesar de o referido artigo 10 alocar um parâmetro temporal específico, não se pode interpretar a norma sem a sua coligação com o restante do ordenamento.[167]

É imprescindível comparar o dispositivo normativo da Lei n° 9.784/99, então sujeitado à exegese, "[...] com outros do mesmo repositório ou de leis diversas, mas referentes ao mesmo objeto".[168] O direito é construído sobre as bases da lógica. Nesse sentido, deve evitar, ao máximo, incongruências no limiar de seu sistema. Deve afastar-se, pois, das antinomias. Caso fosse admitida uma interpretação em contrário, ou seja, no sentido de que o administrado, mesmo já tendo adquirido a plena capacidade civil antes de completar dezoito anos, não possa demandar administrativamente sem a devida assistência/representação, por conta justamente de ainda não possuir idade suficiente, estar-se-iam criando duas capacidades: uma civil e outra administrativa.

Considera-se esta a melhor solução à virtual incongruência encontrada no interior do sistema jurídico. Cria-se, assim, um padrão hermenêutico coerente no que tange à capacidade. Contudo, como bem adverte Agustín Gordillo,[169] a capacidade administrativa possui maior extensão do que a civil, porque, em certos casos específicos, pode a legislação admitir que pessoas civilmente incapazes demandem no processo administrativo.

Ainda, não cabe à Administração Pública criar, no decorrer do processo administrativo, incidentes para suprir a capacidade do interessado. Não há espaço jurídico para se perfazer incidente neste sentido.[170] Caso se perceba a incapacidade, a autoridade processante pode determinar o afastamento do interessado, no caso de pluralidade de autores, ou indeferir o pedido, caso o incapaz esteja isoladamente compondo um dos polos da relação processual. Desta decisão cabe recurso administrativo ou pedido de reconsideração.

Mas não se nega a possibilidade de marcar prazo para se suprir a incompletude da capacidade processual constante no artigo 10. Entende-se que, uma vez constatada a incapacidade, pode ser marcado prazo para seu suprimento. Caso o interessado não providencie a correção, deve-se pronunciar a nulidade do processo. A incapacidade em questão pode ser conhecida de ofício pela autoridade processante, ou também a pedido da parte interessada.

---

estabelecimento civil ou comercial, ou pela existência de relação de emprego, desde que, em função deles, o menor com dezesseis anos completos tenha economia própria.

[167] Esta posição é referendada por Wellington Pacheco Barros (*Curso de processo administrativo*. Porto Alegre: Livraria do Advogado, 2005, p. 91).

[168] MAXIMILIANO, Carlos. *Hermenêutica e aplicação do Direito*. Rio de Janeiro: Forense, 1997, p. 129. No mesmo sentido: FREITAS, Juarez. *A interpretação sistemática do Direito*. São Paulo: Malheiros, 1995.

[169] *Tratado de derecho administrativo*. 9. ed. Buenos Aires: F.D.A, 2004, t. 4 p. I-2.

[170] AMORIM, João Pacheco de; GONÇALVES, Pedro Costa; OLIVEIRA, Mário Esteves de. *Código de Procedimento Administrativo Comentado*. Coimbra: Almedina, 2006, p. 267.

Então, a capacidade de intervenção no processo administrativo "[...] tem por base a capacidade de exercício de direitos segundo a lei civil, suprindo-se as respectivas incapacidades nos termos desta".[171] É condição pessoal daqueles que tem capacidade de ser parte, e que possam por si praticar atos processuais ou encarregar alguém daqueles atos que requeiram habilitação especial. A representação substitui a incapacidade absoluta. Na incapacidade relativa, ocorre a assistência. A ausência de capacidade não permite o exercício de direitos e deveres processuais, enfim, a prática válida de atos, caso esta não seja suprida.

A incapacidade absoluta é suprida pela representação, sendo que quem pratica o ato é o representante. O representado não intervém no ato. Na assistência, ao contrário, o assistido participa dos atos jurídicos. Tanto que a notificação de um ato administrativo processual, tal qual a citação do processo jurisdicional, deve ser feita nas duas pessoas. Já quando se está diante da incapacidade absoluta, só o representante é notificado.

A capacidade para o processo se refere à pessoa da parte, à sua capacidade de agir em todo e qualquer processo administrativo. E está é justamente sua diferença para com a legitimidade, que é auferida para determinado processo, no caso concreto.[172]

A capacidade habilita a pessoa, em algum procedimento, a exercer atos processuais. Por exemplo, aquele que detém menos de dezoito anos, segundo o artigo 10, não pode intervir em qualquer processo administrativo, caso não esteja representado/assistido ou não exista exceção legal. Mas caso a lei impeça um cônjuge de demandar administrativamente sem a outorga do outro, é caso de ausência de *legitimidade para a causa* (não de falta de *capacidade*, cuide-se), porque a lei assim exigiria, por falta de titularidade do direito subjetivo. Ou ainda, não cabe a um servidor, sozinho, pleitear permuta. Ele necessita da anuência do outro servidor com o qual haverá o câmbio. Falta-lhe, no caso, legitimidade para este pleito, mas não para todo e qualquer processo. Eis a diferença.[173]

Então, a capacidade de estar no processo, tutelada pelo referido artigo 10, não se confunde com a legitimidade para a causa que tem a ver com o direito subjetivo material. Teoricamente também se diferenciaria da capacidade postulacional, que seria a habilitação para praticar e pleitear junto ao procedimento. Contudo, no processo administrativo, elas se confundem, porque, adquirida a primeira, a outra é implementada.

---

[171] Idem. É aquilo que, em processo civil, se conheceria por *legitimatio ad processum*. É a capacidade de legitimação para o processo, ou seja, o poder de realizar atos processuais com efeitos jurídicos.

[172] "En principio, todos los sujeitos de derecho (sean personas individuales o asociaciones, corporaciones, etc.) com capacidad civil, pueden ser partes em El procedimiento administrativo. No interessa su sexo, nacionalidad ni domicilio, aunque em este último casopuede requerirse La constituición de um domicilio legal al efecto del procedimiento." (GORDILLO, Agustín. *Op. cit.*, p. 1-2).

[173] "A intervenção efectiva dos particulares **num** procedimento administrativo não depende apenas, obviamente, da sua capacidade de gozo e de exercício de direitos, mas também da sua **legitimidade** (procedimental), ou seja, da titularidade de um interesse juridicamente protegido no procedimento ou decisão em causa, da titularidade de uma **pretensão jurídica concreta**, ligada administrativamente a essa decisão." (AMORIM, João Pacheco de; GONÇALVES, Pedro Costa; OLIVEIRA, Mário Esteves de. *Op. cit.*, p. 269-270 – grifos no original).

2. Capacidade postulatória

Apesar de a legislação ter se omitido a respeito, a capacidade postulatória no âmbito do processo administrativo federal não existirá caso a parte interessada não detenha capacidade civil, acometida por outras causas que não somente a idade, como, por exemplo, "os que, por enfermidade ou deficiência mental, não tiverem o indispensável discernimento para a prática desses atos", ou "os que, mesmo por causa transitória, não puderem exprimir sua vontade" – artigos 3º, incisos II e III, do Código Civil.

Então, muito embora o artigo 10 somente faça referência ao *critério idade*, para fins de capacidade postulatória em processo administrativo, a interpretação deve ser sistemática, coligada com o mencionado artigo 3º do Código Civil. Por lógico que um incapaz por enfermidade mental não poderá ser admitido em processo administrativo, senão representado. Conclui-se, pois, que o artigo 10 deve ter seu âmbito de incidência ampliado às demais hipóteses do mencionado artigo 3º.

A redação do artigo 2º, nºs 1 e 2, do Código do Procedimento Administrativo português[174] é por deveras completa:

CAPÍTULO II – Dos interessados

Artigo 52º. Intervenção no procedimento administrativo

1. Todos os particulares têm o direito de intervir pessoalmente no procedimento administrativo ou de nele se fazer representar ou assistir, designadamente através de advogado ou solicitador.

2. A capacidade de intervenção no procedimento, salvo disposição especial, tem por base e por medida a capacidade de exercício de direitos segundo a lei civil, a qual é também aplicável ao suprimento da incapacidade.

Similar ao artigo 10 da Lei nº 9.784/99 é o *Artículo 3*, segunda parte, do regulamento da lei nacional do procedimento administrativo argentino (Decreto-ley nº 1959/1972, aprovado pelo Decreto nº 1759/72:

Los menores adultos tendrán plena capacidad para intervir directamente en procedimientos administrativos como parte interesada en la defesa de sus propios derechos subjectivos o intereses legítimos.

O direito de intervir no processo administrativo federal brasileiro aufere-se a partir da legitimidade e do interesse. Contudo, a *capacidade postulatória* é compreendida a partir da *capacidade jurídica*. Todas as pessoas, naturais ou jurídicas, singulares ou coletivas, possuem capacidade procedimental, *independentemente de estarem ou não representadas por advogado*. Derivada desta premissa está a Súmula Vinculante nº 5, Supremo Tribunal Federal.[175]

Essa capacidade jurídica, que gera, no processo administrativo, a capacidade postulatória, é reconhecida ao homem quando da aquisição da capacidade natural, às pessoas jurídicas regularmente constituídas e a uma série de

---

[174] Decreto-Lei nº 442/91, Com as alterações introduzidas pelos seguintes diplomas legais: Declaração de Rectificação nº 265/91; Declaração de Rectificação nº 22-A/92; Decreto-Lei nº 6/96.

[175] "A falta de defesa técnica por advogado no processo administrativo disciplinar não ofende a Constituição" – redação dada a partir do Recurso Extraordinário nº 434.059, momento em que se interpretou que o artigo 156 da Lei nº 8.112/90, oferta uma faculdade ao servidor em ser acompanhado por defesa técnica, quando do processo administrativo disciplinar.

entes destituídos de personalidade jurídica, como, por exemplo, as universalidades de bens (espólio, massa falida, condomínio, etc.). Consiste, portanto, na aptidão de participar da relação processual em nome próprio ou alheio. A questão da capacidade de atuar administrativamente constitui um pressuposto processual, cuja inocorrência impede a formação válida da relação jurídica.

A *capacidade postulatória* informa que a parte, conquanto esteja legitimada para o processo, pode participar da relação, caso assim deseje. Por direito de postular (*jus postulandi*) se entende a habilitação para agir e falar no processo. No sistema jurisdicional brasileiro, esse direito é privilégio dos advogados, com raras exceções.[176]

A capacidade postulatória permite que os interessados realizem pessoalmente os atos processuais, inclusive formulando requerimentos, o que, no processo administrativo, dispensa a assistência de uma pessoa especializada e legalmente habilitada.

Além disso, quando há a constituição de um mandatário ou a presença de um representante legal, cabe a ele receber as notificações e tomar ciência dos atos praticados, bem como da decisão final. Cumpre à Administração Pública cientificar este representante da decisão final, ficando dispensada de dar ciência ao representado ou ao mandatário. Considera-se mais: que se o Poder Público notificar o representado para a prática de um ato instrutório, este ato jurídico deve ser considerado como se não tivesse sido realizado, com os efeitos daí derivados.[177] Ao contrário, a notificação do mandatário/representante basta à validade do ato administrativo.

A *desistência* de um processo administrativo pode ser praticada sem qualquer reserva pelo representante legal. Contudo, quando se tratar de representante voluntário (por exemplo, no caso de um mandatário), esta possibilidade somente será aceita se o instrumento que credencia este a atuar no processo contenha poderes para tal mister.

Por fim, ao comentar o artigo 10, merece ser invocado, por analogia, as premissas dos artigos 9º ao 13, todos do Código de Processo Civil, as quais podem ser aplicadas analogicamente.[178]

Referências

AMORIM, João Pacheco de; GONÇALVES, Pedro Costa; OLIVEIRA, Mário Esteves de. *Código de Procedimento Administrativo Comentado*. Coimbra: Almedina, 2006.

BARROS, Wellington Pacheco. *Curso de processo administrativo*. Porto Alegre: Livraria do Advogado, 2005.

FREITAS, Juarez. *A interpretação sistemática do Direito*. São Paulo: Malheiros, 1995.

GORDILLO, Agustín. *Tratado de derecho administrativo*. 9. ed. Buenos Aires: F.D.A., t. 4, 2004.

MAXIMILIANO, Carlos. *Hermenêutica e aplicação do Direito*. Rio de Janeiro: Forense, 1997.

MOREIRA, Egon Bockmann. *Processo Administrativo* – Princípios Constitucionais e a Lei nº 9.784/99. 4. ed. São Paulo: Malheiros, 2010.

---

[176] Como, por exemplo, na impetração de *Habeas corpus*, nos Juizados Especiais Cíveis, em determinados casos no âmbito da Justiça do Trabalho, etc.

[177] AMORIM, João Pacheco de; GONÇALVES, Pedro Costa; OLIVEIRA, Mário Esteves de. *Op. cit.*, p. 267.

[178] MOREIRA, Egon Bockmann. *Processo Administrativo* – Princípios Constitucionais e a Lei nº 9.784/99. 4. ed. São Paulo: Malheiros, 2010, p. 354.

CAPÍTULO VI – DA COMPETÊNCIA

Artigo 11

A competência é irrenunciável e se exerce pelos órgãos administrativos a que foi atribuída como própria, salvo os casos de delegação e avocação legalmente admitidos.

SUMÁRIO: 1. Conceito de competência administrativa; 2. Aspectos objetivo e subjetivo; 3. Irrenunciabilidade da competência (art. 11); Jurisprudência; Referências.

1. Conceito de competência administrativa

"A competência é um conceito-chave da organização administrativa".[179] A partir desta expressiva premissa que se pode dar uma ideia acerca da importância em se estudar o tema com bastante atenção e detalhamento.

A compreensão dos elementos de validade do ato administrativo, por exemplo, perpassa a análise da competência administrativa. Não é à toa que Hely Lopes Meirelles afirme que, "[...] para a prática de uma ato administrativo, a *competência* é a condição primeira de sua validade".[180] Afinal, nenhum ato administrativo, seja ele vinculado ou discricionário,[181] pode ser praticado senão por agente público legalmente investido, sendo considerado nulo o ato perpetrado por quem não detém competência para tal mister[182] – art. 2º da Lei nº 4.717/65 (Lei da Ação Popular).[183] Como bem afirma Jean Rivero a incompetência é o vício que recai sobre o ato emitido por quem não tem o poder legal. Diz o autor que, de todas as formas de ilegalidade, essa e a mais grave: os agentes públicos não têm nenhum poder senão com base e nos limites dos textos legais que fixam suas atribuições, sendo que estas regras são de ordem pública. Transpostos os limites conferidos ao poder ofertado, o agente estatal não tem como participar do exercício deste poder.[184]

A importância do estudo da competência administrativa é ainda mais latente quando se percebe que é ela quem define os limites de atuação do agente público, ou seja, por meio dela que se saberá a exatidão acerca da responsabilidade deste agente pela prática de um ato administrativo. No momento em que se define quem tem competência para determinada atribuição, percebe-se quem tem responsabilidade para o exercício desta. Por isso que se situa no limiar do conceito de competência "[...] a noção de atribuição, que tem sentido de desempenho de serviço público, de tarefa, de função ou de exercício de atividade, ou ainda de conjunto de poderes funcionais que órgãos ou agentes são autorizados, por lei, a exercer, no desempenho do cargo".[185]

---

[179] IIPSEN, Jörn. *Alligemeines Verwaltungsrecht*. 5. Aulf. Colônia: Munique, Carl Heymann, 2007, p 72.

[180] *Direito Administrativo Brasileiro*. São Paulo: Malheiros, 2011, p. 156.

[181] Para quem admite esta dicotomia.

[182] FRANCESCHETTI, Paolo. *Corso di diritto ammnistrativo*. Milano: Casa Editrice La Tribuna, 2002, p. 703.

[183] Art. 2º São nulos os atos lesivos ao patrimônio das entidades mencionadas no artigo anterior, nos casos de: a) incompetência;

[184] *Droit Administratif*. Paris: Dalloz, 1970, p. 230.

[185] UYEDA, Massami. *Da competência em matéria administrativa*. São Paulo: Cone, 1997, p. 118.

O tema demonstra ser altamente valioso no limiar do estudo do processo administrativo.[186] Afinal, esta categoria é o conjunto de uma pluralidade de operações e atos que estão relacionados funcionalmente e que estão preordenados para a persecução deste objetivo, que consiste na adoção de um ato administrativo perfeito e eficaz. Se é verdade que a responsabilidade pelo exercício ou pelo não exercício de um ato administrativo implementador de um direito do administrado será resumido na *responsabilidade*, cumpre que se saiba *quem* responde. E esta informação será fornecida pela *competência*.

É importante que se tenha consciência, no limiar de todo o Estado brasileiro (e se fala da União, das dezenas de Estados e das centenas de Municípios), de quem responderia, por exemplo, pelo fornecimento de determinado medicamento, pelo fornecimento de energia elétrica, pela prestação de educação superior ou básica, etc. A consciência acerca do sujeito de direito que deveria prestar uma determinada política pública é nodal para o cidadão poder formular uma demanda neste sentido. Além disso, a omissão no cumprimento de uma atribuição causa a responsabilidade de quem de direito tinha o dever. A competência indicará de quem é esta responsabilidade.[187] Eis a importância.

E mais. A delimitação das competências administrativas transuda-se em uma garantia aos administrados, porque "[...] vem rigorosamente determinada no Direito Positivo como condição de ordem para o desenvolvimento das atividades estatais e, também, como meio de garantia para o indivíduo que tem na sua discriminação o amparo contra os excessos de qualquer agente do Estado".[188] É direito subjetivo do administrado em demandar a correção da competência. E mais, cabe ao funcionário público, *de ofício*, declarar sua incompetência.[189]

A competência é medida pelas relações recíprocas entre órgãos públicos, tendo por base (e porque não dizer, por fim) a divisão de trabalho, que se legitima em cada situação concreta.[190] Em assim sendo, pode-se reputar a competência como sendo a *quantidade de poder* outorgado para o exercício de determinada atividade administrativa. É exercida com base na norma, mas, igualmente, em razão dos fins públicos. Então, a competência administrativa oferta limites, o que impede que um servidor invada o espaço de atuação de

---

[186] "O apoio para o constante desenvolvimento do processo administrativo (direito processual administrativo) tem de imediato na competência o seu elemento permanente de valor jurídico, pois a matéria administrativa, passível de ser analisada como conflitante com os direitos, possui na responsabilidade o seu ponto mais alto de conhecimento." (FRANCO SOBRINHO, Manoel de Oliveira. *Da competência administrativa*. São Paulo: Resenha Universitária, 1977, p. 79).

[187] CATALDI, Giuseppe. *Il procedimento amministrativo nei suoi attuali orientamenti giuridici e non giuridici*. Milano: Dott. A. Giuffré, 1967.

[188] FIGUEIREDO, Lúcia Valle. *Curso de Direito Administrativo*. 5. ed. São Paulo: Malheiros, 2001, p. 181.

[189] DROMI, José Roberto. *Derecho subjetivo y responsabilidad publica*. Madrid: Editorial Grouz, 1986, p. 207.

[190] FRANCO SOBRINHO, Manoel de Oliveira. *Op. cit.*, p. 14. Complementando a assertiva: "Por isso, melhor dizer que a competência é a *medida de ação e omissão do agente publico*. Ao contrário dos particulares, esses agentes não podem ignorar suas competências, nem ultrapassá-las sob pena de violação da legalidade administrativa." (MARRARA, Thiago. Competência, delegação e avocação na LPA. *Revista Brasileira de Direito Público*. Belo Horizonte: Fórum, n. 8, v. 29, 2010, p. 30).

outro (*empiètement de fonctions*), ou ainda, que exerça uma competência nem sequer prevista em lei (*usurpation de fonctions*).[191]

No âmbito do Direito Civil, somente tem validade o ato praticado por um sujeito que possui atribuição para praticar a determinada conduta, ou seja, em direito privado, reclama-se que o sujeito seja *capaz*. Em Direito Administrativo não basta. É necessário que o sujeito, além de possuir capacidade, tenha competência.[192] No âmbito do Direito Civil, há uma presunção de que a autorização para a prática do ato exista sempre – salvo disposição legal em contrário –, enquanto que, no âmbito público, a autorização para a prática de um ato deve estar catalogada de forma expressa em lei.[193] Em arremate: "A competência administrativa decorre de lei e é por ela delimitada".[194]

A capacidade jurídica, que é a possibilidade de um sujeito exercer direitos e obrigações por si ou por outrem, deve ser adicionada à competência, cujo plexo de funções é definido em lei para que se exerça uma determinada atribuição quando da atividade administrativa. Fácil concluir, pois, que a *capacidade* e a *competência* são institutos que não se confundem.[195]

Em termos sintéticos, a competência é a quantidade de poder atribuída a determinado agente estatal, para praticar um ato administrativo válido.[196] Um agente público, quando exerce seu plexo de funções, expressa uma *vontade* do Estado. Esta *vontade*, é certo, advém do exercício de um poder. A competência administrativa, neste aspecto, visa a orientar quem exerce (ou diz) parcela da vontade do Estado, ou seja, organiza e limita o exercício do poder.[197]

A competência administrativa deve ser visualizada sob duas óticas: (a) em um primeiro momento, a competência é definida pela Constituição Federal, que se incumbiu de distribuí-la de acordo com o modelo federativo adotado, ou seja, no âmbito dos entes políticos da Nação (União, Estados, Municípios e Distrito Federal). Assim, prioritariamente, a pesquisa acerca da investidura de um agente pública para a prática de determinado ato administrativo deve ser retirada da Carta Política.

A Constituição Federal estabelece as matérias próprias de cada ente federado, tendo como princípio-reitor, na distribuição das competências, *a predo-*

---

[191] *Competência*, portanto, constitui-se nos "[...] poderes outorgados a um órgão ou autoridade para agir em nome da Administração." (BARROS, Wellington Pacheco. *Curso de processo administrativo*. Porto Alegre: Livraria do Advogado, 2005, p. 89).

[192] DI PIETRO, Maria Sylvia Zanella. *Direito Administrativo*. 26. ed. São Paulo: Atlas, 2013, p. 211.

[193] COMADIRA, Julio R. *Procedimiento administrativo y denuncia de ilegitimidad*. Buenos Aires: Abeledo-Perrot, 1996, p. 19.

[194] STJ, Resp. 380.254-PR, Rel. Min. Paulo Medina, 2ª Turma, j. 4/6/2002.

[195] "A *noção decompetência*, também inerente ao direito administrativo, é fundamentalmente diferente da *noção de capacidade*." (RIVERO, Jean. *Curso de Direito Administrativo Comparado*. São Paulo: Revista dos Tribunais, 2004, p. 141).

[196] "Entende-se por *competência administrativa* o poder atribuído ao agente da Administração para o desempenho específico de suas funções. A competência resulta da lei e é por ela delimitada." (MEIRELLES, Hely Lopes. *Op. cit.*, p. 156).

[197] "Quanto à atuação administrativa do Estado, como *ser* político é *corpo* administrativo, integra-se nas relações substanciais entre poderes, de relações de hierarquia entre órgãos e pessoas menores, a cada a qual (poderes e órgãos) corresponde um círculo de atribuições definidas segundo as respectivas e características competências." (FRANCO SOBRINHO, *Op. cit.*, p. 206).

minância do interesse.¹⁹⁸ A diretriz em pauta impõe que a União seja regida pelo interesse geral, os Estados-Membros, pelo interesse regional e os Municípios atuem prioritariamente em assuntos de interesse local. A Carta Magna de 1988, assim, definiu que a competência pode ser exclusiva de cada ente, concorrente ou comum da União, dos Estados, do Distrito Federal e dos Municípios (artigo 23). Este dispositivo pretende impor uma proteção ampla aos temas tratados, determinado que os quatro entes-federados atuem (tenham competência) na formulação de políticas públicas pertinentes.

Em um segundo momento, (b) a existência de competência administrativa deve ser encontrada na legislação infraconstitucional, sendo que esta se ocupou de detalhar o rol de atribuições dos demais órgãos e servidores.¹⁹⁹ São os artigos 61, § 1º, II, da Constituição Federal de 1988, combinado com o art. 25 dos Atos das Disposições Constitucionais Transitórias (ADCT), que determinam que a competência será delimitada em lei, salvo a exceção contida no art. 84, inciso VI, também da Carta Magna, o qual permite a disposição da competência federal mediante decreto editado pelo Presidente da República, expressamente para os casos explicitados nas alíneas.²⁰⁰

A partir dessas premissas, Maria Sylvia Zanella conceitua a competência administrativa como sendo o "[...] conjunto de atribuições das pessoas jurídicas, órgãos e agentes, fixados pelo direito positivo".²⁰¹ Logo, a *competência administrativa* é um plexo de atribuições conferidas ao ente estatal, mas que se reconhece de modo específico aos agentes deste ente, para que este sujeito possa exercer os deveres que uma atividade administrativa reclama.²⁰² Na magistral definição de Caio Tácito: "[...] não é competente quem quer, mas quem pode, segundo a norma de direito. A competência é, sempre, um elemento vinculado, objetivamente fixado pelo legislador".²⁰³

A função administrativa é exercida por agentes estatais "[...] que recebem do legislador a incumbência de prosseguir e realizar os interesses sociais legalmente assumidos, em cada momento, como sendo interesses da própria

---

¹⁹⁸ A distribuição de competências constitucionais é delimitada pelo princípio da predominância do interesse, ou seja, aqueles de caráter nacional são togados à União tutelar. Interesses de caráter regional são togados à tutela dos Estados federados, e aqueles de interesse local cabem aos Municípios guarnecer – sobre a predominância do interesse local, consultar: MEIRELLES, Hely Lopes. *Direito Administrativo Brasileiro*. 37. ed. São Paulo: Malheiros, 2011, p. 833. Rodolfo Mancuso adota este princípio, por exemplo, como critério base para distinguir os direitos subjetivos individuais dos públicos (*Ação Popular*. São Paulo: Revista dos Tribunais, 1996, p. 21). Por fim: "O conceito de peculiar interesse é essencialmente dinâmico, de vez que a predominância de interesse, como se observa na prática, varia e efetivamente tem variado no tempo e no espaço". (DALLARI, Adilson de Abreu. O uso do solo metropolitano. *Revista de Direito Público*, nº 14, 1970, p. 259).

¹⁹⁹ "[...] a lei não é fonte exclusiva de competência administrativa. Para órgãos e agentes de elevada hierarquia, ou de finalidades específicas, pode a fonte de competência situar-se na própria Constituição." CARVALHO FILHO, José Santos. *Manual de Direito Administrativo*. 25. ed. São Paulo: Atlas, 2012, p. 105.

²⁰⁰ Art. 84. Compete privativamente ao Presidente da República: VI – dispor, mediante decreto, sobre: (Redação dada pela Emenda Constitucional nº 32, de 2001) a) organização e funcionamento da administração federal, quando não implicar aumento de despesa nem criação ou extinção de órgãos públicos; b) extinção de funções ou cargos públicos, quando vagos; (Alíneas incluídas pela Emenda Constitucional nº 32, de 2001).

²⁰¹ *Op. cit.*, p. 211

²⁰² CARVALHO, Raquel Melo Urbano de. *Curso de Direito Administrativo* – Parte Geral, Intervenção do Estado e Estrutura da Administração. Salvador: Juspodivm, 2008, p. 369.

²⁰³ *Temas de Direito Público* (Estudos e Pareceres). Rio de Janeiro: Renovar, v. I, 1997, p. 162.

coletividade, publicamente organizada".[204] Enfim, consiste no conjunto de atividades que um ente estatal está legitimado a realizar.

Ademais, é importante diferenciar o exercício de uma competência, com o exercício da função administrativa. Em síntese, esta é gênero, sendo que a competência seria o exercício da função em espécie. Para que o ato administrativo seja válido, deve ser realizado dentro da função definida ao agente público. Adicionado a este elemento, o ato deve ser praticado nos limites da competência do mesmo agente. A lei atribui uma função a um órgão e estabelece que o exercício desta é apenas legítimo quando se apresentar em seus limites, ou seja, no limiar da competência. Se é realizada fora dela, mas dentro da função, significa que o ato é ilegal, mas não significa que tal situação pode levar à responsabilidade da Administração Pública.[205]

Se a competência é a quantidade de poder atribuída a um determinado agente, sua distribuição deve ser feita por meio de determinado critério. Em verdade, a distribuição mencionada operará uma classificação pela via de um método. Para Maria Sylvia Zanella Di Pietro, a competência administrativa se subdivide da seguinte forma:

1. em razão da **matéria**, a competência se distribui em razão dos Ministérios (na esfera federal) e entre as Secretarias (nos âmbitos estadual e municipal);

2. em razão do **território**, distribui-se por zonas de atuação;

3. em razão do grau **hierárquico**, as atribuições são conferidas segundo o maior ou menor grau de complexidade responsabilidade;

4. em razão do **tempo**, determinadas atribuições têm que ser exercidas em períodos determinados, como ocorre quando a lei fixa prazo para a prática de certos atos; também pode ocorrer proibição em períodos definidos pela lei, como de nomear ou exonerar servidores em período eleitoral;

5. em razão do **fracionamento,** a competência pode ser distribuída por órgãos diversos, quando se trata de **procedimento** ou de atos **complexos,** com a participação de vários órgãos ou agentes.[206]

Cabe ainda referir que a competência deve ser exercida proporcionalmente, em especial quando se esteja diante de atos administrativos abalativos. Afinal, "[...] as competências administrativas só podem ser validamente exercidas na extensão e intensidade proporcionais ao que realmente seja demandado para cumprimento da finalidade de interesse público a que estão atreladas".[207] Quando um ato transborda a necessidade para o qual está atrelado, macula o interesse público e fica despido de legitimidade.

2. Aspectos objetivo e subjetivo

A competência administrativa é vista sob o aspecto *objetivo* como sendo a medida de poder apta à execução de determinado ato ou a permitir com que

---

[204] AMORIM, João Pacheco de; GONÇALVES, Pedro Costa; OLIVEIRA, Mário Esteves de. *Código do Procedimento Administrativo Comentado*. Coimbra: Almedina, 2006, p. 139.

[205] GORDILLO, Agustín. *Derecho administrativo de la economía*. Buenos Aires: Macchi, 1967, p. 82.

[206] *Op. cit.*, p. 214 [grifos no original].

[207] MELLO, Celso Antônio. *Curso de Direito Administrativo*. 28. ed. São Paulo: Malheiros, 2011, p. 110.

o Poder Público permaneça inerte – omissão. É o que se conhece por *competência funcional*.[208] Esta "medida", enfim, os limites da competência devem estar previstos em lei (ou em ato normativo que seja validamente permitida a utilização).

Do aspecto objetivo derivam algumas características:[209]

a) a competência deriva da lei ou da Constituição Federal, normas que terão a tarefa de disciplinar os modos e os meios para que se possa assim exercê-la;

b) logo, a pessoa que é titular da competência não possui direito subjetivo a ela, por justamente esta derivar da lei;

c) não é lícito que os agentes públicos sujeitem o exercício da competência a condições;

d) a competência não pode ser renunciada ou deixar de ser exercida. Então, ela não se resume em um *facultas agiendi*.

Sob o aspecto *subjetivo*, a competência administrativa seria a possibilidade de um determinado sujeito praticar certos atos. Seria a possibilidade deste agente ter ou não certas faculdades e certos direitos. No caso concreto, será avaliado se o sujeito que executa um ato administrativo não transborda os limites funcionais que lhe são togados.[210] Afinal, toda pessoa de direito público é uma estrutura administrativa com investiduras, enfim, possui uma determinada *posição* (subjetiva, claro), no limiar do organograma que distribui o feixe de competências.[211]

Combinando estes dois aspectos, pode-se perguntar se o agente público, quando investido, adquire direito à competência. A resposta é clara: a investidura não garante ao agente estatal direito subjetivo à competência.[212] "Evidente que, sendo a competência um plexo de poderes atribuído, por lei, a alguém, para que o desempenho em prol dos interesses públicos, o agente não adquire direito subjetivo a ela. É antes um dever que um direito".[213] Então, a competência é concebida como sinônimo de "dever", de "encargo". Aquele que recebe a competência não pode negá-la, salvo nos casos legalmente permitidos, como por exemplo, quando se está à frente de uma delegação.

Portanto, a competência nada mais é do que um *dever*, atribuído a alguém para o exercício de uma finalidade pública, sendo que esta pessoa possui obrigação de exercê-la, salvo previsão legal em contrário. Como bem menciona o administrativista argentino Agustín Gordillo, a competência administrativa consiste na "órbita de atuação" do Administrador Público.[214]

---

[208] Este conceito é adotado, por exemplo, por Ruy Cirne Lima: "Competência *lato sensu* se denomina, em direito público, a medida de poder que a ordem jurídica assina a uma determinada pessoa." (*Princípios de Direito Administrativo*. São Paulo: Malheiros, 1982, p. 139).

[209] Estes consectários foram adaptados daqueles expostos por Manoel de Oliveira Franco Sobrinho (*Op. cit.*, p. 228).

[210] DALLARI, Adilson de Abreu; FERRAZ, Sérgio. *Processo administrativo*. 3. ed. São Paulo: Malheiros, 2012, p. 171.

[211] CRETELLA JÚNIOR, José. *Tratado de Direito Administrativo*. Rio de Janeiro: Forense, v. 1, 1972, p. 90.

[212] LIMA, Ruy Cirne. *Op. cit.*, p. 140.

[213] OLIVEIRA, Régis Fernandes de. *Delegação e Avocação Administrativas*. 2. ed. São Paulo: Revista dos Tribunais, 2005, p. 44.

[214] *Op. cit.*, p. 86.

E se a competência deriva da lei ou da Constituição Federal, no limiar de uma organização previamente compilada, conclui-se ser ela necessariamente expressa. Logo, não se presume, não é tácita. Se deve existir um ato normativo que dê base à competência, naturalmente que a sua transferência, transmissão ou renunciabilidade devem ser, à guisa de ato normativo, de mesma natureza.

3. Irrenunciabilidade da competência (art. 11)

A competência administrativa, a exemplo das demais espécies de competência, é considerada privativa e indelegável, ou seja, irrenunciável. O principal argumento que é utilizado para fundamentar a impossibilidade de se transferir a competência recebida consiste no fato de o instituto em pauta ser reputado como sendo de ordem pública.[215] Esta é a regra, que, como era de se esperar, possui exceções a serem visualizadas na sequência, ou seja, nos casos de delegação e de avocação.[216]

As hipóteses delegação e de avocação constituem-se em exceções à irrenunciabilidade das competências atribuídas a determinado agente público, de acordo com a previsão expressa constante na parte final do artigo 11. Cada uma destas categorias jurídicas está prevista, respectivamente, nos artigos 12 a 14, e no artigo 15, todos da Lei nº 9.784/99. Por razões metodológicas, as ilustrações teóricas e derivações das duas exceções serão oportunamente feitas, quando dos comentários aos dispositivos mencionados.

E é plenamente legal a derrogação da competência nos limites das exceções legais mencionadas, porque a própria competência orgânica da Administração Pública pode ser definida por ato administrativo. Dessa forma, como bem aduz José Santos Carvalho Filho, a competência pode ser *primária*, quando derivada da *lei*, e *secundária*, quando disciplinada por *atos administrativos organizacionais*.[217] Então, se a competência pode ser distribuída por ato administrativo, também por ele pode ser derrogada.

A irrenunciabilidade deriva do princípio da legalidade, incidente em matéria de competência administrativa. Tanto a titularidade, como o exercício das funções públicas, estão conferidos legalmente a um determinado órgão. Assim, o referido *princípio da legalidade* impõe o exercício coercitivo e pessoal da competência atribuída.

O Código de Procedimento Administrativo de Portugal diferenciou *renúncia da competência* com *alienação desta*. Perceba: "1 – A competência é definida por lei ou por regulamento, e é irrenunciável e inalienável, sem prejuízo do disposto quanto à delegação de poderes e à substituição." E o dispositivo é complementado pelo item nº 2: "É nulo todo o acto ou contrato que tenha

---

[215] MEIRELLES, Hely Lopes. *Op. cit.*, p 156.

[216] "La competencia en razón del *grado* se refiere a la posición que ocupa un órgano dentro del orden jerárquico de la administración y, puesto que la competencia es en principio improrrogable, no puede el órgano inferior tomar la decisión que corresponde al superior y viceversa,1 salvo los casos de admisibilidad de la avocación y delegación." (GORDILLO, Agustín. *Tratado de derecho administrativo*. 9. ed. Buenos Aires: F.D.A., 2004, t. 3, p. VII-26).

[217] *Processo administrativo federal*. 5. ed. São Paulo: Atlas, 2013, p. 119.

por objecto a renúncia à titularidade ou ao exercício da competência conferida aos órgãos administrativos, sem prejuízo da delegação de poderes e figuras afins".

Para o Código português, a distinção é sentida na medida em que se interpreta que *renúncia* consiste na conduta daquele que abdica ou desiste de prosseguir nos poderes conferidos pela lei. A *alienação* da competência ocorre quando o agente público transfere para outrem toda ou parte da titularidade ou do exercício dos poderes a ele conferidos.[218] Para o direito brasileiro, a renúncia foi tratada no artigo 11 e é vedada. Já a transferência, nominada pela Lei nº 9.784/99 de "delegação", está prevista nos artigos 12 a 14, ou conferida por meio da "avocação", prevista no artigo 15.

Um caso interessante, apresentado por José Pacheco Amorim *et al.*,[219] consiste na impossibilidade de autovinculação administrativa, ou seja, quando a autoridade público se compromete a, no futuro, praticar um ato de determinada forma, em determinado momento, quando este deveria ser exercido de forma discricionária. Tal fato gera, indiretamente, uma renúncia de competência. Todos os atos desta natureza, ainda que feitos de forma indireta ou tácita, devem ser reputados nulos.

É irrelevante se a atividade material derivada da competência, ou seja, se a sua execução for levada a cabo pela própria autoridade pública ou por terceiros, ainda que de direito privado. Não se está, neste caso, a tratar de renúncia da competência outorgada. A titularidade do plexo de funções legalmente investido continua sendo do agente público, salvo quando a lei (ou outro ato normativo) autorize. A competência continua nas mãos da Administração Pública se esta permanece com o comando da atividade administrativa, como por exemplo, com os poderes de atuar ou não, de revisar, de desistir, etc.

Então, pode-se concluir que a competência administrativa não abarca modificações que sejam feitas de forma discricionária, porque é um elemento do ato administrativo reputado vinculado. É uma obrigação funcional do agente público, sendo que este não pode deixar de exercer o plexo de funções estabelecidos normativamente.[220]

A impossibilidade de se renunciar à competência atribuída advém do *princípio da função cogente*.[221] E o exercício obrigatório vincula aqueles que se submetem à atuação competente do agente estatal.[222] Então, a regra da irrenunciabilidade impõe uma ação estatal mínima.

---

[218] AMORIM, João Pacheco de; GONÇALVES, Pedro Costa; OLIVEIRA, Mário Esteves de. *Código do Procedimento Administrativo Comentado*. Coimbra: Almedina, 2006, p. 193.

[219] *Idem*.

[220] O que o funcionário público acha sobre a sua competência não interessa. Ele obrigatoriamente deverá exercê-la (JÈZE, Gaston. *Principios generales del derecho administrativo*. Buenos Aires: Depalma, 1982, v. 3, p. 189).

[221] O *princípio da função cogente* informa que cabe ao Estado tomar frente na promoção de atos no sentido de dar exequibilidade à função social das coisas. Se uma função existe, deve o agente público exercê-la, sendo esta ligada ao interesse público primário (CARVALHO, Raquel Melo Urbano de. *Curso de Direito Administrativo* – Parte Geral, Intervenção do Estado e Estrutura da Administração. Salvador: Juspodivm, 2008, p. 57-60).

[222] *Op. cit.*, p. 371.

Em verdade, o dispositivo em pauta estabelece a *legalidade na fixação da competência administrativa*, ou seja, sua delimitação ocorre pela via normativa ou por ato de uma regra derivado. Por exemplo, uma lei pode definir a competência, mas também, um ato ou um contrato administrativo,[223] desde que, previamente e especificamente, exista legislação autorizando a emissão deste ato ou deste contrato. De nada adiantaria a formatação legal de toda a distribuição de competência, se esta poderia, por simples ato do agente, ser renunciada. O Estado não cumpriria mais qualquer função pública, ficando relegado a um instrumento promocional das vontades particulares daqueles pretensos "agentes públicos".

A vedação de se renunciar à competência administrativa é complementada pelas disposições constantes no art. 2°, parágrafo único, inciso II, da Lei n° 9.784/99: "Nos processos administrativos serão observados, entre outros, os critérios de: (...) II – atendimento a fins de interesse geral, vedada a renúncia total ou parcial de poderes ou competências, salvo autorização em lei;". O dispositivo, na mesma linha do artigo 11, abre uma exceção, ou seja, nos casos expressamente previstos em lei, a renúncia da competência pode ser aceita.[224]

O Código do Procedimento Administrativo de Portugal, aprovado pelo Decreto-Lei n° 442/91, prevê semelhante dispositivo, ainda que contenha redação diversa:

Artigo 29°. Irrenunciabilidade e inalienabilidade

1. A competência é definida por lei ou por regulamento e é irrenunciável, sem prejuízo do disposto quanto à delegação de poderes e à substituição.

2. É nulo todo o acto ou contrato que tenha por objecto a renúncia à titularidade ou ao exercício da competência conferida aos órgãos administrativos, sem prejuízo da delegação de poderes e figuras afins.

A regra lusitana é mais analítica do que a brasileira, até porque prevê as consequências especificas que surgem quando se descumprem as disposições sobre a irrevogabilidade da competência. Além disso, a parte final aponta a uma categoria jurídica não prevista pela Lei n° 9.784/99, qual seja, a *substituição*.[225]

A renúncia da competência, quando autorizada por ato normativo, deve ter, ainda, as seguintes características: ser *parcial, excepcional, transitória e revogável*.[226] Não será aceita a delegação corriqueira de competência, mas somente nos casos em que sua manutenção na pessoa do titular possa ser mais prejudicial do que a transferência.

Além do mais, o exercício da competência administrativa deverá ser estrito. Não pode ser posto em prática para além das competências estabelecidas, como não pode ser exercido quando não existe competência estatal qualquer

---

[223] Por exemplo, um contrato de concessão.
[224] MARRARA, Thiago. *Op. cit.*
[225] Em verdade, a *substituição* é prevista no artigo 41° da Lei do Procedimento Administrativo português, e trata dos casos em que uma autoridade é trocada por outra, quando esta última não pode praticar certos atos.
[226] DALLARI, Adilson de Abreu; FERRAZ, Sérgio. *Processo Administrativo*. 3. ed. São Paulo: Malheiros, 2012, p. 174.

ao caso concreto, o que, neste último caso, configuraria usurpação de funções. Por isso que Carvalho Filho[227] defende que o particular tem o direito subjetivo de exigir que os atos administrativos sejam praticados nos limites do plexo de funções ao agente púbico alocado.

No mais, a renúncia da competência administrativa não se confunde com a discricionariedade, sendo figuras de direito administrativo inconfundíveis. A discricionariedade é o instituto que permite ao agente estatal escolher uma dentre várias soluções possíveis, diante do caso concreto, valorado pelo mérito administrativo.[228] Já a renúncia não é escolha, ou seja, não é ação, mas sim, omissão no exercício de uma função pública. A discricionariedade é opção, enquanto a renúncia é desistência.[229]

Por fim, importante fazer uma análise conjunta entre os artigos 11 e 12, da Lei nº 9.784/99, dada a evidente incongruência encontrada no limiar de seus textos. O artigo 11, na parte final, afirma que alteração da competência é lícita quando prevista expressamente em lei. Logo, para os limites desta regra, a competência somente pode ser alterada pela avocação ou pela delegação, isso quando uma norma autorizar de forma expressa.

Já o artigo 12 da Lei do Processo Administrativo Federal, dispõe que: "Um órgão administrativo e seu titular poderão, *se não houver impedimento legal*, delegar parte da sua competência a outros órgãos ou titulares [...]". A diferença é gritante, porque, aqui, a delegação pode acontecer a todo o momento, desde que não exista um impedimento legal, como, por exemplo, nas situações do artigo 13, desta mesma lei. No artigo 11, a delegação não é "livre", como no artigo 12, porque depende de uma previsão legal expressa.

Resumindo, no primeiro dispositivo pode-se fazer somente aquilo que a lei autoriza e, no segundo, tudo aquilo que a lei não veda. Diante deste contrassenso legislativo, o que deve ser feito? A solução deve ser encontrada no limiar do *telos* do dispositivo. Caso fosse exigida lei para que a delegação pudesse ser feita, o funcionamento da máquina administrativa ficaria inviabilizado. "Não se coaduna com o trâmite demorado do processo administrativo a celeridade inerente à execução das competências administrativas".[230]

Enfim, o poder de delegar deixaria de existir se dependesse de uma lei a cada vez que uma autoridade superior quisesse transferir sua competência ao inferior. Maria Sylvia Zanella Di Pietro, comentando a incongruência entre os dois dispositivos, afirma que:

> As características da inderrogabilidade e da possibilidade de delegação e avocação, já amplamente aceitas pela doutrina, constam hoje de norma expressa do direito positivo. A Lei nº 9.784/99 determina, no art. 11, que "A competência é irrenunciável e se exerce pelos órgãos administrativos a que foi atribuída como própria, salvo os casos de delegação e avocação legalmente admitidos."

---

[227] *Op. cit.*, p. 118.
[228] Segundo Hartmut Maurer, a *discricionariedade administrativa* advém de expressões legais como "pode..." ou "tem permissão de...". Então, os dois elementos do mérito confeririam um *poder discricionário de atuação* e outro *de seleção* (*Elementos de direito administrativo alemão*. Porto Alegre: Sérgio Fabris, 2001, p. 49).
[229] MARRARA, Thiago. *Op. cit.*, p. 34.
[230] CARVALHO, Raquel Melo Urbano de. *Op. cit.*, p. 266.

Embora o dispositivo dê a impressão de que a delegação somente é possível quando a lei permita, na realidade, o poder de delegar é inerente à organização hierárquica que caracteriza a Administração Pública, conforme visto no item 3.4.3.

A regra é a possibilidade de delegação; a exceção é a impossibilidade, que só ocorre quando se trate de competência outorgada com exclusividade a determinado órgão. Essa ideia está presente no artigo 12 da mesma lei, segundo o qual "um órgão administrativo e seu titular poderão, se não houver impedimento legal, delegar parte de sua competência a outros órgãos ou titulares, ainda que estes não lhe sejam hierarquicamente subordinados, quando for conveniente, em razão de circunstâncias de índole técnica, social, econômica, jurídica ou territorial".[231]

Assim, a autora considera que a delegação administrativa não depende de uma autorização expressa da lei, mas sim, reclama apenas que se tenha hierarquia. No momento em que existe um escalonamento de funções públicas, a delegação pode ser feita. Claro que este instituto não é um privilégio de órgãos com hierarquia, podendo plenamente ser percebida diante de agentes sem uma relação de subordinação – vide comentários ao artigo que sucede.[232] Portanto, entende-se que somente o critério do artigo 12 deve ser aplicado.

A necessidade de se ter ou não lei autorizando a delegação foi, por longos anos, objeto de discussão. Por exemplo, Oswaldo Aranha Bandeira de Mello já há muito considerava que: "[...] superior hierárquico, salvo lei que o proíba tem, implicitamente, a prerrogativa de delegar ao inferior hierárquico, a sua competência".[233] Então, entre órgãos com hierarquia, não se precisa de autorização legislativa. Mas entre órgãos paralelos, o autor considera imprescindível a previsão legal.[234] Posição da mesma forma defendida por Cáio Tácito, porque informa que o translado da competência pode derivar explícita ou implícita da lei.[235]

Já Enrique Silva Cimma[236] diz que a delegação depende de autorização legislativa, porque somente por ato normativo pode-se prever a competência estatal. No mesmo sentido, Jean Rivero.[237] Ao seu turno, Florestano Neto,[238] comentando a Lei nº 9.784/99, diz ser imprescindível a autorização legislativa expressa para que se tenha a delegação administrativa. Mas, a par da divergência doutrinária, não há que se falar em necessidade de autorização legislativa para verter-se o poder de delegação, na linha do texto do artigo 12.

Então, toda a vez que existirem pressupostos fáticos, técnicos, sociais, etc., bem como estejam preenchidos os requisitos formais e não haja impedimento legal, a delegação será possível. No limiar dos comentários ao artigo 12, *caput*, que seguem, são expostos outros argumentos a respeito do tema.

---

[231] *Direito Administrativo*. 26. ed. São Paulo: Atlas, 2013, p. 213.

[232] Celso Antônio Bandeira de Mello também aponta a incompatibilidade entre os dois dispositivos (*Curso de Direito Administrativo*. 28. ed. São Paulo: Malheiros, 2011, p. 517).

[233] *Princípios Gerais de Direito Administrativo*. Rio de Janeiro: Forense, 1969, v. 2. p. 122.

[234] *Idem*.

[235] *Op. cit*.

[236] *Derecho Administrativo Chileno y Comparado*. Santiago: Jurídica de Chile, 1969, v. 2, p. 120.

[237] *Droit Administratif*. Paris: Dalloz, 1970, p. 326.

[238] Passagem retirada da obra: FIGUEIREDO, Lúcia Valle (Coord.). *Comentários à Lei Federal de Processo Administrativo*: Lei nº 9.784/99. Belo Horizonte: Fórum, 2004, p. 101.

Contudo, um adendo deve ser feito. A *competência punitiva*, também conhecida como o *poder sancionador*, não é passível de delegação por simples ato administrativo, mas sim, somente quando existir previsão legal expressa. Aquele que comente uma falta disciplinar, e esteja na iminência de ser acusado no âmbito administrativo, tem direito subjetivo público de ser processado e julgado pela autoridade previamente designada pela lei.

Jurisprudência

Quando o poder conferido a um determinado órgão ou entidade e distribuído pelas autoridades que o integram, sob o critério de hierarquia, nenhuma delas, seja a de grau inferior, seja a de grau superior, pode realizar ato valido na esfera de competência da outra, se inexiste lei que autorize a atividade de que se trata. A competência administrativa, sendo um requisito de ordem pública, e intransferível e improrrogável ad nutum do administrador, só podendo ser delegada ou avocada de acordo com a lei regulamentadora da Administração. (STF, MS 21.117-DF, Rel. Min. Ilmar Galvão, Tribunal Pleno, j. 28/05/1992).

ADMINISTRATIVO. RECURSO ESPECIAL. IMPORTAÇÃO IRREGULAR DE BENS. PENA DE PERDIMENTO. COMPETÊNCIA DO DELEGADO DA RECEITA FEDERAL. DELEGAÇÃO. ART. 690 DO DECRETO Nº 4.543/2002. POSSIBILIDADE. ART. 12 DA LEI N. 9.784/99. VIOLAÇÃO AOS ARTIGOS 334, 364 E 365 DO CPC. AUSÊNCIA DE PREQUESTIONAMENTO. SÚMULA N. 7 DO STJ. NECESSIDADE DE REEXAME FÁTICO-PROBATÓRIO. AUSÊNCIA DE VIOLAÇÃO AOS ARTIGOS 128, 460, 515, §§ 1º E 2º, 535 E 458 DO CPC. 1. Caso em que se discute a legitimidade da aplicação pelo Delegado da Receita Federal da pena de perdimento de bens, por constatação de irregularidades na importação de bens, consistente em subfaturamento das mercadorias e no uso de fatura comercial falsa. 2. Não houve debate nas instâncias ordinárias quanto à matéria constante dos artigos 334, 364 e 365 do CPC, bem como a do art. 117, III, da Lei n. 8.112/90, o que atrai, por analogia, a incidência do entendimento sedimentado na Súmula n. 282 do STF, no sentido de que "é inadmissível o recurso extraordinário, quando não ventilada, na decisão recorrida, a questão federal suscitada". (...) 7. Quanto às apontadas violações ao artigo 27, § 4º, do Decreto-Lei n. 1.455/76 e aos artigos 11 e 13 da Lei n. 9.784/99, melhor sorte não socorre a recorrente. Isso, porque a delegação de competência para a aplicação da pena de perdimento disposta no art. 690 do Decreto nº 4.543/2002, vigente à época, mostra-se em consonância com a legislação aplicável à matéria e com o art. 12 da Lei n. 9.784/99. 8. Recurso especial parcialmente conhecido e, nessa parte, não provido. (STJ, REsp. 1.135.711-SC, Rel. Min. Benedito Gonçalves, Primeira Turma, j. 8/9/2009).

Por não ter competência administrativa para a prática do ato atacado, fica, portanto, afastada a legitimação passiva do Procurador-Chefe da Fazenda Nacional. A "teoria da encampação" não pode ser invocada quando, como no caso, a autoridade apontada como coatora (e que "encamparia" o ato atacado), não mantém qualquer relação de hierarquia com a que deveria, legitimamente, figurar no processo. Não se pode ter por eficaz, juridicamente, qualquer "encampação" (que melhor poderia ser qualificada como usurpação) de competência por autoridade incompetente para a prática do ato requerido. (STJ, REsp. 692.973-RJ, Rel. Min. Teori Albino Zavascki, Primeira Turma, j. 27/5/2008).

ADMINISTRATIVO. PROCESSO DISCIPLINAR. PENA DE DEMISSÃO. NULIDADES. ARTIGO 53, § 1º, DA LEI Nº 4.878/65. VÍCIO DE COMPETÊNCIA. OCORRÊNCIA. PRECEDENTE ESPECÍFICO. 1. A instauração de comissão provisória, nas hipóteses em que a legislação de regência prevê expressamente que as transgressões disciplinares serão apuradas por comissão permanente, inquina de nulidade o respectivo processo administrativo por inobservância dos princípios da legalidade e do juiz natural. 2. Precedente. 3. Ordem concedida. (STJ, MS 10.585-DF, Rel. Min. Paulo Gallotti, Terceira Seção, j. 13/12/2006).

Referências

AMORIM, João Pacheco de; GONÇALVES, Pedro Costa; OLIVEIRA, Mário Esteves de. *Código do Procedimento Administrativo Comentado*. Coimbra: Almedina, 2006.

BARROS, Wellington Pacheco. *Curso de processo administrativo*. Porto Alegre: Livraria do Advogado, 2005.

CARVALHO, Raquel Melo Urbano de. *Curso de Direito Administrativo* – Parte Geral, Intervenção do Estado e Estrutura da Administração. Salvador: Juspodivm, 2008.

CARVALHO FILHO, José Santos. *Processo administrativo federal*. 5. ed. São Paulo: Atlas, 2013.

CATALDI, Giuseppe. *Il procedimento amministrativo nei suoi attuali orientamenti giuridici e non giuridici*. Milano: Dott. A. Giuffré, 1967.

Art. 12

CIMMA, Enrique Silva. *Derecho Administrativo Chileno y Comparado*. Santiago: Jurídica de Chile, 1969, v. 2.

COMADIRA, Julio R. *Procedimiento administrativo y denuncia de ilegitimidad*. Buenos Aires: Abeledo--Perrot, 1996.

CRETELLA JÚNIOR, José. *Tratado de Direito Administrativo*. Rio de Janeiro: Forense, v. 1, 1972.

DALLARI, Adilson de Abreu; FERRAZ, Sérgio. *Processo administrativo*. 3. ed. São Paulo: Malheiros, 2012.

——. O uso do solo metropolitano, *Revista de Direito Público*, nº 14, 1970.

DI PIETRO, Maria Sylvia Zanella. *Direito Administrativo*. 26. ed. São Paulo: Atlas, 2013.

DROMI, José Roberto. *Derecho subjetivo y responsabilidad publica*. Madrid: Editorial Grouz, 1986.

FIGUEIREDO, Lúcia Valle (Coord.). *Comentários à Lei Federal de Processo Administrativo*: Lei nº 9.784/99. 2. ed. Belo Horizonte: Fórum, 2009.

FRANCESCHETTI, Paolo. *Corso di diritto ammnistrativo*. Milano: Casa Editrice La Tribuna, 2002.

FRANCO SOBRINHO, Manoel de Oliveira. *Da competência administrativa*. São Paulo: Resenha Universitária, 1977.

GORDILLO, Agustín. *Derecho administrativo de la economía*. Buenos Aires: Macchi, 1967.

——. *Tratado de derecho administrativo*. 9. ed. Buenos Aires: F.D.A., 2004, t. 3.

IPSEN, Jörn. *Alligemeines Verwaltungsrecht*. 5. Aulf. Colônia: Munique, Carl Heymann, 2007.

JÈZE, Gaston. *Principios generales del derecho administrativo*. Buenos Aires: Depalma, 1982, v. 3.

CIRNE LIMA, Ruy, Princípios de Direito Administrativo, 6. ed. São Paulo: Revista dos Tribunais, 1987.

MANCUSO, Rodolfo de Camargo. *Ação Popular*. São Paulo: Revista dos Tribunais, 1996.

MARRARA, Thiago. Competência, delegação e avocação na LPA. *Revista Brasileira de Direito Público*. Belo Horizonte: Fórum, n. 8, v. 29, 2010, p. 29-50.

MAURER, Hartmut. *Elementos de direito administrativo alemão*. Porto Alegre: Sergio Fabris, 2001.

MEIRELLES, Hely Lopes. *Direito Administrativo Brasileiro*. 37. ed. São Paulo: Malheiros, 2011.

MELLO, Celso Antônio Bandeira de. *Curso de Direito Administrativo*. 28ª ed. São Paulo: Malheiros, 2011.

MELLO, Oswaldo Aranha Bandeira de. *Princípios Gerais de Direito Administrativo*. Rio de Janeiro: Forense, 1969, v. 2.

OLIVEIRA, Régis Fernandes de. *Delegação e Avocação Administrativas*. 2. ed. São Paulo: Revista dos Tribunais, 2005.

RIVERO, Jean. *Curso de Direito Administrativo Comparado*. São Paulo: Revista dos Tribunais, 2004.

——. *Droit Administratif*. Paris: Dalloz, 1970.

TÁCITO, Caio. *Temas de Direito Público* (Estudos e Pareceres). Rio de Janeiro: Renovar, v. 1, 1997.

UYEDA, Massami. *Da competência em matéria administrativa*. São Paulo: Cone, 1997.

Artigo 12

Um órgão administrativo e seu titular poderão, se não houver impedimento legal, delegar parte da sua competência a outros órgãos ou titulares, ainda que estes não lhe sejam hierarquicamente subordinados, quando for conveniente, em razão de circunstâncias de índole técnica, social, econômica, jurídica ou territorial.

Parágrafo único. O disposto no *caput* deste artigo aplica-se à delegação de competência dos órgãos colegiados aos respectivos presidentes.

SUMÁRIO: 1. Hierarquia administrativa; 1.1. Poder hierárquico; 2. Delegação; 2.1. Da subdelegação; 2.2. Casos em que não se visualiza a possibilidade de delegação administrativa; Jurisprudência; Referências.

1. Hierarquia administrativa

A palavra "hierarquia" deriva do grego, sendo que *hierós* significa "sagrado" e *arkhía*, "comando". Então, etnologicamente, hierarquia possui como acepção "comando sagrado". Transportando ao âmbito jurídico, hierarquia representa *comando, subordinação, escalonação, dependência*.[239] Para que esse escalonamento e esse comando existam, há a necessidade de que se tenham graus de superioridade para com graus de inferioridade. Em termos simples: que existam funções de comando e de obediência, de decisão e de cumprimento.

E este escalonamento, com as implicações que dele derivam, existe no limiar do Estado. O ente público é organizado quase que na sua totalidade, para não dizer em cem por cento dos casos, diante de uma "pirâmide hierárquica", no qual existem graus de mando e, em contrapartida, de subordinação. Por lógico, o grau superior pode determinar ordens e, quiçá, organizar plenamente o órgão inferior. A hierarquia administrativa marca tão fortemente as relações no limiar do Poder Público, que Ruy Cirne Lima chega a dizer que ela "[...] é essencial à organização administrativa".[240]

A hierarquia administrativa organiza o ente estatal em *níveis de competência*. E essa premissa é, em verdade, ainda que de forma implícita, derivada do texto do artigo 12. Esta organização mencionada pode ser encontrada nas esferas da federação (União, Estados, Município e Distrito Federal) e em cada ente administrativo autônomo (autarquias, fundações públicas, empresas públicas, sociedades de economia mista, etc.).

No momento em que estas entidades cada vez mais se desconcentram, a fim de atender às pretensões da comunidade em que se inserem, é necessário organizar estruturalmente o plexo de relações entre os órgãos que tratam de dar cabo às referidas demandas sociais. A eficiência na prestação do serviço público não advém somente de uma organização territorial, mas também de uma prévia divisão orgânica de tarefas em nível vertical, fato que permite com que possa existir uma melhor fiscalização e ordenação.[241]

Assim, a hierarquia administrativa passa a ser quase que uma decorrência lógica do escalonamento na distribuição de competências. Dentro desta verticalidade, surgem relações de subordinação, onde se encontram aqueles que mandam e aqueles que devem obediência. "*Hierarquia* pode ser definida como o vínculo de autoridade que une órgãos e agentes, através de escalões sucessivos, numa relação de autoridade, de superior a inferior, de hierarca a subalterno",[242] sendo que este poder é exercido de forma *contínua* e *permanente*.[243]

Massami Uyeda assim discorre: "É através do poder hierárquico que a Administração Pública distribui e escalona as funções de seus órgãos. ordena e revê a atuação de seus agentes. estabelece a relação de subordinação entre os servidores de seu quadro de pessoal".[244] No limiar da Lei do Processo Administrativo Federal, os artigos 12 a 15 disciplinam a distribuição vertical da

---

[239] UYEDA, Massami. *Da competência em matéria administrativa*. São Paulo: Cone, 1997, p. 119.

[240] LIMA, Ruy Cirne. *Princípios de Direito Administrativo*. São Paulo: Revista dos Tribunais, 1987, p. 153. O autor ainda menciona que: "Quando se considera a vastidão da tarefa do Estado e, ainda que em proporções menores, a das demais pessoas administrativas, percebe-se, desde logo, a impossibilidade de alguns indivíduos, apenas, a desempenharem." (*Idem*).

[241] GINGENA, Julio Isidro Altamira. *Lecciones de derecho administrativo*. Córdoba: Advocatus, 2005, p. 92.

[242] MELLO, Celso Antônio. *Curso de Direito Administrativo*. 28. ed. São Paulo: Malheiros, 2011, p. 150.

[243] OTERO, Paulo. *Conceito e fundamento da hierarquia administrativa*. Coimbra: Coimbra Editora, 1992, p. 382.

[244] *Op. cit.*, p. 120.

competência administrativa,[245] enquanto o artigo 16 trata, ainda que não detalhadamente, da distribuição horizontal.

1.1. Poder hierárquico

O poder hierárquico assenta-se, essencialmente, em dois elementos que lhe são fundantes: o*bediência* e *disciplina*. Em síntese, concentra-se no fato de o superior poder expedir ordens ao subordinado, que as deve cumprir no interesse da função pública. Tendo em vista que há o escalonamento competências na Administração Pública, obtendo-se, claro, níveis inferiores e superiores, surgem relações de autoridade. Estas relações informam quem ordena e quem recebe a ordem. Diante deste quadro, surge o chamado *poder hierárquico*.[246]

Esse múnus desdobra-se nas seguintes prerrogativas:

a) possibilidade que o superior hierárquico dirija e determine a ação do subordinado. Está potestade surge com expressa previsão legal;

b) possibilidade de se ditarem normas de caráter interno, organizando e disciplinando o órgão no qual o agente atua;

c) função de vigilância e de fiscalização sobre os atos praticados pelos agentes inferiores, que pode ser exercida de ofício ou por provocação;

d) atribuição de resolução de conflitos entre agentes ou órgãos subordinados.

É importante mencionar que não se vislumbra a existência de poder hierárquico na relação entre os entes da Administração Pública Indireta e os entes da Administração Pública Direta. Enfim, os entes políticos que criaram uma autarquia, uma fundação, uma empresa pública, uma sociedade de economia mista, um consórcio público, etc., não possuem qualquer superioridade hierárquica para com todas estas instituições. A relação evidenciada neste aspecto é de mera *coordenação*.

Impossível perceber uma relação de subordinação neste caso, pelo fato dos entes da Administração Pública Indireta deterem *autonomia*. Além disso, seria ilógico conferir personalidade jurídica própria às referidas instituições e, ao mesmo tempo, pretender sua subordinação ao ente criador. *Não é à toa que o dispositivo em pauta cuidou de tratar da delegação exclusivamente entre órgãos.*

2. Delegação

Entendia-se que a *delegação administrativa* ocorria quando se operava a transferência do exercício de uma competência de um órgão superior a um inferior. Contudo, o artigo 12 rompe com esta premissa, porque sua parte final permite a delegação, "[...] a outros órgãos ou titulares, ainda que estes não lhe sejam hierarquicamente subordinados, quando for conveniente, em razão de circunstâncias de índole técnica, social, econômica, jurídica ou territorial".

---

[245] Enfim, seu escalonamento em níveis hierárquicos.
[246] FRAGA, Gabino. *Derecho administrativo*. México: Porrúa, 1969.

O que muda? As opções. A delegação pode ser feita em outras situações que não somente naquelas em que exista subordinação, desde que o interesse público incline para esta transferência de competência. É bom que se diga que não mudam as características do ato administrativo delegatório, a seguir relatadas. Tanto em uma transferência de competência administrativa entre órgãos subordinados, como entre órgãos não subordinados, a delegação possui os mesmos consectários. Exemplificando, a delegação continuará a operar em situações excepcionais e será feita entre órgãos, sem que se crie uma nova pessoa jurídica, etc.

A delegação, assim, deixa de ser um mecanismo inserido somente no limiar da hierarquia administrativa, muito embora opere com muito mais frequência no âmbito de uma relação de subordinação. Dessa forma, a *delegação administrativa* passa a ser uma ferramenta de *alteração de competência.*[247] Não é a toa que Oswaldo Aranha Bandeira de Mello conceituava a delegação, dizendo que esta consiste "[...] no ato jurídico pela qual o titular de um cargo público transfere a titular de outro cargo público o exercício da competência que, legal ou constitucionalmente lhe fora atribuída".[248] Perceba que o autor sintetiza seu conceito de delegação sem fazer qualquer elo com a hierarquia administrativa.

Mais sintética ainda é a definição de Flaminio Franchini, pois diz que a delegação é *a transferência de funções próprias de um órgão a outro.*[249] Para arrematar, expõe-se um conceito hermético de delegação administrativa, formulado por Régis Fernandes de Oliveira: é "[...] é a transferência do exercício da competência, constitucional ou legal, de um órgão ou agente a outro, no interior ou fora de uma pessoa jurídica, em caráter precário".[250]

Contudo, há outros autores que optam por atrelar o poder de delegação à hierarquia administrativa, como Agustin Gordillo: "La delegación de competencia es una decisión del órgano administrativo a quien legalmente aquélla le corresponde, por la cual transfiere el ejercicio de todo o parte de la misma a un órgano inferior".[251] Na mesma linha, Enrique Silva Cimma: "A delegação é um ato pelo qual um órgão superior translada sua competência a um órgão inferior".[252] Estes conceitos, claro, não são adotados pelo dispositivo ora comentado.

Já o Código de Procedimento Administrativo português valeu-se, no caso, de um meio-termo. Quando se tratar de subordinado, a delegação sempre será permitida – item "2" do artigo 35º. Caso não exista hierarquia, a delegação somente poderá ser feita quando existir autorização legal expressa.

Artigo 35º. Da delegação de poderes

1. Os órgãos administrativos normalmente competentes para decidir em determinada matéria podem, sempre que para tal estejam habilitados por lei, permitir,

---

[247] "[...] o poder de delegação é suscetível de existir mesmo entre órgãos não hierarquizados." (OTERO, Paulo. *Op. cit.*, p. 244.
[248] *Princípios gerais do direito administrativo*. Rio de Janeiro: Forense, 1969, v. 2, p. 122.
[249] *La delegazione di competenza*. Milão: Dott. A Giufrrè, 1950, p. 12.
[250] *Delegação e Avocação Administrativas*. 2. ed. São Paulo: Revista dos Tribunais, 2005, p. 57.
[251] *Tratado de Derecho Administrativo*. 9. ed. Buenos Aires: F.D.A., 2004, t. 1, p. XII-14.
[252] *Derecho Administrativo Chileno y Comparado*. Santiago: Jurídica de Chile, 1969, v. 2, p. 119.

através de um acto de delegação de poderes, que outro órgão ou agente pratique actos administrativos sobre a mesma matéria.

2. Mediante um acto de delegação de poderes, os órgãos competentes para decidir em determinada matéria podem sempre permitir que o seu imediato inferior hierárquico, adjunto ou substituto pratiquem actos de administração ordinária nessa matéria.

Mas o que pode se perceber de comum em ambas as definições, seja inserindo ou não o critério da hierarquia no limiar da delegação, é a presença da *transferência de funções administrativas*. Além disso, há a necessidade de se ter uma relação entre dois órgãos. Com muita propriedade, Massami Uyeda sintetizou as características básicas do instituto da delegação administrativa.

A delegação de competência é, portanto, uma forma de transferência da competência administrativa e o agente delegante só pode transferir a competência que detém. Daí que, na prática, o instituto da delegação apresenta-se com os seguintes traços característicos:

a) por não se conceber a figura da auto-delegação é necessária a existência de dois agentes públicos. o delegante e o delegado; b) que haja um conjunto de atribuições relacionadas à autoridade delegante; c) que a delegação administrativa se consubstancie em um ato formal e escrito, no qual se fundamente o ato da delegação; d) que a autoridade delegada tenha, por seu lado, competência para receber a delegação; e) que a delegação seja parcial, pois a autoridade delegante não pode despojar-se da totalidade de suas atribuições. Finalmente, a delegação há de ser publicada para ter eficácia jurídica.[253]

O artigo 12, *caput* e parágrafo único, conferiram uma *habilitação genérica* de delegação de competências. A habilitação mencionada abrange inclusive os órgãos colegiados. Então, o instituto em pauta cria uma relação jurídica nova, entre delegante e (sub)delegado, traduzindo vínculos específicos. Mesmo que outrora, entre os dois agentes, existisse uma relação de hierarquia, ainda assim a delegação causa, por assim dizer, uma "novação" na relação entre ambos – para pegar emprestado o conceito de Direito Civil.

Carlos Ari Sundfeld resume com muita propriedade as diretrizes da delegação da competência no âmbito da Lei do Processo Administrativo Federal:

a) a delegação pode ser feita apenas entre órgãos ou autoridades administrativas (art. 12, *caput*), de modo que a passagem da competência para um ente não integrante da Administração (como sindicatos, associações, concessionárias, etc.) dependerá de fundamento legal específico; b) não é necessária a existência de relação hierárquica entre órgão ou autoridade delegante e o delegatário (art. 12, *caput*); c) é vedada a delegação da totalidade da competência de um órgão ou autoridade (art. 12, *caput*); d) são indelegáveis, além das competências que a norma de atribuição classifique como "exclusivas" da autoridade ou órgão, também as relativas à edição de atos normativos e decisão de recursos administrativos (art. 13).[254]

---

[253] *Op. cit.*, p. 141.
[254] Processo e procedimento administrativo no Brasil. In: SUNDFELD, Carlos Ari; MUÑOZ, Guillermo Andrés (Coords.). *As leis de processo administrativo:* Lei Federal 9.784/99 e Lei Paulista 10.177/98. São Paulo: Malheiros, 2006, p. 31.

Já Régis Fernandes de Oliveira menciona que seriam estes os requisitos da delegação administrativa:

> a) norma constitucional ou legal autorizativa; b) competência explicita do delegante, ou seja, que ele esteja investido da competência que transfere; c) dois órgãos ou agentes indicados na lei ou pela Constituição; d) forma expressa e escrita do ato; e) matéria delegável permitida; f) necessidade de transferência das atribuições, de acordo com as finalidades encampadas no ordenamento jurídico; e g) publicação do ato.[255]

Marcello Caetano,[256] ao seu turno, afirma que a delegação administrativa é uma espécie de *autorização* dada de um órgão a outro, para a prática de determinada atividade. Um dos primeiros dispositivos que informam diretrizes acerca do instituto em pauta é o artigo 84, parágrafo único, da Constituição Federal.[257] Complementa o dispositivo mencionado, os artigos 11 e 12 do Decreto-Lei nº 200/67.[258]

Como bem leciona Régis Fernandes de Oliveira, a finalidade principal da delegação administrativa "[...] é possibilitar que as soluções cheguem com mais urgência e rapidez à realidade fática que deve ser atendida pela Administração Pública".[259] Então, o fundamento primeiro da delegação administrativa deriva de uma ordem prática, enfim, de um pragmatismo imediato, cumpridor de uma necessidade social latente. Uma necessidade que reconhece que a conduta a ser praticada deva ser executada por outra autoridade que não aquela originariamente competente.

A fim de evitar a inércia da Administração Pública, transferem-se certas funções a outros órgãos, primando pela eficiência no desempenho dos misteres estatais. As necessidades sociais impõem esta delegação.

Ainda, merece ser repetida a contradição encontrada nos textos dos artigos 11 e 12, *caput*, mencionada nos comentários ao artigo 11. Enquanto o primeiro dispositivo faz crer que a delegação somente acontece com expressa previsão legal, ou seja, somente quando a lei assim autorizar, o artigo em pauta menciona que o poder de delegação ocorre a par de uma previsão legal. Somente seria vedado na situação de a lei impedir expressamente. Enquanto no primeiro caso, a delegação requer autorização legal, no segundo, pode sempre, desde que não exista impedimento legal.

Também, nos comentários ao artigo precedente, percebeu-se que deve ser adotada a disciplina do artigo 12, por inúmeros motivos. Logo, o poder de

---

[255] *Op. cit.*, p. 60.

[256] *Manual de Direito Administrativo*. Rio de Janeiro: Forense, 1970, v. 1, p. 220.

[257] Parágrafo único. O Presidente da República poderá delegar as atribuições mencionadas nos incisos VI, XII e XXV, primeira parte, aos Ministros de Estado, ao Procurador-Geral da República ou ao Advogado-Geral da União, que observarão os limites traçados nas respectivas delegações.

[258] Art. 11. A delegação de competência será utilizada como instrumento de descentralização administrativa, com o objetivo de assegurar maior rapidez e objetividade às decisões, situando-as na proximidade dos fatos, pessoas ou problemas a atender. Art . 12 . É facultado ao Presidente da República, aos Ministros de Estado e, em geral, às autoridades da Administração Federal delegar competência para a prática de atos administrativos, conforme se dispuser em regulamento. Parágrafo único. O ato de delegação indicará com precisão a autoridade delegante, a autoridade delegada e as atribuições objeto de delegação. (Os referidos dispositivos são regulamentados pelo Decreto nº 83.937, de 6 de setembro de 1979.).

[259] *Op. cit.*, p. 103.

delegação é inerente à atividade administrativa, não necessitando de previsão legal para tal.

Além disso, não se confunde a delegação da competência administrativa, em sentido estrito, com a delegação da prestação direta do serviço público. Esta última será transferida a um particular ou a entidade da administração indireta, por meio de descentralização administrativa, na linha do que preceitua o artigo 21, inciso XII, da Constituição Federal.[260]

A diferença da delegação para com a desconcentração consiste no fato de a primeira ser feita por ato administrativo, enquanto que a segunda, por ato legislativo. Na desconcentração, a lei subtrai certa competência de um órgão, criando outro. Quando se está diante de uma delegação administrativa, ao revés, a relação estabelecida é entre dois órgãos, sendo que um transfere ao outro o *exercício* de uma determinada tarefa, cuja faculdade de supervisão se mantém por parte do agente delegante.

Na desconcentração, o poder de controle é muito menor.[261] Outra diversidade que pode ser estabelecida consiste no fato de que, na delegação, a retomada da competência pode acontecer a qualquer momento. Na desconcentração, a retomada não pode ser feita a qualquer momento. Dependeria de uma nova proposta legislativa.

Contudo, ambas as formas implicam uma nova repartição de competências, que representa e constitui uma organização própria dos entes estatais.[262] Nada impede que os dois institutos sejam aplicados conjuntamente.

A delegação atua, então, como uma ferramenta de distribuição da competência administrativa, com o intuito de situar a Administração Pública próxima dos fatos, ou melhor, perto da realidade. O ato de delegação deverá indicar, pormenorizadamente: a) o objeto, ou seja, o que se está a transferir, enfim, as atribuições; b) a autoridade delegante; c) a autoridade delegada. Um elemento que não necessariamente constará no ato delegatório, mas que deverá estar presente, preenchendo o suporte fático do ato administrativo pertinente, consiste na finalidade pública. Então, as atribuições delegadas devem atender a uma finalidade estatal, até porque a competência existe em razão de uma finalidade. Delegar aquela presume que se tenha uma intenção pública ainda mais evidente (ou maior, ou nova) do que aquela que permeava o recebimento da competência originariamente. Em melhores termos, uma finalidade pública originária definia que certo agente deveria exercer uma determinada função. Após, com base em outra realidade, percebe-se que o interesse público reclama que o ato fosse exercido por outro agente, sendo que este, pela via da delegação, recebe a competência.

Previsão similar pode ser percebida diante dos termos do Decreto nº 83.937/79, com as inúmeras alterações que seguiram. O ato normativo em

---

[260] UYEDA, Massami. *Op. cit.*, p. 140. Continua o autor afirmando que: "[...] o princípio da moderna ciência da administração que se tomem decisões próximas dos interesses particulares. A comunidade acha-se distanciada dos focos de emanação do poder. Sente-se longe do atendimento de seus anseios e reclama da morosidade burocrática na satisfação de seus interesses e necessidades imediatas." (*Idem*).

[261] FAZIO, Guisseppe. *La delega amministrativa e i rapporti di delegazione*. Milão: Giuffrè, 1964, p. 32.

[262] FRANCHINI, Flaminio. *Op. cit.*, p. 28.

questão destaca a forma com que o ato de delegação das competências administrativas deve ser constituído.

> Artigo 211. O ato de delegação, que será expedido a critério da autoridade delegante, indicará a autoridade delegada, as atribuições objeto da delegação e, quando for o caso, o prazo de Vigência, que, na omissão, ter-se-á por indeterminado.
>
> Parágrafo único. A delegação de competência não envolve a perda, pelo delegante, dos correspondentes poderes, sendo-lhe facultado, quando entender conveniente, exercê-los mediante avocação do caso, sem prejuízo da validade da delegação. (Parágrafo incluído pelo Decreto nº 86.377, de 17.9.1981).

O parágrafo único mencionado informa um princípio básico no limiar do processo de transferência das competências administrativas pela via da *delegação: não há que se falar em perda da titularidade*. Então, conclui-se que se delega o *exercício* da competência, nunca sua titularidade. A premissa desenvolvida acaba por tributar a prova de que uma das características da delegação resume-se no fato de que esta é transitória e excepcional.[263]

Segundo a parte final do artigo 12, *caput*, a delegação administrativa pode ocorrer por motivos de ordem *econômica*, como no caso de ser delegada a pesquisa científica em local distante do centro de estudos, ainda que para uma autoridade de hierarquia inferior. Neste caso, os recursos públicos seriam racionalizados, evitando-se o custo no deslocamento dos pesquisadores e, quem sabe, pagamento de diárias. Tal premissa compreende, de fato, o *princípio da eficiência*.

A transferência de uma função pode, ainda, operar por razões de ordem *territorial*. Imagine se todos os cidadãos brasileiros tivessem de tirar seu passaporte somente na cidade de Brasília. Assim, viável a delegação de tal serviço público a inúmeras repartições da Polícia Federal, espalhadas pelo território nacional. A delegação por motivos territoriais, em suma, é uma derivação ou está concatenado com os demais.

A delegação pode existir por motivos *técnicos*. Imagine que um órgão ambiental, responsável por investigar determinada situação, necessite de uma análise laboratorial. Poderá delegar a prática deste ato a um experto, ainda que privado.

Os motivos *sociais* para transmitir uma competência administrativa são lastreados em uma finalidade caracteristicamente coletiva. Típico é o caso dos serviços de inspeção de veículos automotores, transferidos até mesmo a particulares. Tais préstimos são aproximados das pessoas e passam a contar, quiçá, com uma rapidez e eficiência ainda maior.

Ainda, a transferência de competência administrativa pode se dar em face de critérios *jurídicos*. Neste caso, o Poder Público visará à pacificação conflitos, ainda que potenciais. Por exemplo, delegam-se certas tarefas a órgãos que possuem maior intimidade com o Poder Judiciário e estão preparados para conferir uma interpretação razoável à norma.

---

[263] José dos Santos Carvalho Filho diz que não só a delegação deve ser reputada como uma figura excepcional, mas, da mesma forma, a avocação assim deve ser compreendida, nos limites e motivos legalmente informados. (*Manual de Direito Administrativo*. 25. ed. São Paulo: Atlas, 2012, p. 108).

Por fim, cumpre salientar que o parágrafo único determina a aplicação das disposições da cabeça do artigo 12 nas delegações feitas por órgãos colegiados ao seu respectivo presidente. Muito comum nos órgãos que sejam compostos por inúmeros agentes. Para melhor desempenho de suas funções, a prática de certos atos passa ao presidente. A este caberá, em determinados casos previstos em lei, a representação do colegiado. Em certas situações seria burocrático ao extremo, senão impraticável, que se colhesse a manifestação de todos os membros do colegiado. Então, o presidente deste passa a atuar em nome e por conta do órgão.

Contudo, esta "representação" deverá possuir os mesmos elementos da delegação de competências. Logo, salvo impedimento legal, quando for conveniente, em razão de circunstâncias de índole técnica, social, econômica, jurídica ou territorial, poderá o presidente de um órgão colegiado atuar em nome deste.

O artigo 35°, número 3, do Código de Procedimento Administrativo de Portugal foi mais além: "3 – O disposto no número anterior vale igualmente para a delegação de poderes dos órgãos colegiais nos respectivos presidentes, salvo havendo lei de habilitação específica que estabeleça uma particular repartição de competências entre os diversos órgãos.". Perceba-se que a ressalva final veio a excepcionar as normas de organização local. Caso uma regra específica já tenha delimitado a divisão de competências, esta prevalece, impedindo eventual delegação.[264]

2.1. Da subdelegação

A par da omissão legislativa a respeito, defende-se que o ato de delegar pressupõe a autoridade para subdelegar, desde que não exista previsão legal expressa em sentido contrário e clara autorização do delegante. Portanto, diante de uma delegação, em regra, reclama-se autorização da autoridade delegante para a concretização de uma *subdelegação*, dado que a transferência das competências administrativas permanece na titularidade da autoridade originariamente competente. A subdelegação não se presume (*delegatius delegare non potest*).

Para uma solução adequada, o direito comparado fornece suporte específico. O artigo 36° do Código de Procedimento Administrativo português afirma que:

Artigo 36°. Da subdelegação de poderes

1. Salvo disposição legal em contrário, o delegante pode autorizar o delegado a subdelegar.

2. O subdelegado pode subdelegar as competências que lhe tenham sido subdelegadas, salvo disposição legal em contrário ou reserva expressa do delegante ou subdelegante.

---

[264] AMORIM, João Pacheco de; GONÇALVES, Pedro Costa; OLIVEIRA, Mário Esteves de. *Código do Procedimento Administrativo Comentado*. Coimbra: Almedina, 2006, p. 219.

Portanto, em Portugal, é necessária a autorização da autoridade delegante para que se possa perfazer uma subdelegação.[265] E esta autorização deve ser dada tanto em *subdelegações de primeiro grau* (primeira oportunidade), como em *subdelegações de segundo grau* (oportunidades sucessivas). Em ambos os casos, a subdelegação deve ter os mesmos requisitos da delegação, situação esta que deve ser transportada ao direito brasileiro.

Ainda, no tocante ao momento em que pode ocorrer o transpasse para outrem das competências conferidas ao delegado, considera-se que isto pode correr após a delegação ter sido efetivada. Em despacho futuro, guardados os requisitos de forma e a publicidade exigida à delegação, a subdelegação pode ser efetivada a qualquer tempo, desde que ainda vigente a transferência originária de competências.

Dada a lacuna na legislação brasileira acerca da subdelegação e tomando por base o dispositivo lusitano, considera-se que não são vedadas subdelegações sucessivas. Contudo, na prática, isto seria problemático. "Na verdade, a possibilidade de sucessivas subdelegações, não sendo em si mesmas de rejeitar, cria problemas progressivamente mais graves pela inevitável degradação da confiança orgânica e da responsabilidade administrativa".[266] Chegaria um ponto em que já não mais se saberia onde se encontra a competência transferida. Isso sem falar na confusão que causaria aos interessados.

2.2. Casos em que não se visualiza a possibilidade de delegação administrativa

A delegação, como figura administrativa que autoriza a transferência de competências, é exercida principalmente entre órgãos com subordinação hierárquica. Mas não só entre eles, como reforça o texto do artigo 12. Então, o dispositivo não nega a possibilidade de um ente transferir a outro, parte de sua competência, *ainda que inexistente um vínculo hierárquico entre ambos*.

Contudo, de acordo com o que foi dito anteriormente, quando a Administração Pública direta perfaz uma descentralização, ou seja, cria entidades autônomas para a prestação de certas atividades, a elas transferindo determinadas funções, não se está a tratar de delegação administrativa, nos moldes do artigo 12. É um instituto jurídico diferente. Por exemplo: a União, com a finalidade de melhor prestar o serviço de fiscalização de ecossistemas, criou o Instituto Brasileiro do Meio Ambiente e dos Recursos Naturais Renováveis (IBAMA), autarquia federal. Transferiu, por meio de lei, um plexo de competências que lhe pertenciam, sem, contudo, *delegá-las*. O transpasse se deu por *outorga*, ou seja, por meio de uma *descentralização*.

O mesmo ocorre com as figuras da concessão e da permissão previstas no artigo 175 da Constituição Federal. "Tais instrumentos (...) nenhuma relação possuem com o que se denomina aqui de delegação de competência (...)".[267]

---

[265] Mesmo diante de previsão expressa, José Pacheco de Amorim e outros, comentando o dispositivo em pauta, dizem que: "É muito duvidoso, porém, que a competência delegável, nos termos deste artigo, possa ser subdelegada – mesmo se o elemento sistemático da interpretação vai neste sentido." (*Idem*).

[266] *Op. cit.*, p. 222.

[267] CARVALHO, Raquel Melo Urbano de. *Curso de Direito Administrativo* – Parte Geral, Intervenção do Estado e Estrutura da Administração. Salvador: Juspodivm, 2008, p. 268.

Tanto na Administração Pública Direta, como na Indireta, poderá ser percebida hierarquia, configurada dentro de um possível escalonamento entre os órgãos de cada ente. O que não existe é hierarquia no limiar da Administração Pública Direta para com a Indireta. Por exemplo, há subordinação decrescente entre a União, o Ministério da Previdência e a Secretaria da Receita Previdenciária – na sequência exposta. E existe hierarquia da presidência do INSS (Instituto Nacional de Seguro Social) – autarquia federal – e os demais gerentes. Mas não existe relação de subordinação entre a União e o INSS, mas sim, uma relação de coordenação, como foi dito.

As pessoas políticas que fazem parte da Federação brasileira (União, Estados, Municípios e Distrito Federal) não encabeçam relações de subordinação[268] sendo, salvo disposição normativa, impossível a delegação de funções. Um exemplo excepcional de transferência de competências pode ser percebido diante dos termos do artigo 153, §4º, inciso III, da Constituição Federal de 1988. A Emenda Constitucional nº 42/2003 conferiu aos Municípios, que assim optarem, na forma da lei, a fiscalização e a cobrança do Imposto Territorial Rural (ITR), originariamente de competência da União, "[...] desde que não implique redução do imposto ou qualquer outra forma de renúncia fiscal".

Da mesma forma, entre os poderes do Estado (Executivo, Legislativo e Judiciário), não se percebem relações de subordinação ou de hierarquia, até para que um possa conter ao outro – *Teoria da Separação dos Poderes (funções)*. Nesta linha, muito embora a verticalização entre entidades não seja pressuposto à delegação, somente se na Constituição Federal contenha autorização expressa, podem existir transferências de competências de um poder a outro.

Dalmo de Abreu Dallari consegue perceber alguns exemplos de delegação de poderes políticos. Tais casos, claro, devem estar previstos expressamente na Carta Magna – como, por exemplo, a previsão contida no artigo 68, que trata das *leis delegadas*.

> [...] recebida de inicio com muitas reservas e despertando forte resistência. a delegação de poderes. sobretudo a delegação do poder legislativo, foi aos poucos penetrando nas Constituições. Atualmente. superada já a fase de resistências. admite-se como fato normal a delegação, exigindo-se apenas que seja limitada no tempo e quanto ao objeto. Os que ainda temem os efeitos da delegação não a recusam totalmente, sustentando, porém, que certas competências devem ser consideradas indelegáveis.[269]

Outro exemplo de delegação de poder, cuja autorização consta expressamente na Carta da República, é conferido pelo artigo 93, inciso XIV, com redação dada pela Emenda Constitucional nº 45/04. A referida norma permitiu a delegação de atos de administração e de atos de mero expediente sem caráter decisório aos servidores do Poder Judiciário, funções estas que, antes, eram praticadas pelo magistrado. "Embora praticados dentro do processo, representam meros atos processuais de administração, razão por que o Constituinte resolveu admitir a delegação, com o objetivo de proporcionar maior celeridade

---

[268] Arts. 1º, 18, 25 e 30, todos da Constituição Federal de 1988.

[269] *Elementos de Teoria Geral do Estado*. São Paulo: Saraiva, 1995, p. 194.

aos feitos (...)".²⁷⁰ Então, ganha-se um processo civil mais efetivo, pois o magistrado não precisa praticar atos judiciais de menor importância, com desnecessária perda de tempo.

Por fim, cabe referir que o tema deste tópico será mais bem desenvolvido no limiar dos comentários ao artigo 13, que segue. Este dispositivo cataloga exemplos de vedações a delegações de competências administrativas.

Jurisprudência

Impossibilidade de se delegar competências entre Poderes de Estado. (STF, RE 208.260-RS, Rel. Min. Maurício Correa, Rel. para o acórdão, Min. Marco Aurélio, Tribunal Pleno, DJ 28/10/2005).

MANDADO DE SEGURANÇA. ATO PRATICADO POR DELEGAÇÃO ADMINISTRATIVA. SÚMULA 510 DO SUPREMO TRIBUNAL FEDERAL. Havendo o ato impugnado sido editado pelo Secretário-Geral de Administração do Tribunal de Contas da União, no exercício de competência delegada pelo Presidente da Corte, patente a incompetência do STF, nos termos da mencionada súmula. Agravo regimental desprovido. (STF, MS 24.044, AgR – DF, Rel. Min. Ilmar Galvão, Tribunal Pleno, j. 31/10/2001).

SENDO O CONCURSO LEVADO A EFEITO PELA FUNDAÇÃO ESCOLA DE SERVIÇO PÚBLICO – FESP, RESERVADA A SUA HOMOLOGAÇÃO AO SECRETARIO DE ESTADO DA ADMINISTRAÇÃO, CONFIGURA-SE A DELEGAÇÃO DE SERVIÇOS AQUELA INSTITUIÇÃO E NÃO DELEGAÇÃO DE COMPETÊNCIA. O QUE TEM RELEVO, PARA A DEFINIÇÃO DA COMPETÊNCIA E, POIS, PARA A FIXAÇÃO DA LEGITIMIDADE PASSIVA DO ESTADO NO MANDADO DE SEGURANÇA, E A HOMOLOGAÇÃO, PELA QUAL A AUTORIDADE ESTADUAL CONTROLA A LEGALIDADE DOS ATOS PRÁTICOS E CONFERE EFICÁCIA AOS RESULTADOS DO CONCURSO. (STF, RE 113.350-RJ, Rel. Min. Carlos Madeira, Segunda Turma, j. 2/6/1987).

CONFLITO NEGATIVO DE COMPETÊNCIA. MANDADO DE SEGURANÇA DIRIGENTE DE DEPARTAMENTO DE TRÂNSITO. AUTORIDADE ESTADUAL. DELEGAÇÃO DE COMPETÊNCIA. MATÉRIA DE MÉRITO. SÚMULA 510/STF. COMPETÊNCIA DA JUSTIÇA ESTADUAL. 1. Em mandado de segurança, a competência é estabelecida em função da natureza da autoridade impetrada (*ratione auctoritatis*): somente será da competência federal quando a autoridade indicado como coatora for federal (CF, art. 109, VIII). 2. Por outro lado, não se pode confundir competência com legitimidade ou com o mérito da causa. O juízo sobre competência para a causa se estabelece levando em consideração os termos da demanda. Para efeito de mandado de segurança, o que se considera é a autoridade impetrada indicada na petição inicial. Saber se tal autoridade é legítima, ou se o ato por ela praticado é realmente de sua competência, ou se é ato decorrente de delegação, ou se é ato de autoridade ou de simples gestão particular, são questões relacionadas com o próprio juízo sobre o cabimento da impetração ou o mérito da causa, a serem resolvidas em fase posterior (depois de definida a competência), pelo juiz considerado competente, e não em sede de conflito de competência. 3. No caso, a autoridade impetrada, indicada na inicial é o Diretor Geral do Departamento de Trânsito do Estado de Santa Catarina, que condicionou o licenciamento do veículo de propriedade da impetrante ao pagamento prévio de multas de trânsito, o que evidencia a competência da Justiça Estadual (= a suscitante). 4. Conflito conhecido para declarar competente o Juízo de Direito da 2ª Vara da Fazenda Pública da Comarca de Joinville – SC, o suscitante. (STJ, Conflito de Competência nº 91277/SC (2007/0261150-7), 1ª Seção do STJ, Rel. Teori Albino Zavascki. j. 13.02.2008, unânime, DJ 03.03.2008).

Referências

AMORIM, João Pacheco de; GONÇALVES, Pedro Costa; OLIVEIRA, Mário Esteves de. *Código do Procedimento Administrativo Comentado*. Coimbra: Almedina, 2006.

CAETANO, Marcello. *Manual de Direito Administrativo*. Rio de Janeiro: Forense, 1970, v.1.

CARVALHO FILHO, José Santos. *Manual de Direito Administrativo*. 25. ed. São Paulo: Atlas, 2012.

CARVALHO, Raquel Melo Urbano de. *Curso de Direito Administrativo* – Parte Geral, Intervenção do Estado e Estrutura da Administração. Salvador: Juspodivm, 2008.

CIMMA, Enrique Silva. *Derecho Administrativo Chileno y Comparado*. Santiago: Jurídica de Chile, 1969, v. 2.

---

[270] CARVALHO FILHO, José Santos. *Op. cit.*, p. 107.

Art. 13

DALLARI, Dalmo de Abreu. *Elementos de Teoria Geral do Estado*. São Paulo: Saraiva, 1995.

FAZIO, Guisseppe. *La delega amministrativa e i rapporti di delegazione*. Milão: Giuffrè, 1964.

FRANCHINI, Flaminio. *La delegazione amministrativa*. Milão: Dott A. Giuffrè, 1950.

FRAGA, Gabino. *Derecho administrativo*. México: Porrúa, 1969.

GINGENA. Julio Isidro Altamira. *Lecciones de derecho administrativo*. Córdoba: Advocatus, 2005.

GORDILLO, Agustín. *Tratado de Derecho Administrativo*. 9. ed. Buenos Aires: F.D.A., 2004, t. 1.

LIMA, Ruy Cirne. *Princípios de Direito Administrativo*. São Paulo: Revista dos Tribunais, 1987, p. 153.

MELLO, Celso Antônio. *Curso de Direito Administrativo*. 28ª ed. São Paulo: Malheiros, 2011.

MELLO, Oswaldo Aranha Bandeira de. *Princípios gerais do direito administrativo*. Rio de Janeiro: Forense, 1969, v. 2.

OLIVEIRA, Régis Fernandes de. *Delegação e Avocação Administrativas*. 2. ed. São Paulo: Revista dos Tribunais, 2005.

OTERO, Paulo. Conceito e fundamento da hierarquia administrativa. Coimbra: Coimbra Editora, 1992.

SUNDFELD, Carlos Ari. Processo e procedimento administrativo no Brasil. In: SUNDFELD, Carlos Ari; MUÑOZ, Guillermo Andrés (Coords.). *As leis de processo administrativo:* Lei Federal 9.784/99 e Lei Paulista 10.177/98. São Paulo: Malheiros, 2006.

UYEDA, Massami. *Da competência em matéria administrativa*. São Paulo: Cone, 1997.

Artigo 13

Não podem ser objeto de delegação:

I – a edição de atos de caráter normativo;

II – a decisão de recursos administrativos;

III – as matérias de competência exclusiva do órgão ou autoridade.

SUMÁRIO: 1. Vedações ao poder de delegar; 1.1. Edição de atos de caráter normativo; 1.2. Decisão de recursos administrativos; 1.3. Matérias de competência exclusiva do órgão ou autoridade; Jurisprudência; Referências.

1. Vedações ao poder de delegar

O artigo 13 da Lei nº 9.784/99 complementa os precedentes artigos 11 e 12, determinando proibições à delegação de competências administrativas. Em verdade, o referido dispositivo exemplifica três hipóteses nas quais a delegação de competência não é permitida.

A primeira pergunta que poderia ser feita, neste aspecto, consistiria em saber se as hipóteses dos três incisos do artigo 13 são *numeros clausus* ou *numeros apertos*, ou seja, se a regra exauriria os casos de vedação à delegação administrativa, ou os três incisos seriam apenas exemplos de limitação. Considera-se que as três hipóteses elencadas na regra em comento são exemplos de limitação ao poder de delegar, não exaurindo todas as hipóteses possíveis.

Tanto é verdade, que a própria Constituição Federal enumera competências administrativas exclusivas, impossíveis, portanto, de serem delegadas. Por exemplo, o artigo 84 elenca uma série de funções administrativas a serem praticadas pelo Presidente da República de forma exclusiva. A delegação destas funções somente pode ser praticada nos casos dos incisos VI, XII e XXV do referido artigo 84. Nas demais, a transferência é vedada.

Outras competências são reputadas pela Carta da República de 1988 como sendo exclusivas, a exemplo dos artigos 49, 144, § 1º, inciso IV, 164, entre outros. Nada impede, contudo, que outras leis federais, estaduais, distritais ou municipais proíbam a delegação de competências administrativas.

E mesmo a lógica das coisas pode ofertar casos em que a delegação de poderes se tornaria irrazoável, a despeito de previsão legal ou constitucional. "Não faria sentido, por exemplo, que os poderes respeitantes à própria natureza orgânica entre dois órgãos pudessem ser objeto de uma delegação".[271] Por exemplo, um órgão "A" que compete fiscalizar o outro órgão "B", aplicar no último sanções, ou aprovar os atos deste, por lógico, não pode delegar tais atos àquele que é fiscalizado ou tem revista suas ações, no caso, o órgão "B". Seria estapafúrdio que o órgão fiscalizador delegasse a fiscalização justamente ao órgão fiscalizado, com o perdão da redundância.

Além do mais, impossível delegar atos que extravasam o limite de atuação da autoridade delegada. Por exemplo, o Ministro da Previdência não pode transferir um ato administrativo a ser praticado em âmbito nacional, ou seja, que gere efeitos a todo o País, ao Gestor do Instituto Nacional de Seguridade Social (INSS) do Rio de Janeiro.

1.1. Edição de atos de caráter normativo

O artigo 13 proibiu que fossem objeto de delegação a edição de atos de caráter normativo, a decisão de recursos administrativos e as matérias de competência exclusiva do órgão ou autoridade. Tais vedações possuem uma justificativa muito mais lógica do que jurídica.

No primeiro caso, a fundação regulatória[272] (p. ex., edição de portarias, decretos, instruções,...) permite com que um agente público discipline a atuação de outro agente, sendo uma derivação do *poder hierárquico*. Esse poder de regular possui um nicho legislativo de atuação muito claro: nas chamadas *normas legais em branco*.[273] Nessa linha, as regulações terão função esclarecedora da norma, adaptando-a às evoluções da conjuntura nacional, regida pela mutação da realidade social.[274] Então, as regulações são ferramentas à concretização da norma,[275] sendo uma fonte de hermenêutica, auxiliando nas diretrizes da aplicação das leis no caso concreto.

---

[271] AMORIM, João Pacheco de; GONÇALVES, Pedro Costa; OLIVEIRA, Mário Esteves de. *Código do Procedimento Administrativo Comentado*. Coimbra: Almedina, 2006, p. 220.

[272] O poder de regular deve ter estrita base no *principio da legalidade*. Celso Antônio Bandeira de Mello confirma que esse poder somente pode tomar o caráter técnico, nos estritos limites da competência e pertinência temática (*Curso de Direito Administrativo*. 28. ed. São Paulo: Malheiros, 2011, p. 343).

[273] BRUNA, Sérgio Varella. *Agências Reguladoras*. São Paulo: Saraiva, 2003, p. 111.

[274] "Está nesta atribuição do poder normativo –, e não no poder discricionário da Administração (como equivocadissimamente apregoam nossos publicistas). Assim, o fundamento da potestade regulamentar decorre de uma atribuição de potestade normativa material, de parte do Legislativo, ao Executivo [...] não decorre de delegação da função legislativa." (GRAU, Eros Roberto. *O direito posto e o direito pressuposto*. São Paulo: Malheiros, 1996, p. 180).

[275] A concretização de uma norma, segundo Canotilho, não se confunde com a interpretação. A interpretação consiste em atribuir um significado a um ou vários símbolos linguísticos escritos com o fim de se obter uma decisão de problemas práticos. (CANOTILHO, José Joaquim Gomes. *Direito Constitucional e Teoria da Constituição*. Coimbra: Almedina, 1999, p. 1164).

Então, as especificidades do poder normativo reclamam que o detentor deste tenha um conhecimento amplo do contexto sobre o qual recairá o peso da regulação. É necessário que perceba "[...] todo o contexto orgânico inferior, de modo que as normas editadas pela Administração atendam às especificidades da integralidade dos órgãos e da atuação dos agentes sujeitos à autoridade superior".[276] Se fosse autorizada a delegação a um subordinado, este teria sérias dificuldades em perceber a situação dos demais órgãos e suas funções, porque estaria no mesmo plano hierárquico dos demais agentes que receberiam a regulação.[277]

1.2. Decisão de recursos administrativos

A decisão em recurso administrativo compreende uma competência administrativa que não é passível de transferência. O recurso sempre foi concebido como uma manifestação de inconformismo de alguém perante aquele que decide. Então, ao longo dos tempos, organizou-se o sistema processual e, mais especificamente, o sistema recursal, na medida em que aquele que profere decisão sobre um recurso administrativo não é o mesmo que outrora proferiu julgamento sobre a matéria.

Enfim, outro agente deliberaria sobre os termos do recurso, e não a mesma pessoa que decidiu. Esta é a regra, excepcionada em raras oportunidades, como, por exemplo, no caso dos Embargos de Declaração – artigo 535 do Código de Processo Civil. Logo, o recurso administrativo nada mais é do que um pedido de inconformismo de um administrado, dirigido a uma autoridade superior, para que esta venha a retificar a decisão tomada por um subordinado.

Sendo assim, não se pode pensar em delegação administrativa no que tange à decisão dos recursos, porque seria transferida à autoridade que previamente proferiu a decisão, a possibilidade de, em mais uma oportunidade, tomar a mesma posição.[278] Além disso, cabe ao superior o poder de reforma dos atos administrativos dos subordinados. Por outro lado, estaria comprometido o duplo grau de jurisdição, sendo este uma derivação do *devido processo legal* – artigo 5º, inciso LV, da Constituição Federal de 1988.[279]

Apesar disso, o Decreto nº 3.035, de 27 de abril de 1999, dispõe de forma diversa, sendo, pois, uma exceção a respeito do tema:

> O Presidente da República, no uso das atribuições que lhe confere o art. 84, incisos IV e VI, e parágrafo único, da Constituição, e tendo em vista o disposto nos arts. 11 e 12 do Decreto-Lei nº 200, de 27 de fevereiro de 1967, e na Lei nº 8.112, de 11 de dezembro de 1990,
> DECRETA:

---

[276] CARVALHO, Raquel Melo Urbano de. *Curso de Direito Administrativo* – Parte Geral, Intervenção do Estado e Estrutura da Administração. Salvador: Juspodivm, 2008, p. 267.

[277] "Como a doutrina vem apontando, o problema da competências só pode ser entendido do geral para o particular, do maior âmbito para o menor, do centro para os extremos periféricos, numa extensão e dimensões que *in fine* singularizam na pessoa do agente capaz." (FRANCO SOBRINHO, Manoel de Oliveira. *Da competência administrativa*. São Paulo: Resenha Universitária, 1977, p. 215).

[278] Conferir jurisprudência ao final destacada.

[279] *Idem*.

Art. 1º Fica delegada competência aos Ministros de Estado e ao Advogado-Geral da União, vedada a subdelegação, para, no âmbito dos órgãos da Administração Pública Federal direta, autárquica e fundacional que lhes são subordinados ou vinculados, observadas as disposições legais e regulamentares, especialmente a manifestação prévia e indispensável do órgão de assessoramento jurídico, praticar os seguintes atos:

I – julgar processos administrativos disciplinares e aplicar penalidades, nas hipóteses de demissão e cassação de aposentadoria ou disponibilidade de servidores.

Dessa forma, o ato normativo supralegal, com base em autorização constitucional que permite a delegação das competências administrativas do Presidente da República, transferiu o julgamento de processos administrativos disciplinares aos Ministros de Estado e ao Advogado-Geral da União, sem a possibilidade de subdelegação.

A validade do decreto em pauta poderia contrariar o artigo sob comentário, cuja vedação é expressa. Além disso, o Decreto nº 3.035/99 utiliza como base constitucional o artigo 84, inciso VI e parágrafo único, da CF/88, cuja redação autoriza o Presidente da República, por meio de decreto, "[...] dispor sobre a organização e o funcionamento da administração federal (...) *na forma da lei*". Portanto, o ato normativo infraconstitucional mencionado, para possuir validade, precisaria de lei que conferisse permissão à habilitação dos Ministros e Advogado-Geral de União para julgarem processos administrativos disciplinares.

Conforme menciona a parte inicial da norma, a base legal estaria contida no artigo 12, do Decreto-Lei nº 200, de 27 de fevereiro de 1967: "É facultado ao Presidente da República aos Ministros de Estado e, em geral às autoridades da Administração Federal, delegar competência para a prática de atos administrativos conforme se dispuser em regulamento.". A generalidade do dispositivo em questão, combinado com o artigo 1º do Decreto nº 3.035, já foi questionada em juízo, porque considerava-se inconstitucional a última regra, ainda mais diante dos inúmeros diplomas legais que seguiram o Decreto-Lei nº 200/67 e, em tese, os teriam revogado, como a Lei nº 9.784/99, bem como, frente ao texto constitucional ora vigente. Em resposta, o Supremo Tribunal Federal conferiu estrita validade ao ato regulamentar.[280]

Outra forma de, em tese, "burlar" o artigo 13, inciso II, da Lei nº 9.784/99, surgiria no caso de um superior hierárquico *avocar* as competências de um subordinado. O instituto da avocação está previsto no artigo 15 e consiste, em síntese, na possibilidade de um órgão com ascendência sobre outro, temporária e excepcionalmente, tomar para si a competência atribuída a órgão hierarquicamente inferior.

Isso faria com que se suprimisse graus recursais, porque o ato seria diretamente praticado pela autoridade superior que, originariamente, apenas receberia um pedido de recurso. No caso da avocação, o recurso seria extinto, restando apenas a possibilidade de se protocolar pedido de reconsideração. Contudo, nos é forçoso concluir que a Lei do Processo Administrativo Federal

---

[280] RMS 25.367, Rel. Min. Carlos Britto, julgamento em 4-10-05, DJ de 21-10-05, cuja ementa é disposta no item específico nominado de "Jurisprudência".

não proíbe a avocação, mesmo com supressão de instância, a qual se perfaz como uma consequência natural.

Somente a título de curiosidade, no caso de delegação administrativa, o *recurso hierárquico* de ato praticado pela autoridade delegada será, na realidade, um mero *"pedido de reconsideração"*. Perceba que, quando o agente originariamente competente para a prática de um ato delega a um subordinado o exercício deste, eventual recurso será manejado em face da autoridade delegante, ou seja, àquela que tinha competência para a prática da conduta se não fosse a transmissão feita. Caso não tivesse sido transferida a competência, eventual pedido de reforma à autoridade competente para a prática do ato (delegante) seria feita somente por pedido de reconsideração. Contudo, não se nega a possibilidade de recurso da decisão a ser proferida pela autoridade delegante, caso exista previsão legal a respeito.

1.3. Matérias de competência exclusiva do órgão ou autoridade

Por fim, o artigo 13, inciso III, da Lei nº 9.784/99, proíbe que se deleguem matérias de competência exclusiva do órgão ou autoridade. Em verdade, o dispositivo em pauta traça uma regra matriz, abrangendo todos os casos não enquadrados nos incisos I e II. Por lógico que se algo é exclusivo, não pode ser transferido, tendo em vista ser caracterizado como um monopólio no que tange à atuação de certa entidade.

No caso, se uma competência é dita "exclusiva", perfaz a certeza de que o agente que a detém possui características tão peculiares que impõe a prática da função somente por ele. Eis o fundamento-base para a impossibilidade de delegação de uma função administrativa reputada exclusiva. Aliás, a competência *exclusiva* difere da *privativa* justamente porque a *aquela é indelegável*, enquanto que a *esta pode ser delegada*.

Um exemplo elucidativo a respeito da vedação de se transferir uma competência exclusiva está catalogado no artigo 68, §1º, da Constituição da República de 1988: "Não serão objeto de delegação os atos de competência exclusiva do Congresso Nacional, os de competência privativa da Câmara dos Deputados ou do Senado Federal, a matéria reservada à lei complementar, nem a legislação sobre: (...)".

Jurisprudência

RECURSO ORDINÁRIO EM MANDADO DE SEGURANÇA. SERVIDOR PÚBLICO. PROCESSO ADMINISTRATIVO DISCIPLINAR. PENA DE DEMISSÃO. Alegação de incompetência da autoridade coatora. Decreto n. 3.035/99. Nos termos do parágrafo único do art. 84 da Magna Carta, o Presidente da República pode delegar aos Ministros de Estado a competência para julgar processos administrativos e aplicar pena de demissão aos servidores públicos federais. Para esse fim é que foi editado o Decreto n. 3.035/99. (STF, RMS 25.367, Rel. Min. Carlos Britto, Primeira Turma, j. 4/10/05, DJ de 21/10/05)

INVIABILIDADE PARA A DELEGAÇÃO DE COMPETÊNCIA PARA O EXERCÍCIO DE CERTOS ATOS DE NATUREZA POLÍTICA. (STF, HC 58.603-DF, Rel. Min. Djaci Falcão, Tribunal Pleno, j. 18/2/1981).

DIREITO AMBIENTAL E ADMINISTRATIVO. EDIÇÃO DE INSTRUÇÃO NORMATIVA 02/03 POR GERÊNCIA REGIONAL DO IBAMA. AUSÊNCIA DE COMPETÊNCIA. ATO ILEGAL. RECURSO ESPECIAL IMPROVIDO. I – Recurso especial versando sobre validade de instrução normativa editada pela Gerência Regional do IBAMA no Estado do Paraná que proíbe a pulverização aérea de agrotóxicos na área de abrangência da Floresta Ombrófila

Densa e zonas de transição. II – Sendo atos administrativos, as instruções normativas devem preencher seus requisitos de validade, dentre eles a competência do agente para expedição da norma. III – Inexistindo norma expressa que confira às Gerências Regionais do IBAMA a competência para expedição de atos de caráter normativo, forçoso concluir que, ainda que se reconheça a competência do Poder Público Federal e, em especial, do Instituto para regulamentar a matéria, a expedição de atos normativos situa-se na esfera de competência de órgãos hierarquicamente superiores, e não de órgãos descentralizados. IV – O caráter federal da autarquia, a legislação de regência e, em particular, o seu regimento interno, denotam que as instruções normativas, instrumentos da política ambiental governamental, estão afetas à esfera de conveniência e oportunidade de órgãos superiores. V – Recurso especial improvido. (STJ, REsp. 1.103..913-PR, Rel. Min. Francisco Falcão, Primeira Turma, j. 17/3/2009).

DUPLO GRAU DE COMPETÊNCIA ADMINISTRATIVA. (...). II – O duplo grau de competência administrativa tem como corolário a circunstância de que as multas jamais podem ser aplicadas originariamente pela autoridade mais alta do órgão por onde corre o procedimento. Do contrário, estará cerceado o direito ao recurso, pois não haverá "superior hierárquico", para emitir a "decisão definitiva". (STJ, RMS 13158-RJ, Rel. Min. Garcia Vieira, Rel. para o Acórdão Min. Humberto Gomes, 1ª Turma, j. 5/8/2002).

Referências

AMORIM, João Pacheco de; GONÇALVES, Pedro Costa; OLIVEIRA, Mário Esteves de. *Código do Procedimento Administrativo Comentado*. Coimbra: Almedina, 2006.

BRUNA, Sérgio Varella. *Agências Reguladoras*. São Paulo: Saraiva, 2003.

CANOTILHO, José.Joaquim Gomes. *Direito Constitucional e Teoria da Constituição*. Coimbra: Almedina, 1999.

CARVALHO, Raquel Melo Urbano de. *Curso de Direito Administrativo – Parte Geral, Intervenção do Estado e Estrutura da Administração*. Salvador: Juspodivm, 2008.

FRANCO SOBRINHO, Manoel de Oliveira. *Da competência administrativa*. São Paulo: Resenha Universitária, 1977.

GRAU, Eros Roberto. *O direito posto e o direito pressuposto*. São Paulo: Malheiros, 1996.

MELLO, Celso Antônio Bandeira de. *Curso de Direito Administrativo*. 28. ed. São Paulo: Malheiros, 2011.

Artigo 14

O ato de delegação e sua revogação deverão ser publicados no meio oficial.

§ 1º O ato de delegação especificará as matérias e poderes transferidos, os limites da atuação do delegado, a duração e os objetivos da delegação e o recurso cabível, podendo conter ressalva de exercício da atribuição delegada.

§ 2º O ato de delegação é revogável a qualquer tempo pela autoridade delegante.

§ 3º As decisões adotadas por delegação devem mencionar explicitamente esta qualidade e considerar-se-ão editadas pelo delegado.

SUMÁRIO: 1. Forma do ato de delegação de competências administrativas; 1.1. Publicidade; 1.2. Transitoriedade; 1.3. Especificidade; 1.4. Impossibilidade de delegação de todas as competências; 2. Responsabilidade no caso de delegação administrativa; 3. Revogação a qualquer tempo; Jurisprudência; Referências

1. Forma do ato de delegação de competências administrativas

A Lei do Processo Administrativo Federal conferiu inúmeros requisitos para a concretização da delegação da competência administrativa.[281] A provi-

---

[281] Estes requisitos são muito próximos daqueles elencados no Código do Procedimento Administrativo português. "Artigo 37º Requisitos do acto de delegação – 1. No acto de delegação ou subdelegação, deve o órgão delegante ou subdelegante especificar os poderes que são delegados ou subdelegados ou quais os actos que o delegado ou subdelegado pode praticar. 2. Os actos de delegação e subdelegação de poderes estão sujeitos a publicação no Diário da República, ou, tratando-se da administração local, no boletim da autarquia, e

dência adotada pelo legislador é extremamente profícua, porque intenciona evitar abusos por parte do agente delegante. A ausência de parâmetros poderia causar um transpasse desmedido de funções de uma autoridade a outra, especialmente no limiar de um vínculo hierárquico, sendo que a autoridade que receberia tais múnus ficaria, assim, sobrecarregada.

No mais, o ato delegação, além de ter de preencher os elementos naturais do ato administrativo (competência, forma, finalidade, publicidade e motivo), deve respeitar os demais pressupostos legais especificados na Lei nº 9.784/99. Estes pressupostos foram detalhados no limiar dos artigos 11 a 14. Contudo, o artigo em comento procurou compilar, de forma ainda mais específica, os requisitos formais.

Aliás, um dos elementos da delegação administrativa, que radica em qualquer outro ato administrativo, consiste na necessidade de se ter *previsão legal*. O pressuposto lógico de sua validade consiste no respeito à *legalidade*. Contudo, este requisito foi previsto e, claro, analisado especialmente diante do texto dos artigos 11 e 12.

1.1. Publicidade

A cabeça do artigo 14, de plano, impõe que se deva dar publicidade oficial à delegação e à revogação pertinente, sendo este o primeiro requisito formal que a lei apresenta. A publicidade constitui um dos mais importantes elementos do ato administrativo, porque, entre outros fatores, permite com que as demais esferas de poder e os demais cidadãos tomem ciência da atuação das entidades estatais. E, conscientes do conteúdo do ato, um controle pode ser praticado.

Assim, os demais órgãos públicos e os cidadãos devem saber concretamente como, quando e qual competência se transfere. E não só isso, também os motivos para efetivar-se a delegação pretendida – *princípio da motivação*.

O *caput* do artigo 14 é intensificado pelo §3º: "As decisões adotadas por delegação devem mencionar explicitamente esta qualidade e considerar-se-ão editadas pelo delegado". Em verdade, o referido parágrafo vem a medir a *extensão* da delegação e permitir o controle por parte do administrado. O dispositivo concretiza, em mais uma oportunidade, o *princípio da publicidade*.

Caso ausente a menção expressa acerca da delegação, bem como sua publicação oficial, ter-se-iam dificuldades muito claras em controlar os atos administrativos, tanto no plano externo, como no plano interno. Assim, os atos praticados no âmbito da competência delegada devem constar menções do tipo "por delegação de...". Isso permite que o cidadão possa reagir contra quem de direito. Em Portugal, por exemplo, contra atos delegados cabe sempre recurso administrativo, ainda que ausente uma relação de hierarquia entre os órgãos. Basta existir delegação de competências – artigo 158º, nº 2, do Código do Procedimento Administrativo).

---

devem ser afixados nos lugares de estilo quando tal boletim não exista.". "Artigo 38º Menção da qualidade de delegado ou subdelegado – O órgão delegado ou subdelegado deve mencionar essa qualidade no uso da delegação ou subdelegação".

Considera-se que o não cumprimento ao disposto no §3º do artigo 14, ou seja, ausente a menção à qualidade de delegado, causa vício que pode ser sanado, desde que não acarrete prejuízo aos direitos do administrado. A lacuna neste sentido pode ser suprida posteriormente, desde que sejam resguardadas as prerrogativas do cidadão, como, por exemplo, a repetição de atos e o eventual ressarcimento, caso exista prejuízo.

1.2. Transitoriedade

Quando o §1º do artigo 14 menciona que o ato delegatório deverá especificar sua duração, impõe, na verdade, um limite temporal à sua existência. Assim, a delegação será sempre *a termo*, ou seja, com um prazo previamente determinado. Impossível que se tenha uma transferência eterna de competências administrativas, fato que, por si só, violaria a moralidade regedora do Poder Público – artigo 37, *caput*, da CF/88. A delegação sem tempo determinado seria sinônimo de renúncia de competência, o que, como já visto, é vedada.

1.3. Especificidade

O ato de delegação deve especificar quais as competências que estão sendo delegadas, delimitando, de forma minudente, o que se está a transferir. Tal providência visa a complementar a premissa que informa acerca da impossibilidade de serem transportados, de um agente a outro, todos os múnus públicos. Além disso, a característica em pauta vincula-se ao *dever de motivação do ato delegatório*.

Assim, §1º do artigo 14 determinou que "[...] o ato de delegação especificará as matérias e poderes transferidos". Por consequência, deverá a autoridade delegante, ainda, demonstrar que as competências transmitidas lhe pertenciam. O dispositivo, em verdade, quis evitar as chamadas "delegações genéricas". Seriam os casos de delegações com conceitos vagos. Por exemplo, delegar-se-ia a "competência disciplinar", ou "ou para decidir sobre atos que impliquem a realização de despesas, pagamentos e recebimentos".[282]

Delegações a este nível de abstração são ilegais. Contudo, poder-se-ia admitir a delegação de competências fazendo-se remissão à lei que afeta tais funções a um agente, fato que mantém, é certo, a especificidade.

1.4. Impossibilidade de delegação de todas as competências

Um órgão público não pode transferir a outro a globalidade de suas competências. Deve selecionar apenas algumas que julga possível, fática e juridicamente, de serem delegadas. Permitir a delegação global seria esvaziar a existência fática (real) de um órgão, extinguindo-o de fato, mas não de direito.

A delegação de todas as competências faria com que um determinado agente (delegante) perdesse a razão de existir e, por via transversa, fosse extinto. Por isso que Carvalho Filho afirma que a delegação total "[...] chega às

---

[282] Estes exemplos são fornecidos por AMORIM, João Pacheco de; GONÇALVES, Pedro Costa; OLIVEIRA, Mário Esteves de. *Código do Procedimento Administrativo Comentado*. Coimbra: Almedina, 2006, p. 223.

raias da renúncia aos poderes administrativos".[283] Dessa forma, a "delegação global" (sic) mostra-se impossível.

2. Responsabilidade no caso de delegação administrativa

Muito embora os dispositivos ora analisados nada mencionem a respeito, destacam-se alguns aspectos acerca da responsabilidade na delegação administrativa, enfim, quem vem a responder pelos atos administrativos praticados sob tal regime. O estudo deste tema ganhou corpo nas discussões acerca da competência processual em julgar Mandado de Segurança, porque quem define o juízo que deva receber tal remédio constitucional é a autoridade coatora. Ora, para saber qual foro era competente para julgar o *mandamus*, fazia-se necessário saber qual autoridade era responsável pelo ato sob regime de delegação administrativa.

A resposta mais contundente pode ser percebida diante dos termos da Súmula nº 510 do STF: "Praticado o ato por autoridade, no exercício de competência delegada, contra ela cabe o mandado de segurança ou a medida judicial". Complementando, Hely Lopes Meirelles afirma que: "[...] as atribuições delegadas embora pertencentes à entidade delegante colocam como coator o agente delegado que praticar o ato impugnado".[284]

Assim, a responsabilidade pela prática de um ato transferido recai sobre a autoridade delegada, ou seja, que recebeu a competência administrativa. A delegação transfere, a reboque do exercício do múnus público delegado, também a responsabilidade civil e penal pela prática do ato recebido,[285] porque o exercício da competência enviada de um órgão a outro se faz, sempre, em nome próprio.

Contudo, esta premissa deve ser levada em conta com ressalvas, especialmente quando se delega somente o exercício material da ação. Por exemplo: determinada autoridade administrativa decide construir uma escola, ordenando que o órgão competente materialize sua decisão, ou melhor, construa o dito estabelecimento de ensino. Por óbvio, eventual responsabilidade pela decisão tomada recai sobre a autoridade que tinha o poder de gestão, e não sobre aquela que exerceu os atos materiais, enfim, fez a construção. Este agente, que praticou os mencionados atos materiais, apenas responde por eventual vício na execução, como, por exemplo, um defeito na construção, não cumprimento do projeto, etc.

Perceba-se que quem assina o ato é o agente delegado, devendo fazer referência à delegação. Exemplo: "Secretário-Geral, no exercício de competência delegada pelo Presidente do Tribunal (portaria tal), vem praticar o ato (...).", como bem determina o § 3º do artigo 14. E o dispositivo ainda expressamente

---

[283] CARVALHO FILHO, José Santos. *Manual de Direito Administrativo*. 25. ed. São Paulo: Atlas, 2012, p. 121.

[284] *Mandado de Segurança, Ação Popular, Ação Civil Pública, Mandado de Injunção, "Habeas Data", Ação direta de inconstitucionalidade, Ação declaratória de constitucionalidade, e Argüição de descumprimento de preceito fundamental*. 24. ed. São Paulo: Malheiros, 2002, p. 58.

[285] CAVALCANTI, Themístocles Brandão. *Teoria dos atos administrativos*. São Paulo: Revista dos Tribunais, 1973, p. 67.

menciona que as decisões se consideram *"editadas pelo delegado"* – parte final – sendo, então, como dito, de responsabilidade deste a prática dos atos transferidos.[286]

Questão tormentosa consiste em saber se a autoridade delegante responde subsidiariamente. Considera-se que esta possibilidade não pode ser de toda rejeitada. Quando uma delegação se der de forma culposa ou dolosa, sendo que a autoridade superior sabia ou negligentemente não toma os cuidados necessários no sentido de averiguar as condições com que a autoridade delegatária recebe o múnus enviado, pode responder subsidiariamente. Por exemplo, um oficial superior da Brigada Militar delega parte de sua competência a um subordinado, que, claramente, não tinha treinamento para executar suas tarefas. Caso este venha a causar um dano, o oficial superior, que delegou o exercício de uma atividade administrativa, pode vir a responder pelos atos causados pelo seu subordinado.

3. Revogação a qualquer tempo

A *revogação* ocorre quando um ato administrativo ou seus efeitos são extintos por outro ato, conduta esta tomada com base em razões de conveniência e de oportunidade, conferindo efeitos *ex nunc*. "A revogação tem lugar quando uma autoridade, no exercício da competência administrativa, conclui que um dado ato ou relação jurídica não atendem ao interesse público e por isso resolve eliminá-los, a fim de prover de maneira mais satisfatória às conveniências administrativas".[287]

Então, a revogação de um ato administrativo possui como sujeito ativo uma autoridade pública, como objeto um ato de delegação válido (porque, caso fosse inválido, estar-se-ia diante de uma *anulação*) e seus motivos possuem fundamento no poder discricionário, o qual se desdobra na oportunidade e na conveniência. A Administração Pública, quando revoga um ato, está a atuar nos mesmos parâmetros de quando proveu este ato. Assim, salvo raras exceções, a revogação deve-se se dar da mesma forma que se operou ato a ser extinto. "Com efeito, ao se revogar o que se está fazendo, tal como no ato anterior, é decidir sobre a maneira de criar interesse público".[288]

O § 2º do artigo 14 permite que, a todo o momento, a autoridade delegante retome a competência outrora transferida. Trata-se de um direito potestativo, contra o qual o delegado não pode se opor. É verdadeira esta assertiva na medida em que a autoridade delegante permaneceu com a titularidade da competência, sendo transpassado apenas o exercício desta.

Como dito em outro momento, ao contrário da descentralização administrativa, a *delegação de competência* não opera uma renúncia da titularidade de uma competência em favor de outrem. Odete Medauar vai mais além: "Em

---

[286] "Em geral, a responsabilidade pelos atos e medidas decorrentes da delegação cabe ao delegado." (MEDAUAR, Odete. *Direito administrativo moderno*. 13. ed. São Paulo: Revista dos Tribunais, 2009, 59).

[287] MELLO, Celso Antônio Bandeira de. *Elementos de Direito Administrativo*. 3. ed. São Paulo: Malheiros, 1992, p. 153-154.

[288] *Op. cit*, p. 159.

princípio, mesmo tendo transferido certas atribuições ao delegado, a autoridade delegante pode exercê-las. Esta tem a faculdade de revogar a delegação a qualquer tempo, pela mesma forma com que a editou".[289]

Compreende-se, pois, que a delegação administrativa não impede que a autoridade exerça, ainda que de forma paralela, as atividades administrativas delegadas. Até mesmo porque pode revogar a delegação a qualquer tempo.

Assim, a delegação nada mais é do que uma "competência precária", nas sábias palavras de José Cândido de Pinho.[290] Precária porque a competência exercida pelo delegado não é própria, não é dele. Logo, pode ser a todo o momento retomada por quem dela é dono, ou seja, pela autoridade delegante. Este agente não se demite da sua competência, nem a ela renuncia. A delegação causa uma competência *sob condição resolutiva*,[291] ou seja, a todo instante pode ser subtraída.

Além disso, a revogação, quando operada, não altera a responsabilidade da parte delegada por atos praticados quando ainda permanecia vigente a delegação de competências. Isso porque, *exercia em nome próprio, uma competência alheia*.[292]

Por fim, dada a completa lacuna legislativa, imprescindível mencionar que a revogação seria apenas uma das formas de extinção da delegação ou da subdelegação. As demais formas podem ser visualizadas no texto do artigo 40° do Código de Procedimento Administrativo lusitano.

Artigo 40°. Extinção da delegação ou subdelegação

A delegação e a subdelegação de poderes extinguem-se:

a) Por revogação do acto de delegação ou subdelegação;

b) Por caducidade, resultante de se terem esgotado os seus efeitos ou da mudança dos titulares dos órgãos delegante ou delegado, subdelegante ou subdelegado.

Assim, o referido diploma administrativo estrangeiro prevê, além da revogação, a caducidade para o fito de extinção da delegação. Poder-se-ia perceber extinto tal instituto pela *anulação* e pela *cassação*, formas igualmente passíveis de demolir o ato administrativo.

Jurisprudência

Ato administrativo: delegação de competência: sua revogação não infirma a validade da delegação, nem transfere ao delegante a responsabilidade pelo ato praticado na vigência dela. Na pratica de ato, responde a autoridade delegada. Revogação posterior não altera a responsabilidade da parte delegada, quando o ato foi praticado quando ainda vigente o regime de delegação. (STF, MS 23.411, AgR – DF, Rel. Min. Sepúlveda Pertence, Tribunal Pleno, j. 22/11/2000, DJU 09/02/01).

Referências

AMARAL, Diogo de Freitas. *Curso de Direito Administrativo*. Coimbra: Almedina, 2006, v. 1.

---

[289] *Op. cit*, p. 59.
[290] *Breve ensaio sobre a competência hierárquica*. Coimbra: Almedina, 2000, p. 147.
[291] *Idem*.
[292] AMARAL, Diogo de Freitas. *Curso de Direito Administrativo*. Coimbra: Almedina, 2006, v. 1, p. 684.

AMORIM, João Pacheco de; GONÇALVES, Pedro Costa; OLIVEIRA, Mário Esteves de. *Código do Procedimento Administrativo Comentado*. Coimbra: Almedina, 2006.

CARVALHO FILHO, José Santos. *Manual de Direito Administrativo*. 25. ed. São Paulo, 2012.

CAVALCANTI, Themístocles Brandão. *Teoria dos atos administrativos*. São Paulo: Revista dos Tribunais, 1973.

MEDAUAR, Odete. *Direito administrativo moderno*. 13. ed. São Paulo: Revista dos Tribunais, 2009.

MEIRELLES, Hely Lopes. *Mandado de Segurança, Ação Popular, Ação Civil Pública, Mandado de Injunção, "Habeas Data", Ação direta de inconstitucionalidade, Ação declaratória de constitucionalidade, e Argüição de descumprimento de preceito fundamental*. 24. ed. São Paulo: Malheiros, 2002.

MELLO, Celso Antônio Bandeira de. *Elementos de Direito Administrativo*. 3. ed. São Paulo: Malheiros, 1992.

PINHO, José Cândido de. *Breve ensaio sobre a competência hierárquica*. Coimbra: Almedina, 2000.

Artigo 15
Será permitida, em caráter excepcional e por motivos relevantes devidamente justificados, a avocação temporária de competência atribuída a órgão hierarquicamente inferior.

SUMÁRIO: 1. Avocação da competência administrativa; Jurisprudência; Referências.

1. Avocação da competência administrativa

Da mesma forma como ocorre com a delegação, a *avocação* é uma maneira de modificar as competências administrativas originariamente previstas. Ela se perfaz quando uma autoridade com hierarquia superior subtrai as competências originárias de uma autoridade de nível inferior. Na avocação, a autoridade superior decide no lugar da autoridade que é subordinada. Na delegação, ao contrário, um órgão decide que outro decidirá por ele. Por isso que "avocação" vem do latim, *avocatione*, que significa "chamamento", no caso, de uma competência a um juízo superior.[293]

Agustín Gordillo explica que a avocação de competência "[...] es el proceso inverso de la delegación, o sea, que el superior ejerza competencia que corresponde al inferior".[294] O autor argentino ainda pondera ser pouco frequente o uso do instituto no limiar da atividade estatal, porque existem outros mecanismos que podem fazer as vezes, ou seja, gerar o mesmo efeito prático. Por exemplo: o agente superior pode orientar o inferior a desempenhar sua competência de determinada maneira, sem que precise, para tanto, valer-se da avocação administrativa. Ademais, o *poder de revisar* ou de *revogar* os atos administrativos praticados por um subordinado, conferido ao superior hierárquico, minimiza gritantemente a utilidade da avocação. No momento em que o agente de maior hierarquia pode alterar ou mesmo retirar do mundo jurídico

---

[293] Wellington Pacheco Barros considera que a avocação "[...] não é recurso administrativo, nem tem a finalidade de substituí-lo. É medida judicial que visa a afastar entraves ocorridos no andamento do processo. No campo do processo judicial, seria uma espécie de correição parcial com deslocamento do processo." (*Curso de processo administrativo*. Porto Alegre: Livraria do Advogado, 2005, p. 102).

[294] *Tratado de Derecho Administrativo*. 9. ed. Buenos Aires: F.D.A., 2004, t. 1, p. XII-20.

o ato praticado pelo agente inferior, perfaz, na prática, o mesmo resultado que obteria se tomasse para si a competência do seu subordinado.[295]

A primeira diferença clara, encontrada no limiar do artigo 15, se em comparação com o artigo 12, *caput*, está no fato de a delegação de competência, prevista neste último dispositivo, não reclamar, como elemento *sine qua non*, a presença de hierarquia. Já no caso da avocação, disciplinada no artigo em comento, necessita-se da presença do poder hierárquico. Então, pode-se delegar uma função a qualquer órgão, ainda que de mesma hierarquia, enquanto que somente uma autoridade verticalmente superior pode tomar para si a competência de um subordinado. Tanto é verdade, que o texto do artigo 15 fez expressa menção a respeito: "a avocação temporária de competência atribuída a *órgão hierarquicamente inferior*".[296]

Além disso, a regra em pauta foi pródiga em adjetivar o instituto da avocação, ou seja, alocou uma série de pressupostos: deve ser:

a) excepcional; b) por motivos relevantes e justificados; c) temporária; d) cuja transferência seja direcionada do órgão inferior ao superior. Ainda, embora omissa a lei, para se ter avocação, acrescenta-se a necessidade de; e) a competência não ser exclusiva e f) não se ter vedação legal.

Este último requisito poderia causar alguma perplexidade. Mas se considera que a Lei nº 9.784/99 deixou estampado um *silêncio eloqüente*, ou seja, não previu a necessidade de expressa autorização legal para a prática da avocação. Então, caso preenchidos os demais elementos, pode ser efetivada. A *contrario sensu*, será vedada caso previsto expressamente uma vedação.

Resumindo: é evidente que uma proibição legal expressa, *ou mesmo implícita*, impedirá o uso do instituto mencionado. A avocação não será possível caso a razoabilidade indique que um agente não possa avocar de outro, certas competências, mesmo que a lei, literalmente, nada diga a respeito. Por exemplo: quando as competências são exercidas por uma autoridade inferior por possuir mais técnica ou mais imparcialidade.

Além disso, considera-se que artigo 15 conferiu, em todos os setores da Administração Pública, uma autorização normativa bastante à prática da avocação. Muito embora, é bom que se diga, será sempre "em caráter excepcional", de acordo com o pronto alerta feito no próprio texto do dispositivo mencionado.[297]

---

[295] "[...] basta a veces que el superior indique informalmente al inferior cuál es la solución que él consideraría adecuada, para que éste la adopte, con lo cual el superior obtiene la decisión deseada sin necesidad de intentar avocarse formalmente él mismo a lo que era competência directa del inferior. Por otra parte, dado que usualmente se reconoce al órgano superior la facultad de revisar, de oficio o a petición de las partes interesadas (cuando éstas interponen los recursos pertinentes) el acto producido por el inferior y eventualmente revocarlo o modificarlo, bien se advierte que la importancia práctica de la avocación queda minimizada ya que aunque el órgano inferior no adopte la decisión querida por el superior, éste puede de todos modos reformarla posteriormente, obteniendo así el mismo resultado que si hubiera actuado directamente por avocación." (*Op. cit.*, p. XII-18).

[296] Os marcos teóricos acerca da *hierarquia administrativa* e acerca do *poder hierárquico* podem ser visualizados no limiar dos comentários ao artigo 12.

[297] Não se pode esquecer a crítica feita por Celso Antônio Bandeira de Mello ao artigo 15. Sustenta o autor que: "[...] se em relação a ela só foi mencionada sua possibilidade nos casos admitidos em lei, perde sentido a menção ao 'caráter excepcional e por motivos relevantes', pois esta seria questão que já resulta em nível legal." (*Curso de Direito Administrativo*. 28. ed. São Paulo: Malheiros, 2011, p. 517).

Mesmo assim, concebe-se que o regime jurídico da avocação é mais suave do que aquele incidente sobre a delegação administrativa. Basta ver a quantidade de dispositivos destinados a um e a outro instituto. A diferença mostra-se latente.

A Constituição Federal de 1988, no artigo 103-B, §4º, inciso III, com redação dada pela Emenda Constitucional (EC) nº 45/04, da mesma forma prevê caso de avocação. O Conselho Nacional de Justiça (CNJ) pode trazer ao seu juízo – avocar – processos em que se discuta o cumprimento dos deveres funcionais dos magistrados. No mesmo sentido é a redação do artigo 130-A, §2º, inciso III, da CF/88, mas relativo ao Conselho Nacional do Ministério Público (CNMP).

Aliás, o Decreto-Lei nº 20.067, no art. 170, já previa exemplos do instituto.

> Também a possibilidade de avocação existe como regra geral decorrente da hierarquia, desde que não se trate de competência exclusiva do subordinado. No entanto, o artigo 15 da Lei n 9.784/99 restringiu a possibilidade de avocação, só a admitindo temporariamente e por motivos relevantes devidamente justificados.[298]

A avocação é temporária e se justifica porque houve uma subtração da competência de um subordinado, revertendo a normalidade das coisas.[299] Se a atribuição foi passada propositalmente a um agente de menor hierarquia, era o interesse público que assim indicava. Caso a avocação fosse reputada permanente, deveria assim estar prevista na lei, e nunca deveria (ou não mais poderia) ser passada ao subordinado.

Os "motivos relevantes" mencionados no corpo da regra em apreço são conceitos com baixa densidade, que o Administrador Público deverá dar o devido sentido, no caso concreto, por razões econômicas, sociais, jurídicas, geográficas, técnicas, etc. São signos que devem ter seu sentido preenchido. Reclama-se do jurista, no caso, que atribua um significado aos símbolos linguísticos mencionados, com o fim de se obter uma decisão sobre os problemas práticos postos sob a égide da regra em foco.

Ainda que o artigo 15 nada diga, não é somente o superior hierárquico *imediato* que pode avocar a competência do subordinado. Qualquer outro superior, distante em mais de um grau daquele que detém a função a ser avocada, pode tomar para si o múnus atribuído a um órgão inferior. Por exemplo: caso preenchidos os requisitos legais, pode o Ministro da Previdência Social avocar uma competência conferida a um gerente de uma sucursal do Instituto de Seguridade Social (INSS), passando, no limiar da cadeia vertical de subordinação, por exemplo, pelo presidente da referida autarquia federal.

Tudo o que se falou quanto à responsabilidade pela prática de um ato administrativo delegado pode ser aplicado à avocação. Enfim, quando o agente estatal de hierarquia superior toma para si o exercício de um múnus atribuído a um subordinado, traz, igualmente, as responsabilidades incidentes à espécie. Responderá pela prática de qualquer ato ligado à competência avoca-

---

[298] DI PIETRO, Maria Sylvia Zanella. *Direito Administrativo*. 26. ed. São Paulo: Atlas, 2013, p. 213.
[299] OLIVEIRA, Régis Fernandes de. *Delegação e avocação administrativas*. 2. ed. São Paulo: Revista dos Tribunais, 2005, p. 191.

da, porque o praticará em *nome próprio*. Então, quando o superior traz para si a atuação que caberia ao subalterno, traz igualmente a responsabilidade por eventual falta cometida.

Jurisprudência

(...) 2) CARECE DE ILEGALIDADE, POR VÍCIO DE INCOMPETÊNCIA, A AVOCAÇÃO, PELO PREFEITO MUNICIPAL, DE DECISÕES PERTINENTES A ESCALAS ADMINISTRATIVAS INFERIORES, QUANDO NÃO VEDADA EXPRESSAMENTE EM LEI, HAJA VISTA SER PRINCÍPIO ÍNSITO NA ESTRUTURA HIERÁRQUICA DA ADMINISTRAÇÃO. (...). (STF, RE 92.326, Rel. Min. Rafael Mayer, Primeira Turma, j. 11/11/1980).

CONSTITUCIONAL E ADMINISTRATIVO. ESTANDO A DECISÃO ADMINISTRATIVA FINDA, NÃO PODIA O IMPETRADO, SEM ANTES OUVIR A PARTE BENEFICIADA, AVOCAR OS AUTOS, PROFERINDO DECISÃO CONTRÁRIA: VIOLAÇÃO DO *DUE PROCESS OF LAW*. ANULAÇÃO DO ATO, COM DEVOLUÇÃO DO PRAZO DE DEFESA. SEGURANÇA CONCEDIDA, EM PARTE. (STJ, MS 5.716-DF, Rel. Min. Milton Luiz Pereira, Rel. para o Acórdão Min. Adhemar Maciel, Primeira Seção, DJ 10/5/1999).

(...) 3. O RECURSO HIERARQUICAMENTE SUPERIOR PROVOCA A MANIFESTAÇÃO DA AUTORIDADE COMPETENTE SEM O VISLUMBRE DA SUPRESSÃO DE INSTANCIA OU DE ARBITRARIA AVOCAÇÃO DE ATRIBUIÇÃO ADMINISTRATIVA. 4. DERRISCANDO-SE O DIREITO ADQUIRIDO E DESFIGURADA A ALEGAÇÃO DE LIQUIDEZ E CERTEZA DO DIREITO VINDICADO, A SEGURANÇA NÃO MERECE AS LOAS DO SUCESSO. 5. SEGURANÇA DENEGADA. (STJ, MS 4.892, Rel. Min. Milton Luiz Pereira, Primeira Seção, DJ 1/9/1997).

Referências

BARROS, Wellington Pacheco. *Curso de processo administrativo*. Porto Alegre: Livraria do Advogado, 2005.
DI PIETRO, Maria Sylvia Zanella. *Direito Administrativo*. 26. ed. São Paulo: Atlas, 2013.
GORDILLO, Agustín. *Tratado de Derecho Administrativo*. 9. ed. Buenos Aires: F.D.A., 2004, t. 1.
MELLO, Celso Antônio. *Curso de Direito Administrativo*. 28. ed. São Paulo: Malheiros, 2011.
OLIVEIRA, Régis Fernandes de. *Delegação e avocação administrativas*. 2. ed. São Paulo: Revista dos Tribunais, 2005.

Artigo 16
Os órgãos e entidades administrativas divulgarão publicamente os locais das respectivas sedes e, quando conveniente, a unidade fundacional competente em matéria de interesse especial.

SUMÁRIO: 1. Distribuição da competência; 2. Publicidade e dever de informação; Jurisprudência; Referências.

1. Distribuição da competência

Inicialmente, importante referir que a concepção de "órgão" e de "entidade administrativa", cuja menção é feita no dispositivo sob comentário, é definida no § 2º do artigo 1º da Lei em comento. Assim, as referências feitas nos comentários dos dispositivos mencionados devem ser levadas em conta para uma análise mais aprofundada a respeito.[300]

O art. 16 da Lei nº 9.784/99, com propriedade, menciona que a divisão espacial de competência deve ser divulgada. Esta divisão estabelece os limites organizacionais da atuação de um órgão da Administração Pública e, como regra, impõe que a competência deva ser exercida onde está a sede do organismo ao qual o agente público pertença. Como, em muitos casos, não é estabelecida clareza na delimitação da competência de cada órgão, prejudicando o acesso ou a fiscalização dos cidadãos, o referido dispositivo tratou de perfazer uma delimitação coerente.[301] Trata-se de uma proteção ao direito dos cidadãos (*Rechtsschutzfunktion*).

Assim, a competência deve ser definida em duas frentes: a) qual o órgão que pratica o quê, e b) onde se localiza este órgão. A definição exata dos limites e locais como e onde é exercida a competência permite ao cidadão um controle claro dos atos administrativos.[302] A exatidão referia faz com que os limites de atuação possam também assim ser fiscalizados. O transpasse destas balizas pode ser, então, facilmente percebido. Além disso, o sujeito administrado pode se dirigir com clareza e obter com correção seus pleitos, porque sabe onde e quem faz o quê.

A distribuição de competências ocorre quando o Estado especifica o campo de atuação de cada ente ou de cada órgão. Esta especificação tende a se tornar perene, somente sendo alterada em casos excepcionais e com a devida autorização normativa. Normalmente, a competência é definida quando da criação de um ente, neste caso, por lei, ou quando são constituídos órgãos, geralmente por ato do Chefe do Poder Executivo ou por quem lhe faça as vezes.[303]

O ponto inicial na distribuição das competências estatais pode ser visualizado no art. 2º, da Constituição Federal de 1988, ou seja, quando a norma máxima da Nação cria quatro órgãos políticos distintos a exercer, com prioridade, as funções administrativa, legislativa e judiciária. Contudo, o que interessa ao ponto em auge é a competência eminentemente administrativa, a qual cumpre o papel de fixar tarefas específicas a cada órgão ou ente que compõe o Estado.

No campo específico da distribuição das competências administrativas, um exemplo muito claro de especificação de tarefas pode ser visualizado dian-

---

[300] Lei nº 9.784/99, Art. 1º, § 2º: "Para os fins desta Lei, consideram-se: I – órgão – a unidade de atuação integrante da estrutura da Administração direta e da estrutura da Administração indireta; II – entidade – a unidade de atuação dotada de personalidade jurídica;". Para Marcello Caetano: "[...] órgão é elemento da pessoa coletiva que consiste num centro institucionalizado de poderes funcionais e ser exercido pelo indivíduo ou pelo colégio de indivíduos que nele estiverem providos com o objetivo de exprimir a vontade juridicamente imputável a esta pessoa coletiva." (*Manual de Direito Administrativo*. Rio de Janeiro: Forense, 1970, v. 1, p. 197.

[301] MARRARA, Thiago. Competência, delegação e avocação na LPA. *Revista Brasileira de Direito Público*. Belo Horizonte: Fórum, n. 8, v. 29, 2010, p. 29-50.

[302] FRANCESCHETTI, Paolo. *Corso di diritto ammnistrativo*. Milano: Casa Editrice La Tribuna, 2002, p. 206.

[303] A especificação e oferta de limites de atuação de cada ente ou órgão da Administração Pública visa a racionalizar a prestação das tarefas estatais, em homenagem clara ao *princípio da eficiência*.

Art. 16

te do Decreto-Lei nº 200/67 – ato normativo que, à época, provocou uma ampla reforma na Administração Pública federal.[304]

Entende-se que o administrado possui o direito a demandar que determinada competência seja exercida pelo órgão a que certa atividade está afeta.[305] Ao administrado tributa-se o direito subjetivo de ver exercida a atividade administrativa pertinente a quem a lei atribuiu determinada prerrogativa. Quando um órgão transborda suas funções, ou seja, transpassa os limites objetivos da competência, em verdade, ou cria uma inexistente, ou usurpa uma competência pertencente a outrem.[306]

O Estado contemporâneo, apesar de ter sofrido reveses diante de movimentos que pregavam sua diminuição, como, por exemplo, o neoliberalismo, ainda permanece com uma agenda social intensa. São inúmeras as funções que é reclamado a prestar, demandas estas que provêm dos mais variados campos: quando atua na promoção de políticas públicas das mais variadas, na prestação de serviços públicos, na limitação de direitos (p. ex., no exercício do poder de polícia), na disciplina da atividade econômica. Enfim, este manancial de tarefas impõe uma divisão, a fim de que se permita um maior grau de eficiência, segurança e determinação quando da prestação das atividades públicas.

A distribuição da competência é definida com base em três critérios: pela matéria, ou seja, com base no objeto a ser executado (*ratione materiae*); em razão do local em que se situa o agente com capacidade para praticar o ato administrativo, ou seja, diante da circunscrição espacial onde o órgão/ente exerce suas atribuições (*ratione loci*); e em razão da hierarquia, que é estabelecida no limiar da estruturação orgânica da Administração Pública, isto porque a estrutura desta, na maioria das vezes, é piramidal, ou seja, escalonada.[307]

Ainda, importante mencionar que a doutrina italiana informa a existência de dois tipos órgãos administrativos.[308] Um primeiro grupo pode ser definido como aqueles órgãos definidos em lei, individualizados. Um segundo grupo

---

[304] Sobre o Decreto-lei nº 200, de 1967, merece ser transcrita a opinião de Manoel de Oliveira Franco Sobrinho: "No Brasil, mal ou bem, todavia de grande realismo, aí está o Decreto-lei n. 200, de 25 de fevereiro de 1967, dando força organizacional às instituições políticas, informando em caráter fundamental as excelências de um regime administrativo, procurando dar ênfase às práticas decorrentes da necessidade da divisão de trabalho administrativo. É esse documento, respeitado ou não nas suas imposições regradas, definidor nas suas posições de critérios jurídicos e lógicos, assentados no complexo dos órgãos e poderes constitucionais, dentro do princípio geral da própria organização estatal." (*Da competência administrativa*. São Paulo: Resenha Universitária, 1977, p. 26-27).

[305] OLIVEIRA, Régis Fernandes de. *Delegação Administrativa*. 2. ed. São Paulo: Revista dos Tribunais, 2005, p. 45. Em sentido contrário, Ruy Cirne Lima (*Princípios de Direito Administrativo*. São Paulo: Malheiros, 1982, p. 140).

[306] "A Constituição Federal discrimina que as competências legislativas são cometidas a determinada entidade ´política que, por consequência, estabelece as atribuições administrativas de cada qual, bem como os órgãos de exercício de poder. Evidente que à lei caberá fixar a competência." (OLIVEIRA, Régis Fernandes de. *Op. cit.*, p. 47-48).

[307] Julio Isidro Altamira Gingena ainda aloca um quarto critério, qual seja, em relação ao *tempo*: "As veces la competencia se encuentra sujeta a un plazo de duración, y vencido éste, cesa, por lo que la Administración se encuentra obligada a respetar los plazos establecidos en las normas." (*Lecciones de derecho administrativo*. Córdoba: Advocatus, 2005, p. 216).

[308] ALESSI, Renato. *Instituciones de Derecho Administrativo*, Barcelona: Bosch, 1970, t. 1, p. 82.

não possui suas atribuições definidas em ato normativo, mas em ato administrativo interno. Este último grupo, em verdade, constitui-se no conjunto de agentes ou especializações feitas dentro de um verdadeiro órgão, a fim de melhor perfazer a organização interna deste.

Assim, o dispositivo em comento, por se referir à distribuição de competência, está a se aplicar somente ao primeiro grupo, indicado acima. Até porque, neste trabalho, não se considera o segundo grupo como sendo órgãos propriamente ditos, mas mera especialização dentro de um determinado organograma contido em uma unidade de atuação, esta sim configuradora de um verdadeiro órgão.

A reorganização global da estrutura orgânica de todas as administrações públicas visa a assegurar eficiência e racionalização dos custos, tendo em vista que os serviços prestados, outrora localizados na sede da administração central, são prestados por entidades autônomas no local mais próxima dos usuários. Assim, por exemplo, a descentralização e a desconcentração consistem na distribuição das tarefas e das competências para uma melhor eficácia na realização dos múnus públicos.

2. Publicidade e dever de informação

O art. 16 da Lei nº 9.784/99 determina que o cidadão deve ter facilitado seu acesso ao processo administrativo. Deve saber, com clareza, qual o local em que pode obter a análise de seu pedido, isto também para evitar a famigerada remessa de expedientes de um órgão para outro, até que se encontre aquele que detenha competência para decidir acerca da matéria. A divulgação dos "[...] locais das respectivas sedes e, quando conveniente, a unidade fundacional competente em matéria de interesse especial." (*sic*) abre espaço para que se conheça o ponto de procura de um órgão capaz de decidir a respeito da pretensão do administrado.

> Há processos administrativos que devem ter um órgão claramente definido como ponto de procura. Assim, um pedido de certidão negativa, um requerimento para obtenção de uma autorização ou um alvará ou a inscrição de atos constitutivos de atividades empresariais, como exemplo, somente podem ser protocolizados perante a repartição pública apropriada.[309]

Normalmente, o interessado não encontra dificuldades em saber qual o órgão que deve procurar para protocolar sua pretensão, dando início ao processo administrativo. Contudo, especialmente diante de órgãos específicos para o recebimento e análise da pretensão, as dificuldades podem aumentar. Dessa forma, o artigo 16 impõe a divulgação de quais seriam os órgãos responsáveis por receber os pedidos.

Diante de um organograma com vários níveis horizontais e verticais (níveis hierárquicos), entende-se que não cabe ao cidadão conhecer minudentemente esta estrutura. Assim, quando não exista um órgão definido para o recebimento do pedido administrativo, deve este ser distribuído no protocolo

---

[309] VELOSO, Waldir de Pinho. *Direito Processual Administrativo*. Curitiba: Juruá, 2010, p. 139.

geral da repartição pública, e então ser encaminhado, internamente, ao órgão competente. "Isto porque a complexa estrutura dos órgãos administrativos nem sempre possibilita ao impetrante identificar com precisão o agente coator, principalmente nas repartições fazendárias que estabelecem imposições aos contribuintes por chefias e autoridades diversas".[310]

A prévia estruturação do organograma de distribuição de competências e sua posterior divulgação têm o condão de deflagrar uma posição *impessoal* da Administração Pública. Organização republicana qualquer foge destes princípios, porque a competência administrativa não se calca somente em uma manifestação de *direito subjetivo*, mas igualmente, em uma condição de *direito objetivo*, porque atua na exata e adequada medida administrativa.[311]

Jurisprudência

Não é possível reclamar da parte o conhecimento da complexa estrutura da Administração Pública, de forma a precisar quem será a pessoa investida de competência para corrigir o ato coator. [inteiro teor] No entanto, não podemos exigir da parte o conhecimento da complexa estrutura da Administração Pública, uma vez que, se torna difícil a visualização de quem será a pessoa física investida de poder de decisão dentro da esfera de competência que lhe é atribuída pela norma legal (autoridade coatora). Se considerarmos, a um, de que não há impedimento de que a entidade interessada ingresse no mandamus a qualquer tempo, como simples assistente do coator, e, a dois, pelo fato da Administração Pública possuir responsabilidade objetiva pelos atos praticados por este, concluo não haver impossibilidade deste figurar diretamente como autoridade coatora. Não é a pretexto de indicação errônea de uma pessoa jurídica de direito público como autoridade coatora em mandado de segurança, que o Juiz, diante de fatos de flagrante lesão ao direito de irredutibilidade de proventos, assegurados pela Constituição Federal, deve julgar improcedente o pedido autoral. (STJ, REsp. nº 547.235-RJ, Rel. Min. José Delgado, Primeira Turma, j. 18/12/2003).

Referências

ALESSI, Renato. *Instituciones de Derecho Administrativo*, Barcelona: Bosch, 1970, t. 1.

CAETANO, Marcello. *Manual de Direito Administrativo*. Rio de Janeiro: Forense, 1970, v. 1.

FRANCESCHETTI, Paolo. *Corso di diritto ammnistrativo*. Milano: Casa Editrice La Tribuna, 2002.

FRANCO SOBRINHO, Manoel de Oliveira. *Da competência administrativa*. São Paulo: Resenha Universitária, 1977.

GINGENA. Julio Isidro Altamira. *Lecciones de derecho administrativo*. Córdoba: Advocatus, 2005.

CIRNE LIMA, Ruy. *Princípios de Direito Administrativo*, 6. ed. São Paulo: Revista dos Tribunais, 1987.

MARRARA, Thiago. Competência, delegação e avocação na LPA. *Revista Brasileira de Direito Público*. Belo Horizonte: Fórum, n. 8, v. 29, 2010, p. 29-50.

MEIRELLES, Hely Lopes. Mandado de Segurança, Ação Popular, Ação Civil Pública, Mandado de Injunção, "Habeas Data", Ação direta de inconstitucionalidade, Ação declaratória de constitucionalidade, e Argüição de descumprimento de preceito fundamental. 24. ed. São Paulo: Malheiros, 2002.

OLIVEIRA, Régis Fernandes de. *Delegação e Avocação Administrativas*. 2. ed. São Paulo: Revista dos Tribunais, 2005.

VELOSO, Waldir de Pinho. *Direito Processual Administrativo*. Curitiba: Juruá, 2010.

---

[310] MEIRELLES, Hely Lopes. *Mandado de Segurança, Ação Popular, Ação Civil Pública, Mandado de Injunção, "Habeas Data", Ação direta de inconstitucionalidade, Ação declaratória de constitucionalidade, e Argüição de descumprimento de preceito fundamental*. 24. ed. São Paulo: Malheiros, 2002, p. 58 – quando o autor comenta acerca da dificuldade, por vezes encontrada pelo impetrante de um *mandamus*, em saber qual a autoridade competente para figurar no polo passivo desta ação.

[311] FRANCO SOBRINHO, Manoel de Oliveira. *Op. cit.*, p. 220.

Artigo 17
Inexistindo competência legal específica, o processo administrativo deverá ser iniciado perante a autoridade de menor grau hierárquico para decidir.

SUMÁRIO: 1. Competência residual; 2. Juiz natural; Jurisprudência; Referências.

1. Competência residual

Antes da entrada em vigor da Lei nº 9.784/99, discutia-se se o *princípio do juiz natural*, a seguir melhor explicitado, era aplicado ao processo administrativo. Após a edição desta legislação, tal premissa ficou concretamente positivada. O artigo 17 determina que, quando exista mais de uma autoridade competente para proclamar uma decisão em processo administrativo, prevalecerá a competência da autoridade com menor grau hierárquico.[312]

O dispositivo, então, resolve que sempre existirá um órgão previamente definido para decidir a respeito. E que, quando uma pluralidade deles seja competente, decidirá aquele que possuir menor hierarquia.

A opção do legislador por definir a competência àquele que possui inferior hierarquia permite com que a ampla defesa seja exercida de forma ainda mais plena, porque aumentam as instâncias recursais. No momento em que se determinasse como competente um órgão superior em detrimento de um inferior, sendo que ambos seriam competentes a proferir decisão, uma possibilidade de recurso seria subtraída, tendo em vista que o processo, originalmente, já iniciaria em instância superior. O que se quis evitar foi a supressão de instâncias inferiores e, com isso, a subtração dos recursos que cada uma delas permite. Além disso, o órgão inferior não poderá afastar a competência do órgão superior, dado que o exercício das competências se exerce de forma restritiva.

Em verdade, o artigo 17 veio tentar solucionar os casos em que se percebe uma omissão legislativa na definição das competências do Poder Público. Maria Sylvia Zanella Di Pietro[313] diz que, em regra, inexistindo lei que distribua as atribuições públicas, seria competente o Chefe do Poder Executivo, porque é a autoridade máxima da organização administrativa, o que faz com que concentre todas as competências do ente, não outorgadas em caráter privativo.

Contudo, a autora salienta que esta perspectiva não foi adotada pela Lei nº 9.784/99, no referido artigo 17. Este informa que, quando não exista definição legal da competência administrativa, o "[...] processo administrativo deverá ser iniciado perante a autoridade de menor grau hierárquico pra decidir".[314] Efetivamente, a Lei do Processo Administrativo Federal não adotou o corriqueiro critério definidor da competência administrativa, em caso de omissão legal, qual seja, da autoridade com maior hierarquia. Preferiu privi-

---

[312] MARRARA, Thiago. Competência, delegação e avocação na LPA. *Revista Brasileira de Direito Público*. Belo Horizonte: Fórum, n. 8, v. 29, 2010, p. 35.

[313] *Direito Administrativo*. 26. ed. São Paulo: Atlas, 2013, p. 212.

[314] *Op. cit.*, p. 205.

legiar a possibilidade de, em caso de omissão, existirem o maior número de recursos possíveis, porque o processo dá início na autoridade de grau mais inferior.

Dessa forma, o artigo em comento privilegiou o *princípio da pluralidade de instâncias*. Contudo, o direito de recorrer foi limitado a três instâncias administrativas, salvo expressa disposição legal em sentido contrário – artigo 57 da Lei nº 9.784/99.[315] Caso fosse adotado o critério definidor da competência no sentido de alocá-la, quando existisse omissão legal, à autoridade máxima na estrutura orgânica, correr-se-ia o risco de se inviabilizar a existência de duas instâncias, ou seja, de recurso administrativo. Tal situação, claro, inviabilizaria o direito fundamental da ampla defesa – artigo 5º, inciso LV, da Constituição Federal de 1988. Com a pluralidade de instâncias, procura-se preservar a legalidade administrativa.[316]

2. Juiz natural

Então, a redação do artigo 17 fez com que se vedasse a inserção, no limiar do processo administrativo, da figura do *juiz de exceção*. Tal figura surge quando é definido um órgão julgador após a ocorrência dos fatos postos em causa. Ele não existe previamente. Seria um "juiz criado para o caso concreto".

A existência de um "juiz natural", ao menos quando se fala em nível constitucional, visa a dar vazão à separação de poderes. O juiz enxertado no caso concreto (um verdadeiro "magistrado para a causa"), inexistente outrora, viola a contenção mútua entre os poderes. Os interesses particulares, e do outra ordem que não a republicana, passam a não ter influência na condução do processo quando existe um julgador previamente competente para conhecer a causa.[317]

Contudo, merece ser destacado que a regra do *juiz natural* não pode ser levada ao extremo em âmbito de processo administrativo. Enfim, a premissa do *juiz natural* não é tão ampla quanto parece. Em algumas situações, poderão ser formadas comissões julgadoras para o caso concreto, sem que estivessem previamente definidas. Seria o caso das comissões de concurso público para ingresso provimento de cargo ou de emprego público (artigo 37, II, CF/88), formadas quando da abertura do certame e, por vezes, alteradas no limiar do processo seletivo. Ou mesmo sindicâncias criadas para apurar o cometimento de faltas funcionais. Ainda que sejam posteriores, estas comissões não são ilegais. Contudo, quando a lei exige a apuração de uma falta disciplinar por comissão permanente, fica vedado o processamento por comissão *ad hoc*, ou seja, de cunho temporário.

---

[315] Art. 57. O recurso administrativo tramitará no máximo por três instâncias administrativas, salvo disposição legal diversa.
[316] *Op. cit.*, p. 631.
[317] RIVERO, Jean. *Curso de Direito Administrativo Comparado*. São Paulo: Revista dos Tribunais, 2004, p. 182.

Jurisprudência

A aplicação do princípio do juiz natural mostra-se viável em sede de processo administrativo, como corolário dos princípios da segurança jurídica, do devido processo legal e da ampla defesa. Sem embargo dessa orientação, verifica-se que na hipótese não houve ofensa ao princípio destacado. (...). (STJ, RMS 24.258, Rel. Min. Denise Arruda, Primeira Turma, j. 13/11/2007).

A instauração de comissão provisória, nas hipóteses em que a legislação de regência prevê expressamente que as transgressões disciplinares serão apuradas por comissão permanente, inquina de nulidade o respectivo processo administrativo por inobservância dos princípios da legalidade e do juiz natural. (STJ, MS 10.585/DF, Rel. Min. Paulo Gallotti, Terceira Seção, j. 13/12/2006, DJ 26/2/2007, p. 542).

[Extrato do voto do Ministro relator]

Em relação à alegação de ofensa ao princípio constitucional do Juiz Natural, ao argumento de que a Comissão do processo administrativo disciplinar somente teria sido composta após a ocorrência dos fatos, registre-se que não há qualquer previsão legal no sentido pretendido pelos impetrantes. Ao contrário, os artigos 149 e 151 da Lei nº 8112/90 dispõem expressamente que o processo administrativo será iniciado com a publicação do ato que constituir a Comissão Processante, que será composta por servidores designados pela autoridade competente. Assim, não há que se falar em prévia constituição da Comissão Processante e tampouco em ofensa ao princípio do Juiz Natural. (STJ, MS 9.384-DF, Rel. Min. Gilson Dipp, Terceira Seção, j. 23/62004).

Referências

DI PIETRO, Maria Sylvia Zanella. *Direito Administrativo*. 26. ed. São Paulo: Atlas, 2013.

MARRARA, Thiago. Competência, delegação e avocação na LPA. *Revista Brasileira de Direito Público*. Belo Horizonte: Fórum, n. 8, v. 29, 2010, p. 29-50.

RIVERO, Jean. *Curso de Direito Administrativo Comparado*. São Paulo: Revista dos Tribunais, 2004.

PRISCILIA SPARAPANI
Artigos 18 ao 21

CAPÍTULO VII – DOS IMPEDIMENTOS E DA SUSPEIÇÃO

Artigo 18

É impedido de atuar em processo administrativo o servidor ou autoridade que:

I – tenha interesse direto ou indireto na matéria;

II – tenha participado ou venha a participar como perito, testemunha ou representante, ou se tais situações ocorrem quanto ao cônjuge, companheiro ou parente e afins até o terceiro grau;

III – esteja litigando judicial ou administrativamente com o interessado ou respectivo cônjuge ou companheiro.

SUMÁRIO: 1. Impedimento do servidor ou autoridade de atuar em processo administrativo; 2. Hipóteses legais de impedimento; 2.1. Interesse direto ou indireto na matéria; 2.2. Participação no processo; 2.3. Litígio judicial ou administrativo; Jurisprudência; Referências.

1. Impedimento do servidor ou autoridade de atuar em processo administrativo

A disposição contida no artigo 18 da Lei 9.784/99 preocupa-se com o impedimento de servidor ou autoridade no âmbito do processo administrativo. Referida previsão legal relaciona-se com o devido processo legal administrativo, que será ofendido quando a condução do processo e sua decisão forem de atribuição de agentes públicos não isentos ou não desinteressados.[1] Acresça-se a isso, a ideia de que o administrador público, como se sabe, tem o dever de agir de forma impessoal em relação aos administrados, e se estiver impedido, fatalmente ofenderá o primado da impessoalidade administrativa.[2]

---

[1] A respeito do Capítulo VII da Lei 9.784/99, que contempla os impedimentos e suspeições no âmbito do processo administrativo, Cristiana Fortini, Maria Fernanda Pires de Carvalho Pereira e Tatiana Martins da Costa Camarão comentam que: "A Lei 9.784/99 tratou em capítulo específico do impedimento e suspeição". Segundo as autoras, "A eficiência no processo administrativo (...) está associada ao devido processo legal" e "estará comprometida quando a condução do processo e o ato decisório estiverem entregues a agentes não neutros". (*Processo administrativo*: comentários à lei 9.784/1999. Belo Horizonte: Fórum, 3. ed., 2012, p. 123).

[2] Conforme leciona Celso Antônio Bandeira de Mello a respeito do princípio da impessoalidade: "Nele se traduz a ideia de que a Administração tem que tratar a todos os administrados sem discriminações, benéficas ou detrimentosas. Nem favoritismo, nem perseguições são toleráveis. Simpatias ou animosidades pessoais, políticas ou ideológicas não podem interferir na atuação administrativa e muito menos interesses

A redação legal fala em servidor ou autoridade e, nesse passo, pode-se depreender que: "Se autoridade, por definição da própria Lei 9.784/99, é o agente dotado de poder de decisão, servidor é quem não o teria, mas que também atua no processo administrativo".[3] Desse modo, a neutralidade deve-se fazer presente, seja em relação aos atos instrutórios praticados por servidor, seja em relação ao ato decisório, emanado pela autoridade julgadora. Assim, espera-se do servidor/autoridade (administrador/julgador) uma atuação imparcial, em que inexistam fatores subjetivos (segundo o *animus* do agente), pré-condicionantes a uma ação tendenciosa para tal ou qual sentido. Basta que o aspecto interno do agente público esteja eivado de parcialidade para afetar a lisura da sua ação/decisão, prescindindo, por conseguinte, da interferência efetiva nos rumos do processo. O impedimento gera *incapacidade absoluta* do servidor/autoridade para agir no seio do processo administrativo.[4]

2. Hipóteses legais de impedimento

As hipóteses arroladas pela lei, no presente dispositivo, referem-se a circunstâncias fáticas que se relacionam *diretamente* com o processo, quais sejam: a) o servidor ou autoridade deve ter interesse direto ou indireto na matéria; b) deve ter participado ou vir a participar como perito, testemunha ou representante, ou se tais situações ocorrem quanto ao cônjuge, companheiro ou parente e afins até o terceiro grau; c) estiver litigando judicial ou administrativamente com o interessado ou respectivo cônjuge ou companheiro.

2.1. Interesse direto ou indireto na matéria

O interesse direto ou indireto na matéria está previsto como primeira hipótese de impedimento do servidor ou autoridade administrativa. Todavia, a palavra "interesse", por si só, demonstra certa vagueza. Portanto, somente caso a caso será possível identificar a sua existência em dada situação, vez que o interesse situa-se na esfera anímica do agente público, restando difícil, muitas vezes, verificar-se de modo objetivo a sua presença.

O interesse do servidor ou autoridade na matéria pode ser de duas espécies, *direto* ou *indireto*. Direto quando há um interesse que se relaciona imediatamente com a questão objeto do processo administrativo, deixando-se evidente, de maneira óbvia e clara, que a problemática deveria ser conduzida ou decidida no sentido ansiado pelo agente a fim de satisfazer o seu elemento volitivo. Indireto quando se relaciona de forma imediata com a matéria discutida no domínio do processo administrativo, mas não se percebe tão nitidamente o interesse do agente público como na hipótese do interesse direto. Demandará uma análise da situação para aferir sinais que demonstrem o interesse indireto

---

sectários, de facções ou grupos de qualquer espécie". (*Curso de Direito Administrativo*. São Paulo: Malheiros, 28. ed., 2011, p. 117).

[3] FORTINI, Cristiana; PEREIRA, Maria Fernanda Pires de Carvalho; CAMARÃO, Tatiana Martins da Costa. *Processo administrativo*: comentários à lei 9.784/1999. Belo Horizonte: Fórum, 3. ed., 2012, p. 123.

[4] FERRAZ, Sérgio; DALLARI, Adilson Abreu. *Processo administrativo*. São Paulo: Malheiros, 3. ed., 2012, p. 167.

do servidor ou autoridade no caso, a depender, por exemplo, de o agente receber alguma vantagem ou sofrer desvantagem de acordo com a resposta que venha a ser dada para a matéria em apreço no processo. A diferença entre as duas espécies de interesse, em tese, é de grau quanto à sua obviedade. Na prática, porém, referida análise torna-se, em muitos momentos, complexa para ser valorada e enquadrada em uma ou em outra espécie de interesse. No entanto, a resposta será dada pelo intérprete da hipótese, por intermédio de um juízo valorativo.[5]

2.2. Participação no processo

A segunda hipótese de impedimento acontece no caso de o agente ter participado ou vir a participar como perito, testemunha ou representante, ou se tais situações ocorrem quanto ao cônjuge, companheiro ou parente e afins até o terceiro grau.

Aqui o legislador estabeleceu realmente uma circunstância objetiva para considerar o servidor ou autoridade impedida. O intuito é evitar que o agente público atue no processo por meio de distintos papéis, o que possibilitaria a exteriorização de vontades contrárias. Ao se barrar a multiplicidade de atuações no processo impedem-se respostas plúrimas para uma dada questão.[6]

O impedimento se dá quando o agente for *perito*, isto é, tiver conhecimento técnico-especializado em determinada área; em assim sendo, não pode emitir opinião técnica a respeito de certa matéria e, simultaneamente ter como atribuição o dever de decidir. Se o servidor ou autoridade for *testemunha*, também ficará impedido. O motivo é evidente: uma vez que a testemunha tece relato a respeito dos acontecimentos fáticos, tornar-se-á alguém que não deverá conduzir os atos do processo ou solucioná-lo. E como *representante*, incumbido da defesa dos interesses daquele que o nomeou como tal, o agente, de igual maneira, esbarrará na impossibilidade de exercer outras funções no processo, em virtude do antagonismo dessa posição ocupada com aquela de quem é responsável pela condução da etapa instrutória ou da fase decisória.

Ainda, nessa hipótese trazida pelo inciso II do artigo 18, existirá impedimento quando as situações de perito, testemunha ou representante se derem em relação ao cônjuge, companheiro ou parente e afins até o terceiro grau. Acerca desses casos, será praticamente impossível manter a neutralidade e isenção que se espera do administrador público ao atuar como servidor ou autoridade no processo administrativo em decorrência dos laços afetivos e familiares que unem o agente a referidas pessoas.

2.3. Litígio judicial ou administrativo

A terceira e última hipótese prevista no artigo 18 da LPA prevê situação de impedimento quando o servidor ou autoridade estiver litigando judicial

---

[5] Nesse sentido, ver José dos Santos Carvalho Filho. (CARVALHO FILHO, José dos Santos. *Processo Administrativo Federal* – Comentários à Lei 9.784, de 29.1.1999. 5. ed. São Paulo: Atlas, 2013, p. 140).

[6] CARVALHO FILHO, José dos Santos. *Processo Administrativo Federal:* comentários à Lei 9.784, de 29.1.1999. 5. ed. São Paulo: Atlas, 2013, p. 141.

ou administrativamente com o interessado ou respectivo cônjuge ou companheiro.

O litígio judicial, que acontece no âmbito jurisdicional, se dá no seio de um processo judicial, em que se discute o conflito de pretensões entre as partes na demanda. É a disputa que será solucionada em juízo, a pendência que é submetida ao juiz para ser examinada. No tocante ao litígio no processo administrativo este ficará caracterizado quando se estiver na presença da estrutura dialética, ou seja, do contraditório.[7] Pode-se depreender, por conseguinte, que "sempre que houver controvérsia, conflitos de interesses, haverá aplicabilidade do contraditório e da ampla defesa, nos termos constitucionais".[8] Na esteira dessa colocação é possível verificar que "a idéia de litígio ou lide administrativa passa pela compreensão de que o processo será exigido quando houver a real possibilidade de atingimento da esfera jurídica de determinada pessoa por uma específica decisão administrativa dirigida contra ela".[9]

De tal modo, se houver litígio (judicial ou administrativo) entre o agente e o interessado, ou o cônjuge ou companheiro deste, inevitavelmente se instalará uma situação com ausência de concórdia, de entendimento entre os litigantes, o que afetaria a atuação do agente público no processo administrativo, comprometendo, por conseguinte, o intento do servidor ou da autoridade, que dificilmente agiriam de forma honesta, leal, ética e neutra.

Jurisprudência

ADMINISTRATIVO. PROCESSO DISCIPLINAR ORIUNDO DE DENÚNCIAS DE DEPUTADO ESTADUAL QUE POSTERIORMENTE ATUA COMO AUTORIDADE JULGADORA. INTERESSE DIRETO EVIDENCIADO. OFENSA AO PRINCÍPIO DA IMPARCIALIDADE. ARTIGO 18 DA LEI Nº 9.784/1999. OCORRÊNCIA. 1. O Processo Administrativo Disciplinar se sujeita a rigorosas exigências legais e se rege por princípios jurídicos que condicionam a sua validade, dentre as quais a da isenção dos agentes públicos que nele tem atuação. 2. Uma vez demonstrado o interesse da autoridade julgadora na condução do processo administrativo e no seu resultado, seja interesse direto, seja o interesse indireto, o fato do denunciante ter julgado os denunciados configura uma ofensa ao princípio da imparcialidade, caracterizando vício insanável no ato administrativo objeto da impetração. 3. Procurador federal que opina no sentido da nulidade do processo administrativo, e posteriormente é designado para presidir a Comissão instaurada para apurar os mesmos fatos e indiciados, resulta na contrariedade ao postulado da imparcialidade da Administração Pública. 4. Segurança concedida. (STJ – MANDADO DE SEGURANÇA MS 14959 DF 2010/0006425-2; Relator: Ministro HAROLDO RODRIGUES (DESEMBARGADOR CONVOCADO DO TJ/CE); julgamento: 23/02/2011; órgão Julgador: S3 – TERCEIRA SEÇÃO; data de publicação: 04/04/2011).

REEXAME NECESSÁRIO. Mandado de Segurança. Sindicância instaurada contra o impetrante logo após denúncia que ele fez no Tribunal de Contas. Comissão Processante respectiva, formada por aqueles que o impetrante denunciou. Ofensa à imparcialidade e à moralidade administrativa. Nulidade da portaria da Presidente da Câmara dos Vereadores do Município de Eldorado que instituiu a Comissão Processante e de todos os atos daí decorrentes. Ordem concedida. Sentença mantida em seu miolo, retificando-a apenas para constar que é a Fazenda Pública Municipal, e não a Edilidade, que deve suportar a condenação ao pagamento das custas e despesas do processo. RECURSO OFICIAL PARCIALMENTE PROVIDO. (TJ-SP – Reexame Necessário:

---

[7] Importa notar que para Elio Fazzalari, o que caracteriza o processo e o diferencia do procedimento é o que ele denomina de presença da estrutura dialética, isto é, o contraditório. (FAZZALARI, Elio. *Procedimento e processo* (teoria general), Enciclopedia di Diritto, XXXV. Giuffrè Editore, 1986, p. 819).

[8] FIGUEIREDO, Lúcia Valle. *Curso de Direito Administrativo.* 5. ed. São Paulo: Malheiros, 2001, p. 415.

[9] BACELLAR FILHO, Romeu Felipe. *Princípios constitucionais do processo administrativo disciplinar.* São Paulo: Max Limonad, 1998, p. 69.

Art. 19

REEX 00020433020108260172 SP 0002043-30.2010.8.26.0172; Relator: Vicente de Abreu Amadei; Julgamento: 09/04/2013; Órgão Julgador: 1ª Câmara de Direito Público; Publicação: 10/04/2013).

ADMINISTRATIVO. PROCESSO DISCIPLINAR ORIUNDO DE DENÚNCIA DE SERVIDORA QUE POSTERIORMENTE ATUA COMO MEMBRO DA COMISSÃO PROCESSANTE. INTERESSE EVIDENCIADO. OFENSA AO PRINCÍPIO DA IMPARCIALIDADE. ARTIGO 18, DA LEI Nº 9.784 /1999. OCORRÊNCIA. 1. O Processo Administrativo Disciplinar – PAD, é regido por princípios jurídicos condicionantes de sua validade e se sujeita a rigorosas exigências legais, nos termos das Leis nos 8.112 /90 e 9.784 /99, que, entre outras disposições, prevêem as hipóteses de suspeição e impedimento dos servidores que nele atuarão. 2. Por isso, servidores que participaram na fase de investigação anterior ao PAD, não podem atuar na sua fase decisória porque contaminam a imparcialidade, nos termos do artigo 150 , da Lei nº 8.112 /90. 3. Dessa forma, é nulo o Processo Administrativo Disciplinar, que concluiu pela aplicação da pena de demissão ao servidor processado, quando a servidora denunciante, posteriormente atuou como membro da comissão formada para apurar as denúncias que fez. 4. Segurança concedida para anular a Portaria nº 275, de 23 de outubro de 2009, do Ministro de Estado da Previdência Social. (STJ – MANDADO DE SEGURANÇA : MS 15048 DF 2010/0027395-0; Relator(a): Ministro MOURA RIBEIRO; Julgamento: 26/03/2014; Órgão Julgador: TERCEIRA SEÇÃO; Publicação: DJe 01/04/2014).

Referências

BACELLAR FILHO, Romeu Felipe. *Princípios constitucionais do processo administrativo disciplinar*. São Paulo: Max Limonad, 1998.

CARVALHO FILHO, José dos Santos. *Processo Administrativo Federal, Comentários à Lei 9.784, de 29.1.1999*. São Paulo: Atlas, 5. ed. 2013.

FAZZALARI, Elio. *Procedimento e processo* (teoria general), Enciclopedia di Diritto, XXXV. Giuffrè Editore, 1986.

DALLARI, Adilson de Abreu; FERRAZ, Sérgio. *Processo administrativo*. São Paulo: Malheiros, 3. ed., 2012.

FIGUEIREDO, Lúcia Valle. *Curso de Direito Administrativo*. 5. ed., São Paulo: Malheiros, 2001.

FORTINI, Cristiana; PEREIRA, Maria Fernanda Pires de Carvalho; CAMARÃO, Tatiana Martins da Costa. *Processo administrativo*: comentários à lei 9.784/1999. Belo Horizonte: Fórum, 3. ed., 2012.

MELLO, Celso Antônio Bandeira de. *Curso de Direito Administrativo*. 28. ed. São Paulo: Malheiros, 2011.

Artigo 19

A autoridade ou servidor que incorrer em impedimento deve comunicar o fato à autoridade competente, abstendo-se de atuar.

Parágrafo único. A omissão do dever de comunicar o impedimento constitui falta grave, para efeitos disciplinares.

SUMÁRIO: 1. Comunicação do impedimento à autoridade competente; 2. A omissão do dever de comunicar o impedimento; Jurisprudência; Referência.

1. Comunicação do impedimento à autoridade competente

Diante de situação de impedimento, a própria autoridade ou servidor que nela incidir, deverá afastar-se do processo, ou abster-se de nele atuar, para que não comprometa o expediente processual, comunicando o fato à autoridade competente, que, em regra, é o seu superior hierárquico. No entanto, ato normativo poderá dispor especificamente em relação a quem terá competência, no âmbito da organização administrativa, para tomar ciência do fato.[10]

2. A omissão do dever de comunicar o impedimento

Se o agente público omitir-se acerca do dever de comunicar o seu impedimento à autoridade competente, referido silêncio de sua parte constituirá falta grave, para efeitos disciplinares. Contudo, para que se caracterize aludida infração, torna-se imprescindível que o agente atue no processo ciente da sua condição de impedido, devendo, no mínimo, estar imbuído de má-fé, isto é, precisa saber que não age com a necessária isenção no tocante ao interessado. A comunicação do impedimento pressupõe uma atuação *ex officio* do servidor ou autoridade que funcionem no processo. Além do mais, nada obsta, no caso da omissão do agente, que o interessado suscite o impedimento do servidor ou da autoridade, uma vez que possui evidente interesse em ter agentes desimpedidos funcionando no expediente processual.

Jurisprudência

PROCESSUAL CIVIL. ADMINISTRATIVO. INSCRIÇÃO. ORDEM DOS ADVOGADOS. SECCIONAL. LICENCIAMENTO EX OFFICIO. VIOLAÇÃO AO PRINCÍPIO DO CONTRADITÓRIO E DA AMPLA DEFESA. ALEGAÇÃO DE INCOMPATIBILIDADE FUNCIONAL. CARGO DE PRESIDENTE CONSELHO PENITENCIÁRIO E EXERCÍCIO DA ADVOCACIA. INEXISTÊNCIA. AGENTE HONORÍFICO. *MUNUS* PÚBLICO. ATUAÇÃO ADMINISTRATIVA. AUSÊNCIA DE PODER DECISÓRIO. PARECER OPINATIVO. COMPATIBILIDADE. DISSÍDIO JURISPRUDENCIAL E VIOLAÇÃO AO ART. 535 DO CPC – NÃO-COMPROVAÇÃO. [...] 10. A atuação do impetrante na advocacia criminal sofre temperamentos, em face do impedimento, legal e moral, de se valer o impetrante do cargo de "conselheiro" para fins de "captação indevida de clientes", tendo em vista o dever de ofício em comunicar à autoridade competente impedimento desta natureza, sob pena de punição disciplinar, *in verbis*: "Art. 19. A autoridade ou servidor que incorrer em impedimento deve comunicar o fato à autoridade competente, abstendo-se de atuar. Parágrafo único. A omissão do dever de comunicar o impedimento constitui falta grave, para efeitos disciplinares." [...] (STJ – RECURSO ESPECIAL: REsp 656740 GO 2004/0054775-0; Relator: Ministro LUIZ FUX; Julgamento: 03/05/2007; Órgão Julgador: PRIMEIRA TURMA; Publicação: DJ 31.05.2007 p. 328).

Referência

CARVALHO FILHO, José dos Santos. *Processo Administrativo Federal*, Comentários à Lei 9.784, de 29.1.1999. São Paulo: Atlas, 5. ed. 2013.

Artigo 20

Pode ser argüida a suspeição de autoridade ou servidor que tenha amizade íntima ou inimizade notória com algum dos interessados ou com os respectivos cônjuges, companheiros, parentes e afins até o terceiro grau.

SUMÁRIO: 1. Suspeição de autoridade ou servidor; 2. Hipóteses legais de suspeição; 2.1. Amizade íntima; 2.2. Inimizade notória; 3. Arguição de suspeição; Jurisprudência; Referências.

---

[10] CARVALHO FILHO, José dos Santos. *Processo Administrativo Federal*. Comentários à Lei 9.784, de 29.1.1999. 5. ed. São Paulo: Atlas, 2013, p. 145.

1. Suspeição de autoridade ou servidor

Referido dispositivo trata de outra situação que requer do agente público o seu afastamento do processo administrativo, pois sua atuação ficaria comprometida se não o fizesse, em virtude de estar presente circunstância que o torna suspeito de exercer sua função no expediente processual.

Se é verdade que no processo judicial se torna "imprescindível à lisura e prestígio das decisões judiciais a inexistência da menor dúvida sobre os motivos de ordem pessoal que possam influir no ânimo do julgador",[11] no âmbito do processo administrativo aludida assertiva não é menos verdadeira. De tal modo, transposta mencionada ideia para o campo do processo administrativo, igualmente não se pode violar a garantia da imparcialidade do servidor ou administrador, por motivos pessoais seus, uma vez que isso geraria uma decisão tendenciosa e causadora de dúvidas.

2. Hipóteses legais de suspeição

A norma aponta como circunstâncias que causam a suspeição o fato de o servidor ou autoridade ter amizade íntima ou inimizade notória com algum dos interessados ou com os respectivos cônjuges, companheiros, parentes e afins até o terceiro grau.

2.1. Amizade íntima

O legislador, no dispositivo em comento, ao estabelecer como primeira causa de suspeição a amizade íntima, teve como intuito distinguir os vínculos de amizade firmados. Aqui se leva em conta a intensidade, a profundidade do laço de amizade. Em realidade, a expressão *amizade íntima* significa que o agente público está muito próximo ou tem relações bastante estreitas com algum dos interessados ou com os respectivos cônjuges, companheiros, parentes e afins até o terceiro grau. Assim, não será uma amizade superficial ou um simples coleguismo que gerará a suspeição do servidor ou da autoridade. Cabe ressaltar que referida amizade deve ser conhecida pelas pessoas no âmbito social, de forma ostensiva e pública.[12]

2.2. Inimizade notória

A segunda causa de suspeição é a *inimizade notória*. Destarte, nessa hipótese, o que existe é a malquerença, a aversão entre o agente público e o interessado ou as demais pessoas referidas no dispositivo em apreço. Também é necessária a exteriorização, no plano social, desse sentimento de inimizade.

---

[11] THEODORO JÚNIOR, Humberto. *Curso de Direito Processual Civil:* Teoria geral do Direito Processual Civil e Processo de conhecimento. 54. ed. Rio de Janeiro: Forense, 2013, p. 242.

[12] Defendendo a ideia de que a amizade íntima deve ser "notoriamente conhecida por todos ou por grande número de pessoas", estabelecendo-se uma relação "com ostensividade social" está José dos Santos Carvalho Filho. (CARVALHO FILHO, José dos Santos. *Processo Administrativo Federal*, Comentários à Lei 9.784, de 29.1.1999. São Paulo: Atlas, 5. ed. 2013, p. 147).

Ou seja, deve ser de conhecimento público e notório que ditas pessoas sentem profunda antipatia ou ódio uma pela outra.

3. Arguição de suspeição

Consoante a redação do dispositivo em comento *pode ser arguida a suspeição* de autoridade ou servidor. No entanto, a norma não diz a quem cabe aludida arguição. É de se supor que ela seja feita pelo próprio interessado, uma vez que não há, nessa disposição do artigo 20, determinação como a constante do artigo 19, parágrafo único, disciplinando que o próprio agente deve comunicar o seu impedimento, sob pena de incidir em falta grave. Assim sendo, diante da ausência de regramento na mesma direção do disposto no artigo precedente, é possível aferir que o ônus da arguição recai sobre o interessado. Contudo, o próprio agente público pode se *declarar suspeito* independentemente da atitude do interessado em arguir a suspeição, inexistindo qualquer barreira legal nesse sentido.[13]

Jurisprudência

ADMINISTRATIVO. SERVIDOR PÚBLICO. PROCESSO DISCIPLINAR. ARTIGO 149 DA LEI Nº 8.112 /1990. ARTIGOS 18 E 19 DA LEI Nº 9.784 /1999. COMISSÃO. MEMBROS. SUSPEIÇÃO. NULIDADE. RECONHECIMENTO. 1. É nulo o processo administrativo disciplinar quando evidenciado nos autos a falta da necessária isenção dos membros da respectiva comissão processante para o exercício de suas atribuições. 2. Recurso especial a que se nega provimento. (STJ – RECURSO ESPECIAL: REsp 608916 PR 2003/0202192-9; Relator: Ministro PAULO GALLOTTI; Julgamento: 17/02/2009; Órgão Julgador: SEXTA TURMA; Publicação: DJe 23/03/2009).

Referências

CARVALHO FILHO, José dos Santos. Processo Administrativo Federal, Comentários à Lei 9.784, de 29.1.1999. São Paulo: Atlas, 5. ed. 2013.

THEODORO JÚNIOR, Humberto. *Curso de Direito Processual Civil:* Teoria geral do Direito Processual Civil e Processo de conhecimento. 54. ed. Rio de Janeiro: Forense, 2013.

Artigo 21
O indeferimento de alegação de suspeição poderá ser objeto de recurso, sem efeito suspensivo.

SUMÁRIO: 1. Recurso contra o indeferimento de alegação de suspeição.

---

[13] No sentido de que uma vez caracterizada a situação ensejadora de suspeição, nada impede que a iniciativa para declarar a situação seja do próprio agente, independentemente de aguardar a iniciativa da parte, esta sim, a única que pode *arguir* algum obstáculo à presença da autoridade, ver José dos Santos Carvalho Filho. (CARVALHO FILHO, José dos Santos. *Processo Administrativo Federal* – Comentários à Lei 9.784, de 29.1.1999. 5. ed. São Paulo: Atlas, 2013, p. 148). Referido autor, entretanto, buscando obter o sentido preciso do art. 20 da lei, diz que é possível "constatar-se que a arguição pelo interessado será a forma mais adequada quando se tratar de hipótese em que a autoridade tenha inimizade notória com ele ou com as demais pessoas contempladas na lei. Mas, se a hipótese for a de amizade íntima, o modo mais compatível será aquele em que o próprio administrador venha a declarar essa situação e se abstenha de atuar no processo administrativo, situação melhor do que a de esperar que o interessado faça a arguição, sobretudo porque, com frequência, não terá este, em nome da amizade com o agente, o menor interesse em considerá-lo suspeito e afastá-lo do processo. Aqui é o administrador que deve pautar-se pelo princípio da moralidade e tomar a iniciativa de sua abstenção no processo". (*Ibidem*, p. 149).

1. Recurso contra o indeferimento de alegação de suspeição

Uma vez arguida a suspeição, a autoridade competente para examiná-la, no processo administrativo, poderá indeferi-la, o que levará o interessado à interposição de recurso diante dessa decisão de indeferimento.

O recurso, em regra, não tem efeito suspensivo, o que acarreta, como consequência, a continuidade regular do processo administrativo. Excepcionalmente poder-se-á atribuir efeito suspensivo ao recurso (art. 61, parágrafo único) desde que haja justo receio de prejuízo de difícil ou incerta reparação decorrente da execução do ato administrativo.

O prazo para a interposição do recurso será de dez dias (cf. art. 59), devendo ser encaminhado à autoridade que indeferiu a arguição de suspeição. Caso a autoridade não reconsidere sua decisão, deverá remeter os autos do processo à autoridade com competência para rever a questão (cf. art. 56, § 1º).

JULIANO HEINEN
Artigos 22 ao 25

CAPÍTULO VIII – DA FORMA, TEMPO E LUGAR DOS ATOS DO PROCESSO

Artigo 22

Os atos do processo administrativo não dependem de forma determinada senão quando a lei expressamente a exigir.

§ 1º Os atos do processo devem ser produzidos por escrito, em vernáculo, com a data e o local de sua realização e a assinatura da autoridade responsável.

§ 2º Salvo imposição legal, o reconhecimento de firma somente será exigido quando houver dúvida de autenticidade.

§ 3º A autenticação de documentos exigidos em cópia poderá ser feita pelo órgão administrativo.

§ 4º O processo deverá ter suas páginas numeradas seqüencialmente e rubricadas.

SUMÁRIO: 1. Princípio do informalismo; 2. Forma dos atos processuais; Jurisprudência; Referências.

1. Princípio do informalismo

O art. 22 ocupou-se de um tema bastante significativo em termos de processo administrativo, qual seja, a forma dos atos a serem praticados, na sequência estabelecida pelo rito. Para o processo como um todo, importa considerar esta matéria como de extrema relevância. Basta ver que, tanto o Código de Processo Civil (Título V do Livro I), como o Código de Processo Penal (Livro VI) ocuparam-se do tema com bastante detalhamento e profundidade.

Então, podemos perceber que o processo administrativo federal consagrou, em seu âmago, o *princípio do informalismo*,[1] de modo que este instituto não exige que se consagre a prática de atos com o respeito hermético às formas,

---

[1] Odete Medauar trata tal premissa como sendo o "princípio do formalismo moderado", o qual rege o procedimento administrativo como um todo. "Na doutrina é citado também com o nome de princípio do informalismo. Porém não parece correta esta última expressão porque dá a entender que não há ritos e formas no processo administrativo. Há ritos e formas inerentes a todo procedimento. Na verdade, o princípio do formalismo moderado consiste, em primeiro lugar, na previsão de ritos e formas simples, suficientes para propiciar um grau de certeza, segurança, respeito aos direitos dos sujeitos, o contraditório e a ampla defesa. Em segundo lugar, se traduz na exigência de interpretação flexível e razoável quanto às formas, para evitar que estas sejam vistas como fim em si mesmas, desligadas das verdadeiras finalidades do processo." (MEDAUAR, Odete. *Direito Administrativo Moderno*. 13. ed. São Paulo: Revista dos Tribunais, 2009, p. 176).

nem que o seu desenvolvimento seja de todo parametrizado. Assim, podemos resumir este paradigma a partir da seguinte premissa: *os atos do processo administrativo federal possuem forma livre.*[2]

Em verdade, o informalismo é típico instituto que vem em benefício do administrado, pois é ele o titular da garantia da forma.[3] Assim, somente em favor do particular que o princípio em pauta pode ser alegado. De outro modo e *a contrario sensu*, pode-se pensar que a garantia da forma vem justamente privilegiar o interesse público. E bem por isto que deve ficar a advertência: a informalidade não pode servir de apanágio para encobrir fraudes ou atos corruptivos. Em melhores termos, não pode vir a encobrir privilégios a determinados interessados.

Logo, o *princípio da informalidade* somente pode ser aplicado quando: a) não ficar à margem (fora) da legalidade; b) não prejudicar terceiros; c) nem o interesse público.

Assim, busca-se um processo administrativo adequado a dar uma resposta qualificada ao direito material. Mais. Não pode ele gerar um formalismo desarrazoado, ou seja, um culto da "forma pela forma". O processo evolui, neste sentido, para deixar de lado o apego somente ao procedimento, para focar também na relação processual de direito material. O processo (inclusive o jurisdicional) não pode ser neutro ao direito material, ou seja, deter um caráter meramente formalista.

Em 1922, o Tribunal Supremo espanhol declarou que: "Las reclamaciones producidas en vía gubernativa no [...] están sometidas a formalidades precisas, *debiendo interpretarse su contenido con espíritu de benignidad.*". E a partir de então, a Espanha consagrou que o *princípio do informalismo* seria premissa essencial dos procedimentos administrativos – o que foi extendido ao direito argentino igualmente.[4] É importante consignar que parte da doutrina francesa interpreta que o informalismo do processo administrativo assegura uma maior discricionariedade à Administração Pública,[5] no caso a discricionariedade técnica. As maiores formalidades no e do processo administrativo francês vieram à tona a partir dos julgados do Conselho de Estado.[6] Entende-se que, em verdade, tal premissa é um paradigma do processo a favor do administrado, excusando-o da observância de exigências formais não essenciais ou que podem ser cumpridas posteriormente.[7]

Portanto, o processo administrativo deve se contentar em garantir as formalidades suficientes para se assegurar a certeza jurídica, a garantia e a credibilidade do processo administrativo. Ao mesmo tempo, tal princípio não pode servir para que o processo administrativo seja mal estruturado ou mal condu-

---

[2] DALLARI, Adilson de Abreu; FERRAZ, Sérgio. *Processo administrativo*. 3. ed .São Paulo: Malheiros, 2012, p. 189.

[3] Como bem alertam Adilson de Abreu Dallari e Sérgio Ferraz (*Op. cit.*, p. 125).

[4] GORDILLO, Agustín. *Tratado de derecho administrativo*. 9. ed. Buenos Aires: F.D.A., 2004, t. 2, p. IX-25.

[5] Por todos: DUEZ, Paul; DEBEYRE, Guy, *Traite de droit administratif*. Paris: Dalloz, 1952, p. 52 e ss. AINDA: GORDILLO, Agustín. *Op. cit.*, p. IX-25.

[6] BRAIBANT, Guy; STIRN, Bernard, *Le droit administratif français*. Paris: Dalloz, 1999, p. 534-535.

[7] CASSAGNE, Juan Carlos. *Derecho administrativo*. Buenos Aires: Abeledo-Perrot, 2002, t. 1, p. 34.

zido. E isto, em termos de Lei nº 9.784/99, o art. 2º, parágrafo único, incisos VIII e IX já antecipavam este ideário, porque, ao mesmo tempo que se impõe a "observância das formalidades essenciais à garantia dos direitos dos administrados", procura-se dar cabo de adotar "formas simples, suficientes para propiciar adequado grau de certeza, segurança e respeito aos direitos dos administrados".

Diante do contexto apresentado, concluímos que o processo administrativo se caracteriza pela ponderação e moderação do formalismo que rege o procedimento. Não há, nesta seara, o mesmo rigor quanto à forma que se verifica no procedimento judicial, tendo em vista a sua própria natureza. Não se pode exigir da autoridade administrativa o mesmo rigor formal que se exige em processos judiciais. A fundamentação e o próprio procedimento que se exige administrativamente deve ser mais objetivo, tendo em vista a natureza jurídica desse pronunciamento.

Isso não significa dizer que tal premissa venha a dispensar certos requisitos de ordem obrigatória, como a observância dos princípios administrativos, dos direitos fundamentais (como a ampla defesa e o contraditório), etc. Quanto maior for o interesse particular envolvido, maior será a necessidade de se garantir a forma do procedimento, a fim de que se possa evitar o arbítrio do administrador.[8] O que se quer dizer, em verdade, é que a Lei nº 9.784/99 demonstrou disposição para evitar que o formalismo pudesse impedir o livre curso do processo, a fim de que se consiga, sem maiores embargos e de maneira célere (mas segura), a decisão final.

Podem-se indicar, assim, algumas consequências práticas da adoção do *princípio do informalismo*. Um exemplo a este respeito consiste na possibilidade de se conhecer de uma pretensão, mesmo que a ela se tenha dado outra nomenclatura.[9] Imagine o caso no qual determinado sujeito tenha protocolado recurso hierárquico, sem que, para tanto, tenha-se mais um grau recursal. Dessa maneira, aquilo que a parte chamou de "recurso" pode ser conhecido e analisado como sendo um "pedido de reconsideração".[10]

O oposto seria instituirmos um formalismo e um simbolismo tão estéril e prejudicial para a administração pública que serviria para frustrar, na prática, alguns remédios processuais. Concorda-se, com isto, que a lógica do processo administrativo deve evitar a frustração dos direitos dos indivíduos, especialmente aqueles mais fracos. Tem-se, para tanto, o objetivo dar uma proteção mais eficaz. A razoabilidade do art. 22 possibilita o acesso do cidadão ao processo administrativo de forma simples, rápida e efetiva, sem maiores despesas e entraves burocráticos.

Devemos entender esse princípio como premissa hermenêutica favorável ao particular, inclusive porque este não necessita advogado para representá-lo

---

[8] MARRARA, Thiago; NOHARA, Irene Patrícia. *Processo Administrativo* – Lei nº 9.784/99 Comentada. São Paulo: Atlas, 2009, p. 196.

[9] O que em *processo civil* se denominou de "princípio da fungibilidade das ações" (VELOSO, Waldir de Pinho. *Direito processual administrativo*. Curitiba: Juruá, 2010, p. 110).

[10] Aliás, o direito espanhol consagra que o princípio do informalismo é reconhecido no processo administrativo, fixando uma interpretação *pro actione*, ou seja, confere-se uma hermenêutica mais favorável ao recebimento das pretensões e ao conhecimento dos recursos.

no processo, podendo atuar pessoalmente. Deve-se observar, porém, que existindo exigência legal expressa quanto à forma de determinado ato, esta deverá ser cumprida, sob pena de nulidade do ato praticado em desacordo com a mencionada solenidade.[11]

Com isso, queremos dizer que somente se deve decretar a nulidade processual, se os atos contaminados por defeitos procedimentais modificam, substancialmente, a valia deles ou atingem direitos essenciais – como os de natureza fundamental – e desde que o julgamento não tenha sido afetado pelos vícios apontados. Tudo, como dito, em virtude do *princípio do informalismo* acoplado ao processo administrativo.

Então, toda a complexidade derivada de solenidade processual poderá ser relativizada, salvo quando ela esteja expressamente prevista como condição de validade do ato administrativo. Portanto, o informalismo não autoriza jamais o descuido para com as normas cogentes. Neste ponto, pode-se concluir que somente as nulidades classificadas como "absolutas" é que ficam de fora da garantia do informalismo.[12]

Aliás, os procedimentos administrativos podem, caso a caso, deterem maior ou menor informalismo, tudo a depender de previsão específica dispensada. A exemplo disso, cumpre dizer que os processos que têm por objeto concorrências públicas – como licitações, concursos públicos ou provas de vestibular –, reclamam a adoção de formalidades ainda mais intensas, a começar pelo edital – ato do certame envolto a cumprir varias condições, ou melhor, formalidades.[13] Aliás, a informalidade é maior no processo administrativo do que em processo civil,[14] muito embora, mesmo neste último, o conteúdo do ato prevalece sobre a forma, especialmente a partir da aplicação do *princípio da instrumentalidade das formas* em seu âmbito.[15]

2. Forma dos atos processuais

Como visto, ainda que a forma seja um dos elementos do ato administrativo, ela não é um dos mais importantes objetivos a serem alcançados pelo

---

[11] O *princípio do informalismo* dispensa ritos sacramentais e formas rígidas para o processo administrativo, principalmente para os atos a cargo do particular. Bastam as formalidades estritamente necessárias à obtenção da certeza jurídica e à segurança procedimental. Não se aplica aos procedimentos concorrenciais, para não ferir a igualdade.

[12] "Em razão desse princípio dispensam-se ritos rigorosos e formas solenes para o processo administrativo." (GASPARINI, Diógenes. *Direito administrativo*. 17. ed. São Paulo: Saraiva, 2012, p. 1805).

[13] Conferir, para tanto, a discplina imposta ao instrumento convocatório dos certames licitatórios pelo art. 40, da Lei nº 8.666/93.

[14] HEINEN, Juliano. *Comentários à Lei de Acesso à Informação* – Lei nº 12.527/11. Belo Horizonte: Fórum, 2013, p. 52-53. STJ, RMS 9.580-MG, Rel. Gomes de Barros, Primeira Turma, j. 14/12/1998. No mesmo sentido: "No processo administrativo a intimação (salvo em procedimentos específicos, disciplinados por leis especiais), não tem o mesmo rigor técnico do processo judicial, correspondendo à idéia geral de dar ciência, dar conhecimento, comunicar". (DALLARI, Adilson Abreu; FERRAZ, Sérgio. *Op. cit.*, p. 192).

[15] Tanto que o art. 154, do CPC afirma que, de regra, a forma é livre, salvo quando há solenidade estabelecida. Então, de regra, a forma no processo civil é livre. E estas premissas são complementadas pelo art. 250 do mesmo código: "Art. 250. O erro de forma do processo acarreta unicamente a anulação dos atos que não possam ser aproveitados, devendo praticar-se os que forem necessários, a fim de se observarem, quanto possível, as prescrições legais.".

processo administrativo. São imprescindíveis apenas as *formalidades que sejam essenciais à garantia dos direitos dos administrados*.[16]

A forma do ato processual constitui-se em um conjunto de solenidades necessárias para a sua validade, ou seja, consagra aquilo que deve conter o ato para que ele surta plenos efeitos.[17] Assim, a forma é consagrada basicamente pelo *modo, lugar* e *tempo* dos atos.

Sendo assim, quando existe uma forma imposta pela lei, há uma vinculação dos atores do processo, devendo estes cumprir com o que está ali determinado. A forma estabelecida em lei deve ser respeitada. Porém, ainda quando estivermos diante de uma forma determinada na lei, e o ato desrespeita o que ali se consagrou, mas ainda assim atinge sua finalidade, não se declara a nulidade do ato. Tudo em homenagem ao princípio da instrumentalidade das formas, trazido ao bojo do processo administrativo, ao aplicarmos, por analogia, o art. 250 do CPC. A vinculação das formas dá lugar à instrumentalidade. Então, se o ato atingiu o fim a que se propunha e não causou prejuízo aos interessados, não deve ser decretada sua nulidade.

A maior exigência do art. 22 consta em seu primeiro parágrafo, o qual reclama que os atos administrativos sejam praticados de maneira *escrita*.[18] Assim, mesmo se o pedido inicial for formulado de maneira verbal, ainda assim deverá, inexoravelmente, ser reduzido a termo.

Além disso, os atos do processo administrativo devem ser escritos em *Língua Portuguesa*. Aliás, nada mais coerente para com o que dispõe o art. 13, *caput*, da Constituição Federal de 1988.[19] Esta providência se assemelha com aquilo que dispõe o art. 156 do Código de Processo Civil.

Caso se produzam, durante o processo, documentos redigidos em língua estrangeira, devem eles ser traduzidos para o português. Na linha do "espírito" do art. 22, entendemos que somente pode se exigir tradutor juramentado quando a lei assim determine expressamente, ou quando se tenham dúvidas no que tange à veracidade das traduções.[20] Na mesma linha do raciocínio aqui exposto, o depoimento de testemunhas que não falam a Língua Portuguesa, deve ser vertido ao idioma nacional, aplicando-se, por analogia, o art. 151, inciso II, do CPC.

Além disso, o § 1º do art. 22 ainda determina que os atos do processo administrativo detenham a indicação da data, do local, da assinatura de quem o praticou. Normalmente estes itens são alocados ao final do documento a ser produzido, como última providência. Muito embora o dispositivo em questão

---

[16] STJ, REsp 1.019.609-PE, Rel. Min. Denise Arruda, 1ª Turma, j. 6/8/2009.
[17] ALMEIDA, Flávio Renato Correia de; TALAMINI, Eduardo. WAMBIER, Luiz Rodrigues (Coord.). *Curso Avançado de Processo Civil*. São Paulo: Revista dos Tribunais, 2007, p. 172;; FORTINI, Cristina; PEREIRA, Maria Fernanda Pires de Carvalho; CAMARÃO, Tatiana Martins da Costa. *Processo Administrativo*. Comentários à Lei nº 9.784/1999. 3. ed. Belo Horizonte: Fórum, 2012, p. 126.
[18] DI PIETRO, Maria Sylvia Zanella. *Direito Administrativo*. 26. ed. São Paulo: Atlas, 2013, p. 690.
[19] CF/88, Art. 13: "A língua portuguesa é o idioma oficial da República Federativa do Brasil". Conferir, ainda, o que dispõe os Decretos nos 6.583/08, 6.584/08, 6.585/08, 6.586:08.
[20] Deve-se destacar que Adilson de Abreu Dallari e Sérgio Ferraz (*Op. cit.*, p. 190) entendem que, quando as partes dispensarem a tradução, poder-se-ia admitir que tais atos processuais pudessem ser vazados em idioma outro que não o Português. Justificam este posicionamento pelo fato de vivermos em um mundo globalizado, relativizacao o rigor do dispositivo ora comentado,

não seja expresso neste sentido, a identificação de quem lançou firma é uma consequência lógica das providências da regra ora comentada.[21] Isso é feito normalmente a partir da indicação do nome, do cargo e/ou do número da matrícula, apostos logo abaixo da firma. Cumpre consignar, por oportuno, que estas condições, caso desrespeitadas ou ausentes, não geram a nulidade do ato, sendo esta falta reputada como mera *irregularidade*.

O § 2º do art. 22, ao seu turno, determina que o reconhecimento de firma somente será exigido quando houver dúvida acerca da sua autenticidade. Assim como posta a regra, a Administração Pública somente poderia exigir esta providência em um único caso, não existindo espaço para outra alternativa.[22] Quer-se evitar, com isto, que se pratiquem providências desnecessárias,[23] que atravancariam o curso célere do processo. Logo, o dispositivo dá a entender que se está diante, aqui, de típico caso de ato administrativo vinculado.

Não nos parece a melhor interpretação. Primeiramente, importante notar que a teleologia, ou seja, a finalidade do dispositivo é bastante expressa: evitar que seja exigido dos administrados o reconhecimento de firma a qualquer instante ou sem uma justificativa plausível. Por outro lado, toda a vez que a situação posta em causa reclamar que se resguarde uma maior *segurança jurídica*, o reconhecimento da autenticidade da assinatura poderá ser exigido.

Imagine o caso em que se esteja diante de um cidadão que está a utilizar de um valor pago em nome de uma pessoa em benefício do primeiro. O Poder Público, neste caso, poderá exigir o reconhecimento de firma da pessoa que permite que, p. ex., um tributo pago em seu nome possa por outro ser utilizado, beneficiando este último. Em termos de Imposto Territorial Rural (ITBI), *v.g.*, isto poderia acontecer – muito embora percebemos esta cena com mais especificidade quando do pagamento do Imposto de Transmissão de Bens Imóveis (ITBI). É comum que este imposto seja pago em nome de outrem, quando da venda de um bem imóvel. Caso a alienação não se perfectibilize, a mesma guia pode ser utilizada por outro adquirente.[24] Dessa forma, na hipótese, é justa a exigência de reconhecimento de firma, *ainda que não se tenham dúvidas no que se refere à identidade do administrado*.

A disposição constante no § 3º do art. 22 é bastante providencial, tendo em vista que promove a redução dos custos do processo administrativo e, de quebra, sua celeridade. Tal regra permite que o órgão administrativo pertinente *autentique os documentos dos particulares*, sendo conferida a eles a dita *fé pública*. Neste caso, o servidor responsável deverá conferir se a cópia é uma reprodução fiel do original e, em caso positivo, lançar o pertinente carimbo, autenticando o documento.

Portanto, no processo administrativo, esta providência não precisará ser feita, necessariamente, por tabelião. Claro que, se por um acaso um documento

---

[21] CARVALHO FILHO, José Santos. *Processo administrativo federal*. 5. ed. São Paulo: Atlas, 2007, p. 154.

[22] A providência disposta no § 3º do art. 22 vem ao encontro daquilo que dispõe o art. 29, § 2º, o qual determina que: "Os atos de instrução que exijam a atuação dos interessados devem realizar-se do modo menos oneroso para estes". Além disso, a regra comentada prestigia a boa-fé dos envolvidos no processo – art. 4º, da Lei nº 9.784/99.

[23] DALLARI, Adilson de Abreu; FERRAZ, Sérgio. *Op. cit.*, p. 190.

[24] Exemplo dado por Waldir de Pinho Veloso p. 145.

seja oriundo de um tabelionato de notas, p. ex., não se poderá recusar fé aos documentos assim autenticados.

Importante notar, ainda, que todas as folhas do processo administrativo deverão ser numeradas e rubricadas pelo agente público responsável. Aqui temos mais uma providência que, caso desrespeitada, será reputada como uma mera *irregularidade*. Apesar de que as falhas neste aspecto evidenciam uma ineficiência na condução do processo administrativo, ou seja, verdadeiro desleixo. A numeração e a rubrica das folhas dos autos evitam que se altere a ordem cronológica do processo, bem como a extração indevida de algum documento. Estas subtrações evitam que as subtrações de documentos e partes dos autos possam subverter o próprio processo.

Há uma tendência atual em trazer as inovações alcançadas pela tecnologia da informação ao bojo do processo. Em melhores termos, muitas são as regras que disciplinam a aplicação de ferramentas eletrônicas, conferindo ao processo uma maior efetividade. Tanto no âmbito do processo judicial, como no processo administrativo, os atos do processo ganharam uma nova roupagem. Como se sabe, as ferramentas de tecnologia da informação geram uma celeridade sem precedentes no que se refere à comunicação entre as pessoas. Além disso, a troca de informações passa a ser pautada de forma massificada. Basta, para tanto, perceber o fenômeno causado pelas redes sociais ocorrido mais recentemente, palco de verdadeiros espaços de manifestação democrática.[25] Trata-se, visivelmente, de uma opção clara por um meio de difusão de informações célere e democrática, mesmo que muitos ainda não tenham acesso à rede mundial de computadores ou mesmo aos equipamentos de informática.[26]

Como exemplo, o Instituto Nacional de Propriedade Industrial (INPI), ainda em 2005, passou a publicar os seus atos somente por meio de sua *Revista Eletrônica de Propriedade Industrial* (Resolução nº 117, daquele ano).[27] Segundo o art. 1º, esse periódico passou a ser o único veículo para aquela entidade publicar seus atos, despachos e suas decisões relacionadas à autarquia.[28] Sendo assim, o processo administrativo federal deve incorporar as ferramentas advindas da tecnologia de informação para dar maior efetividade ao seu curso, bem como permitindo a simplificação dos atos.

---

[25] HEINEN, Juliano. *Op. cit.*, p. 115.

[26] "Por essas razões, as tecnologias de informação e comunicação exercem um fortíssimo papel no aumento da fluidez ao lado das tecnologias de transporte e circulação. Na medida em que são ampliados e padronizados os meios de comunicação, bem como sua velocidade e qualidade operacional, as trocas de informações e as inter-relações das mais diversas naturezas são automaticamente facilitadas." (MARRARA, Thiago. Direito administrativo e novas tecnologias. *Revista de Direito Administrativo*. Rio de Janeiro: Fundação Getúlio Vargas, v. 256, jan.-abr. 2011, p. 229).

[27] Uma análise acerca da supressão da revista oficial do INPI na versão impressa pode ser consultada em: BINENBOJM, Gustavo. O princípio da publicidade administrativa e a eficácia da divulgação de atos do poder público pela internet. O caso da supressão da revista oficial impressa do INPI, substituída por versão eletrônica. *Revista de Direito do Estado*. Rio de Janeiro: Renovar, n. 21, jan.-dez. 2011, p. 411-430.

[28] Essa também é uma providência adotada em França, onde se autoriza que se simplifique a forma com que se publicam os textos legais. Ordenanças ou decretos podem ser publicados de maneira eletrônica, sendo esta forma referendada pelo Conselho de Estado (CE, 9 nov. 2008, *Meyet*).

Jurisprudência

Assim, diante da constatação de que os recorrentes exercitaram plenamente o direito de defesa e contraditório, não há razão para declarar a nulidade do procedimento administrativo, quanto mais se, entre os princípios que regulam o processo administrativo, está o do informalismo procedimental. Precedentes citados: REsp 324.638-SP, DJ 25/6/2001; REsp 502.760-SC, DJ 29/9/2003; RMS 2.670-PR, DJ 29/8/1994; AgRg no REsp 291.612-SP, DJ 18/10/2004, e EDcl no AgRg no Ag 339.605-SP, DJ 1º/7/2002. (STJ, REsp 1.019.609-PE, Rel. Min. Denise Arruda, 1ª Turma, j. 6/8/2009).

Referências

ALMEIDA, Flávio Renato Correia de; TALAMINI, Eduardo. WAMBIER, Luiz Rodrigues (Coord.). *Curso Avançado de Processo Civil*. São Paulo: Revista dos Tribunais, 2007.

BINENBOJM, Gustavo. O princípio da publicidade administrativa e a eficácia da divulgação de atos do poder público pela internet. O caso da supressão da revista oficial impressa do INPI, substituída por versão eletrônica. *Revista de Direito do Estado*. Rio de Janeiro: Renovar, n. 21, jan.-dez. 2011, p. 411-430.

BRAIBANT, Guy; STIRN, Bernard, *Le droit administratif français*. Paris: Dalloz, 1999.

FORTINI, Cristina; PEREIRA, Maria Fernanda Pires de Carvalho; CAMARÃO, Tatiana Martins da Costa. *Processo Administrativo*. Comentários à Lei nº 9.784/1999. Belo Horizonte: Fórum, 2012.

CARVALHO FILHO, José Santos. *Processo administrativo federal*. Rio de Janeiro: Lumen Juris, 2007.

CASSAGNE, Juan Carlos. *Derecho administrativo*. Buenos Aires: Abeledo-Perrot, 2002, t. 1.

DALLARI, Adilson de Abreu; FERRAZ, Sérgio. *Processo administrativo*. 3. ed. São Paulo: Malheiros, 2012.

DI PIETRO, Maria Sylvia Zanella. *Direito Administrativo*. 26. ed. São Paulo: Atlas, 2013.

DUEZ, Paul; DEBEYRE, Guy. *Traite de droit administratif*. Paris: Dalloz, 1952.

GASPARINI, Diógenes. *Direito administrativo*. 17. ed. São Paulo: Saraiva, 2012.

GORDILLO, Agustín. *Tratado de derecho administrativo*. 9. ed. Buenos Aires: F.D.A., 1994, t. 2.

HEINEN, Juliano. *Comentários à Lei de Acesso à Informação* – Lei nº 12.527/11. Belo Horizonte: Fórum, 2013.

MARRARA, Thiago. Direito administrativo e novas tecnologias. *Revista de Direito Administrativo*. Rio de Janeiro: Fundação Getúlio Vargas, v. 256, jan.-abr. 2011, p. 225-251.

——; NOHARA, Irene Patrícia. *Processo Administrativo* – Lei nº 9.784/99 Comentada. São Paulo: Atlas, 2009.

MEDAUAR, Odete. *Direito Administrativo Moderno*. 13. ed. São Paulo: Revista dos Tribunais, 2009.

VELOSO, Waldir de Pinho. *Direito Processual Administrativo*. Curitiba: Juruá, 2010.

Artigo 23

Os atos do processo devem realizar-se em dias úteis, no horário normal de funcionamento da repartição na qual tramitar o processo.

Parágrafo único. Serão concluídos depois do horário normal os atos já iniciados, cujo adiamento prejudique o curso regular do procedimento ou cause dano ao interessado ou à Administração.

SUMÁRIO: 1. Tempo dos atos processuais.

1. Tempo dos atos processuais

O art. 23 da Lei nº 9.784/99 dispõe acerca do *tempo* em que os atos do processo serão praticados. A *Lei do Processo Administrativo Federal* determina o momento em que os atos podem ser praticados, os quais devem se realizar *em dias úteis*, no *horário normal de funcionamento da repartição* na qual tramitar o processo. Em termos objetivos, os atos do processo administrativo devem ser praticados em dias úteis, considerados, assim, aqueles em que há expediente normal de trabalho. Para o Código de Processo Civil, ao seu turno, "são feriados, para efeito forense, os domingos e os dias declarados por lei." – art. 175. Assim, deve-se ficar atento aos dias de funcionamento dos órgãos públicos. Bem pode uma determinada repartição estatal ficar aberta aos sábados, fato a ser observado pelo interessado.

Contudo, o parágrafo único do mencionado art. 23 flexibiliza esta premissa, por que permite que os atos do processo sejam concluídos *depois do horário normal*, caso *já iniciados* e cujo adiamento *prejudique o curso regular do procedimento* ou *cause dano ao interessado ou à Administração*. Assim, em tese, na hipótese de não se evidenciarem estas situações, com o término do expediente, a prática dos atos deveria ser suspensa, sendo conferida a devida continuidade no dia útil subsequente.

Consideramos que essa não é a melhor interpretação, porque o dispositivo, a nosso ver, expõe as justificativas para a prática de atos fora do horário de expediente em caráter *exemplificativo*, ou seja, em *numeros apertos*. Outras poderiam ser as causas para esta providência, desde que devidamente motivadas.

Artigo 24
Inexistindo disposição específica, os atos do órgão ou autoridade responsável pelo processo e dos administrados que dele participem devem ser praticados no prazo de cinco dias, salvo motivo de força maior.
Parágrafo único. O prazo previsto neste artigo pode ser dilatado até o dobro, mediante comprovada justificação.

SUMÁRIO: 1. Os prazos dos atos administrativos; Jurisprudência; Referências.

1. Os prazos dos atos administrativos

O art. 24 da Lei nº 9.784/99 resolveu fixar um padrão bastante categórico no que se refere ao prazo para a prática dos atos do processo, qual seja, em *cinco dias*. Trata-se lapso temporal comum e impositivo a todos os atores do processo: autoridade administrativa e particulares que nele intervenham.

Com muita propriedade, o próprio art. 24 traz duas exceções a esta regra:

a) quando se estiver diante de situação de força maior, como, p. ex., frente a casos de calamidade pública, quando as partes estariam impossibilitadas de cumprir com as medidas processuais impostas (*v.g.* greve dos agentes públicos que afeta o órgão público processaste, eventos climáticos de grande proporção, etc.). A força maior é o acontecimento imprevisível, ou previsível, mas de consequências imprevisíveis ou inevitáveis, sendo inevitável à vontade das partes.[29] A partir deste

---
[29] Cujo conceito pode ser retirado do art. 393 do Código Civil.

evento, as partes não conseguirão cumprir com os prazos processuais, devendo a situação ser sempre avaliada sob o prisma da razoabilidade;

b) quando a lei dispor expressamente lapsos de tempo específicos, diversos dos cinco dias fixados. Basta ver o prazo para se interpor recurso administrativo que é de dez dias (art. 59, *caput*) e para prolatar a pertinente decisão (trinta dias – art. 59, § 1º). Entende-se que a autoridade processante, quando não fixado prazo específico em lei, pode bem ela dilatar os prazos processuais, ou seja, pré-fixar um lapso de tempo razoável para a execução do ato, de acordo com um juízo antecipado de razoabilidade. Logo, o termo "disposição específica" engloba, em nosso juízo, as disposições fixadas pela lei ou pelo agente que conduz o processo. Veja o caso em que não exista prazo expresso para a coleta de determinado documento. Contudo, a complexidade desta operação jamais poderia se dar em cinco dias, reclamando mais tempo. Assim, nada impede que a autoridade que conduz o processo possa, de antemão deixar expresso um prazo maior do que cinco dias para se trazer a prova aos autos, lançando mão, para tanto, de uma devida justificativa.

Toda a vez que o prazo processual seja dilatado, as partes deverão ser cientificadas. Isso, claro, em homenagem à ampla defesa e ao contraditório.

O mais interessante notar é que a *Lei do Processo Administrativo Federal* fixou prazos para a conclusão dos atos processuais, mas não delimitou um prazo máximo para a conclusão do processo como um todo. Apenas deu "pistas" a este respeito, retiradas, p. ex., do art. 49, quando determina que a decisão será proferida em até trinta dias após o término da instrução. Nada obstante e não raras vezes, a própria autoridade processante fixa prazo para o procedimento terminar. E, neste caso, tal providência deverá ser respeitada. Independente disso, fica claro que jamais se pode admitir a existência de processos infindáveis.[30]

O prazo de cinco dias poderá ser suspenso no caso do art. 67 da Lei nº 9.784/99, ou seja, por motivo de força maior devidamente comprovado. De resto, o prazo correrá sem intersecções. E isto vem ao encontro da razoável duração do processo, cuja garantia de sua observância está inserta no inciso LXXVIII do art. 5º da Constituição Federal de 1988.[31]

Ainda, o art. 24 deve ser complementado pelo art. 66, que trata da contagem de prazos. Pode-se antecipar que a contagem de prazos seja feita de maneira continuada. Então, somente quando a lei prever, de maneira expressa, é que os prazos podem ser contados em dias úteis – veja o caso da Lei nº 8.666/93, quando em vários dos seus dispositivos manda contar os prazos desta forma.

O desrespeito aos prazos fixados acarretará, como ônus aos interessados, a *preclusão* para a prática de determinadas pretensões processuais. À autoridade pública, quando desrespeitar os prazos fixados, poderá acarretar-lhe, inclusive e em tese, a aplicação de penalidades administrativas.[32]

---

[30] DALLARI, Adilson de Abreu; FERRAZ, Sérgio. *Processo administrativo*. 3. ed. São Paulo: Malheiros, 2012, p. 191.

[31] MARRARA, Thiago; NOHARA, Irene Patrícia. *Processo Administrativo* – Lei nº 9.784/99 Comentada. São Paulo: Atlas, 2009, p. 200.

[32] FORTINI, Cristina; PEREIRA, Maria Fernanda Pires de Carvalho; CAMARÃO, Tatiana Martins da Costa. *Processo Administrativo* – Comentários à Lei nº 9.784/1999. 3. ed. Belo Horizonte: Fórum, 2012, p. 127.

Jurisprudência

ADMINISTRATIVO E PROCESSUAL CIVIL. MANDADO DE SEGURANÇA. ANISTIA. LEI N. 8.632/1993. EX-EMPREGADO DA EMPRESA DE CORREIOS E TELÉGRAFOS – ECT. DEMORA DO MINISTRO DAS COMUNICAÇÕES EM DECIDIR A RESPEITO DO PEDIDO DE ANISTIA. REALIZAÇÃO DE ATOS NECESSÁRIOS À INSTRUÇÃO DO PROCESSO ADMINISTRATIVO. OMISSÃO ABUSIVA CARACTERIZADA. 1. Mandado de segurança impetrado contra omissão do Ministro das Comunicações, consistente na ausência de análise do pedido de anistia do impetrante, em tempo razoável. A autoridade coatora aduz que o processo administrativo precisou de instrução suplementar, necessária à verificação das alegações do requerente. 2. A instrução, de ofício, de processo administrativo tem suporte nos artigos 29, 35 e 36 da Lei n. 9.784/1999, de tal sorte que o tempo necessário à resposta de consulta formulada a outro órgão a respeito de determinados fatos ou atos, por si só, não caracteriza abuso ou protelação, quanto ao dever de decidir. 3. Contudo, à luz dos princípios da legalidade, da razoabilidade, proporcionalidade, moralidade e da eficiência, constantes do art. 2º da Lei n. 9.784/1999, e do princípio da razoável duração do processo, contido no artigo 5º, inciso LXXVIII, da Constituição Federal, os atos necessários à instrução do processo administrativo devem ser realizados em tempo razoável, caso não haja prazo fixado em lei ou pela autoridade competente. 4. No caso específico dos autos, a conclusão dos autos para julgamento do Ministro das Comunicações, em 15 de abril de 2012, revela que a instrução do feito era suficiente à decisão, razão pela qual se mostra apta à configuração da alegada omissão abusiva, quanto ao dever de decidir, uma vez que até a data da impetração, 11 de março de 2013, não havia sido proferida decisão. De outro lado, ainda que considerada a necessidade de instrução do feito administrativo, não há como se entender razoável o tempo em que o processo está tramitando, considerando que, conclusos para decisão em abril de 2012, somente em fevereiro de 2013 é que houve preocupação com instrução suplementar. 5. Mandado de Segurança concedido para que a autoridade coatora determine ao órgão interno de auditoria que se pronuncie a respeito da consulta formulada pela Consultoria Jurídica, conforme o prazo do art. 24, caput e parágrafo único, da Lei n. 9.784/1999; e, findo este, proceda ao julgamento do pedido administrativo no prazo de 30 dias, prorrogáveis mediante motivação, conforme previsão do art. 49 da Lei n. 9.784/1999. (STJ, MS 19.890-DF, Rel. Min. Benedito Gonçalves, 1ª Seção, j. 14/08/2013).

[...] Ademais, tendo em vista a inaplicabilidade do Decreto 70.235/72, ao caso dos autos, uma vez que rege o processo administrativo de determinação e exigência dos créditos tributários da União e o de consulta sobre a aplicação da legislação tributária federal (art. 1º), esta Corte já teve a oportunidade de se manifestar a respeito da possibilidade de aplicação analógica da Lei 9.784/99 em casos como o presente, com o escopo de definição de prazo razoável para o encerramento do procedimento administrativo, fato que não implica em violação ao princípio da separação dos poderes. Confiram-se: 2a. Turma, REsp. 1.091.042/SC, Rel. Min. ELIANA CALMON, DJe 21.08.2009; 1a. Turma, REsp. 985.327/SC, Rel. Min. JOSÉ DELGADO, DJe 17.03.2008. 3. Agravo Regimental da FAZENDA NACIONAL desprovido. (STJ, AgRg no REsp 977133-RS, Rel. Min. Napoleão Nunes Maia Filho, 1ª Turma, j. 17/04/2012).

[...] 4. Revela-se ausente o *fumus boni juris* porquanto, ainda que o Departamento Nacional de Produção Mineral tenha desobedecido o art. 24, da Lei nº 9.784/99 ("Inexistindo disposição específica, os atos do órgão ou autoridade responsável pelo processo e dos administrados que dele participem devem ser praticados no prazo de cinco dias, salvo motivo de força maior") ao analisar o pedido administrativo somente após 78 dias de sua protocolização, referido ato não pode ser imputado como causador da desídia do próprio impetrante que interpôs recurso hierárquico intempestivamente. 5. Agravo Regimental improvido. (STJ, AgRg no MS 10.538-DF, Rel. Min. Luiz Fux, 1ª Seção, j. 22/06/2005).

Referências

DALLARI, Adilson de Abreu; FERRAZ, Sérgio. *Processo administrativo*. 3. ed. São Paulo: Malheiros, 2012.

FORTINI, Cristina; PEREIRA, Maria Fernanda Pires de Carvalho; CAMARÃO, Tatiana Martins da Costa. *Processo Administrativo*, Comentários à Lei nº 9.784/1999. 3. ed. Belo Horizonte: Fórum, 2012.

MARRARA, Thiago e NOHARA, Irene Patrícia. *Processo Administrativo – Lei nº 9.784/99 Comentada*. São Paulo: Atlas, 2009.

VELOSO, Waldir de Pinho. *Direito Processual Administrativo*. Curitiba: Juruá, 2010.

Artigo 25

Os atos do processo devem realizar-se preferencialmente na sede do órgão, cientificando-se o interessado se outro for o local de realização.

SUMÁRIO: 1. Local da prática dos atos processuais fora da sede do órgão processante; Referências.

1. Local da prática dos atos processuais fora da sede do órgão processante

O art. 25 da Lei nº 9.7849/99 tem por meta prever mais uma ferramenta à garantia da ampla defesa e do contraditório. Para tanto, estabelece que, em regra, os atos serão praticados na sede do órgão que cuida do impulso oficial do processo. Caso isso excepcionalmente não ocorra, ou seja, quando os atos são praticados fora da sede do órgão processante, o interessado deverá ser certificado desta situação.

O dispositivo comentado vem complementado pelo art. 16, também da *Lei do Processo Administrativo Federal*, porque é direito do administrado conhecer os locais das respectivas sedes e, quando conveniente, a unidade fundacional competente em matéria de interesse especial. E isto será publicado periodicamente.[33]

Então, em regra, os atos do processo administrativo devem ser praticados na *sede do órgão onde corre o processo*. E os atos que porventura sejam produzidos em outros locais devem ser encaminhados ao local dos autos, para serem juntados,[34] quando devidamente acabados.

O cuidado dispensado pelo dispositivo em questão, no sentido de definir um local mais exato para a prática dos atos do processo administrativo, não é demasiado. Ao se centralizar a produção dos referidos atos em um órgão público específico, consegue-se uma gestão mais efetiva do próprio processo, uma vez que a autoridade pública conseguirá corrigir eventuais atrasos e o motivo deles. Além disso, evita-se o extravio dos atos processuais, franqueando uma condução uniforme da demanda.[35]

Sendo assim, o dispositivo preocupa-se em dar uma maior uniformidade ao processo administrativo, porque os interessados que dele participam possuem a garantia de saber onde e como a sucessão de atos será praticada.

Referências

DALLARI, Adilson de Abreu; FERRAZ, Sérgio. *Processo administrativo*. 3. ed. São Paulo: Malheiros, 2002.

MARRARA, Thiago; NOHARA, Irene Patrícia. *Processo Administrativo* – Lei nº 9.784/99 Comentada. São Paulo: Atlas, 2009.

---

[33] MARRARA, Thiago; NOHARA, Irene Patrícia. *Processo Administrativo* – Lei nº 9.784/99 Comentada. São Paulo: Atlas, 2009, p. 202.
[34] DALLARI, Adilson de Abreu; FERRAZ, Sérgio. *Processo administrativo*. 3. ed. São Paulo: Malheiros, 2012, p. 189.
[35] *Idem.*

PRISCILIA SPARAPANI
Artigos 26 ao 47

CAPÍTULO IX – DA COMUNICAÇÃO DOS ATOS

Artigo 26

O órgão competente perante o qual tramita o processo administrativo determinará a intimação do interessado para ciência de decisão ou a efetivação de diligências.

§ 1º A intimação deverá conter:

I – identificação do intimado e nome do órgão ou entidade administrativa;

II – finalidade da intimação;

III – data, hora e local em que deve comparecer;

IV – se o intimado deve comparecer pessoalmente, ou fazer-se representar;

V – informação da continuidade do processo independentemente do seu comparecimento;

VI – indicação dos fatos e fundamentos legais pertinentes.

§ 2º A intimação observará a antecedência mínima de três dias úteis quanto à data de comparecimento.

§ 3º A intimação pode ser efetuada por ciência no processo, por via postal com aviso de recebimento, por telegrama ou outro meio que assegure a certeza da ciência do interessado.

§ 4º No caso de interessados indeterminados, desconhecidos ou com domicílio indefinido, a intimação deve ser efetuada por meio de publicação oficial.

§ 5º As intimações serão nulas quando feitas sem observância das prescrições legais, mas o comparecimento do administrado supre sua falta ou irregularidade.

SUMÁRIO: 1. Da intimação do interessado; 2. Estrutura da intimação; 3. Prazo para a intimação; 4. Meios para a intimação; 5. Intimação de interessados desconhecidos ou com domicílio indefinido; 6. Comparecimento do interessado supre os vícios da intimação; Jurisprudência; Referências.

1. Da intimação do interessado

O artigo 26 da LPA trata da intimação no âmbito do processo administrativo. Nesse sentido, pode-se dizer que "Intimar é tornar íntimo, tornar conhecido, dar conhecimento".[1] Assim sendo, a intimação é uma comunicação na

---

[1] DALLARI, Adilson de Abreu; FERRAZ, Sérgio. *Processo administrativo*. 3. ed. São Paulo: Malheiros, 2012, p. 191. Conforme os citados autores: "No processo administrativo a intimação (salvo em procedimentos específicos, disciplinados por leis especiais), não tem o mesmo rigor técnico do processo judicial, correspondendo à ideia geral de dar ciência, dar conhecimento, comunicar". (*Ibidem*, p. 192).

forma escrita, expedida pela autoridade administrativa, com o intuito de fazer com que o interessado conheça os atos e termos do processo, e por meio da qual se solicita que o interessado faça ou deixe de fazer algo.[2]

Interessa notar que a intimação se presta a dar ciência ao interessado de decisão proferida nos autos do expediente processual ou para que ele providencie alguma coisa que deve ser ou não feita, ou apenas fique ciente do que será realizado pela própria Administração. Ainda, a intimação pode estruturar-se de forma complexa quando ela leva ao interessado, além do conhecimento de um ato realizado no processo, um ônus para que desempenhe determinada conduta. É o caso da intimação do interessado dando-lhe conhecimento de uma prova ou diligência efetuada pelo Poder Público e também para que o administrado providencie determinada prova em decorrência do que foi por ele alegado (art. 36 da LPA – o interessado tem o ônus de provar o que alega).

E conforme será visto, a intimação do interessado pode ser efetuada por ciência no processo, por via postal com aviso de recebimento, por telegrama ou outro meio que assegure a certeza da ciência do administrado. Isto se deve ao princípio do informalismo que vigora no processo administrativo, em que a intimação prescinde da necessidade de se observar excesso de formalismos ou formas rígidas.

2. Estrutura da intimação

O § 1º do art. 26 trata dos requisitos que devem estar presentes na intimação. São eles: a) identificação do intimado e nome do órgão ou entidade administrativa; b) finalidade da intimação; c) data, hora e local em que deve comparecer; d) se o intimado deve comparecer pessoalmente, ou se fazer representar; e) informação da continuidade do processo independentemente do seu comparecimento; f) indicação dos fatos e fundamentos legais pertinentes.

Importante que conste a identificação do intimado e nome do órgão ou entidade administrativa para saber quem são as partes do processo; quem emite é o órgão da Administração, e quem recebe é o interessado (§ 1º, I). A finalidade é aquela para a qual o ato de intimação se presta (§ 1º, II). O dia, horário e local em que o interessado deverá estar presente são imprescindíveis para que se consiga acompanhar a realização da conduta administrativa ou para que o particular possa realizar algo no processo (§ 1º, III).

Em relação ao comparecimento do interessado, pessoalmente ou por meio de representante, pode-se trazer à baila a advertência que é feita por Sérgio Ferraz e Adilson Abreu Dallari quando afirmam criticamente que a redação legal "está incompleta ou é imprecisa, pois não está expresso que ela se refere apenas a casos de necessidade de comparecimento pessoal, de pessoa física. Na maioria dos casos de intimação não há necessidade de que o interessado compareça pessoalmente, fisicamente, nem por meio de representante". Desta maneira, prescinde-se da presença do administrado que, ao desejar se

---

[2] O artigo 234 do CPC esclarece que a "intimação é o ato pelo qual se dá ciência a alguém dos atos e termos do processo, para que faça ou deixe de fazer alguma coisa".

manifestar nos autos do expediente, pode fazê-lo pela forma escrita, que é a mais habitual (§ 1º, IV).³

Quanto ao requisito que diz que a intimação deve trazer informação da continuidade do processo independentemente do comparecimento do interessado, constitui-se em uma decorrência lógica do princípio da oficialidade, por meio do qual a Administração tem o dever-poder de instaurar e de impulsionar o processo, até que se obtenha uma decisão final e definitiva no âmbito da Administração Pública (§ 1º, V).

E, por fim, a indicação dos fatos e dos fundamentos legais tem relação direta com o princípio da motivação dos atos administrativos (conforme dispõe o art. 2º, parágrafo único, inc. VII da LPA), segundo o qual a Administração Pública deve explicitar as razões pelas quais praticou o ato administrativo, expondo de maneira clara e expressa as circunstâncias de fato e os fundamentos de direito que conduziram à sua realização (§ 1º, VI).

3. Prazo para a intimação

A intimação deverá ser realizada com a antecedência mínima de três dias úteis quanto à data de comparecimento. Dias úteis são aqueles em que ocorre o funcionamento normal da repartição pública, isto é, em que há expediente (art. 23, *caput* da LPA). Na contagem do prazo exclui-se o dia do começo e inclui-se o dia do final. O importante é que o prazo, se inicie somente a partir da efetiva intimação do interessado. Para que assim aconteça, a Administração deve providenciar, *v. g.*, o envio do telegrama ou da carta com aviso de recebimento com antecedência para que ainda sobrem os três dias úteis.⁴

4. Meios para a intimação

Mesmo que alicerçado nas garantias constitucionais do contraditório e da ampla defesa, decorrentes da cláusula do devido processo legal, o processo administrativo baseia-se no princípio do informalismo. Isto significa dizer que as formalidades excessivas devem ser deixadas de lado, na medida em que o que se busca é um meio de se alcançar a justa e melhor solução para o expediente. Embora escrito, o processo administrativo não obedece a formas rigorosas, de modo que a intimação do interessado pode ser efetuada por ciência no processo, por via postal com aviso de recebimento, por telegrama ou outro meio que assegure a certeza da ciência do interessado.

Ressalta-se que a intimação, quando postal, não precisa ser "entregue em mãos do intimado; mas é imprescindível que vá ela até pessoa responsável, que, presumidamente (presunção relativa, é claro), a entregará, em tempo hábil, ao efetivo destinatário. Isso porque o sistema de intimação ficta só é

---

³ *Idem.*
⁴ Segundo José dos Santos Carvalho Filho, quanto ao prazo para a intimação, "Por precaução, pois, deve a autoridade processante enviar o aviso ou o telegrama em prazo superior aos três dias, para ser incluído o próprio tempo da demora na comunicação". (CARVALHO FILHO, José dos Santos. *Processo Administrativo Federal*. 5. ed. Comentários à Lei 9.784, de 29.1.1999, São Paulo: Atlas, 2013, p. 174.

admissível quando existe expressa prescrição legal (como ocorre, por exemplo, no processo civil, *ex vi* do Código de Processo Civil, art. 236, § 1º), o que não se dá no processo administrativo (STJ, RMS 9.580-MG, rel. Gomes de Barros, DJU 22.3.1999, p. 54)".[5]

Questão interessante que se põe na atualidade é a intimação eletrônica, ou seja, por meio dos sítios eletrônicos. Esta forma de intimação já está sendo implantada em algumas esferas da Administração Pública e se torna realidade. Na esfera estadual, é o caso, por exemplo, da Secretaria da Fazenda do Estado de São Paulo, que por intermédio da RESOLUÇÃO SF-20, de 14/03/2011, instituiu o seu Diário Eletrônico (de que trata o artigo 77 da Lei 13.457, de 18 de março de 2009), "para publicação de atos administrativos e comunicações em geral, independentemente de adesão por parte de qualquer pessoa física ou jurídica a quem a publicação se destine" (art. 1º). Destarte, "O Diário Eletrônico também será utilizado para publicações de intimações relativas a processos físicos ou eletrônicos" (art. 3º). No âmbito judicial, com base no art. 4º da Lei 11.419/06, as publicações, v. g., do Tribunal Regional do Trabalho da 15ª Região (Campinas/SP) passaram a ser feitas no Diário Eletrônico da Justiça do Trabalho (DEJT). Também os Tribunais Regionais Federais adotaram o meio eletrônico para a publicação de suas decisões.

Por este prisma, é possível constatar que pelo meio eletrônico, os atos do processo administrativo, em especial as intimações, seguirão, de um lado, o princípio da celeridade processual, e o andamento do expediente processual poderá respeitar, muito mais, o primado da razoável duração do processo. Não se nega que esse modo de intimação, uma vez colocado em prática, acaba sendo mais ágil e eficiente, contribuindo para a redução de gasto de dinheiro público e de tempo. Contudo, de outro canto, pode representar prejuízo à ampla defesa e ao contraditório. Aqueles órgãos públicos que já instituíram seu sistema de intimação por meio do Diário Oficial Eletrônico não o fazem mais pelo Diário Oficial (documento físico). Se a parte, por qualquer motivo, não conseguir ter acesso ao portal eletrônico, deixa de ter ciência da intimação. Veja-se que a regra do § 3º é clara ao requerer expressamente que a intimação seja feita por meio que *assegure a certeza da ciência do interessado*. Garantir o conhecimento por parte do administrado significa que ele deve ter efetivo acesso ao conteúdo do ato bem como do momento (data) em que foi editado e qual a autoridade ou órgão que o emitiu. Todos esses requisitos são fundamentais para o pleno exercício do direito de defesa. Se o meio eletrônico não assegurar a amplitude de defesa, a Administração deve optar por outro que a garanta.

5. Intimação de interessados desconhecidos ou com domicílio indefinido

Se os interessados forem indeterminados, desconhecidos ou com domicílio indefinido, a intimação poderá ser realizada por intermédio de publicação no órgão oficial. Esta intimação corresponde à citação editalícia feita no âmbito

---

[5] DALLARI, Adilson de Abreu; FERRAZ, Sérgio. *Op. cit.*, p. 259.

do processo judicial. Aplicar-se-á, por conseguinte, em três hipóteses: "no caso de interesses que envolvam um número incerto de pessoas a serem atingidas pela intimação (*v.g.*, consultas públicas em processo de interesse geral – Lei 9.784, art. 31); no caso de pessoas cujo nome e qualificação não são acessíveis pelas vias ordinárias; e no caso daqueles que têm justamente o dado objetivo 'domicílio' ignorado".[6]

Destaca-se que não se pode, a pretexto de a Administração visar sua própria comodidade, afirmar que o administrado é desconhecido, indeterminado ou sem endereço definido, e com isso, utilizar-se da intimação por edital; visar seus próprios interesses e prejudicar o interessado não caracteriza interesse público; ao contrário, tal atitude fere o interesse da coletividade, gerando vício no ato de intimação.

6. Comparecimento do interessado supre os vícios da intimação

Segundo disciplina o § 5º do art. 26 da LPA, embora a intimação contenha defeito, uma vez realizada sem a observância das formalidades legais, o comparecimento espontâneo do interessado supre os vícios desse ato de cientificação.

Isso se dá por causa da existência do princípio do informalismo na seara do processo administrativo, na medida em que o processo não deve privilegiar as formas rígidas, mas sim os resultados, os fins. Por conseguinte, o princípio busca privilegiar o alcance da finalidade pública, ao invés do apego excessivo às formas processuais, desconsiderando, portanto, os vícios formais quando ausente prejuízo à Administração e ao interessado.[7]

Jurisprudência

EMBARGOS DE DECLARAÇÃO. TEMPESTIVIDADE. PROCESSO ADMINISTRATIVO. INTIMAÇÃO PESSOAL. 1. Nos processos administrativos federais que não se regem por lei própria, a intimação é efetuada por ciência no processo, por via postal com aviso de recebimento, por telegrama ou outro meio que assegure a certeza da ciência do interessado. A intimação somente se efetuará por meio de publicação oficial nos casos de interessados indeterminados, desconhecidos ou com domicílio indefinido. 2. Constatado que a intimação pessoal ocorreu somente dez dias após a publicação oficial do primeiro acórdão embargado, merecem provimento os presentes embargos de declaração para, imprimindo-lhes efeito modificativo, superar o óbice de não-conhecimento dos primeiros embargos de declaração interpostos, por intempestivos, deles conhecer, e, no mérito, negar-lhes provimento. (TST, EMBARGOS DECLARATÓRIOS MATÉRIA ADMINISTRATIVA: ED-MA 5782200452002500 5782200-45.2002.5.00.0000, Relator(a): João Oreste Dalazen, Julgamento: 21/02/2006, Órgão Julgador: Seção Administrativa).

MANDADO DE SEGURANÇA. PROCURADOR FEDERAL DO DNER. SUGESTÃO DE PENA DISCIPLINAR DE SUSPENSÃO POR 90 DIAS PELA COMISSÃO PROCESSANTE. APLICAÇÃO DA SANÇÃO DE DEMISSÃO. AGRAVAMENTO DESPROVIDO DE FUNDAMENTOS. INTIMAÇÃO DA DECISÃO VIA DIÁRIO OFICIAL. ILEGALIDADE. NECESSIDADE DE INTIMAÇÃO PESSOAL. ORDEM CONCEDIDA. (...). 2. De acordo

---

[6] MOREIRA, Egon Bockmann. *Processo Administrativo* – Princípios Constitucionais e a Lei 9.784/1999. 4. ed., São Paulo: Malheiros, 2010, p. 145.

[7] Nesse sentido, "O comparecimento do interessado supre a falta ou irregularidade, podendo ser convalidado conforme art. 55 da Lei 9.784/99. Neste ponto, cabe um esclarecimento: o saneamento do ato só poderá ocorrer se o comparecimento do interessado não lhe tiver trazido prejuízo". (FORTINI, Cristiana; PEREIRA, Maria Fernanda Pires de Carvalho; CAMARÃO, Tatiana Martins da Costa. *Processo administrativo* – Comentários à lei 9.784/1999. Belo Horizonte: Fórum, 3. ed., 2012, p. 133).

Art. 27

com o art. 26, § 3º da Lei nº 9.784/99, que regula o processo administrativo no âmbito federal, a intimação dos atos processuais deve ser efetuada por meio que assegure a certeza da ciência do interessado, o que não se coaduna com a mera publicação no Diário Oficial do ato sancionador. Uma das mais essenciais características do devido processo contemporâneo é a da ampla defesa, que preserva ao indivíduo o pleno conhecimento do que há contra ele, e isso tem sua eficácia condicionada pela efetiva ciência do interessado. (STJ, MANDADO DE SEGURANÇA 2002/0147841-2, Ministra MARIA THEREZA DE ASSIS MOURA, Rel. p/ Acórdão Ministro NAPOLEÃO NUNES MAIA FILHO, Data do Julgamento 27/08/2008, Órgão Julgador S3 – TERCEIRA SEÇÃO).

RECURSO EM MATÉRIA ADMINISTRATIVA – PEDIDO DE RECONSIDERAÇÃO – INTIMAÇÃO – EXEGESE DO ARTIGO 26, §§ 3º E 4º, DA LEI Nº 9.784/99. A intimação dos interessados, nos casos de processo administrativo, se dá ou por ciência no processo, ou por via postal com aviso de recebimento, ou por telegrama ou por outro meio que assegure a certeza de ciência do interessado; e, no caso de desconhecidos ou com domicílio indefinido, a intimação se dá por meio de publicação oficial. Tratando-se o interessado de um servidor do Tribunal Regional e não de um desconhecido, a intimação deveria ter se dado pessoalmente ou por via postal ou telegrama, e não por publicação no Diário Oficial, até mesmo porque não se sabe se o servidor acompanha as publicações no órgão oficial para que se tenha a certeza de ciência do interessado. Recurso a que se dá provimento para, afastada a intempestividade do apelo, determinar o retorno dos autos ao Tribunal Regional de origem a fim de que prossiga na apreciação do pedido de reconsideração formulado pelo recorrente. (TST, RECURSO EM MATÉRIA ADMINISTRATIVA: RMA 6621002220005155555 662100-22.2000.5.15.5555, Relator(a): Vantuil Abdala, Julgamento: 27/02/2003, Órgão Julgador: Seção Administrativa).

AGRAVO REGIMENTAL EM RECURSO ESPECIAL. PROVIMENTO DO APELO. ALEGAÇÃO. AUSÊNCIA DE PREQUESTIONAMENTO. INCIDÊNCIA DA SÚMULA N. 7/STJ. INOCORRÊNCIA. PROCESSO ADMINISTRATIVO. INTIMAÇÃO. PUBLICAÇÃO. DIÁRIO OFICIAL. BOLETIM INTERNO DO ÓRGÃO. IMPOSSIBILIDADE. ART. 26 DA LEI N. 9.784/99. COMPARECIMENTO ESPONTÂNEO. APRESENTAÇÃO DE DEFESA. EVENTUAL FALHA SUPRIMIDA. 1. O acórdão recorrido fundamentou-se na interpretação do art. 26 da Lei n. 9.784/99, razão pela qual essa disposição legal mostra-se prequestionada para a interposição de recurso especial. 2. Não encontra óbice na Súmula n. 7/STJ a decisão que, reformando acórdão proferido na instância ordinária, afastou nulidade decorrente da irregular intimação dos servidores, uma vez que apresentaram defesa contra o ato administrativo impugnado. 3. O art. 26 da Lei n. 9.784/99 determina que seja dada ciência ao interessado dos atos administrativos praticados, que poderá ocorrer por via postal com aviso de recebimento, por telegrama ou outro meio que se revele eficaz. 4. Apesar da norma estabelecer a intimação pessoal do servidor, o comparecimento espontâneo e a apresentação de defesa são capazes de suprir eventual falha ocorrida. Compreensão do art. 26, § 5º, da Lei n. 9.784/99. Precedentes do STJ. 5. Agravo regimental improvido. (STJ, AGRAVO REGIMENTAL NO RECURSO ESPECIAL: AgRg no REsp 929181 DF 2007/0040310-9, Relator(a): Ministro JORGE MUSSI, Julgamento: 18/11/2008, Órgão Julgador: T5 – QUINTA TURMA).

Referências

CARVALHO FILHO, José dos Santos. *Processo Administrativo Federal:* Comentários à Lei 9.784, de 29.1.1999. 5. ed. São Paulo: Atlas, 2013.

DALLARI, Adilson de Abreu; FERRAZ, Sérgio. *Processo administrativo.* São Paulo: Malheiros, 3. ed., 2012.

FORTINI, Cristiana; PEREIRA, Maria Fernanda Pires de Carvalho; CAMARÃO, Tatiana Martins da Costa. *Processo administrativo*: comentários à lei 9.784/1999. Belo Horizonte: Fórum, 3. ed., 2012.

MOREIRA, Egon Bockmann. *Processo Administrativo* – Princípios Constitucionais e a Lei 9.784/1999. 4. ed. São Paulo: Malheiros, 2010.

Artigo 27

O desatendimento da intimação não importa o reconhecimento da verdade dos fatos, nem a renúncia a direito pelo administrado.

Parágrafo único. No prosseguimento do processo, será garantido direito de ampla defesa ao interessado.

SUMÁRIO: 1. Desatendimento da intimação; 2. Prosseguimento do processo e ampla defesa; Referências.

1. Desatendimento da intimação

O art. 27 da LPA dispõe que o não atendimento à intimação não acarreta o reconhecimento da verdade dos fatos, tampouco a renúncia a direito pelo administrado. Deveras, esta disposição legal decorre do princípio da busca da verdade material na seara do processo administrativo. Ou seja, a Administração está incumbida de investigar a realidade dos fatos, tanto que a ela compete o dever de instruir o processo (art. 36 da LPA). Verifica-se, dessa maneira, que referido princípio está diretamente atrelado ao princípio da oficialidade, sendo uma decorrência deste primado.

O princípio da verdade material contrasta com o princípio da verdade formal que prevalece no âmbito jurisdicional. Deste modo, "Enquanto nos processos judiciais o juiz deve cingir-se às provas indicadas no devido tempo pelas partes, no processo administrativo a autoridade processante ou julgadora pode, até o julgamento final, conhecer de novas provas, ainda que produzidas em outro processo ou decorrentes de fatos supervenientes que comprovem as alegações em tela".[8]

Significa dizer que no campo do processo administrativo, o Poder Público não precisa se contentar com as alegações e provas produzidas pelo interessado. Com o intento de saber a verdade sobre os acontecimentos fáticos pode se valer de outros meios probatórios. Se assim o é no campo do Direito Processual Administrativo, nada mais lógico do que a LPA trazer essa previsão do art. 27, que não impõe ao interessado o ônus do Processo Civil de se reputarem verdadeiros os fatos alegados na inicial (cf. art. 319 do CPC). Ao contrário, a redação da legislação de processo administrativo federal, no artigo em comento, é clara ao dizer explicitamente que o desatendimento da intimação não importa no reconhecimento da verdade dos fatos, nem na renúncia a direito pelo administrado.

2. Prosseguimento do processo e ampla defesa

O artigo 27, em seu parágrafo único, contém disposição que diz respeito ao prosseguimento do processo e a garantia da ampla defesa ao interessado. Também como decorrência da oficialidade, o processo prosseguirá o seu curso, independentemente do atendimento da intimação pelo administrado, sempre que houver interesse público envolvido no processo (ver art. 51 da LPA). Mas isso implica a necessidade de se garantir a ampla defesa ao interessado. Diante da possibilidade do administrado verificar que sua ausência inicial no processo lhe será prejudicial, nada impede que ele passe a participar, manifestar-se e intervir no andamento do expediente processual. E, para tanto, a autoridade responsável deve observar e conceder ao particular a amplitude da defesa.

Referências

MEIRELLES, Hely Lopes. *Direito Administrativo Brasileiro*. 37. ed. São Paulo: Malheiros, 2011.

ZYMLER, Benjamin. A procedimentalização do direito administrativo brasileiro. *Fórum Administrativo – Direito Público*, Belo Horizonte, ano 2, n. 22, dez. 2002.

---

[8] MEIRELLES, Hely Lopes. *Direito Administrativo Brasileiro*. 37. ed. São Paulo: Malheiros, 2011, p. 740.

Artigo 28

Devem ser objeto de intimação os atos do processo que resultem para o interessado em imposição de deveres, ônus, sanções ou restrição ao exercício de direitos e atividades e os atos de outra natureza, de seu interesse.

SUMARIO: 1. Dever de intimação dos atos processuais ao interessado; Jurisprudência; Referência.

1. Dever de intimação dos atos processuais ao interessado

A Administração tem o dever de intimar os interessados em relação aos atos do processo que possam resultar-lhes deveres, ônus, sanções ou restrição ao exercício de direitos e atividades e, igualmente, em relação aqueles atos que não tenham natureza restritiva e que sejam de seu interesse.

Haverá intimação quando o ato imponha *deveres* ao administrado. Nesta hipótese, significa que se exigirá do interessado que ele aja ou deixe de agir de determinada maneira, pois do contrário, sofrerá uma sanção.

No que diz respeito ao *ônus*, este consiste na possibilidade que tem o particular de praticar ou realizar determinado ato no processo e, caso não o pratique ou não o realize, sobre ele não recairá uma medida repressiva, mas sua situação poderá restar prejudicada, pois perderá a oportunidade de defender seus interesses no expediente processual. Consiste na necessidade de praticar certa ação ou comportamento para a aquisição ou conservação de uma vantagem para o próprio interessado.

No tocante às *sanções* administrativas, elas podem decorrer de uma relação especial de sujeição ou de uma relação geral de sujeição com o Poder Público. Nas primeiras, existem *"relações específicas intercorrendo entre o Estado e um círculo de pessoas que nelas se inserem"*; enquadram-se neste tipo de relação, *verbi gratia*, a do servidor com o Estado; a do aluno com a Universidade Pública na qual ele estuda. Já a segunda *"atina à generalidade das pessoas"*, e "demandam poderes específicos, exercitáveis, dentro de certos limites, pela Administração".[9] Esta última hipótese, que atinge a generalidade dos administrados, caracteriza a supremacia geral do Poder Público imposta à coletividade. Na sujeição geral, os administrados estão sujeitos a limites impostos a todos de igual maneira, caracterizando o exercício do poder de polícia administrativa. Neste caso, podem-se ter como exemplo as multas impostas a todos aqueles que descumprirem as leis de trânsito. A *restrição ao exercício de direitos e atividades* também está inserida no poder de polícia administrativa, que condiciona direitos e liberdades individuais em prol do interesse coletivo. Na verdade, os direitos são restringidos porque se visa uma abstenção dos particulares, um não agir.

E os *atos que não tenham natureza restritiva* e que sejam de interesse dos administrados, do mesmo modo, devem ser objeto de intimação. Aqui podem ser

---
[9] MELLO, Celso Antônio Bandeira de. *Curso de Direito Administrativo*. 28. ed. São Paulo: Malheiros, 2011, p. 832-833.

atos que ampliem ou que reconheçam direitos; sendo de uma categoria ou de outra, autorizam a intimação obrigatória do interessado.

Diante da obrigatoriedade da intimação nas situações trazidas pelo artigo 28, a ausência de intimação pode ser sanada, ou qualquer irregularidade que acometa tal ato, com o comparecimento do administrado, consoante disposto no art. 26, § 5º, da LPA.

Jurisprudência

PROCESSUAL CIVIL E AMBIENTAL. PROCESSO ADMINISTRATIVO. MULTA. CONTRADITÓRIO NÃO ASSEGURADO. REVISÃO DOS ELEMENTOS FÁTICO-PROBATÓRIOS. IMPOSSIBILIDADE. SÚMULA 7/STJ. 1. Os arts. 3º, II, e 28 da Lei nº 9.784/99 asseguram ao interessado a ciência da tramitação de processo administrativo e a intimação dos atos que lhe acarretem sanções. 2. Na hipótese, ficou consignado que se comunicou ao recorrido apenas a decisão que lhe impôs a penalidade, sem que ele tivesse tido oportunidade para apresentar defesa. 3. O recorrente não questiona o direito ao contraditório, limitando-se a alegar que o recorrido teve oportunidade de exercê-lo. Tal argumento contraria a premissa fática do acórdão recorrido e atrai a incidência da Súmula 7/STJ. 4. Recurso Especial não conhecido. (STJ, RECURSO ESPECIAL: REsp 1189521 SC 2010/0065359-5, Relator: Ministro HERMAN BENJAMIN, Julgamento: 10/08/2010, Órgão Julgador: T2 – SEGUNDA TURMA).

PROCESSUAL CIVIL E ADMINISTRATIVO. MATÉRIA CONSTITUCIONAL. ANÁLISE. RECURSO ESPECIAL. VIA INADEQUADA. BENS PÚBLICOS. TERRENO DA MARINHA. TAXA DE OCUPAÇÃO. ATUALIZAÇÃO. ART. 28 DA LEI N. 9.784/99. CONTRADITÓRIO PRÉVIO. DESNECESSIDADE. ART. 1º DO DECRETO N. 2.398/87. SIMPLES RECOMPOSIÇÃO PATRIMONIAL. (...). 4. O recorrente sustenta a ilegalidade de tal procedimento, firme no que dispõe o art. 28 da Lei n. 9.784/99, segundo o qual "devem ser objeto de intimação os atos do processo que resultem para o interessado em imposição de deveres, ônus, sanções ou restrição ao exercício de direitos e atividades e os atos de outra natureza, de seu interesse". 5. São os dois os motivos iniciais pelos quais que a norma contida no art. 28 da Lei n. 9.784/99 cede lugar à aplicação do art. 1º do Decreto n. 2.398/87. 6. Em primeiro lugar, o Decreto n. 2.398/87 é diploma normativo específico, incidindo, no caso, os arts. 2º, § 2º, da Lei de Introdução ao Código Civil e 69 da Lei n. 9.784/99. 7. Em segundo lugar, não se trata de imposição de deveres ou ônus ao administrado, mas de atualização anual da taxa de ocupação dos terrenos de marinha. À luz do art. 28 da Lei n. 9.784/99 – e da jurisprudência desta Corte Superior –, a classificação de certo imóvel como terreno de marinha, esta sim depende de prévio procedimento administrativo, com contraditório e ampla defesa, porque aí há, em verdade, a imposição do dever. 8. Ao contrário, a atualização das taxas de ocupação – que se dá com a atualização do valor venal do imóvel – não se configura como imposição ou mesmo agravamento de um dever, mas sim recomposição de patrimônio, devida na forma da lei. Daí porque inaplicável o ditame do dispositivo mencionado. [STJ, RECURSO ESPECIAL Nº 1.095.955 – SC (2008/0218495-7), RELATOR : MINISTRO MAURO CAMPBELL MARQUES, D. J. 10/08/10, Órgão Julgador: Segunda Turma].

Referência

MELLO, Celso Antônio Bandeira de. *Curso de Direito Administrativo*. 28. ed. São Paulo: Malheiros, 2011.

CAPÍTULO X – DA INSTRUÇÃO

Artigo 29

As atividades de instrução destinadas a averiguar e comprovar os dados necessários à tomada de decisão realizam-se de ofício ou mediante impulsão do órgão responsável pelo processo, sem prejuízo do direito dos interessados de propor atuações probatórias.

§ 1º O órgão competente para a instrução fará constar dos autos os dados necessários à decisão do processo.

§ 2º Os atos de instrução que exijam a atuação dos interessados devem realizar-se do modo menos oneroso para estes.

Art. 29

SUMÁRIO: 1. Atividades de instrução; 2. Dados necessários à decisão do processo; 3. Atuação subsidiária e menor onerosidade para os interessados na instrução do processo; Jurisprudência; Referências.

1. Atividades de instrução

O art. 29, *caput*, trata das atividades instrutórias no processo, que podem ser realizadas tanto pela Administração quanto pelos interessados. A fase de instrução é a etapa em que se produzem as provas, que podem ser documentais, periciais, testemunhais, etc., sendo de competência da autoridade ou órgão incumbido de apurar a verdade dos fatos.

O dever de colher as provas e instruir o processo é do Poder Público, já que sujeito ao princípio da oficialidade. Ao particular pertence o ônus de provar o que afirma, mas a ele não se impõe uma obrigação, um dever, ficando apenas em desvantagem no expediente processual, caso resolva não produzir os elementos probatórios necessários para comprovar suas alegações.

De acordo com o princípio da oficialidade, uma vez que o processo tenha sido iniciado de ofício, pela própria Administração, ou mediante provocação do interessado, este deve ser impulsionado, independentemente da vontade dos administrados. Por conseguinte, no Direito Administrativo, em decorrência do princípio da oficialidade, a autoridade competente pode instaurar e instruir o processo até que se obtenha uma decisão administrativa final. Perante o fato de que a Administração Pública tem o dever-poder de atender o interesse público, ela não pode, consequentemente, ficar amarrada à iniciativa dos particulares. Nesse sentido, o primado da oficialidade se manifesta no poder de instauração, instrução e revisão das decisões proferidas no processo. A Administração Pública tem o dever de dar andamento ao expediente processual, competindo-lhe tomar providências quanto à produção de provas e, para tanto, caber-lhe-á solicitar laudos, pareceres, realizar audiências e consultas públicas, juntar documentos que estejam em seu poder e tantas outras provas que achar pertinentes e relevantes para o processo, a fim de se chegar a uma decisão final indiscutível na seara administrativa (respeitadas as três instâncias na esfera federal – art. 57 da LPA).

Pode-se dizer, em síntese, que: "O princípio da oficialidade autoriza a Administração Pública a requerer diligências, investigar fatos de que toma conhecimento no curso do processo, solicitar pareceres, laudos, informações, rever os próprios atos e praticar tudo o que for necessário à consecução do interesse público".[10]

Interessa notar, que a parte final do *caput* do art. 29 dispõe que é direito dos interessados proporem atuações probatórias, paralelamente às atividades instrutórias do Poder Público. Como se disse, ao mesmo tempo em que recai sobre o administrado o ônus de provar o que foi por ele alegado, a propositura de provas também é um direito seu. Emana do princípio do contraditório e da ampla defesa. Vedada essa possibilidade, o processo não pode ser considerado válido sob pena de ofensa à Carta Maior. No entanto, o direito de sugerir

---

[10] DI PIETRO, Maria Sylvia Zanella. *Direito Administrativo*. São Paulo: Atlas, 26. ed., 2013, p. 690.

provas, difere-se da efetiva prática do ato probatório. Mas à Administração não é permitido indeferir a produção de provas se não houver um legítimo motivo para justificar a negativa por parte do Poder Público.

2. Dados necessários à decisão do processo

O § 1º do artigo 29 da LPA determina que o órgão competente para a instrução deverá fazer constar dos autos os dados que forem necessários para proferir a decisão no processo. Nesse sentido, essa regra, de grande importância no âmbito do processo administrativo, está diretamente ligada a vários mandamentos importantes e fundamentais para que a Administração possa proferir uma solução justa, adequada e correta.

Sob esse vértice, além do primado da oficialidade, que impele o Poder Público a colher dados, documentos e produzir provas no expediente processual, a Administração está atrelada a outros princípios que norteiam sua atuação a fim de dar cumprimento à norma em comento. Desta forma, para fazer constar dos autos os dados imprescindíveis à solução do processo, a autoridade responsável deve observar, igualmente, a busca da verdade material (a Administração deve adotar todos os meios necessários à obtenção da verdade real), o contraditório (garante-se a ciência e a participação das partes em relação aos atos processuais), a ampla defesa (direito do interessado de ser ouvido, de se defender, de apresentar suas razões e argumentos em face das alegações do Poder Público), a fundamentação dos atos administrativos (exposição, por parte da autoridade, das razões de fato e de direito que levam à prática do ato), a legalidade (observância das leis que disciplinam as condutas administrativas), a razoabilidade (as escolhas da Administração terão que seguir critérios de racionalidade que primem pelo bom senso, pelo justo, com base nos padrões comuns aceitáveis pela sociedade), a publicidade (deve haver a transparência de todos os atos administrativos), a impessoalidade (a conduta administrativa deve ser neutra e objetiva, visando a realização dos fins públicos), a supremacia do interesse público (os interesses da coletividade devem prevalecer face aos interesses particulares) e outros mandamentos essenciais que devem ser obedecidos se se quiser que a decisão administrativa final seja válida perante o ordenamento jurídico. Na medida em que a Administração Pública segue todos esses princípios, os dados, as informações e os documentos obtidos podem ser considerados pelo administrador na tomada de decisão.

Quando a redação legal do § 1º utiliza a expressão *dados necessários à decisão do processo*, isto quer dizer que a Administração não pode se limitar na coleta dos elementos informadores dos autos do processo. Ou seja, não basta que o Poder Público contente-se com alguns dados e documentos juntados no processo para considerar que o mesmo foi instruído suficientemente. É da essência da amplitude de defesa e da busca da verdade real, em especial, que quaisquer dados, documentos, informações que possam ter o mínimo de importância para o expediente processual e a solução que nele se dará, venham a integrar os autos. Mesmo que a Administração possa não basear sua decisão em determinados elementos probatórios, ela não deve deixar de juntá-los ou aceitá-los, a não ser nas hipóteses em que sejam desnecessários, impertinentes ou protelatórios. Caso contrário, o órgão competente deve providenciar para que passem a fazer parte do expediente.

3. Atuação subsidiária e menor onerosidade para os interessados na instrução do processo

Dispõe o § 2º do art. 29 da LPA que os atos de instrução que requeiram a atuação dos interessados devem ser realizados do modo menos oneroso para estes. Assim, referida previsão agasalha duas regras existentes no campo do processo administrativo. Na primeira parte do preceptivo está a regra da participação subsidiária do interessado na instrução do expediente processual; na segunda, o que se prevê é a regra da menor onerosidade para os administrados.

Conforme já se afirmou, o Poder Público deve obediência ao primado da busca da verdade material no processo administrativo. Assim sendo, "a Administração, ao invés de ficar restrita ao que as partes demonstrarem no procedimento, deve buscar aquilo que é realmente a verdade, com prescindência do que os interessados hajam alegado e provado".[11] Destarte, importa destacar que "enquanto no processo civil o juiz deve necessariamente restringir-se a julgar segundo as provas produzidas pelas partes (*verdade formal*), no procedimento administrativo o órgão deve ajustar-se aos fatos, prescindindo de que tenham sido alegados e provados pelo particular ou não (*verdade material*). Se a decisão administrativa não se ajustar aos fatos materialmente verdadeiros seu ato estaria viciado"[12]. Por conseguinte, se a missão de buscar a verdade dos acontecimentos é tarefa da Administração Pública, a atuação do particular acaba sendo subsidiária, como uma forma de colaborar com o Poder Público na instrução do processo. Todavia, mesmo que sua participação esteja estruturada de modo secundário, diante dos princípios informadores do processo administrativo (supremacia e indisponibilidade do interesse público, oficialidade e busca da verdade real) ao interessado jamais poderá ser negado o direito de propor as provas que achar importantes no processo, como determina o *caput* do art. 29 da LPA, e como decorrência lógica do princípio da amplitude de defesa.

Em relação à menor onerosidade para os interessados na instrução do processo, referida regra exprime a preocupação do legislador quanto ao particular, quando este for produzir prova no processo, de maneira a não exigir que o faça fora dos critérios de razoabilidade e proporcionalidade. Uma vez que o interessado for produzir provas – sempre que sobre ele pesar uma acusação, uma imputação, uma sanção ou para que a Administração consiga averiguar

---

[11] Celso Antonio Bandeira de Mello, apoiado nos ensinamentos de Hector Jorge Escola. (*Op. cit.* p. 512).

[12] Roberto Dromi. *Instituciones de Derecho Administrativo*, Buenos Aires, Editorial Astrea de Rodolfo Depalma y Hnos., 1973, p. 510. No original: "Mientras que en el proceso civil el juez debe necesariamente constreñirse a juzgar según pruebas aportadas por las partes (**verdad formal**), en El procidimento administrativo él organo debe ajustarse a los hechos, prescindindo de que hayan sido alegados y probados por el particular o no (**verdad material**). Si la decision administrativa no se ajustar a los hechos materialmente verdaderos su acto estaria viciado".

a verdade dos fatos e chegar a uma solução –, não poderá ser exigida uma atuação desarrazoada, desproporcional, desnecessária, não adequada. Assim sendo, as práticas por parte dos administrados, quanto aos elementos probatórios, devem ser o menos gravosas possíveis. A título de exemplo, não é cabível exigir de candidato de concurso de admissão ao curso de formação de soldados do corpo de fuzileiros navais, prova de que não há defeito na sua mordida, embora goze de perfeitas condições de saúde oral. Ou, não é lícito estabelecer que o candidato ao cargo de agente da polícia federal, na fase em que deva comprovar sua idoneidade moral, apresente seu extrato bancário com saldo positivo. Tais exigências afrontam gravemente tudo aquilo que pode ir ao encontro da razoabilidade e proporcionalidade.

Jurisprudência

COMBUSTÍVEL – FISCALIZAÇÃO – PROCEDIMENTO ADMINISTRATIVO – SUSPENSÃO – DESCABIMENTO – DIREITO DE ASSISTÊNCIA TÉCNICA EM PROVA ADMINISTRATIVA – AUSÊNCIA DE AMPARO – DESPROVIMENTO. O trancamento do procedimento administrativo exige circunstâncias incontestes de vício e ilegalidade. Quanto à assistência técnica de indicado do interessado em prova pericial e laboratorial produzida pela Administração, não há previsão legal autorizadora, inclusive pelo aspecto da verdade material, que propicia à Administração diligenciar seu contexto probatório. A cautela de reservar material para contraprova significa observância do princípio da ampla defesa, em oportuno tempo. Competência do Estado decorrente de previsão constitucional. Recurso negado. (TJSP – Apelação Com Revisão: CR 6846175300-SP, Relator(a): Danilo Panizza, Julgamento: 22/04/2008, Órgão Julgador: 1ª Câmara de Direito Público).

Referências

DI PIETRO, Maria Sylvia Zanella. *Direito Administrativo*. 26. ed. São Paulo: Atlas, 2013.
DROMI, Roberto. *Instituciones de Derecho Administrativo*. Buenos Aires, Editorial Astrea de Rodolfo Depalma y Hnos, 1973.
MELLO, Celso Antônio Bandeira de. *Curso de Direito Administrativo*. 28. ed. São Paulo: Malheiros, 2011.

Artigo 30
São inadmissíveis no processo administrativo as provas obtidas por meios ilícitos

SUMÁRIO: 1. Da previsão constitucional sobre a prova ilícita; 2. Provas ilícitas e ilegítimas; 3. A vedação da prova ilícita e outros direitos fundamentais; 4. Prova derivada da prova ilícita; 5. Princípios da administração e provas ilícitas; 6. Prova emprestada; Jurisprudência; Referências.

1. Da previsão constitucional sobre a prova ilícita

Em relação às provas ilícitas, a Constituição Federal agasalha, no art. 5º, LVI, a seguinte previsão: "são inadmissíveis, no processo, as provas obtidas por meios ilícitos". Daí é possível inferir, da redação do dispositivo constitucional, que o termo *processo* está empregado em sentido *lato*, comportando, portanto, o entendimento de que a disposição da Lei Maior refere-se tanto ao processo judicial quanto ao processo administrativo.

Com efeito, no que interessa mais de perto ao estudo do presente dispositivo, que é a seara do Direito Administrativo, diante da previsão expressa contida na Carta Maior, claro está, por conseguinte, que no campo do processo administrativo vigora a proibição de utilizar-se de prova obtida por meio ilícito.

O mesmo se diga em relação aos procedimentos administrativos, em que, indubitavelmente, a vedação constitucional das provas ilícitas lhes será, de igual modo, estendida. Se o termo *processo* deve ser interpretado em sentido amplo, ele deve abranger tanto o processo quanto o procedimento administrativo –, entendido este quando não houver controvérsias, interesses contrapostos, sanções, punições disciplinares, isto é, situações em que não existirão acusações em geral ou litigância; caso contrário, presentes estas hipóteses, existirá *processo*.[13]

Nos procedimentos administrativos, a proibição da prova ilícita, além de estar abalizada no inc. LVI do art. 5º da CF, encontra agasalho nos princípios da legalidade, da moralidade, da lealdade, da razoabilidade e no da boa-fé. De outro canto, a vedação da prova ilícita nos processos administrativos, os quais têm natureza contenciosa, emana de diversos direitos fundamentais e de vários princípios constitucionais, notadamente da cláusula do devido processo legal, contida no art. 5º, incs. LIV[14] e LV, da Constituição Federal. Aludida cláusula constitui verdadeira garantia em favor dos administrados, tendo como corolário os princípios do contraditório e da ampla defesa, que devem ser observados em prol dos direitos e interesses legítimos dos indivíduos, na medida em que possam ser afetados pela atuação administrativa.

Ressalta-se, todavia, que, mesmo quando se afigurar hipótese de procedimento administrativo, ainda assim, em determinadas situações, devem ser igualmente observados os princípios do contraditório e da ampla defesa[15] sempre que a Administração for desconstituir situações já estabelecidas. Sem isto, fere-se o campo de interesses individuais dos particulares.

O mesmo se diga em relação à sindicância administrativa, quando dela possa resultar: a) aplicação de penalidade de advertência ou suspensão de até trinta dias (hipótese tipificada no art. 145, II, da Lei 8.112/90), ou b) quando

---

[13] Em que pesem as diferenças e discussões doutrinárias a respeito do tema, estabelece-se aqui a concepção de que se não houver situações que sejam de caráter contencioso estar-se-á diante de procedimento administrativo; se presentes situações em que há contenda, caracterizado estará o processo administrativo. Para Lúcia Valle Figueiredo haverá processo administrativo em sentido estrito quando se está diante dos procedimentos de segundo grau (classificação idealizada por Giannini e adotada igualmente pela autora) que engloba os processos revisivos, os processos disciplinares e os processos sancionatórios. (FIGUEIREDO, Lúcia Valle. *Curso de Direito Administrativo*. 5. ed., São Paulo: Malheiros, 2001, p. 414-415).

[14] Nesse sentido é o posicionamento de Irene Patrícia Nohara e Thiago Marrara. (Marrara, Thiago; Nohara, Irene Patrícia. *Processo Administrativo* – Lei nº 9.784/99/99 comentada. São Paulo: Atlas, 2009, p. 223).

[15] Exemplo de procedimento administrativo é o previsto no artigo 169, § 3º, inc. II, da CF. Veja-se a seguinte ementa: REINTEGRAÇÃO DE CARGO PÚBLICO – Exoneração de funcionária pública municipal concursada, durante estágio probatório – Nulidade de ato administrativo – Hipótese do art. 169, § 3º, inciso II, CF, em relação a critérios para redução de despesas com pessoal, restringe-se àqueles admitidos na administração direta, autárquica e fundacional sem concurso público de provas ou de provas e títulos após o dia 5 de outubro de 1983, conforme art. 33 da EC 19/98 – Inexistência de prévio procedimento administrativo – Ofensa aos princípios do devido processo legal e da ampla defesa – Incidência da Súmulas 20 e 21 do STF – Direito da servidora ao recebimento de parcelas atrasadas, devidamente apostilado, com correção monetária e juros legais de 6%, respeitada prescrição quinquenal – Danos morais por demora em pagamento – Inocorrência – Meros transtornos não justificam danos morais, sob pena de banalizar o instituto. Recurso parcialmente provido. (TJSP, APELAÇÃO CÍVEL COM REVISÃO nº 322.181-5/1-00, da Comarca de MOGI MIRIM, Relator: CARLOS EDUARDO PACHI, Sexta Câmara de Direito Público, V. U).

equiparar-se ao inquérito policial, como procedimento apenas investigativo (art. 143, *caput*, da Lei 8.112/90), prévio ao processo administrativo. Nestes casos, a proibição constitucional da utilização das provas produzidas ao arrepio da lei alcança, de igual maneira, ambas as hipóteses.[16] É de ver-se que na primeira situação, em que poderá haver uma sanção, deve-se observar o contraditório e a ampla defesa, sob pena de nulidade da sindicância. E no segundo caso, todas as provas recolhidas na sindicância precisam ser reproduzidas no processo administrativo, o que significa passar pelo crivo do contraditório, pois do contrário, não serão aptas a produzir efeito.[17]

2. Provas ilícitas e ilegítimas

Interessa notar que na doutrina processual penal, em especial, há uma distinção referente à prova proibida.[18] Esta seria o gênero em relação à qual há duas espécies: as provas ilícitas e as provas ilegítimas. A diferenciação decorre do momento em que ocorre a afronta ao direito, que pode ser no momento em que se colhe a prova, o que importa em ofensa às regras de direito material, dos costumes, dos princípios gerais de direito e da moral, ou quando há a introdução da prova no processo com infração às normas processuais. Na primeira hipótese, a prova será ilícita e, na segunda, a prova será tida por ilegítima.[19]

Deveras, as provas ilícitas geram uma ilicitude extrínseca, e as ilegítimas, uma ilicitude intrínseca. Isto acontece porque a prova *ilícita* é aquela que fere regra de *direito material*, ou seja, constitucional ou legal, por ocasião da sua *obtenção*. Neste caso, é de se verificar que a questão da prova ilícita se relaciona diretamente com o momento em que ela é obtida, e não com o momento em que é produzida no âmbito interno do processo. A prova proibida que tem sua produção dentro do processo é a prova *ilegítima*, ou seja, é aquela que afronta regra de *direito processual* por ocasião da sua *produção* durante o trâmite do feito. A prova ilegítima sobrevém durante e dentro do processo, enquanto a prova ilícita é obtida antes e fora do processo.

Sendo a ilicitude intrínseca ou extrínseca, "é de rigor concluir-se que os meios ilícitos a que alude a Constituição abarcam tanto os intrínsecos como os extrínsecos. Na verdade vê-se que a expressão escolhida pelo constituinte é suficientemente ampla para colher quaisquer formas de ilegalidade".[20] Sendo, consequentemente, inadmissíveis no processo as provas proibidas.

---

[16] Neste sentido: "A Prova ilícita contraria o processo, o inquérito policial, o processo administrativo e a sindicância". (STJ – HC n° 6.008 – SC – DJU 23.06.97, Min. Luiz Vicente Cernicchiaro).

[17] Nos dizeres de Luiz Vicente Cernicchiaro: "A prova recolhida no inquérito, ou na sindicância, deve ser repetida, ainda que inexista solicitação nesse sentido. Reproduzir significa passar pelo contraditório". (CERNICCHIARO, Luiz Vicente. A Prova no Processo Administrativo. *Caderno Direito & Justiça* – Correio Braziliense, 29.03.99, pág. 01).

[18] Em relação às provas ilícitas no âmbito processual penal, a distinção surge por força da nova redação dada ao art. 157 do CP.

[19] NOGUEIRA, Paulo Lúcio. *Curso Completo de Processo Penal*. São Paulo: Saraiva, 10. ed., 1996, p. 224.

[20] BASTOS, Celso Ribeiro; MARTINS, Ives Gandra. *Comentários à Constituição do Brasil*. 3. ed. São Paulo: Saraiva, 2004, p. 297.

No entanto, a doutrina estudiosa do Direito Processual Penal estabelece outra diferença no que diz respeito a ditas provas: a prova ilícita é inadmissível, o que resulta na impossibilidade de ser juntada aos autos do processo e de ser refeita; de outra banda, a prova ilegítima é nula, cabendo ao magistrado declarar a sua nulidade; todavia, pode ser refeita, conforme disposição contida no art. 573 do Código de Processo Penal.

Na seara do Direito Administrativo, embora usualmente não se faça a distinção referente às provas proibidas, ela parece ser perfeitamente aplicável ao âmbito do processo administrativo. Com isto, quer-se dizer que poderá acontecer de se obter uma prova ilícita ou de se produzir uma prova ilegítima também nessa esfera processual. Sobre as provas ilícitas no processo administrativo, infere-se do art. 5º, LVI, da CF e da disposição expressa do art. 30 e também do art. 38, § 2º, da LPA que as mesmas são inadmissíveis no campo processual administrativo e, assim, não podem integrar os autos do processo e não podem ser renovadas, tal como se entende no campo processual penal. No que diz respeito à questão da nulidade da prova ilegítima no processo administrativo, importa trazer à baila um ponto que merece atenção em virtude do princípio da obediência à forma e aos procedimentos. Em verdade, no que diz respeito a este princípio, "sua aplicação é muito mais rígida no processo judicial do que no administrativo; por isso mesmo, em relação a este, costuma-se falar em **princípio do informalismo**", isto é, se de um lado o processo deve "ser reduzido a escrito e conter documentado tudo o que ocorre no seu desenvolvimento", de outro lado "não está sujeito a formas rígidas".[21] Desta maneira, nem sempre haverá nulidade de uma prova produzida no âmbito do processo administrativo, já que este não reclama a estrita sujeição à forma prevista em lei, salvo as exceções que requerem maior necessidade de formalismo, como os processos disciplinar e tributário e também o procedimento licitatório. Se destas hipóteses não se tratar, a prova poderá ser aproveitada no expediente processual.

Pode-se afirmar que: "Na realidade, o formalismo somente deve existir quando seja necessário para atender ao interesse público e proteger os direitos dos particulares".[22] Assim sendo, somente nestes casos, deverá haver a observância de formas mais rígidas e, por via de consequência, uma vez desrespeitadas, há que se fulminar a prova produzida, sem obediência à forma, com o vício da nulidade.

3. A vedação da prova ilícita e outros direitos fundamentais

A partir da Constituição de 1988, com base na redação do art. 5º, LVI, praticamente pacificou-se o entendimento de que estavam definitivamente afastadas do processo as provas ilícitas, em virtude de serem obtidas com ofensa a direitos fundamentais dos indivíduos.

---

[21] DI PIETRO, Maria Sylvia Zanella. *Op. cit.*, p. 690.

[22] *Ibidem*, p. 691.

Entretanto, em decorrência de uma mudança de posicionamento doutrinário e jurisprudencial[23] a respeito do tema, assinalou-se a importância de se conceber a inadmissibilidade das provas ilícitas por um novo prisma, em que se atenua o rigor da proibição com base no princípio da proporcionalidade. Com efeito, esta atenuação vem no sentido de se compreender o inc. LVI do art. 5º da CF como um princípio e, como tal, não tem caráter irrestrito e não prevalece sobre nenhum outro, na medida em que nenhuma liberdade é absoluta. Sendo assim, surge a necessidade de utilizar-se da ponderação entre este e outros princípios constitucionais que, do mesmo modo, se apliquem à situação fática, procurando desta maneira harmonizar os direitos fundamentais em conflito.[24] Isto quer dizer que, "a circunstância de em determinado caso a adoção de um princípio, pelo intérprete, implicar o afastamento de outro, que com aquele entre em testilhas, não importa que este seja eliminado do sistema, até porque, em outro caso, e mesmo diante do mesmo princípio, este poderá vir a prevalecer".[25]

Na esteira dessas ideias e também de julgados dos nossos tribunais que apontam nessa nova direção, a questão da vedação das provas obtidas por meios ilícitos perdeu a rigidez que lhe era atribuída, para ser vista, como um princípio que pode ceder perante outros, quando se estiver em presença de potencial conflito entre valores distintos e mais importantes, do que a proibição da prova ilícita, sempre que se estiver diante de um choque entre garantias individuais dos particulares.

Nesse sentido, ao analisar-se o caso concreto é de se verificar que o mesmo não comporta uma solução *a priori*, sob pena de se ferir gravemente direitos fundamentais que, de igual forma, merecem proteção. Assim, a regra do in. LVI deixa de ter conotação absoluta e abre espaço para o sopesamento entre a proibição das provas ilícitas e outros direitos fundamentais, possibilitando, por conseguinte, decisões mais justas. Contudo, não se deve perder de vista que a *regra* é a inadmissibilidade das provas obtidas por meios ilícitos e a *exceção* é a sua utilização em juízo, apenas em casos de excepcional gravidade, para salvaguardar direitos fundamentais dos indivíduos.

---

[23] Segundo adverte Alexandre de Moraes, "Na jurisprudência pátria, somente se aplica o princípio da proporcionalidade *pro reo*, entendendo-se que a ilicitude é eliminada por causas excludentes de ilicitude, em prol do princípio da inocência". E continua, afirmando que: "Desta forma, repita-se que a regra deve ser a inadmissibilidade das provas obtidas por meios ilícitos, que só excepcionalmente deverão ser admitidas em juízo, em respeito às liberdades públicas e ao princípio da dignidade humana na colheita de provas e na própria persecução penal do Estado". (MORAES, Alexandre de. *Direito Constitucional*. 25. ed. São Paulo: Atlas, 2010, p. 113).

[24] Nas palavras de Vicente Greco Filho: "O texto constitucional parece, contudo, jamais admitir qualquer prova cuja obtenção tenha sido ilícita. Entendo, porém, que a regra não seja absoluta, porque nenhuma regra constitucional é absoluta, uma vez que tem de conviver com outras regras ou princípios também constitucionais. Assim, continuará a ser necessário o confronto ou peso entre os bens jurídicos, desde que constitucionalmente garantidos, a fim de se admitir, ou não, a prova obtida por meio ilícito. Veja-se, por exemplo, a hipótese de uma prova decisiva para a absolvição obtida por meio de uma ilicitude de menor monta. Prevalece o princípio da liberdade da pessoa, logo a prova será produzida e apreciada, afastando-se a incidência do inciso LVI do art. 5º da Constituição, que vale como princípio, mas não absoluto, como se disse. Outras situações análogas poderiam ser imaginadas". (GRECO FILHO, Vicente. *Manual de Processo Penal*. 3. ed. São Paulo: Saraiva, 1995, p. 178).

[25] Eros Grau, baseado na lição apontada por Dworkin sobre os princípios. (GRAU, Eros Roberto. *Ensaio e Discurso sobre a Interpretação/Aplicação do Direito*. 3. ed. São Paulo: Malheiros, 2005, p. 190).

4. Prova derivada da prova ilícita

Provas derivadas das provas ilícitas são aquelas que não ofendem o direito material nem o direito processual e, consequentemente, sob esse vértice, são perfeitamente válidas; porém, decorrem de uma prova obtida de maneira ilícita. Se de um lado, são provas que, consideradas de per si, podem ser admitidas no processo; de outro, derivam de prova viciada na origem, ou seja, com defeito no momento da sua obtenção.

A grande questão que se põe a respeito do assunto é a delimitação dos efeitos e consequências no processo, de uma prova ilicitamente colhida na fonte, em relação a todas as demais provas dela resultantes.

Sobre o tema, a nossa Corte Suprema mudou o seu entendimento inicial de que não deveria ser aplicada a denominada doutrina do *fruits of the poisonous tree* (fruto da árvore envenenada) –, que resultava na incomunicabilidade da ilicitude das provas[26] –, para adotar a tese oposta –, da comunicabilidade das provas ilícitas a todas as demais provas dela decorrentes, o que acarreta a ilicitude por derivação.[27]

Assim, a atual posição dominante no Supremo Tribunal Federal é a favor da adoção da teoria dos frutos da árvore envenenada. De acordo com esta teoria, que tem origem norte-americana e foi cunhada pela Suprema Corte dos Estados Unidos, os vícios da árvore são transmitidos aos seus frutos.[28] Ou seja, os defeitos, os vícios de uma determinada prova ilícita na fonte contaminam as demais provas que dela se originarem.

No entanto, importa destacar que o artigo 157, § 1º, do Código de Processo Penal, com a nova redação que lhe foi dada pela Lei 11.690/08, determina que são inadmissíveis no processo as provas derivadas das ilícitas, exceto quando não evidenciado o nexo de causalidade entre umas e outras, ou quando as derivadas puderem ser obtidas por uma fonte independente das primeiras (a questão da fonte autônoma de prova – *an independent source* – e a sua desvinculação causal da prova ilicitamente obtida). A quebra do nexo causal entre a prova ilícita e outra prova qualquer não contamina esta última, uma vez que não decorre da prova considerada ilícita. No tocante à hipótese em que as provas derivadas podem ser utilizadas desde que sejam obtidas por uma fonte independente das provas ilícitas na origem, as cortes superiores brasileiras, em vários de seus julgados, já decidiram que tais dados probatórios se mostrarão inteiramente admissíveis, porquanto não contagiados pelo vício da ilicitude originária.

---

[26] Em duas decisões plenárias o STF entendeu pela incomunicabilidade da ilicitude das provas ilícitas às provas derivadas (Ação Penal 307-3-DF, Plenário, Rel. Ministro Ilmar Galvão, DJU, 13.10.95 e HC 69.912-0/RS, Tribunal Pleno, Rel. Ministro Sepúlveda Pertence, 16.10.1993, DJU 25.03.94).

[27] Sobre o tema, ver os seguintes acórdãos em que se espelha a mudança de pensamento da Corte Suprema brasileira e que definiram a questão: HC 72.588-PB, Rel. Ministro Maurício Corrêa, 12.06.96; HC 73.351-SP, Rel. Ministro Ilmar Galvão, j. 09.05.96.

[28] No julgamento do caso Nardone v. United States, de 1939, a Corte, pela primeira vez, de forma explícita, fez menção à expressão *fruits of the poisonous tree*. Disponível em: <http://supreme.justia.com/us/308/338/case.html>, acesso em 17. Fev. 2011.

Nesse viés, quando a condenação se basear em outras provas independentes e lícitas, pela quebra do nexo causal ou obtida de fonte autônoma, a ilicitude da prova originária não se comunicará às demais, entendendo-se, neste caso, pela incomunicabilidade da ilicitude da prova obtida por meios ilícitos.

Todavia, na linha de pensamento que aqui já se desenvolveu, de que não existe nenhuma liberdade pública com caráter absoluto, é possível entender que as provas ilícitas por derivação poderão ser utilizadas no processo administrativo, desde que haja observância do princípio da proporcionalidade, que fará ceder um direito quando este estiver em conflito com outro direito de maior valor.

Aliás, se a prova derivada da prova ilícita for realizada no âmbito do processo administrativo, com a observância do princípio do devido processo legal, em especial, dos princípios do contraditório e da ampla defesa, sua utilização não contraria o que dantes já se disse, a respeito da mitigação da inadmissibilidade da prova ilícita, pois se se pode considerar, excepcionalmente, em dadas situações, até a prova ilícita, ponderando-se os valores colidentes, seguramente serão admissíveis as provas derivadas da prova obtida por meios ilícitos.

5. Princípios da administração e provas ilícitas

Como se sabe, na seara do Direito Administrativo, vigoram vários princípios fundamentais que regem e condicionam a função administrativa. Nesse sentido, administrar significa agir em prol do interesse público, zelar pela *res publica*, o que implica a obediência a todos os mandamentos fundamentais que compõem o regime jurídico administrativo, seja por intermédio de princípios próprios desse ramo do direito, seja por meio de princípios que disciplinam todo o direito público, seja através de princípios gerais do direito. Referidos mandamentos impõem que lhes seja dado fiel cumprimento, o que equivale a dizer que, ao agente público é atribuído o dever de administrar a máquina estatal observando a legalidade, a impessoalidade, a moralidade, a publicidade, a eficiência, a probidade, a razoabilidade, a indisponibilidade do interesse público e tantos outros princípios que governam a atividade administrativa.

Dessa forma, se uma prova é obtida por meio ilícito para ser utilizada contra um agente público, que tem, como se disse, o dever de agir em prol do interesse coletivo, é possível defender na hipótese, a mitigação das provas obtidas por meios ilícitos em relação a ele, talvez em maior grau, quando em comparação com um particular, visando, com isto inibir a utilização dos cargos, empregos e funções públicas como salvaguarda de atos contrários à lei e à Constituição. Conforme defende Alexandre de Moraes, "deverá ser permitida a utilização de gravações clandestinas por um dos interlocutores, realizadas sem o conhecimento do agente público, que comprovem sua participação, utilizando-se de seu cargo, função ou emprego público, na prática de atos ilícitos (por exemplo: concussão, tráfico de influência, ato de improbidade administrativa), não lhe sendo possível alegar as inviolabilidades à intimidade ou à vida privada no trato da *res pública*; pois, na administração pública, em regra, não vigora o sigilo na condução dos negócios políticos do Estado, mas o princípio da publicidade".[29] Todavia, não se pode olvidar da necessária ponderação no caso concreto.

6. Prova emprestada

Sobre o conceito de prova emprestada, que tem ligação com o tema da prova ilícita, uma vez mais se busca na doutrina processual penal, ensinamentos sobre o assunto. Assim, pode ser conceituada como "aquela produzida em outro processo e, através da reprodução documental, juntada no processo criminal pendente de decisão. O juiz pode levá-la em consideração, embora deva ter a especial cautela de verificar como foi formada no outro feito, de onde foi importada, para saber se houve o indispensável devido processo legal. Essa verificação inclui, naturalmente, o direito indeclinável ao contraditório, razão pela qual abrange o fato de ser constatado se as mesmas partes estavam envolvidas no processo onde a prova foi efetivamente produzida".[30]

Vale destacar que, na esfera criminal, é pacífica a possibilidade de se utilizar a prova emprestada, contanto que as partes sejam as mesmas nos dois processos em que a prova será empregada, isto é, a prova emprestada só terá validade se for obtida perante o mesmo réu, pois desta forma, não haveria que se falar em ofensa ao princípio do contraditório e da ampla defesa na sua colheita.

No âmbito do Direito Administrativo entende-se que podem ser utilizadas as provas emprestadas do processo civil e penal, desde que obtidas de maneira legal, e sob a condição de que o agente público objeto de investigação (de sindicância ou de processo administrativo) seja o mesmo do processo judicial. Ademais não há razão para deixar-se de considerar a prova que foi produzida no âmbito do processo civil ou criminal, se a mesma foi submetida aos princípios do contraditório e da ampla defesa, o que a torna, portanto, uma prova lícita, afastando-se da hipótese do art. 5º, inc. LVI da Constituição Federal.

Jurisprudência

Constitucional e processual. Mandado de segurança. Escuta telefônica com ordem judicial. Réu condenado por formação de quadrilha armada, que se acha cumprindo pena em penitenciária, não tem como invocar direitos fundamentais próprios do homem livre para desentranhar prova (decodificação de fita magnética) feita pela polícia. O inciso LVI do art. 5º da Constituição, que fala que 'são inadmissíveis as provas obtidas por meio ilícito', não tem conotação absoluta. Há sempre um substrato ético a orientar o exegeta na busca de valores maiores na construção da sociedade. A própria Constituição Federal brasileira, que é dirigente e programática, oferece ao juiz, através da 'atualização constitucional' (*Verfassungsaktualisierung*), base para o entendimento de que a cláusula constitucional invocada é relativa. A jurisprudência norte-americana, mencionada em precedente do Supremo Tribunal Federal, não é tranquila. Sempre é invocável o princípio da 'razoabilidade' (*reasonsableness*). O 'princípio da exclusão das provas ilicitamente obtidas' (*exclusionary rule*) também lá pede temperamentos. (STJ, RMS 6129 / RJ, Relator: Ministro Adhemar Maciel, Sexta Turma, D.J. 06/02/1996).

---

[29] MORAES, Alexandre de. *Op. cit.*, p. 118.
[30] NUCCI, Guilherme de Souza. *Código de Processo Penal Comentado*. São Paulo: Revista dos Tribunais, 3. ed., 2004, p. 332.

Art. 30

FISCALIZAÇÃO TRIBUTÁRIA – APREENSÃO DE LIVROS CONTÁBEIS E DOCUMENTOS FISCAIS REALIZADA, EM ESCRITÓRIO DE CONTABILIDADE, POR AGENTES FAZENDÁRIOS E POLICIAIS FEDERAIS, SEM MANDADO JUDICIAL – INADMISSIBILIDADE – ESPAÇO PRIVADO, NÃO ABERTO AO PÚBLICO, SUJEITO À PROTEÇÃO CONSTITUCIONAL DA INVIOLABILIDADE DOMICILIAR (CF, ART. 5º, XI) – SUBSUNÇÃO AO CONCEITO NORMATIVO DE "CASA" – NECESSIDADE DE ORDEM JUDICIAL – ADMINISTRAÇÃO PÚBLICA E FISCALIZAÇÃO TRIBUTÁRIA – DEVER DE OBSERVÂNCIA, POR PARTE DE SEUS ÓRGÃOS E AGENTES, DOS LIMITES JURÍDICOS IMPOSTOS PELA CONSTITUIÇÃO E PELAS LEIS DA REPÚBLICA – IMPOSSIBILIDADE DE UTILIZAÇÃO, PELO MINISTÉRIO PÚBLICO, DE PROVA OBTIDA COM TRANSGRESSÃO À GARANTIA DA INVIOLABILIDADE DOMICILIAR – PROVA ILÍCITA – INIDONEIDADE JURÍDICA – "HABEAS CORPUS" DEFERIDO. ADMINISTRAÇÃO TRIBUTÁRIA – FISCALIZAÇÃO – PODERES – NECESSÁRIO RESPEITO AOS DIREITOS E GARANTIAS INDIVIDUAIS DOS CONTRIBUINTES E DE TERCEIROS. (...). A QUESTÃO DA DOUTRINA DOS FRUTOS DA ÁRVORE ENVENENADA ("FRUITS OF THE POISONOUS TREE"): A QUESTÃO DA ILICITUDE POR DERIVAÇÃO. – Ninguém pode ser investigado, denunciado ou condenado com base, unicamente, em provas ilícitas, quer se trate de ilicitude originária, quer se cuide de ilicitude por derivação. Qualquer novo dado probatório, ainda que produzido, de modo válido, em momento subseqüente, não pode apoiar-se, não pode ter fundamento causal nem derivar de prova comprometida pela mácula da ilicitude originária. – A exclusão da prova originariamente ilícita – ou daquela afetada pelo vício da ilicitude por derivação – representa um dos meios mais expressivos destinados a conferir efetividade à garantia do "*due process of law*" e a tornar mais intensa, pelo banimento da prova ilicitamente obtida, a tutela constitucional que preserva os direitos e prerrogativas que assistem a qualquer acusado em sede processual penal. Doutrina. Precedentes. – A doutrina da ilicitude por derivação (teoria dos "frutos da árvore envenenada") repudia, por constitucionalmente inadmissíveis, os meios probatórios, que, não obstante produzidos, validamente, em momento ulterior, acham-se afetados, no entanto, pelo vício (gravíssimo) da ilicitude originária, que a eles se transmite, contaminando-os, por efeito de repercussão causal. Hipótese em que os novos dados probatórios somente foram conhecidos, pelo Poder Público, em razão de anterior transgressão praticada, originariamente, pelos agentes estatais, que desrespeitaram a garantia constitucional da inviolabilidade domiciliar. – Revelam-se inadmissíveis, desse modo, em decorrência da ilicitude por derivação, os elementos probatórios a que os órgãos estatais somente tiveram acesso em razão da prova originariamente ilícita, obtida como resultado da transgressão, por agentes públicos, de direitos e garantias constitucionais e legais, cuja eficácia condicionante, no plano do ordenamento positivo brasileiro, traduz significativa limitação de ordem jurídica ao poder do Estado em face dos cidadãos. – Se, no entanto, o órgão da persecução penal demonstrar que obteve, legitimamente, novos elementos de informação a partir de uma fonte autônoma de prova – que não guarde qualquer relação de dependência nem decorra da prova originariamente ilícita, com esta não mantendo vinculação causal –, tais dados probatórios revelar-se-ão plenamente admissíveis, porque não contaminados pela mácula da ilicitude originária. – A QUESTÃO DA FONTE AUTÔNOMA DE PROVA ("AN INDEPENDENT SOURCE") E A SUA DESVINCULAÇÃO CAUSAL DA PROVA ILICITAMENTE OBTIDA – DOUTRINA – PRECEDENTES DO SUPREMO TRIBUNAL FEDERAL (RHC 90.376/RJ, Rel. Min. CELSO DE MELLO, v.g.) – JURISPRUDÊNCIA COMPARADA (A EXPERIÊNCIA DA SUPREMA CORTE AMERICANA): CASOS "SILVERTHORNE LUMBER CO. V. UNITED STATES (1920); SEGURA V. UNITED STATES (1984); NIX V. WILLIAMS (1984); MURRAY V. UNITED STATES (1988)". (...). (HC 93050/RJ – RIO DE JANEIRO, Relator(a): Min. CELSO DE MELLO, Julgamento: 10/06/2008, Órgão Julgador: Segunda Turma).

CRIMINAL. RHC. ESTELIONATO CONTRA O INSS. TRANCAMENTO DE INQUÉRITO POLICIAL. MEDIDA CAUTELAR. NULIDADE DECLARADA PELO TRIBUNAL *A QUO*. PROCEDIMENTO INVESTIGATÓRIO E DEMAIS PROVAS MANTIDOS. TEORIA DA ÁRVORE ENVENENADA. EXISTÊNCIA DE OUTROS ELEMENTOS VÁLIDOS A SUSTENTAR A INVESTIGAÇÃO. AUSÊNCIA DE SUBORDINAÇÃO DO CONJUNTO PROBATÓRIO À MEDIDA URGENTE. IMPROPRIEDADE DO *WRIT* PARA TAL VERIFICAÇÃO. SIMPLES INDICIAMENTO. AUSÊNCIA DE CONSTRANGIMENTO ILEGAL. RECURSO DESPROVIDO. Hipótese em que contra o recorrente foram instaurados procedimentos investigatórios com o intuito de apurar eventuais fraudes ocorridas em detrimento do INSS, tendo o Tribunal *a quo* declarado a nulidade de medida cautelar, mantendo incólumes, entretanto, as demais provas colhidas, bem como o inquérito policial. Pleito de anulação do conjunto probatório derivado da medida urgente, bem como do inquérito policial, por aplicação da teoria dos frutos da árvore envenenada. Existência de outros elementos válidos capazes de sustentar a investigação do paciente pela suposta prática de crimes em detrimento do INSS, tanto é que o voto condutor do acórdão destacou não ser possível "contaminar a existência de uma apontada quadrilha, ou vários atuantes no âmbito do sistema da Previdência Social". Verificada a ausência de subordinação dos demais elementos probatórios à medida cautelar – o que seria necessário para a anulação de todo o conjunto probante. A via estreita do *habeas corpus* não se presta para eventual exame da contaminação das demais provas, se estas foram reputadas lícitas e válidas pelo acórdão atacado. A eventual influência da nulidade da medida urgente sobre as outras evidências

Art. 30

deve ser examinada caso a caso. Não há como acolher a pretensão do recorrente de aplicação da teoria dos frutos da árvore envenenada, tendo em vista a apontada independência entre a prova taxada como nula pelo Tribunal *a quo* e restante do conjunto fático-probatório. Precedente do STJ. O Supremo Tribunal Federal já proferiu entendimento no sentido de que, em se tratando se inquérito policial, ainda é prematura a aplicação da teoria dos frutos da árvore envenenada. Precedente em *habeas corpus*. O simples indiciamento em inquérito policial não caracteriza constrangimento ilegal reparável através *de habeas corpus*. Somente após o correto procedimento inquisitorial, com a devida apuração dos fatos e provas, é que se poderá averiguar, com certeza, a tipicidade, ou não, das condutas do recorrente. Recurso desprovido. (STJ – RECURSO ORDINÁRIO EM HABEAS CORPUS: RHC 17379 RJ 2005/0033349-6, Relator(a): Ministro GILSON DIPP, Julgamento: 13/02/2006, Órgão Julgador: T5 – QUINTA TURMA, Publicação: DJ 06.03.2006 p. 416).

ADMINISTRATIVO. SERVIDOR PÚBLICO ESTADUAL. AUDITOR FISCAL. PENA DE DEMISSÃO. PROCESSO ADMINISTRATIVO. RELATÓRIO DA COMISSÃO DISCIPLINAR. POSSIBILIDADE DE APLICAÇÃO DE PENA DIVERSA. AUTORIDADE COMPETENTE. REEXAME DO MÉRITO ADMINISTRATIVO. IMPOSSIBILIDADE. RECURSO ORDINÁRIO IMPROVIDO. 1. Consoante firme jurisprudência do Superior Tribunal de Justiça, no âmbito do controle jurisdicional do processo administrativo disciplinar, compete ao Poder Judiciário apreciar apenas a regularidade do procedimento, à luz dos princípios do contraditório, da ampla defesa e do devido processo legal. 2. A gravação de conversa realizada por um dos interlocutores é considerada como prova lícita, não configurando interceptação telefônica, e serve como suporte para o oferecimento da denúncia, tanto no que tange à materialidade do delito como em relação aos indícios de sua autoria. Precedentes. 3. Configurada a hipótese de flagrante esperado, não há falar em crime impossível e, conseqüentemente, em prova ilícita. 4. O art. 190 da Lei Complementar Estadual 68/92 exige apenas que os membros da comissão processante sejam servidores estáveis do quadro do Estado de Rondônia, não vedando que exerçam, também, funções comissionadas. 5. A decisão que aplicou ao recorrente a pena de demissão, com impedimento de assumir cargo público pelo prazo de 5 anos, nos termos do art. 170, § 1º, da Lei Complementar Estadual 68/92, encontra-se devidamente fundamentada. Ademais, todas as garantias constitucionais foram asseguradas a ele no decorrer do processo administrativo, em que foi assistido por advogado e apresentou defesa. 6. Recurso ordinário improvido. (STJ, RECURSO ORDINÁRIO EM MANDADO DE SEGURANÇA: RMS 19785 RO 2005/0046880-2, Relator(a): Ministro ARNALDO ESTEVES LIMA, Julgamento: 09/10/2006, Órgão Julgador: T5 – QUINTA TURMA, Publicação: DJ 30.10.2006 p. 335).

PROVA EMPRESTADA. Penal. Interceptação telefônica. Escuta ambiental. Autorização judicial e produção para fim de investigação criminal. Suspeita de delitos cometidos por autoridades e agentes públicos. Dados obtidos em inquérito policial. Uso em procedimento administrativo disciplinar, contra outros servidores, cujos eventuais ilícitos administrativos teriam despontado à colheita dessa prova. Admissibilidade. Resposta afirmativa a questão de ordem. Inteligência do art. 5º, inc. XII, da CF, e do art. 1º da Lei federal nº 9.296/96. Precedente. Voto vencido. Dados obtidos em interceptação de comunicações telefônicas e em escutas ambientais, judicialmente autorizadas para produção de prova em investigação criminal ou em instrução processual penal, podem ser usados em procedimento administrativo disciplinar, contra a mesma ou as mesmas pessoas em relação às quais foram colhidos, ou contra outros servidores cujos supostos ilícitos teriam despontado à colheita dessa prova. (STF, Inq. 2424 QO-QO / RJ – RIO DE JANEIRO, SEG. QUEST. ORD. EM INQUÉRITO, Relator(a): Min. CEZAR PELUSO, Julgamento: 20/06/2007, Órgão Julgador: Tribunal Pleno).

MANDADO DE SEGURANÇA. SERVIDOR PÚBLICO. PROCESSO ADMINISTRATIVO DISCIPLINAR. DEMISSÃO. LEGALIDADE. MÉRITO ADMINISTRATIVO. REEXAME DE PROVAS. PROVA EMPRESTADA. LEGALIDADE. CONTRADITÓRIO E AMPLA DEFESA RESPEITADOS. SEGURANÇA DENEGADA. 1. Verificado o respeito aos princípios do contraditório e da ampla defesa, com citação válida, oportunidade de defesa e exposição dos fatos de que o servidor deve se defender, não há que se falar em nulidade do processo administrativo porque o acusado não foi ouvido pela comissão de sindicância na fase probatória do processo administrativo disciplinar. 2. O Poder Judiciário, em sede de mandado de segurança, não pode reapreciar provas nem adentrar no mérito administrativo. 3. Tanto o Superior Tribunal de Justiça quanto o Supremo Tribunal Federal firmaram entendimento no sentido de que a nulidade do processo administrativo disciplinar é declarável na hipótese de restar evidenciado o prejuízo à defesa do servidor acusado, em observância ao princípio *pas de nullitè sans grief*. 4. "A doutrina e a jurisprudência se posicionam de forma favorável à "prova emprestada", não havendo que suscitar qualquer nulidade, tendo em conta que foi respeitado o contraditório e a ampla defesa no âmbito do processo administrativo disciplinar". (RMS 20.066/GO, Rel. Min. Felix Fischer, DJ 10/4/06). 5. Segurança denegada. (STJ, MS 11965 / DF, Mandado de Segurança 2006/0129041-3, Relator: Ministro PAULO MEDINA, D.J. 08/08/2007).

PROCESSO CIVIL. AÇÃO DE IMPROBIDADE. PROVA EMPRESTADA. REQUISITOS. PROVA TESTEMUNHAL. 1. A prova emprestada é o oferecimento em um processo de provas produzidas em outro. 2. É imprestável o laudo elaborado administrativamente, que não contou com a participação da parte contrária. Tomar de empréstimo tal prova seria ferir o direito ao contraditório e à ampla defesa. 3. Prova testemunhal não favorável ao autor, pois as afirmações das testemunhas são genéricas, não são firmes, não sendo, portanto, convincentes. (STJ, REsp nº 1.189.192 – GO (2010/0061621-3), Relator(a): MINISTRA ELIANA CALMON, DJ 22 de junho de 2010).

Referências

BASTOS, Celso Ribeiro; MARTINS, Ives Gandra. *Comentários à Constituição do Brasil.* 3. ed. São Paulo: Saraiva, 2004.

CERNICCHIARO, Luiz Vicente. A Prova no Processo Administrativo. *Caderno Direito & Justiça* – Correio Braziliense, 29.03.99.

DI PIETRO, Maria Sylvia Zanella. *Direito Administrativo.* 26. ed. São Paulo: Atlas, 2013.

FIGUEIREDO, Lúcia Valle. *Curso de Direito Administrativo.* 5. ed. São Paulo: Malheiros, 2001.

GRAU, Eros Roberto. Ensaio e Discurso sobre a Interpretação/Aplicação do Direito. 3. ed. São Paulo: Malheiros, 2005.

GRECO FILHO, Vicente. *Manual de Processo Penal.* 3. ed. São Paulo: Saraiva, 1995.

MARRARA, Thiago; NOHARA, Irene Patrícia. *Processo Administrativo:* Lei 9.784/99 comentada. São Paulo: Atlas, 2009.

MORAES, Alexandre de. *Direito Constitucional.* 25. ed. São Paulo: Atlas, 2010.

NOGUEIRA, Paulo Lúcio. *Curso Completo de Processo Penal.* 10. ed. São Paulo: Saraiva, 1996.

NUCCI, Guilherme de Souza. *Código de Processo Penal Comentado.* 3. ed. São Paulo: Revista dos Tribunais, 2004.

Artigo 31

Quando a matéria do processo envolver assunto de interesse geral, o órgão competente poderá, mediante despacho motivado, abrir período de consulta pública para manifestação de terceiros, antes da decisão do pedido, se não houver prejuízo para a parte interessada.

§ 1º A abertura da consulta pública será objeto de divulgação pelos meios oficiais, a fim de que pessoas físicas ou jurídicas possam examinar os autos, fixando-se prazo para oferecimento de alegações escritas.

§ 2º O comparecimento à consulta pública não confere, por si, a condição de interessado do processo, mas confere o direito de obter da Administração resposta fundamentada, que poderá ser comum a todas as alegações substancialmente iguais.

SUMÁRIO: 1. Consulta pública; 2. Assunto de interesse geral; 3. Órgão competente; 4. ATo de abertura: despacho motivado; 5. Abertura da consulta; 6. Exercício de competência discricionária ou vinculada; 7. Prejuízo para a parte interessada; 8. Divulgação da abertura pelos meios oficiais; 9. Exame dos autos; 10. Pessoas autorizadas a proceder ao exame; 11. Alegações escritas e prazo; 12. Comparecimento à consulta; 13. Participante da consulta; 14. Direito à resposta fundamentada; 15. Resposta comum; Jurisprudência; Referências.

1. Consulta pública

Referido dispositivo da LPA trata da consulta pública. O *caput* do artigo 31 determina que deve ser realizada a consulta pública sempre que o processo envolver assunto de interesse geral, destinando-se a colher manifestações de terceiros, antes da decisão do pedido, desde que não haja prejuízo para a parte interessada.

Art. 31

Pois bem, consulta pública é uma das expressões que decorrem do princípio da participação popular em relação à maneira como a Administração gere a *res publica*. Dentre os vários instrumentos processuais de participação dos particulares nas atividades administrativas, esta é, ao lado das audiências públicas e a existência de ouvidoria nos órgãos públicos (*onbudsman*), uma maneira de se participar da gestão da máquina administrativa.[31]

A consulta pública difere-se da audiência pública, tratada no artigo 32 da LPA. Conquanto as duas sejam formas de participação popular na gestão e controle da Administração Pública, elas se diferem na medida em que a primeira tem relação com o interesse da Administração em colher a opinião pública por intermédio da manifestação exposta por meio de peças escritas e formais, que serão juntadas no processo administrativo.[32] Abre-se prazo para a manifestação por escrito de terceiros, antes da decisão do pedido, em matéria de interesse geral. Já a segunda, possibilita o "debate público e pessoal por pessoas físicas ou representantes da sociedade civil", respeitado "o interesse público de ver debatido tema cuja relevância ultrapassa as raias do processo administrativo e alcança a própria coletividade". Na verdade, trata-se de modalidade de consulta pública, porém, com a peculiar característica de se realizar por meio de "debates orais em sessão previamente designada para esse fim".[33] Particulariza-se, deste modo, pela oralidade.

Vale destacar que a consulta e a audiência públicas diferem-se do plebiscito e do referendo, na medida em que dizem respeito a atos da Administração Pública, enquanto estes últimos têm relação com atos do Poder Legislativo. No art. 14 da CF está expressamente previsto que a soberania popular será exercida por intermédio da realização direta de consultas populares, por meio de plebiscitos e referendos (incs. I e II respectivamente), determinando, ainda, que caberá exclusivamente ao Congresso Nacional autorizar referendo e convocar plebiscitos (art. 49, inc. XV). Estes dois meios consultivos populares

---

[31] Segundo entende Paulo Modesto, "São vários os instrumentos processuais de participação hoje empregados na administração pública, com maior ou menor grau de autenticidade e integração social. Nos limites desta intervenção, cabe referir em especial os seguintes, quando empregados para tutela de interesses sociais: a) consulta pública (abertura de prazo para manifestação por escrito de terceiros, antes de decisão, em matéria de interesse geral); b) audiência pública (sessão de discussão, aberta ao público, sobre tema ainda passível de decisão); c) colegiados públicos (reconhecimento a cidadãos, ou a entidades representativas, do direito de integrar órgão de consulta ou de deliberação colegial no Poder Público); d) assessoria externa (convocação da colaboração de especialistas para formulação de projetos, relatórios ou diagnósticos sobre questões a serem decididas); e) denúncia pública (instrumento de formalização de denúncias quanto ao mau funcionamento ou responsabilidade especial de agente público; ex. representação administrativa); f) reclamação relativa ao funcionamento dos serviços públicos (difere da representação administrativa, pois fundamenta-se em relação jurídica entre o Estado ou concessionário do Estado e o particular-usuário); g) colaboração executiva (organizações que desenvolvam, sem intuito lucrativo, com alcance amplo ou comunitário, atividades de colaboração em áreas de atendimento social direto); h) ombudsman (ouvidor); i) participação ou 'controle social' mediante ações judiciais (ação popular, ação civil pública, mandado de segurança coletivo, ação de inconstitucionalidade de lei ou ato normativo, entre outras); j) fiscalização orgânica (obrigatoriedade, por exemplo, de participação de entidades representativas em bancas de concursos públicos, v.g, OAB)". (MODESTO, Paulo. Participação popular na administração pública. Mecanismos de operacionalização. *Revista Eletrônica de Direito do Estado*, Salvador, Instituto de Direito Público da Bahia, n. 2, abril/maio/junho, 2005. Disponível em: <http://www.direitodoestado.com.br.> Acesso em: 20 fev. 2011.

[32] CARVALHO FILHO, José dos Santos. *Processo Administrativo Federal* – Comentários à Lei 9.784, de 29.1.1999. 5. ed. São Paulo: Atlas, 2013. p. 192.

[33] *Idem*.

se diferem, basicamente, quanto ao momento em que são realizados: um antecede, e o outro sucede um ato do Poder Público. O plebiscito é uma consulta prévia feita aos cidadãos que estão no gozo de seus direitos políticos, em relação à determinada matéria, a ser depois discutida pelo Congresso Nacional.[34] Já o referendo é uma consulta posterior que se faz em relação a determinado ato governamental com o fim de que seja ratificado, ou que se torne eficaz, ou ainda, que lhe seja retirada a eficácia. Serve para que se confirme ou rejeite determinada lei, projeto de lei ou emenda constitucional.

2. Assunto de interesse geral

Para haver a consulta pública, o processo administrativo deve envolver assunto de interesse geral. Essa expressão *assunto de interesse geral* na verdade constitui-se em um conceito jurídico indeterminado, uma vez que *a priori* não é possível definir o seu significado.[35] Propositalmente, o legislador utilizou este conceito vago para deixar o intérprete e aplicador da lei decidir quais situações se enquadrarão naquele conceito. Por conseguinte, só diante da análise do caso concreto é que se poderá verificar se dada hipótese se encaixará ou não em determinado conceito fluido.

Quando a lei fala em assunto de interesse geral, quer dizer que o tema deve repercutir para além da esfera de direitos e interesses de uma ou mais pessoas individualizadas ou determinadas. O interesse geral é o interesse da coletividade, que ultrapassa o âmbito particularizado de um interessado. Nesse viés, a matéria que autoriza a consulta será aquela que adentra na seara dos direitos transindividuais (metaindividuais, supraindividuais, pertencentes a vários indivíduos). Todavia, ao se realizar a consulta pública, quando o processo envolver assunto de interesse geral, ela deve ser compatível com o direito da parte, já que a redação da lei determina que há a necessidade de se preservar o direito individual perseguido no processo administrativo em curso.

Entende-se atualmente que os atos normativos editados pela Administração estariam enquadrados na expressão *interesse geral*. Desta feita, os atos das agências reguladoras inserir-se-iam no referido conceito de interesse geral, posto que essas entidades, ao editarem atos que sejam de relevância para o setor que disciplinam, afetam, por meio de suas decisões, importantes setores da sociedade, dos serviços públicos e das atividades econômicas que regulam.[36]

---

[34] De acordo com a Lei 9.709/98, o plebiscito poderá ser feito para se consultar a população sobre matéria de acentuada relevância constitucional, administrativa ou legislativa, e também ser utilizado para aprovar ou não atos normativos.

[35] Como diz Regina Helena Costa, baseada nas lições de Fernando Sainz Moreno e de Karl Engisch: "No âmbito do Direito, deve-se entender por conceitos indeterminados aqueles cuja realidade a que se referem não aparece bem definida, cujo conteúdo e extensão não estão delimitados precisamente. A indeterminação, comum aos conceitos das mais diversas naturezas, é tida, como uma das características das linguagens não formalizadas. Nem sempre se deve considerar a indeterminação dos conceitos como uma imperfeição ou vício da linguagem cotidiana, senão como uma de suas propriedades que permite cumprir a função de expressar e valorar condutas, relações e objetos materiais". (COSTA, Regina Helena. Conceitos Jurídicos Indeterminados e Discricionariedade administrativa. *Justitia*, São Paulo, v. 51, n. 145, jan./mar. 1989, p. 37).

[36] Ver a respeito: DI PIETRO, Maria Sylvia Zanella. Participação popular na Administração Pública, *RTDP* nº 1, p. 134, 1993.

3. Órgão competente

Para que se determine a abertura da consulta pública é imprescindível que o órgão detenha competência para tanto. E é competente para essa determinação o órgão que conduz a instrução do processo administrativo, como também a autoridade julgadora, caso sejam responsáveis diferentes órgãos para procederem a estas distintas fases do processo, e, ainda, as autoridades com competência para apreciar os recursos administrativos. Isto porque quando a redação do *caput* do artigo 31 dispõe que a consulta pública deve ser aberta antes da decisão do pedido, deve-se interpretar esta determinação como regra geral, pois há casos excepcionais em que se pode entender que a consulta deve ter a sua abertura determinada antes da decisão *final do pedido nas instâncias administrativas*, podendo, portanto, ser utilizada em sede recursal. Excepcionalmente também, a Administração poderá fazer uso da consulta pública até mesmo em sede revisional, com base no seu dever-poder de autotutela, conforme se tratará no tópico referente à abertura da consulta.

4. Ato de abertura: despacho motivado

A consulta pública poderá ser aberta mediante despacho motivado. Com efeito, a lei reclama uma forma específica de que se reveste o ato administrativo, qual seja, o despacho. Este consiste no ato administrativo que contempla decisão da autoridade administrativa competente sobre assunto de interesse geral, determinando as medidas necessárias para a abertura da consulta pública, quando esta seja conveniente e oportuna no processo.

Mas não basta apenas a edição do despacho, pois o mesmo precisa estar motivado. A motivação é a explicitação dos motivos, que são as razões de fato e de direito que levam a Administração a praticar o ato, que, no caso, consiste no despacho autorizador da abertura da consulta pública.

Interessa notar que a exigência de motivação, contida no *caput* do artigo 31, espelha a necessidade de fundamentação do ato, exigência essa que decorre do Estado Democrático de Direito e do devido processo legal. Ainda que não conste expressamente do texto constitucional,[37] o princípio da motivação é imprescindível para que se possa editar as decisões administrativas e para que estas sejam controladas pela própria Administração, pelas outras funções do Estado e até mesmo pelos administrados.

Além do mais, a exigência de motivação sempre que um ato afetar direitos ou interesses – como é o caso da consulta pública – está contida igualmente

---

[37] Nos dizeres de Lúcia Valle Figueiredo, "pouco importa o fato de não estar a motivação expressa no art. 37. Assim é posto que, no art. 93, X, obriga-se a motivação das decisões administrativas dos tribunais. Ora, se as decisões administrativas do Judiciário devem ser motivadas, claro está que também a motivação é necessária para as decisões do Executivo. Deveras, o Judiciário exerce função administrativa de maneira atípica, pois, tipicamente, sua função é a judicial. Procedendo-se à interpretação sistemática, não seria de se supor que os tribunais devessem motivar suas decisões administrativas e não fossem a isso obrigados as administradores, a quem cabe expressamente a função administrativa, portanto, de maneira típica". (FIGUEIREDO, Lúcia Valle. Estado de Direito e Devido Processo Legal. *Revista Diálogo Jurídico*, Salvador, CAJ – Centro de Atualização jurídica, n. 11, fevereiro, 2002. Disponível em: <http://www.direitopublico.com.br.> Acesso em: 21 fev. 2011.

na previsão do art. 50, I, da LPA. É de ver-se que a consulta pública afeta direitos e interesses de ordem geral e também das partes interessadas no processo. Nesse sentido, imprescindível a motivação do ato de abertura da consulta pública, ainda mais se se verificar que a consulta é um procedimento incidente no processo administrativo que pode acarretar demora e lentidão para o seu término.

Neste viés, não se deve perder de vista o princípio da razoável duração do processo (inc. LXXVIII do art. 5º da CF), em especial na fase de instrução do processo administrativo, quando se abrir consulta pública, pois esta, como se disse, seguramente trará um desenvolvimento mais lento ao processo, em relação aos que apresentem uma instrução simples, sem grandes questões intricadas e de alta importância para a causa. Mesmo a LPA não tendo estabelecido um prazo de duração da consulta pública, o processo administrativo não pode se arrastar indefinidamente sob a escusa de tê-la aberto durante o seu curso, até porque o administrador deve vislumbrar mais benefícios do que desvantagens ao optar por proceder à abertura da consulta, e deve justificar, motivando, todas as vantagens, na hipótese, desse instrumento.

5. Abertura da consulta

A consulta pública deve ser aberta, em regra, antes da decisão do pedido feito no processo administrativo. A lei assim determina, pois, do contrário, a consulta não poderia trazer qualquer tipo de benefício ao caso *sub examine*. Com efeito, diante de situações excepcionais nada impede que a consulta pública possa ser realizada após a decisão de primeira instância administrativa, após a interposição de recurso administrativo, desde que se observe o limite de instâncias, até o máximo de três, no âmbito da Administração Pública (art. 57 da LPA).

Com relação ao poder de autotutela dado ao Poder Público, consagrado na Súmula 473 do Supremo Tribunal Federal, ou seja, o de anular os atos ilegais e de revogar os inoportunos e inconvenientes, pode acontecer da autoridade administrativa, superadas as três instâncias, decidir reapreciar a legalidade ou a oportunidade e conveniência do ato editado no processo administrativo. Na hipótese, "antes de praticar um ato de anulação ou revogação, nada impede que a autoridade competente abra uma consulta pública a fim de colher mais subsídios sobre a legalidade do ato que está sob reavaliação. Isso demonstra que a regra contida no art. 31, *caput*, da LPA acerca do momento da consulta pública é apenas geral, comportando exceções que não necessariamente precisam estar previstas em lei".[38] Tudo irá depender da situação em apreço.

---

[38] MARRARA, Thiago; NOHARA, Irene Patrícia. *Processo Administrativo* – Lei nº 9.784/99 Comentada. São Paulo: Atlas, 2009, p. 233. Os autores ainda vislumbram outra hipótese em que a consulta pública poderia ser realizada após decisão no processo, qual seja, quando a "autoridade reputar necessária a realização da audiência para fins de reconsideração ou revisão da decisão"; todavia, diante dessa situação afirmam que: "Sob o ponto de vista fático, a realização da consulta para subsidiar a autoridade a tomar a decisão no pedido de reconsideração é, porém, quase impossível, haja vista que a LPA determina o prazo de cinco dias para a reconsideração. Findo esse prazo, deve o recurso ser remetido à autoridade superior". (*Ibidem*, p. 232-233)

6. Exercício de competência discricionária ou vinculada

Quando a lei diz, no caso do presente dispositivo em comento, que o órgão competente *poderá*, desde que motivadamente, abrir período de consulta pública, discute-se se o administrador está diante do exercício de competência discricionária, ou se ela seria vinculada, restando para ele apenas o dever de proceder à abertura da consulta.

Importa esclarecer, a respeito do tema da vinculação e da discricionariedade, que "não é o ato que é vinculado ou discricionário"; deveras, "discricionária é a 'apreciação' a ser feita pela autoridade quanto aos aspectos tais ou quais e vinculada é sua situação em relação a tudo aquilo que se possa considerar já resoluto na lei e, pois, excludente de interferência de critérios da Administração".[39]

Nesse sentido, pode-se dizer que "haverá *vinculação* quando o administrador público não tem qualquer margem de liberdade para decidir a não ser de um só modo, uma vez que a norma determina previamente qual a única solução cabível ou o único comportamento admissível perante o caso concreto. Ao contrário, haverá *discricionariedade* quando residir para o administrador certa margem de liberdade para decidir de tal ou qual maneira ante dada situação, segundo o que dispõe a norma, com base em critérios de oportunidade e conveniência (*mérito* do ato), com o fim de atender a finalidade legal, ou quando, em virtude de conceitos plurissignificativos contidos na norma, não se puder determinar uma única solução cabível ou um único comportamento admissível diante da hipótese fática".[40]

Feitas essas considerações, fica evidente, da leitura da redação legal, que o legislador quis deixar a critério do órgão competente a opção de abrir ou não a consulta pública. A escolha caberá à Administração, ao agente público, que analisará o caso concreto e verificará, diante de certos requisitos, se a consulta pública deve ser realizada no decurso do processo administrativo.

Dessa forma, para a realização da consulta pública, é necessário que: a) a matéria do processo envolva assunto de interesse geral; b) que o órgão seja o competente; c) que haja despacho motivado; d) que a consulta seja aberta antes da decisão do pedido; e e) que não haja prejuízo para a parte interessada.

7. Prejuízo para a parte interessada

O último requisito para a abertura da consulta pública no processo administrativo, e que ainda não foi comentado, é de que não haja prejuízo para a parte interessada. Interessa notar que a redação legal agasalha nomenclatura

---

[39] MELLO, Celso Antônio Bandeira de. *"Relatividade" Da Competência Discricionária*, Anuario Iberoamericano de Justicia Constitucional, Número 8, Enero – Diciembre 2004. Disponível em: <http://www.cepc.es/rap/Publicaciones/Revistas/8/AIB_008_017.pdf>. Acesso em: 21 fev. 2011.

[40] Esse é o nosso entendimento a respeito do tema referente ao exercício de competência discricionária e vinculada, baseado nos ensinamentos de Celso Antônio Bandeira de Mello. (SPARAPANI, Priscilia. O controle jurisdicional das provas nos concursos públicos. In: SCHWARZ, Rodrigo Garcia, 1971. (org.). *Direito administrativo contemporâneo:* administração pública, justiça e cidadania, garantias fundamentais e direitos sociais. Rio de Janeiro: Elsevier, 2010. p. 291-306)

que expressa a relação bilateral que efetivamente existe no processo administrativo, em que se tem, de um lado, a Administração, que atua como parte e no próprio interesse, observando suas prerrogativas e sujeições impostas por lei, e de outro, os particulares, os administrados, que compareçem perante o Poder Público para dirigir-lhe suas pretensões. Com essa conotação, deve-se entender o termo *parte* no processo administrativo, isto é, como conceito que denota aquele que pede ou em face de quem se pede, quando há uma lide entre Estado-Administração e administrados. Desta maneira, tanto o Poder Público quanto os particulares são partes interessadas no processo administrativo.

No entanto, o art. 9º da LPA traz um rol de quem são os interessados no processo administrativo. Portanto, *stricto sensu*, são interessados aqueles que constam dos incisos I, II, III e IV do citado dispositivo legal. Adverte-se, contudo, que esse elenco se difere daqueles que participam da consulta ou da audiência pública, pois nestas, em geral, o que se tem é a participação da sociedade referente a questões importantes que serão decididas no processo.

Vale ressaltar que, como dantes já se advertiu, se com a abertura da consulta pública vislumbrar-se o comprometimento do trâmite processual, apontar-se mais desvantagens, mais inconvenientes ao processo, no sentido de prejudicar a celeridade e a sua razoável duração, assinalando-se que haverá mais morosidade, custos e equívocos, com possíveis embaraços à instrução processual, a autoridade administrativa deve optar pela sua não realização.

8. Divulgação da abertura pelos meios oficiais

A abertura da consulta pública será objeto de divulgação pelos meios oficiais. Deve-se sublinhar, todavia, que apenas a publicação do ato que determina a abertura da consulta pública por meio da imprensa oficial (Diário Oficial da União) não cumpre a real finalidade desse instrumento de participação popular nas atividades da Administração Pública, sendo de grande importância a publicação do ato de abertura da consulta também no sítio eletrônico da instituição pública responsável pelo processo e, por consequência, pela realização da consulta, à semelhança do que ocorre com os editais de licitação, quando este procedimento é aberto pelo Poder Público.[41]

9. Exame dos autos

A abertura da consulta pública possibilita que pessoas físicas ou jurídicas possam examinar os autos, pois só assim, dar-se-á efetividade ao princípio da participação popular na gestão da Administração Pública. Ao garantir a consulta aos autos, salvo em relação a dados e informações que devam

---

[41] Veja-se nesse sentido, a título de exemplo, que o Regimento Interno do Conselho Superior da Justiça Do Trabalho (Aprovado pela Resolução Administrativa TST nº 1407 de 7/6/2010), dispõe no art. 86, § 3º, I, que: "a abertura da consulta pública será objeto de divulgação pelos meios oficiais e no sítio eletrônico do Conselho, a fim de que pessoas físicas ou jurídicas possam examinar a matéria, fixando-se prazo para oferecimento de alegações escritas".

Art. 31

permanecer restritas às partes do processo, consolida-se a verdadeira democracia participativa.

O exame dos autos por qualquer pessoa reforça a importância da consulta como instrumento de fiscalização popular sobre os atos da Administração Pública. Além disso, a ampla publicidade da abertura da consulta tem a função de universalizar este instrumento, para que se aumente a contribuição dos administrados, por meio de opiniões, sugestões, críticas e comentários pertinentes e proveitosos ao caso.

10. Pessoas autorizadas a proceder ao exame

Qualquer pessoa jurídica (empresa, associação, sociedade, entidades públicas, fundações privadas, partidos políticos, etc.) ou física (de nacionalidade brasileira ou estrangeira) pode consultar os autos e, se quiser, participar da consulta pública. Daí a consulta pública ser universal, pois se estende a todos que queiram nela colaborar enviando suas sugestões, avaliações e observações. Há que se observar, no entanto, que o exame dos autos independe da efetiva participação na consulta pública que é sempre facultativa.

11. Alegações escritas e prazo

Quando da abertura da consulta deve-se fixar prazo para oferecimento de alegações escritas, conforme se depreende da redação expressa da lei. Interessa anotar que a forma escrita compreende a contribuição feita por meio eletrônico (por correio eletrônico ou preenchimento de formulário digital) ou impressa em papel (envio pelo serviço postal ou via fac-símile, por exemplo). Normalmente, deve-se aceitar as manifestações da sociedade por ambas as maneiras, seja pela forma escrita impressa, seja pela via digital, como um modo de contribuir para a universalidade da consulta.

No que diz respeito ao prazo para a colaboração, caberá à autoridade que procede ao ato de abertura da consulta pública fixá-lo. Já que a LPA não estabelece um prazo para tanto, é fundamental que se atente para a razoabilidade e a proporcionalidade no momento de se determinar qual será o prazo para o recebimento das manifestações. Neste sentido, há que se levar em conta a possibilidade efetiva de cumprimento dos prazos estabelecidos, pois do contrário referidos princípios seriam fatalmente feridos. É o caso de consultas públicas que tenham a fixação, pelo órgão competente, de um prazo exíguo para o exame dos autos e oferecimento das alegações escritas por quem desconhecia o processo, ou mesmo a matéria objeto do mesmo. Sempre que a autoridade pública verificar que o prazo fixado é curto demais, ou que não possibilita a participação da sociedade, deverá estendê-lo. De outro lado, o prazo não deve ser extenso a ponto de prejudicar gravemente a celeridade processual. Antes de tudo, deve haver bom senso por parte do administrador público. Na esteira dessas colocações, diante da inexistência do lapso temporal legal, pode-se utilizar por analogia o prazo previsto no art. 49 da LPA (até 30 dias que podem ser prorrogados por igual período, desde que motivadamente). Findo o prazo, ocorrerá a preclusão do direito de consultar os autos e apresentar as alegações.

12. Comparecimento à consulta

Em regra, o comparecimento à consulta pública se dá por intercâmbio documental (via eletrônica ou impressa), mas nada impede que aconteça por intermédio da participação em sessão ao vivo. Nesta última hipótese, o órgão competente opta pelo comparecimento presencial dos participantes para que manifestem de viva voz suas opiniões e contribuições sobre o tema a ser consultado no processo, sendo a consulta, neste caso, semelhante à audiência pública.[42]

13. Participante da consulta

Necessário destacar, conforme redação expressa do dispositivo em comento, que participar da consulta não atribui ao participante a condição de interessado. Como dantes já se disse, as duas posições não se confundem.

Dentre as diferenças que se podem apontar entre um e outro, estão certos direitos previstos na LPA em relação aos interessados como, por exemplo: a) a possibilidade de arguir o impedimento e a suspeição das autoridades administrativas no processo (arts. 18, inc. III e 20); b) direito à conclusão dos atos já iniciados depois do horário normal se o adiamento causar-lhe dano (art. 23, parágrafo único); c) direito de ser cientificado se os atos do processo não se realizarem na sede do órgão (art. 25); d) direito de ser intimado para a ciência de decisão ou a efetivação de diligências no processo (art. 26, *caput*); e) direito de ser intimado quando os atos do processo resultem para o interessado a imposição de deveres, ônus, sanções ou restrição ao exercício de direitos e atividades de seu interesse (art. 28); f) direito de propor atuações probatórias (art. 29, *caput*); g) menor onerosidade nos atos de instrução que exijam sua atuação (art. 29, § 2º); h) direito de juntar documentos e pareceres, requerer diligências e perícias, bem como aduzir alegações referentes à matéria objeto do processo (art. 38, *caput*); i) o direito de interpor recurso e de ser intimado da interposição para apresentar alegações (arts. 58 e 62); j) a possibilidade de pedir a revisão da sanção administrativa que lhe foi cominada quando surgirem fatos novos ou circunstâncias relevantes suscetíveis de justificar a inadequação da sanção aplicada (art. 65), etc.

De outro lado, o participante na consulta pública possui fundamentalmente os seguintes direitos que podem ser arrolados, com base na previsão do artigo 31 e seus parágrafos: a) o direito de exame dos autos, excetuadas as informações e os documentos sigilosos; b) o direito de manifestação por meio de opiniões, sugestões e críticas sobre o objeto da consulta pública; c) o direito de ter considerados os comentários, críticas e sugestões apresentados; d) o

---

[42] A Agência Nacional de Energia Elétrica (ANEEL) prevê a possibilidade de que suas consultas públicas sejam realizadas em sessão ao vivo – presencial.

direito de ter uma resposta fundamentada da Administração em relação à sua participação.[43]

Nesse passo, é possível notar diferenças substanciais entre os interessados e os participantes na consulta pública, que bem evidenciam suas situações diversas em termos de direitos e interesses no processo administrativo.

14. Direito à resposta fundamentada

Uma vez que se abre a consulta pública, o que se quer é a participação da população a respeito de questões e pontos importantes sobre dado direito ou garantia, discutidos no processo, mas que possam repercutir na coletividade. E é exatamente porque se quer saber quais são as opiniões, comentários e críticas dos participantes que estes, ao contribuírem com suas manifestações, têm o direito de vê-las consideradas e respondidas pela Administração; caso contrário a consulta seria verdadeira inutilidade, que serviria apenas para atravancar a instrução do processo, movimentar desnecessariamente a máquina administrativa, ofender o princípio da participação popular e o da boa-fé dos administrados.

Todavia, o direito à consideração da manifestação do participante não implica o dever da Administração de acatar as referidas contribuições. Em outras palavras, o que se colheu por intermédio da participação da coletividade não vincula o Poder Público, que não está obrigado a acatar as opiniões, ideias e juízos apresentados na consulta. Neste viés, claro está que a consulta serve para obter as contribuições da sociedade, com o escopo de fornecer subsídios e informações à Administração sobre a matéria do processo e ao mesmo tempo tem o condão de democratizá-lo.

Além do direito de ser considerada a manifestação dos participantes, estes têm direito a ter uma *resposta fundamentada*. Aqui estão presentes duas exigências legais: a) o direito de resposta que pressupõe necessariamente um agir, um atuar, uma conduta comissiva por parte da Administração Pública, pois a inércia do Poder Público, no caso, configuraria o silêncio administrativo, o que geraria para os participantes o direito de socorrerem-se dos meios judiciais cabíveis para verem obedecido o seu direito de resposta assegurado pela LPA e pela Constituição Federal (art. 5º, XXXIV, *a*, da CF);[44] e b) o direito à fundamentação da resposta, que significa que a Administração deve observar o princípio

---

[43] Neste sentido v. MARRARA, Thiago; NOHARA, Irene Patrícia. *Processo Administrativo* – Lei nº 9.784/99 Comentada. São Paulo: Atlas, 2009, p. 237.

[44] O direito de resposta é corolário do direito de petição, garantia fundamental prevista na Carta Magna brasileira. Neste viés José Afonso da Silva ensina que: "É importante frisar que o direito de petição não pode ser destituído de eficácia. Não pode a autoridade a quem é dirigido escusar pronunciar-se sobre a petição, quer para acolhê-la quer para desacolhê-la com a devida motivação. Algumas constituições contemplam explicitamente o dever de responder (Colômbia, Venezuela, Equador). Bem o disse Bascuñan: 'O direito de petição não pode separar-se da obrigação da autoridade de dar resposta e pronunciar-se sobre o que lhe foi apresentado, já que, separado de tal obrigação, carece de verdadeira utilidade e eficácia. A obrigação de responder é ainda mais precisa e grave se alguma autoridade a formula, em razão de que, por sua investidura mesmo, merece tal resposta, e a falta dela constitui um exemplo deplorável para a responsabilidade dos Poderes Públicos.'" (SILVA, José Afonso da. *Curso de Direito Constitucional Positivo*. 33. ed. São Paulo: Malheiros, 2009, p. 443-444).

da motivação das decisões e dos atos que pratica. Outra vez o legislador evidenciou sua preocupação com o dever do administrador de motivar qualquer ato por ele editado, particularmente a resposta destinada aos participantes da consulta, que deverá conter todos os pontos levantados e argumentos trazidos pelas pessoas físicas e jurídicas que participaram desse instrumento de democratização e que deram a sua contribuição ao Estado.

15. Resposta comum

A resposta da Administração poderá ser comum a todas as alegações substancialmente iguais. Assim sendo, a resposta do órgão competente será a mesma para todos os participantes que tecerem opiniões, críticas e comentários idênticos ou muito similares em seu conteúdo. Sendo uma resposta única, a Administração, neste ponto, aplica a lei com o fim de observar o princípio da economia processual que pode ser explicado como a ideia de poupar, conservar, evitando qualquer desperdício de tempo e de gastos públicos, na condução do processo, bem como dos atos processuais. Deste modo, a Administração também cumpre outro mandamento, que é o princípio da boa administração, ou do dever de bem administrar,[45] na medida em que persegue a eficiência, a justiça e a racionalidade, ao editar um ato ao invés de vários de igual conteúdo.

Nota-se que a lei não estabeleceu o prazo para a resposta por parte do Poder Público aos participantes da consulta. Na hipótese, diante da inexistência de previsão legal a respeito do prazo, a Administração deve se manifestar num lapso de tempo razoável, pois senão, caracterizado estará o silêncio administrativo; diante dele, a razoabilidade na demora desaparece e surge o abuso de poder estatal. Com o fim do prazo para a apresentação das contribuições dos participantes, inicia-se o período razoável de tempo para análise e consideração das manifestações e o dever de responder aos participantes. Aqui também se poderia aplicar por analogia o prazo do art. 49 da LPA.

Jurisprudência

MANDADO DE SEGURANÇA. ESTAÇÃO ECOLÓGICA DA TERRA DO MEIO. PRELIMINAR DE ILEGITIMIDADE ATIVA REJEITADA. REALIZAÇÃO DE ESTUDOS TÉCNICOS E CONSULTA PÚBLICA ÀS POPULAÇÕES INTERESSADAS. FACULTATIVIDADE DE CONSULTA PÚBLICA PARA A CRIAÇÃO DE ESTAÇÃO ECOLÓGICA (§ 4º DO ART. 22 DA LEI 9.985/00). LEGALIDADE DA CRIAÇÃO DE MAIS DE UMA UNIDADE DE CONSERVAÇÃO DA NATUREZA A PARTIR DE PROCEDIMENTO ADMINISTRATIVO ÚNICO. INADEQUAÇÃO DA VIA ELEITA PARA SE PERQUIRIR DE SUPOSTA SUBSERVIÊNCIA A INTERESSES INTERNACIONAIS. (...) 3. A *consulta pública*, que *não tem natureza de plebiscito*, visa a "subsidiar a definição da localização, da dimensão e dos limites mais adequados" (art. 5º do Decreto 4.340/02) para a unidade de

---

[45] Hely Lopes Meirelles já afirmava nas primeiras edições da sua obra *Direito Administrativo Brasileiro* que a eficiência é um dos deveres da Administração Pública, definindo-a como o dever "que se impõe a todo agente público de realizar suas atribuições com presteza, perfeição e rendimento funcional. É o mais moderno princípio da função administrativa, que já não contenta em ser desempenhada apenas com legalidade, exigindo resultados positivos para o serviço público e satisfatório atendimento das necessidades da comunidade e de seus membros". (*Direito Administrativo Brasileiro*. 37. ed. São Paulo: Revista dos Tribunais, 2011, p. 98). Igualmente, Celso Antônio Bandeira de Mello fala do princípio da boa administração dentre os princípios da Administração Pública (*Op cit.*, p. 122-123).

conservação, sendo facultativa quando se tratar de proposta de criação de estação ecológica ou reserva biológica (§ 4º do art. 22 da Lei 9.985/00). (...). (destacou-se). (STF, MANDADO DE SEGURANÇA: MS 25347 DF, Relator(a): Min. CARLOS BRITTO, D.J. 17/02/2010, Órgão Julgador: Tribunal Pleno).

EMBARGOS DE DIVERGÊNCIA. RECURSO ESPECIAL. TRIBUTÁRIO. SERVIÇO PRESTADO PELOS PROVEDORES DE ACESSO À INTERNET. ARTIGOS 155, II, DA CONSTITUIÇÃO FEDERAL, E 2º, II, DA LC N. 87/96. SERVIÇO DE VALOR ADICIONADO. ARTIGO 61 DA LEI N. 9.472/97 (LEI GERAL DE TELECOMUNICAÇÕES). NORMA N. 004/95 DO MINISTÉRIO DAS COMUNICAÇÕES. PROPOSTA DE REGULAMENTO PARA O USO DE SERVIÇOS E REDES DE TELECOMUNICAÇÕES NO ACESSO A SERVIÇOS INTERNET, DA ANATEL. ARTIGO 21, XI, DA CONSTITUIÇÃO FEDERAL. NÃO-INCIDÊNCIA DE ICMS. (...) Segundo informações da Agência Nacional de Telecomunicações – ANATEL, "a Internet é um conjunto de redes e computadores que se interligam em nível mundial, por meio de redes e serviços de telecomunicações, utilizando no seu processo de comunicação protocolos padronizados. Os usuários têm acesso ao ambiente Internet por meio de Provedores de Acesso a Serviços Internet. O acesso aos provedores pode se dar utilizando serviços de telecomunicações dedicados a esse fim ou fazendo uso de outros serviços de telecomunicações, como o Serviço Telefônico Fixo Comutado" ("Acesso a Serviços Internet", Resultado da Consulta Pública 372 – ANATEL). A Proposta de Regulamento para o Uso de Serviços e Redes de Telecomunicações no Acesso a Serviços Internet, da ANATEL, define, em seu artigo 4º, como Provedor de Acesso a Serviços Internet – PASI, "o conjunto de atividades que permite, dentre outras utilidades, a autenticação ou reconhecimento de um usuário para acesso a Serviços Internet". Em seu artigo 6º determina, ainda, que "o Provimento de Acesso a Serviços Internet não constitui serviço de telecomunicações, classificando-se seu provedor e seus clientes como usuários dos serviços de telecomunicações que lhe dá suporte". (...). (STJ, EREsp 456650 / PR, EMBARGOS DE DIVERGÊNCIA NO RECURSO ESPECIAL 2003/0223462-0, Ministro JOSÉ DELGADO, S1 – PRIMEIRA SEÇÃO, D.J. 11/05/2005). (destacou-se).

Referências

CARVALHO FILHO, José dos Santos. *Processo Administrativo Federal* – Comentários à Lei 9.784, de 29.1.1999. 5. ed.São Paulo: Atlas, 2013.

COSTA, Regina Helena. Conceitos Jurídicos Indeterminados e Discricionariedade administrativa. *Justitia*, São Paulo, v. 51, n. 145, jan./mar. 1989, p. 34-54.

DI PIETRO, Maria Sylvia Zanella. Participação popular na Administração Pública, *RTDP* nº 1, 1993, p. 128-139.

MARRARA, Thiago; NOHARA, Irene Patrícia. *Processo Administrativo:* Lei 9.784/99 comentada. São Paulo: Atlas, 2009.

MEIRELLES, Hely Lopes. *Direito Administrativo Brasileiro*. 37. ed. São Paulo: Revista dos Tribunais, 2011.

MELLO, Celso Antônio Bandeira de. *Curso de Direito Administrativo*. 28. ed. São Paulo: Malheiros, 2011.

——. "Relatividade" da Competência Discricionária. *Anuario Iberoamericano de Justicia Constitucional*. Número 8, Enero – Diciembre 2004. Disponível em http://www.cepc.es/rap/Publicaciones/Revistas/8/AIB_008_017.pdf

MODESTO, Paulo. Participação popular na administração pública. Mecanismos de operacionalização. *Revista Eletrônica de Direito do Estado*, Salvador, Instituto de Direito Público da Bahia, n. 2, abril/maio/junho, 2005. Disponível em: <http://www.direitodoestado.

SILVA, José Afonso da. *Curso de Direito Constitucional Positivo*. 33. ed., São Paulo: Malheiros, 2009.

SPARAPANI, Priscilia. O controle jurisdicional das provas nos concursos públicos. In: SCHWARZ, Rodrigo Garcia, 1971- (org.). *Direito administrativo contemporâneo:* administração pública, justiça e cidadania, garantias fundamentais e direitos sociais. Rio de Janeiro: Elsevier, 2010. p. 291-306.

Artigo 32

Antes da tomada de decisão, a juízo da autoridade, diante da relevância da questão, poderá ser realizada audiência pública para debates sobre a matéria do processo.

SUMÁRIO: 1. Audiência pública; 2. Relevância da questão; 3. Discricionariedade para a realização da audiência pública; 4. Debates sobre a matéria do processo; Referências.

1. Audiência pública

Antes da tomada de decisão, durante a fase instrutória do processo, a Administração pode realizar audiência pública além da consulta pública. A audiência pública é um instrumento de participação aberto à população, com o objetivo de consultá-la sobre determinada matéria de seu interesse, para que tome parte das atividades administrativas e dos assuntos públicos, compartilhando com os órgãos e agentes públicos suas ideias, opiniões e sugestões.[46] Ao aproximar a coletividade do Poder Público, representa um mecanismo de legitimação dos atos e decisões estatais na medida em que se constitui em um meio de democratização: a população é chamada para se manifestar sobre temas importantes e de grande relevância e opina, sugere como tais temas devem ser conduzidos e tratados pelo Estado. Com isto, o particular tem o direito de se expressar e de participar ativamente da tomada de decisão em relação aos atos governamentais, dando-lhes autêntico sustentáculo. O administrado atua como partícipe e, ao mesmo tempo, fiscal dos atos do Poder Público.

Destarte, a audiência pública tem como característica fundamental o debate público e presencial entre o Estado-Administração e os indivíduos ou entidades que representam a sociedade civil, no tocante a assuntos e questões relevantes para o processo. Conquanto constitua um importante instrumento de participação popular tal como a consulta pública, dela se difere, na medida em que tem como traços principais a oralidade e o debate entre todos que tenham interesse em compartilhar dado tema objeto do processo administrativo. Os particulares participam da audiência com direitos de natureza procedimental, previamente estabelecidos, e que devem ser respeitados. Por isto é importante que antes da sua realização, haja "uma pré-audiência para ordenar o procedimento, determinar quem vai participar, fixar o tempo de duração, etc.", com a finalidade de fazê-la funcionar conforme predeterminado.[47]

Do mesmo modo que a consulta, a audiência é voltada para o âmbito externo ao processo, ou seja, quaisquer pessoas podem dela participar e não apenas os interessados no expediente processual. Daí que sua função primordial é a troca de informações entre o Poder Público e os particulares, constituindo-se em um instrumento por meio do qual a Administração pode verificar como determinadas questões tratadas na seara do processo, de grande relevância, vão repercutir perante a sociedade.

Por ser marcada pelo debate em sessão ao vivo, a audiência pública, em regra, é mais ágil e mais célere do que a consulta pública. Em virtude da oralidade e presencialidade, a audiência aproxima mais os administrados da Administração. Em decorrência da celeridade, ela é mais dinâmica do que a consulta pública.

É por intermédio da audiência pública que a autoridade competente para decidir no processo obtém, concomitantemente, as opiniões e informações

---

[46] Para tanto, segundo defende Agustín Gordillo, referido instrumento "supõe necessariamente que a autoridade pública submeta um projeto ao debate público, projeto que deve ter o suficiente grau de detalhe para permitir uma eficaz discussão." (GORDILLO, Agustín. *Tratado de derecho administrativo*. 9. ed. Buenos Aires: F.D.A., 2004, t. 2.p. XI-2).

[47] *Ibidem*, p. XI-9.

sobre o tema em debate de todos os participantes; porém, da mesma maneira que na consulta, referidas opiniões não vinculam a decisão da Administração, pois têm caráter apenas e tão somente consultivo, embora permaneça o dever da autoridade administrativa de considerá-las, uma vez manifestadas, mesmo que não esteja obrigada a acatá-las.

Cabe destacar que a audiência e a consulta públicas têm muitos pontos em comum, quais sejam: a) o órgão competente para determinar a realização desses instrumentos de participação popular; b) o ato que determina a abertura de ambas, bem como a forma de divulgação; c) o momento de abertura; d) os participantes e os seus direitos; e) os deveres da Administração. Neste sentido, tudo que se expôs sobre todos esses pontos quando se tratou da consulta pública, pode ser aplicado por analogia à audiência pública e, desta forma, o leitor poderá consultar os comentários ao art. 31 e seus parágrafos para obter as explicações sobre os apontados itens.

Destarte, interessa tratar a seguir, apenas dos pontos que são próprios e peculiares à audiência pública e que se diferem da consulta.

2. Relevância da questão

Viu-se que a consulta pública será aberta quando a matéria do processo envolver assunto de interesse geral. Quanto à audiência pública, a redação do artigo 32 fala que ela poderá ser realizada diante da relevância de uma questão processual. Neste viés, importa considerar o que configura uma *questão relevante* no processo.

As expressões *assunto de interesse geral* (referente à consulta) e *questão relevante* (concernente à audiência) são conceitos jurídicos vagos, fluidos, indeterminados, em que não se pode precisar com total clareza o seu campo de incidência, devendo-se verificar a situação posta para saber se ela se enquadra ou não no conceito. Todavia, em que pese essa indeterminação, a *questão relevante*, pode ser revelada quando não bastar o interesse geral, sendo "importante que a decisão no processo possa realmente influir na esfera de interesse de outras pessoas na coletividade".[48] Neste diapasão, a diferença entre o objeto da consulta e da audiência parece ser a influência da matéria em relação aos terceiros que possam ter legítimo interesse no tema e também o impacto que as decisões no processo poderiam causar-lhes.

Assim sendo, é possível dizer que o objeto da consulta é mais amplo do que o da audiência pública, porque aquela requer, para que seja aberta, o envolvimento da matéria em temas que se encaixem nos direitos e interesses transindividuais. Já a audiência pública, por seu turno, pode até ser realizada em processos cuja questão seja de interesse da coletividade, pois "se o interesse se configurar como relevante, estará ultrapassando os limites do processo administrativo e do próprio interesse da parte";[49] porém, em realidade, ela prescinde do alcance geral, podendo acontecer em âmbito mais restrito, bastando que

---

[48] CARVALHO FILHO, José dos Santos, *Op. cit.*, p. 193.
[49] *Idem*.

exista o interesse de um grupo reduzido de pessoas que possam efetivamente sofrer o influxo da decisão no processo.

3. Discricionariedade para a realização da audiência pública

Na audiência pública, tal ocorre na consulta pública, há discricionariedade para a sua realização, isto é, a autoridade competente deve sopesar as vantagens e desvantagens de se optar pela efetivação ou não da audiência na fase instrutória do processo. Com efeito, uma vez identificada a relevância da questão, a audiência pública deve acontecer antes do desfecho do processo administrativo. E uma vez que ela seja realizada, não pode ter apenas caráter de mera formalidade, servindo tão só para cumprir o que seria mais uma etapa do processo administrativo, porque prevista em lei a possibilidade de sua realização. Deveras, é necessário que uma vez que tenha sido determinada a sua abertura pela autoridade responsável, sejam propiciadas aos participantes todas as condições para que esse mecanismo de participação popular se realize de modo pleno, de forma que a população seja efetivamente ouvida e participe de maneira ativa deste procedimento, e que suas contribuições sejam consideradas pelo Poder Público, mesmo não sendo vinculantes para a Administração.

Importa considerar que embora a LPA preveja que a audiência pública seja facultativa no processo administrativo, há legislações que determinam a sua obrigatoriedade, como é o caso da Lei 8.666/93, que no artigo 39 *caput*, dispõe sobre a imprescindibilidade da audiência pública sempre que a licitação envolver contratos de grande valor; nesta hipótese, a audiência é o ato inaugural do procedimento. Neste passo, se a redação legal exige a realização desse instrumento para a validade do procedimento licitatório, uma vez que ela deixe de ser efetuada, a sua não concretização torna inválida a licitação.[50]

Nada impede que atos normativos do Poder Executivo sejam editados prevendo a realização de audiência pública em determinados processos administrativos específicos, como é o caso dos processos que envolvem a proteção do meio ambiente[51] –, todavia, alguns desses atos são de constitucionalidade duvidosa quando não haja prévia lei disciplinando o tema, pois acabam por inovar no mundo jurídico, o que é permitido apenas por ato normativo emanado pelo Poder Legislativo na sua função típica; é dizer: a lei.

4. Debates sobre a matéria do processo

Ao realizar a audiência pública no processo, desde que se entenda que ela é necessária, deve-se prezar pela oralidade, pelos debates, que são característi-

---

[50] FIGUEIREDO, Lúcia Valle. Instrumentos da administração consensual. A Audiência pública e sua finalidade. *Revista de Direito Administrativo*, n° 230, p. 246, 2002.

[51] O Conselho Nacional do Meio Ambiente (CONAMA) que é órgão consultivo e deliberativo que faz parte do Sistema Nacional do Meio Ambiente, ao exercer sua função de editar atos normativos, acabou editando a Resolução n° 006/1986, que, no art. 11, §1° (56), determina a promoção de "realização de audiência pública para informação sobre o projeto e seus impactos ambientais e discussão do RIMA" (relatório de impacto ambiental).

cos desse mecanismo de participação popular. Na esteira desse traço marcante da audiência, uma vez presentes os pressupostos para sua convocação, não deve ser realizada para finalidade diversa daquela contida na LPA, que é justamente a de discutir relevante questão do processo. Logo, se o administrador responsável pela sua realização tiver outro intento, que não o debate a respeito de matéria relevante, como por exemplo, a mera apresentação de informações aos particulares, sem querer discutir e colher a opinião social, deve-se utilizar outro meio de participação das pessoas físicas e representantes das pessoas jurídicas interessadas no objeto do processo, tais como conferências, reuniões, seminários e outros instrumentos participativos dos administrados, ao invés da audiência pública. Daí ser essa interpretação o ponto que difere a audiência dos outros meios de participação popular previstos no artigo 33 da LPA, a seguir examinados.

Referências

CARVALHO FILHO, José dos Santos. *Processo Administrativo Federal* – Comentários à Lei 9.784, de 29.1.1999. 5. ed. São Paulo: Atlas, 2013.

FIGUEIREDO, Lúcia Valle. Instrumentos da administração consensual. A Audiência pública e sua finalidade. *Revista de Direito Administrativo*, Rio de Janeiro, n° 230, out./dez 2002, p. 237-250.

GORDILLO, Agustín. *Tratado de derecho administrativo*. 9. ed. Buenos Aires: Fund. de Derecho Administrativo, 2004, t. 2.

Artigo 33
Os órgãos e entidades administrativas, em matéria relevante, poderão estabelecer outros meios de participação de administrados, diretamente ou por meio de organizações e associações legalmente reconhecidas.

SUMÁRIO: 1. Outros meios de participação dos administrados; 2. Exercício de competência discricionária; 3. Caráter residual; 4. Participação de forma direta ou indireta; 5. Matéria relevante; Referências.

1. Outros meios de participação dos administrados

Além da consulta e da audiência pública, a LPA prevê que poderão ser estabelecidos outros meios de participação popular na Administração Pública. Essa previsão legal permite que o Poder Público estabeleça, a seu critério, quais serão esses instrumentos participativos não disciplinados pela legislação processual federal em comento. Em verdade, instituída está, no artigo 33, uma cláusula permissiva que confere competência ao Estado-Administração para realizar eventos outros, tais como encontros, palestras, reuniões, conferências, seminários, congressos, etc., como meio de se concretizar o princípio da participação popular na tomada de decisões no processo administrativo.

Destaca-se que a audiência pública se distingue de outros mecanismos de participação dos administrados no processo. Esses outros meios efetivam-se, em geral, por intermédio de uma *pública audiência* ou *sessão pública* que não se confunde com a *audiência pública*, já que nesta, deve-se afastar a forma de participação passiva dos particulares, na medida em que estes contribuem de maneira ativa e interessada na audiência pública.[52] As sessões públicas, acima destacadas em suas várias modalidades (conferências, seminários, etc.), limitam-se a fornecer informações aos administrados sem a garantia da sua efetiva manifestação sobre o tema relevante do processo.

2. Exercício de competência discricionária

Uma vez determinado que poderão ser estabelecidos outros mecanismos de participação dos particulares na seara do processo administrativo, verifica-se a atribuição aos órgãos e entidades administrativas para realizarem ou não os instrumentos participativos. Assim, fica a critério da autoridade utilizá-los, ponderando os benefícios e desvantagens desses meios, sempre tendo como foco a situação que se coloca no processo, mediante critérios de razoabilidade e proporcionalidade.[53] Por este prisma, referidos princípios são fundamentais para controlar o exercício da competência discricionária expressamente atribuída pela norma do art. 33 da LPA.

Ressalta-se que a redação do dispositivo deixa a juízo da Administração a escolha do meio a ser utilizado independentemente de prévia previsão legal. Com isto, a liberdade de escolha do responsável deve ter como norte o que é razoável e proporcional na hipótese, pois a discricionariedade não pode dar azo à arbitrariedade.

3. Caráter residual

A permissão de se estabelecer outros meios de participação popular vem prevista em seguida às disposições referentes à consulta e audiência públicas. Diante dessa ordem sequencial eleita pelo legislador e da própria redação do art. 33, infere-se que este dispositivo agasalha previsão de natureza residual, cujo escopo é autorizar todas as maneiras possíveis de participação popular diante da ausência de lei que determine a efetivação de outro procedimento participativo.[54] De outro canto, como os arts. 31 e 32 contemplam determinação que prevê a realização de meios específicos de participação (quais sejam, a consulta e a audiência públicas), verificada a hipótese para que sejam utilizados,

---

[52] Essa distinção entre *pública audiênciae audiência pública* é feita por Agustín Gordillo. Embora o que o autor conceba como audiência pública seja mais próximo do que entre nós entende-se como consulta pública, a distinção é pertinente para contrapor estes dois instrumentos com os demais meios de participação popular. (GORDILLO, Agustín. *Tratado de Derecho Administrativo*. 9. ed. Buenos Aires: F.D.A., 2004, t. 2, p. XI-9).

[53] Neste sentido, Celso Antônio Bandeira de Mello leciona que "Enuncia-se com este princípio que a Administração, ao atuar no exercício de discrição, terá de obedecer a critérios aceitáveis do ponto de vista racional, em sintonia com o senso normal de pessoas equilibradas e respeitosa das finalidades que presidiram a outorga da competência exercida. Vale dizer: pretende-se colocar em claro que não serão apenas inconvenientes, mas também ilegítimas – e, portanto, jurisdicionalmente invalidáveis –, as condutas desarrazoadas e bizarras, incoerentes ou praticadas com desconsideração às situações e circunstâncias que seriam atendidas por quem tivesse atributos normais de prudência, sensatez e disposição de acatamento às finalidades da lei atributiva da discrição manejada". (MELLO, Celso Antônio Bandeira de. *Curso de Direito Administrativo*. 28. ed. São Paulo: Malheiros, 2011, p. 108).

[54] Defendendo o caráter residual da norma do art. 33 está o entendimento de José dos Santos Carvalho Filho. (CARVALHO FILHO, José dos Santos. *Op. cit.*, p. 194).

desde que se entenda serem vantajosos para o processo, serão eles que terão preferência face aos outros mecanismos. Assim também será quando a lei não deixar opção ao administrador público, vinculando, por conseguinte, a sua conduta, como acontece nos procedimentos licitatórios que envolvem grande valor e que exigem prévia audiência pública como ato inaugural da licitação.

4. Participação de forma direta ou indireta

A participação dos particulares pode se dar diretamente ou por meio de organizações e associações legalmente reconhecidas. Isto quer dizer que poderá haver participantes de forma direta, sejam pessoas físicas ou jurídicas, com o objetivo de defender seus interesses no processo, e, igualmente, poderá existir a participação de maneira indireta, que acontece por meio de entidades que representam os interesses dos seus membros, como associações, organizações, confederações, federações, cooperativas, sindicatos, partidos políticos, etc. Estas entidades atuam como substitutos processuais, ou seja, buscam salvaguardar direito alheio em nome próprio, na defesa dos direitos metaindividuais, isto é, dos direitos coletivos e difusos.[55] Todavia, há hipóteses em que estas entidades representativas atuam não só para defender direitos de seus membros, mas igualmente de toda uma categoria; nesta situação pode ocorrer de alguns indivíduos não estarem filiados ou associados a esta entidade, e, assim sendo, ela os representará sem que tenham dado a devida autorização expressa aos órgãos representativos. Em que pese a discussão existente na esfera judicial a respeito dessa situação, no tocante aos instrumentos de participação popular no processo administrativo, não se pode estabelecer obstáculo à contribuição dos particulares quando se tratar de matéria relevante, uma vez que é ampla a forma de participação; se os administrados não puderem participar através de representação, poderão fazê-lo diretamente, conforme preconiza o art. 33.

5. Matéria relevante

A LPA fala em *questão relevante* no art. 32 e em *matéria relevante* no art. 33. Novamente utiliza conceito jurídico indeterminado para estabelecer a regra permissiva de que podem ser utilizados quaisquer outros meios de participação popular, quando a Administração deparar-se, na fase instrutória, com matéria que seja relevante no âmbito do processo administrativo. Embora não tenha empregado idêntica terminologia nos dois dispositivos, referidas expressões podem ser tidas por equivalentes. Somente a situação fática, no campo particular de cada processo, dará ao administrador a facultatividade de realizar outros mecanismos de concretização da participação dos particulares na atividade administrativa.

---

[55] Sobre as entidades representativas de classe, Nohara e Marrara afirmam que essas mesmas entidades também podem atuar no processo administrativo por intermédio de instrumentos de participação popular, defendendo interesses e direitos individuais próprios. Neste caso, a participação será direta, e não haverá a substituição processual. (MARRARA, Thiago; NOHARA, Irene Patrícia, *Op. cit.*, p. 246).

Conforme já se destacou, esses outros instrumentos podem ser utilizados pelo Poder Público quando não se pretender obter manifestações dos particulares por meio de debates e da oralidade, no sentido de que possam contribuir ativamente com seus argumentos para a tomada de decisão no processo, não obstante suas contribuições serem de caráter meramente opinativo. Quando o objetivo da Administração for somente o de fornecer informações sobre sua atuação aos administrados, não deve-se valer da audiência pública para tanto, mas sim desses outros meios que, conquanto não especificados na lei, estão por ela autorizados.

Porém, nada impede que se colham as opiniões, sugestões e críticas dos particulares também por intermédio desses outros mecanismos, embora se deva dar preferência à audiência quando assim se queira proceder; se os órgãos e entidades administrativas optarem por outros mecanismos de participação popular, com o fim de colher informações dos administrados, e tais meios forem marcados pela oralidade, serão apenas considerados *pública audiência*, uma vez que na audiência pública deve-se seguir um procedimento formal, isto é, o seu desenvolver deve ser previamente estabelecido. Se existir somente livre intercâmbio de opiniões entre a autoridade e os administrados no tocante à determinada matéria relevante no processo, presente estará a característica da informalidade, constituindo-se esta em pública audiência, portanto, uma mera reunião popular.

Referências

CARVALHO FILHO, José dos Santos. *Processo Administrativo Federal* – Comentários à Lei 9.784, de 29.1.1999. 5. ed. São Paulo: Atlas, 2013.

MARRARA, Thiago; NOHARA, Irene Patrícia. *Processo Administrativo:* Lei 9.784/99 comentada. São Paulo: Atlas, 2009.

MELLO, Celso Antônio Bandeira de. *Curso de Direito Administrativo*. 28. ed. São Paulo: Malheiros, 2011.

Artigo 34
Os resultados da consulta e audiência pública e de outros meios de participação de administrados deverão ser apresentados com a indicação do procedimento adotado.

SUMÁRIO: 1. Introdução; 2. Dever de apresentar os resultados; 3. Dever de indicação do procedimento adotado; Referência.

1. Introdução

A disposição do artigo 34 vai ao encontro de princípios fundamentais que, a par de regerem o processo administrativo, integram o regime jurídico administrativo, pois se constituem em mandamentos basilares deste ramo do Direito Público, quais sejam: os princípios da publicidade, transparência, moralidade, motivação e controle.

À faculdade que tem a Administração de realizar esses instrumentos de participação popular no processo administrativo, somada ao dever da autoridade administrativa de considerar as manifestações dos administrados e à obrigatoriedade de resposta aos particulares como decorrência da abertura ou realização desses instrumentos, resulta na imposição ao Poder Público de: a) apresentar os resultados da consulta e audiência pública e de outros meios de participação dos administrados no processo administrativo, b) bem como a indicação do procedimento adotado.

2. Dever de apresentar os resultados

O responsável pela realização dos instrumentos de participação popular tem o dever de apresentar o resultado desses procedimentos realizados no processo. Ao proceder à consulta ou audiência ou outros meios participativos, a autoridade deve considerar as manifestações dos particulares, compilá-las, analisá-las e apresentá-las por intermédio de um relatório escrito e formal contendo as opiniões, sugestões e críticas dos administrados e, igualmente, as conclusões obtidas, mostrando, inclusive, a importância dos resultados alcançados no tocante à decisão da matéria objeto do processo, a fim de evidenciar que esses instrumentos não são apenas meros embaraços e entraves burocráticos realizados no âmbito do processo administrativo.

Este documento deve fazer parte dos autos do expediente processual, pois desta forma, tanto os participantes, quanto a Administração e os interessados podem ter ciência do que aconteceu e do que se discutiu a respeito do tema e das questões do processo. A apresentação escrita é essencial: a) para a transparência e publicidade das atividades e decisões administrativas, possibilitando o acesso às informações por parte da população para que esta saiba como os administradores estão gerindo a coisa pública e lidando com o assunto de interesse geral ou a matéria relevante no processo; b) para exercer o controle pela própria Administração (autocontrole), pelos administrados e pelo Poder Judiciário, contra eventuais ilegalidades, abusos e arbitrariedades que possam ser perpetrados pelas autoridades durante o desenvolver desses mecanismos participativos; c) para comprovar, por meio mesmo da publicidade e do controle, que a Administração observou a boa-fé, a honestidade, a lealdade e a moral administrativa ao realizar a consulta, a audiência pública ou outros meios participativos; d) para evidenciar que o Poder Público, que tem como norte o princípio da motivação, exteriorizou os fundamentos de fato e de direito que o levaram a praticar os atos administrativos, que aqui, são aqueles que integram os procedimentos de participação popular.

3. Dever de indicação do procedimento adotado

Está expressamente determinado no artigo 34 que a autoridade responsável deverá, além do resultado, indicar também o procedimento adotado nos mecanismos de participação popular, ou seja, deve externar o modo como o procedimento foi levado a efeito. Esta exteriorização deve ser feita de maneira descritiva, relatando todo o *iter* procedimental de cada instrumento participativo; ele deve ser o mais detalhado e formal possível na consulta pública; no caso da audiência pública a ata nela lavrada já supre a exigência legal; e em relação aos outros meios de participação, devem, do mesmo modo, ser descritivos e formalizados em seus pontos fundamentais.[56]

Referência

MARRARA, Thiago; NOHARA, Irene Patrícia. *Processo Administrativo* – Lei 9.784/99 comentada. São Paulo: Atlas, 2009.

Artigo 35
Quando necessária à instrução do processo, a audiência de outros órgãos ou entidades administrativas poderá ser realizada em reunião conjunta, com a participação de titulares ou representantes dos órgãos competentes, lavrando-se a respectiva ata, a ser juntada aos autos.

SUMÁRIO: 1. Audiência pública conjunta; 2. A audiência de outros órgãos ou entidades administrativas; 3. A audiência poderá ser realizada em reunião conjunta; 4. Lavratura e juntada da ata; Referência.

1. Audiência pública conjunta

Importante previsão é esta contida no artigo 35 da LPA que possibilita que os entes da Administração Pública Direta e Indireta das três esferas de governo (União, Estados e Municípios) realizem audiência pública conjunta com o escopo de discutir e debater a matéria objeto do processo desde que se entenda pela sua necessidade durante a fase instrutória, com a participação de titulares ou representantes dos órgãos competentes.

Interessa notar que o objetivo da norma é possibilitar que a matéria do processo possa ser compartilhada com outros órgãos e entidades administrativas, sendo que este partilhar é facilitado quando se realiza uma audiência pública em reunião conjunta, com todos os entes públicos que tenham interesse em participar desse instrumento que favorece a colaboração entre as entidades governamentais. Deve-se destacar que a norma comporta uma interpretação ampla, no sentido de poder haver a cooperação entre entes públicos diversos, inclusive organismos internacionais ou "representantes de outros órgãos de Estados estrangeiros".[57]

2. A audiência de outros órgãos ou entidades administrativas

Pode ocorrer de a audiência pública ser realizada internamente, entre órgãos de uma mesma entidade, ou ser voltada para a participação de diferentes entidades; neste caso, serão representadas por quem detenha competência

---

[56] MARRARA, Thiago; NOHARA, Irene Patrícia. Processo Administrativo: Lei 9.784/99 comentada. São Paulo: Atlas, 2009, p. 250.
[57] *Idem.*

para concretizar a sua participação, o que em regra, se dá pelo órgão que tenha competência específica na organização interna, normalmente o que está no ápice da estrutura hierárquica da entidade.

Ponto de essencial relevância é a coordenação administrativa em que há a harmonização das distintas atividades da Administração submetendo-as ao que foi programado, com o intento de buscar impedir atuações dúplices e muitas vezes díspares, gastos desnecessários de recursos e a divergência de soluções. Assim sendo, a audiência conjunta é um mecanismo que busca harmonizar e conciliar os objetivos estatais para que se obtenha maior efetividade na ação do Estado. É uma forma de favorecer a comunicação entre os agentes públicos e o controle das atividades públicas.

Uma das grandes dificuldades atinentes à atuação do Poder Público é a deficiência de interpretações uniformes, sobre questões públicas importantes, pelos diversos órgãos e entidades administrativas. Com efeito, por intermédio da audiência conjunta, pode-se evitar essa disparidade de entendimentos sobre matéria relevante no processo, especialmente quando os diferentes entes e órgãos detêm competência para decidir a respeito de dado assunto, e suas competências se superpõem; neste viés, esse instrumento de participação governamental conjunta propicia o debate e decisões que seguirão uma mesma linha.[58]

Deveras, essas experiências participativas entre órgãos e entidades administrativas também introduzem uma maneira de concretizar a cooperação na esfera interna e externa dos entes públicos, quando reúnem esforços para realizar a audiência pública, contribuindo conjuntamente para efetivar este instrumento e colaborar na instrução do processo.

Nota-se, portanto, que, por meio do debate, da necessidade de suplantar conflitos, unir forças e buscar uniformização nas interpretações, a audiência conjunta pode constituir um importante mecanismo de cooperação e coordenação entre órgãos e entidades que integram a Administração e um instrumento fundamental para a instrução processual.

3. A audiência poderá ser realizada em reunião conjunta

Toda vez que se verifique que a audiência governamental é necessária à instrução do processo, ela deve ser realizada; no entanto, o que é facultada é a reunião em sessão conjunta. Por conseguinte, a lei determina a realização da audiência pública, mas reconhece a facultatividade de sua efetivação conjuntamente com outros órgãos da mesma entidade, de outras entidades da mesma área, de áreas diferentes, de mesmo nível, de níveis de governo diferentes, como *verbi gratia*, uma audiência pública realizada em sessão conjunta entre autoridades e entidades estaduais e municipais representativas do setor da

---

[58] Um exemplo prático de audiência pública conjunta buscando a uniformização de decisões ocorre com a Comissão de Valores Mobiliários (CVM) e o Comitê de Pronunciamentos Contábeis – CPC cujo escopo é economizar esforços e eliminar a duplicidade no processo de discussão pública dos pronunciamentos contábeis que tem como referência as normas internacionais emitidas pelo *International Accounting Standard Board – IASB*.

saúde; ou reunião conjunta entre órgãos responsáveis pela fiscalização do trânsito, municipal, estadual e federal, etc.

4. Lavratura e juntada da ata

Sobre a lavratura da respectiva ata, que deve ser juntada aos autos, a regra é específica em relação a esta audiência entre órgãos e entidades administrativas; contudo, não deixa de ser também uma maneira de enfatizar a disposição geral contida no art. 34, de que assim se deve proceder sempre que houver a realização de consulta pública, audiência pública e outros meios de participação popular no processo administrativo. No mais, sobre este item, tudo o que se disse quando se analisou o artigo precedente, em relação aos deveres da autoridade administrativa, pode ser aqui inteiramente aplicado.

Referência

MARRARA, Thiago; NOHARA, Irene Patrícia. *Processo Administrativo:* Lei 9.784/99 comentada. São Paulo: Atlas, 2009.

Artigo 36
Cabe ao interessado a prova dos fatos que tenha alegado, sem prejuízo do dever atribuído ao órgão competente para a instrução e do disposto no art. 37 desta Lei.

SUMÁRIO: 1. Ônus da prova – encargo do interessado; 2. Dever atribuído ao órgão competente para a instrução processual; 3. Aplicação do disposto no artigo 37 da LPA.

1. Ônus da prova – encargo do interessado

O artigo 36 trata do ônus da prova no processo administrativo, deixando evidente que cabe ao interessado provar o que por ele for alegado nos autos do processo administrativo, excetuado o dever da Administração Pública de colaborar com a instrução processual, quando fatos e dados estiverem registrados em documentos existentes na própria Administração.

O ônus da prova é a incumbência conferida pela lei ao interessado de comprovar que os fatos por ele afirmados, que sejam de seu interesse, efetivamente se deram, e que podem influir nas decisões a serem proferidas no processo. O ônus não significa que haja um dever do interessado de produzir a prova, mas apenas um encargo a ele atribuído, diante de uma apontada afirmativa que faz no seio do processo, que lhe confere a faculdade de oferecer as provas necessárias para sustentar referida alegação.

2. Dever atribuído ao órgão competente para a instrução processual

Verifica-se pela redação legal que quem tem o dever de produzir prova no processo é a Administração Pública. Como se sabe, a Administração Pública é a tutora, a guardiã do interesse público, devendo satisfazê-lo e concretizá-lo, sempre em prol da coletividade, e, para tanto, o Poder Público não pode ficar à mercê da vontade do particular, na dependência da iniciativa deste para instruir o processo.

Neste sentido, a determinação contida no artigo 36 da LPA decorre do princípio da oficialidade em que a autoridade administrativa dotada de competência, tem o dever-poder de, além de instaurar o processo, instruí-lo por meio da produção de provas, e impulsioná-lo, até que sobrevenha a decisão que lhe põe termo, e que se torna indiscutível na esfera da Administração Pública, percorridas as três instâncias administrativas.

Vale ressaltar, portanto, que a Administração Pública, perante a inatividade do interessado tem o dever de dar continuidade ao processo, podendo determinar a produção de provas que achar importantes, necessárias e pertinentes para o processo, a fim de alcançar os fatos, tais como eles ocorreram na realidade, perseguindo deste modo a verdade material no âmbito do processo administrativo. Assim sendo, o Poder Público tem a prerrogativa e o dever de apresentar e fazer juntar aos autos todas as informações, os dados, os documentos, os laudos, os pareceres, etc., sobre a matéria discutida no processo, sem depender apenas das alegações e provas produzidas pelos interessados, podendo, a autoridade mesma, trazer os elementos indispensáveis para que se profira uma justa decisão.

3. Aplicação do disposto no artigo 37 da LPA

A disposição final do artigo 36 faz remissão ao artigo 37, o qual determina que a Administração deverá fornecer documentos existentes no próprio âmbito administrativo, que contenham fatos e dados importantes para o interessado fazer prova no processo. Importa ressaltar que a disposição trata de conduta a ser observada pelo órgão competente para a instrução, que deverá requisitar referidos documentos, fazendo com que sejam juntados ao processo, e também do dever da Administração de colaborar na instrução processual. Nesse dispositivo está-se versando sobre princípio fundamental da fase instrutória do processo administrativo, em que o Estado-Administração tem o dever de cooperar com os administrados.

Artigo 37
Quando o interessado declarar que fatos e dados estão registrados em documentos existentes na própria Administração responsável pelo processo ou em outro órgão administrativo, o órgão competente para a instrução proverá, de ofício, à obtenção dos documentos ou das respectivas cópias.

SUMÁRIO: 1. Documentos arquivados na administração; 2. Fatos e dados registrados em documentos; 3. Prover de ofício à obtenção dos documentos ou das respectivas cópias; 4. Negativa ou omissão da administração; Referências.

1. Documentos arquivados na administração

O artigo 37 da LPA determina que à Administração cabe colaborar na instrução processual, quando o interessado declarar que fatos e dados registrados em documentos estão em poder da Administração Pública, seja da própria autoridade responsável pela condução do processo, seja de outro órgão administrativo, importando, com isto, no dever de ratificar referidas informações.

Veja-se que a finalidade da norma é a de diminuir o encargo que recai sobre o interessado, em relação ao *onus probandi*, diante dos fatos e dados que alega. Em regra a ele incumbe fazer prova de tudo que afirma no processo, conforme dispõe o artigo precedente; sendo assim, a determinação contida na parte final do art. 36 e no art. 37 suaviza a regra geral de que cabe ao particular comprovar a ocorrência dos fatos que descreve e dos dados que declara, pois estabelece que quem atuará será o Poder Público quando este estiver de posse de documentos arquivados nos seus entes e órgãos. A regra busca, de igual maneira, uniformizar os dados e informações entre as entidades públicas, uma vez que há a solicitação diretamente ao ente público que conserva os documentos em seu poder.[59]

2. Fatos e dados registrados em documentos

Os fatos e dados registrados em documentos são aqueles que importam ao processo e à fase de instrução e que estão em poder da Administração. Conquanto interessem à etapa instrutória, prescindem, para serem providos, da necessidade de influírem na decisão do processo; conforme a redação legal do art. 37 da LPA, basta que o interessado declare que o Poder Público mantém em seus registros esses documentos que agasalham fatos e dados alegados no decorrer do processo para que surja o dever de colaboração da Administração. Garante-se o dever de cooperação, que não implica necessariamente a possibilidade de que essas informações interfiram na decisão final da autoridade.

Uma vez providos esses documentos, cabe à autoridade responsável pela fase instrutória examinar se o que foi declarado pelo interessado confere com o teor documental.[60] Apurado que são verídicos os fatos e dados alegados, a autoridade fará a juntada dessa prova ao processo; no entanto, se a mesma acaso se mostrar impertinente ou desnecessária, poderá ser recusada pela autoridade administrativa, desde que fundamentadamente (conforme se verá a seguir, no § 2º do art. 38). Há que se fazer uso da ponderação, com base em critérios de razoabilidade e proporcionalidade, sempre que se fizer a solicitação das informações, pois se de um lado há o dever de colaboração por parte da Administração, de outro existe a possibilidade de recusa da prova que não interessa ao processo.

Ainda em relação aos dados e fatos, a LPA não faz distinção em relação a quem eles devem dizer respeito, se ao próprio interessado, ao Poder Público ou a terceiros. Certamente podem referir-se a todos: ao particular, ao Estado

---

[59] Neste sentido, de uniformização dos dados e informações estão Marrara e Nohara. *Op. cit.*, p. 256.
[60] *Ibidem*, p. 258.

ou a terceiros, principalmente porque esta interpretação vai ao encontro do princípio da verdade material ou *liberdade na prova*.[61] A Administração deve buscar e trazer para o processo "todos os dados, informações, documentos a respeito da matéria tratada, sem estar jungida aos aspectos considerados pelos sujeitos. Assim, no tocante a provas, desde que obtidas por meios lícitos (como impõe o inciso LVI do art. 5º da CF), a Administração detém liberdade plena de produzi-las".[62] Quanto mais informações pertinentes e importantes acrescidas ao expediente, mais próxima da verdade ela estará.

3. Prover de ofício à obtenção dos documentos ou das respectivas cópias

A Administração Pública pode, independentemente de provocação do administrado, solicitar documento que comprove os dados e fatos alegados pelo interessado, pois age com base no princípio da oficialidade. Interessa notar que a autoridade competente, responsável pelo processo, requererá a quaisquer entes e órgãos da Administração Direta e Indireta, da mesma esfera (federal/federal) ou de esferas diferentes (federal em relação às esferas estadual e/ou municipal) as informações necessárias, que estão documentadas e nas mãos do Estado, com o fim de confirmar que as declarações do particular são verdadeiras.

Vale aclarar, porém, que a Administração deverá solicitar as informações dos órgãos ou entes públicos apenas quando o administrado não comprovar os fatos e dados, embora os tenha alegado no processo. Com efeito, na fase de instrução, tão só se constatada a ausência de documentação que confirme as declarações do particular é que a autoridade responsável atuará de ofício. Isto como decorrência da própria previsão contida na primeira parte do artigo 36 da LPA (ou seja, o ônus da prova recai sobre quem alega), e também para não movimentar desnecessariamente a máquina administrativa.

4. Negativa ou omissão da administração

Interessa ressaltar que o interessado pode alegar fatos e dados registrados em documentos, que estão arquivados na própria Administração, para serem por ela juntados no processo, e ocorrer o descumprimento da regra do artigo 37 se o ente estatal se negar expressamente a prová-los, ou simplesmente omitir-se no tocante a esse dever de colaborar com o interessado. Nesse caso, cabível será o mandado de segurança contra a autoridade administrativa responsável pelo processo, tanto diante do ato de recusa (negativa expressa), quanto do não ato (inércia ou silêncio administrativo).[63] Todavia, se quem se negar explicita-

---

[61] Essa expressão *liberdade na prova* como sinônima do princípio da verdade material é utilizada por Hely Lopes Meirelles. (MEIRELLES, Hely Lopes. *Direito Administrativo Brasileiro*. 37. ed. São Paulo: Malheiros, 2011, p. 739).

[62] MEDAUAR, Odete. *A Processualidade do Direito Administrativo*. 2. ed. São Paulo: Revista dos Tribunais, 2008, p. 131.

[63] Segundo o nosso pensamento, "Em relação ao *mandamus* este seria incontestavelmente o instrumento mais adequado para proteger direitos dos administrados feridos pela apatia administrativa, contando que o direito seja líquido e certo e tenha sido maculado por alguma ilegalidade ou abuso de poder. (...)". (SPARAPINI,

mente, ou se omitir e deixar de informar o que lhe foi solicitado, for o órgão ou ente que os detêm em seu poder, haverá afronta ao artigo 5º, XXXIV, *b*, da CF/88, ou seja, ofender-se-á o direito fundamental do administrado de obter "certidões em repartições públicas, para defesa de direitos e esclarecimento de situações de interesse pessoal". Neste sentido, se as informações e dados disserem respeito à própria pessoa do interessado e houver a recusa explícita por parte da autoridade administrativa (Súmula nº 2 do STJ),[64] a ofensa será sanável pela via do *habeas data* (previsto no inc. LXXII do mesmo art. 5º da Carta Maior). Contudo, se a informação ou os dados solicitados e negados forem referentes a terceiros ou a recusa não for expressa, caberá outro remédio para sanar a afronta ao direito do particular, ou seja, o mandado de segurança.

Referências

MEDAUAR, Odete. *A Processualidade do Direito Administrativo*. 2. ed. São Paulo: Revista dos Tribunais, 2008.

MARRARA, Thiago; NOHARA, Irene Patrícia. *Processo Administrativo*: Lei 9.784/99 comentada. São Paulo: Atlas, 2009.

MEIRELLES, Hely Lopes. *Direito Administrativo Brasileiro*. 37. ed. São Paulo: Malheiros, 2011.

SPARAPANI, Priscilia. O Silêncio Administrativo e os Direitos Humanos Fundamentais: o Direito de Petição e o Direito de Resposta. In: Martins, Rui Décio; Sparapani, Priscilia. *Direitos Humanos* – Um enfoque multidisciplinar. São Paulo: Suprema Cultura, 2008, p. 145-168.

Artigo 38

O interessado poderá, na fase instrutória e antes da tomada da decisão, juntar documentos e pareceres, requerer diligências e perícias, bem como aduzir alegações referentes à matéria objeto do processo.

§ 1º Os elementos probatórios deverão ser considerados na motivação do relatório e da decisão.

§ 2º Somente poderão ser recusadas, mediante decisão fundamentada, as provas propostas pelos interessados quando sejam ilícitas, impertinentes, desnecessárias ou protelatórias.

SUMÁRIO: 1. Elementos probatórios – devido processo legal – ampla defesa; 2. Prova documental – documentos e pareceres; 3. Requerimento de diligências; 4. Prova pericial e alegações; 5. Elementos probatórios – consideração na motivação do relatório e da decisão; 6. Recusa fundamentada das provas; 7. Provas ilícitas – impertinentes – desnecessárias – protelatórias; Jurisprudência; Referências.

1. Elementos probatórios – devido processo legal – ampla defesa

O artigo 38 da LPA é uma das manifestações da cláusula do *due process of law*, que tem como corolários os princípios do contraditório e da ampla defesa, consolidados no art. 5º, LV, da CF, em que se garante "aos litigantes, em pro-

---

Priscilia. O Silêncio Administrativo e os Direitos Humanos Fundamentais: o Direito de Petição e o Direito de Resposta. In: Martins, Rui Décio; Sparapani, Priscilia. *Direitos Humanos* – Um enfoque multidisciplinar. São Paulo: Suprema Cultura, 2008, p. 167).

[64] "Não cabe o *habeas data* (CF, Art. 5º, LXXII, letra *a*) se não houve recusa de informações por parte da autoridade administrativa".

cesso judicial ou administrativo, e aos acusados em geral" o contraditório e a ampla defesa, com os meios e recursos a ela inerentes.

Todos os meios probatórios arrolados no dispositivo decorrem da ampla defesa, e ainda que não houvesse a previsão legal do artigo 38, *caput*, a possibilidade de se defender largamente no processo administrativo seria possível tão só com base na mencionada disposição contida na Lei Maior brasileira, como um direito fundamental, e como tal, de aplicação imediata (§ 1º do art. 5º da CF). Neste sentido, quando se permite ao interessado, na fase instrutória, juntar documentos e pareceres, requerer diligências e perícias, bem como aduzir alegações referentes à matéria objeto do processo, está-se autorizando o administrado a demonstrar e comprovar a existência do seu direito, reafirmando-se, nesta previsão do art. 38, a referida garantia constitucional ao lado das disposições dos arts. 3º, III; 29 *caput*, parte final; e 36 da LPA.

2. Prova documental – documentos e pareceres

Importa dizer que em sentido amplo documento pode ser conceituado como qualquer texto escrito, papel ou instrumento, de natureza pública ou particular; manifesta um pensamento, uma ideia, uma pretensão, ou expõe um fato, ou narra um acontecimento. Numa concepção estrita consideram-se documentos apenas os escritos; em sentido amplo são considerados documentos: fotografias, desenhos, vídeos, diagramas, esquemas, etc.

Já o parecer é um arrazoado técnico elaborado por quem possua conhecimento especializado em determinado assunto, para respaldar e corroborar o que foi alegado pelo interessado no processo. Usualmente, o parecer no âmbito do processo administrativo envolve questões jurídicas, o que comporta, portanto, a opinião técnica de profissional do Direito, o qual elaborará resposta a uma consulta do administrado.[65] [66] Por este prisma, ditos pareceres normalmente são realizados por quem não faz parte da estrutura da Administração, sendo que, no comum das vezes, o particular busca contratar juristas que tenham experiência na sua área e, preferencialmente, destaque na matéria que constitui objeto da consulta, para proferir opinião a respeito do assunto, com o escopo de convencer a autoridade decisória dos argumentos em favor do administrado. De outro canto, os pareceres emanados pelos órgãos consultivos da Administração, feitos por quem detém competência e conhecimento técnico ou jurídico para tanto, são pareceres produzidos no *âmbito interno* do Poder Público, em que deve existir o compromisso do agente de despir-se de juízos tendenciosos para poder defender a ordem pública, com observância da justiça, da moral, da honestidade, da ética, da lealdade. O parecerista contratado defende os interesses do seu cliente; o consultor da Administração precisa ser leal aos interesses públicos.

---

[65] Neste sentido, sobre o parecer na seara do processo administrativo ter o significado de parecer jurídico está o pensamento de Sérgio Ferraz e Adilson Abreu Dallari. (DALLARI, Adilson de Abreu; FERRAZ, Sérgio. *Processo administrativo*. 3. ed. São Paulo: Malheiros, 2012, p. 215).

[66] Embora se esteja tratando das provas que o interessado pode juntar no processo administrativo, de outro lado, a Administração Pública também pode consultar juristas para obter um parecer a respeito de determinado assunto relevante para o expediente processual.

Especificamente em relação aos pareceres elaborados no domínio *intra* Administração, pode o administrado juntá-los aos autos do processo quando a eles tiver acesso. Se tal não se der, caracterizada estará a hipótese do art. 37 da LPA, em que a Administração proverá de ofício o documento. Tanto os documentos quanto os pareceres juntados ao processo servem para comprovar os acontecimentos fáticos alegados pelo interessado.

É de ver-se que a produção de prova documental no processo administrativo federal não se restringe ao momento da instrução. Em atenção aos mandamentos da ampla defesa, razoabilidade, oficialidade e verdade material, deve-se permitir ao administrado a produção de provas, inclusive em outra fase do expediente, até porque a LPA admite que sejam produzidas provas antes da tomada de decisão na seara do processo administrativo.

3. Requerimento de diligências

O interessado poderá requerer diligências à autoridade administrativa com o escopo de dirimir questões duvidosas em relação a fatos que não tenham sido completamente comprovados, ou para afastar dúvidas sobre determinado ponto que interesse e seja relevante para o processo. É a prática de algum ato pela autoridade responsável pela instrução, ou mesmo pela que procederá ao julgamento da matéria objeto do processo, tais como vistorias e visitas a certos locais, análise comparativa de documentação, etc., a fim de que se averiguem e constatem aspectos importantes para o processo administrativo em andamento.

As diligências realizadas no processo conferem ao interessado uma oportunidade de sanar possíveis deficiências, lacunas ou falhas, como uma maneira de tornar proveitosos determinados atos praticados no processo, em observância aos princípios da economia processual, simplicidade das formas e do impulso oficial (art. 2º, parágrafo único, incs. VI, IX e XII, da LPA). Contudo, não se pode perder de vista, de outro lado, o princípio da razoabilidade, que exige, como uma de suas facetas, o respeito à razoável duração do processo (art. 5º, inc. LXXVIII, da CF/88); isto implica a impossibilidade de se permitir consecutivas diligências, quando se aferir que as mesmas acabarão por estender em demasia a fase instrutória e, consequentemente, prolongar a duração do processo administrativo, fora do que se entenda como aceitável.

Deve-se ter em mente que a diligência se constitui num meio de suprir eventuais omissões, desencontro de informações e outros pontos que precisem ser esclarecidos no processo, sendo fundamental que, ao ser requerida, o administrado aponte as razões que a justifique. Uma vez que se entenda pelo seu indeferimento, o despacho da autoridade deverá ser devidamente fundamentado, em cumprimento ao princípio da motivação das decisões e dos atos editados pelo Poder Público, especificando os motivos da negativa à realização da diligência, sob pena de ofensa ao devido processo legal e à ampla defesa.

Nesse través, essencial para a amplitude da defesa e do contraditório é a faculdade que deve ser concedida ao interessado de acompanhamento das diligências pessoais e de poder exigir que, no relatório da vistoria, constem certas minudências que entenda serem importantes e que foram efetivamente constatadas.[67]

4. Prova pericial e alegações

A prova pericial será feita por pessoas com conhecimentos técnicos e especializados na matéria. O seu desenvolvimento ficará sob a direção da autoridade administrativa que preside a etapa instrutória do processo, ou mesmo a que for responsável pelo julgamento do expediente, a quem competirá estabelecer o seu início e o prazo de sua duração.

Relaciona-se com as demais provas produzidas no processo, em maior ou menor medida. Ao incidir sobre pontos e questões referentes à matéria processual e ao que fora alegado pelo interessado no processo, a prova pericial aclarará ou complementará as provas já realizadas, reafirmando-as, ou, ao contrário, refutá-las-á, opondo-se às provas dantes produzidas.

Deveras, a prova pericial passa a ter importância diante de um conflito que se revela no processo e que é de relevo o seu esclarecimento; tem o fim de demonstrar a veridicidade de dada situação ou determinado fato declarado; baseia-se em requisitos técnicos e científicos para ser realizada e se materializa em laudos preparados por peritos; enfim, concretiza a opinião técnica ou científica sobre a realidade fática, de modo a elucidá-la.

A prova pericial e o parecer decorrem de opiniões especializadas a respeito de certo assunto ou matéria. Porém, conquanto os pareceres tenham este ponto em comum com a prova pericial, eles são uma espécie desta última; assim sendo, a prova pericial seria gênero, no qual os pareceres estariam incluídos. Além disto, diferem-se da prova pericial porque são produzidos quando a matéria do processo está ligada às ciências sociais aplicadas, às ciências humanas, etc., fugindo do campo das ciências exatas.[68] Neste viés, "a análise jurídica aprofundada de determinada questão do processo – por exemplo, a análise de aspectos de direito de propriedade intelectual de um caso – são objeto de um parecer, não de um laudo". De outro canto, "as análises químicas da substância ou do produto que constitui objeto do processo administrativo em que se discute, por exemplo, direitos de propriedade intelectual, são objeto de um laudo, não de um parecer".[69]

Já se disse que o art. 38 está diretamente relacionado com o art. 3º, inc. III, da LPA. Portanto, aduzir alegações referentes à matéria do processo significa que está assegurado ao administrado o direito de formular alegações antes da decisão, as quais serão objeto de consideração pelo órgão competente, sendo, igualmente, uma decorrência do princípio da amplitude de defesa.

---

[67] DALLARI, Adilson de Abreu; FERRAZ, Sérgio. *Op. cit.* p. 214.
[68] Neste sentido Nohara e Marrara. *Op. cit.* p. 260.
[69] *Idem.*

5. Elementos probatórios – consideração na motivação do relatório e da decisão

O § 1º do artigo 38 está inserido dentro do rol de dispositivos que disciplinam a instrução no processo administrativo; todavia, determina que a autoridade competente considere os elementos probatórios na motivação do relatório final e da decisão. Esta faz parte já da etapa decisional do processo; aquele conclui a fase instrutória do expediente processual. Nesse passo, referida previsão legal estabelece uma determinação que abrange a etapa de instrução e, do mesmo modo, a fase decisória. A regra tem especial importância nas hipóteses em que a autoridade responsável pela instrução não é a mesma que tem competência para decidir o processo (cf. art. 47 da LPA). Na medida em que exige que os elementos probatórios sejam considerados na motivação do relatório, estabelece as diretrizes para que a autoridade que for emitir a decisão final no processo o faça de maneira segura, adequada, correta, objetiva, honesta. Ao indicar tudo o que foi alegado pelas partes e todos os elementos de prova, ponderando-se os fatos e o direito, prepara-se o caminho, dentro dos ditames legais, para a etapa subsequente.

Embora o § 1º contenha previsão que reivindica a motivação também no relatório, certa parte da doutrina discorda desta exigência legal por entender que este ato final da etapa instrutória não comporta motivação, uma vez que ele apenas se presta a expor detalhadamente os fatos que ocorreram no decorrer do processo. Por conseguinte, se a sua finalidade é tão somente narrativa, não haveria que se falar em motivação.[70] De outro lado, há o entendimento doutrinário que defende a determinação prevista no citado parágrafo do artigo 38. Os argumentos pró-motivação são os seguintes: a) o relatório pode conter, além da descrição de todo o procedimento e dos atos que integram a instrução, igualmente sugestão sobre a decisão a ser tomada no processo. Diante dessa sugestão formulada, que pode (ou não) ser acolhida pela autoridade julgadora, é vital que haja a exteriorização dos fundamentos fáticos e jurídicos do caso. b) Ainda, a motivação no relatório final tem o propósito de servir como fundamento da decisão da autoridade julgadora, pois lhe é permitido apenas apresentar a decisão, reportando-se à ponderação dos fatos e do direito que foi feita pela autoridade que instruiu o processo, com base na permissão da transferência da motivação contida no art. 50, § 1º, da LPA.[71] Se assim o é, nada mais coerente com esta possibilidade, do que a exigência de haver motivação também no relatório, garantindo-se, deste modo, a observância do devido processo legal. Como já se disse acima, esta posição é a preferível, exatamente porque o intuito do legislador foi o de privilegiar, nas decisões do processo administrativo, a coerência, a clareza, a objetividade, a segurança, a moral, a honestidade, etc., de forma a afastar os eventuais abusos, arbitrariedades e ilegalidades por parte do Poder Público, notadamente quando as autoridades que instruem e

---

[70] Neste sentido: CARVALHO FILHO, Op. cit., p. 222. E também: FORTINI, Cristiana; PEREIRA, Maria Fernanda Pires de Carvalho; CAMARÃO, Tatiana Martins da Costa. Processo administrativo: comentários à Lei nº 9.784/99. 3. ed. Belo Horizonte: Fórum, 2012, p. 143.

[71] MARRARA, Thiago; NOHARA, Irene Patrícia. Op. cit., p. 263.

decidem o processo são distintas. Tudo isto só se garante quando se obedece ao princípio da motivação dos atos administrativos.

Porém, se a etapa instrutória e decisória forem de competência da mesma autoridade administrativa, segundo dispõe o art. 47 da LPA, prescindir-se-á do relatório final. Neste caso, a estrutura da decisão, conforme se verá quando da análise desse preceptivo legal, será análoga à sentença proferida na esfera judicial, exigindo relatório, fundamentação e parte dispositiva para a sua validade.

6. Recusa fundamentada das provas

O § 2º do art. 38 da LPA concede à autoridade responsável pela instrução do processo a possibilidade de recusar as provas propostas pelos interessados quando sejam consideradas ilícitas, impertinentes, desnecessárias ou protelatórias. Se de um canto há essa permissão legal, de outro existe uma condição para que a Administração possa exercer essa faculdade: a decisão de recusa deve ser fundamentada. Assim, desde a juntada de uma prova documental até a realização de uma perícia, diligência, etc. que seja requerida pelo interessado, é cabível a negativa destes elementos probatórios por parte da autoridade administrativa em relação a essa solicitação do administrado; todavia, a recusa precisa estar devidamente motivada.

Interessa notar que, embora a autoridade da fase instrutória seja competente para decidir sobre o cabimento ou não da prova e de sua realização, é o órgão julgador que detém a palavra final sobre a admissibilidade da prova, já que será ele que proferirá a decisão no processo, devendo para tanto, verificar se foram suficientes os meios probatórios produzidos a fim de julgar satisfatoriamente o conflito. Ao verificar que o processo ainda comporta outras provas, pode determinar, independentemente do que foi decidido pela autoridade da etapa instrutória, que se realizem quaisquer elementos de prova que entenda serem relevantes para o deslinde da causa, principalmente se houver um pedido, nesse sentido, por parte do interessado.

7. Provas ilícitas – impertinentes – desnecessárias – protelatórias

No que diz respeito às provas ilícitas, delas já se tratou quando se comentou a respeito do artigo 30 da LPA, importando apenas frisar que elas são inadmissíveis no processo administrativo: "Ou seja: no corpo do processo administrativo não é admissível a atividade instrutória ilícita – compreendida tanto aquela cujos meios são ilícitos (gravação não-autorizada, invasão de domicílio, tortura, coação, etc.) quanto as que visam a resultado probatório ilícito (prova pericial que resulte em prejuízo ilegítimo a terceiro, superfaturamento de verbas, obtenção de bem não titularizado pelo interessado, etc.)".[72] Contudo, certo entendimento doutrinário entende que o princípio da inadmissibilidade das provas ilícitas não é absoluto, admitindo-se que ceda

---

[72] MOREIRA, Egon Bockmann. *Processo Administrativo* – Princípios Constitucionais e a Lei nº 9.784/99/99. 4. ed. São Paulo: Malheiros, 2010, p. 367.

espaço a outros direitos e garantias, devendo haver, por parte da autoridade administrativa, o sopesamento e a ponderação de valores envolvidos quando da análise da situação fática.

As provas impertinentes são aquelas que não dizem respeito ao caso concreto por serem estranhas ao que se discute no processo administrativo, isto é, não têm qualquer relação com o litígio. Já as provas desnecessárias não se apresentam úteis para o expediente processual, como a prova repetida, a prova que se presta a provar algo já comprovado por outro tipo de prova (ex: prova testemunhal que comprovaria algo já provado por prova pericial ou documental). A prova impertinente acaba sendo uma espécie de prova desnecessária para o processo. E, por fim, as provas protelatórias são aquelas que almejam apenas e tão somente distender o trâmite processual, com o intuito de fazer demorar a prolação da decisão, sem contribuir com algum elemento novo que seja, para a solução da questão, ou mesmo para reforçar a tese que se defende no processo.

As provas impertinentes, desnecessárias e protelatórias devem ser recusadas no âmbito do processo administrativo exatamente porque não oferecem qualquer tipo de contribuição para a instrução do processo. Ao contrário, muitas vezes acabam arrastando o expediente, tornando-o mais moroso e custoso para o Estado. No entanto, qualquer negativa por parte da autoridade, acentue-se, deve ser sempre fundamentada sob pena de afronta ao princípio da ampla defesa.

Jurisprudência

RECURSO ORDINÁRIO. MANDADO DE SEGURANÇA. INDEFERIMENTO DE PROVA EM PROCESSO ADMINISTRATIVO. CERCEAMENTO DE DEFESA. Indeferida a produção de prova, oportunamente requerida pela autuada em processo administrativo, resta caracterizada a ocorrência de cerceio de defesa. Correta, portanto, a concessão da segurança para declarar a nulidade da decisão proferida pela autoridade coatora, bem como a determinação de a reabertura da instrução processual do processo administrativo. Recurso da União conhecido e não provido (TRT-10 – Recurso Ordinário: RO 1240200800610000 DF 01240-2008-006-10-00-0, Órgão Julgador: 3ª Turma, Relator(a): Desembargadora Heloisa Pinto Marques, Julgamento: 05/05/2009).

RECURSO ORDINÁRIO EM MANDADO DE SEGURANÇA. PROCESSO ADMINISTRATIVO DISCIPLINAR. NULIDADE DA PORTARIA INAUGURAL. AUSÊNCIA DE DESCRIÇÃO MINUCIOSA DE FATOS E CAPITULAÇÃO. INOCORRÊNCIA. INDEFERIMENTO DE PROVAS E OITIVA DE TESTEMUNHA. PREJUÍZO. INOCORRÊNCIA. AUSÊNCIA DE ADVOGADO EM FASE DO PROCEDIMENTO. DESNECESSIDADE. SÚMULA VINCULANTE Nº 5 DO C. STF. IRREGULARIDADES FORMAIS NO RELATÓRIO. INOCORRÊNCIA. APLICAÇÃO DO PRINCÍPIO *PAS DE NULITTÉ SANS GRIEF*. INOVAÇÃO RECURSAL. NÃO CABIMENTO. PRECEDENTES. (...). IV – A mera ausência de assinatura do Governador do Estado em relatório final da Comissão Processante não tem o condão de nulificar o procedimento, especialmente por ter sido o relatório encampado *in totum* no respectivo ato demissório. (...). (STJ, RECURSO ORDINÁRIO EM MANDADO DE SEGURANÇA: RMS 27291 PB 2008/0149249-4, Relator(a): Ministro FELIX FISCHER, Julgamento: 10/03/2009, Órgão Julgador: T5 – QUINTA TURMA).

ADMINISTRATIVO. MANDADO DE SEGURANÇA. SERVIDOR PÚBLICO. DEMISSÃO. LITISPENDÊNCIA. NÃO-CONFIGURAÇÃO. ALEGAÇÃO DE INOCÊNCIA E DE CERCEAMENTO DE DEFESA. PROVA PRÉ-CONSTITUÍDA. INEXISTÊNCIA. DILAÇÃO PROBATÓRIA. NÃO-CABIMENTO. SEGURANÇA DENEGADA. (...). 4. Nos autos, também não há prova de que a autoridade julgadora simplesmente acolheu o relatório da comissão processante. De qualquer forma, essa circunstância não conduziria à anulação do processo disciplinar, tendo em vista que se orienta a jurisprudência do Superior Tribunal de Justiça, de forma pacífica, que, "estando a autoridade julgadora de acordo com o relatório final, e se este se encontra suficientemente fundamentado, não há qualquer vício no ato demissionário por falta de motivação" (MS 7.736/DF, Rel. Min. FELIX FISCHER, Terceira Seção, DJ de 4/2/2002, p. 277). 5. Segurança denegada. (STJ – MANDADO DE SEGURANÇA: MS 11523 DF 2006/0038897-8, Relator(a): Ministro ARNALDO ESTEVES LIMA, Julgamento: 26/03/2008, Órgão Julgador: S3 – TERCEIRA SEÇÃO).

Art. 39

MANDADO DE SEGURANÇA. ADMINISTRATIVO. PROCESSO ADMINISTRATIVO DISCIPLINAR. OFENSA AO DEVIDO PROCESSO LEGAL POR AUSÊNCIA DE IDENTIDADE ENTRE OS FATOS QUE CONSTARAM DO INDICIAMENTO E DO ATO DEMISSÓRIO. NÃO OCORRÊNCIA. PEDIDO DE OITIVA DE TESTEMUNHAS E DE FORMULAÇÃO DE PERGUNTAS CONSIDERADAS PROTELATÓRIAS, IMPERTINENTES OU DE NENHUM INTERESSE PARA O ESCLARECIMENTO DOS FATOS. INDEFERIMENTO MOTIVADO. AUSÊNCIA DE CERCEAMENTO DE DEFESA. VIOLAÇÃO AO PRINCÍPIO DA PROPORCIONALIDADE. NÃO OCORRÊNCIA. (...). 2. Não ocorre cerceamento de defesa o indeferimento devidamente motivado de produção de prova testemunhal e de formulação de perguntas consideradas protelatórias, impertinentes ou de nenhum interesse para o esclarecimento dos fatos (...). 4. Segurança denegada. (STJ, MS 12821/DF, MANDADO DE SEGURANÇA 2007/0104947-2, Relator(a): Ministra MARIA THEREZA DE ASSIS MOURA, S3 – TERCEIRA SEÇÃO, DJ 09/02/2011).

MANDADO DE SEGURANÇA. PROCESSO ADMINISTRATIVO DISCIPLINAR. PARTICIPAÇÃO OU GERÊNCIA EM EMPRESA PRIVADA. DEMISSÃO DE SERVIDOR PÚBLICO. ALEGAÇÃO DE CERCEAMENTO DE DEFESA NÃO CONFIGURADO. OBSERVÂNCIA AOS PRINCÍPIOS DA AMPLA DEFESA E DO CONTRADITÓRIO. SEGURANÇA DENEGADA. 1. O procedimento transcorreu em estrita obediência à ampla defesa e ao contraditório, com a comissão processante franqueando ao impetrante todos os meios e recursos inerentes à sua defesa. 2. É cediço que o acusado deve saber quais fatos lhe estão sendo imputados, ser notificado, ter acesso aos autos, ter possibilidade de apresentar razões e testemunhas, solicitar provas, etc., o que ocorreu *in casu*. É de rigor assentar, todavia, isso não significa que todas as providências requeridas pelo acusado devem ser atendidas; ao revés, a produção de provas pode ser recusada, se protelatórias, inúteis ou desnecessárias. (...). 5. Mandado de segurança denegado. (STJ, MS 9076/DF, MANDADO DE SEGURANÇA 2003/0083101-6, Relator: Ministro HÉLIO QUAGLIA BARBOSA, Órgão Julgador, S3 – TERCEIRA SEÇÃO, D.J. 13/10/2004).

Referências

DALLARI, Adilson de Abreu; FERRAZ, Sérgio. *Processo administrativo*. 3. ed. São Paulo: Malheiros, 2012.

FORTINI, Cristiana; PEREIRA, Maria Fernanda Pires de Carvalho; CAMARÃO, Tatiana Martins da Costa. *Processo administrativo: comentários à lei 9.784/1999*. 3. ed. Belo Horizonte: Fórum, 2012.

MARRARA, Thiago; NOHARA, Irene Patrícia. *Processo Administrativo:* Lei 9.784/99 comentada. São Paulo: Atlas, 2009.

MOREIRA, Egon Bockmann. *Processo Administrativo* – Princípios Constitucionais e a Lei 9.784/1999. 4. ed. São Paulo: Malheiros, 2010.

Artigo 39

Quando for necessária a prestação de informações ou a apresentação de provas pelos interessados ou terceiros, serão expedidas intimações para esse fim, mencionando-se data, prazo, forma e condições de atendimento.

Parágrafo único. Não sendo atendida a intimação, poderá o órgão competente, se entender relevante a matéria, suprir de ofício a omissão, não se eximindo de proferir a decisão.

SUMÁRIO: 1. Dever de expedir intimações; 2. Desatendimento da intimação – Atuação de ofício pelo órgão; Referência.

1. Dever de expedir intimações

O art. 39 da LPA trata do dever de expedir intimações aos interessados ou terceiros quando for necessário que prestem informações ou apresentem provas no processo, mencionando-se data, prazo, forma e condições de atendimento. É fundamental que o administrado respeite o prazo, os requisitos e as formalidades impostas para tanto. De outro lado, uma vez solicitada a atuação do interessado ou de terceiros, torna-se imperioso que a Administração Pública aja com razoabilidade ao requisitar a prestação, complementação ou retificação de informações, ou a apresentação de provas. Veja-se que o dispositivo em comento não fixa o prazo, nem a forma e nem as condições ideais para o atendimento das exigências por parte do administrado, o que se justifica plenamente, já que, diante da multiplicidade de situações possíveis, não haveria como se estabelecer uma regra geral e igual para todos os casos. Com efeito, tudo o que for estipulado pela autoridade, no que diz respeito ao particular, não deve fugir ao razoável e adequado para que este possa cumprir o teor da intimação.

2. Desatendimento da intimação – atuação de ofício pelo órgão

Nos termos do parágrafo único do art. 39 da LPA, se não for atendida a intimação pelos interessados ou terceiros, a autoridade responsável pela instrução do processo poderá suprir de ofício essa omissão, desde que entenda ser relevante a matéria. Deveras, existem três requisitos para que ocorra essa atuação subsidiária da Administração, quais sejam: a) o primeiro evidencia-se pela inércia do administrado intimado pelo órgão público; b) o segundo é que o órgão competente possa suprir *ex officio* a inatividade do administrado, ou seja, a autoridade deve poder editar o ato contido na intimação, o qual cabia ao interessado praticar inicialmente; c) o terceiro requisito é a questão da relevância da matéria objeto do processo, que deve envolver o interesse público, uma vez que se o processo for de interesse preponderante do particular, não há que se falar em atuação secundária do Poder Público.[73] Neste viés, no tocante a essa terceira condição, para que a máquina administrativa se movimente, é necessário que o processo envolva *matéria relevante* (conceito jurídico indeterminado como já se destacou no art. 33 da LPA), o que, certamente, se liga a interesses que sejam importantes para a coletividade e não somente para o interessado.

Por conseguinte, a atuação subsidiária da Administração, nos moldes previstos no parágrafo único do art. 39, acaba sendo um *dever*, pois quando se está diante de interesse público, de interesse social, a Administração dele não pode abrir mão, sob pena de ofensa a um dos mandamentos basilares do Direito Administrativo que é o princípio da superioridade do interesse público sobre o particular e, também, ao princípio da indisponibilidade do interesse público.[74] Todavia, esse dever de agir só surge quando presentes os três requisitos supra arrolados.

Referência

MARRARA, Thiago; NOHARA, Irene Patrícia. *Processo Administrativo:* Lei 9.784/99 comentada. São Paulo: Atlas, 2009.

---

[73] E isso porque não haveria sentido em permitir que a Administração atuasse para beneficiar interesses privados do interessado; omitir-se seria benéfico na medida em que se preservaria o administrado de agir, sendo a sua inércia mais conveniente do que o seu atuar, o que acarretaria afronta ao princípio da supremacia do interesse público.

[74] Nesse mesmo sentido está o posicionamento de Nohara e Marrara (MARRARA, Thiago; NOHARA, Irene Patrícia. *Processo Administrativo* – Lei 9.784/99 comentada. São Paulo: Atlas, 2009, p. 271/273).

Artigo 40

Quando dados, atuações ou documentos solicitados ao interessado forem necessários à apreciação de pedido formulado, o não atendimento no prazo fixado pela Administração para a respectiva apresentação implicará arquivamento do processo.

SUMÁRIO: 1. Arquivamento do processo pela inércia do interessado; Referência.

1. Arquivamento do processo pela inércia do interessado

Se o administrado deixar transcorrer *in albis* o prazo estabelecido na intimação, nos processos administrativos em que prevalece primordialmente o seu interesse, isto leva à presunção de que está abrindo mão de ver apreciado o seu pedido, diante da sua inércia em colaborar com a Administração. Neste viés, a inércia do interessado acarreta a preclusão temporal, isto é, ocorre a extinção do direito processual em decorrência do decurso do prazo fixado. Todavia, o interessado pode explicar ao Poder Público o motivo pelo qual descumpriu o prazo estipulado na intimação e solicitar que novo período determinado de tempo lhe seja concedido. Neste caso, a Administração Pública tem a faculdade de conferir ao particular outro prazo e prolongar um pouco mais a fase instrutória, pois embora no dispositivo não esteja prevista a possibilidade de uma nova oportunidade ao interessado para a instrução do expediente, nada impede o seu cabimento, diante do princípio informalismo, segundo o qual a Administração deve adotar formas simples, capazes de permitir um apropriado nível de certeza, segurança e respeito aos direitos dos administrados (cf. art. 2º, parágrafo único, IX, LPA), de modo que prevaleça o conteúdo em relação ao formalismo exagerado, observando-se as formalidades essenciais à garantia dos direitos dos administrados (art. 2º, parágrafo único, VIII, LPA).

De outra banda, se a autoridade constatar que o novo prazo ao interessado não trará benefício algum ao expediente, correndo o risco de nova omissão por parte do administrado e, além disso, ofensa à regra da razoável duração do processo, pode negar a segunda oportunidade ao interessado. Ainda, se o particular se mantém inerte quando a Administração requer sua participação, poderá a autoridade responsável, respaldada na permissão legal do art. 40, determinar o arquivamento do feito por falta dos dados, das atuações, ou dos documentos necessários à instrução, em especial quando não puder suprir *ex officio* a omissão, com base no art. 37 da LPA. De tal modo, se o órgão competente para a fase instrutória puder prover de ofício a obtenção dos documentos ou das respectivas cópias, suprindo a inatividade do particular, não será caso de se proceder ao arquivamento do art. 40.

Na etapa instrutória, à Administração Pública é dada a prerrogativa e a tarefa de decidir quais são as informações, os documentos, as provas necessárias ao exame da matéria objeto do processo. Neste passo, perante dada situação fática que se apresenta, compete ao Poder Público determinar quais são os elementos relevantes para o expediente e quais deles não estão integrando o processo, ou se o integram, do mesmo modo, cabe-lhe averiguar quais estão presentes de forma incompleta ou incorreta. Assim sendo, cabe à autoridade intimar o interessado sobre essa necessidade de complementar o que falta, ou corrigir o que está errôneo, assegurando, desta maneira, a regular e adequada instrução processual e o seu aprimoramento. No entanto, como já se disse, se o processo for voltado ao interesse do administrado e este se omitir, configurada estará a sua inércia, o que autoriza o arquivamento do pedido.

Referência

MARRARA, Thiago; NOHARA, Irene Patrícia. *Processo Administrativo* – Lei 9.784/99 comentada. São Paulo: Atlas, 2009.

Artigo 41
Os interessados serão intimados de prova ou diligência ordenada, com antecedência mínima de três dias úteis, mencionando-se data, hora e local de realização.

SUMÁRIO: 1. Intimação para acompanhar provas e diligências; 2. Prazo: antecedência mínima de três dias úteis; 3. Intimação deve conter: data, hora e local; Jurisprudência; Referência.

1. Intimação para acompanhar provas e diligências

O art. 41 da LPA contempla disposição referente à intimação dos interessados para acompanharem a produção de provas ou diligências que sejam ordenadas. Esta determinação é de fundamental relevância para o processo, tanto que a ausência da intimação do interessado para tais atos fere os preceitos constitucionais da ampla defesa e do contraditório, inerentes ao processo administrativo. Sob esse viés, a garantia de defesa deve ser resguardada uma vez que tem sua origem no devido processo legal e encontra suporte no princípio contido no art. 5º, inc. LV, da Constituição Federal; dele a Administração não pode se esquivar sob pena de afronta a uma garantia fundamental. Assim, "Por *garantia de defesa* deve-se entender não só a observância do rito adequado como a cientificação do processo ao interessado, a oportunidade para contestar a acusação, produzir prova de seu direito, acompanhar os atos da instrução e utilizar-se dos recursos cabíveis".[75]

Além disso, a intimação dos atos processuais está ligada tanto à publicidade dos atos praticados no âmbito do processo (art. 5º, inc. LX, da CF/88), quanto ao princípio da publicidade dos demais atos editados pelo Poder Público (art. 37, *caput*, da CF/88); e, do mesmo modo, relaciona-se com a garantia da transparência das atividades e decisões praticadas no expediente processual, ressalvando-se apenas os casos em que o sigilo seja imprescindível à segurança da sociedade e do Estado (art. 5º, inc. XXXIII, da CF/88), além do direito, a todos assegurado, de respeito à intimidade, à vida privada, à honra e à imagem (art. 5º, inc. X, da CF/88). Destarte, o processo administrativo precisa ser o mais transparente possível, com exceção dos casos em que o interesse público ou o direito à privacidade indicarem o sigilo. Referida exigência de transparência deve ser tanto maior quanto maior for o interesse da coletividade em relação à matéria objeto do pro-

---

[75] MEIRELLES, Hely Lopes. *Direito Administrativo Brasileiro*. 37. ed. São Paulo: Malheiros, 2011, p. 740.

cesso. Por conseguinte, a publicidade e a transparência são essenciais para que o processo administrativo possa desempenhar a sua finalidade primordial que é a de chegar a uma decisão final, mas com respeito aos direitos e garantias dos administrados. Aí se tem um processo legítimo e democrático.

2. Prazo: antecedência mínima de três dias úteis

A LPA determina que o prazo da intimação tenha antecedência de, no mínimo, três dias úteis contando-se o lapso da data em que será realizada a prova ou a diligência. Quando se fala em dia útil, este deve ser considerado como sendo aquele em que o órgão ou entidade pública responsável pelo processo administrativo funciona normalmente, isto é, em geral de segunda à sexta-feira, excluindo-se, portanto, o sábado e o domingo e, da mesma maneira, os feriados. Se o ato de intimar os interessados não pode ser praticado sem a observância do lapso mínimo de três dias úteis, imprescindível que a contagem do prazo, conforme se depreende da disposição legal, seja feita computando-se o dia imediatamente anterior ao ato que será realizado no processo e mais dois antes do dia que precede a prática do evento no expediente processual (esquematizando-se o prazo mínino: INTIMAÇÃO – dia útil/ dia útil/ dia útil/ ATO – prova, diligência; exemplos: intimação – segunda-feira/ terça-feira/ quarta-feira/ quinta-feira – prova, diligência; ou: intimação – sexta-feira/ segunda-feira/ terça-feira/ quarta-feira – prova, diligência). Necessário ressaltar que referido cômputo decorre do que dispõe o art. 66, *caput*, da LPA, o qual estabelece que deve ser excluído o dia do começo e incluído o do vencimento no que diz respeito ao termo inicial e final, respectivamente, dos prazos administrativos.

Como a LPA determina que o prazo de três dias úteis é um prazo mínimo, a Administração pode ampliar este lapso temporal intimando os interessados em um período de tempo maior, desde que não exista legislação especial que disponha de forma diversa, caso em que será o prazo específico que prevalecerá sobre o estipulado pelo art. 41 da LPA. Porém, quando houver lei específica estipulando um prazo inferior ao de três dias úteis, surge a questão: qual prazo será aplicado pela autoridade responsável, o de três dias úteis conforme disciplinado na LPA, ou o menor prazo previsto pela lei específica? Ao que se responde: levando-se em conta critérios de razoabilidade e proporcionalidade, bem como o princípio da ampla defesa, deverá imperar o prazo de três dias úteis previsto no art. 41; do contrário, um prazo menor do que este, para que os interessados tenham ciência dos atos que serão praticados no processo, inviabilizaria o acompanhamento das provas e diligências que serão realizadas. Um lapso temporal ínfimo para a intimação dos particulares não condiz com a garantia fundamental do devido processo legal e, portanto, não deve prevalecer sobre a previsão contida no art. 41 da LPA.

3. Intimação deve conter: data, hora e local

O artigo 41 determina qual deve ser o conteúdo necessário da intimação para que se possa dar ciência aos interessados das provas que serão produzidas e das diligências que serão realizadas no processo. Assim, deve indicar, essencialmente, a data correta, o horário exato e o local específico em que o ato será realizado. Isto porque, se estas informações forem pouco precisas, dificultar-se-á o comparecimento dos interessados para acompanharem os citados atos que serão praticados no expediente processual, o que fere frontalmente a ampla defesa.

Jurisprudência

ADMINISTRATIVO. MANDADO DE SEGURANÇA. PROCESSO ADMINISTRATIVO DISCIPLINAR. JUIZ FEDERAL EM AUXÍLIO. INEXISTÊNCIA DE OFENSA AO PRINCÍPIO DO JUIZ NATURAL. INDEFERIMENTO DE OITIVA DE TESTEMUNHA DE DEFESA SOB ARGUMENTO DE PROVIDÊNCIA PROTELATÓRIA. ALEGAÇÃO DA TESTEMUNHA DE IMPOSSIBILIDADE DE COMPARECIMENTO EM RAZÃO DE COMPROMISSO PROFISSIONAL. INTIMAÇÃO EFETIVADA NA VÉSPERA DA AUDIÊNCIA DESIGNADA. APLICAÇÃO DO ART. 41 DA Lei nº 9.784/99. INOBSERVÂNCIA DOS PRINCÍPIOS CONSTITUCIONAIS DA AMPLA DEFESA E DO CONTRADITÓRIO. SEGURANÇA CONCEDIDA. (...). 2. Consoante o art. 41 da Lei nº 9.784/99, que prevê regras de intimação a serem observadas nos processos administrativos, os interessados serão intimados de prova ou diligência ordenada, com antecedência mínima de 3 (três) dias úteis, mencionando-se data, hora e local de realização. Padece de irregularidade o ato de indeferimento de oitiva de testemunha, tendo em vista que esta foi notificada da audiência na véspera de sua realização, contrariando a legislação de vigência e os princípios da ampla defesa e do contraditório. Precedente do STJ. (...). (TRF1 – APELAÇÃO EM MANDADO DE SEGURANÇA: AMS 4194 PA 2003.39.00.004194-0, Relator: DESEMBARGADOR FEDERAL ANTÔNIO SÁVIO DE OLIVEIRA CHAVES, Julgamento: 07/05/2008, Órgão Julgador: PRIMEIRA TURMA).

MANDADO DE SEGURANÇA – PROFESSOR DA REDE PÚBLICA MUNICIPAL – PROCESSO ADMINISTRATIVO DISCIPLINAR – PENALIDADE DE DEMISSÃO SIMPLES – LEI MUNICIPAL N. 2.960/95 – PROVA PERICIAL – AUSÊNCIA DE NORMATIZAÇÃO ESPECÍFICA – NOTIFICAÇÃO ASSISTENTE TÉCNICO REALIZADA COM 24 HORAS DE ANTECEDÊNCIA À DATA DO COMPARECIMENTO – APLICAÇÃO SUBSIDIÁRIA DA LEI FEDERAL N. 9.784/99 QUE DETERMINA A INTIMAÇÃO DO INTERESSADO COM ANTECEDÊNCIA MÍNIMA DE TRÊS DIAS ÚTEIS – OFENSA AOS PRINCÍPIOS DA AMPLA DEFESA E DO CONTRADITÓRIO – NULIDADE – SEGURANÇA CONCEDIDA – SENTENÇA MANTIDA – RECURSO IMPROVIDO. Nos termos da Lei n. 9.784/99, que dispõe sobre o processo administrativo no âmbito federal, a intimação do interessado para a ciência de diligências a serem realizadas, deve ser feita com antecedência mínima de três dias úteis quanto à data do comparecimento. De acordo com o Superior Tribunal de Justiça: "Ausente lei local específica, a Lei nº 9.784/99 pode ser aplicada de forma subsidiária no âmbito dos demais Estados-Membros, tendo em vista que se trata de norma que deve nortear toda a Administração Pública, servindo de diretriz aos seus demais órgãos. Precedentes do STJ." (REsp 852493/DF, rel. Min. Arnaldo Esteves). Configura ato ilegal, passível de nulidade, a notificação do assistente técnico para acompanhar o exame pericial, com antecedência de apenas 24 (vinte e quatro) horas quanto à data do comparecimento, porque restringe o direito à ampla defesa e ao contraditório. (TJSC – Apelação Cível em Mandado de Segurança: MS 181558 SC 2009.018155-8, Relator: Sérgio Roberto Baasch Luz, Julgamento: 09/03/2010, Órgão Julgador: Primeira Câmara de Direito Público).

Referência

MEIRELLES, Hely Lopes, *Direito Administrativo Brasileiro*. 37. ed. São Paulo: Malheiros, 2011.

Artigo 42
Quando deva ser obrigatoriamente ouvido um órgão consultivo, o parecer deverá ser emitido no prazo máximo de quinze dias, salvo norma especial ou comprovada necessidade de maior prazo.

Art. 42

§ 1º Se um parecer obrigatório e vinculante deixar de ser emitido no prazo fixado, o processo não terá seguimento até a respectiva apresentação, responsabilizando-se quem der causa ao atraso.

§ 2º Se um parecer obrigatório e não vinculante deixar de ser emitido no prazo fixado, o processo poderá ter prosseguimento e ser decidido com sua dispensa, sem prejuízo da responsabilidade de quem se omitiu no atendimento.

SUMÁRIO: 1. Opinião do órgão consultivo: parecer; 2. Prazo; 3. Parecer obrigatório e vinculante; 4. Parecer deixa de ser emitido no prazo fixado: o processo não pode prosseguir até a apresentação do parecer; 5. Responsabilidade de quem deu causa ao atraso; 6. Parecer obrigatório e não vinculante; 7. Parecer deixa de ser emitido no prazo fixado: o processo pode prosseguir e ser decidido com sua dispensa; 8. Responsabilidade de quem deu causa ao atraso; Jurisprudência; Referências.

1. Opinião do órgão consultivo: parecer

O artigo 42 da LPA contém disposição referente aos pareceres emitidos pelos órgãos consultivos que fazem parte da estrutura interna da Administração. Em certas hipóteses há necessidade de se ouvir órgãos administrativos que tenham competência e capacidade para emanarem juízos técnicos que lhes são solicitados, uma vez que integrados por especialistas em determinadas áreas do saber, e, portanto, hábeis para emitirem opiniões que deem suporte e subsídio às decisões das autoridades administrativas.

Destarte, os pareceres são "manifestações de órgãos técnicos sobre assuntos submetidos à sua consideração";[76] devem ser devidamente fundamentados e suas conclusões precisam ser explícitas e claras a respeito de todos os pontos levantados na consulta. Em outras palavras, constituem "o ato pelo qual os órgãos consultivos da Administração emitem opinião sobre assuntos técnicos ou jurídicos de sua competência";[77] consequentemente, são produzidos na esfera interna da Administração Pública. Contudo, nada impede que o Poder Público contrate um profissional de fora dos quadros do Poder Público para emitir opinião acerca de determinada questão, caso não tenha órgão especializado para tanto.

Os pareceres podem ser obrigatórios quando a lei exige que estejam presentes no processo administrativo; entretanto, não sujeitam a autoridade a decidir no sentido que apontam. Podem ser facultativos, se a decisão de requerê-los ficar a critério da autoridade responsável. Se o entendimento do órgão técnico tiver de ser acatado pela autoridade administrativa, estar-se-á diante de um parecer vinculativo. Se prescindir dessa obrigatoriedade de acolhimento, o parecer será não vinculativo.[78]

---

[76] MEIRELLES, Hely Lopes. *Direito Administrativo Brasileiro*. 37. ed. São Paulo: Malheiros, 2011, p. 198.

[77] DI PIETRO, Maria Sylvia Zanella. *Direito Administrativo*. 26. ed. São Paulo: Atlas, 2013, p. 238.

[78] Em relação ao parecer administrativo Maria Sylvia Zanella Di Pietro, acolhe os ensinamentos de Oswaldo Aranha Bandeira de Mello que classifica os pareceres em: facultativo, obrigatório e vinculante. Com efeito, facultativo é o parecer em que cabe à "Administração solicitá-lo ou não, além de não ser vinculante para quem o solicitou. Se foi indicado como fundamento da decisão, passará a integrá-la, por corresponder à própria motivação do ato". Já o parecer obrigatório é aquele que "a lei exige como pressuposto para a prática do ato final. A obrigatoriedade diz respeito à solicitação do parecer (o que não lhe imprime caráter vinculante)". E vinculante é o parecer "quando a Administração é obrigada a solicitá-lo e a acatar a sua conclusão". (*Ibidem*, p. 238-239)

Os pareceres em regra são opinativos, e em assim sendo, estes são apenas os pareceres facultativos e obrigatórios, pois a autoridade não fica atrelada ao seu teor. Tendo caráter meramente opinativo, o Supremo Tribunal Federal entende que o parecer não é um ato administrativo propriamente dito; o que se constitui como tal é o ato de sua aprovação por parte da autoridade. Portanto, uma vez homologado o parecer opinativo, é a homologação que subsiste como ato e não o parecer. Daí surgir a questão de saber sobre a responsabilização do advogado que integra a assessoria jurídica de órgão ou ente da Administração Pública: seria ele responsável solidário ao lado da autoridade administrativa decisória, em face dos danos acarretados ao erário público? A nossa Corte Superior se manifestou no sentido de afastar a tese de que o parecerista deve ser responsabilizado de modo solidário com o administrador público, salvo em casos de culpa ou erro, ambos na forma grave, ou dolo no parecer. E assim se entendeu, em verdade, porque o parecer é simples ato opinativo que busca aclarar, indicar, recomendar providências a serem tomadas pela Administração no que diz respeito aos atos administrativos a serem editados pelo Poder Público.[79]

2. Prazo

O prazo para que seja emanado um parecer é o de quinze dias, no máximo, salvo norma especial ou comprovada necessidade de maior prazo. Por conseguinte, como regra geral, a LPA estabelece o prazo quinzenal para que se emita o parecer. O lapso temporal começa a ser contado a partir do primeiro dia útil ulterior ao dia em que o órgão responsável pela emissão do parecer é cientificado formalmente do pedido, feito pela autoridade administrativa, para que enuncie um juízo de opinião sobre determinada questão. Assim como os demais prazos no processo administrativo, as regras para sua contagem devem seguir as disposições contidas nos arts. 66 e 67 da LPA.

Havendo disposição legal especial, os pareceres serão emitidos no prazo da legislação específica, tanto se esta estipular prazo maior ou menor, do que o prazo de 15 (quinze) dias. Todavia, o prazo deve atender o primado da razoável duração do processo e, se menor, não pode ser um prazo exíguo, sob pena de ofensa ao mandamento do devido processo legal. É de ver-se que a norma apta a afastar a regra geral imposta pelo art. 42 da LPA deve estar contida em legislação federal especial.

E finalmente, quando houver comprovada necessidade, o órgão competente para a instrução fixará, fundamentadamente, prazo diferente, ampliando o lapso para que o parecer seja apresentado nos autos do expediente processual. Há casos em que a observância do prazo quinzenal afetaria o nível técnico-jurídico do parecer a ser exarado, especialmente quando o processo envolver questões bastante complexas e intrincadas, o que requer dilação do lapso para sua entrega. Importa notar que, se dada situação se verificar, caberá ao parecerista requerer, desde que de forma devidamente motivada, que se amplie o prazo para a apresentação do parecer, competindo à autoridade hierarquica-

---

[79] STF (Pleno) no MS 24.073-3-DF; STF (Pleno) no MS 24.631 DF.

mente superior, dentro do órgão consultivo, decidir sobre a dilação do prazo, salvo se o órgão de consulta for inferior ao que solicitou a emissão do parecer, hipótese em que a este competirá dar a palavra final a respeito do pedido de ampliação do prazo.[80]

3. Parecer obrigatório e vinculante

O § 1º do art. 42 da LPA dispõe sobre a falta de observância do prazo estabelecido para a emissão de parecer que seja obrigatório e vinculante. Este se dá quando a Administração tiver por dever solicitar o parecer e acatar o que nele for concluído. Todavia, por vezes, pode acontecer de o órgão consultivo manter-se inerte diante do pedido de sua emissão. Neste caso, haverá inatividade entre órgãos do Poder Público, o que acarretará responsabilização por parte de quem deveria atuar e não agiu, deixando de emitir o parecer solicitado. Referido parágrafo em comento disciplina que, na falta do parecer, o processo ficará paralisado até que o juízo de opinião do órgão consultivo seja enunciado.

Sobre o parecer vinculante é pertinente certa crítica doutrinária que entende que esta espécie, em verdade, "não é parecer: é decisão".[81] Neste sentido, "O que pode ocorrer é a existência de despacho normativo da autoridade superior fixando um determinado entendimento oficial para um assunto específico, vinculando o comportamento administrativo nos casos supervenientes; não é o parecer que é vinculante, mas o despacho (decisão) que o tornou de observância obrigatória. Quando houver despacho normativo sobre determinado assunto o 'parecer' dado em caso superveniente deve apenas mencionar tal situação ou, ao contrário, destacar particularidades que justifiquem para aquele específico e determinado caso (que é diferente da situação-tipo que ensejou a edição do despacho normativo) solução diversa".[82] É de ver-se ainda que: "Nada impede que os setores da maior hierarquia do sistema de assessoramento jurídico da Administração estabeleçam 'súmulas' fixando entendimentos havidos como os mais corretos. Tais súmulas (assim como as súmulas de jurisprudência dos tribunais) devem corresponder a conclusões firmadas após intensa discussão do assunto, apoiadas em sólidos argumentos, suficientes para gerar uma convicção de que efetivamente o entendimento sumulado é o melhor. Mas não se confundem com despachos normativos e não são vinculantes, não retirando a capacidade de apreciação de quem opina ou decide em casos análogos".[83]

4. Parecer deixa de ser emitido no prazo fixado: o processo não pode prosseguir até a apresentação do parecer

Conforme se verifica da redação do § 1º do art. 42, diante da inércia da Administração em emitir o parecer, suspende-se o andamento do processo até

---
[80] Neste sentido: Nohara e Marrara, *op. cit.*, p. 284.
[81] Nesse sentido: DALLARI, Adilson de Abreu; FERRAZ, Sérgio. Processo administrativo. 3. ed. São Paulo: Malheiros, 2012, p. 216.
[82] *Ibidem*, p. 216-217.
[83] DALLARI, Adilson de Abreu; FERRAZ, Sérgio. *Op. cit.*, p. 216.

que o juízo de opinião do órgão competente venha a integrar o expediente processual.

Ora, é possível tecer crítica a essa previsão contida na LPA, pois quando se determina que o processo fica paralisado até que sobrevenha aos autos o parecer solicitado, na verdade, acaba-se por estabelecer uma situação desfavorável ao interessado, que fica atado à suspensão do feito, sem poder ver o desfecho do processo, na medida em que este não prosseguirá por expressa disposição legal. Mesmo que o administrado não tenha dado causa a esse atraso, sofre as consequências da inatividade administrativa sem sequer ter contribuído para isso. Logo, é necessário sim responsabilizar o consultor público pela omissão, mas não prejudicar o interessado. Estabelecer que o processo deva parar, enquanto não for emitido o parecer obrigatório e vinculante, é caminhar em direção oposta ao senso de justiça. Com efeito, "O certo é que, sendo o parecer substancialmente uma opinião, o processo não pode ser interrompido ou sofrer solução de continuidade no caso de sua falta",[84] pois não é concebível que, por intermédio de uma previsão de lei que trate da emissão de um parecer obrigatório e vinculante, permita-se que não decorra efetivamente o curso do processo, haja vista que este não pode parar diante da não atuação do Poder Público. O silêncio administrativo representado pela inércia da Administração não deve sujeitar o particular a ter que esperar indefinidamente por uma atitude do órgão consultivo, o que impõe que o referido § 1º, em comento, seja interpretado de forma a não ofender, uma vez mais aqui mencionado, o princípio da razoável duração do processo, garantia fundamental agasalhada no inciso LXXVIII do art. 5º da CF/88.

5. Responsabilidade de quem deu causa ao atraso

Na parte final do § 1º do art. 42 encontra-se a preocupação do legislador com a falta de atuação da Administração, dispondo que deverá ser responsabilizado aquele que tem por dever de ofício, entregar o parecer no prazo estipulado e não o faz. Nesse viés, cabe diferenciar o vínculo do parecerista com o Poder Público: se ele integra um dos órgãos de consulta do Estado e, portanto, faz parte dos quadros da Administração, ou se ele é um terceiro contratado para emitir opinião sobre dado assunto técnico-jurídico e não se inclui em qualquer dos órgãos consultivos estatais.

Destarte, é de se verificar que, se o responsável pela inércia for agente público, este deve ser processado e responder pela sua conduta omissiva em processo administrativo disciplinar[85] instaurado para apurar infração decorrente da não emissão do parecer no prazo previsto em lei, apurando-se daí

---

[84] DALLARI, Adilson de Abreu; FERRAZ, Sérgio. *Op. cit.*, p. 217.
[85] Nos termos do art. 4º, inc. II da Lei 8.027/90 (Código de Ética do Servidores Públicos Federais) "são faltas administrativas, puníveis com a pena de suspensão por até 90 (noventa) dias, cumulada, se couber, com a destituição do cargo em comissão: (...) II – opor resistência ao andamento de documento, processo ou à execução de serviço". E consoante dispõe o art. 124 da Lei 8.112/90 (Estatuto do Servidor Público Federal): "A responsabilidade civil-administrativa resulta de *ato omissivo* ou comissivo praticado no desempenho do cargo ou função". (destacou-se).

a sua responsabilidade.[86] Além da esfera administrativa, o servidor também pode sofrer processo em juízo, no âmbito civil, por improbidade administrativa, caso a sua inatividade incorra em uma das hipóteses contidas nos arts. 9, 10 e 11 da Lei 8.429/92 e, ainda, no âmbito criminal, se da sua omissão resultar um ilícito penal.[87]

Já se o responsável for um terceiro, contratado para proferir opinião sobre dada matéria, e, ao invés de lançar suas conclusões referentes ao tema, permanece inerte, não sendo o caso de sofrer processo por improbidade administrativa (Lei 8.429/92), poderá ser processado nos termos da legislação que rege a responsabilidade civil.

Em todo o caso, sempre será possível responsabilizar o Estado por omissão na atuação estatal. Por conseguinte, incidirão, nesta hipótese, as normas que regem a responsabilidade extracontratual do Estado, tendo como base o § 6º do art. 37 da Constituição Federal.

Resgatando-se o tema da responsabilidade solidária entre o parecerista de um órgão público e a autoridade administrativa decisória no processo, diferentemente do que se defende quando o parecer não é vinculativo, caso em que se afasta a responsabilidade daquele que o emite, aqui, diante de parecer vinculante, o STF entende que o órgão consultivo será responsável juntamente com a autoridade, pois, uma vez que esta deve seguir necessariamente o que está recomendado no parecer, o parecerista "pode vir a ser considerado administrador".[88]

6. Parecer obrigatório e não vinculante

O § 2º do art. 42 da LPA trata do parecer obrigatório e não vinculante. Consoante já se expôs, o parecer não vinculante aconselha sobre determinada matéria e questões postas para análise, mas deixa a autoridade administrativa livre para decidir, independentemente das conclusões apontadas pelo órgão consultivo. Embora seja não vinculativo, é obrigatório, devendo estar presente nos autos do processo.

7. Parecer deixa de ser emitido no prazo fixado: o processo pode prosseguir e ser decidido com sua dispensa

Quando um parecer opinativo obrigatório e não vinculante deixar de ser emitido dentro dos prazos previstos no *caput* do art. 42, pode o processo prosseguir e receber a decisão sem o parecer, salvo disposição legal expressa em

---

[86] Segundo defende José dos Santos Carvalho Filho a instauração de processo administrativo disciplinar para apurar a responsabilidade do servidor que deveria emitir o parecer e omitiu-se, não pode ser um juízo discricionário, isto é, não comporta liberdade de escolha entre optar por averiguar ou não a falta disciplinar; neste passo, cabe à autoridade competente solicitar a apuração da responsabilidade do agente. (CARVALHO FILHO, José Santos. *Processo administrativo federal*. 5. ed. São Paulo: Atlas, 2013, p. 210).

[87] Conforme determina o art. 125 da Lei 8.112/90: "As sanções civis, penais e administrativas poderão cumular-se, sendo independentes entre si".

[88] STF, MS 24.631.

contrário. Todavia, mesmo com atraso, o parecer pode ser juntado aos autos do expediente processual, contribuindo para fortalecer a convicção da autoridade que vai emitir a decisão, dando suporte para que se decida da forma mais correta possível a respeito do assunto objeto do processo. No entanto, uma ressalva precisa ser feita, qual seja, a de que deve existir um momento que será o termo final para que o parecer venha a integrar os autos: o limite máximo será até o momento imediatamente anterior à tomada de decisão. Passado esse ato, o parecer não terá mais a serventia para a qual se presta, que é, justamente, a de servir de apoio para a fase decisional. Contudo, não fica afastada a possibilidade de, em grau recursal, a autoridade competente requerer que o parecer passe a fazer parte dos autos, justificando a sua importância nessa etapa do expediente, ou que o interessado faça um pedido em tal sentido, caso em que poderá ser incluído no processo.[89]

8. Responsabilidade de quem deu causa ao atraso

O processo pode ter sequência, mesmo sem o parecer obrigatório e não vinculante; entretanto, embora a ausência do parecer não afete o prosseguimento do expediente processual, aquele que deu causa ao atraso deverá ser responsabilizado, instaurando-se processo administrativo disciplinar para apuração da conduta infracional. Nesta hipótese ainda, não se deve afastar a existência de improbidade administrativa, desde que haja um mínimo de má-fé que a tipifique, até porque a inércia da Administração em emitir parecer vai contra a eficiência na Administração Pública; além disso, conquanto o parecer no § 2º do art. 42 da LPA não seja vinculativo, houve solicitação de sua emissão, o que obriga o agente a atuar no prazo determinado pela lei. Quem se omite, ofende a eficiência e a legalidade, podendo ser processado por afrontar referidos princípios (cf. art. 11 da Lei 8.429/92).

Jurisprudência

CONSTITUCIONAL. ADMINISTRATIVO. CONTROLE EXTERNO. AUDITORIA PELO TCU. RESPONSABILIDADE DE PROCURADOR DE AUTARQUIA POR EMISSÃO DE PARECER TÉCNICO-JURÍDICO DE NATUREZA OPINATIVA. SEGURANÇA DEFERIDA. I. (...). II. No caso de que cuidam os autos, o parecer emitido pelo impetrante não tinha caráter vinculante. Sua aprovação pelo superior hierárquico não desvirtua sua natureza opinativa, nem o torna parte de ato administrativo posterior do qual possa eventualmente decorrer dano ao erário, mas apenas incorpora sua fundamentação ao ato. III. Controle externo: É lícito concluir que é abusiva a responsabilização do parecerista à luz de uma alargada relação de causalidade entre seu parecer e o ato administrativo do qual tenha resultado dano ao erário. Salvo demonstração de culpa ou erro grosseiro, submetida às instâncias administrativo-disciplinares ou jurisdicionais próprias, não cabe a responsabilização do advogado público pelo conteúdo de seu parecer de natureza meramente opinativa. Mandado de segurança deferido. (STF, MS 24.631-DF; Relator(a): Min. JOAQUIM BARBOSA; Julgamento: 09/08/2007; Órgão Julgador: Tribunal Pleno)

MANDADO DE SEGURANÇA. REQUERIMENTO DE CONCESSÃO DO ABONO DE PERMANÊNCIA EM ATIVIDADE. SOBRESTAMENTO DO FEITO PELA AUTORIDADE ADMINISTRATIVA. DIREITO LÍQUIDO E CERTO AO PROSSEGUIMENTO DO EXAME DO PEDIDO. INEXISTÊNCIA. (...) 3. A Lei nº 9.784/99, que regula o processo administrativo no âmbito da Administração Pública Federal, além de não fixar prazo para o encerramento da instrução, prevê, no seu art. 42, § 1º, a possibilidade de paralisação do processo até a

---

[89] MARRARA, Thiago; NOHARA, Irene Patrícia. *Processo Administrativo* – Lei nº 9.784/99 Comentada. São Paulo: Atlas, 2009, p. 288.

apresentação de um parecer obrigatório e vinculante. Destarte, aplicando-se por analogia o referido preceito ao presente caso, conclui-se que o procedimento adotado pela autoridade coatora não resultou em ilegalidade ou abuso de poder, uma vez que o sobrestamento do feito adveio da constatação da pendência de decisão sobre questão imprescindível ao exame do pedido administrativo. Segurança denegada. Recurso Ordinário e Reexame Necessário a que se dá provimento. (TST, RECURSO ORDINÁRIO TRABALHISTA: ReeNec e RO 997002820095030000 99700-28.2009.5.03.0000, Relator(a): João Batista Brito Pereira, Julgamento: 06/12/2010, Órgão Julgador: Órgão Especial).

Referências

CARVALHO FILHO, José dos Santos. *Processo Administrativo Federal* – Comentários à Lei 9.784, de 29.1.1999. 5. ed. São Paulo: Atlas, 2013.

DALLARI, Adilson de Abreu; FERRAZ, Sérgio. *Processo administrativo*. 3. ed. São Paulo: Malheiros, 2012.

DI PIETRO, Maria Sylvia Zanella. *Direito Administrativo*. 26. ed. São Paulo: Atlas, 2013.

MEIRELLES, Hely Lopes. *Direito Administrativo Brasileiro*. 37. ed. São Paulo: Malheiros, 2011.

MARRARA, Thiago; NOHARA, Irene Patrícia. *Processo Administrativo:* Lei 9.784/99 comentada. São Paulo: Atlas, 2009.

Artigo 43

Quando por disposição de ato normativo devam ser previamente obtidos laudos técnicos de órgãos administrativos e estes não cumprirem o encargo no prazo assinalado, o órgão responsável pela instrução deverá solicitar laudo técnico de outro órgão dotado de qualificação e capacidade técnica equivalentes.

SUMÁRIO: 1. Laudo técnico; 2. Solicitação de laudo técnico a órgão administrativo por disposição de ato normativo; 3. Prazo para que o laudo seja entregue; 4. Inércia do órgão técnico e solicitação de laudo a outro órgão administrativo; Referências.

1. Laudo técnico

O laudo é a opinião técnica que concretiza o trabalho realizado pelo perito, e se apresenta, em regra, na forma escrita. É o relato do técnico ou especialista a respeito de questões ligadas às ciências exatas, com o escopo de avaliar determinadas hipóteses que estão inseridas em sua área de conhecimento. O laudo evidencia as impressões apreendidas pelo técnico ou especialista, a respeito de certos assuntos do processo, que têm sua análise feita por intermédio dos conhecimentos específicos de quem os examinou. O laudo é muito mais objetivo do que o parecer, pois, diferentemente deste que está ligado às ciências sociais, aquele se relaciona com questões pontuais da matemática, física, biologia, química, etc.

2. Solicitação de laudo técnico a órgão administrativo por disposição de ato normativo

O art. 43 da LPA trata da possibilidade que existe, diante de disposição contida em ato normativo, de o órgão responsável pela instrução do processo solicitar laudo técnico. Os atos normativos editados pelo Poder Executivo são os regulamentos, portarias, instruções, resoluções, regimentos; são atos normativos derivados que não têm o condão de inovar a ordem jurídica. Já os atos normativos editados pelo Poder Legislativo são as leis em sentido formal e material; por serem atos capazes de instaurar situações jurídicas novas são considerados atos normativos originários.[90]

Importa destacar que há a necessidade de existir uma obrigação imposta pelo ato normativo de que se obtenha previamente o laudo técnico para que se observe o disposto neste preceptivo em comento; caso contrário, se não existir essa imposição, a solicitação recai no exercício de competência discricionária da Administração e o eventual descumprimento da emissão do laudo não resulta no dever de requerê-lo a outro órgão técnico.

3. Prazo para que o laudo seja entregue

Uma vez que exista disposição prevista em ato normativo determinando que laudos técnicos sejam solicitados aos órgãos administrativos, os mesmos deverão ser requeridos. Todavia, a LPA não estabelece o prazo para a emissão do laudo, possibilitando que surjam duas interpretações diversas da leitura do art. 43, que se limita a falar do *prazo assinalado*. Destarte: a) a primeira interpretação é de que o prazo é o estipulado no ato normativo, seja ele proveniente do Executivo ou do Legislativo; b) a segunda interpretação é a de que, não havendo prazo previsto na norma, à autoridade administrativa caberá estabelecê-lo. Em relação a esta segunda situação surge a dúvida em saber qual autoridade será responsável por estipular o prazo para elaboração do laudo: a autoridade instrutória do expediente processual ou a autoridade que chefia o órgão técnico que emitirá o laudo? Para responder a esta questão, volta-se ao que já se expôs sobre a hierarquia existente no âmbito da organização administrativa, ou seja: "Se a autoridade que conduz a instrução e solicita o laudo é hierarquicamente superior àquela que o emite, cabe à primeira fixar o prazo e dilatá-lo quando necessário. No entanto, se a autoridade solicitante do laudo e o órgão que o elabora não estiverem em relação de hierarquia, mas sim de cooperação pura, caberá ao órgão técnico a indicação do prazo de entrega do parecer com base na complexidade da questão objeto do laudo, atendendo, quando possível, às necessidades temporais da autoridade solicitante do documento".[91] Com base nesse entendimento, é possível esclarecer a qual autoridade compete estabelecer prazo para que se elabore o laudo.

---

[90] Deveras, segundo a lição de Miguel Reale, os atos normativos podem-se dividir em atos originários e derivados; os primeiros "'se dizem os emanados de um órgão estatal em virtude de competência própria, outorgada imediata e diretamente pela Constituição, para edição de regras instituidoras de direito novo'; compreende os atos emanados do Legislativo. Já os atos normativos derivados têm por objetivo a 'explicitação ou especificação de um conteúdo normativo preexistente, visando à sua execução no plano da *praxis*'; o ato normativo derivado, por excelência, é o regulamento". E ainda pode-se acrescentar que "'os atos legislativos não diferem dos regulamentos ou de certas sentenças que por sua natureza normativa, mas sim pela originariedade com que instauram situações jurídicas novas, pondo o direito e, ao mesmo tempo, os limites de sua vigência e eficácia, ao passo que os demais atos normativos explicitam ou complementam as leis, sem ultrapassar os horizontes da legalidade'" (Miguel Reale citado por Maria Sylvia Zanella Di Pietro. (DI PIETRO, Maria Sylvia Zanella. *Op. cit.*, p. 91).

[91] MARRARA, Thiago; NOHARA, Irene Patrícia. *Op. cit.*, p. 291.

4. Inércia do órgão técnico e solicitação de laudo a outro órgão administrativo

Diante da inércia do órgão técnico a quem o laudo foi originariamente solicitado, a LPA prevê no art. 43 que a autoridade responsável pela instrução do processo deverá requerer a emissão do laudo a outro órgão dotado de qualificação e capacidade técnica equivalentes.

Assim, o órgão que deveria emitir o laudo não o faz, permanecendo inerte, o que resulta na não-observância do dever de elaborar o laudo no prazo solicitado; a partir daí, cabe à autoridade, que preside a etapa instrutória, pedir o laudo a outro órgão público. Nesse caso, essa obrigação que surge para a autoridade responsável pela instrução, de ter que solicitar o laudo a outro órgão, de competência semelhante, só tem sentido quando o laudo é essencial para que se possa proferir uma decisão no processo, pois somente entendendo-se desta forma é que a previsão do artigo 43 se justifica, uma vez que o processo fica paralisado até que sobrevenha o laudo nos autos do processo.

Contudo, aqui, o legislador não determinou qual seria o prazo para a emissão do laudo por parte desse outro órgão técnico. Esse ponto importante restou lacunoso, pois, na verdade, algum tipo de imposição de prazo deveria ter sido previsto, até mesmo com a implicação do seu descumprimento.

Se solicitado o laudo ao outro órgão público e este também permanecer silente, além de um prazo razoável, o que pode ser entendido como o prazo de 15 (quinze) dias previsto no artigo 42 da LPA, aplicado por analogia, é possível que a Administração contrate alguma entidade particular, ou profissionais especializados nas questões técnicas que precisam ser analisadas e respondidas no processo, concretizadas por meio do laudo.

Também não seria descabido defender que o prazo conferido ao outro órgão público para emitir o laudo técnico seja de 30 (trinta) dias, que é o prazo que a Administração tem para proferir decisão no expediente processual, conforme dispõe o art. 49 da LPA. A partir daí, vencido esse lapso temporal, a autoridade instrutória poderia contratar profissionais da esfera privada para elaborarem o laudo. Isto para que o processo não fique paralisado indefinidamente diante do silêncio administrativo.

Referências

DI PIETRO, Maria Sylvia Zanella. *Direito Administrativo*. 26. ed. São Paulo: Atlas, 2013.

MARRARA, Thiago; NOHARA, Irene Patrícia *Processo Administrativo: Lei 9.784/99 comentada*. São Paulo: Atlas, 2009.

Artigo 44
Encerrada a instrução, o interessado terá o direito de manifestar-se no prazo máximo de dez dias, salvo se outro prazo for legalmente fixado.

SUMÁRIO: 1. Alegações finais; 2. Alegações finais – consequências referentes à sua ausência; 3. Prazo para apresentação das alegações finais – prazo máximo de 10 (dez) dias; Referências.

1. Alegações finais

O artigo 44 da LPA contempla previsão que trata de assegurar a aplicação da ampla defesa no processo administrativo. Determina que ao chegar ao final da fase instrutória, o interessado poderá se manifestar no processo, no prazo de até 10 dias, se outro diverso não estiver previsto em legislação específica. Essa manifestação ocorre após a produção das provas e antes do relatório final da autoridade administrativa e da decisão a ser exarada.

Ao apresentar as razões finais, que normalmente são feitas de maneira escrita, o interessado manifesta-se no sentido de influir na decisão administrativa, fazendo uma análise de toda a prova colhida durante a instrução, buscando convencer a autoridade responsável por elaborar o relatório final, da tese defendida pelo particular no expediente processual. Também é possível alegar eventuais vícios que maculem o processo. Esse momento do expediente é de suma importância, uma vez que o interessado deduz juridicamente suas pretensões com o fim primordial de fazer prevalecer seus argumentos. Verificando qualquer erro, falha, inconsistência ou vício, pode a autoridade instrutória determinar que se realizem diligências outras, com o escopo de ficar demonstrado que a fase de instrução colheu provas suficientes para que a solução a ser emitida seja a mais correta possível e esteja apoiada em elementos probatórios aptos a dar suporte à decisão emanada no processo pelo Poder Público.

Defende-se na doutrina que é possível que ao interessado seja conferido o direito de se manifestar depois do relatório final da autoridade responsável pela fase instrutória.[92] Realmente, na medida em que o relatório se constitui nas alegações finais do órgão instrutor, nada mais condizente com o devido processo legal do que, após o relatório final, o interessado poder expor suas razões perante a autoridade que vai decidir o processo. Deveras, a autoridade da etapa de instrução, quando expressa sua opinião a respeito da matéria objeto do expediente processual, certamente exerce influência na solução a ser tomada pelo órgão que profere a decisão administrativa. Nesse passo, uma vez que se confere ao interessado a participação ativa e ampla no processo, isto, de forma alguma, representa qualquer tipo de obstáculo ou dificuldade ao exercício do dever-poder da Administração Pública de emitir decisão em determinado sentido no expediente; ao contrário, dando-se esta oportunidade ao particular, para oferecer novas ponderações, outros pontos de vista, o que se tem é uma contribuição do interessado que pode em muito colaborar para que a decisão adotada seja a melhor para o caso *sub examine*.

2. Alegações finais – consequências referentes à sua ausência

Com efeito, os interessados (aqueles contidos no rol do art. 9º da LPA) têm o direito de se manifestar sobre o teor das diligências, pareceres, laudos

---

[92] Neste sentido, ver: Romeu Felipe Bacellar Filho (BACELLAR FILHO, Romeu Felipe. *Princípios constitucionais do processo administrativo disciplinar*. São Paulo: Max Limonad, 1998, p. 256); Lílian Moreira Pires (PIRES, Lílian Gabriel Moreira. Da instrução do processo (arts. 36 a 47). In: Figueiredo, Lúcia Valle (Coord.). *Comentários à lei federal de processo administrativo*. 2. ed. Belo Horizonte: Fórum, 2009, p. 177-178); MARRARA, Thiago; NOHARA, Irene Patrícia. *Op. cit.*, p. 294).

e demais elementos de prova contidos nos autos do processo ao fim da fase instrutória, conforme dispõe o artigo 44. Da forma como se encontra a redação do preceptivo em comento, infere-se que se trata de uma faculdade conferida pela LPA ao interessado, pois não há previsão de consequências ao particular, caso ele deixe de se pronunciar a respeito da instrução processual. Desde que se conceda o prazo de dez dias ao interessado, o mesmo não poderá alegar cerceamento de defesa, uma vez que se oportuniza a chance de ofertar razões contra as opiniões e evidências que lhe são desfavoráveis. Sem as razões finais o interessado apenas perde a oportunidade de enfatizar a tese que defende no processo e fazer alegações sobre as provas produzidas, mas isso não afasta o dever da Administração Pública de buscar a verdade material que deve imperar no âmbito do processo administrativo.

3. Prazo para apresentação das alegações finais – prazo máximo de 10 (dez) dias

Interessa notar que a LPA determina que o prazo máximo seja de 10 (dez) dias para apresentação das razões finais. Na medida em que a legislação processual federal estabelece esse prazo como o máximo, ele deverá ser concedido, a não ser que a Administração entenda por oportuno fixar prazo menor; no entanto, se este for o caso, o Poder Público recai no exercício de sua competência discricionária, devendo fundamentar devidamente as razões pelas quais estipula lapso menor para que as alegações finais sejam apresentadas pelo interessado. O prazo inferior a 10 (dez) dias não deve ser um prazo exíguo, cabendo à Administração pautar-se em critérios de razoabilidade, sempre que optar por um período de tempo menor do que o previsto no art. 44 da LPA.[93]

Interessa destacar que, embora a redação legal do art. 44 não fale em dia útil, a contagem deve principiar no primeiro dia com expediente normal, após o interessado ter tido ciência para apresentar as razões finais, e deve findar também em dia útil. Por ser prazo processual, começa a ser contado no dia seguinte ao recebimento da intimação e deve ser incluído no cômputo o dia do termo final. Aqui, devem ser observadas, por conseguinte, as regras dos arts. 26 (referente à intimação), 66 e 67 (pertinente à contagem de prazo) da LPA.

Referências

BACELLAR FILHO, Romeu Felipe. Princípios constitucionais do processo administrativo disciplinar. São Paulo: Max Limonad, 1998.

MARRARA, Thiago; NOHARA, Irene Patrícia. *Processo Administrativo:* Lei 9.784/99 comentada. São Paulo: Atlas, 2009.

PIRES, Lílian Gabriel Moreira. Da instrução do processo (arts. 36 a 47). In: Figueiredo, Lúcia Valle (Coord.). *Comentários à lei federal de processo administrativo.* Belo Horizonte: Fórum, 2004.

---

[93] Há opinião em sentido contrário, como é o caso de Thiago Marrara que entende que na hipótese "parece que a expressão prazo máximo não pode ser lida como a possibilidade de o administrador público reduzir o prazo discricionariamente. A expressão máximo deve ser entendida apenas como um limite para o administrador, o qual detém até dez dias para apresentar suas razões. Assim, não cabe à autoridade que conduz o processo reduzir esse prazo nem ampliá-lo". (*Ibidem*, p. 296).

Artigo 45

Em caso de risco iminente, a Administração Pública poderá motivadamente adotar providências acauteladoras sem a prévia manifestação do interessado.

SUMÁRIO: 1. Medidas cautelares – o poder geral de cautela da administração pública; 2. Requisitos para o exercício do poder geral de cautela; 3. *Fumus boni iuris*; 4. *Periculum in mora*; 5. Desnecessidade de contraditório prévio; 6. Risco iminente e motivação; Jurisprudência; Referências.

1. Medidas cautelares – o poder geral de cautela da administração pública

O artigo 45 da LPA contém previsão concernente ao poder geral de cautela no processo administrativo. Referido dispositivo autoriza a Administração a agir, adotando providências no curso do processo a fim de resguardar o regular andamento do expediente processual, independentemente da prévia manifestação do interessado.

Importa esclarecer desde logo que as medidas cautelares se diferem das sanções administrativas. Neste passo, é possível dizer que as "*Providências administrativas acautelatórias* são medidas que a Administração muitas vezes necessita adotar de imediato para prevenir danos sérios ao interesse público ou à boa ordem administrativa", e, diversamente das sanções administrativas, não têm o intento de intimidar ou punir infratores "para que não incorram em conduta ou omissão indesejada", mas, sim, "a de *paralisar* comportamentos de efeitos danosos ou de *abortar* a possibilidade de que se desencadeiem".[94]

Da análise desta prerrogativa conferida à Administração Pública pelo art. 45, verifica-se que o Poder Público sempre pode impor medidas acautelatórias, com o escopo de resguardar a ordem pública e o interesse público primário do Estado.[95] Quando assim age, o faz com o intento de suspender, enfraquecer, deter uma ação danosa. Esta atuação do Poder Público não tem o intento primordial de ser punitiva. Na medida em que a Administração verifica que há a necessidade de evitar a ocorrência de violação à ordem jurídica, ela acaba por utilizar-se do seu poder geral de cautela. De outro lado, se o intento é reprimir uma transgressão já perpetrada, o que incidirá será algum tipo de sanção administrativa, que encerra, esta sim, punição. Logo, infere-se que o poder geral de cautela tem caráter preventivo, ao passo que a sanção imposta pela Administração Pública tem viés repressivo.

---

[94] MELLO, Celso Antonio Bandeira de. *Curso de Direito Administrativo*. 28. ed. São Paulo: Malheiros, p. 866-867.

[95] Os interesses primários são satisfeitos sempre que a Administração Pública realiza os próprios fins do Estado, que em última análise é a satisfação das necessidades da coletividade. Assim, "[...] la actividad administrativa es, em sentido general, el conjunto de hechos, actos y procedimientos realizados por la administración pública, caracterizada por ser una actividad teleológica, es decir, enderezada al logro de una finalidad que no es otra que la satisfaction de las necesidades colectivas y la obtención de los fines proprios del Estado". (ESCOLA, Héctor Jorge. *Otras Actividades Administrativas*. Compendio de Derecho Administrativo, Ediciones Depalma Buenos Aires, 1990, v. II, p. 857).

2. Requisitos para o exercício do poder geral de cautela

O dispositivo da LPA em comento contempla previsão sobre o poder geral de cautela por parte da Administração; no entanto, embora a legislação processual federal agasalhe referida disposição, trata de maneira um tanto quanto lacônica do tema, na medida em que não especifica, de modo mais detalhado, quais os requisitos para fazer uso do poder geral de cautela, determinando tão somente que seu exercício se dará em *caso de risco iminente* e de *forma motivada*.

Nesse viés, diante da ausência de minudências pertinentes às condições para se exercer o poder geral de cautela, pode-se dizer que, além das duas condições expressamente previstas no dispositivo em análise, dois outros requisitos também devem estar presentes para que a Administração possa adotar providências acautelatórias no processo administrativo. São eles: 1º) a demonstração da existência do direito a ser protegido, e 2º) a situação de urgência. Em verdade, o primeiro enquadra-se na categoria do *fumus boni iuris*, e o segundo está relacionado com o *periculum in mora*. Deveras, sempre se pode falar, quando o assunto envolve medidas acautelatórias, em qualquer ramo do processo, seja civil, penal, tributário, administrativo, etc., desses dois requisitos, o *fumus boni iuris* e o *periculum in mora*, que devem ser observados para que se possa conceder a tutela pretendida *inaudita altera parte*. São as condições exigidas para as situações que envolvem cautelares em geral.

Pois bem, se é imprescindível que essas duas exigências se façam presentes, afora as duas outras trazidas pela redação da norma, pode-se então falar, na seara processual administrativa federal, em um total de quatro condições fundamentais para a adoção de providências acauteladoras por parte do Poder Público, quais sejam: a) o *fumus boni iuris*; b) o *periculum in mora*; c) o risco iminente; e d) a obediência ao princípio da motivação dos atos administrativos.

3. *Fumus boni iuris*

A fumaça do bom direito é a primeira condição, portanto, para que se possa conceder uma medida acauteladora no processo administrativo, necessitando ser apenas verossímil, provável, cabendo à autoridade, de início, verificar a probabilidade da existência do direito. No entanto, é preciso apresentar, no mínimo, indícios daquilo que se afirma para fazer jus à tutela que se pretende ver conferida; isto é, meras alegações de direito e dos fatos que restarem não comprovados no expediente processual não têm o condão de demonstrar o *fumus boni iuris*, e sequer são capazes de fazer com que a demanda tenha julgamento favorável.

Em síntese, para que se possa exercer o poder geral de cautela com base nesse requisito, necessário se faz que a aparência do direito seja plausível, sendo suficiente que, conforme uma avaliação de probabilidades se consiga verificar que os direitos e interesses alegados são prováveis e comprováveis.

Há, contudo, situações que envolvem direitos e garantias fundamentais que não requerem uma maior discussão ou análise no que diz respeito ao *fumus boni iuris*, pois, do contrário, referidos direitos e garantias correriam grave perigo. Sob este viés, a Administração, responsável por tutelar os interesses da coletividade, deve agir prontamente, ou seja, *ex officio*, já que amparada pelos princípios da supremacia do interesse público sobre o particular e da indisponibilidade do interesse público.

4. *Periculum in mora*

O perigo na demora é o segundo requisito para o exercício do poder geral de cautela. Expressa o fundado temor de que possam ocorrer situações que venham a prejudicar a apreciação do direito pretendido e discutido no processo, enquanto se espera a decisão definitiva. Para que esteja caracterizado o *periculum in mora*, o dano deve ser provável, não bastando a mera eventualidade de que ocorra. Neste passo, o que qualifica o perigo na demora, portanto, é a probabilidade, o conjunto de razões ou circunstâncias que apontam no sentido de tender para a certeza do evento danoso. Daí ser traduzido na fórmula conhecida como o *risco de dano irreparável ou de difícil reparação* ou *fundado receio* de dano irreparável ou de difícil reparação.

Muito embora a expressão fundado receio constitua um conceito jurídico indeterminado, é possível precisar o seu significado interpretando-a como sendo "o receio baseado em fatos positivos, que possam inspirar, em qualquer pessoa sensata, medo de ser prejudicada. É certo que a demonstração do receio não é exigida somente no sentido subjetivo, com relação à opinião e pensar do litigante. O medo é fenômeno psíquico relativo que resulta de fatos e circunstâncias vários".[96] O temor é representado pelo receio de que o dano, uma vez advindo, acabará por tornar desprovida de eficácia a decisão final no processo administrativo. Neste passo, sempre que a autoridade responsável verificar que há perigo iminente de dano a ponto de comprometer o resultado final no expediente processual, presente estará o *periculum in mora*.

5. Desnecessidade de contraditório prévio

Em caso de risco iminente, quando a Administração tiver que adotar medidas acautelatórias para proteger os interesses da coletividade, o artigo 45 da LPA dispensa a prévia manifestação do interessado. Contudo, é preciso fazer uma interpretação *stricto sensu* desse dispositivo, pois em determinados casos poder-se-ão afrontar os primados do contraditório e da ampla defesa.

Sob esse vértice, quando se adota medidas acauteladoras sem ouvir previamente o interessado, esta atuação administrativa só se torna legítima diante do *risco iminente*, ou seja, quando se verificar que, na hipótese, a oitiva do interessado poderá representar uma fatal concretização do dano. Perante essa situação que foge do comum das coisas, da normalidade, deve-se analisar o caso concreto para ponderar o que deve prevalecer, já que configurado estará, em tese, o choque de direitos ou garantias, em que se terá, de um lado, o direito

---

[96] TJRGS, Apel. Cível 24.689. 3ª Câm. Cível. Rel. Des. Antonio Amaral Braga. Boletim ADCOAS 33, ano VIII, Ementa 43.614.

ameaçado que corre o risco de se perder e, de outro, o direito do interessado de prévia manifestação, anterior, portanto, à adoção de medida cautelar. Nessa toada, sempre que se constatar que o interesse público precisa urgentemente ser resguardado e protegido, os princípios que decorrem do devido processo legal serão afastados num primeiro momento, cedendo espaço ao agir administrativo, para que, depois da medida, sejam exercidos em sua plenitude.

Na esteira dessas ideias, é possível afirmar que dita previsão constante do art. 45 não representa ofensa às garantias constitucionais dos interessados à amplitude de defesa e ao contraditório, desde que "efetivamente indispensáveis para a salvaguarda de outros direitos ou valores também amparados pelo Direito, e mesmo assim quando adotadas na exata medida do necessário para tais fins, sem excessos".[97]

Em outras palavras, se à Administração é conferida a guarda do interesse público, da ordem pública, da segurança nacional, etc., ao dar preferência aos princípios que são corolários do devido processo legal, excepcionalmente a Administração poderia afrontar outras normas e mandamentos albergados na própria Carta Maior. Assim, não se pode olvidar que às vezes torna-se necessário postergar a oportunidade da ampla defesa e do contraditório[98] para poder aplicar determinadas medidas que restrinjam a esfera de direitos dos administrados, em prol do interesse público, sempre que situações de risco iminente possam atingi-lo gravemente. Ao contrário, quando não for esta a hipótese, impõe-se que sejam adotadas as providências acauteladoras após a instauração do expediente processual e a ciência do interessado, o que, aliás, seria o ideal, até para evitar uma atuação administrativa arbitrária, errônea ou desnecessária, que poderia ser impedida se estivesse presente nos autos a manifestação do interessado. Se imprescindível, todavia, a medida cautelar deve-se ater aos limites e condições indispensáveis apenas para a proteção do interesse público em risco.

Importante esclarecer que se as medidas acauteladoras, tais como, *verbi gratia* "a provisória apreensão de medicamentos ou alimentos presumivelmente impróprios para o consumo da população, a expulsão de um aluno que esteja a se comportar inconvenientemente em sala de aula, a interdição de um estabelecimento perigosamente poluidor, quando a medida tenha que ser tomada sem delonga alguma", forem preceder a uma sanção administrativa, só se converterão nesta última "depois de oferecida oportunidade de defesa para os presumidos infratores. Como se vê, em certos casos a compostura da providência acautelatória é prestante também para cumprir a função de sanção administrativa, mas só assumirá tal caráter, quando for o caso, após a conclusão de um processo regular".[99] Em suma, a medida cautelar não deve exceder

---

[97] DALLARI, Adilson de Abreu; FERRAZ, Sérgio. *Op. cit.*, p. 177.

[98] Nos dizeres de Egon Bockmann Moreira na hipótese do art. 45 da LPA "não há supressão do contraditório, mas inversão temporal na incidência do princípio. O interessado não é intimado anteriormente à concretização da providência acauteladora justamente a fim de viabilizar a realização desta – seja porque a intimação é inviável devido ao curto espaço de tempo disponível para a prática do ato, seja porque a prévia intimação frustraria sua concretização". E continua: "De qualquer forma, o contraditório é pleno no momento imediatamente posterior à providência necessária. O interessado tem acesso à providência e seus resultados; podendo questionar, inclusive, a legitimidade de sua adoção". (MOREIRA, Egon Bockmann. *Op. cit.*, p. 331).

[99] MELLO, Celso Antonio Bandeira de. *Op. cit.*, p. 867.

ao que seja estritamente necessário para proteger o interesse público do risco iminente a que está sujeito, pois o art. 45 não foi criado com a finalidade de permitir que se antecipe a sanção a ser infligida ao fim do expediente processual, sem que se observem as garantias fundamentais do contraditório e da ampla defesa e todo o adequado trâmite do processo.

Em conclusão, a regra é o respeito aos direitos e garantias fundamentais previstas na CF; a regra é a observância do contraditório e da ampla defesa; só de maneira excepcional é que a Administração age adotando providências acautelatórias instantaneamente.

Pois bem, se a hipótese de risco iminente tem papel central na possibilidade da atuação administrativa *inaudita altera parte*, e é um dos requisitos indispensáveis para a adoção de providências acautelatórias por parte do Poder Público, cumpre a seguir analisá-lo, o que será feito juntamente com outra condição constante do art. 45 da LPA que permite a tomada de providências cautelares sem a necessidade de contraditório prévio, qual seja, que as providências tomadas sejam devidamente motivadas.

6. Risco iminente e motivação

Com efeito, os outros dois requisitos fundamentais para a adoção de medidas acautelatórias no processo administrativo, além do *fumus boni iuris* e do *periculum in mora* são: a existência de risco iminente e a devida motivação.

Conquanto o risco iminente pareça ser equivalente ao perigo na demora, ditos conceitos não são propriamente intercambiáveis, uma vez que o primeiro requer mais do que o perigo de dano irreparável ou de difícil reparação (que caracteriza o *periculum in mora*); exige que o Poder Público sequer possa esperar a manifestação do interessado no processo.[100] Diante de um evento com elevado potencial danoso que está em via de efetivação imediata, não cabe à Administração esperar que haja o prévio direito do interessado de se defender no processo, pois sobre ela recai o dever de agir prontamente a fim de buscar impedir um dano que ameace os interesses da coletividade. Desta maneira, somente o risco iminente autoriza que se adie o exercício pleno do contraditório e da ampla defesa no processo administrativo, não bastando apenas o perigo na demora.

Como se demonstrou, havendo risco iminente, e desde que estejam presentes elementos de convicção suficientes para um convencimento prévio da Administração Pública acerca dos elementos fáticos, a Administração pode adotar medidas acauteladoras do interesse público sem a prévia manifestação do interessado, as quais devem se limitar ao necessário para resguardar o bem tutelado. Sob esse prisma, jamais se pode perder de vista que a motivação está entre um dos mais importantes princípios do Direito Administrativo, já que

---

[100] Neste sentido defende Thiago Marrara ao afirmar que: "O risco iminente é o risco de perecimento do direito decorrente da demora em se tomar medidas preventivas. Entretanto, ele se distingue *do periculum in mora* comentado pela sua gravidade. Ao falar de risco iminente, o Legislador quis restringir a decretação de medidas cautelares inaudita altera parte somente àqueles casos em que, além de não poder esperar a decisão final do processo para agir (*periculum in mora*), a Administração federal sequer pode esperar a manifestação do interessado. (...)". (MARRARA, Thiago; NOHARA, Irene Patrícia. *Op. cit.*, p. 300-301).

sem a motivação não há como se dar cumprimento ao devido processo legal, pois a fundamentação surge como meio de se averiguar a legalidade e legitimidade da decisão que levou à prática do ato *inaudita altera parte*, sendo verdadeiro mandamento de viabilização do controle dos atos do Poder Público.

Jurisprudência

TRIBUNAL DE CONTAS DA UNIÃO. PODER GERAL DE CAUTELA. LEGITIMIDADE. DOUTRINA DOS PODERES IMPLÍCITOS. PRECEDENTE (STF). Consequente possibilidade de o Tribunal de Contas expedir provimentos cautelares, mesmo sem audiência da parte contrária, desde que mediante decisão fundamentada. Deliberação do TCU, que, ao deferir a medida cautelar, justificou, extensamente, a outorga desse provimento de urgência. Preocupação da Corte de Contas em atender, com tal conduta, a exigência constitucional pertinente à necessidade de motivação das decisões estatais. Procedimento administrativo em cujo âmbito teriam sido observadas as garantias inerentes à cláusula constitucional do *due process of law* (...). (STF, Mandado de Segurança nº 26.547 MC/DF, Rel. Ministro Celso de Mello, D.J. 29/05/07).

Referências

DALLARI, Adilson de Abreu; FERRAZ, Sérgio. *Processo administrativo*. 3. ed. São Paulo: Malheiros, 2012.

ESCOLA, Héctor Jorge. Otras Actividades Administrativas, Compendio de Derecho Administrativo. Ediciones Depalma Buenos Aires, 1990, v. II.

MELLO, Celso Antônio Bandeira de. *Curso de Direito Administrativo*. 28. ed. São Paulo: Malheiros, 2013.

MOREIRA, Egon Bockmann. *Processo Administrativo* – Princípios Constitucionais e a Lei 9.784/1999. 4. ed. São Paulo: Malheiros, 2010.

MARRARA, Thiago; NOHARA, Irene Patrícia. *Processo Administrativo: Lei 9.784/99 comentada*. São Paulo: Atlas, 2009.

Artigo 46

Os interessados têm direito à vista do processo e a obter certidões ou cópias reprográficas dos dados e documentos que o integram, ressalvados os dados e documentos de terceiros protegidos por sigilo ou pelo direito à privacidade, à honra e à imagem.

SUMÁRIO: 1. Direito à vista do processo; 2. Direito a obter certidões; 3. Direito de obter cópias reprográficas; 4. Ressalvas aos direitos previstos no dispositivo; Jurisprudência; Referências.

A disposição contida no art. 46 da LPA contempla três previsões referentes aos direitos dos interessados: a) direito à vista do processo; b) direito a obter certidões; e c) direito de obter cópias reprográficas dos dados e documentos do expediente processual. Cada um desses direitos será a seguir analisado.

1. Direito à vista do processo

Importa destacar de início que o direito à vista do processo não se confunde com o direito de acesso ao expediente processual. Isto porque este último, por decorrer do princípio da publicidade (art. 37, *caput*, da CF/88) e do direito à informação (art. 5º, inc. XXXIII, da CF) garante a qualquer administrado "que tenha algum interesse atingido por ato constante do processo ou que atue na defesa do interesse coletivo ou geral", a possibilidade de consultar os autos.

Nesse viés, "É evidente que o direito de acesso não pode ser exercido abusivamente, sob pena de tumultuar o andamento dos serviços públicos administrativos; para exercer esse direito, deve a pessoa demonstrar qual o seu interesse individual, se for o caso, ou qual o interesse coletivo que pretende defender".[101] Já o direito de vista "somente é assegurado às pessoas diretamente atingidas por ato da Administração, para possibilitar o exercício do seu direito de defesa".[102] Assim sendo, não há que se confundir um direito com o outro.

Quando o dispositivo em apreço fala nos *interessados*, está-se referindo, portanto, ao rol previsto no art. 9º da LPA. Nesse sentido, citada expressão deve ser tomada em sentido estrito.[103] Isto não quer dizer que a previsão do art. 46, ao mencionar tão só os interessados, afaste (e não pode mesmo afastar) a permissão constitucional do direito à informação. Em verdade, o direito de vista e o direito de acesso são direitos que podem ser exercidos em paralelo, mas que não se confundem, na medida em que os interesses pretendidos são diversos e quem os exerce também. Assegurar o direito de vista é dar observância ao devido processo legal e permitir o exercício da ampla defesa pelo interessado no processo; de outro lado, o direito de acesso garantido aos administrados em geral –, que deriva do primado da publicidade, cujo direito à informação pelos órgãos públicos[104] confirma este mandamento –, presta-se a ser uma forma de controle popular da Administração Pública pelos particulares, visto que se insere na questão da participação destes no âmbito do Poder Público, permitindo-lhes, mesmo que não sejam parte interessada direta no processo, saber o que está acontecendo na seara da Administração. Não é incomum, todavia, encontrar julgados que fazem uso indistinto das expressões direito de acesso e direito de vista, empregando uma, quando o correto seria utilizar a outra.[105]

Cabe mencionar que o direito de vista dos autos do expediente processual está previsto, do mesmo modo, no artigo 3º, II da LPA, que também garante o direito de obter cópias de documentos contidos no processo e de conhecer as decisões nele proferidas, além de assegurar ao interessado a ciência dos processos administrativos em que figure nesta condição. Veja-se, com efeito, que referida disposição é bem semelhante à previsão do art. 46 da LPA.

2. Direito a obter certidões

A certidão é uma das espécies de ato administrativo enunciativo, cuja finalidade é a de declarar situações e dados que estejam armazenados pelo

---

[101] DI PIETRO, Maria Sylvia Zanella. *Op. cit.*, p. 688.

[102] *Ibidem*, p. 689.

[103] Em sentido contrário, defendendo que a expressão *interessados* no art. 46 deve ser interpretada em sentido amplo está o entendimento de Thiago Marrara (MARRARA, Thiago; NOHARA, Irene Patrícia. *Op. cit.*, p. 304).

[104] Ressalvado o sigilo necessário à segurança da sociedade e do Estado.

[105] É o caso de julgado do TRF da 4ª Região, em que o certo seria utilizar-se da expressão direito de vista dos autos ao invés de direito de acesso: MANDADO DE SEGURANÇA. REMESSA "EX OFFICIO". DIREITO À OBTENÇÃO DE INFORMAÇÕES EM PROCESSO ADMINISTRATIVO. GARANTIA CONSTITUCIONAL. 1. O direito da parte de ter acesso aos autos de processo administrativo é inerente aos princípios da ampla defesa e do contraditório, garantias previstas no ART-5 INC-4 CF-88. 2. Remessa improvida. (TRF4 – REMESSA EX OFFICIO: REO 7422 PR 97.04.07422-0, Relator(a): OTÁVIO ROBERTO PAMPLONA, Julgamento: 14/04/1998, Órgão Julgador: PRIMEIRA TURMA).

Poder Público. Nestes atos não há propriamente uma manifestação de vontade estatal, mas mera enunciação de fatos ou de atos. A Administração está incumbida unicamente de certificar o fato que seja de seu conhecimento, e que integre o conjunto de dados por ela arquivado.

Sobre o direito de obter certidões dos autos, ele está previsto no art. 5º, XXXIV, alínea *b*, da CF, que garante a todos, independentemente do pagamento de taxas, "a obtenção de certidões em repartições públicas, para defesa de direitos e esclarecimento de situações de interesse pessoal". Nesse passo, cabe destacar que em relação a referido direito, diante da previsão constitucional e da disposição contida no art. 46 da LPA, quem não é parte no processo administrativo tem garantido o direito à obtenção de certidões paralelamente ao direito de quem é interessado no processo. Contudo, enquanto este utiliza o mencionado direito, primordialmente, em prol da amplitude de sua defesa, terceiros fazem uso dessa garantia como uma forma de controle dos atos administrativos, como, por exemplo, quando se pede a certidão para a defesa de direitos coletivos.

Sublinhe-se, no entanto, que em tese o interessado não precisaria justificar o seu interesse para exercer o direito em apreço, cabendo esta justificativa apenas ao terceiro a quem incumbe declinar à autoridade quais as razões em virtude das quais solicita certidão dos autos. Só a partir do momento em que o Poder Público consegue identificar o propósito do terceiro é que será legítimo o direito à obtenção de certidões dos órgãos públicos por parte do mesmo.

3. Direito de obter cópias reprográficas

O direito de obter cópias reprográficas dos dados e documentos do processo integra, juntamente com o direito à vista dos autos e o de obter certidões, o complexo de direitos trazidos pelo artigo 46 da LPA. É possível ao interessado e ao terceiro, desde que este comprove justo interesse na obtenção das cópias, a solicitação de parte ou da totalidade dos documentos que compõem os autos do expediente processual. Não deve haver limite que imponha um número restrito de páginas a serem xerocopiadas, a não ser que afete direitos de terceiros. Incabível a restrição tanto com relação às cópias tradicionais, documentadas em folhas de papel, e da mesma forma, no tocante às cópias digitais,[106] respeitando-se, como se disse, o que precisa ser mantido em sigilo.

4. Ressalvas aos direitos previstos no dispositivo

Os direitos previstos no art. 46 da LPA podem ser exercidos contanto que não ultrapassem a esfera do permitido, isto é, devem ser preservados os dados e documentos de terceiros protegidos por sigilo ou pelo direito à privacidade, à honra e à imagem.

---

[106] Quanto à impossibilidade de restrição das cópias que são "escaneadas", ver Thiago Marrara. (*Ibidem*, p. 306).

Nesse vértice, ponto relevante é a questão da divulgação oficial dos atos administrativos diante da ressalva referente às hipóteses de respeito à privacidade e sigilo previstas na Constituição. Se de uma banda, a divulgação oficial dos atos processuais administrativos está ligada à exigência constitucional da publicidade dos atos processuais (art. 5º, LX, da CF) e ao princípio da publicidade dos atos editados pela Administração Pública (art. 37, *caput*, da CF), de outro canto, precisa haver o respeito à norma constitucional que prevê a inviolabilidade da intimidade, da vida privada, da honra e da imagem das pessoas (art. 5º, X, da CF) e, igualmente, à regra que garante o sigilo quando este seja imprescindível à segurança da sociedade e do Estado (art. 5º, XXXIII, parte final, da CF). Diante desse choque de valores, o legislador da LPA elegeu o direito à intimidade e a restrição de acesso às informações como as garantias que devem prevalecer no processo administrativo em face dos direitos de acesso, de vista, de obtenção de certidões e de cópias dos dados e documentos, quando disserem respeito a outros interessados, a terceiros ou à segurança nacional. Por conseguinte, o elenco de direitos que o art. 46 contempla sucumbe diante dos direitos da personalidade ou do interesse de segurança nacional quando exigirem que sejam resguardados.

Jurisprudência

ADMINISTRATIVO. RECURSO ORDINÁRIO. MANDADO DE SEGURANÇA. DIREITO À OBTENÇÃO DE CERTIDÕES DO PODER PÚBLICO. FISCALIZAÇÃO DAS VERBAS DIRECIONADAS À SECRETARIA DE SEGURANÇA PÚBLICA DO ESTADO DO PARANÁ. PEDIDO GENÉRICO. DESCUMPRIMENTO DA LEI 9.0511/95. 1. A Lei Fundamental garante o direito à obtenção de certidões em repartições públicas para a "defesa de direitos e esclarecimentos de situações de interesse pessoal" (art. 5º, XXXIII) e o direito a receber dos órgãos públicos informações de seu interesse particular, ou de interesse coletivo ou geral, que serão prestadas no prazo da lei, sob pena de responsabilidade, ressalvadas aquelas cujo sigilo seja imprescindível à segurança da sociedade e do Estado (art. 5º, XXXIV). (...). 3. Inexiste direito líquido e certo à obtenção de informações quando formulado à Administração Pública pedido genérico e imotivado. Precedente desta Corte no RMS 18.564/RJ (Rel. Min. Francisco Falcão). 4. Hipótese dos autos em que se pretende fiscalizar as verbas direcionadas à Secretaria de Segurança Pública do Estado, sem ter sido apontado qualquer indício de ilegalidade, malversação ou prática de atos de improbidade, afirmando-se genericamente que se pretende fiscalizar todos os gastos efetuados pelo órgão. 5. Recurso ordinário não provido. (STJ, RMS 20412/PR, Rel. Ministra ELIANA CALMON, SEGUNDA TURMA, julgado em 06/03/2008).

ADMINISTRATIVO. RECUSA NA OBTENÇÃO DE VISTAS E CÓPIAS DE PROCESSO ADMINISTRATIVO. CARÁTER SIGILOSO DAS INFORMAÇÕES. ART. 46 DA Lei nº 9.784/99. ACESSO RESTRITO ÀS PARTES E AO ADVOGADO MUNIDO DE PROCURAÇÃO. INSTRUÇÃO NORMATIVA Nº 03, DE 24/02/2000 DO DEPARTAMENTO NACIONAL DE PRODUÇÃO MINERAL – DNPM. DEFESA DE INTERESSE DO TITULAR DO PROCESSO ADMINISTRATIVO. AUSÊNCIA DE COMPROVAÇÃO NOS AUTOS. DENEGAÇÃO DA SEGURANÇA. 1. A Lei nº 9.784/99 dispõe sobre o direito que o administrado tem de ter ciência de processos em que ostente a condição de interessado, tendo vista dos autos e obtendo cópias de documentos neles contidos, assim como, o conhecimento das decisões proferidas, consoante dispõe o art. 3º, inciso III. Todavia, o art. 46, prevê limitação a tal direito quando faz ressalva aos dados e documentos de terceiros protegidos por sigilo ou pelo direito à privacidade, à honra e à imagem. (...). 3. Não há nos autos documento de comprovação de que a Impetrante defende interesse da titular do processo administrativo em questão. Ao contrário, como consignado na sentença recorrida "a cópia da denúncia subscrita pela própria constituinte da Impetrante, Sebastiana Lima Soriano, (fls. 09/11) atesta que pertence a Mineração D. Fernandes Ltda. o direito mineral referente ao processo sobre o qual se pretende extrair cópias", o que impõe a manutenção da sentença em todos os seus termos. 4. Apelação da Impetrante não provida. (TRF1 – APELAÇÃO EM MANDADO DE SEGURANÇA: AMS 7830 BA 0007830-70.2005.4.01.3300, Relator(a): DESEMBARGADORA FEDERAL SELENE MARIA DE ALMEIDA, Julgamento: 16/08/2010, Órgão Julgador: QUINTA TURMA).

Art. 47

PROCESSUAL CIVIL. RECURSO ORDINÁRIO EM MANDADO DE SEGURANÇA. OBTENÇÃO DE INFORMAÇÕES NA ADMINISTRAÇÃO PÚBLICA. PEDIDO GENÉRICO E DESMOTIVADO. AUSÊNCIA DE DIREITO LÍQUIDO E CERTO. 1. Não há direito líquido e certo à obtenção de informações na hipótese em que o pedido formulado à Administração Pública carece de especificidade e motivação. 2. O recurso encontra óbice no pedido genérico, inapto a demonstrar o direito líquido e certo do impetrante à obtenção dos documentos pleiteados. 3. Agravo Regimental não provido. [STJ, AgRg no RECURSO EM MANDADO DE SEGURANÇA Nº 33.185 – PR (2010/0208043-3), RELATOR: MINISTRO HERMAN BENJAMIN, D.J. 15 de março de 2011].

Referências

DI PIETRO, Maria Sylvia Zanella. *Direito Administrativo*. 26. ed. São Paulo: Atlas, 2013.

MARRARA, Thiago; NOHARA, Irene Patrícia. *Processo Administrativo:* Lei 9.784/99 comentada. São Paulo: Atlas, 2009.

Artigo 47

O órgão de instrução que não for competente para emitir a decisão final elaborará relatório indicando o pedido inicial, o conteúdo das fases do procedimento e formulará proposta de decisão, objetivamente justificada, encaminhando o processo à autoridade competente.

SUMÁRIO: 1. Relatório final – estrutura; 2. Relatório final – efeitos jurídicos; Jurisprudência; Referência.

1. Relatório final – estrutura

O art. 47 da LPA reza que quando o órgão de instrução não for competente para emitir a decisão final deverá elaborar relatório em que indicará o pedido inicial, o conteúdo de cada fase do procedimento, bem como formulará proposta de decisão, de forma objetiva e justificada, cabendo-lhe ainda, encaminhar o processo à autoridade competente.

Desta feita, é possível identificar as partes que integram o relatório final, isto é, a estrutura deste ato que finaliza a fase instrutória. Em vista do que dispõe o artigo em apreço, verifica-se que o relatório é composto: a) pela indicação do pedido inicial; b) pelo conteúdo das fases do procedimento; e c) pela proposta de decisão objetiva e fundamentada.

Quando a autoridade indica o pedido inicial deve fazê-lo de forma a sintetizar os fatos que constam do pedido elaborado pelos interessados. Deste modo, busca-se garantir às partes que a autoridade competente para elaborar o relatório final examinou o pedido que consta nos autos. Todavia, nos casos em que o processo se inicie de ofício, bastará a explicitação dos fatos e do fundamento legal em que a Administração se baseou para instaurar o expediente processual.

Cumprida esta primeira etapa do relatório, a autoridade passará a descrever cada uma das fases que presidiu, sendo imprescindível que mencione todas as provas realizadas: consultas públicas, audiências públicas, outros meios de participação popular, prova pericial, documental, diligências, pareceres, laudos, etc., uma síntese das alegações dos interessados em relação às provas produzidas e quaisquer acontecimentos que ache relevante e pertinente para o conhecimento da autoridade decisória. Aqui ainda não há a necessidade de emitir opinião sobre qual deva ser a decisão a ser tomada pelo órgão julgador.

Após, passa-se para a última etapa que é a proposta de decisão elaborada pela autoridade competente que preside a fase instrutória. Essa parte serve para que se aponte o caminho, a direção à autoridade decisória com o fim de que possa emitir a decisão final com base em fundados elementos de convicção, já que é a autoridade da etapa de instrução que acompanhou de perto toda a produção de provas. Com isso, está apta a destacar os fundamentos de fato e de direito que compõem a sua motivação, recomendar qual deve ser a decisão final e indicar, inclusive, qual a penalidade a ser aplicada, se for o caso. Nesse diapasão, acentue-se que o relatório deve ser elaborado por quem presidiu o processo ou pela comissão processante (normalmente nos casos de processo administrativo disciplinar), "com apreciação de provas, dos fatos apurados, do direito debatido e proposta conclusiva para decisão da autoridade julgadora competente".[107]

Note-se que essa sequência de etapas que integram a estrutura do relatório final é essencial para que não haja invalidade alguma na elaboração desta peça processual, que é de fundamental importância para a licitude do expediente.

2. Relatório final – efeitos jurídicos

Da disposição do art. 47 da LPA fica claro que o relatório final se constitui em uma peça que tem o condão de informar, de resumir tudo o que foi apurado no processo administrativo. Em verdade, não tem efeito vinculativo para a Administração Pública, na medida em que a redação legal fala expressamente que a autoridade instrutória formulará *proposta de decisão*. Em assim sendo, se compete à autoridade que presidiu a instrução apenas *propor*, ou seja, *sugerir* uma decisão, isto significa que a autoridade decisória pode até chegar a uma solução diversa da indicada no relatório final, mas desde que o faça de forma devidamente motivada, com base nos elementos que compõem o expediente processual. De acordo com estas ideias então, é possível à autoridade julgadora dissentir da conclusão apontada no relatório final, sem que esta divergência fundamentada implique em reforma para pior; vale dizer que a hipótese não caracteriza, portanto, *reformatio in pejus*. Contudo, se a autoridade competente para decidir o processo acatar na íntegra o relatório final, ela poderá apenas fazer remissão a esta peça, dizendo que a mesma é parte integrante daquela decisão (cf. art. 50, § 1º, da LPA).

Por fim, ainda sobre os efeitos jurídicos do relatório, há uma questão importante a ser outra vez trazida à baila, que é referente à possibilidade de haver manifestação do interessado após o relatório final. Conforme já se disse quando da análise do artigo 44 da LPA, apenas para reforçar o que se expôs nos comentários feitos ao referido dispositivo, parece ser bastante razoável que

---

[107] MEIRELLES, Hely Lopes. *Direito Administrativo Brasileiro*. 37. ed. São Paulo: Malheiros, p. 757.

se conceda ao interessado o direito de se manifestar depois do relatório final, ainda mais quando a sanção a ser imposta pela autoridade julgadora for mais grave do que aquela sugerida pela autoridade instrutória. Além do mais, se dita peça representa as alegações finais do órgão de instrução, condiz com a cláusula do devido processo legal a oportunidade dada ao interessado de poder expor suas razões antes da autoridade emitir sua decisão no processo, garantindo-se o exercício do direito de defesa na sua dimensão mais ampla.

Jurisprudência

DIREITO ADMINISTRATIVO. MANDADO DE SEGURANÇA. SERVIDOR PÚBLICO. DEMISSÃO. PEDIDO DE PRORROGAÇÃO DE PRAZO PARA APRESENTAÇÃO DE DEFESA ESCRITA. CORRETO INDEFERIMENTO PELA COMISSÃO PROCESSANTE. EXCESSO DE PRAZO PARA CONCLUSÃO DO PROCESSO ADMINISTRATIVO DISCIPLINAR. ADOÇÃO DE PARECER DA CONSULTORIA JURÍDICA. INEXISTÊNCIA DE ILEGALIDADE. AGRAVAMENTO, PELA AUTORIDADE JULGADORA, DA SANÇÃO RECOMENDADA. FUNDAMENTAÇÃO DEFICIENTE. INEXISTÊNCIA DE DEMONSTRAÇÃO DE CONTRARIEDADE À PROVA DOS AUTOS. SEGURANÇA CONCEDIDA EM PARTE. AGRAVO REGIMENTAL PREJUDICADO. (...). 3. A gravidade da imputação e, por conseguinte, da cabível pena disciplinar de demissão exigem da autoridade julgadora o cuidado objetivo de demonstrar que o acusado atuou com má-fé ao valer-se do cargo para, em detrimento da dignidade da função pública, permitir que terceiros obtenham proveito indevido. Não pode deixar de perquirir a intenção, o animus, do acusado em praticar o ilícito administrativo. 4. Hipótese em que a autoridade julgadora, ao agravar a sanção sugerida pela comissão processante, não discorreu sobre a intenção da impetrante de permitir proveito alheio, ao entregar de forma irregular Autorizações para Transporte de Produtos Florestais – ATPF's, tampouco demonstrou haver o relatório final contrariado a prova dos autos. (...). 7. Segurança concedida em parte. Agravo regimental prejudicado. (STJ, MANDADO DE SEGURANÇA: MS 13193 DF 2007/0267863-4, Relator(a): Ministro ARNALDO ESTEVES LIMA, Julgamento: 25/03/2009, Órgão Julgador: S3 – TERCEIRA SEÇÃO).

ADMINISTRATIVO. MANDADO DE SEGURANÇA. SERVIDOR PÚBLICO. DEMISSÃO. PROCESSO ADMINISTRATIVO DISCIPLINAR. PROVA EMPRESTADA. INFLUÊNCIA NA APLICAÇÃO DA PENA. NÃO-OCORRÊNCIA. DUPLA PUNIÇÃO PELO MESMO FATO. AUSÊNCIA DE PROVA PRÉ-CONSTITUÍDA. DECISÃO DA AUTORIDADE IMPETRADA. ACOLHIMENTO DO RELATÓRIO. MOTIVAÇÃO ADEQUADA. PROVEITO PESSOAL. CARACTERIZAÇÃO. DIGNIDADE DA FUNÇÃO PÚBLICA. COMPROMETIMENTO. INDEFERIMENTO DO PEDIDO DE PRODUÇÃO DE PROVA PERICIAL. CERCEAMENTO DE DEFESA NÃO CARACTERIZADO. SEGURANÇA DENEGADA. (...). Se a autoridade julgadora acolhe o relatório da comissão processante, devidamente fundamentado, encontra-se preenchida a exigência legal. Se dele discorda, deve motivadamente expor suas razões, porquanto passará a prevalecer por força da hierarquia funcional. (...). 6. Segurança denegada, ressalvando-se a via ordinária. (STJ, MS 10470 / DF, MANDADO DE SEGURANÇA, 2005/0031758-3, Ministro ARNALDO ESTEVES LIMA, S3 – TERCEIRA SEÇÃO, DJ 13/12/2006).

MANDADO DE SEGURANÇA. SERVIDORES PÚBLICOS DO IBAMA. NULIDADE DA DEMISSÃO. REINTEGRAÇÃO. ABSOLVIÇÃO CRIMINAL POR FALTA DE PROVAS. IRRELEVÂNCIA. EXCESSO DE PRAZO NA CONCLUSÃO PROCESSO ADMINISTRATIVO DISCIPLINAR. POSSIBILIDADE DE APLICAÇÃO DE PENALIDADE DIVERSA DA SUGERIDA PELA COMISSÃO PROCESSANTE DESDE QUE DEVIDAMENTE MOTIVADA. INOCORRÊNCIA. ORDEM CONCEDIDA. (...). 3. A autoridade competente para a aplicação da sanção ao servidor pode dissentir das conclusões da comissão processante e decretar pena diversa, ainda que mais grave, desde que suficientemente justificada a alteração da reprimenda. 4. No caso, a demissão dos impetrantes carece de motivação válida. 5. Ordem concedida. [STJ, MANDADO DE SEGURANÇA Nº 13.189 – DF (2007/0264597-8), RELATORA: MINISTRA MARIA THEREZA DE ASSIS MOURA, D.J. 23/03/2011, Terceira Seção].

Referência

MEIRELLES, Hely Lopes. *Direito Administrativo Brasileiro*. 37. ed. São Paulo: Malheiros, 2011.

RAFAEL MAFFINI
Artigos 48 e 49

CAPÍTULO XI – DO DEVER DE DECIDIR

Artigo 48
A Administração tem o dever de explicitamente emitir decisão nos processos administrativos e sobre solicitações ou reclamações, em matéria de sua competência.

Artigo 49
Concluída a instrução de processo administrativo, a Administração tem o prazo de até trinta dias para decidir, salvo prorrogação por igual período expressamente motivada.

SUMÁRIO: 1. O dever de decidir como consectário do Direito Constitucional de petição; 2. Decisão administrativa explícita e o silêncio da administração pública; 3. Prazo para o cumprimento do dever de decidir e o art. 5º, LXXVIII, da CF/88; 4. Efeitos do descumprimento do dever de decidir; Jurisprudência; Referências.

1. O dever de decidir como consectário do Direito Constitucional de petição

A Constituição Federal assegura, em seu art. 5º, XXXIV, "a", o direito de petição, quando estabelece que "são a todos assegurados, independentemente do pagamento de taxas: ... o direito de petição aos Poderes Públicos em defesa de direitos ou contra ilegalidade ou abuso de poder". Tal direito de petição não pode ser interpretado como mero "direito de protocolo", no sentido de que estaria satisfeito simplesmente pela possibilidade de o administrado protocolar requerimentos endereçados ao Poder Público em defesa de seus direitos ou interesses ou contra ilegalidade ou abuso de poder. O referido "direito de protocolo" é sim uma decorrência do direito de petição, inclusive com concreção assegurada no art. 6º, parágrafo único, da LFPA, pelo qual "é vedada à Administração a recusa imotivada de recebimento de documentos, devendo o servidor orientar o interessado quanto ao suprimento de eventuais falhas". Contudo, o direito constitucional de petição possui uma dimensão normativa ainda mais abrangente, abarcando, a par do direito de o administrativo veicular pretensões na seara administrativa, também o direito de que tal pretensão redunde em processo administrativo que possua uma regular tramitação e, ao final, resulte em uma decisão, a qual deverá ser devidamente comunicada aos interessados.[1]

Pode-se afirmar, pois, que os destinatários da função estatal de administração pública possuem o direito constitucional de petição e, como corolário deste, os seguintes direitos públicos subjetivos: a) o direito de veicular pretensões na seara administrativa da Administração Pública direta e indireta de todos os Poderes da União, Estados, Distrito Federal e Municípios, as quais são endereçadas aos órgão públicos, para a defesa de seus direitos ou interesses, bem como para a representação contra ilegalidades ou abusos de poder; b) o direito de que tal pretensão tenha regular tramitação, aí compreendida, por exemplo, o direito de produzir provas, a proibição de provas ilícitas, dentre outros consectários dos princípios do devido processo legal, do contraditório e da ampla defesa; c) o direito à decisão, a ser exarada em prazo razoável; d) direito à fundamentação ou motivação da decisão; e) o direito de ser informado da decisão acerca de sua pretensão.

Os artigos ora em comento – arts. 48 e 49 – versam justamente sobre o direito público subjetivo à decisão em prazo razoável, que é assegurado aos administrados (alínea "c", supra) do qual resulta, no pólo passivo da relação jurídico-constitucional, justamente o *dever de decidir*, na expressão essa que qualifica o Capítulo XI da LFPA.

2. Decisão administrativa explícita e o silêncio da administração pública

Como já referido, o dever de decidir corresponde ao polo passivo de uma relação jurídico-constitucional que tem como correlato, no polo ativo, o direito público subjetivo à decisão em prazo razoável. Para evitar incompreensões, conveniente salientar que as regras legais em comento não asseguram ao administrativo uma decisão que lhe seja necessariamente favorável. Aliás, o conteúdo da decisão – se desfavorável (ablativa) ou favorável (ampliativa de direitos) – é tema que somente de modo indireto ou reflexo, como será visto a seguir, se relaciona com o dever de decidir. Dito de outra forma, tem-se que os artigos 48 e 49 da LFPA asseguram, em termos diretos e imediatos, tão somente o direito à decisão, independentemente do conteúdo favorável ou desfavorável que tal decisão contenha em relação aos administrados que veiculam suas pretensões perante os órgãos estatais.[2]

---

[1] MENDES, Gilmar; COELHO, Inocêncio Mártires; BRANCO, Paulo Gustavo Gonet. *Curso de Direito Constitucional*. São Paulo: Saraiva, 2007, p. 542; MORAES, Alexandre de. *Direito Constitucional*. 25. ed. São Paulo: Atlas, 2010, p. 185-187 No Direito Comparado, vide MIRANDA, Jorge. *Constituição Portuguesa Anotada*. Coimbra: Coimbra Editora, 2005, p. 494-495, v. I. É de ser recordado, a propósito do Direito Posto em Portugal, do qual emergem os comentários de Jorge Miranda, que a Constituição da República Portuguesa estatui, em seu art. 52.1., que "todos os cidadãos têm o direito de apresentar, individual ou colectivamente, aos órgãos de soberania, aos órgãos de governo próprio das regiões autónomas ou a quaisquer autoridades petições, representações, reclamações ou queixas para defesa dos seus direitos, da Constituição, das leis ou do interesse geral e, bem assim, o direito de serem informados, em prazo razoável, sobre o resultado da respectiva apreciação".

[2] Neste sentido, adverte SÉRVULO CORREIA, José Manuel. O incumprimento do dever de decidir. In: Cadernos de justiça administrativa. – nº 54 (Nov./Dez. 2005), p. 6-32, que não se pode confundir o "dever de

Contudo, segundo dispõe o art. 48 da LFPA, tal dever imputável à Administração Pública, consistente na incumbência de emitir decisões, somente será satisfatoriamente observado se tais decisões restarem exaradas de modo explícito. Assim, na dicção da lei, somente estará sendo observado o dever de decidir, em processos administrativos, solicitações ou reclamações que sejam de competência da Administração Pública, caso essa se pronuncie de modo expresso e explícito acerca do tema objeto da atividade decisória inerente à função administrativa.

Diante disso, mostra-se possível afirmar que a LFPA não admite a ocorrência de decisões administrativas tácitas, as quais decorreriam justamente do silêncio da Administração Pública. Em linha de princípio, pois, o silêncio da Administração Pública – bem assim qualquer outra forma de omissão ou inatividade administrativa – não pode ser interpretado, *per se*, como uma decisão de deferimento ou de indeferimento das pretensões deduzidas perante o Poder Público.

Com efeito, é possível que ocorra a atribuição legal de efeitos jurídicos decorrentes do silêncio ou da omissão da Administração Pública. Tem-se, em casos como tais, hipóteses de *"silêncio negativo"*, em que o decurso de determinado lapso temporal equipara-se ao indeferimento da pretensão veiculada perante os órgãos estatais, bem como de *"silêncio positivo"*, em que o transcurso do prazo legal implica o deferimento da pretensão administrativa. Em tais casos, não se poderia considerar o silêncio ou a omissão da Administração Pública como um ato administrativo, o qual pressupõe expressa manifestação volitiva da Administração Pública.[3] O silêncio da Administração Pública, aliás, é justamente o oposto de um ato administrativo, ou um não ato, podendo-se qualificar, todavia, como um fato administrativo, eis que apto à produção de efeitos jurídicos[4]. Repise-se que tais efeitos jurídicos se originam não do silêncio propriamente dito, mas da atribuição legal de efeitos que dele emergem. Como assevera Celso Antônio Bandeira de Mello, "nada importa que a lei haja atribuído determinado efeito ao silêncio: o de conceder ou negar. Este efeito resultará do fato da omissão, como imputação legal, de algum presumido ato, razão por que é de rejeitar a posição dos que consideram ter aí existido um 'ato tácito'".[5]

Aliás, não se pode olvidar que no Direito Comunitário Europeu, no contexto da noção de *"simplificação administrativa"*, advieram incontáveis recomendações para que os Estados membros criassem mecanismos de *"silêncio positivo"*. Cita-se, por exemplo, a Recomendação do Conselho, de 28 de maio de 1990, relativa à execução de uma política de simplificação administrativa nos Estados-membros a favor das pequenas e médias empresas (90/246/CEE), a qual recomendou "a substituição do maior número possível de decisões for-

---

decidir sobre o objeto da pretensão" com o "dever de decidir de acordo com a pretensão". Tal diferença será mais detidamente analisada no item 4, abaixo.

[3] MAFFINI, Rafael. *Direito Administrativo*. 4. ed. São Paulo: Revista dos Tribunais, 2013, p. 87-90.

[4] Neste sentido, MELLO, Celso Antônio Bandeira de. *Curso de Direito Administrativo*. 28. ed. São Paulo: Malheiros, 2011, p. 414 e MEIRELLES, Hely Lopes. *Direito Administrativo Brasileiro*. 37. ed. São Paulo: Malheiros, 2011, p. 116-118.

[5] MELLO, Celso Antônio Bandeira de. *Op. cit.*, p. 414.

mais por procedimentos de aprovação tácita segundo os quais, passado um determinado prazo sobre a apresentação do pedido, a ausência de reação por parte das autoridades competentes seja considerada uma decisão". Ocorre que, apesar de tal emprego de mecanismos de "silêncio positivo" como instrumento de simplificação administrativa ter recebido aceitação quase que irrestrita num primeiro momento, com o passar do tempo, tal instituto jurídico passou a merecer uma justificável resistência por parte de determinados setores da doutrina.[6] Tais críticas andam no sentido de que, a despeito de a simplificação administrativa ser uma imposição do que, em solo brasileiro, consiste no princípio da eficiência, não se pode, em nome de tal simplificação procedimental, incentivar-se a eliminação do direito à processualidade administrativa e, sobretudo, a mitigação de outras garantias outorgadas aos cidadãos, como é o caso do direito à obtenção de decisões devidamente motivadas. Dito de outra forma, a crítica que se faz é no sentido de que a simplificação do processo administrativo não pode ocasionar a eliminação do processo administrativo e das garantias que lhe são correlatas.

Diante disso, afigura-se elogiável, ao menos numa realidade com a que peculiariza a atividade decisória da Administração Pública brasileira, que se tenha optado por instituir, como regra geral decorrente dos artigos 48 e 49 da LFPA, o dever de decidir de modo expresso, ao invés de se incentivar mecanismos de imputação legal de efeitos ao silêncio da Administração Pública. Tal conclusão parcial, por seu turno, não implica a inexistência de efeitos jurídicos emergentes do descumprimento ao dever de decidir, os quais serão analisados a seguir. Significa, isso sim, a propriedade da opção legislativa adotada em nosso país, no sentido de estabelecer, como regra geral,[7] um padrão comportamental segundo o qual a Administração Pública se vê obrigada a emitir decisões explicitas acerca das matérias que lhe são levadas à apreciação.

3. Prazo para o cumprimento do dever de decidir e o art. 5º, LXXVIII, da CF/88

Além de ter sido explicitado o dever de emitir decisões explícitas acerca de assuntos de competência da Administração Pública federal, a LFPA especificou um prazo para que tal dever seja regularmente exercido. A opção de ter se fixado tal prazo, independentemente de discussões sobre sua suficiência ou insuficiência, mostra-se elogiável. Primeiro por estabelecer patamares mais seguros à análise do núcleo essencial direito subjetivo à decisão. Segundo, por estabelecer critérios objetivos de avaliação, sem que se fique refém da abstrata noção de "prazo razoável". Assim, afirma-se ser infinitamente mais adequado

---

[6] Vide, por exemplo, AGUADO I CUDOLÀ, Vicenç. *Silencio administrativo e inactividad – Limites y técnicas alteranativa*. Madri: Marcial Pons, 2001.

[7] A referência *"regra geral"* decorre do convívio harmônico que a LFPA mantém com outras regras mais específicas acerca da processualidade administrativa, tal como se depreende da conjugação dos artigos 1º e 69, da Lei nº 9.784/99/99. Assim, a técnica de atribuição de efeitos ao silêncio administrativo estará legitimado desde que previsto textualmente em regras legais que prevejam normas mais específicas do que as contidas na LFPA. Para maior aprofundamento remete-se aos comentários feitos aos mencionados preceitos legais.

que a ordem jurídica estabeleça o prazo legal para o cumprimento do dever-poder típico da atividade decisória da Administração Pública, do que se analise casuisticamente e sem parâmetros legalmente definidos de modo objetivo qual seria o melhor prazo para a emissão da decisão administrativa.[8]

Neste contexto, a LFPA, após estabelecer, no seu art. 48, o direito de decidir propriamente dito, estatui, no art. 49, que "concluída a instrução de processo administrativo, a Administração tem o prazo de até trinta dias para decidir, salvo prorrogação por igual período expressamente motivada". A fixação de tal prazo, o qual se mostra adequado segundos os parâmetros normais de atuação da Administração Pública federal, confere concreção ao direito fundamental de tramitação dos processos em prazo razoável e célere, insculpido no art. 5º, LXXVIII, da CF.[9] Assim, tratando-se de instituto jurídico que, em termos imediatos, se presta a garantir aplicabilidade a um determinado direito fundamental, o dever de decidir em prazo razoável há de ser interpretado de forma a ser garantida a sua máxima efetividade.[10]

Diante disso, por exemplo, não se mostra adequado tratar-se de tal prazo como se a Administração Pública tivesse um prazo de 60 dias para emitir decisões explícitas sobre matérias de sua competência. Deve-se interpretar o prazo previsto no art. 49 da LFPA no sentido de que a decisão deva ser exarada no prazo de 30 dias, ressalvada prorrogação por igual período de 30 dias, prorrogação essa que dever ser realizada necessariamente de forma expressa, dentro do prazo originário e motivada por meio de argumentos faticamente existentes e juridicamente razoável. O decurso do prazo de 30 dias sem que, dentro deles, ocorra a prorrogação expressa a que se refere o art. 49 da LFPA implica a inobservância do dever de decidir, com os efeitos disso resultantes, o que será analisador no item a seguir.

Questão deveras interessante e relevante à própria efetividade da norma jurídica em análise diz respeito ao termo inicial da contagem de tal prazo de 30 dias, prorrogável por mais 30. Com efeito, a LFPA elege como termo inicial da contagem de tal prazo a conclusão da instrução do processo administrativo. O problema é que na grande maioria dos processos administrativos, não se tem um momento exato em que se dá o encerramento da instrução.[11] [12] Aliás,

---

[8] Embora utilizados em outro contexto, devem ser aproveitados os ensinamentos de GARCIA LUENGO, Javier. *El principio de protección de la confianza en el derecho administrativo*. Madrid: Civitas, 2002, que "la falta de unos requisitos claros a la hora de determinar la aplicabilidad del principio de protección de la confianza genera, paradójicamente, inseguridad jurídica". O mesmo poderia ser dito em relação à falta de determinação prazal para o cumprimento do dever de decidir.

[9] Tal direito fundamental restou inserido na Constituição Federal por meio da Emenda Constitucional nº 45/2004 e se encontra positivado por regra constitucional assim estatuída: "a todos, no âmbito judicial e administrativo, são assegurados a razoável duração do processo e os meios que garantam a celeridade de sua tramitação".

[10] Sobre a eficácia dos direitos fundamentais, vide, por todo, SARLET, Ingo Wolfgang. *A eficácia dos direitos fundamentais*. 9. ed. Porto Alegre: Livraria do Advogado, 2007.

[11] O encerramento da instrução, nos processos administrativos, não é solenizado nos moldes do que ocorre com o processo civil (*v.g.* art. 331, § 3º e art. 454, ambos do CPC).

[12] A tais problemas, decorrentes da inevitável dificuldade de se compreender com exatidão o momento do encerramento da instrução em processos administrativos, parece ter dado melhor solução o art. 24, da Lei 11.457/07 (que estabelece normas sobre a Administração Tributária Federal), pelo qual "é obrigatório que seja proferida decisão administrativa no prazo máximo de 360 (trezentos e sessenta) dias a contar do protocolo de petições, defesas ou recursos administrativos do contribuinte". Em tal regra – que por sua natureza

Art. 49

tal problema também é encontrado no que tange ao termo inicial prazo para a manifestação final dos interessados, previsto no art. 44, da LFPA.

Para a solução do problema, há quem sustente a necessidade de uma avaliação estritamente casuística para se chegar à conclusão acerca do encerramento ou não da instrução do processo administrativo e, por conseguinte, do início da contagem do prazo referido no art. 49 da LFPA.[13] Não parece ser adequada a utilização de uma solução inteiramente casuística, eis que isso geraria inegável insegurança tanto para o administrado, titular do direito à decisão, quanto para a Administração Pública, a quem se endereça o dever de decidir. Embora evidentemente não se possa prescindir da análise atenta das peculiaridades de cada caso concreto, parecer ser adequada a utilização de alguns padrões seguros de interpretação do termo inicial de tal prazo.

Propõe-se que nos processos em que a instrução é basicamente aquela de índole burocrática, de mera tramitação interna, o prazo de 30 dias deva ser contado do momento em que o processo chega ou deveria ter chegado concluso à autoridade competente para exarar a decisão. Neste caso, há de ser recordado que a Lei nº 9.784/99, além de prever o prazo para o cumprimento do dever de decidir, estabelece igualmente prazo para a prática de atos de mera tramitação interna do processo administrativo. Tem-se, neste sentido, a regra contida no art. 24 da LFPA pelo qual "os atos do órgão ou autoridade responsável pelo processo e dos administrados que dele participem devem ser praticados no prazo de cinco dias, salvo motivo de força maior", podendo tal prazo ser dilatado até o dobro, mediante comprovada justificação (art. 24, parágrafo único). Em relação à consulta obrigatória de parecer, o prazo é de 15 dias, nos termos do art. 42 da Lei nº 9.784/99.

Diante disso, para que se interprete o art. 49 da LFPA de sorte a se assegurar a preservação do núcleo essencial do direito fundamental à tramitação processual em prazo razoável e célere (art. 5º, LXXVIII, da CF/88), deve-se analisar o organograma da entidade administrativa para se compreender por quais órgãos públicos o expediente deve tramitar (protocolo, distribuição, expedição, assessoria jurídica, etc.), dando a cada um deles o prazo de 5 dias, ressalvada situação de força maior ou caso de ampliação do prazo mediante comprovada justificação ou de emissão de parecer de órgão consultivo, hipótese em que o prazo será de quinze dias. Fazendo-se tal análise, ter-se-á o prazo pelo qual o processo deveria ter chegado nas mãos da autoridade competente, momento esse a partir do qual deverá ser contado o prazo de 30 dias referido no art. 49, da LFPA. Tal interpretação, aparentemente rigorosa com a Administração Pública, se impõe, para que não se transforme a elogiável regra em comento em letra morta. De que adianta, pois, se estabelecer um prazo rigoroso

---

de norma específica somente é aplicável aos processos administrativos que tramitam perante a Secretaria da Receita Federal do Brasil, órgão da administração direta subordinado ao Ministro de Estado da Fazenda –, estabelece-se um prazo bastante maior do que o referido no art. 49, da LFPA, mas com termo inicial fixado quando do protocolo. Curiosamente, na comparação entre os dois preceitos legais, pode-se ter casos em que os 360 dias a contar do protocolo inicial finde antes de 30 dias a contar do encerramento da instrução do processo administrativo, a par da já mencionada dificuldade de se aferir tal momento processual.

[13] Neste sentido, CARVALHO FILHO, José dos Santos. *Processo Administrativo Federal* – Comentários à Lei nº 9.784 de 29/1/1999. 5. ed. São Paulo: Atlas, 2013, p. 232.

para o exercício do direito de decidir, se a interpretação do termo inicial de tal prazo sofre exagerada e indevida flexibilização.[14]

Contudo, algumas ponderações devem ser feitas em relação à forma proposta de fixado do termo inicial do prazo para o exercício do dever de decidir.

Inicialmente, deve-se considerar que há processos administrativos cuja solução reclama a realização de prova pericial ou testemunhal. Em tais hipóteses, a análise casuística realmente se impõe, para que se avalie o prazo razoável para a produção de tais provas. Por exemplo, não se pode considerar em mora a Administração Pública se o motivo do atraso é imputável exclusivamente ao administrado. De outro lado, não se pode conceber que o prazo de regular tramitação do processo fique simplesmente suspenso por conta de razões imputáveis à Administração Pública. Imagine-se que a decisão do processo exija a realização de uma prova pericial aprazada pela Administração Pública para seis meses a contar da juntada dos documentos exigidos do administrativo. Ora, neste caso, não se poderia solapar o direito fundamental à decisão administrativa em prazo razoável, sob o simples e simplista argumento de que a decisão exigiria a realização da perícia, a qual será realizada com atraso, por motivos atribuíveis à própria Administração Pública.

Outra situação que exige uma necessária avaliação casuística é a que diz respeito aos processos em que se faz necessária a realização de consulta pública (art. 31 da LFPA), de audiência pública (art. 32 da LFPA) ou de outros meios de participação (art. 33 da LFPA). Nestes casos, o princípio da participação, que justifica materialmente tais meios de participação dos interessados nas decisões administrativas, deve ser também prestigiado. Diante disso, há de ser ponderar os valores em jogo para que, numa avaliação do caso concreto, se constate qual o prazo razoável para a realização de tais mecanismos de participação popular.

Em relação aos pareceres, igualmente, há particularidades, sobretudo em razão do já referido art. 42 da LFPA, que estabelecer prazo especial de 15 dias para tal etapa do processo administrativo. De início, é de ser recordada a classificação de pareceres, enquanto típicos atos de administração pública consultiva.[15] Os pareceres podem ser facultativos ou obrigatórios. Se facultativos, não incide a regra do art. 42. Assim, no caso de parecer facultativo, o prazo para tal etapa há de ser o prazo ordinário referido no art. 24 da LFPA. Para os casos de pareceres de consulta obrigatória, mostra-se incidente o art. 42 da LFPA com prazo especial de 15 dias para a emissão de parecer oriundo de órgão consultivo. Os pareceres obrigatórios, por sua vez, se dividem em vinculantes e não vinculantes. No caso de parecer obrigatório e vinculante, o art. 42, § 1º, da LFPA estabelece que ultrapassado o prazo para sua emissão "o processo não terá seguimento até a respectiva apresentação, responsabilizando-se quem der causa ao atraso". Já para o caso de pareceres obrigatórios e não vinculantes,

---

[14] "Nenhuma perplexidade servirá de desculpa para a omissão do dever de decidir. Sirva-se o agente competente de tudo que no processo se contém, e acaso ainda insuficiente essa faina, nem mesmo assim lhe será dado cruzar os braços..." (DALLARI, Adilson de Abreu; FERRAZ, Sérgio. *Processo Administrativo*. 3. ed. São Paulo: Malheiros, 2012, p. 239).

[15] Vide, MELLO, Oswaldo Aranha Bandeira de. *Princípios Gerais de Direito Administrativo*. 3. ed. São Paulo: Malheiros, 2007, v. I., p. 583/585.

uma vez ultrapassado o prazo de 15 dias, "processo poderá ter prosseguimento e ser decidido com sua dispensa, sem prejuízo da responsabilidade de quem se omitiu no atendimento" (art. 42, § 2º).

Neste contexto, devem ser colocados em relevo os casos em que a decisão administrativa reclama informações ou provas a serem fornecidas por terceiros (art. 39, da LFPA). Igualmente em tais circunstâncias, há de ser feita uma avaliação casuística acerca da atuação da Administração Pública, quanto ao cumprimento do dever de decidir em prazo razoável, sobretudo em razão do disposto no art. 39, parágrafo único, da LFPA ("não sendo atendida a intimação, poderá o órgão competente, se entender relevante a matéria, suprir de ofício a omissão, não se eximindo de proferir a decisão").

De qualquer forma, para se evitar prejuízos decorrentes de atrasos imputáveis tanto à Administração Pública quanto a terceiros ou ao próprio administrado, mostra-se viável a adoção de providência de natureza acauteladora (arts. 45[16] e 61, parágrafo único,[17] da LFPA), no que se poderia qualificar como um verdadeiro "poder geral de cautela administrativa".[18]

Deve-se atentar para os casos em que a Administração Pública estará diante de situações de decisão administrativa impossível, como nos casos em que eventual atraso na tramitação se deve exclusiva ou concorrentemente ao próprio administrado ou a terceiro, sem que nesse caso, possa a Administração Pública substituir tal providência. Também se pode considerar decisão administrativa impossível os casos em que o processo administrativo falece de um de seus pressupostos procedimentais insubstituíveis (ex. incompetência flagrante ou grosseira dos órgãos administrativos por onde tramita o expediente). Nestes casos, por certo, não se pode cogitar de aplicação das regras contidas nos artigos 48 e 49 da LFPA, inexistindo, por óbvio, mora da Administração Pública.

Por fim, em relação ao prazo contemplado no art. 49 da LFPA, deve-se tê-lo como aplicável em qualquer situação que, no plano federal, se estabeleça o dever de decidir ou de manifestação imposta à Administração Pública, tal como se depreende do art. 69 da LFPA. Neste sentido, por exemplo, enquanto não restar regulamentada a parte inicial do art. 5º, XXXIII, da CF/88, que trata do direito a receber informações dos órgãos públicos, que serão prestadas no prazo de uma lei específica ainda inexistente, impõe-se a aplicação do prazo referido no art. 49 da LFPA.

4. Efeitos do descumprimento do dever de decidir

O Superior Tribunal de Justiça já assentou que "a Lei nº 9.784/99 foi promulgada justamente para introduzir no nosso ordenamento jurídico o

---

[16] Art. 45. Em caso de risco iminente, a Administração Pública poderá motivadamente adotar providências acauteladoras sem a prévia manifestação do interessado.

[17] Art. 61. ... Parágrafo único. Havendo justo receio de prejuízo de difícil ou incerta reparação decorrente da execução, a autoridade recorrida ou a imediatamente superior poderá, de ofício ou a pedido, dar efeito suspensivo ao recurso

[18] MAFFINI, Rafael. *Op. cit.*, p. 93.

instituto da Mora Administrativa como forma de reprimir o arbítrio administrativo, pois não obstante a discricionariedade que reveste o ato da autorização, não se pode conceber que o cidadão fique sujeito à uma espera abusiva que não deve ser tolerada e que está sujeita, sim, ao controle do Judiciário a quem incumbe a preservação dos direitos, posto que visa a efetiva observância da lei em cada caso concreto" (REsp. 690.811, Rel. Min. José Delgado, j. 28.6.2005). Tal precedente evidencia que nenhuma utilidade teria a previsão legal de um dever de decidir, inclusive com a fixação de um prazo para tanto, se não houvesse consequências jurídicas efetivas para a hipótese de descumprimento de tal dever.

Por tal razão, não se pode concordar com algumas interpretações mais restritivas à fixação de decorrências do descumprimento ao dever de a Administração Pública emitir decisões expressas em prazo razoável, como aquela segundo a qual o princípio da indisponibilidade produziria restrições à outorga de efeitos jurídicos em casos como de mora administrativa[19] ou aquele entendimento de que o Poder Judiciário nunca poderia substituir-se à Administração Pública no reconhecimento do direito do administrativo, limitando-se tão somente à emissão de ordem judicial para que a decisão administrativa fosse exarada.[20] Tais posturas interpretativas mais restritivas não se coadunam com a necessidade de se conferir a máxima efetividade a um direito fundamental, como é o caso do direito à decisão em prazo razoável. Impõe-se, pois, outra postura interpretativa.

Vários são os estudos sobre os efeitos do descumprimento do dever de decidir, tanto em nosso país[21] quanto no Direito Comparado,[22] havendo sobre a questão inúmeras divergências doutrinárias.

Parece-nos que a melhor solução consiste na análise dos efeitos do descumprimento do dever de decidir a partir da natureza – vinculada ou discricionária – da regra de competência administrativa que embasa a pretensão administrativamente deduzida pelos administrados interessados.

Assim, se a pretensão administrativamente deduzida pelos interessados estiver embasada em norma de natureza vinculada,[23] ou seja, em regra cuja

---

[19] MENDES, Fernando Marcelo. O dever de decidir e a motivação dos atos administrativos (arts. 48 a 50). FIGUEIREDO, Lúcia Valle (coord.) *Comentários à Lei Federal de Processo Administrativo (Lei nº 9.784/99)*. 2. ed. Belo Horizonte: Fórum, 2009, p. 191.

[20] MEIRELLES, Hely Lopes. *Direito Administrativo Brasileiro*. 37. ed. São Paulo: Malheiros, 2011, p. 117.

[21] Na doutrina pátria, quem mais se ocupa do tema no sentido da proposta feita no texto, de uma interpretação que confira maior efetividade ao direito fundamento em prazo razoável é Celso Antônio Bandeira de Mello (MELLO, Celso Antônio Bandeira de. *Curso de Direito Administrativo*. 28. ed. São Paulo: Malheiros, 2011, p. 508).

[22] Vide, por exemplo, SÉRVULO CORREIA, José Manuel. O incumprimento do dever de decidir. In: *Cadernos de justiça administrativa*. – nº 54 (Nov./Dez. 2005), p. 6-32.

[23] "A vinculação administrativa ocorre sempre que a lei atribuir a competência ao administrador, de modo que, diante de uma determinada previsão de hipótese fático-jurídica (suporte fático em abstrato, hipótese de incidência, *fattispecie*, *tatbestand*, etc.), prevê como consequência jurídica (estatuição, *Rechtsfolge*, etc.) uma única solução juridicamente válida. Assim, numa regra vinculada, concretizada a hipótese legal, não restará ao administrador nenhuma outra forma de agir senão aquela prevista na regra de sua atribuição de competência. (...) Em relação às condutas administrativas vinculadas, duas observações devem ser feitas. Inicialmente, deve-se advertir que, embora a definição da vinculação seja singela, a aplicação de regras vinculadas, no caso concreto, não deve ser entendida como automática. A interpretação acompanha necessariamente todas as situações de aplicação de regras legais, inclusive as vinculadas. Assim, apesar do

implementação da hipótese normativa leva, necessariamente a uma única consequência jurídica, a mora administrativa produzirá aos interessados um direito subjetivo de dupla feição. Ou seja, o administrado terá, de um lado, o direito subjetivo à decisão. De outro, o direito subjetivo de ter sua pretensão assegurada desde que comprovada a implementação da hipótese normativa. Dito de outra forma, sempre que uma pretensão administrativa embasada em regra legal vinculada deixar de ser apreciada no prazo legal, configurando-se a mora administrativa, o administrado poderá socorrer-se do Poder Judiciário para que esse não só reconheça tal mora, como também substitua-se à Administração Pública para determinar em favo do administrado a própria pretensão ou resultado útil que a ela equivalha.

Já no caso de pretensão embasada em regra de natureza discricionária,[24] ou seja, naquelas normas em que a hipótese contida na norma vem seguida de várias formas válidas de atuação, dentre as quais uma delas deverá ser escolhida

---

esquema normativo contido nas regras vinculadas (ocorrência da hipótese legal seguida da concretização da consequência jurídica única prevista na regra de atribuição de competência), não se pode olvidar que há, por vezes, questões de interpretação altamente complexas, tanto da hipótese normativa quanto da consequência jurídica que dela decorre. Em outras palavras, em alguns casos não é singela a subsunção do caso concreto a uma determinada regra vinculada; noutros, a própria consequência, que não deixa de ser única, trará consigo certas dificuldades de aplicação concreta. De qualquer modo, a definição do que seja uma regra vinculada é, como visto, singela: trata-se de regra de atribuição de competência administrativa pela qual, diante de uma hipótese, a lei prevê um único comportamento válido. A outra consideração a ser feita em relação às regras de atribuição de competência vinculada diz com o modo pelo qual sobre ela incide o controle judicial da Administração Pública. Em princípio, o controle jurisdicional de condutas administrativas vinculadas não apresenta maiores complicações, por se tratar de uma espécie de controle de cotejo: o Poder Judiciário analisa qual é a hipótese legal e qual é a consequência única que dela resulta e, concretamente, pesquisa se há adequação entre o que a lei, no plano abstrato, prevê e o que, no plano concreto, foi levado a efeito pela Administração Pública. Havendo compatibilidade entre o que a lei dispunha e o que concretamente foi realizado pela Administração Pública, restará ao Poder Judiciário tão-somente promover o controle do conteúdo da lei, no que tange a questões de razoabilidade, proporcionalidade, moralidade, impessoalidade, etc. Neste caso, contudo, a eventual invalidação da ação administrativa vinculada que seguiu rigorosamente a hipótese e a consequência previstas em lei terá de ser precedida da invalidação, por inconstitucionalidade, da regra vinculada em questão" (MAFFINI, Rafael. Op. cit., p. 61-62).

[24] "A existência da discricionariedade administrativa parece decorrer da conjugação de duas realidades incontrastáveis: de um lado, por melhor que seja o legislador, numa perspectiva mera-mente técnica, a atividade legislativa é muito suscetível de cometer imprecisões, uma vez que se trata de atividade de prognose; de outro, a atividade administrativa é dotada de uma grande riqueza de situações cotidianas. Da confluência de tais realidades depreende-se que não seria possível – e nem mesmo conveniente – que todas as condutas administrativas fossem embasadas sempre através de regras vinculadas. Surge, pois, a necessidade de uma espécie de válvula de escape, não do princípio da legalidade, mas da metodologia vinculada de atribuição legal de competências aos administradores. A discricionariedade não decorre da falta de regras legais que prevejam a atuação administrativa. É de ser lembrado que, no Direito Administrativo, a falta de regras legais sobre uma determinada conduta não induz a liberdades, mas à proibição. Do mesmo modo, a discricionariedade não resulta das entrelinhas de regras legais. Não se trata, pois, de uma espécie de sobra da lei; ao contrário, a discricionariedade consiste numa técnica de concretização do princípio da legalidade, que decorre de uma atribuição legal expressa de competência. Nas regras de atribuição de competência discricionária, a lei, diante de uma determinada hipótese legal (suporte fático em abstrato, hipótese de incidência, fattispecie, tatbestand, etc.), prevê mais de uma consequência jurídica (estatuição, Rechtsfolge, etc.), sendo, ao menos em princípio, válidas todas essas condutas administrativas previstas em tal margem legal de liberdade. Há de se atentar, nesse passo, para a importante diferença entre discricionariedade e arbitrariedade: aquela (a discricionariedade) consiste numa margem legal de liberdade, que contempla mais de uma conduta administrativa válida, dentre as quais o administrador terá de optar casuisticamente por uma; esta (a arbitrariedade) consiste em condutas concretizadas fora das margens legais de validade ou sem embasamento legal, apresentando-se, em qualquer caso, inválida. Na concretização de regras discricionárias, o administrador, deparando-se com a concretização da hipótese legal, terá de eleger, portanto, uma das várias (mais de uma) consequências validamente previstas. Tal eleição deve, por óbvio, ocorrer segundo a ordem jurídica e seguirá critérios de conveniência e oportunidade, ou seja, de mérito administrativo, assunto que merecerá tratamento destacado" (Idem).

pela Administração Pública, a mora administrativa redundará, em princípio, em um direito subjetivo de feição una. Isso implica afirmar que, em linha de princípio, caso se concretize situação de mora administrativa, o administrado poderá obter do Poder Judiciário tão somente uma ordem endereçada à Administração Pública para que ela promova a decisão administrativa. Tal situação resulta, em termos imediatos, do fato de que a própria regra discricionária não produz um direito subjetivo a qualquer de suas consequências pretendidas pelo administrado[25] e, em termos mediatos, da noção de equilíbrio entre os Poderes, tal como previsto no art. 2º, da CF/88. Ainda que caracterizada a mora administrativa, estando a pretensão do administrado supedaneada em regra discricionária, o Poder Judiciário ordinariamente não estaria legitimado pelo texto constitucional a promover a decisão no lugar da Administração Pública, sem prejuízo do reconhecimento de eventual direito à reparação civil decorrente dos danos causados em razão de tal atraso.

Tal situação, entretanto, reclama algumas ponderações. A primeira delas consiste no fato de que há caso excepcional em que, mesmo que a pretensão administrativa esteja embasada em pretensão discricionária, a mora administrativa ensejará a possibilidade de o Poder Judiciário não determinar que a decisão seja exarada, mas ele mesmo decidir em favor da pretensão administrativa deduzida pelo interessado. Trata-se do caso da denominada *discricionariedade reduzida a zero*, no qual, diante de um controle de validade ampla – ou juridicidade – o Poder Judiciário reconhece, no caso concreto, que todas as consequências legalmente previstas, à exceção de uma só, mostram-se inválidas.[26] Neste caso, setores da doutrina admitem a possibilidade de um controle positivo, realizado *in concreto*, em que o Poder Judiciário, além de promover a anulação do ato discricionário inválido, determinará qual das providências deveria ser concretizada pela Administração Pública.[27] Neste caso, a mora administrativa possibilitará que o Poder Judiciário, uma vez provocado, reconheça não só o atraso, mas a própria pretensão administrativa deduzida pelo interessado.

Alguns autores sustentam a existência de um caso em que a Administração Pública não necessitaria decidir justamente em razão da natureza discricionária da norma que fundamenta a questão levada à sua apreciação. Trata-se do caso de *"discricionariedade de planeamento"*, assim entendida aquela em que a Administração Pública dispõe de uma margem de escolha quanto ao momento ou à oportunidade de agir.[28] Discorda-se, respeitosamente, de tal interpretação, na medida em que diante de norma legal que estabeleça como consequências discricionárias o agir ou o não agir (discricionariedade de resolução ou de atuação), qualquer de tais providências há de ser objeto de apreciação expressa, na maior parte dos casos com a respectiva motivação. Ou seja, quando a Administração Pública houver recebido por norma de competência discricio-

---

[25] Vide: MAFFINI, Rafael. O direito administrativo nos quinze anos da Constituição Federal. *Revista da Ajuris*, Porto Alegre, n. 94, jun. 2004.

[26] MAFFINI, Rafael. *Direito Administrativo*. 4. ed. São Paulo: Revista dos Tribunais, 2013, p. 62-63.

[27] MORAES, Germana de Oliveira. *Controle jurisdicional da administração pública*. São Paulo: Dialética, 1999, p. 162-163.

[28] SÉRVULO CORREIA, José Manuel. O incumprimento do dever de decidir. In: *Cadernos de justiça administrativa*. – nº 54 (Nov./Dez. 2005), p. 6-32.

nária a prerrogativa de agir ou de não agir, ainda assim estará caracterizada a mora administrativa, caso não venha a emitir expressa decisão, inclusive sobre o não agir, no prazo fixado pelo art. 49 da LFPA. Não se nega, pois, a possibilidade de opção pela não ação, mas tal opção haverá de ser veiculada por decisão explícita e motivada, dentro do prazo legalmente outorgado pela lei à Administração Pública para que essa decida.

Por fim, conveniente não ser confundida a discricionariedade administrativa com os casos em que as normas de competência administrativa contém conceitos jurídicos indeterminados (*v.g.* urgência, relevância, interesse público, etc.) ou com os casos relacionados com conceitos eminentemente técnicos que exigem a integração de outras áreas do conhecimento humano (por alguns denominados de *"discricionariedade técnica"*). Tais circunstâncias produzem a necessidade de um juízo de interpretação – e não de escolha, como ocorre na discricionariedade –, de sorte que em nada embaraçam a possibilidade de o Poder Judiciário reconhecer a própria pretensão administrativa, uma vez convencido da concretização de algum de tais conceitos.

Jurisprudência

ADMINISTRATIVO. MANDADO DE SEGURANÇA. AUTORIZAÇÃO PARA EXECUTAR SERVIÇO ESPECIAL DE RETRANSMISSÃO DE TELEVISÃO EDUCATIVA. NÃO CONFIGURAÇÃO DA DECADÊNCIA. ATO COATOR CONSUBSTANCIADO NA MANTENÇA DAS PENAS PECUNIÁRIA E DE SUSPENSÃO. ATOS PRATICADOS PELA IMPETRANTE CONTRA OS LIMITES DA OUTORGA. CONCLUSÃO DO PROCESSO ADMINISTRATIVO COM OBSERVÂNCIA AOS PRINCÍPIOS DA LEGALIDADE E DO DEVIDO PROCESSO LEGAL. IMPOSSIBILIDADE DE CONTROLE DO ATO OMISSIVO DA ADMINISTRAÇÃO PELO PODER JUDICIÁRIO. 1. Caso em que se impetra mandado de segurança contra ato o qual manteve as penas pecuniária e de suspensão aplicadas em desfavor da impetrante, sob alegação de ocorrência de vícios que, em tese, teriam contaminado o processo administrativo. 2. "O direito de requerer mandado de segurança extinguir-se-á decorridos 120 (cento e vinte) dias, contados da ciência, pelo interessado, do ato impugnado", consoante dispõe o art. 23 da Lei n. 12.016, de 7 de agosto de 2009. 3. No caso sub examinem, o ato impetrado, consubstanciado no não provimento do recurso administrativo da impetrante, foi publicado no Diário Oficial do dia 20 de agosto de 2009, enquanto que a impetração data de 26 de outubro de 2009. Logo, não houve decadência. 4. O compulsar dos autos relativos ao processo administrativo, apensado a este feito, não se constata nenhuma afronta à legalidade ou mesmo inobservância ao devido processo legal, assim como infere-se que as sanções atendem às prescrições legais e guardam razoabilidade com os atos perpetrados. 5. A autorização da impetrante é para retransmissão simultânea de televisão em UHF dos sinais gerados por TV educativa e foi concedida em caráter discricionário, não tendo ela submetido-se a procedimento licitatório. Por esse motivo, é incabível que ela pretenda retransmitir programação de TV comercial, na medida em que esta é concessionária do serviço de radiofusão de sons e imagens e, portanto, concorreu à licitação na modalidade de concorrência pública. Diante disso, fica patente o evidente intuito de burlar os termos da outorga. 6. A demora da Administração para apreciar os requerimentos administrativos vulnera, em tese, direito subjetivo, e legitima o administrado à socorrer-se no Poder Judiciário, para ver cessado o ato omissivo estatal, mas não possibilita que o impetrante haja por conta própria e que cometa atos ilícitos, como, por exemplo, a mudança de equipamento levada a cabo. Ademais, ainda que haja ato omissivo da Administração, o Poder Judiciário não pode suprir essa omissão e decidir o mérito do processo administrativo, mas apenas determinar que o procedimento seja concluído em tempo razoável. Precedentes: REsp 958.641/PI, Relatora Ministra Denise Arruda, Primeira Turma, DJ de 26 de novembro de 2009; e RMS 15.648/SP, Relator Ministro Hamilton Carvalhido, Sexta Turma, DJ de 3 de setembro de 2007. 7. Segurança denegada. (STJ, MS 14.760, Rel. Min. Benedito Gonçalves, j. 09.06.2010).

ADMINISTRATIVO. CANCELAMENTO DE INCENTIVOS FISCAIS CONCEDIDOS PELO FINAM (FUNDO DE INVESTIMENTO DA AMAZÔNIA). INTERPOSIÇÃO DE RECURSO ADMINISTRATIVO. AUSÊNCIA DE APRECIAÇÃO. OMISSÃO CONFIGURADA. APLICAÇÃO SUBSIDIÁRIA DA Lei nº 9.784/99. DEVER DA ADMINISTRAÇÃO DE JULGAR O RECURSO INTERPOSTO. ORDEM CONCEDIDA, PARA QUE A AUTORI-

DADE IMPETRADA APRECIE O RECURSO NO PRAZO DE TRINTA DIAS. (STJ, MS 13.305, Rel. Min. Teori Albino Zavascki, j. 10.03.2010).

ADMINISTRATIVO. PROJETO DE FINANCIAMENTO APRESENTADO À EXTINTA SUPERINTENDÊNCIA DE DESENVOLVIMENTO DO NORDESTE – SUDENE. LEGITIMIDADE DO MINISTRO DE ESTADO DA INTEGRAÇÃO NACIONAL PARA APRECIAR O PEDIDO ADMINISTRATIVO APÓS A EXTINÇÃO. ART. 37, CAPUT, DA CONSTITUIÇÃO FEDERAL. DEVER DE DECIDIR. ARTS. 48 E 49 DA LEI Nº 9.784/99. OMISSÃO CONFIGURADA. CONCESSÃO PARCIAL DA ORDEM. 1. Hipótese em que o pedido administrativo referente a projeto de financiamento foi apresentado à SUDENE em 1999, antes da extinção da autarquia, e encontra-se pendente de apreciação até os dias atuais. 2. Conforme já decidido pela Primeira Seção, em caso análogo, a Medida Provisória 2.145/2001 transferiu para a União, via Ministério da Integração Nacional, as atribuições legais da SUDENE. Precedente: MS 11.047/DF, Rel. Ministra Eliana Calmon, Primeira Seção, DJ 17.04.2006. 3. Além disso, não há falar em competência da ADENE para análise do pleito, pois, segundo o art. 3º do Decreto 4.985/2004, as atribuições dessa Agência somente têm início com a aprovação dos contratos celebrados no âmbito da extinta SUDENE, o que não se verifica in casu. 4. Dessa forma, constatada a omissão injustificável quanto à análise de processo administrativo, é de observar o disposto nos arts. 48 e 49 da Lei nº 9.784/99, que prevêem o dever de a Administração decidir sobre os pedidos que lhe são apresentados em até sessenta dias. Precedente: MS 9.190/DF, Rel. Ministro Luiz Fux, Primeira Seção, DJ 15.12.2003. 5. Segurança parcialmente concedida para determinar à autoridade impetrada o exame conclusivo do processo administrativo em sessenta dias, respeitado seu juízo meritório. (STJ, MS 12.841, Rel. Min. Herman Benjamin, j. 27.8.2008).

MANDADO DE SEGURANÇA. ANISTIA POLÍTICA. EFEITOS RETROATIVOS. CORREÇÃO DO ATO DECLARATÓRIO PENDENTE DE JULGAMENTO NA ESFERA ADMINISTRATIVA. DETERMINAÇÃO DE PRAZO PARA APRECIAÇÃO DO PEDIDO. ARTS. 48 E 49 DA LEI Nº 9.784/1999. 1. O pedido do impetrante de ver retroagir os efeitos financeiros de sua anistia até 5/10/1988 está pendente de julgamento no plenário da Comissão de Anistia, não competindo ao Poder Judiciário determinar a expedição de portaria para correção do ato declaratório de anistia, sob pena de invadir a competência atribuída ao Poder Executivo, com afronta ao princípio da separação de poderes. 2. Mostra-se razoável, tendo em conta a idade avançada do impetrante (88 anos), bem como seu estado de saúde debilitado, a estipulação de prazo para que se conclua o julgamento administrativo. 3. Ordem parcialmente concedida para determinar que o requerimento administrativo do impetrante seja apreciado no prazo de 30 (trinta) dias. (STJ, MS 12.785, Rel. Min. Paulo Gallotti, j. 12.12.2007).

ADMINISTRATIVO. RÁDIO COMUNITÁRIA. PROCESSO ADMINISTRATIVO. PEDIDO DE AUTORIZAÇÃO. MORA DA ADMINISTRAÇÃO. ESPERA DE CINCO ANOS DA RÁDIO REQUERENTE. VIOLAÇÃO DOS PRINCÍPIOS DA EFICIÊNCIA E DA RAZOABILIDADE. INEXISTÊNCIA. VULNERAÇÃO DOS ARTIGOS 165, 458, I, II, II E 535, II DO CÓDIGO DE PROCESSO CIVIL. AUSÊNCIA DE INGERÊNCIA DO PODER JUDICIÁRIO NA SEARA DO PODER EXECUTIVO. RECURSO ESPECIAL CONHECIDO PELA ALEGATIVA DE VIOLAÇÃO DOS ARTIGOS 2º DA LEI 9612/98 70 DA LEI 4.117/62 EM FACE DA AUSÊNCIA DE PREQUESTIONAMENTO DOS DEMAIS ARTIGOS ELENCADOS PELAS RECORRENTES. DESPROVIMENTO. 1. Cuida-se de recursos especiais (fls. 367/397 e 438/452)) interpostos, respectivamente, pela AGÊNCIA NACIONAL DE TELECOMUNICAÇÕES – ANATEL e pela UNIÃO, ambos com fulcro na alínea "a", sendo o da ANATEL baseado também na letra "c" do art. 105, III, da Constituição Federal de 1988, em face de acórdão proferido pelo TRF da 4ª Região, assim ementado (fl.- 333-v) "ADMINISTRATIVO. RÁDIO COMUNITÁRIA. FUNCIONAMENTO. PROCESSO ADMINISTRATIVO. OMISSÃO DO PODER PÚBLICO. RAZOABILIDADE. APREENSÃO. POLÍCIA FEDERAL. INTERFERÊNCIA. 2. O conteúdo da sentença apelada não implica em invasão da competência do Poder Executivo pelo Judiciário, posto não conceder autorização para o funcionamento, mas apenas impede que o funcionamento da Rádio Comunitária seja perturbada enquanto não for examinado o pedido de autorização. 2. O cidadão tem direito a receber um tratamento adequado por parte do Ministério das Comunicações, que deve responder as postulações feitas. Não o tendo feito no prazo da lei que rege os procedimentos administrativos, está a desrespeitar o devido processo legal e a razoabilidade. 3. Embora os fiscais da Agência Nacional de Telecomunicações não tenham poderes para, administrativamente, proceder à apreensão de bens e equipamentos no âmbito de sua competência, tendo em vista a suspensão da eficácia do art. 19, inc. XV, da Lei nº 9.472/97, pela medida cautelar concedida pelo Plenário do STF na ADIn nº 1.688, tal vedação não atinge os agentes da Polícia Federal, que têm o dever de apreender os instrumentos utilizados na prática de crimes. 4. No tocante às alegações de interferência dos equipamentos da rádio comunitário no espectro eletromagnético, compete à União Federal a respectiva fiscalização, procedendo às medidas necessárias para evitar interferência em outros sistemas de telecomunicações. 5. Apelações cíveis da ANATEL e remessa de ofício improvidas.

Art. 49

Apelação cível da União Federal parcialmente provida." 2. Recursos especiais apreciados conjuntamente já que ambas as recorrentes requerem a anulação do acórdão por violação do artigo 535, II, (omissão), sendo que a União aduz, ainda, afronta aos artigos 165 e 458 e incisos por ausência de fundamentação e, no mérito, o provimento para determinar a reforma do acórdão. Não existe afronta aos artigos 165, 458, I, II, III e 535, II do Código de Processo Civil quando o decisório combatido resolve a lide enfrentando as questões relevantes ao deslinde da controvérsia. O fato de não emitir pronunciamento acerca de todos os dispositivos legais suscitados pelas partes não é motivo para decretar nula a decisão. 3. Merece confirmação o acórdão que julga procedente pedido para que a União e a ANATEL se abstenham de impedir o funcionamento provisório dos serviços de radiodifusão, até que seja decidido o pleito administrativo da recorrida que, tendo cumprido as formalidades legais exigidas, espera já há cinco anos, sem que tenha obtido uma simples resposta da Administração. 4. A Lei nº 9.784/99 foi promulgada justamente para introduzir no nosso ordenamento jurídico o instituto da Mora Administrativa como forma de reprimir o arbítrio administrativo, pois não obstante a discricionariedade que reveste o ato da autorização, não se pode conceber que o cidadão fique sujeito à uma espera abusiva que não deve ser tolerada e que está sujeita, sim, ao controle do Judiciário a quem incumbe a preservação dos direitos, posto que visa a efetiva observância da lei em cada caso concreto. 5. O Poder Concedente deve observar prazos razoáveis para instrução e conclusão dos processos de outorga de autorização para funcionamento, não podendo estes prolongar-se por tempo indeterminado", sob pena de violação dos princípios da eficiência e da razoabilidade. 6. Recursos parcialmente conhecidos e desprovidos. (STJ, REsp 690.811, Rel. Min. José Delgado, j. 28.06.2005).

ADMINISTRATIVO – MANDADO DE SEGURANÇA – REQUERIMENTO FORMULADO A MINISTRO DE ESTADO, NO SENTIDO DE EXIBIÇÃO DE DOCUMENTO – AUSÊNCIA DE RESPOSTA DA AUTORIDADE ESTATAL – IMPETRAÇÃO PARA QUE O SENHOR MINISTRO DE ESTADO SE PRONUNCIE SOBRE O PEDIDO – ACOLHIMENTO, EM PARTE, DA PRETENSÃO MANDAMENTAL – ESTABELECIDO PRAZO PARA QUE A AUTORIDADE EXAMINE O PEDIDO ADMINISTRATIVO. – Recorre-se ao diploma que regula o processo administrativo no âmbito da Administração Pública Federal a fim de fixar um prazo para que o Senhor Ministro de Estado da Saúde responda ao pedido formulado pela impetrante. Assim, pois, prevê o artigo 49 da Lei n. 9.784, de 29 de janeiro de 1999: "Art. 49. Concluída a instrução de processo administrativo, a Administração tem o prazo de até trinta dias para decidir, salvo prorrogação por igual período expressamente motivada". – Esse lapso temporal fixado se ajusta ao raciocínio expendido por esta colenda Primeira Seção, quando do julgamento do MS 7.765-DF, ao assentar que "o art. 49 da Lei n. 9.784/99 assinala prazo máximo de 30 (trinta) dias (prorrogável por mais 30) para decisão da Administração, após concluído o processo administrativo, observadas todas as suas etapas (instrução, etc.)" (DJ 14/10/2002). Ao final, nesse *decisum* ficou pontificado que a autoridade apontada como coatora se pronunciasse sobre o requerimento formulado pela impetrante no prazo de 60 (sessenta) dias. – Assim, pois, o Senhor Ministro de Estado, ao apreciar o sobredito pedido administrativo, deverá se pronunciar acerca da exibição do demonstrativo-econômico financeiro solicitado pela parte impetrante e, se for o caso, justificar eventual recusa da apresentação do documento requerido. – Concedo parcialmente a segurança, para determinar que a autoridade coatora se pronuncie sobre o requerimento formulado pela impetrante. Para tanto, fica assinado o prazo improrrogável de 60 (sessenta) dias para a resposta do postulado. (STJ, MS 10.092, Rel. Min. Franciulli Netto, j. 22.06.2005).

Referências

AGUADO I CUDOLÀ, Vicenç. Silencio administrativo e inactividad – Limites y técnicas alteranativa. Madri: Marcial Pons, 2001.

CARVALHO FILHO, José dos Santos. *Processo Administrativo Federal* – Comentários à Lei nº 9.784 de 29/1/1999. 5. ed. São Paulo: Atlas, 2013.

DALLARI, Adilson de Abreu; FERRAZ, Sérgio. *Processo Administrativo*. 3. ed. São Paulo: Malheiros, 2012.

GARCIA LUENGO, Javier. El principio de protección de la confianza en el derecho administrativo. Madrid: Civitas, 2002.

MAFFINI, Rafael. *Direito Administrativo*. 4. ed. São Paulo: Revista dos Tribunais, 2013.

——. O direito administrativo nos quinze anos da Constituição Federal. *Revista da Ajuris*, Porto Alegre, n. 94, jun. 2004.

MEIRELLES, Hely Lopes. *Direito Administrativo Brasileiro*. 37. ed. São Paulo: Malheiros, 2011.

MELLO, Celso Antônio Bandeira de. *Curso de Direito Administrativo*, 28. ed. São Paulo: Malheiros, 2011.

MELLO, Oswaldo Aranha Bandeira de. *Princípios Gerais de Direito Administrativo*. 3. ed. São Paulo: Malheiros, 2007, v. I.

MENDES, Fernando Marcelo. O dever de decidir e a motivação dos atos administrativos (arts. 48 a 50). FIGUEIREDO, Lúcia Valle (coord.) *Comentários à Lei Federal de Processo Administrativo (Lei nº 9.784/99)*. 2. ed. Belo Horizonte: Fórum, 2009.

MENDES, Gilmar; COELHO, Inocêncio Mártires; BRANCO, Paulo Gustavo Gonet. *Curso de Direito Constitucional*. São Paulo: Saraiva, 2007.

MIRANDA, Jorge. *Constituição Portuguesa Anotada*. Coimbra: Coimbra Editora, 2005, v. I.

MORAES, Alexandre de. *Direito Constitucional*. 25. ed. São Paulo: Atlas, 2010.

MORAES, Germana de Oliveira. *Controle jurisdicional da administração pública*. São Paulo: Dialética, 1999.

SARLET, Ingo Wolfgang. *A eficácia dos direitos fundamentais*. 9. ed. Porto Alegre: Livraria do Advogado, 2007.

SÉRVULO CORREIA, José Manuel. O incumprimento do dever de decidir. In: *Cadernos de justiça administrativa*. – nº 54 (Nov./Dez. 2005), p. 6-32.

JULIANO HEINEN
Artigos 50 ao 52

CAPÍTULO XII – DA MOTIVAÇÃO

Artigo 50

Os atos administrativos deverão ser motivados, com indicação dos fatos e dos fundamentos jurídicos, quando:

I – neguem, limitem ou afetem direitos ou interesses;

II – imponham ou agravem deveres, encargos ou sanções;

III – decidam processos administrativos de concurso ou seleção pública;

IV – dispensem ou declarem a inexigibilidade de processo licitatório;

V – decidam recursos administrativos;

VI – decorram de reexame de ofício;

VII – deixem de aplicar jurisprudência firmada sobre a questão ou discrepem de pareceres, laudos, propostas e relatórios oficiais;

VIII – importem anulação, revogação, suspensão ou convalidação de ato administrativo.

§ 1º A motivação deve ser explícita, clara e congruente, podendo consistir em declaração de concordância com fundamentos de anteriores pareceres, informações, decisões ou propostas, que, neste caso, serão parte integrante do ato.

§ 2º Na solução de vários assuntos da mesma natureza, pode ser utilizado meio mecânico que reproduza os fundamentos das decisões, desde que não prejudique direito ou garantia dos interessados.

§ 3º A motivação das decisões de órgãos colegiados e comissões ou de decisões orais constará da respectiva ata ou de termo escrito.

SUMÁRIO: 1. Princípio da motivação dos atos administrativos; 1.1. Motivo, motivação e móvel; 1.2. Dever de motivar todos os atos administrativos; 2. Lista de atos administrativos que devem necessariamente ser motivados; 2.1. Inciso I; 2.2. Inciso II; 2.3. Inciso III; 2.4. Inciso IV; 2.5. Inciso V; 2.6. Inciso VI; 2.7. Inciso VII; 2.8. Inciso VIII; 2.8.1. Revogação; 2.8.2 Anulação; 2.8.3. Convalidação; 2.8.4. Suspensão; 3. Forma da motivação; 3.1. Critérios aplicados à motivação do ato administrativo; 3.2. Motivação referida ou *per relationen*; 3.3. Utilização de meios mecânicos; 3.4. Decisão proferida por órgão colegiado; Jurisprudência; Referências.

1. Princípio da motivação dos atos administrativos

Em épocas passadas, a Administração Pública não estava obrigada a motivar suas decisões, ou seja, não precisava enunciar as questões de fato e de direito que a inspiravam a decidir de uma ou de outra maneira. De qualquer sorte, esta perspectiva mudou, sendo que o câmbio operado foi gerado muito mais a partir da jurisprudência, ou seja, das determinações judiciais, do que propriamente pela via do direito positivo.[1] Logo, inegavelmente, o *princípio da motivação* acompanha a evolução das concepções de Direito e de Estado de sua época, tendo em vista que ao se pensar em princípio da motivação, pensa-se, de forma inarredável, em um *dever de motivação*. A obrigação daquele que detém um poder em expor as razões pelas quais pratica uma determinada ação ou opta por determinada atitude celebra uma superação, *v.g.*, de um modelo de Estado Absoluto, por exemplo.

Logo, pode-se antecipar que o princípio da motivação tributa uma espécie de "contrapoder" ao cidadão, tendo em vista que facilita a cassação de atos que tenham motivos inconstitucionais, ilegais, ilegítimos, inexistentes ou não condizentes com a situação de fato ou de direito apresentada. O postulado em pauta trata de abrir um espaço democrático de controle, já que a motivação, por óbvio, deve ser tornada pública. Não se pode pensar em motivação que não seja pública, ao menos no espaço institucionalizado de poder hoje vigente.

A obrigação de motivar conduz a administração a explicar por escrito as razões da sua decisão.[2] A exposição dos motivos melhora significativamente a transparência, o controle e o padrão democrático das funções administrativas. Com isso, facilita-se a melhor compreensão da atuação administrativa.[3]

Contudo, por muito tempo, em França, somente era exigida a motivação de certos atos. Especialmente a partir do Século XX, o Conselho de Estado daquele País passou a anular os atos administrativos imotivados por defeito na forma, o que fez com que se passasse a dar mais valor ao elemento *motivo* do ato administrativo.[4] Aliás, esta reação é corroborada pela Lei de 11 de julho de 1979, a qual estabeleceu uma lista de atos administrativos que devem obrigatoriamente receber a pertinente motivação. Esta norma foi ampliada pela Lei do 17 de janeiro de 1986, apesar de não consagrar um princípio geral da motivação, franqueou, por várias categorias jurídicas ali previstas, uma necessidade básica de se motivar vários atos administrativos – em verdade, pressiona que se exponham os motivos de fato e de direito em questões individuais pontualmente consideradas.

Assim, mesmo hoje na França, defende-se que nem todos os atos administrativos devem ser motivados. A exemplo disso, definiu-se que os atos normativos (que estabelecem regras gerais), os atos individuais que são favoráveis aos administrados etc. não reclamam obrigatória motivação. Aliás, a Lei francesa de 1979, listou seis casos de obrigatória exposição de motivos, a saber:

---

[1] Conferir: CE, 27 nov. 1970, *agence maritme Marseille-Fret* ou CE, 13 nov. 1974, *Guizelin*.

[2] O *princípio da motivação* liga-se com o *princípio da decisão*, mas com este não se confunde, na medida em que o segundo impõe o dever de o Poder Público se pronunciar sobre todos os assuntos da sua competência que lhe sejam apresentados pelos administrados (art. 9º do Código do Procedimento Administrativo português) – AMORIM, João Pacheco de; GONÇALVES, Pedro Costa; OLIVEIRA, Mário Esteves de. *Código do Procedimento Administrativo Comentado*. Coimbra: Almedina, 2006, p. 125-131.

[3] FRIER, Pierre-Laurent e PETIT, Jacques. *Précis de droit administratif*. Paris: Montchrestien, 2010, p. 314.

[4] CE, 27 nov. 1970, *Agence Marseille-Fret*.

a) decisões que restringem as liberdades públicas ou que, de certa maneira, impõe uma medida de polícia;

b) decisões que impõem uma sanção, condições restritivas a uma autorização ou sujeições ao administrado;

c) decisões que extingam uma decisão administrativa constitutiva de direitos;

d) decisões que se opõem a uma prescrição, extinção ou caducidade;

e) decisões que recusem uma vantagem a quem cumpriu com os requisitos previstos em lei para sua obtenção;

f) decisões que recusem ou revoguem de uma autorização.

Percebe-se, claramente, todos os casos listados tratam, em larga medida, de atos administrativos ablativos, ou seja, restritivos de direitos dos administrados, ou mesmo que implicam obrigações, ônus ou deveres por parte destes. Destaca-se, por oportuno, que publicidade destes atos não é sempre obrigatória, especialmente no caso de se tratar de decisões albergadas pelo sigilo legalmente considerado. O direito francês considera que, nestes casos, a comunicação das decisões não se faz possível.

O Código do Procedimento Administrativo lusitano possui dispositivo semelhante ao art. 50, ora comentado.

Artigo 124°. Dever de fundamentação

1. Para além dos casos em que a lei especialmente o exija, devem ser fundamentados os actos administrativos que, total ou parcialmente:

a) Neguem, extingam, restrinjam ou afectem por qualquer modo direitos ou interesses legalmente protegidos, ou imponham ou agravem deveres, encargos ou sanções;

b) Decidam reclamação ou recurso;

c) Decidam em contrário de pretensão ou oposição formulada por interessado, ou de parecer, informação ou proposta oficial;

d) Decidam de modo diferente da prática habitualmente seguida na resolução de casos semelhantes, ou na interpretação e aplicação dos mesmos princípios ou preceitos legais;

e) Impliquem revogação, modificação ou suspensão de acto administrativo anterior.

2. Salvo disposição da lei em contrário, não carecem de ser fundamentados os actos de homologação de deliberações tomadas por júris, bem como as ordens dadas pelos superiores hierárquicos aos seus subalternos em matéria de serviço e com a forma legal.

Como bem disciplinado pelo dispositivo citado, também se elencou um rol de atos administrativos que reclamam a pertinente exposição lógica de motivos. Até porque a própria Constituição da República Portuguesa, no art. 268°, n° 3, determina que todos os atos que afetem direitos fundamentais devam receber a pertinente motivação. O que se mostra peculiar é o disposto no item "2", justamente porque se permite expressamente que certos atos administrativos não necessitem ser motivados.

A partir da interpretação deste dispositivo, os doutrinadores portugueses, em grande parte, consideram que a ausência de fundamentação gera a anulabilidade do ato administrativo e, em casos de maior gravidade (mais raros, é certo), gera a nulidade dele. Fundamenta-se esta concepção na sobretudo porque se anularia automaticamente atos que, ao fim e ao cabo, gerariam efeitos permitidos ou desejados pela ordem jurídica.[5]

Na década de sessenta, o STF enfrentou a matéria no que se refere à ausência de motivação dos atos administrativos, em julgamento que se tornou um verdadeiro *leading case* sobre o tema.[6] Tratava-se do caso em que a classificação de candidatos de um concurso para Oficial Registrador foi alterada sem a pertinente motivação, oportunidade na qual os Ministros da Suprema Corte entenderam que o plano da validade havia sido atingido por conta desta omissão.

A partir da Constituição Federal de 1988, o princípio da motivação pode ser concebido como *princípio implícito*.[7] Logo, o princípio da motivação ganha um estofo qualitativo no seu âmbito de incidência.

Já a Lei n° 9.784/99, ao reservar um capítulo inteiro à *motivação dos atos* administrativos, mostrou uma preocupação intensa com o tema. E não poderia ser diferente, por ser este um elemento nodal do ato administrativo, compreendendo um sensível papel no limiar do Estado Democrático de Direito. A exposição de motivos é uma conduta que está presente na natureza humana, dado que todo o ser possui a curiosidade como uma característica inerente. Não nos conformamos com simples afirmações ou negações, dado que elas devem vir acompanhadas da pertinente persuasão.[8]

Com a adoção de um padrão democrático (art. 1°, *caput*, CF/88) pelo Estado brasileiro, tornou-se inerente à atuação administrativa a motivação dos atos praticados. Trata-se de cumprir uma agenda necessariamente focada no dever de transparência e, claro, de implementação de direitos e de garantias fundamentais como da ampla defesa, do contraditório, do direito de acesso à informação pública, etc.

Complementa o dispositivo ora analisado (art. 50), o disposto no art. 93, inciso X, da Constituição Federal, com a redação dada pela Emenda Constitucional n° 45/2004, nestes termos: "As decisões administrativas dos tribunais serão motivadas e em seção pública, sendo as disciplinares tomadas pelo voto da maioria absoluta de seus membros.". Perceba que o legislador constituinte derivado, em tese, implementou uma norma cogente neste sentido

A motivação pode ser considerada, em termos sintéticos, como a explicitação dos fatos e fundamentos que deram suporte à prática do ato.[9] É a maneira

---

[5] AMORIM, João Pacheco de; GONÇALVES, Pedro Costa; OLIVEIRA, Mário Esteves de. *Op. Cit.*, p. 590 – muito embora os atuores, após apresentar a dicotomia existente na doutrina lusitana, optam por defender a tese de que a ausência de fundamentação causa a *nulidade* do ato administrativo (*Op. Cit.*, p. 591).

[6] Tratava-se do: STF, RMS 11.792-RS, Rel. Min. Victor Leal, Pleno, j. 16/10/1963.

[7] FREITAS, Juarez. Processo administrativo federal reflexão sobre o prazo anulatório e a amplitude do dever de motivação dos atos administrativos. In: MUÑOS, Guillermo Andrés e SUNDFELD, Carlos Ari. *As leis de processo administrativo* – Lei federal 9.784/99 e Lei paulista 10.177/98. São Paulo: Malheiros, 2006, p. 105.

[8] MARRARA, Thiago; NOHARA, Irene Patrícia. *Processo Administrativo* – Lei n° 9.784/99 Comentada. São Paulo: Atlas, 2009, 317.

[9] CARVALHO FILHO, José dos Santos. *Manual de direito administrativo*. 25. ed. São Paulo: Atlas, 2012, p. 973.

com que o órgão administrativo explica as razões pelas quais tomou certa decisão, na mesma linha com que um juiz apresenta ao jurisdicionado os motivos pelos quais a sentença tem um determinado resultado. A partir disso, o administrado pode ter conhecimento claro do conteúdo da decisão administrativa, bem como veicular eventual espécie de controle sobre ele. Logo, pode auferir a compatibilidade das razões de fato e de direito expostas na decisão administrativa, para com, respectivamente, a realidade e o ordenamento jurídico vigente. Não raras vezes, a ausência de motivação escamoteia práticas de desvio de finalidade. Assim, a exposição de motivos acaba minimizando estas práticas ilícitas.

Então, o ato de motivar significa a ação de expor as razões pelas quais se tomou determinada atitude, demonstrando os elementos de convencimento, por meio da indicação dos fatos e dos fundamentos jurídicos para gerar dada conclusão.[10] Um ato administrativo despido de motivação prejudica sumariamente o seu controle, sendo escorada a partir da noção de Estado de Direito. Trata-se, pois, de verdadeiro sustentáculo da legalidade e elemento fundamental da garantia do contencioso administrativo. Daí porque este instituto acaba sendo considerado como uma fonte de legitimação ou de justificação técnica de uma decisão (o que se conhece, na Alemanha, por *Begründung*).

Ela estabelece uma concepção lógica respaldada por uma técnica. Esta noção propõe, como premissa indelével, ser um canal de persuasão do destinatário da decisão. Assim, é imprescindível que mantenha uma coerência lógica entre a lógica dos fundamentos para com a realidade que se processa, bem como deve ser apta a convencer terceiros.

Em verdade, ainda que nenhuma norma tratasse do tema, o princípio da motivação seria típico princípio implícito, derivado do devido processo legal – art. 5º, LIV, CF/88. Tomás-Ramón Fernández,[11] em interessante estudo, adverte que a motivação afasta o ato discricionário da arbitrariedade. Para o autor, aquilo que está despido de uma explicação de motivos, cairia no campo do arbitrário.

Destaca-se, por oportuno, que, em regra, a motivação dos atos administrativos não precisa abranger os fundamentos jurídicos, podendo se contentar em expor a situação fática que lhe dá base. Contudo, pela dicção expressa do *caput* do art. 50, importante que os fundamentos jurídicos sejam explicitados conjuntamente com os fáticos.

Além disso, quanto ao *momento,* pode-se dizer que a motivação deve ser, em regra,*prévia* ou *concomitante* à prática do ato. Caso se permitisse a motivação posterior, abrir-se-ia ensejo para que se "fabricassem" motivações para burlar eventual contestação ao ato. Explico-me: imagine o caso de se praticar um ato imotivadamente, o qual vem a ser contestado na via judicial. A fim de evitar qualquer sancionamento jurídico, ou mesmo a procedência da ação, em

---

[10] DALLARI, Adilson de Abreu; FERRAZ, Sérgio. *Processo administrativo*. 3. ed. São Paulo: Malheiros, 2012, p. 94.

[11] *Arbitrariedad y discrecionalidad*. Madrid: Civitas, 1991, p. 107. No mesmo sentido: "[...] la falta de fundamentación implica no sólo vicio de forma sino también y principalmente, vicio de arbitrariedad, que como tal determina normalmente la nulidad del acto." (GORDDILO, Augustin. *Tratado de derecho administrativo*. Buenos Aires: F.D.A., 2004, p. X-17, t. 3).

total deslealdade o gestor poderia "construir" algum motivo que desse ensejo à validade do ato administrativo.

Contudo, consideramos que, em casos urgentes, pode-se dar vazão a uma motivação posterior, sem que se possa reclamar a nulidade do ato. Veja que, diante de conjunturas prementes, muitas vezes não se tem tempo para construir a concreta motivação do ato administrativo, podendo ela ser exposta após a prática do ato. Claro que os motivos que dão base à decisão nunca podem ser posteriores à prática do ato administrativo. Em resumo, nos casos de urgência, enfim, quando não há tempo de o gestor motivar o ato administrativo, admite-se a motivação posterior, podendo ser praticado, ao menos momentaneamente, um ato administrativo despido de motivos.[12]

Mentalmente, a exposição dos motivos em uma decisão administrativa pode seguir determinado método.

a) Inicialmente, o agente estatal *compreende* a realidade, a essência das coisas;

b) Em um segundo momento, formata, mentalmente, um juízo, uma *proposição*, sobre a realidade em comparação para com aquilo que deve se propor a decidir;

c) Em um último estágio, o jurista se propõe a expor esta proposição mental ao mundo, o que se faz por meio da *definição*.

Com a formação do juízo, que é puramente mental (abstraído no limiar dos amálgamas da mente), surge a necessidade de transpô-lo ao mundo exterior, para os demais sujeitos tomem ciência e possam, por sua vez, também compreender a decisão. Essa passagem do mundo interior ao mundo exterior pode-se chamar de *definição*. A definição nada mais é do que a determinação de uma ideia. É exposto o gênero e a diferença específica (que diferencia o caso concreto daquele gênero).[13]

Logo, a motivação dos atos faz com que o direito abstrato (conduta em interferência) transforme-se em um direito intersubjetivo, enfim, realizado com uma espécie de diferença específica ao caso concreto. Este instituto estabelece uma *regra de convivência*.

A exposição dos motivos de uma decisão possui três finalidades essenciais, a saber:

a) garante aos cidadãos a possibilidade de impugnar os argumentos expostos, para o fim de reformar o decidido;

b) afere a imparcialidade de quem decide e a justiça empregada;

c) a decisão não advém da íntima convicção de quem delibera.[14]

---

[12] CE, 25 mar. 1985, Testa. Ainda, conferir: FRIER, Pierre-Laurent; PETIT, Jacques. *Op. cit.*, p. 316-317. Egon Bockmann Moreira (*Processo Administrativo* – Princípios Constitucionais e a Lei nº 9.784/99. 4. ed. São Paulo: Malheiros, 2010, p. 374) entende que os atos administrativos absolutamente vinculados, cujos motivos derivam da lei e podem ser objetivamente controlados, admitem uma motivação posterior.

[13] A necessidade de se perfazer uma definição estende-se na mesma medida em que se percebe o direito como necessariamente calcado em uma relação intersubjetiva. Não se pode pensar o direito sem se pensar na inter-relação humana. A definição nada mais é do que a medida da conduta de outro.

[14] GRINOVER, Ada Pellegrini; DINAMARCO, Cândido Rangel; CINTRA, Antônio Carlos Araújo. *Teoria Geral do Processo*. 20. ed. São Paulo: Malheiros, 2004, p. 68-69. Muito embora os autores analisem o instituto

Da mesma maneira, importante considerar que, de acordo com a *teoria do motivos determinantes*, a motivação cumpre um papel fundamental, vinculando a validade do ato à veracidade da situação fática alegada. A *Teoria dos motivos determinantes* tem origem francesa e impõe que os motivos do ato administrativo devam existir e serem com ele congruentes, seja ou não obrigatória a motivação. Assim, os motivos integram a validade do ato administrativo, porque, caso inexistentes, falsos ou incongruentes, causam sua nulidade. Esta definição é antecipada art. 2º, parágrafo único, alínea "d", da Lei nº 4.717/1965. Assim, no momento em que se passou a exigir a existência dos motivos, surgiu a teoria. Ademais, o motivo, para ser determinante, deve ser lícito e pertinente à finalidade do ato. Neste caso, ao Poder Judiciário cabe sindicar estes aspectos. O que não pode é prestar jurisdição sobre os motivos internos do ato quando praticado nos limites da discricionariedade tributada pela lei. Aliás, a teoria aplica-se tanto para atos administrativos discricionários, como para atos administrativos vinculados.

Em verdade, a ausência de motivação, quando exigida – isso para aqueles que admitem que certos atos administrativos possam ter dispensada esta providência[15] – pode gerar uma nulidade do ato administrativo, como, da mesma maneira, ser reconhecida como mera irregularidade, passível de ser sanada. A gradação deste vício jurídico será contemplada caso a caso, de acordo com o que dispuser a lei de regência.

1.1. Motivo, motivação e móvel

É curial que no enfrentamento desta matéria, quase todos os livros de direito administrativo tratem de estabelecer distinções significativas entre os três institutos. Para os limites desta obra, esta distinção será abordada de maneira sintética, tendo em vista que o foco do estudo deva se concentrar nos limites da motivação.

a) *Motivos:* são os fundamentos que dão razão ao ato, ou seja, os fundamentos em que o ato administrativo se baseia. Compreende os pressupostos fáticos e jurídicos que concretizam o ato administrativo na realidade. Então, o elemento motivo é subdividido em *pressuposto fático* e em *pressuposto jurídico* ou *motivo material* ou *legal*.[16] É o acontecimento, a situação o estado de coisas

---

da motivação no que se refere às decisões judiciais, estas noções podem bem ser transportadas ao processo administrativo.

[15] Conferir o item "1.2", que segue.

[16] "É requisito extrínseco e essencial à própria existência do ato administrativo." (FIGUEIREDO, Lúcia Valle. *Curso de direito administrativo*. 5. ed. São Paulo: Malheiros, 2001, p. 181). "Consubstancia situações do mundo real que devem ser levadas em consideração para o agir da Administração Pública competente. São ações ou omissões dos agentes públicos ou dos administrados ou, ainda, necessidades do próprio Poder Público que impelem a Administração Pública à expedição do ato administrativo." (GASPARINI, Diógenes. *Direito Administrativo*. 17. ed. São Paulo: Saraiva, 2012, p. 116-117). "O motivo, como elemento integrante da perfeição do ato, pode vir expresso em lei como pode ser deixado ao critério do administrador." (MEIRELLES, Hely Lopes. *Direito administrativo brasileiro*. 37. ed. São Paulo: Malheiros, 2011, p. 158). "Chega-se ao conceito: *motivo é o pressuposto de fato e de direito que determina ou possibilita a edição do ato administrativo*." (MOREIRA NETO, Diogo de Figueiredo. *Curso de direito administrativo*. Rio de Janeiro: Forense, 2005, p. 140). "A motivação abrange não só a série de circunstâncias de fato e de direito da decisão administrativa (v. g., fraudar licitação, mediante combinação com os licitantes. *motiva* a anulação do certame e a punição do agente público fraudador; venda de alimento estragado *motiva* a medida de polícia de interdição do estabelecimento

que postula, exige ou possibilita o exercício de um ato administrativo. O motivo pode ser considerado o impulso que condiciona a formação do ato administrativo, tendo por meta alcançar, sempre, a finalidade e estar em simetria com o objeto.[17] Em outros termos, é o evento que faz nascer a obrigação de o Estado agir por meio da prática de um ato jurídico, do qual se originam consequências guarnecidas pelo direito.[18] Esta ação somente pode ser perfectibilizada quando, na realidade, o acontecimento sobre o qual incide a norma se perfectibilizou. Do contrário, não haverá espaço para qualquer ação das instituições estatais;[19]

b) *Motivação:* nada mais é do que a *forma de explicitação dos motivos*, ou seja, é o método utilizado para exteriorizar o porquê se pratica ou se deixa de praticar determinado ato. Pode ser reputada como sendo a *justificação do ato*. A motivação, em resumo, *é um contexto de signos plenamente identificáveis*. Em termos bem simples, seria a *manifestação de motivos*, ou seja, a *formalização destes*. Tem por objetivo permitir um controle efetivo de *elementos modalis* no ato administrativo, como o desvio de finalidade, abuso de poder, moralidade e finalidades administrativos, etc.;

c) *Móvel:* é aquilo que o agente público representa no seu interior, de forma psicológica e subjetiva. É a representação metafísica, na mente do agente, que o levou a executar o ato administrativo. É a sua *intenção*.[20] Resumindo: é o desejo, o sentimento que inspirou o autor do ato.[21]

Para os limites do art. 50, não se diferenciam os institutos da *justificação do ato administrativo*, da sua *motivação*. O primeiro liga-se ao fato de que o ato deva receber vinculado deva ter prova da ocorrência da causa que permite ao administrador público atuar, enquanto que o segundo instituto traz à baila o fundamento para a adoção de um padrão de conduta diante de atos administrativos discricionários.

1.2. Dever de motivar todos os atos administrativos

Essa é a típica questão que remanesce há tempos como um emblemático debate que perpassa os tempos.

---

infrator; poluição atmosférica *motiva* o rodízio de veículos; passar alguém em concurso público motiva sua nomeação na ordem de classificação, etc.), mas também seus fundamentos jurídicos e o resultado final almejado." (PAZZAGLINI FILHO, Marino. *Princípios constitucionais reguladores da administração pública:* agentes públicos, discricionariedade administrativa, extensão da atuação do Ministério Público e do controle do poder judiciário. São Paulo: Atlas, 2003, p. 46). "Se inexiste o motivo, ou se dele o administrador extraiu conseqüências incompatíveis com o princípio de direito aplicado, o ato será nulo por violação da legalidade. Não somente o erro de direito, como o erro de fato autorizam a anulação jurisdicional do ato administrativo." TÁCITO, Caio. *Direito Administrativo*. São Paulo: Saraiva, 1975, p. 60). Ainda: LEITE, Luciano Ferreira. *Discricionariedade administrativa e controle judicial*. São Paulo: Revista dos Tribunais, 1981, p. 25-26.

[17] MARRARA, Thiago; NOHARA, Irene Patrícia. *Op. cit.*, p. 318.

[18] SOUZA, Eduardo Stevanato Pereira de. *Atos administrativos inválidos*. Belo Horizonte: Fórum, 2012, p. 83.

[19] O motivo seria, por assim dizer, o "bilhete de ingresso" da atuação estatal, para pegar emprestada uma expressão muito famosa de Francesco Carnelutti. É sim a mola propulsora de qualquer conduta tomada sob a égide das funções públicas.

[20] "O móvel é a intenção do agente. É a representação psicológica do que levou o agente a agir." (FIGUEIREDO, Lúcia Valle. *Op. cit.*, p. 182).

[21] WALINE, Marcel. *Précis de droit administratif*. Paris: Montchrestien, 1969, v. 1, p. 347.

a) Para parte da doutrina,[22] nem todos os atos administrativos precisam ser motivados. Fora da lista do art. 50, considera-se dispensável a motivação. E, de maneira pragmática, trazem exemplos de atos administrativos que não precisam ser motivados, sobretudo porque a *paxis* administrativa e/ou a lógica das coisas assim não faz esta exigência. Ex. despachos de mero expediente ou de mera juntada de documentos; exoneração de detentor de cargo em comissão, etc.[23] Três são os elementos que fundamentariam a impossibilidade ou dispensabilidade de motivação:[24]

a1) quando o motivo é *logicamente impossível* de ser exposto (ex. atos silentes ou automáticos);

a2) quando for concretamente *impraticável* a exposição de motivos (ex. diante de atos urgentes);

a3) quando for *sistematicamente impossível* a motivação (ex. quando a motivação for dispensada por outras normas constitucionais, como nos casos de sigilo previstos expressamente na Constituição Federal).

Oswaldo Aranha Bandeira de Mello[25] entende que é dispensável a exposição de motivos quando a questão envolve apenas a aplicação da lei, momento em que não há dúvida sobre os motivos do caso concreto. Isso porque a motivação encontra-se inserida no próprio texto, e isenta de maior consideração. O autor considera ainda que a ausência da pertinente motivação não invalida o ato administrativo caso seja provado em juízo que este se conformou com as prescrições legais.[26]

O direito francês acolhe com facilidade a tese de que existem atos administrativos que não reclamam qualquer motivação. A exemplo disso, são os casos que tratam das deliberações de júris de concursos,[27] remoção de ofício de funcionários[28] e a negação de renovação da permanência de um chefe de um hospital.[29] Do contrário, nos demais casos, é certo que a Administração Pública deverá dar explicações dos atos por ela praticados.[30]

b) Por outro lado, outra corrente doutrinária passou a sustentar que todos os atos administrativos deveriam ser motivados. Esta corrente de pensamento tomou por base a *teoria dos motivos determinantes*, muito bem detalhada na obra de Gaston Jéze. Defendia que, mesmo diante de atos discricionários, seria necessário expor a existência dos motivos de fato e de direito. Este entendimento é reforçado a partir da Constituição Federal de 1988, especialmente pela inserção de dispositivos que preveem institutos como o *Estado Democrático de Direito*

---

[22] CARVALHO FILHO, Jose dos Santos. *Op. cit.*, p. 973; SOUZA, Eduardo Stevanato Pereira de. *Op. cit.*, p. 84. Para este último, a motivação somente não será exigida quando a lei dispensar expressamente esta providência.

[23] STF, RMS 27936-DF, Rel. Min. Marco Aurélio, 1ª Turma, j. 4/12/12.

[24] Na linha do que expõe: DALLARI, Adilson de Abreu; FERRAZ, Sérgio. *Processo administrativo*. 3. ed. São Paulo: Malheiros, 2012, p. 97.

[25] *Op. cit.*, p. 537.

[26] *Idem*.

[27] CE, 29 jul. 1983, *Seban*.

[28] CE, 21 out. 1983, *Garde des sceaux*.

[29] CE, 18 fev. 1994, *Milhaud*.

[30] GAUDEMET, Yves. *Traité de droit administratif*. Paris: L.G.D.J, 2001, p. 616-617.

(art. 1º, *caput*), a cláusula do devido processo legal erigida como direito fundamental (art. 5º, inciso LIV, da CF/88) e a *necessidade de o Poder Judiciário motivar as decisões judiciais e administrativas* (art. 93, incisos IX e X, da CF/88).[31] Neste último caso, perceba que, se para o Poder Judiciário, que não possui função administrativa típica (primária), há o dever de se motivar todos os atos de natureza administrativa, com mais razão este dever deve estar presente ao Poder Executivo, onde a função administrativa é tida como principal. Além disso, o *dever da boa administração*, a adoção pela Nação brasileira de um padrão democrático de governo e a imperatividade de se ter um controle externo são fundamentos que implicam o dever de se motivar todos os atos administrativos.

Corroborando a segunda tese (letra "b"), insere-se neste contexto o próprio art. 2º, *caput*, da Lei nº 9.784/99, ao passo que positivou, expressamente, como princípio administrativo reitor, o *princípio da motivação*.[32] Aliás, o fundamento-base para a defesa da tese de que todos os atos administrativos devem ser motivados encontra guarita no citado art. 93, inciso X, da Constituição Federal de 1988 – com redação dada pela EC nº 45/04. Daí por que este entendimento considera que a ausência de motivação, quando obrigatória, gera a nulidade do ato administrativo.

Para a corrente do pensamento em questão,[33] toda decisão administrativa deve ser motivada, independente de se ter uma previsão expressa ou não na lei, o que significa, no mínimo, impor a justificação se uma situação de fato existia e dava base ao ato administrativo praticado. P. ex., uma autoridade pública pode interditar uma passeata, desde que exista uma situação de fato condizente, autorizadora de tal conduta – urgência, perigo à integridade de pessoas ou do patrimônio, etc. A motivação é ainda mais necessária quando se trate de um ato que cause restrições a direitos do administrado.

2. Lista de atos administrativos que devem necessariamente ser motivados

Logo após a cabeça do art. 50 ter definido os elementos da motivação, o legislador optou por arrolar uma importante lista de casos em que o ato administrativo necessariamente deve ser motivado. Este plexo de decisões abarca numerosos e importantes situações, notadamente ligados a atos administrativos ablativos, ou seja, que imponham obrigações, revoguem direitos ou causem alguma espécie de ônus ao particular. Daí, como corolário do devido processo legal, mostra-se indispensável a motivação destes atos.[34]

---

[31] Poder-se-iam elencar outros institutos importantes à espécie, que fundamentam a necessidade de motivação dos atos administrativos: *princípio republicano, princípio da razoabilidade, princípio da legalidade, princípio da proporcionalidade, princípio da inafastabilidade do controle judicial dos atos administrativos*, etc. (FIGUEIREDO, Lúcia Valle (coord.). *Comentários à lei federal de processo administrativo*: Lei nº 9.784/99. 2. ed. Belo Horizonte: Fórum, 2009, p. 194).

[32] JUSTEN FILHO, Marçal. *Curso de direito administrativo*. 7. ed. Belo Horizonte: Forum, 2011, p. 319-320.

[33] Que possui como expoente Marcel Waline (*Op. cit.*, p. 343).

[34] Destaca-se que a lista muito se aproxima do rol de atos administrativos que devem, obrigatoriamente, ser motivados, elencado por Oswaldo Aranha Bandeira de Mello (*Princípios gerais do Direito Administrativo*. 3. ed. São Paulo: Malheiros, 2007, v. 1, p. 538).

A primeira dúvida que pode surgir consiste em saber se esta lista é taxativa ou exemplificativa. A doutrina considera que esta lista traz consigo restrição intolerável,[35] ou seja, a lista de exemplos do art. 50 seria *números apertos*. Em nossa ótica, entendemos que nem sequer se poderia pensar em uma lista taxativa (*números clausus*), justamente porque a lógica das coisas impõe, de maneira inexorável, que se motivem certos atos administrativos. Um exemplo disso são os próprios *atos ampliativos*, ou seja, conformadores de direitos ou de vantagens. Perceba que, neste caso, não se poder pensar que o direito estabeleça a possibilidade de o gestor público forneça certas benesses a determinado cidadão, sem que exponha o porquê de assim agir.[36] E, neste caso, seria fundamental esta exposição de motivos, justamente para se saber se o ato não está eivado de desvio de finalidade, violando a moralidade ou a impessoalidade, se não está a beneficiar de maneira indevida alguém, etc.

Em uma interpretação sistemática, deve-se ter em mente que o próprio art. 2º da *Lei do Processo Administrativo Federal* determinou que a motivação fosse um critério reitor a todos os atos deste procedimento. Complementa este dispositivo o inciso VII do parágrafo único do mesmo art. 2º, especialmente no que se refere à imposição de "indicação dos pressupostos de fato e de direito que determinarem a decisão".

2.1. Inciso I

O inciso I do art. 50 determina que sejam motivados os atos administrativos que limitem ou que afetem direitos e interesses. Esta muito possivelmente seja a hipótese mais abrangente e ampla em que se determina a motivação das decisões tomadas pelos agentes estatais. Isso porque, é certo que muito da atuação administrativa acaba por afetar, ainda que de forma indireta, direitos e interesses de terceiros. Em resumo: a referida regra possui um âmbito de proteção por deveras genérico e amplo, porque sempre que o Poder Público promover um câmbio no direito subjetivo do particular, deverá promover a pertinente motivação.

Aliás, nestes aspecto, releva notar que é justamente esta a razão pelo qual se exige que os atos administrativos deste jaez sejam motivados, justamente porque se permite, assim, que este terceiro controle a decisão que interferiu na sua esfera de direitos. É imprescindível que tenha ciência do porquê o Poder Público agiu daquela maneira, até, como dito, para poder se insurgir contra. O Supremo Tribunal Federal vem dando uma contribuição muito candente na

---

[35] Celso Antônio Bandeira de Mello fundamenta este entendimento de maneira, digamos, retórica: "Basta lembrar que em País no qual a Administração freqüentemente pratica favoritismos ou liberalidades com recursos públicos a motivação é extremamente necessária em atos ampliativos de direito, não contemplados na enumeração. Assim, parece-nos inconstitucional tal restrição, por afrontar um princípio básico do Estado de Direito." (*Curso de direito administrativo*. São Paulo: Malheiros, 2011, p. 518/519). No mesmo sentido: FORTINI, Cristina; PEREIRA, Maria Fernanda Pires de Carvalho; CAMARÃO, Tatiana Martins da Costa. *Processo Administrativo* – Comentários à Lei nº 9.784/1999. 3. ed. Belo Horizonte: Fórum, 2012, p. 166; MARRARA, Thiago; NOHARA, Irene Patrícia. *Op. cit.*, p. 317; FREITAS, Juarez. *Op. cit.*, p. 108.

[36] Daí por que não se concorda com o entendimento de Tatiana Martins da Costa Camarão, Cristina Fortini e Maria Fernanda Pires de Carvalho Pereira (*Op. cit.*, p. 168), quando afirmam que a concessão de jetons prescinde de motivação.

matéria, ampliando consideravelmente o âmbito de proteção deste inciso, ainda que, na maioria das vezes, não faça menção expressa a ele.

O desafio maior que surge a partir do texto do referido inciso I do art. 50 da Lei nº 9.784/99 diz respeito ao termo "afetar", ou melhor, em definir o seu âmbito de proteção, até pela indeterminação que esta palavra, no contexto, revela. Duas posições poderiam ser adotadas:

a) Por primeiro, poder-se-ia pensar que o termo o inciso I determinaria a motivação obrigatória de todo o ato administrativo que afetasse, ou seja, *que disse respeito* a direitos ou a interesses. Neste caso, conferir-se-ia uma interpretação elástica ao dispositivo em pauta;

b) Em uma segunda compreensão, deveria se ligar o termo aos dois outros signos anteriores: "meguem" ou "limitem" direitos e interesses, perfazendo, aqui, uma interpretação de completude, o que daria sentido à expressão "afetem" no contexto em que está inserida.

Em nossa opinião, está acertado o segundo entendimento. Veja que não teria sentido pensar que a palavra "afete" revelaria um sentido tão amplo, sendo sinônima, no caso, de "ter relação" ou de "ter ligação" com direitos e interesses de outrem. Se assim fosse, ou melhor, se o legislador quisesse que todo o ato administrativo que afete direitos de outrem tivesse de ser motivado, teria restringido o art. 50 ao *caput*, sem fazer qualquer tipo de listagem.

Ademais, há certos atos administrativos que afetam direitos de outrem e não necessariamente reclamam a pertinente motivação, especialmente com os consectários dos parágrafos do art. 50. Um bom exemplo disso é a aposentadoria compulsória, momento em que se poupa do administrador público maiores elucubrações. Dessa forma, compreende-se que o termo "afetar" deve estar concatenado com os outros termos, em um sentido completo, incidente a partir do todo.[37]

2.2. Inciso II

Quando uma decisão administrativa imponha ou agrave deveres, encargos ou sanções, o inciso II do art. 50 determina que o ato venha acompanhado da pertinente motivação. Esta exposição lógica e ordenada de motivos deve explicitar porque se mostra aceitável a restrição de direitos e a afetação de dimensões da esfera individual de outrem. Significa dizer que o referido dispositivo impõe a demonstração da *proporcionalidade* da medida restritiva.

Como bem define o art. 5º, inciso II, da Constituição Federal de 1988, "ninguém será obrigado a fazer ou deixar de fazer alguma coisa senão em virtude de lei;". Logo, a imposição de quaisquer ônus, deveres, encargos ou obrigações reclama lastro legal ou regular base negocial. Sendo assim, a Administração Pública deve demonstrar este fundamento normativo toda a vez que se agravar a situação do particular.

A atuação do Estado tem por meta satisfazer as necessidades sociais. Assim, quando este ente público não age desta maneira e, contrariamente,

---

[37] FIGUEIREDO, Lúcia Valle (Coord.). *Op. cit.*, p. 201.

quando acaba por restringir sumariamente estas expectativas, deve motivar seus atos até para o fim de viabilizar o pertinente controle judicial. Esta perspectiva deriva naturalmente da imposição da cláusula do *due process of law* (art. 5º, inciso LIV, CF88). A formação da vontade estatal no sentido de agravar a situação do indivíduo assemelha-se a imposição de uma expiação. Desta situação subjaz a necessidade de se respeitar a cláusula constitucional mencionada.[38]

2.3. Inciso III

O art. 50, inciso III, da Lei nº 9.784/99 tem por meta determinar que todo o ato administrativo que decida concurso ou seleção pública deverá ser motivado. Aqui, o objeto deste dispositivo deve ser visto de forma ampla, para abarcar qualquer tipo de competição promovida pelos entes estatais. Dessa forma, em nossa concepção, não entendemos que o dispositivo faça referência apenas ao recrutamento de pessoas para exercerem funções públicas de acordo com as suas aptidões pessoais (*v.g.* art. 37, inciso II, CF/88). Temos a exata compreensão que a necessidade de motivação envolverá qualquer certame que vise a selecionar uma pessoa, um bem, uma prestação, um objeto, etc. para que a Administração Pública possa bem prestar os seus misteres.

Toda seleção ou concurso reclama o respeito aos princípios da legalidade, da impessoalidade, da publicidade, da moralidade, entre outros, escolhendo aquela pessoa, objeto ou prestação mais apto a satisfazer as necessidades do Poder Público. É um procedimento cuja seleção é calcada em critérios de mérito, previamente definidos no edital de abertura do certame. Esta escolha, diga-se de passagem, deve estar pautada com base em critérios objetivos. Assim, o paradigma dos concursos públicos é estabelecido a partir da *competência* de cada indivíduo.

Sendo assim, mostra-se inexorável que qualquer seleção ou concurso reclame a motivação de suas decisões, porque justamente deve se saber o porquê se escolheu um e não outro candidato, bem como para que se possa eventualmente impugnar os critérios de seleção, justamente apontando eventual desvio para com os princípios e diretrizes administrativas incidentes.

A necessidade de se motivar as decisões relativas aos certames públicos gera uma consequência importante: a classificação e a escolha dos vencedores devem estar pautadas em critérios objetivos. É inexorável que a exposição de motivos acaba por afastar o subjetivismo na seleção dos mais aptos, porque, é bem verdade, pode bem estar pautada em critérios afastados da técnica.[39]

Uma situação interessante enfrentada tanto no âmbito do STJ,[40] como no âmbito do STF[41] (aqui, inclusive, com repercussão geral reconhecida consiste na determinação de que os exames psicotécnicos efetuados em processos seletivos para admissão de funcionários públicos sejam objeto de motivação, onde

---

[38] Pode ser traçado, aqui, um paralelo com o processo penal, na medida em que se tragam ao bojo do processo administrativo sancionador as premissas e garantias estabelecidas no primeiro.

[39] E este entendimento já vinha consagrado pelo Supremo Tribunal Federal mesmo antes da CF/88: STF, RE112.676-MG, Rel. Min. Francisco Resek, 2ª Turma, DJU 18/121987.

[40] STJ, RMS 23.436-GO, Rel. Min. Maria Thereza de Assis Moura, 6ª Turma, j. 27/4/2010.

[41] STF, AI 758533 QO-MG, Rel. Min. Gilmar Mendes, Repercussão Geral, j. 23/6/2010.

devem ser inseridos critérios objetivos para tanto. Esta obrigatoriedade declarada pelas cortes nacionais acaba por dar vazão pragmática ao inciso III do art. 50 da Lei nº 9.784/99.

2.4. Inciso IV

O inciso IV do art. 50 determina que se motivem os atos administrativos que dispensem ou declarem a inexigibilidade de processo licitatório. O processo de seleção de melhores propostas para a prestação de serviços ou para o fornecimento de produtos à Administração Pública direta e indireta é regido pela Lei nº 8.666/93, também denominada de "Lei Geral das Licitações e dos Contratos Administrativos". Possui base constitucional no art. 37, inciso XXI, da Constituição Federal de 1988. Este manancial normativo determina que a licitação seja obrigatória, sendo que a contratação direta somente será admitida nas hipóteses expressamente admitidas, bem como, sempre, calcada em pertinente motivos de fato e de direito. E, assim, a demonstração destes motivos deve, sempre, ser explicitada.[42] Tanto é verdade, que o STF já há muito rechaçou uma prática odiosa que ocorria especialmente no Poder Judiciário brasileiro, que era o chamado "julgamento de consciência", que permitia, a partir de entrevista ou outro "método" subjetivo, a eliminação de candidatos que pretendiam ascender ao cargo de magistrado.[43]

Conforme o texto da referida legislação, os casos de dispensa de licitação estão previstos no rol de incisos do art. 24 da mesma regra.[44] Já as hipóteses de inexigibilidade estão previstas no art. 25, incisos I a III, da Lei nº 8.666/93. Há ainda os casos de licitação dispensada previstos nos incisos I e II do art. 17 da *Lei Geral de Licitações e Contratos Administrativos*.

De acordo com o art. 2º da Lei nº 8.666/93, com respaldo no mencionado inciso XXI do art. 37 da Constituição Federal, determina-se que a realização de licitação para que os entes estatais adquiram serviços ou produtos seja tomada como regra geral. Entretanto, de maneira excepcional, em algumas situações elencadas pelo legislador, há a permissão para a não realização de certame licitatório, é a chamada "dispensa de licitação".[45] A dispensa de licitação possui viabilidade de competição, o que é um ponto nodal que a diferencia a inexigibilidade. Veja que, na contratação direta via dispensa, pode bem haver outros fornecedores aptos a atender a contratação. Contudo, o legislador franqueou que, discricionariamente – mas de maneira motivada –, possa o gestor público exonerar-se do dever de licitar.

Justamente por isso que os casos de inexigibilidade de licitação são *numerus apertus*, isto é, além daqueles três casos, sempre que se estiver diante de casos de "inviabilidade de competição", a licitação será inexigível – tudo de acordo com o

---

[42] Aliás, a contratação direta fora das hipóteses legais consagra prática criminosa – art. 89, da Lei nº 8.666/93.

[43] STF, RE 111.411-RJ, Rel. Min. Carlos Madeira, 2ª Turma, j. 10/04/1987.

[44] Muito embora Marçal Justen Filho (*Comentários à lei de licitações e contratos administrativos*. São Paulo: Dialética, 2006) considere que alguns dos incisos do art. 24 disciplinem verdadeiros casos de inexigibilidade.

[45] No mesmo sentido, consultar: BRASIL, Tribunal de Contas da União. *Licitações e contratos*: orientações da jurisprudência do TCU. Brasília: Senado Federal, 2010, p. 577-578.

caput do art. 25 da Lei nº 8.666/93. Assim, pode-se compreender que esta modalidade de contratação direta surge frente casos em que há ausência de um pressuposto lógico para se licitar, ou seja, em que a disputa não seja minimamente viável para se seleciona um interessado em fornecer o produto ou o serviço.[46]

É interessante notar que uma lei tipicamente de natureza federal trate de *normas gerais de licitação*, as quais devem ser viabilizadas por lei de natureza *nacional*. Ora, neste aspecto, pode-se interpretar que o inciso esteja veicular uma obrigação somente ao ente federado União, não sendo vinculativo aos demais.[47] Contudo, mesmo que não existisse uma determinação expressa no sentido de se motivar eventual dispensa ou inexigibilidade, esta obrigação surgiria *in re ipsa*, ou seja, naturalmente, como corolário lógico do contexto em que está inserida. Derivaria, ao natural, da incidência dos princípios da legalidade, impessoalidade, moralidade, publicidade, entre outros.

A necessidade de justificativa da opção do gestor público em contratar diretamente já vinha contemplada no art. 26 da Lei nº 8.666/93, sendo este, em nossa concepção, um dos dispositivos de maior importância a ser respeitado no limiar das licitações. Além disso, é importante notar que o próprio art. 89 da Lei nº 8.666/93 tipifica como uma conduta criminosa a dispensa ou inexigibilidade de licitação, *quando não presentes os seus pressupostos*. Daí por que de suma importância a exposição destes motivos, até para o devido resguardo do próprio administrador público.

Em uma interpretação sistemática, entendemos que o art. 26 mencionado já determinava a justificativa quando das contratações diretas. Contudo, o art. 50, inciso IV, da Lei nº 9.784/99, vem a suprir uma lacuna do primeiro dispositivo: ele não se aplicava aos casos do art. 24, incisos I e II, da Lei nº 8.666/93, ou seja, não havia a necessidade de expor justificativa no que tange a estas espécies de dispensa de licitação. Contudo, o art. 50, agora, determina seja justificada a contratação direta em razão do preço, nas hipóteses referidas.

A necessidade de motivação de atos administrativos deste jaez decorre justamente do fato de qualquer cidadão ou dos órgãos de controle poderem fiscalizar a aplicação correta do dispositivo em pauta. Em melhores termos: tanto a Constituição Federal como a *Lei Geral de Licitações e de Contratos Administrativos* impõem que as contratações públicas sejam precedidas de licitação. Excepcionalmente, apenas, é que o Poder Público poderá dispor desta providência, e nos casos legalmente admitidos (*v.g.* dispensa e inexigibilidade). Assim, há a necessidade de se saber o porquê a premissa que determina a obrigação de licitar não foi atendida. A contratação direta, portanto, só é permitida quando devidamente motivada. Essa determinação, em verdade e sobretudo, cumpre dar vazão pragmática aos princípios que regem as licitações e contratações públicas, mormente o da isonomia, da impessoalidade, da economicidade e da indisponibilidade do interesse público.

---

[46] Por esta razão que as hipóteses elencadas nos três incisos do art. 25 da *Lei Geral de Licitações e de Contratos Administrativos*, são meros exemplos.

[47] Aliás, o próprio Tribunal de Contas da União já considerava obrigatória a necessidade de motivação nos casos de dispensa e de inexigibilidade da adoção dos certames licitatórios (TCU, Acórdão nº 1705/2007, Pleno; TCU, Acórdão nº 107/2007, Pleno; TCU, Córdão nº 1.330/2008, Pleno).

2.5. Inciso V

Devem ser inexoravelmente motivadas as decisões que ponham termo aos recursos administrativos. Esta espécie de medida processual impugnativa está prevista nos arts. 56 a 65 (constantes no limiar do Capítulo XV). Na verdade, os recursos administrativos possuem lastro constitucional no próprio direito de petição (art. 5°, inciso XXXIV). Sendo assim, a administração pública deve sempre fornecer uma resposta fundamentada às pretensões recursais.[48]

Perceba que o art. 56, *caput*, faz um corte cognitivo nos recursos administrativos, admitindo-os por razões de mérito ou de legalidade. A motivação destas decisões administrativas é inexorável, e deriva, certamente, da cláusula do devido processo legal – art. 5°, LV, da CF/88. Significa dizer que o Administrador Público deve, em decisão que analisa o recurso de uma ou de ambas as partes envolvidas, provar que o ato impugnado possui ou não pertinência, conveniência ou correção. Se um ato administrativo está sendo contestado, é certo que o Poder Público deve ser forçado a emitir uma nova decisão à espécie.

Contudo, é também certo que o ente estatal não deve receber os recursos protocolados fora do prazo, por quem não detém legitimidade ou direcionados a autoridades incompetentes. No último caso, porém, a impugnação deve ser encaminhada a quem tenha aptidão para analisar tal peça processual, devolvendo-se, ao administrado o prazo recursal.

2.6. Inciso VI

Logo de início, o art. 50 determina que devam ser motivadas mesmo as decisões que advenham de *reexame de ofício* (ou *ex officio*). Este instituto acaba por fomentar uma conduta proativa da Administração Pública, dado que ela pode (deve) analisar e, se for o caso, rever os atos administrativos praticados. Neste caso, o Poder Público deve, inexoravelmente, expor os motivos desta decisão.

Entende-se que este dispositivo é corolário da *autotutela administrativa*, consagrada na Súmula n° 473 do STF. Além disso, o fundamento para este dever de motivar decorre, também da submissão do Poder Público à lei e ao Direito (art. 2°, parágrafo único, I, da Lei n° 9.784/99) e da cogência dos princípios jurídico-administrativos (CF/88, art. 37, *caput*).

Destaca-se que a regra em questão deve ser interpretada pragmaticamente. Explica-se. A motivação somente será inexorável quando se presenciar a modificação do conteúdo da decisão administrativa submetida à nova apreciação de ofício, porque, caso confirme a anterior, anuindo com a motivação já exposta, seria desnecessária a repetição desta.

2.7. Inciso VII

Aqui temos um caso interessante em que o art. 50, inciso VII, da Lei n° 9.784/99 deixa de aplicar jurisprudência firmada sobre a questão ou discrepem de pareceres, laudos, propostas e relatórios oficiais. A mudança de enten-

---

[48] MARRARA, Thiago; NOHARA, Irene Patrícia. *Op. cit.*, p. 326.

dimento acaba por fragilizar um pilar importante do direito que é a *segurança jurídica*, daí por que o legislador preocupou-se em determina que sejam expostos os motivos pelas quais não se seguiu o entendimento outrora firmado.

Um dos valores mais caros para humanidade deve (ou deveria ser) a *coerência*, justamente porque se pretende conservar a confiança nas relações estabelecidas em todo o tipo de espaço. E justamente o inciso ora comentado quer vedar que a Administração Pública justamente pratique condutas em sentido diferentes, sem que justifique, de maneira suficiente, o porquê destas disparidades.

Câmbios desta natureza podem bem ferir expectativas legítimas, reclamando que o administrado ou quem quer que seja prejudicado saiba, claramente, as razões pelas quais se praticou tal modificação. Tanto é verdade que se veda a aplicação retroativa do novo entendimento consolidado (art. 2º, parágrafo único, inciso XIII, da Lei nº 9.784/99), garantindo-se o *efeito prospectivo das decisões administrativas*.

Assim, a segurança jurídica, neste caso, exige a manutenção da previsibilidade. Quando isto não ocorre, ou seja, quando não mais pode ser calculado o resultado da ação administrativa, há a necessidade de que o administrado detenha a devida *acessibilidade* aos motivos da decisão, como um dever de *transparência* e de *motivação*. Com isto, protege-se a estabilidade das relações jurídicas, guardando-se nexo para com a proteção da confiança legítima.

Além disso, determina o inciso IX do parágrafo único do art. 2º que a Administração Pública compreenda a adoção de formas simples, suficientes para propiciar adequado grau de certeza, segurança e respeito aos direitos dos administrados. Assim, a modificação do entendimento e da interpretação administrativa é plenamente possível, desde que:

a) Seja prospectivo – para o futuro (art. 2º, parágrafo único, inciso XIII, da Lei nº 9.784/99);

b) Seja devidamente motivada (art. 50, VII, da Lei nº 9.784/99);

c) Garanta-se-lhe o contraditório e a ampla defesa.

Dessa forma, consegue-se concluir que o Poder Público pode bem mudar de entendimento, desde que exponha pormenorizadamente os motivos desta modificação. Contudo, de acordo com o art. 103-A, da Constituição Federal, no que se refere às Súmulas Vinculantes, não podem os entes estatais atuarem em discrepância ao entendimento firmado nestes verbetes, sobretudo porque a dita súmula é de observância obrigatória por toda a Administração Pública.

2.8. Inciso VIII

O inciso VIII do art. 50 afirma que devem ser motivados os atos administrativos que importem anulação, revogação, suspensão ou convalidação de ato administrativo. Todas estas figuras jurídicos produzem profundos câmbios no ato administrativo em si mesmo considerado, o que reclama que o gestor público que pratica estes atos exponha o porquê está assim atuando. Não nos cabe, aqui, expor acerca das classificações referentes à extinção dos atos administrativos,[49] mas sim, analisar, brevemente, cada um dos institutos mencionados pelo dispositivo em pauta.

2.8.1. Revogação

A revogação é o ato administrativo por excelência.[50] É ato unilateral praticado quando a Administração Pública, discricionariamente, considera inoportuna e/ou inconveniente a manutenção de certo ato anteriormente expedido. Com base no interesse público, a administração retira do mundo jurídico certo ato lícito.[51] Após a revogação, a autoridade pode perceber que o interesse público pode ser satisfeito de outra maneira, motivo suficiente para se abandoar o primeiro ato administrativo praticado. Isto é o que se convencionou chamar de "revogação administrativa".

A revogação ocorre porque uma lei confere competência à determinada autoridade para tal mister. E esta competência pode ser verificada de acordo com a ordem jurídica *atual*. Dessa forma, se um ato era vinculado quando à produção ou o conteúdo, mas uma norma posterior conferiu discricionariedade a estes elementos, passa a ser, então, revogável. Ao inverso, no caso de o ato ser originariamente discricionário, mas por um câmbio normativo estes elementos tornam-se vinculados, a possibilidade de revogação já não mais subsiste.[52]

Esta forma de extinção do ato administrativo relaciona-se com a *anulação*, especialmente no que se refere aos aspectos antagônicos de cada qual. Não é à toa que a Súmula nº 473 do STF, tratou conjuntamente das duas matérias: "A administração pode anular seus próprios atos, quando eivados de vícios que os tornam ilegais, porque deles não se originam direitos; ou revogá-los, por motivo de conveniência e oportunidade, respeitados os direitos adquiridos, e ressalvada, em todos os casos, a apreciação judicial".[53] Sua aplicação reclama a observância do contraditório e da ampla defesa (art. 5º, LV, CF).[54]

A possibilidade de a Administração Pública revogar ou anular seus atos parte da perspectiva de que, como todos no mundo, ela tem o direito de mudar de ideia. E isso ocorre justamente porque a autoridade não é infalível e pode querer reparar espontaneamente os erros que porventura cometeu, ou por ansiar acoplar à sua atuação a satisfação cada vez maior do interesse público. Diante de situações ou de elementos novos, a modificação das coisas, por vezes, se torna imperiosa, o que pode ser feito pela anulação ou pela revogação

---

[49] Como aquela exposta, p. ex., por Antônio Carlos Cintra do Amaral (*Teoria do ato administrativo*. Belo Horizonte: Fórum, 2008, p. 75).

[50] DIES, Manuel Maria. *El acto administrativo*. Buenos Aires: TEA, 1961, p. 299.

[51] Pode-se dizer, em termos amplos, que a mesma discricionariedade que o legislador tem em revogar uma lei, editando outra com a primeira incompatível, o administrador pode editar um ato administrativo revogando o outro por motivos de oportunidade e de conveniência.

[52] AMARAL, Antônio Carlos Cintra do. *Op. cit.*, p. 77/79.

[53] Complementa o disposto no verbete citado a Súmula nº 346, STF: "A Administração Pública pode declarar a nulidade dos seus próprios atos.". Os verbetes ganharam previsão expressa no art. 53, da Lei nº 9.784/99: "A Administração deve anular seus próprios atos, quando eivados de vício de legalidade, e pode revogá-los por motivo de conveniência ou oportunidade, respeitados os direitos adquiridos.".

[54] STF, AI 627.146 AgR-RS, Rel. Min. Ellen Gracie, Segunda Turma, j. 31/08/2010; STF, AI 730928 AgR-SP, Rel. Min. Cármen Lúcia, Primeira Turma, j. 26/05/2009; STF, AI 710085 AgR-SPRel. Min. Ricardo Lewandowski, Primeira Turma, j. 03/02/2009.

do ato administrativo – cada qual com uma função diferente.[55] O art. 49, *caput*, da Lei nº 8.666/93[56] reflete o teor do verbete do STF, com pequenas adaptações.[57] Destaca-se, por oportuno, que um dos limites da revogação justamente foi fixado na *Lei do Processo Administrativo Federal*, no art. 53 (parte final), ou seja, deve respeitar os direitos adquiridos.

O fundamento do poder de revogar é duplo, pois pode residir na faculdade de expedir atos administrativos ou pode constituir o reverso do poder de execução política ou *ex officio*.[58] A revogação pode ser praticada:

a) ou em consequência de um defeito originário na valoração do mérito do ato, de uma diversa apreciação sucessiva dos mesmos fatos;

b) ou do surgimento de um fato novo superveniente.

Destaca-se que estes fatores devem vir a lume, ou seja, devem receber a pertinente motivação administrativa.

Tal qual uma lei que revoga outra, um ato administrativo que da mesma forma revoga outro opera efeitos para adiante, enfim, gera efeitos posteriores à sua edição. Logo, possui efeitos *ex nunc*. Esta modalidade de extinção respeita os efeitos que já transcorreram.

Retomando. Sabemos que a revogação suprime o ato com efeitos *ex nunc* justamente para privilegiar a confiança legítima depositada na benesse outrora concedida. Mas este direito desaparece quando o administrado o obtém por meio de um engodo, podendo-se conferir, neste caso, efeitos retroativos ao ato. Isso porque, no Brasil, considerar-se-á estar diante de uma anulação. Caso isso não aconteça, claro que a revogação terá efeitos *ex nunc*.

2.8.2 Anulação

O tema envolvendo a anulação do ato administrativo remonta os primeiros estudos sistemáticos feitos na França, principalmente quando coligados com a análise do princípio da legalidade. *Le retrait d'un acte administratif* equivale à anulação feita por uma autoridade. Retroage, atingindo os efeitos do ato desde o início de sua vigência. É como se retirasse-o por completo do ordenamento jurídico.

As regras que incidem à espécie são singulares e por deveras complexas. Elas levam em conta três distinções essenciais, gerando, pois, em cada caso, uma ou outra gama de consequências: atos que criam direitos em comparação com aqueles que não geram direitos; ato regular tomado em relação ao ato irregular; e o ato individual em relação ao regulamento. Como pano de fundo, tem-se a incidência mais ou menos intensa da segurança jurídica.

---

[55] WALINE, Marcel. *Op. cit.*, p. 386.

[56] Art. 49. A autoridade competente para a aprovação do procedimento somente poderá revogar a licitação por razões de interesse público decorrente de fato superveniente devidamente comprovado, pertinente e suficiente para justificar tal conduta, devendo anulá-la por ilegalidade, de ofício ou por provocação de terceiros, mediante parecer escrito e devidamente fundamentado.

[57] Os efeitos da revogação e da anulação das licitações foram devidamente tutelados pelos parágrafos primeiro a quarto do mesmo art. 49 da Lei nº 8.666/93.

[58] FALCÃO, Amílcar de Araújo. *Introdução ao direito administrativo*. São Paulo: Resenha Universitária, 1977, p. 61.

Nessa mesma linha de pensamento, o Supremo Tribunal Federal foi chamado a resolver várias questões envolvendo o tema, a ta ponto de editar, inicialmente, a Súmula nº 346: "A administração pública pode declarar a nulidade dos seus próprios atos.", depois aperfeiçoada na Súmula nº 473: "A administração pode anular seus próprios atos, quando eivados de vícios que os tornam ilegais, porque deles não se originam direitos; ou revogá-los, por motivo de conveniência ou oportunidade, respeitados os direitos adquiridos, e ressalvada, em todos os casos, a apreciação judicial.". A partir do teor do verbete, pode-se concluir que a Administração Pública tem o dever de anular seus atos, quando eivados de vício deste jaez, seja esta conduta praticada de ofício ou por provocação.

Aqui se percebe a insubsistência do ato administrativo por conta de um vício nos elementos que sustentam a existência ou a validade do ato ou quando este viola um ato normativo que lhe dá base. A anulação do ato administrativo trata de questão relativa ao princípio da legalidade ou relativa aos elementos do ato administrativo. Como se trata de uma questão de ilegalidade, o Poder Judiciário pode sindicar o ato administrativo, anulando com base nestes dois paradigmas. O art. 2º da Lei nº 4.717/65 dispõe cinco casos em que se percebe um vício de legalidade.

Importante mencionar que a anulação extingue o ato administrativo, retirando todos os efeitos jurídicos por ele gerados. Logo, possui efeito retroativo (*ex tunc*).[59] Esta máxima é pautada no âmbito jurídico desde o Direito romano, ou seja, do ato jurídico nulo de pleno direito jamais pode derivar efeitos jurídicos: *quod nullum est nullum producit efectum*.

Assim, nesse contexto, devem ser abordadas já de plano as diferenças entre a *anulação (Rücknahme)* e a *revogação (Widerruf) do ato administrativo*, como forma de se perfazer uma distinção exata entre as duas maneiras de extinção. Dessa forma, a primeira distinção deve ser feita entre os atos administrativos regulares e irregulares, dado que a revogação opera diante do primeiro e a anulação para com o segundo.

Com base no próprio texto do Enunciado nº 473, STF, citado, pode-se estabelecer o seguinte quadro sinótico, apresentando, pois, as diferenças básicas entre os dois institutos:[60]

	REVOGAÇÃO	ANULAÇÃO
FUNDAMENTO	Inconveniência e inoportunidade	Vício de legalidade (material e formal)
LEGITIMAÇÃO PARA EXTINGUIR	Só a própria Administração Pública pode revogar	A Administração Pública ou o Poder Judiciário podem anular
NATUREZA	Discricionário	Vinculado
EFEITOS	*Ex nunc*	*Ex tunc*

---

[59] Destaca-se que a maioria da doutrina considera que a anulação possui efeitos retroativos. Contudo, para Celso Antônio Bandeira de Mello (*Op. cit.*, p. 470), quando o ato administrativo for ampliativo e o administrado estiver de boa-fé, a anulação poderá ter efeitos *ex nunc*.

[60] "A Administração Pública tem o direito de anular seus próprios atos, quando ilegais, ou revogá-los por motivos de conveniência e oportunidade [Súmulas 346 e 473, STF]." (STF, RMS 25.856, Rel. Min. Eros Grau, Segunda Turma, j. 09/03/2010).

Art. 50

Contudo, ainda nesse contexto, é importante referir que o prazo de decadência constante, p. ex., no art. 54 da Lei nº 9.784/99, não se aplica à revogação do ato administrativo. Significa dizer que a Administração Pública, desde que respeite as garantias constitucionais, pode extinguir o ato por razões de mérito a qualquer tempo , sem que, para tanto, tenha-se qualquer violação à segurança jurídica.

O fundamento de cada qual impõe, assim, uma percepção diversa no que tange à obrigatoriedade ou não de se extinguir o ato administrativo. No caso da anulação, diante de uma ilegalidade, o administrador público, ainda que não demandado por um administrado, percebendo tal vício, fica obrigado – deve – extinguir o ato . Assim, a extinção do ato administrativo nulo deve ser reconhecida de ofício pela Administração Pública ou pelo Poder Judiciário. Já a revogação é calcada nos motivos de conveniência ou de oportunidade, o que dimana a certeza de que cabe ao administrador escolher aquele momento que julga mais condizente com o interesse público, no sentido de extinguir ou não um ato administrativo.

2.8.3. Convalidação

A convalidação tem por finalidade suprir, superar, sanar uma invalidade de um ato, com efeitos retroativos, ou seja, com efeitos *ex tunc*. Por uma ficção jurídica, a convalidação retira a invalidade do ato, como se ele nunca tivesse sido acometido de qualquer vício. Então, a convalidação nada mais é do que a prática de um ato administrativo para conferir validade a outro ato praticado outrora, este acometido de um vício jurídico sanável. Em uma conclusão preliminar, entende-se que um dos elementos-chave da convalidação e se ter ou não um vício sanável. Os pressupostos jurídicos são aqueles exigidos pelo art. 55 da Lei nº 9.784/99, que, em muito, repetem os próprios pressupostos lógicos. Para uma compreensão detalhada do instituto, remete-se aos comentários pertinentes a este dispositivo, dispostos nesta obra.

2.8.4. Suspensão

A suspensão caracteriza-se pela prática de ato administrativo que impede que outro venha ou continue a produzir efeitos, sendo um instituto marcantemente precário. Perceba que, neste caso, não há a extinção do ato administrativo, mas simples suspensão da sua eficácia. Este instituto trata de trazer uma paralisação na eficácia do ato, sendo uma exceção a continuidade deste plano do ato administrativo.

3. Forma da motivação

3.1. Critérios aplicados à motivação do ato administrativo

O § 1º do art. 50 determina que a motivação seja exposta a partir de três critérios, ou seja, deve se basear em três parâmetros: necessita ser *explícita*, *clara* e *congruente*.⁶¹ Se pudéssemos reunir estas três características em uma só, poderíamos dizer que a motivação do ato administrativo deve ser *precisa*.

O destinatário do ato que se vê diante de uma fundamentação imprecisa, no mais das vezes acaba por estar na mesma situação daqueles que estão frente a uma decisão imotivada. Ora, a impossibilidade de compreensão da fundamentação acaba por trazer, em certa medida, os mesmos efeitos de uma decisão que não possui qualquer exposição de motivos. Compreender mal é não compreender.

Tal dispositivo preocupa-se em fornecer um verdadeiro *direito de compreender* a decisão administrativa. A clareza na exposição de motivos torna-se, a partir da dicção desta regra, um verdadeiro direito subjetivo. Não se admite uma motivação implícita ou secreta, o que, no caso, seria típico contrassenso. Assim, deve ser exposta de maneira objetiva e clara, sendo que qualquer cidadão deva ter tranquilas condições de compreender a decisão do gestor público.⁶² Importa dizer, sobretudo, que a motivação não se pode limitar a invocar a "cláusula do interesse público" como única razão de decidir, utilizar-se de afirmações vagas ou se contentar em repetir a lei.

O que não se quer é uma exposição de motivos obscura, ininteligível ou contraditória. No caso, atentar-se-ia contra a *segurança jurídica*, porque se estaria diante de uma motivação incerta. Ou mesmo, a exposição de motivos assim feita bem pode induzir ao desvio de poder.

Em melhores termos, a motivação deverá ser congruente, pertinente e suficiente. Por exemplo, a motivação deve possui nexo para com as provas e as pretensões constantes no processo administrativo em que é processada – eis a congruência exigida pelo dispositivo em pauta. Assim, a exposição de motivos deve ser dispensada de maneira harmônica e lógica, estando razoavelmente disposta de acordo com os fatos provados no limiar do procedimento – uma derivação lógica, *v.g.*, daquilo que está disposto no art. 38, § 1º, da Lei nº 9.784/99.⁶³

Não basta que a fundamentação exponha simplesmente as razões de fato e de direito. É preciso que componha um juízo lógico-jurídico entre estes dois institutos. A motivação deve revelar com clareza o *iter* lógico, o raciocínio do agente estatal que exarou a decisão. Uma decisão que será tendencialmente subsuntiva (nos atos vinculados) e teleologicamente orientada (nos atos discricionários),⁶⁴ não pode ser obscura, ou seja, na qual não se percebe em que con-

---

⁶¹ "Assim, em primeiro lugar, é preciso que a motivação indique as premissas de direito e do fato em que se apoia o ato motivado, com a menção das normas legais aplicadas, sua interpretação e, eventualmente, a razão da não aplicação de outras; e com referência aos fatos, inclusive a avaliação das provas examinadas pelo agente público, a seu respeito. Em segundo lugar, o agente público deve justificar as regras de inferência através das quais passou das premissas à conclusão (...) Por outro lado, sob o aspecto formal, a motivação deve ser clara e congruente, a fim de permitir uma afetiva comunicação com seus destinatários." (CINTRA, Antônio Carlos de Araújo. *Motivo e motivação do ato administrativo*. São Paulo: Revista dos Tribunais, 1979, p. 127/128).

⁶² A percepção de que a motivação deve ser clara e precisa, explicitada em uma fórmula exata, já era há muito disgnosticada por Gaston Jèze (*Principios generales del derecho administrativo*. Buenos Aires: Depalma, 1982, v. 3, p. 235).

⁶³ MOREIRA, Egon Bockmann. *Op. cit.*, p. 374.

⁶⁴ AMORIM, João Pacheco de; GONÇALVES, Pedro Costa; OLIVEIRA, Mário Esteves de. *Op. cit.*, p. 602.

siste. Dessa forma, concluímos com facilidade que a motivação varia de acordo com o tipo de ato administrativo a se fundamentar e, por isso, é relativa.

Ainda que o art. 51 nada fale, a motivação deverá ser também *suficiente*, ou seja, é necessário que ela *justifique toda a decisão*, e não apenas parte dela. Exemplificando: seria o mesmo que aplicar uma sanção agravada, sem fundamentar a gravosidade da expiação, mas somente o moldura legal da própria infração.[65] A insuficiência da motivação conduz à nulidade do ato.

Cabe referir, por oportuno, que o STJ já decidiu que são nulas as decisões administrativas que se fundamentam em simples invocação da "cláusula do interesse público" ou quando apensas indicam a causa genérica do ato administrativo. Logo, entende-se que a motivação deva catalogar termos objetivos e de fácil compreensão, sendo que os termos técnicos somente devem ser empregados quando imprescindíveis.

Em uma noção mais abrangente, não se admite que a motivação não seja explicitada de forma a que o destinatário do ato administrativo não a compreende abrangentemente. Significa dizer que não pode ser escamoteada ou visualizada de maneira difusa. Enfim, deverá ser concretamente explícita. A suficiência da motivação de uma decisão atende a um critério lógico-racional, ou seja, à revelação do convencimento do administrador público. É preciso que os interessados ou os destinatários do ato administrativo possam claramente entender as razões pelas quais se optou por uma pretensão em detrimento de outra. Assim, já decidiu o Superior Tribunal de Justiça que os atos administrativos ablativos que envolvem anulação, revogação, suspensão ou convalidação devem ser motivados de forma explícita, clara e congruente.[66]

Salienta-se, por oportuno, que a motivação sucinta não necessariamente significa ausência ou deficiência neste sentido. Não é imprescindível que ela seja extensa, desde que seja clara e objetiva. O que importa é que indique de modo compreensível a operação lógica que encadeira as premissas da decisão.[67]

O conteúdo de uma motivação deve ser preenchido pelas razões de fato e de direito.[68] Contudo, o detalhamento de cada qual dependerá de inúmeros fatores, sendo mediado pela razoabilidade. Será o caso concreto que validará a necessidade de a decisão ser mais ou menos minudente.[69] O ato administrativo que nega, limita ou afeta direitos ou interesses do administrado deve indicar, de forma explícita, clara e congruente os motivos de fato e de direito em que está fundado (art. 50, *caput* e incisos, e § 1º, todos da Lei nº 9.784/99). Não atende a tal requisito a simples invocação da cláusula do interesse público ou a indicação genérica da causa do ato.[70]

---

[65] AMORIM, João Pacheco de; GONÇALVES, Pedro Costa; OLIVEIRA, Mário Esteves de. *Op. cit.*, p. 605.
[66] STJ, MS 8.946-DF, Rel. Min. Humberto Gomes de Barros, 1ª Seção, j. 22/10/2003.
[67] DALLARI, Adilson de Abreu; FERRAZ, Sérgio. *Op. cit.*, p. 263.
[68] A exemplo do que dispõe o art. 3º, da Lei francesa de 11 de julho de 1979.
[69] São admitidas, em certos casos, decisões sucintas, desde que se possam compreender os motivos delas (CE, 11 jun. 1982, Min. De l'Intérieur/Rezzouk).
[70] STJ, MS 9.944-DF, Rel. Min. Teori Albino Zavascki, 1ª Seção, j. 25/05/2005.

O elemento *congruência* impõe que a exposição de motivos do ato administrativo sejam correlacionados à decisão administrativa veiculada pelo ato. Não se pode pensar que a motivação esteja dissociada do comando determinado pelo gestor público, sob pena, inclusive, de se compreender o ato administrativo como nulo. "Entre os motivos e a decisão deve haver uma relação de causalidade, pena de ser considerado inválido o ato editado".[71]

3.2. Motivação referida ou per relationen

Ainda, a parte final do § 1º do art. 50 permite que a decisão em processo administrativo adote o que se conhece como *motivação referida*, ou seja, as razões de decidir fazem menção a outros atos, como pareceres, informações e decisões. Esta exposição, que se lastreia em um catatau de fundamentos alocados em outro ato, visa a cumprir com a determinação do art. 2º, parágrafo único, inciso IX, da Lei nº 9.784/99, que traz a lume o *princípio da simplificação das formas*.[72] Então, é legítima a adoção da técnica de fundamentação referencial (*per relationem*), consistente na alusão e incorporação formal, em ato administrativo, de decisão anterior (judicial ou administrativa) ou de parecer.[73]

O que se deve admitir, sempre, é que a fundamentação seja clara e objetiva, mesmo que tomando emprestada de outra decisão. Uma simples anuência pode ser suficiente, desde que não se tenham dúvidas quanto à vontade de se apropriar dos fundamentos, nem mesmo no que se refere ao alcance desta apropriação.[74] Imagine o caso em que uma autoridade pública lance em um documento um despacho nos seguintes termos: "concordo com as informações constantes neste expediente". Contudo, este mesmo expediente possui várias informações, inclusive que divergem entre si. Perceba que, neste caso, a fundamentação *per relationen* ficou prejudicada, porque não se sabe quais os fundamentos tomados pelo ato.

É de bom alvitre que, nos casos de se ter uma motivação referida, os documentos, decisões e informações fiquem encartados nos autos, ou seja, com fácil acesso do interessado. Evita-se, assim, que se tenha de buscar os dados necessários a entender a decisão em outros locais e/ou expedientes.

3.3. Utilização de meios mecânicos

Além disso, a disposição constante no § 2º do art. 50 consagra a possibilidade de se utilizar dos meios eletrônicos para melhor solucionar os atos administrativos. Significa dizer que, para assuntos de mesma natureza, pode-se valer de meio eletrônico que reproduza o fundamento destas decisões. Em melhores termos: quando se têm decisões administrativas iguais, ou melhor, cuja solução possui o mesmo teor, pode-se automatizar a exposição de motivos, replicando-a a todos os atos administrativos que se pratiquem posteriormente.

---

[71] FIGUEIREDO, Lúcia Valle (Coord.). *Op. cit.*, p. 212.
[72] A *motivação referida* já era admitida pela jurisprudência há muito (STF, AI no AgR 237.639-SP, Rel. Min. Sepúlveda Pertence, 1ª Turma, j. 26/10/1999).
[73] STJ, EDcl no AgRg no AREsp 94.942-MG, Rel. Min. Mauro Campbell Marques, j. 5/2/2013.
[74] AMORIM, João Pacheco de; GONÇALVES, Pedro Costa; OLIVEIRA, Mário Esteves de. *Op. cit.*, p. 603.

Como se sabe, as ferramentas de tecnologia da informação geram uma celeridade sem precedentes no que se refere à comunicação entre as pessoas. Além disso, a troca de informações passa a ser pautada de forma massificada. Basta, para tanto, perceber o fenômeno causado pelas redes sociais ocorrido mais recentemente, palco de verdadeiros espaços de manifestação democrática.[75] Trata-se, visivelmente, de uma opção clara por um meio de difusão de informações célere e democrática, mesmo que muitos ainda não tenham acesso à rede mundial de computadores ou mesmo aos equipamentos de informática.[76]

A regra em questão intenta conferir uma celeridade ao processo administrativo, valor tão caro e tão perseguido no processo civil. Tal axioma possui lastro no art. 5º, inciso LXXVIII, da Constituição Federal. Claro que esta celeridade deverá ser composta com valores como segurança jurídica e ampla defesa. Significa dizer que a rapidez de um processo (seja qual for) não pode subjugar outros direitos tão ou mais caros, ou seja, "[...] desde que não prejudique direito ou garantia dos interessados".[77]

O limite para inserir as tecnologias da informação a serviço da motivação em massa é a impossibilidade de, com isso, violarem-se os direitos fundamentais. Exemplificando: não deve ser autorizada a reprodução eletrônica de certa solução jurídica comprometa a ampla defesa ou o contraditório, ou mesmo prejudique a segurança jurídica. A reprodução automatizada (mecânica) da fundamentação tem amparo nos princípios da eficiência e da impessoalidade. Porém, é importante não deixar de guarnecer a segurança das relações jurídicas, na medida em que se deve coibir a massificação e a reprodução automática de fundamentações quando os casos concretos reclamam uma análise diversificada. Logo, certas situações possuem especificidades que não se compadecem com soluções pré-prontas.

---

[75] A opção pelo uso de ferramentas céleres de tecnologia da informação pode ser visualizada com muita clareza nas Leis nº 12.527/11 (*Lei de acesso à informação pública*) e 12.462/11 (que institui o *Regime Diferenciado de Contratações*).

[76] "Por essas razões, as tecnologias de informação e comunicação exercem um fortíssimo papel no aumento da fluidez ao lado das tecnologias de transporte e circulação. Na medida em que são ampliados e padronizados os meios de comunicação, bem como sua velocidade e qualidade operacional, as trocas de informações e as inter-relações das mais diversas naturezas são automaticamente facilitadas." (MARRARA, Thiago. Direito administrativo e novas tecnologias. *Revista de Direito Administrativo*. Rio de Janeiro: Fundação Getúlio Vargas, v. 256, jan.-abr. 2011, p. 229). Importa notar a advertência feita por Thiago Marrara a respeito do uso indiscriminado das novas tecnologias na publicidade dos atos administrativos: "Essa ampliação da ideia de transparência eletrônica merece, porém, algumas críticas. Em primeiro lugar, não se pode tolerá-la sem respeito a direitos fundamentais e interesses públicos primários, como a defesa da intimidade e da vida privada, bem como a proteção da segurancía social. Em segundo lugar, ainda que o uso de novas tecnologias colabore com a publicidade, a transparência e a democratização, essas novas técnicas não são capazes de garantir isoladamente esses valores em níveis adequados. Dizendo de outro modo: a mesma tecnologia que é capaz de incluir pode até mesmo excluir. Um exemplo ilustra essa afirmação. Novos sistemas de governo eletrônico û geralmente defendidos como armas de democratização – têm suscitado inúmeras dúvidas quando empregados sem a devida consideração de aspectos sociais, culturais e econômicos de uma nação. Mesmo que as tecnologias de comunicação e transmissão de dados, sobretudo via internet, sejam capazes de concretizar o princípio da publicidade, o que se nota, em algumas situações práticas, é a mera substituição de meios tradicionais de publicização de atos e atividades administrativas por meios digitais. Ocorre que, em países em desenvolvimento como o Brasil, o modelo de governo eletrônico não deve abrir mão de mecanismos tradicionais de publicização por um simples motivo: o baixo grau de inclusão digital da população brasileira." (*Op. cit.*, p. 239).

[77] Este dispositivo tem similar no art. 125º, nº 3, do *Código do Procedimento Administrativo* português.

3.4. Decisão proferida por órgão colegiado

No caso da decisão ser proferida por órgão colegiado, comissões ou provir de decisões orais, deverá constar da respectiva ata ou de termo escrito. Significa dizer que a motivação deve sempre ser reproduzida por escrito, o que pode ser feito no corpo de uma ata (art. 50, § 3°, da Lei n° 9.784/99). O *Código do Procedimento Administrativo português*, no que se refere a este tema, traz à tona algumas disposições específicas importantes, e que complementam substancialmente a regra brasileira.

Artigo 126°. Fundamentação de actos orais

1 – A fundamentação dos actos orais abrangidos pelo n° 1 do artigo 124° que não constem de acta deve, a requerimento dos interessados, e para efeitos de impugnação, ser reduzida a escrito e comunicada integralmente àqueles, no prazo de 10 dias, através da expedição de ofício sob registro do correio ou de entrega de notificação pessoal, a cumprir no mesmo prazo.

2 – O não exercício, pelos interessados, da faculdade conferida pelo número anterior não prejudica os efeitos da eventual falta de fundamentação do acto.

A diferença básica entre as duas normas consiste no fato de que o direito lusitano aceita a possibilidade de que se tenha a fundamentação dos atos administrativos a ser feito de maneira oral. No Brasil, o art. 50, § 3° determina que a exposição de motivos conste da respectiva ata ou de termo escrito. Por isso que a norma portuguesa toma inúmeras outras cautelas para preservar o direito de ampla defesa dos administrados.

Jurisprudência

Necessidade de motivação do ato administrativo – casuística

ATO ADMINISTRATIVO – REMOÇÃO – MOTIVAÇÃO. Estando o ato assentado no interesse da Administração Pública, mostra-se impróprio cogitar de ausência de motivação. CARGO DE CONFIANÇA – DESTITUIÇÃO. A destituição de cargo de confiança pode ocorrer a qualquer tempo, sendo dispensável prévio aviso. (STF, RMS 27936-DF, Rel. Min. Marco Aurélio, 1ª Turma, j. 4/12/12).

CONCURSO PARA INGRESSO NA MAGISTRATURA DE CARREIRA. JULGAMENTO DE CONSCIÊNCIA DOS MEMBROS DA COMISSÃO DE INSCRIÇÃO. ILEGALIDADE. O JULGAMENTO SECRETO, SEM MOTIVAÇÃO, DOS REQUISITOS DE IRREPREENSÍVEL VIDA PÚBLICA E PRIVADA E DA CAPACIDADE FÍSICA E MENTAL NECESSÁRIA AO BOM DESEMPENHO DO CARGO DE JUIZ, SENDO REITERAÇÃO ARBITRARIA DE PROVAS JÁ FEITAS, IMPORTA SEGUNDO JUÍZO, DE ÍNDOLE SUBJETIVA, NÃO PREVISTO NA LEI ORGÂNICA DA MAGISTRATURA, QUE AFRONTA GARANTIAS INDIVIDUAIS DOS CANDIDATOS. ILEGALIDADE DO ARTIGO 26 DO REGULAMENTO DO CONCURSO PARA MAGISTRATURA DE CARREIRA DO ESTADO DO RIO DE JANEIRO, DA REDAÇÃO DE 1981. RECURSOS EXTRAORDINÁRIOS CONHECIDOS E PROVIDOS, PARA CONCEDER-SE O MANDADO DE SEGURANÇA. NÃO CONHEÇO, ENTRETANTO, O RECURSO DO MINISTÉRIO PÚBLICO. (STF, RE 111.411-RJ, Rel. Min. Carlos Madeira, 2ª Turma, j. 10/04/1987).

CONCURSO PARA OFICIAL DO REGISTRO DE IMÓVEIS NO RIO GRANDE DO SUL. NÃO TENDO SIDO MOTIVADA A REVISÃO DA CLASSIFICAÇÃO DOS CANDIDATOS APROVADOS NO CONCURSO, OUTRO JULGAMENTO DEVE SER PROFERIDO, NO QUAL SE OBSERVE ESSA FORMALIDADE. INTERPRETAÇÃO DO COD. DE ORGANIZAÇÃO JUDICIÁRIA DO ESTADO (L. 1008, DE 12.4.50, MODIFICADA PELA 174., DE 21.2.52). (STF, RMS 11.792-RS, Rel. Min. Victor Leal, Pleno, j. 16/10/1963).

1. O ato administrativo requer a observância, para sua validade, dos princípios da legalidade, impessoalidade, moralidade e eficiência, previstos no caput do art. 37 da Constituição Federal, bem como daqueles previstos no caput do art. 2º da Lei nº 9.784/99, dentre os quais os da finalidade, razoabilidade, motivação, segurança jurídica e interesse público. 2. A Lei nº 9.784/99 contempla, em seu art. 50, que os atos administrativos deverão ser motivados, com a indicação dos fatos e dos fundamentos jurídicos, de forma explícita, clara e congruente,

Art. 50

nas hipóteses de anulação, revogação, suspensão ou de sua convalidação (art. 50, VIII, e § 1º, da Lei nº 9.784/99). 3. No caso em exame, após a conclusão do Processo Administrativo 53000.071953/2006, que se iniciou em 25/8/06, a autoridade impetrada editou em 2/12/10 a Portaria 1.253 outorgando permissão à impetrante de executar, pelo prazo de dez anos, sem direito de exclusividade, o serviço de radiodifusão sonora em frequência modulada, com fins exclusivamente educativos, no Município de Paracatu/MG, condicionada à deliberação do Congresso Nacional, nos termos do art. 223, § 3º, da Constituição Federal. 4. Fere o direito líquido e certo da impetrante a revogação de portaria que lhe outorgara a permissão de executar o serviço de radiodifusão sonora, sem nenhuma motivação, ato ou processo administrativo que justifique os motivos pelos quais não poderia mais executar o serviço anteriormente deferido. 5. Segurança concedida. (STJ, MS 16.616-DF, Rel. Min. Arnaldo Esteves Lima, 1ª Seção, j. 13/03/13).

ADMINISTRATIVO. EXONERAÇÃO EX OFFICIO. ART. 50, VIII, DA LEI 9.784/99. MOTIVAÇÃO DO ATO ADMINISTRATIVO. ALTERAÇÃO DO JULGADO.SÚMULA 7/STJ. ACÓRDÃO FUNDADO EM PORTARIAS. ANÁLISE NA VIA DO ESPECIAL. IMPOSSIBILIDADE. 1. Para a revisão do julgado no sentido pretendido pelo agravante, afim de que seja reconhecida a suposta ofensa do artigo 50, inciso VIII, da Lei nº 9.784/99, decorrente da nulidade do ato administrativo que o exonerou *ex officio*, seria necessária a incursão no acervo fático-probatório dos autos, o que esbarra no óbice da Súmula 7/STJ. 2. No tocante à alegada falta de motivação do ato administrativo, o apelo está primordialmente fundamentado nas Portarias 540/90 do Ministério do Exército e 33/98 do Departamento Geral do Pessoal do Ministério do Exército, ato normativo que refoge da competência desta Corte, por não se inserir no conceito de lei federal. 3. Agravo regimental não provido. (STJ, AgRg no AREsp 157398-DF, Rel. Min. Castro Meira, 2ª Turma, j. 12/06/2012).

1. Os indícios de irregularidade procedimental apontados pelo recorrente não se traduziram em efetivo prejuízo à defesa, amoldando-se a hipótese ao princípio do *pas de nullité sans grief*. 2. Ao contrário do que alega o recorrente, o ato demissório apresenta-se adequadamente motivado, com indicação precisa dos fato se dos fundamentos jurídicos, nos termos do art. 50, incisos I e II e§ 1º, da Lei n. 9.784/1999. Recurso ordinário a que se nega provimento. (STJ, RMS 22.344-AM, Rel. Min. Cesar Asfor Rocha, 2ª Turma, j. 9/8/11).

AGRAVO REGIMENTAL. RECURSO ESPECIAL. ADMINISTRATIVO. PROCESSO CIVIL. CONCURSO PÚBLICO. OFENSA AO ARTIGO 535. NÃO OCORRÊNCIA. AFRONTA AO ARTIGO 50 DA LEI Nº 9.784/99. MOTIVAÇÃO DO ATO ADMINISTRATIVO. SUBSTITUIÇÃO PELO PODER JUDICIÁRIO. IMPOSSIBILIDADE. 1. O acórdão recorrido utilizou fundamentação suficiente para solucionar a controvérsia, sem incorrer em omissão, contradição ou obscuridade, razão pela qual não há ofensa ao artigo 535 do CPC. 2. Ao Poder Judiciário é permitido tão somente o exame da legalidade do concurso público, sendo vedado apreciar os critérios utilizados pela banca examinadora, sob pena de substituir o mérito do ato administrativo praticado. 3. Agravo regimental improvido. (STJ, AgRg no REsp 1159486-DF, Rel. Min. Maria Thereza de Assis Moura, 6ª Turma, j. 21/09/10).

(...) A motivação, nos recursos administrativos referentes a concursos públicos, é obrigatória e irrecusável, nos termos do que dispõe o art. 50, I, III e V, §§ 1o. e 3o. da Lei nº 9.784/99, não existindo, neste ponto, discricionariedade alguma por parte da Administração. (STJ, AgRg no REsp 1.062.902- DF, Rel. Min. Napoleão Nunes Maia Filho, 5ª Turma, j. 09/06/09).

RECURSO ESPECIAL. ADMINISTRATIVO. ATO DE EXTINÇÃO DE CARGO. AUSÊNCIA DE MOTIVAÇÃO. ART. 50, § 1º DA LEI 9784/99. O ato que declarou a "desnecessidade" do cargo público de Oficial Administrativo não foi devidamente fundamentado – art. 50, § 1º da Lei 9784/99.Recurso provido, com o restabelecimento da decisão singular de concessão da ordem. (STJ, REsp 623069-MG, Rel. Min. José Arnaldo da Fonseca, 5ª Turma, j. 04/10/05).

(...) 1. "A margem de liberdade de escolha da conveniência e oportunidade, conferida à Administração Pública, na prática de atos discricionários, não a dispensa do dever de motivação. O ato administrativo que nega, limita ou afeta direitos ou interesses do administrado deve indicar, de forma explícita, clara e congruente, os motivos de fato e de direito em que está fundado (art. 50, I, e § 1º da Lei nº 9.784/99)" MS 9.944/DF, DJ 13.06.2005. (STJ, REsp 991989-PR, Rel. Min. Luiz Fux, 1ª Turma, j, 14/10/08).

RECURSO ESPECIAL. ADMINISTRATIVO. ATO DE EXTINÇÃO DE CARGO. AUSÊNCIA DE MOTIVAÇÃO. ART. 50, § 1º DA LEI 9784/99. O ato que declarou a "desnecessidade" do cargo público de Oficial Administrativo não foi devidamente fundamentado – art. 50, § 1º da Lei 9784/99. Recurso provido, com o restabelecimento da decisão singular de concessão da ordem. (STJ, REsp 623069-MG, Rel. Min. José Arnaldo da Fonseca, 5ª Turma, j. 4/10/05).

ADMINISTRATIVO. MANDADO DE SEGURANÇA. INDEFERIMENTO DE AUTORIZAÇÃO PARA FUNCIONAMENTO DE CURSO SUPERIOR. AUSÊNCIA DE MOTIVAÇÃO DO ATO ADMINISTRATIVO. NULIDADE. 1. A margem de liberdade de escolha da conveniência e oportunidade,conferida à Administração Pública, na prática de atos discricionários, não a dispensa do dever de motivação. O ato administrativo que nega, limita ou afeta direitos ou interesses do administrado deve indicar, de forma explícita, clara e congruente,os motivos de fato e de direito em que está fundado (art. 50, I, e §1º da Lei nº 9.784/99). Não atende a tal requisito a simples invocação da cláusula do interesse público ou a indicação genérica da causa do ato. 2. No caso, ao fundamentar o indeferimento da autorização para o funcionamento de novos cursos de ensino superior na "evidente desnecessidade do mesmo", a autoridade impetrada não apresentou exposição detalhada dos fatos concretos e objetivos em que se embasou para chegar a essa conclusão. A explicitação dos motivos será especialmente importante e indispensável em face da existência,no processo, de pareceres das comissões de avaliação designadas pelo próprio Ministério da Educação, favoráveis ao deferimento, além de manifestações no mesmo sentido dos Poderes Executivo e Legislativo do Município sede da instituição de ensino interessada. 3. Segurança parcialmente concedida, para declarar a nulidade do ato administrativo. (STJ, MS 9.944-DF, Rel. Min. Teori Albino Zavascki, 1ª Seção, j. 25/05/2005).

FUNDAMENTAÇÃO REFERIDA – *PER RELATIONEN*
DIREITO PROCESSUAL CIVIL. FUNDAMENTAÇÃO *PER RELATIONEM*. É legítima a adoção da técnica de fundamentação referencial (*per relationem*), consistente na alusão e incorporação formal, em ato jurisdicional, de decisão anterior ou parecer do Ministério Público. Precedente citado:REsp 1.194.768-PR, Segunda Turma, DJe 10/11/2011. (STJ, EDcl no AgRg no AREsp 94.942-MG, Rel. Min. Mauro Campbell Marques, 2ª Turma, j. 5/2/2013).

TEORIA DOS MOTIVOS DETERMINANTES
1. A Administração, ao autorizar a transferência ou a remoção de agente público, vincula-se aos termos do próprio ato, portanto,submete-se ao controle judicial a morosidade imotivada para a concretização da movimentação (Teoria dos Motivos Determinantes). 2. Pela Teoria dos Motivos Determinantes, a validade do ato administrativo está vinculada à existência e à veracidade dos motivos apontados como fundamentos para a sua adoção, a sujeitar o ente público aos seus termos. 3. No caso, em harmonia com a jurisprudência do STJ, o acórdão recorrido entendeu indevida a desvinculação do procedimento administrativo ao Princípio da Razoabilidade, portanto considerou o ato passível ao crivo do Poder Judiciário, *verbis*: "a discricionariedade não pode ser confundida com arbitrariedade,devendo, assim, todo ato administrativo, mesmo que discricionário,ser devidamente motivado, conforme os preceitos da Teoria dos Motivos Determinantes, obedecendo ao Princípio da Razoabilidade."(fls. 153). (STJ, AgRg no REsp 670453-RJ, Rel. Min. Celso Limongi (Desembargador convocado do TJ/SP), 6ª Turma, j. 18/02/2010).

Referências

AMARAL, Antônio Araújo Cintra do. *Teoria do ato administrativo*. Belo Horizonte: Fórum, 2008

AMORIM, João Pacheco de; GONÇALVES, Pedro Costa; OLIVEIRA, Mário Esteves de. *Código do Procedimento Administrativo Comentado*. Coimbra: Almedina, 2006.

BRASIL, Tribunal de Contas da União. *Licitações e contratos*: orientações da jurisprudência do TCU. Brasília: Senado Federal, 2010.

CARVALHO FILHO, José dos Santos. *Manual de direito administrativo*. 25. ed. São Paulo: Atlas, 2012.

CINTRA, Antônio Carlos de Araújo. *Motivo e motivação do ato administrativo*. São Paulo: Revista dos Tribunais, 1979.

DALLARI, Adilson de Abreu; FERRAZ, Sérgio. *Processo administrativo*. 3. ed. São Paulo: Malheiros, 2012.

DIES, Manuel Maria. *El acto administrativo*. Buenos Aires: TEA, 1961.

FALCÃO, Amílcar de Araújo. *Introdução ao direito administrativo*. São Paulo: Resenha Universitária, 1977.

FIGUEIREDO, Lúcia Valle. *Curso de direito administrativo*. 5. ed. São Paulo: Malheiros, 2001.

—— (coord.). *Comentários à lei federal de processo administrativo*: Lei nº 9.784/99. 2. ed. Belo Horizonte: Fórum, 2009.

FORTINI, Cristina; PEREIRA, Maria Fernanda Pires de Carvalho; CAMARÃO, Tatiana Martins da Costa. *Processo Administrativo*. Comentários à Lei nº 9.784/1999. 3. ed. Belo Horizonte: Fórum, 2012.

FREITAS, Juarez. Processo administrativo federal> reflexão sobre o prazo anulatório e a amplitude do dever de motivação dos atos administrativos. In: MUÑOS, Guillermo Andrés e SUNDFELD, Carlos Ari. *As leis de processo administrativo* – Lei federal 9.784/99 e Lei paulista 10.177/98. São Paulo: Malheiros, 2006.

FRIER, Pierre-Laurent e PETIT, Jacques. *Précis de droit administratif*. Paris: Montchrestien, 2010.

GASPARINI, Diógenes. *Direito Administrativo*. 17. ed. São Paulo: Saraiva, 2012.

GAUDEMET, Yves. *Traité de droit administratif*. Paris: L.G.D.J, 2001.

GORDILLO, Augustín. *Tratado de derecho administrativo.* 9. ed. Buenos Aires: F.D.A., 2004, t. 3.

GRINOVER, Ada Pellegrini; DINAMARCO, Cândido Rangel; CINTRA, Antônio Carlos Araújo. *Teoria Geral do Processo.* 20. ed. São Paulo: Malheiros, 2004.

JÈZE, Gaston. *Principios generales del derecho administrativo.* Buenos Aires: Depalma, 1982, v. 3.

JUSTEN FILHO, Marçal. *Comentários à lei de licitações e contratos administrativos.* São Paulo: Dialética, 2006.

——. *Curso de direito administrativo.* 7. ed. Belo Horizonte: Fórum, 2011.

LEITE, Luciano Ferreira. *Discricionariedade administrativa e controle judicial.* São Paulo: Revista dos Tribunais, 1981.

MARRARA, Thiago. Direito administrativo e novas tecnologias. *Revista de Direito Administrativo.* Rio de Janeiro: Fundação Getúlio Vargas, v. 256, jan.-abr. 2011.

MARRARA, Thiago; NOHARA, Irene Patrícia. *Processo Administrativo – Lei n° 9.784/99 Comentada.* São Paulo: Atlas, 2009.

MEIRELLES, Hely Lopes. *Direito administrativo brasileiro.* 37. ed. São Paulo: Malheiros, 2011.

MELLO, Celso Antônio Bandeira de. *Curso de direito administrativo.* 28. ed. São Paulo: Malheiros, 2011.

MELLO, Oswaldo Aranha Bandeira de. *Princípios gerais do Direito Administrativo.* 3. ed. São Paulo: Malheiros, 2007, v. 1.

MOREIRA, Egon Bockmann. *Processo Administrativo – Princípios Constitucionais e a Lei n° 9.784/99.* 4. ed. São Paulo: Malheiros, 2010.

MOREIRA NETO, Diogo de Figueiredo. *Curso de direito administrativo.* 14. ed. Rio de Janeiro: Forense, 2005.

PAZZAGLINI FILHO, Marino. *Princípios constitucionais reguladores da administração pública:* agentes públicos, discricionariedade administrativa, extensão da atuação do Ministério Público e do controle do poder judiciário. São Paulo: Atlas, 2003.

SOUZA, Eduardo Stevanato Pereira de. *Atos administrativos inválidos.* Belo Horizonte: Fórum, 2012.

TÁCITO, Caio. *Direito Administrativo.* São Paulo: Saraiva, 1975.

WALINE, Marcel. *Précis de droit administratif.* Paris: Montchrestien, 1969, v. 1.

CAPÍTULO XIII – DA DESISTÊNCIA E OUTROS CASOS DE EXTINÇÃO DO PROCESSO
Artigo 51

O interessado poderá, mediante manifestação escrita, desistir total ou parcialmente do pedido formulado ou, ainda, renunciar a direitos disponíveis.

§ 1º Havendo vários interessados, a desistência ou renúncia atinge somente quem a tenha formulado.

§ 2º A desistência ou renúncia do interessado, conforme o caso, não prejudica o prosseguimento do processo, se a Administração considerar que o interesse público assim o exige.

O art. 51 trata da renúncia ou da desistência formulada pelo interessado em processo administrativo. Em verdade, ambos os institutos geram a *extinção* do processo[78] e são *atos personalíssimos*, ou seja, somente podem ser praticados por quem detenha poderes para exercer tais faculdades. Assim, uma conclusão preliminar se concretiza: o processo que congregue mais de um interessado somente será extinto quando da manifestação de desistência ou de renúncia de todos eles.[79] Desiste-se somente daquilo que se requereu, ou seja, daquilo de

---

[78] Adilson de Abreu Dallari e Sérgio Ferraz criticam o fato de a Lei n° 9.784/99, no título do Capítulo XIII (disposto logo antes do art. 51) ter utilizado o termo "casos", quando que a desistência e a renúncia seriam, para os autores, *causas* de extinção do processo administrativo (*Processo administrativo*. 3. ed. São Paulo: Malheiros, 2012, p. 265).

[79] *Idem.*

que se é titular. Significa dizer que somente pode haver desistência daqueles direitos equivalentes às faculdades da propriedade.[80]

Enquanto que a extinção do processo jurisdicional é ligada à ideia de lide,[81] dado que será produzida a resolução ou não de mérito (arts. 267 e 269, CPC), já o processo administrativo finda independentemente da presença da lide.[82] Claro que este deve, em regra, terminar quando a providência pretendida é alcançada. Contudo, por vezes, certos acontecimentos alteram esta perspectiva, ou seja, seu curso regular, implicando a extinção do procedimento.

A diferença básica entre os dois institutos, estabelecida especialmente no âmbito do processo civil, consiste no fato de que a desistência se liga ao processo e gera efeitos no que se refere ao direito adjetivo. Assim, pode desistir quem detém o comando da marcha processual, salvo nos casos em que o processo administrativo ainda assim deva continuar.

Já a renúncia estende seu plano de eficácia ao direito material, extinguindo o lastro jurídico sobre o qual se baseia o pedido. Sendo assim, somente pode exercer esta faculdade quem titulariza o dito direito. Neste último caso, é bom que se diga que há a necessidade de que os direitos renunciados sejam de natureza disponível. E nem poderia ser diferente, dado que o direito de teor diverso, ou seja, indisponível, não possui o condão de permitir a abdicação diante de processo judicial ou administrativo, quiçá autoriza-se qualquer espécie de transação.

Assim, a dúvida que pode ser estabelecida consiste em saber se no âmbito do *processo administrativo* esta dicotomia tem razão de ser. Sendo mais específico, tendo um administrado renunciado a um direito, o qual fora formulado em um determinado processo que correu perante órgão administrativo, poderia repeti-lo novamente em outro processo de mesma categoria? Nohara e Marrara[83] entendem, mesmo renunciado um direito em processo administrativo, este ainda assim, posteriormente, poderia ser repetido em demanda similar.

Não concordamos com este entendimento.[84] Por primeiro, caso se admitisse a possibilidade de repetição da demanda no caso de se ter, outrora, operado a renúncia ao direito pretendido, não teria qualquer sentido o legislador ter alocado, no dispositivo em questão, os dois institutos: "desistência" e "renúncia". Ademais, seria deletério à segurança jurídica que uma demanda a todo o momento pudesse ser repetida quando o interessado, voluntariamente, renunciou a um direito disponível (e não a uma pretensão, destaca-se). Por fim, não é compatível nem lógico pensar em renúncia de direito e, ao mesmo tempo, admitir sua repetição.

De acordo coma literalidade do *caput* do referido dispositivo, pode-se estabelecer dois entendimentos no que se refere à possibilidade de se admitir a renúncia parcial do(s) direito(s) pretendido(s) no processo administrativo.

---

[80] VELOSO, Waldir de Pinho. *Direito Processual Administrativo*. Curitiba: Juruá, 2010, p. 169.
[81] Salvo raríssimas exceções, o processo jurisdicional é marcado por um ajoujo de pretensões resistidas. Exceção a esta premissa seria o procedimento de jurisdição voluntária.
[82] CARVALHO FILHO, José Santos. *Pocesso administrativo federal*. 5. ed. São Paulo: Atlas, 2013, p. 251-253.
[83] *Op. cit.*, p. 334.
[84] Assim, como o faz José dos Santos Carvalho Filho (*Op. cit.*, p. 254).

Art. 51

Para um primeiro entendimento, a cabeça do art. 51 fez um corte cognitivo claro, desde já estabelecendo uma importante diferença entre ambos os institutos: enquanto a desistência poderá ser total ou parcial, a renúncia jamais poderá ser parcial. Esta perspectiva fundamenta-se no fato de que a expressão "total ou parcialmente" esteja a se referir somente ao signo "desistir", sendo que o signo "renunciar" está topograficamente separado pelo conetivo "ou". Caso o legislador quisesse permitir com que a renúncia fosse parcial, teria disposto a o texto legal da seguinte forma: "desistir ou renunciar total ou parcialmente", sem a divisão sintática feita. E há uma outra explicação lógica para tanto: enquanto a desistência de uma pretensão permite que esta seja retomada em procedimento posteriormente movido, a renúncia acarreta a extinção do direito subjetivo do interessado em mover nova demanda administrativa. Em suma: enquanto que o primeiro instituto permite seja inaugurado novo processo, o segundo não autoriza este tipo de conduta.

Por outro lado, pode-se considerar que é possível a desistência parcial, especialmente para aqueles que compreendem que não exista diferença pragmática entre os dois institutos. Consideram, para tanto, que a expressão "total ou parcialmente" refere-se a ambos os institutos.[85]

Ambos os institutos têm um elemento dogmático comum: a necessidade da livre manifestação de vontade dos detentores das pretensões postas em movimento pelo processo. Tanto que o § 1º do art. 51, ora comentado determina que a desistência ou a renúncia formulada por um dos interessados não prejudica a continuidade do processo administrativo em relação aos demais, no momento em que se formularam requerimentos plúrimos, autorizados pelo art. 8º da mesma lei.

No que se refere ao Processo Civil, a desistência reclama a anuência do requerido quando protocolada depois de decorrido o prazo para a resposta (art. 267, § 4º, do CPC). Este dispositivo não ganhou similar previsão na Lei nº 9.784/99, o que realça a dúvida: a desistência, no processo administrativo, reclama a concordância da parte adversa? Retirando a resposta do próprio texto do art. 51, especialmente no que tange ao § 2º, entende-se que sim, ou seja, que em qualquer momento a desistência deverá contar com a anuência da parte adversa (no caso de um litígio administrativo entre dois administrados) e da Administração Pública (até porque esta tem de perceber se incide, à espécie, pretensão envolvendo o interesse público, o que permite a continuidade do processo administrativo).[86]

Em uma interpretação sistemática, o próprio art. 63, § 2º, da Lei nº 9.784/99, reconhece que a Administração Pública pode rever os atos administrativos, mesmo após a interposição de recurso administrativo. Em ambos os casos

---

[85] MARRARA, Thiago; NOHARA, Irene Patrícia. *Processo Administrativo* – Lei nº 9.784/99 Comentada. São Paulo: Atlas, 2009, p. 334.

[86] O que prova que, em termos de processo civil e administrativo, o interesse das partes é realçado de maneira diversa, ou melhor, em perspectivas diferentes. A justificativa a este *discriminen* consiste no fato de que, em processo administrativo, a Administração Pública é, ao mesmo tempo, parte e juiz (FORTINI, Cristina; PEREIRA, Maria Fernanda Pires de Carvalho; CAMARÃO, Tatiana Martins da Costa. *Processo Administrativo* – Comentários à Lei nº 9.784/1999. 3. ed. Belo Horizonte: Fórum, 2012, p. 170).

(art. 51, § 2º e art. 63, § 2º) percebe-se a incidência e a plenitude do *poder de autotutela* dos entes estatais.

Sistematizando, podemos dizer que a renúncia e a desistência do processo administrativo não operam quando:

a) tratarem-se de direitos indisponíveis;

b) o interesse público justificar a manutenção do referido procedimento.

Veja que a desistência ou a renúncia, apesar de serem visualizadas a partir da perspectiva do interessado, enfim, sob o prisma individual, no processo administrativo devem estar coligadas também com o interesse da coletividade. Uma pretensão colocada sob a tutela do processo administrativo pode interessar e/ou ter relevância a uma gama considerável de outros sujeitos, ou mesmo à própria manutenção do ato por questões de relevância coletiva. Sem contar o fato de que, em termos de processo administrativo, insere-se o primado da *verdade material*. Sendo assim, a desistência e a renúncia, ao menos no âmbito do regime jurídico-administrativo, *não é tida como um direito potestativo do interessado*, porque os interesses individuais não podem estar acima das posições da coletividade.

Tendo em vista que o processo administrativo visa a guarnecer os direitos dos administrados, assim como permitir a implementação dos fins buscados pela Administração Pública (art. 1º da Lei nº 9.784/99), mostra-se justificada a impossibilidade de desistência ou de renúncia do processo quando se estiver diante de direitos indisponíveis. Dessa forma, conclui-se que o particular não terá domínio sobre o transcurso do processo administrativo, na medida em que este está atrelado ao desempenho das funções administrativas.

Normalmente a desistência ou a renúncia de pretendidas por meio de processo administrativo estão ligadas a atos negociais, ou seja, que reclamam a anuência do Poder Público em paralelo com o interesse do particular-interessado. Muito embora a Lei nº 9.784/99 seja omissa neste sentido, a desistência por representante reclama que o instrumento de mandato contenha poderes específicos neste sentido, em analogia ao art. 38 do Código de Processo Civil. Da mesma maneira, entendemos que a desistência só produzirá efeito depois de acolhida em decisão administrativa específica – até para o fato de se constatar a necessidade de se dar continuidade ao processo administrativo, quando evidenciada as hipóteses do § 2º do art. 51 da Lei do Processo Administrativo Federal.

Referências

CARVALHO FILHO, José Santos. *Pocesso administrativo federal*. 5. ed. São Paulo: Atlas, 2013.

DALLARI, Adilson de Abreu; FERRAZ, Sérgio. *Processo administrativo*. 3. ed. São Paulo: Malheiros, 2012.

FORTINI, Cristina; PEREIRA, Maria Fernanda Pires de Carvalho; CAMARÃO, Tatiana Martins da Costa. *Processo Administrativo*. Comentários à Lei nº 9.784/1999. 3. ed. Belo Horizonte: Fórum, 2012.

MARRARA, Thiago; NOHARA, Irene Patrícia. *Processo Administrativo – Lei nº 9.784/99 Comentada*. São Paulo: Atlas, 2009.

VELOSO, Waldir de Pinho. *Direito Processual Administrativo*. Curitiba: Juruá, 2010.

Artigo 52

O órgão competente poderá declarar extinto o processo quando exaurida sua finalidade ou o objeto da decisão se tornar impossível, inútil ou prejudicado por fato superveniente.

O art. 52 da Lei nº 9.784/99 determina que o processo administrativo seja extinto, ou seja, que a ele não se dê continuidade quando se tornar inútil, impossível ou prejudicado por fato superveniente, ou quando ele atingiu sua finalidade. A extinção perpetrada pela regra em comento somente pode ser manejada, caso se perceba que a continuidade do processo administrativo não levará a qualquer utilidade, sendo muito mais custosa sua permanência, ou quando ele chegou naturalmente ao seu final.

Então, sistematicamente, podemos concluir que o art. 52 disciplina duas formas de extinção do processo administrativo:

a) *Extinção normal:* quando do processo chegou ao seu fim (art. 52, primeira parte);

b) *Extinção anormal:* quando o objeto do processo se tornar:

b1) impossível;

b2) inútil;

b3) prejudicado por fato superveniente.

No primeiro caso (*extinção normal*), o processo segue sua tendência natural. Veja que este instituto jurídico é uma sucessão de atos previamente encadeados tendentes a um fim. Logo, quando este fim é atingido, não há mais sentido para se dar continuidade do processo. Tanto é verdade que a autoridade pública não precisa praticar um ato formal que declare a extinção da demanda promovida. O processo estará finalizado automaticamente com a decisão derradeira, da qual não caiba mais recurso. Ex. um interessado pede acesso à informação com base no art. 10, § 3º, da Lei nº 12.527/11 (*Lei de Acesso à Informação*). A Administração Pública, após regular prosseguimento do pleito administrativo, concede o conhecimento do dado pretendido. Veja que, neste caso, o processo chegou ao seu fim, sendo naturalmente extinto.

De outro lado, a extinção do processo pode se dar no seu limiar, ou seja, antes de ele conseguir chegar ao seu fim. Neste caso, ele não alcança o seu objetivo final. Importante notar que a Administração Pública deve demonstrar claramente a situação fática que se subsume ao dispositivo em questão, ou seja, a completa inutilidade prática de se dar continuidade ao procedimento. Veja que, neste caso, o administrado pode bem ter seus interesses pessoais contrariados com a extinção referida.

A *impossibilidade* de se produzir a decisão final pode ser de natureza *material* ou *física*.[87] Imagine o caso de um administrado formular pedido para que o Estado forneça determinado medicamento. No limiar do processo, o referido fármaco acaba tendo sua dispensação proibida pelo órgão de vigilância pertinente. Dessa forma, o processo administrativo não tem mais razão para continuar. Ou ainda, outro exemplo pode auxiliar na compreensão da exposição

---

[87] Segundo exposição feita por Marrara e Nohara (*Op. cit.*, p. 337).

feita: pense no caso de um pedido para instalação de um comércio dentro de uma repartição pública. Enquanto é analisado o pedido, o prédio público vem a ser destruído, o que gera, inexoravelmente, a extinção do processo pertinente.

O processo administrativo também pode ser considerado *inútil*, especialmente quando sua continuidade não traz proveito nenhum. Exemplificando: imagine que se instaure processo administrativo para viabilizar a aquisição de determinado bem, quando que, no meio do procedimento, este acaba sendo incorporado ao patrimônio estatal por conta de uma doação espontânea. Neste caso, o processo inaugurado não tem mais utilidade qualquer, porque não gerará qualquer finalidade pragmática.

O processo administrativo também pode se tornar *prejudicado*, p. ex., quando a Administração Pública o revoga por conveniência e oportunidade.[88] Ou ainda, imagine que um servidor público pretenda do Estado o reconhecimento da incidência de uma determinada vantagem sobre o décimo terceiro. Antes de apreciada a questão, sobrevém determinação externa e vinculante à autoridade processante no sentido de que a incidência pretendida é legal e constitucional. O processo, então, fica prejudicado.

Em resumo, fora das situações legalmente admitidas, como, p. ex., nos casos dos arts. 51 e 52 da Lei n° 9.794/99, a decisão em processo administrativo é obrigatória. Em melhores termos, o Poder Público não pode se furtar a se manifestar sobre determinada pretensão, sob pena de, neste caso, renunciar às funções administrativos legalmente atribuídas.

Referência

MARRARA, Thiago; NOHARA, Irene Patrícia. *Processo Administrativo* – Lei n° 9.784/99 Comentada. São Paulo: Atlas, 2009.

---

[88] *Op. cit.*, p. 338.

RAFAEL MAFFINI
Artigos 53 ao 55

CAPÍTULO XIV – DA ANULAÇÃO, REVOGAÇÃO E CONVALIDAÇÃO

Artigo 53

A Administração deve anular seus próprios atos, quando eivados de vício de legalidade, e pode revogá-los por motivo de conveniência ou oportunidade, respeitados os direitos adquiridos.

SUMÁRIO: 1. Autotutela administrativa; 2. Súmulas 346 e 473 do Supremo Tribunal Federal; 3. Revogação; 4. Anulação; 6. Limites formais à extinção de atos administrativos; Referências.

1. Autotutela administrativa

O Capítulo XIV da LFPA trata de assuntos que orbitam ao redor da noção de autotutela administrativa, a qual consiste na prerrogativa que possui a Administração Pública de se manter permanentemente controlada, tanto em relação à validade de suas condutas (legalidade em sentido amplo) quanto em relação a questões de conveniência e oportunidade (mérito administrativo).[1]

Como se pode depreender dos ensinamentos de Mariano Bacigalupo,[2] toda *norma de conduta* consiste, simultaneamente, em uma *norma de controle*. Diante disso, faz-se imperiosa a conclusão de que de nada serviria a adstrição da função administrativa ao ordenamento jurídico, se não houvesse instrumentos de efetivo controle da juridicidade da administração pública.

Em relação ao controle jurisdicional da Administração Pública, a sua viabilidade jurídica e o fundamento constitucional de dito modo de sindicabilidade encontra-se no princípio da inafastabilidade do controle jurisdicional de lesões ou ameaças a direitos, insculpido no Artigo 5°, XXXV, da CF/88. Ou seja, havendo a lesão ou ameaça a direitos subjetivos ou interesses legítimos, mesmo que tal lesão seja oriunda da atividade estatal de administração, poderá

---

[1] MAFFINI, Rafael. Direito Administrativo. 4. ed. São Paulo: Revista dos Tribunais, 2013, p. 74-75.

[2] "... *el mandato constitucional de plena justicialidad de la actividad administrativa significa que allí donde haya uno norma de conducta, dirigida a la Administración, habrá siempre a la vez uno norma de control, dirigida al juez contencioso-administrativo*" (BACIGALUPO, Mariano. *La discreciuonalidad administrativa*. Madri: Marcial Pons, 1997, p. 78). Tal passagem, embora faça referência explícita ao controle jurisdicional da Administração Pública, revela-se plenamente aproveitável a todos os modo de controle aos quais está submetida a função estatal administrativa.

o Poder Judiciário, sem qualquer risco de comprometer o equilíbrio entre os Poderes, promover o controle da Administração Pública.

O controle da Administração Pública promovido pelo Poder Legislativo encontra exemplos dos mais variados, desde as simples solicitações de informações a autoridades administrativas, como previsto no Artigo 50, § 2°, da Constituição Federal, passando pela necessidade de aprovação da indicação de pessoas para ocupar cargos públicos, como previsto no Artigo 52, III, também da CF, até culminar num dos mais efetivos modos de sindicabilidade parlamentar da atividade a administrativa orçamentária e paraorçamentária, qual seja, aquele controle promovido pelos Tribunais ou Cortes de Contas, cujos limites de atuação encontram previsão nos Artigos 70 e seguintes da Carta Política.

O modo de controle que aqui mais interessa, todavia, não é o controle jurisdicional nem o legislativo da Administração Pública. O assunto sobre o qual se verte atenção diz com o controle que é promovido pela mesma Administração Pública responsável pela conduta controlada.

Trata-se, pois, do controle que se convencionou denominar de "interno", cujo fundamento constitucional é encontrado, mediatamente, na própria legalidade administrativa e, imediatamente, no Artigo 74 da CF/88, pelo qual "os Poderes Legislativo, Executivo e Judiciário manterão, de forma integrada, sistema de controle interno...". Tais fundamentos, grosso modo, subsumem-se à noção de "autotutela administrativa".

Estando assim a Administração Pública adstrita ao ordenamento jurídico (primado da juridicidade), por certo não se pode cogitar de estar a mesma privada de promover o controle de seus próprios atos.

Pode ser afirmado, nesse sentido, que os destinatários da função administrativa possuem uma espécie de direito público subjetivo a uma atuação da Administração Pública, que observe os ditames da lei e do Direito. Há, nesse sentido, algumas regras que preveem o referido direito público subjetivo como, *v.g.*, preceituado no Artigo 4°, *caput*, da Lei de Licitação.[3] Esse direito subjetivo público à legalidade *lato sensu*, enquanto postulado que transcende aos interesses ou direitos individuais dos administrados, corresponde a um dever de "legalidade objetiva" a que está submetido o Estado, ou seja, "à necessidade da existência e da observância de um quadro normativo da acção administrativa por simples razão de interesse público, independentemente, portanto, de saber se as actuações administrativas poderão lesar direitos ou interesses legítimos".[4]

Vários são os instrumentos de concretização da autotutela administrativa, os quais, por seu turno, se manifestam em inúmeros modos de atuação da Administração Pública. Neste sentido, pode-se afirmar que a prerrogativa de

---

[3] Lei n° 8.666/93, Art. 4°. "Todos quantos participem da licitação promovida pelos órgãos ou entidades a que se refere o artigo 1° têm direito público subjetivo à fiel observância do pertinente procedimento estabelecido nesta Lei...".

[4] SÉRVULO CORREIA, José Manuel. *Legalidade e autonomia contratual nos contratos administrativo*. Coimbra: Almedina, 1987, p. 293.

a Administração Pública rescindir⁵ ou anular⁶ contratos administrativos, de encampar⁷ ou decretar a caducidade⁸ de concessões de serviços públicos e de anular ou revogar licitações⁹ são todos exemplos de manifestação concreta da autotutela administrativa.

Especificamente em matéria de atos administrativos, a LFPA destaca, no Capítulo XIV, os dois mais conhecidos mecanismos de autotutela administrativa, quais seja, a anulação e a revogação.

Contudo, mostra-se conveniente destacar que as formas de extinção extraordinárias de atos administrativos tratadas no Capítulo XIV da LFPA não são as únicas, existindo uma série de outras categorias extintivas aplicáveis aos atos administrativos.

Tais formas de extinção diversas da revogação e da anulação não serão, neste momento, analisadas com mais vagar, uma vez que não mencionadas expressamente nas regras legais comentadas. Contudo, faz-se necessário ao menos que algumas outras formas de extinção sejam aqui definidas. Neste sentido, tem-se, por exemplo, a *cassação* pela qual a extinção do ato ocorre por descumprimento, pelo interessado, de condições posteriores à prática do ato, as quais são necessárias para que o ato possa permanecer produzindo efeitos.[10] Outra forma de extinção extraordinária é a *caducidade*, consistente na extinção de atos administrativos que ocorrem porque a legislação que o embasava é revogada e substituída por outras normas jurídicas que passam a proibi-lo. Também há de ser considerada a *renúncia*, que é a extinção do ato que ocorre, em casos previstos em lei, quando o destinatário de um ato abre mão dos efeitos que lhe são benéficos após já tê-los, mesmo que parcialmente, usufruído. Já a *recusa* é a extinção do ato que ocorre, também em casos previstos em lei, quando o destinatário abre mão dos efeitos que lhe são benéficos antes de ter iniciado a sua fruição. Por fim, é de ser lembrada a *contraposição*, pela qual a extinção do ato se dá por conta da superveniente prática de outro ato cujos efeitos lhe são contrapostos.

2. Súmulas 346 e 473 do Supremo Tribunal Federal

A regra contida no art. 53 da LFPA possui clara inspiração numa série de precedentes jurisprudenciais exarados no Supremo Tribunal Federal, os quais culminaram na edição de duas súmulas. A primeira delas consiste na Súmula

---

[5] Art. 79 da Lei 8.666/93.
[6] Art. 59 da Lei 8.666/93.
[7] Art. 37 da Lei 8.987/95.
[8] Art. 38 da Lei 8.987/95.
[9] Art. 49 da Lei 8.666/93.
[10] Por dever de precisão terminológica, parece ser necessária uma análise mais profunda das formas de extinção dos atos de licenciamento ambiental, uma vez que grande parte das situações em que se fala em "revogação", tem-se, em verdade, hipóteses de "cassação", eis que dizem respeito a casos em que o ato é extinto por descumprimento de exigências endereçadas ao empreendedor. Tratar tais casos como revogação implica a adoção de uma série de conceitos e efeitos diversos daqueles que, por rigor científico, deveriam ser efetivamente aplicados.

346, também do STF,[11] editada em 1963. A jurisprudência cristalizada nesta súmula veio a esclarecer a possibilidade de a Administração Pública anular seus atos, quando constatada a prática dos mesmos de modo não consentâneo à ordem jurídica. A outra súmula que serviu de inspiração para a regra contida no art. 53 da LFPA é a Súmula 473[12] do Supremo Tribunal Federal, editada em 1969. Neste caso, é perceptível a proximidade dos textos da Súmula 473 do STF e do art. 53, da LFPA, editada 30 anos após.

A *ratio* das decisões que levaram à edição de tais Súmulas (346 e 473) é, por certo, muito próxima da que se encontra no texto da regra contida no art. 53 da LFPA. Com efeito, estando assim a Administração Pública adstrita ao ordenamento jurídico (legalidade enquanto postulado de juridicidade), por certo não se poderia cogitar de ser privada de mecanismos de controle de seus próprios atos.

Contudo, afigura-se conveniente um esclarecimento acerca de uma suposta diferença entre a redação das Súmulas 346 e 473 do STF e a redação da regra do art. 53 da LFPA. Trata-se do fato de que, quanto à anulação, as referidas Súmula empregam o verbo "poder", ao passo que a lei emprega o verbo "dever". Tal divergência é aparente, ao menos se analisada a questão a partir de uma determinada perspectiva histórica.

Ocorre que até o início da década de 40 do século passado, doutrina e jurisprudência majoritárias defendiam a impossibilidade de a Administração Pública anular seus próprios atos. Ou seja, entendia-se que a Administração Pública sequer podia anular seus próprios atos inválidos. De tal posição, evoluiu-se para outra – condensada nas Súmulas 346 e 473 – pela qual a Administração poderia anular seus atos eivados de vícios de invalidade, ou seja, que seria titular da prerrogativa de invalidar atos administrativos viciados. Reconhecida e pressuposta tal prerrogativa, a evolução natural foi a de se concluir pela natureza vinculada de tal poder-dever, razão pela qual, passados trinta anos desde a Súmula 473, a LFPA emprega, em seu art. 53, o verbo "dever", no sentido de esclarecer que a Administração Pública não poderia deixar de anular seus atos administrativos viciados, ressalvados os casos de decadência e de convalidação, previstos, respectivamente, nos arts. 54 e 55 da LFPA.

Em outras palavras, é de se concluir que o emprego do verbo "poder", no caso das Súmulas 346 e 473 não veio responder à indagação acerca de a Administração "poder" ou "dever" invalidar seus próprios atos administrativos viciados. Prestou-se, isso sim, a solucionar a dúvida acerca de "poder" ou "não poder" a Administração Pública invalidar seus próprios atos administrativos eivados de vícios insanáveis. Afigura-se perceptível que a autotutela administrativa evoluiu sobremaneira nas últimas décadas, de sorte que, hodiernamente, não há dúvidas de que, como asseverado, além de a Administração Pública ter o "poder" de invalidar os seus próprios atos viciados, no sentido de portar essa prerrogativa, teria ainda, como regra, o "dever" de fazê-lo, no sentido de

---

[11] "A administração pública pode declarar a nulidade dos seus próprios atos".

[12] "A Administração pode anular seus próprios atos, quando eivados de vícios que os tornam ilegais, porque deles não se originam direitos; ou revogá-los, por motivo de conveniência ou oportunidade, respeitados os direitos adquiridos, e ressalvada, em todos os casos, a apreciação judicial".

se reconhecer que a prerrogativa em tela seria qualificada por ter uma natureza vinculada.[13]

3. Revogação

A revogação de atos administrativos consiste em forma extintiva fundamentada em razões de conveniência e oportunidade (mérito administrativo). Ou seja, tal forma extintiva pressupõe atos administrativos perfeitos, válidos e eficazes. Dito de outra forma, tem-se que a revogação ocorre, não pela existência de vícios do ato, mas porque o mesmo deixou de ser conveniente e oportuno para o interesse público.

Assim, a revogação é incontroversamente a extinção de atos administrativos válidos, que se dá não por motivos de invalidade, mas por razões de conveniência e oportunidade.[14] Isso significa afirmar que a revogação pressupõe que o ato revogando seja um ato administrativo que não padeça de nenhum vício, seja no plano da existência, seja no plano da validade, seja, por fim, no plano da eficácia.

A segunda característica destacada no que tange à revogação de atos administrativos diz respeito à sua natureza não retroeficacial. Com efeito, ao contrário do que ocorre na anulação, que terá efeitos retroativos no que tange a destinatários e terceiros causadores da invalidade, a revogação em hipótese alguma terá eficácia retroativa, justamente porque se trata de extinção de atos administrativos perfeitos, válidos e eficazes. Faz-se incidir, pois, a proteção constitucional insculpida no artigo 5°, XXXVI, da CF, preservando-se todos os efeitos do ato administrativo revogado. Tem-se, em razão do asseverado, a viabilidade jurídica de aquisição de direito em face de efeitos decorrentes de atos administrativos ulteriormente revogados, com a garantia de preservação de tais direitos adquiridos.[15]

---

[13] Para tal análise histórica da autotutela administrativa, vide SANTOS NETO, João Antunes dos. *Da anulação ex officio do ato administrativo*. Belo Horizonte: Fórum, 2004, *passim*.

[14] Cumpre ser dito que, atualmente, a doutrina, a legislação e a jurisprudência brasileiras tratam da revogação de atos administrativos, especialmente em sua comparação com a anulação ou invalidação, com uma clareza e sistematização que não se encontram em outros países. Em termos gerais, a revogação e a anulação distinguem-se por vários aspectos, claramente apontados, quais sejam: a) o fundamento jurídico (a revogação por motivos de conveniente e oportunidade e a anulação por motivos de invalidade); b) os legitimados (a revogação enquanto competência exclusiva da Administração Pública enquanto a anulação pode ser promovida tanto pela Administração Pública quanto pelo Poder Judiciário); c) natureza quanto ao regramento (a natureza discricionário da revogação em confronto com a natureza vinculada, com exceções já referidas, da anulação); d) efeitos (não retroativos na revogação e retroativos, como regra, na anulação). Já em meado do século passado, o STF assentuou tais diferenças, por exemplo, no RE 27.031, Rel. Min. Luiz Gallotti, j. 20.06.55.

[15] Tal é o teor Súmula 473 do Supremo Tribunal Federal e do artigo 53 da Lei n° 9.784/99. Um exemplo elucida essa característica: imagine-se um determinado ato administrativo que regulamente, de forma válida, os critérios de promoção por merecimento de servidores públicos de uma determinada carreira funcional. Imagine-se, ainda, que um determinado servidor público restou devida e validamente promovido por merecimento justamente em razão dos critérios dispostos no ato normativo acima mencionado. Imagine-se, por fim, que o referido ato normativo que dispõe sobre os critérios de promoção por merecimento venha a ser revogado. Em tal caso, tal revogação operará tão somente efeitos para o futuro (*ex nunc*), de sorte que a partir da revogação o ato revogado deixará de surtir efeitos, mas os efeitos até então produzidos (*v.g.* as promoções por merecimento regularmente ocorridas) deverão ser obviamente preservadas sob pena de se ocasionar flagrante ferimento ao disposto no artigo 5°, XXXVI, da CF/88, ou seja, um servidor que tenha sido regularmente promovido não perderá tal condição pelo simples fato de que o ato de promoção restou embasado validamente em um ato administrativo válido ulteriormente revogado.

A legitimação para a revogação é tão somente da própria Administração Pública. Trata-se, pois, de competência exclusiva da Administração Pública, aí compreendidos os Poderes Judiciário e Legislativo, em relação aos seus próprios atos administrativos, quando no exercício de função atípica de administração pública.

Em alguns casos, pode a lei condicionar a revogação à ocorrência de um fato superveniente à prática do ato, como ocorre em matéria de licitação (art. 49 da Lei 8.666/1993) ou em relação à permissão do serviço de telecomunicações (art. 123 da Lei 9.472/1997). Trata-se de exigência legal que merece elogios por dar concreção às noções de segurança jurídica e de proteção da confiança.

Mostra-se importante asseverar ainda que a revogação não alcança todos os atos administrativos válidos. Acerca de quais os atos que seriam irrevogáveis, embora novamente não haja consenso, a doutrina anda no sentido de que os atos administrativos insuscetíveis de revogação seriam os seguintes: a) atos vinculados, enquanto possuírem tal qualidade; b) atos já extintos; c) atos que a lei declare irrevogáveis; d) atos de controle; e) atos internos a um processo administrativo, já precluso; f) atos complexos; g) atos enunciativos (ou declaratórios); h) atos de efeitos concretos, dos quais se originam direitos adquiridos.

4. Anulação

O art. 53 da LFPA trata da anulação como instrumento de extinção de atos administrativos que tenham sido praticados de modo não consentâneo com a ordem jurídico-constitucional. Destaque-se que, num plano terminológico, se emprega o vocábulo *anulação* como sinônimo de *invalidação*, relacionando-se, pois, tanto com atos viciados com vícios de nulidade como também por atos viciados de anulabilidade.[16]

Note-se, e não é demasiado repetir, que a noção de validade – cuja inobservância acarreta o modo extintivo que se analisa – há de ser compreendida em sua feição ampla, para abarcar não somente a observância da lei aplicável como também a obediência aos princípios norteadores do Direito Administrativo. Trata-se de parâmetro estabelecido pelo próprio art. 2º, parágrafo único, I, da Lei nº 9.784/99.

---

[16] Sobre tais considerações terminológicas, já se afirmou que "Consabido que o vocábulo 'anulação', no Direito Privado, significa a invalidação de atos jurídicos anuláveis, que se diferencia, por várias razões, da 'nulificação', a qual corresponde à invalidação de atos jurídicos nulos. No Direito Administrativo, tal diferenciação, embora mais técnica e, portanto, correta, não é usual, sendo comum utilizar-se do vocábulo 'anulação' para a designação do gênero 'invalidação'. Por tal razão, nas presentes considerações, os termos 'anulação' e 'invalidação' serão empregados como sinônimos, muito embora não se negue a existência de atos administrativos 'nulos' e 'anuláveis'. Esta, aliás, é a segunda consideração terminológica. Alguns autores, notadamente Hely Lopes Meirelles, usam o vocábulo 'invalidação' para a designação de um gênero que teria como espécies a 'anulação' e a 'revogação'. Salvo melhor juízo, tal emprego afigura-se equivocado, porquanto a 'invalidação' pressupõe invalidade, que inexiste na revogação, embora seja o fundamento da anulação. Do mesmo modo, não se concorda com a diferenciação proposta por Diógenes Gasparini (Direito Administrativo, p. 103), para quem 'invalidação' é o termo empregado no caso de retirada do ato pela própria Administração Pública, ao passo que 'anulação' seria a retirada do ato administrativo ilegal pelo Poder Judiciário. Assim, seguindo-se os ensinamentos de Celso Antônio Bandeira de Mello, utiliza-se 'invalidação' e 'anulação' como termos sinônimos para designar a extinção de atos administrativos por razões de invalidade" (MAFFINI, Rafael. *Direito Administrativo*. 4. ed. São Paulo: Revista dos Tribunais, 2013, p. 111)

A anulação pode ser promovida tanto pelo Poder Judiciário, em face do disposto no art. 5º, XXXV, da CF/88, quanto pela própria Administração Pública. A anulação promovida pela Administração Pública, também denominada de anulação *ex officio* é a matéria da qual se ocupa o art. 53 da LFPA. Embora não seja reconhecido por todos os setores da doutrina, parece ser possível afirmar que, em casos excepcionais, o Poder Legislativo também promove a anulação de atos administrativos, como é o caso da sustação de atos administrativos normativos que exorbitem do poder regulamentar, tal como previsto no art. 49, V, da CF/88. De qualquer forma, a regra comentada serve de parâmetro, em termos imediatos, para a anulação dos atos administrativos pela própria Administração Pública.

Em relação à natureza vinculada da anulação *ex officio*, tal característica decorre de seu próprio fundamento, relacionado com a invalidade do ato que se faz objeto da extinção. Contudo, como será analisado nos comentários aos artigos 54 e 55, a anulação não será levada a efeito em situações em que a legalidade administrativa é ponderada com outros princípios como é o caso da segurança jurídica, da proteção da confiança, da eficiência, etc.

No que tange aos efeitos da anulação, a questão merece uma análise mais detida. Costuma-se afirmar que a invalidação caracteriza-se por ser, em geral, *ex tunc*.[17]

A invalidação é acompanhada pelo seu ordinário efeito desconstitutivo de retirar do mundo jurídico os efeitos até então produzidos desde a prática viciada do ato. No entanto, tal eficácia desconstitutiva poderá ser mitigada e até neutralizada, no sentido de que todos ou, ao menos, alguns dos efeitos até então produzidos sejam preservados. Trata-se, pois, de casos justificados no princípio em foco, nos quais a invalidação terá efeitos *ex nunc*. Com efeito, eficácia *ex nunc* da invalidação de atos administrativos pode ser vislumbrada de duas perspectivas:

a) dos efeitos produzidos em favor dos terceiros de boa-fé;

b) a dos efeitos produzidos em favor dos destinatários de boa-fé.

No que tange à eficácia *ex nunc* da invalidação em relação aos terceiros de boa-fé, a questão não se mostra tormentosa. De início, é importante ser referido o que se entende por terceiro e o que se entende por destinatário. Quando um determinado ato administrativo é praticado, produz, invariavelmente, "efeitos diretos ou típicos", assim compreendidos aqueles que atingem direta e imediatamente determinadas esferas jurídicas. Os titulares de tais esferas jurídicas atingidas direta e imediatamente pelos efeitos produzidos por um determinado ato administrativo são considerados, em relação a esse ato, seus "destinatá-

---

[17] Nesse sentido, dentre outros, cita-se ARAÚJO, Edmir Netto. *Curso de direito administrativo*. São Paulo: Saraiva, 2005, p. 470; MELLO, Celso Antônio Bandeira de. *Curso de Direito Administrativo*. 28. ed. São Paulo: Malheiros, 2011, p. 427; CARVALHO FILHO, José dos Santos. *Manual de Direito Administrativo*. 25 ed. São Paulo: Atlas, 2012, p. 160; DI PIETRO, Maria Sylvia Zanella. *Direito Administrativo*. 26. ed. São Paulo: Atlas, p. 244; FIGUEIREDO, Lúcia Valle. *Curso de Direito Administrativo*. 5. ed. São Paulo: Malheiros, 2001, p. 229; GASPARINI, Diógenes. *Direito Administrativo*. 17. ed., São Paulo: Saraiva, 2012, p. 163-164; MEIRELLES, Hely Lopes. *Direito Administrativo Brasileiro*. 37. ed. São Paulo: Malheiros, p. 210; MOREIRA NETO, Diogo de Figueiredo. *Curso de direito administrativo*. 14. ed. Rio de Janeiro: Forense, 2005, p. 154; MUKAI, Toshio. *Direito Administrativo Sistematizado*. São Paulo: Saraiva, 1999, p. 216; OLIVEIRA, Odília Ferreira da Luz. *Manual de direito administrativo*. Rio de Janeiro: Revonar, 1997, p. 129.

rios". Por exemplo, pode-se dizer que o destinatário de um ato administrativo de autuação fiscal é aquele que se caracteriza como responsável tributário, ou seja, aquele que terá, pela irregularidade cometida, a condição de autuado, o qual sofrerá diretamente os efeitos da autuação. Num outro exemplo, pode-se referir que o destinatário do ato administrativo de inativação do servidor público é o próprio servidor, o qual sofrerá imediatamente os efeitos de sua aposentadoria.

Ocorre que os atos administrativos também poderão produzir "efeitos reflexos", assim compreendidos aqueles que derivam de um determinado ato, sem, contudo, fazê-lo de forma direta. Aqueles que são atingidos por tais efeitos reflexos são os chamados "terceiros".[18] Um exemplo apresenta-se, ao que parece, deveras elucidativo. Imagine-se um ato de nomeação de um servidor público para um determinado cargo de magistério público. O próprio servidor, no que tange a tal ato de chamamento, é o seu destinatário. Já os seus filhos, por conta da condição de dependentes para todos os efeitos no regime próprio de previdência, ou aqueles que vierem a ser seus alunos em face do exercício de suas atribuições docentes, não serão destinatários do ato de nomeação, mas terceiros, uma vez que serão alcançados somente de forma indireta e mediata pelo ato administrativo de nomeação.

A questão primeiramente enfrentada diz respeito, pois, à preservação de efeitos jurídicos produzidos em favor de terceiros que não contribuíram para a invalidade que determinou a anulação de um determinado ato administrativo. Como já referido, a produção teórica acerca do tema é prodigiosa.[19] Em efeito, a doutrina brasileira anda num caminho em que reconhece plenamente a limitação à eficácia retroativa da invalidação de atos no que diz com os efeitos produzidos pelos terceiros que não deram causa à invalidade. Já nas lições de Oswaldo Aranha Bandeira de Mello é possível encontrar passagem pela qual se tem que "embora de efeito retroativo, a declaração de nulidade ou da decretação da anulabilidade não envolve terceiros que, sem serem partes diretamente atingidas pelo ato nulo ou anulável, indiretamente receberam suas conseqüências".[20]

Celso Antônio Bandeira de Mello segue o mesmo caminho ao afirmar que "os atos nulos e os anuláveis, mesmo depois de invalidados, produzem uma

---

[18] "Efeitos reflexos são aqueles que refletem sobre outra relação jurídica, ou seja, que atingem terceiros não objetivados pelo ato. Quer-se dizer: ao incidir sobre uma dada situação, o ato atinge outra relação jurídica que não era seu objetivo próprio. Os efeitos reflexos, portanto, são aqueles que alcançam terceiros, pessoas que não fazem parte da relação jurídica travada entre a Administração e o sujeito passivo do ato" (MELLO, Celso Antônio Bandeira de. *Op. cit.*, p. 389). A definição proposta acerca do que se deva considerar por "terceiros" é também encontrada em TALAMINI, Daniele Coutinho. *Revogação do ato administrativo*. São Paulo: Malheiros, 2002, p. 145-148 e também, no que parecer ser a origem, ao menos em solo pátrio, em NOVELLI, Flávio Bauer. Eficácia do ato administrativo. *Revista de Direito Administrativo*. Rio de Janeiro, n. 61, p. 22-29, 1961.

[19] Também no Direito Administrativo italiano, como noticia CARINGELLA, F; DELPINO, L.; DEL GIUDICE, F. *Diritto ammnistrativo*. 15. ed. Napoli: Simone, 1999, p. 533 para quem "*l'atto di annullamento ha efficacia retroattiva: fa, cioè, venir meno l'atto annullato dal momento in cui fu emanato (ex tunc). Pertanto cadono anche gli effetti dell'atto annullato. Tuttavia vi sono dei limiti alla efficacia retroattiva dell'annullamento. È inammissibile che vengano pregiudicare le posizioni giuridiche dei terzi in buona fede e potrebbe inoltre essere impossibilie eliminare taluni degli effetti prodotti dall'atto viziado (factum infectum fieri nequit)*".

[20] MELLO, Oswaldo Aranha Bandeira de. *Princípios gerais de direito administrativo*. 3. ed. São Paulo: Malheiros, 2007, v. 1., p. 662.

série de efeitos. Assim, por exemplo, respeitam-se os efeitos que atingiram terceiros de boa-fé".[21] O autor, ao tratar da questão, aponta, a título de exemplificação, a teoria do "funcionário de fato", o que, de resto, ocorre com a maior parte da doutrina. Isso ocorre porque tal teoria, originada já no direito romano[22] e amplamente reconhecida pela jurisprudência,[23] apresenta-se perfeitamente aproveitável no que tange à eficácia *ex nunc* da anulação de atos administrativos em relação aos terceiros que não tenham contribuído para o vício de que o ato benéfico é portador. Em efeito, se uma pessoa não dotada de atribuição legal – originária ou derivada – para a prática de determinados atos, praticá-los, inegável a invalidade de tal ação estatal. Contudo, se tal pessoa guardar séria aparência de que deteria tal atribuição, os efeitos que favorecerem os terceiros que teriam motivos razoáveis para cogitar da competência de tal "funcionário de fato" hão de ser preservados.

Essa também é a opinião de Odília Ferreira da Luz de Oliveira, para quem "excepcionalmente, poderão ser mantidos os efeitos anteriores à anulação, relativamente a terceiros de boa-fé, no caso de atos praticados por agentes de fato, exceto os usurpadores".[24] Aqui se faz conveniente compreender por que tal proteção aos terceiros de boa-fé não se concretiza quando, ao invés do ato ser praticado por um "funcionário de fato", vem a sê-lo por intermédio de um usurpador. Quando se está diante de um usurpador de função pública, tal figura se apresenta absolutamente desprovida de qualquer razão externa para que se tenha, através de parâmetros objetivos e razoáveis, que seja detentor de função pública. Não há, pois, em relação ao usurpador qualquer plausibilidade quanto à validade de sua investidura. Nesse caso, fica singela a tarefa de se demonstrar por que não se faz aplicável a proteção da confiança depositada por aqueles que sofreram efeitos decorrentes do usurpador. Em tais casos, afigura-se tão flagrante a falta de plausibilidade da condição funcional que se neutraliza a presunção de legitimidade que caracteriza os atos administrativos em geral e que se apresenta como a "pedra de toque" que confere a legitimidade à confiança depositada. Justamente por tal razão é que não há de ser falar, no caso do usurpador, em proteção da confiança tal como se faz com o funcionário de fato, em que há plausibilidade quanto à condição funcional – em verdade, inexistente – de quem pratica o ato administrativo.

---

[21] MELLO, Oswaldo Aranha Bandeira de. *Op. cit.*, p. 482-483.

[22] "Parece importante destacar, nesse contexto, que os atos do Poder Público gozam da aparência e da presunção de legitimidade, fatores que, no arco da história, em diferentes situações, têm justificado sua conservação no mundo jurídico, mesmo quando aqueles atos se apresentem eivados de graves vícios. O exemplo mais antigo e talvez mais célere do que acabamos de afirmar esta no fragmento de Ulpiano, constante do Digesto, sob o título 'de ordo praetorum' (D. 1.14.1), no qual o grande jurista clássico narra o caso do escravo Barbarius Philippus que foi nomeado pretor em Roma. Indaga Ulpiano: 'Que diremos do escravo que, conquanto ocultando essa condição, exerceu a dignidade pretórica? O que editou, o que decretou, terá sido talvez nulo? Ou será válido por utilidade daqueles que demandaram perante ele, em virtude de lei ou de outro direito?' E responde pela afirmativa" (COUTO E SILVA, Almiro. O princípio da segurança jurídica (proteção à confiança) no Direito Público brasileiro e o direito da administração pública de anular os seus próprios atos administrativos: o prazo decadencial do art. 54 da lei do processo administrativo da União (Lei n° 9.784/99). *Revista de Direito Administrativo*, n° 237. Rio de Janeiro: Renovar, jul/set 2004, p. 275).

[23] Como importantes precedentes, são mencionados os seguintes: RE 78.209, Rel. Min. Aliomar Baleeiro, j. 04.06.1974; RE 78.447, Rel. Min. Thompson Flores, j. 20.08.1974.

[24] OLIVEIRA, Odília Ferreira da Luz. *Op. cit.*, p. 129.

É importante ser referido, na esteira do que ensina Diogo de Figueiredo Moreira Neto,[25] que a máxima "o que é nulo não produz efeitos" recebe temperamentos no Direito Administrativo, uma vez que "a existência do interesse público ressalva do alcance da anulação os efeitos que beneficiam terceiros de boa-fé, em relação da presunção de legitimidade. Não obstante a anulação declarada, tais efeitos são mantidos íntegros no mundo jurídico em atenção àqueles valores".

Afigura-se conveniente, nesse passo, a exemplificação de alguns casos nos quais haveria, diante da invalidação de atos administrativos, a preservação de efeitos benéficos a terceiros que não contribuíram para a invalidade de tal espécie de ação estatal. O primeiro deles é aproveitado dos ensinamentos de José dos Santos Carvalho Filho, envolvendo a hipótese de um agente investido ilegitimamente num determinado cargo de natureza fiscal. Nesse caso, "invalidada a investidura, produzindo efeitos em relação ao servidor e a Administração, nem por isso se deixará de validar a quitação obtida por contribuintes pelo pagamento de impostos feitos àquele servidor".[26] Outro exemplo interessante, já referido para fins de demonstração da diferença entre terceiro e destinatário ou parte dos atos administrativos, é aquele do professor universitário que foi indevidamente investido no seu cargo de magistério. Não sendo caso de decadência ou de convalidação do vício que maculou tal ato de investidura, haverá de ser promovida a invalidação do ato administrativo em questão. Em termos gerais, costuma-se afirmar que deveriam todos os efeitos jurídicos produzidos por tais atos ser desconstituídos. Entretanto, os efeitos benéficos produzidos em relação aos seus alunos, que não deram causa ao vício do ato de investidura do seu professor e são, portanto, terceiros de boa-fé, *v. g.* as notas conferidas, o atestado de frequência e a aprovação da disciplina, deverão ser preservados, em razão da proteção da confiança.

Questão que pode se apresentar, aproveitando-se as hipóteses exemplificadas, diz respeito aos efeitos ablativos ou prejudiciais produzidos contra terceiros de boa-fé. Imagine-se, no primeiro exemplo, uma autuação imposta por um funcionário de fato ou, no segundo caso, a reprovação de um aluno pelo professor investido indevidamente no seu cargo. A solução de tal problema novamente se aproxima das ideias acima referidas acerca do prazo decadencial, outro instrumento de concretização do princípio da proteção da confiança. Em efeito, sendo a limitação à eficácia retroativa que se analisa justificada no princípio da proteção da confiança e tendo esta por pressuposto a boa-fé do terceiro, não se pode empregar, em termos imediatos, a sua boa-fé e, em termos mediatos, a confiança que o mesmo depositou no ato, de forma contrária aos seus interesses. Diante disso, os efeitos jurídicos de um determinado ato administrativo viciado que sejam prejudiciais a terceiros, quando de sua invalidação, deverão ser integralmente desconstituídos, uma vez que não se apresente cabível utilizar-se a confiança legítima contra os interesses daquele que é o seu depositário. Dessa sorte, ainda utilizando os exemplos acima referidos, tem-se que, em relação ao agente de tributos investido indevidamente em seu

---

[25] MOREIRA NETO, Diogo de Figueiredo. *Op. cit.*, p. 204.
[26] CARVALHO FILHO, José dos Santos. *Op. cit.*, p. 160, nota 184.

cargo, a quitação de tributos por ele exarada há de ser preservada, mesmo que sua investidura seja ulteriormente anulada, ao passo que a autuação fiscal que recair sobre determinados contribuintes deverá ser desconstituída. Do mesmo modo, em relação ao professor identicamente investido de forma irregular em sua função pública, a aprovação que ele houver conferido aos seus alunos deverá ser mantida, mesmo que invalidada a sua investidura, ao passo que a reprovação de determinados alunos deverá ser invariavelmente desconstituída, não para aprová-los, mas para fins de não constar dos históricos escolares tal circunstância.

De outra sorte, deve-se colocar em destaque a questão que diz respeito à preservação de efeitos em relação aos destinatários que estiverem de boa-fé. Em relação aos destinatários, que são partes direta e imediatamente interessadas nas relações jurídicas emergentes dos atos viciados, a questão não se apresenta tão uníssona quanto o é a matéria que pertine aos terceiros não causadores do vício. Cumpre salientar que o problema não é que seja negado aos destinatários idêntico tratamento que se comete aos terceiros. A situação, em verdade, não é de negação, mas de uma espécie de vácuo doutrinário e jurisprudencial acerca do tema. A doutrina, ao menos em termos gerais, não nega que se devam preservar efeitos de atos invalidados em relação aos destinatários de boa-fé; ela simplesmente não costuma tratar do assunto.

Assim, sendo devida a invalidação de um determinado ato administrativo, impõe-se, em relação aos destinatários não causadores da invalidade para que os efeitos até então produzidos em favor de tais destinatários sejam mantidos. Não se pretende, nesse sentido, propor que um ato invalidado continue a produzir seus efeitos – o que ocorreria na decadência administrativa, obstativa da própria invalidação, a ser analisado no comentário ao art. 54 da LFPA –, mas que os efeitos até então gerados pelo ato sejam mantidos. Tal conclusão, é importante salientar, enfrenta, por certo, resistências, as quais, de resto, são encontradas em relação a todos os institutos justificados na proteção da confiança. A tradição de um emprego hipertrofiado da legalidade ainda é marcante no Direito Administrativo pátrio.

Embora o que normalmente se encontre na doutrina seja um silêncio sobre o assunto, há casos em que se nega a proteção aqui defendida em relação aos destinatários não causadores do vício do ato invalidado, qual seja, a preservação de efeitos que lhe são benéficos até a anulação. Hely Lopes Meirelles, por exemplo, assevera que somente terceiros de boa-fé, acima referidos, mereceriam tal proteção. Aduz que "somente os efeitos que atingem terceiros é que devem ser respeitados pela Administração; as relações entre as partes ficam desfeitas com a anulação, retroagindo esta à data da prática do ato ilegal e, conseqüentemente, invalidando seus efeitos desde então (*ex tunc*)".[27]

Encontra-se o contraponto de tal concepção nas ideias – ao que parecem mais acertadas – de Celso Antônio Bandeira de Mello, segundo o qual, numa confessada evolução de pensamento, mesmo em relação aos destinatários dos atos administrativo inválidos, que são partes diretamente envolvidas nas relações jurídicas emergentes dos atos invalidados, haveriam de se preservar os

---

[27] MEIRELLES, Hely Lopes. *Op. cit.*, p. 212.

efeitos que lhe são benéficos quando não tenham sido causadores do vício, em razão da já referida "pedra de toque" da proteção da confiança, qual seja, da presunção de legitimidade, atributo que tem, dentre outros desdobramentos, o condão de transformar em "legítima" a confiança depositada em tais atos administrativos.[28]

É importante que seja dito, em defesa de limitação à retroeficácia da anulação também em relação a destinatários de boa-fé, que não haveria nenhum motivo plausível para se lhe negar tal tratamento, ao mesmo tempo em que se defende a proteção da confiança ao terceiro. A presunção de legitimidade, além de ser utilizável em favor da Administração Pública, será destinada aos terceiros que se beneficiam com efeitos reflexos do ato e, com maior razão ainda, aos seus destinatários não causadores do vício que enferma do ato. Nesse passo, se fosse possível mensurar a quantidade de confiança depositada numa determinada ação administrativa, singela seria a tarefa de se constatar que aquele que é diretamente destinatário de tal ato seria depositário de um confiança maior, em comparação com o depósito de confiança que terceiros promoveriam em relação a tal ação estatal. Novamente se imaginando o exemplo já várias vezes referido, quem confia mais no ato de nomeação inválida de um professor num determinado cargo público? O próprio servidor público que não deu causa à invalidade ou os terceiros, por exemplo, os seus dependentes ou seus alunos? Ora, é incontroverso que é o próprio destinatário quem mais confia no ato administrativo para cuja invalidade não teve qualquer participação. Dessa forma, seria absolutamente incongruente que se blindassem os efeitos produzidos em favor de terceiros em relação à desconstituição decorrente da invalidação, como é amplamente reconhecido na doutrina, e, ao mesmo tempo, se negasse tal blindagem àqueles que mais interesse e confiança guardam em relação ao ato administrativo viciado.

Tal orientação já pode ser encontrada nos tribunais pátrios, notadamente no Superior Tribunal de Justiça. Num primeiro caso,[29] discutiu-se a possibilidade de levantamento dos saldos vinculados a contas de FGTS em casos de contratos de trabalhos e, em sua origem, de atos de investidura eivados de in-

---

[28] "Pelo contrário, nos atos unilaterais ampliativos da esfera jurídica do administrado, se este não concorreu para o vício do ato, estando de boa-fé, sua fulminação só deve produzir efeitos *ex nunc*, ou seja, depois de pronunciada. Com efeito, se os atos em questão foram obra do próprio Poder Público, se estavam, pois, investidos da presunção de veracidade e legitimidade que acompanha os atos administrativos, é natural que o administrado de boa-fé (até por não poder se substituir à Administração na qualidade de guardião da lisura jurídica dos atos por aquelas praticados) tenha agido na conformidade deles, desfrutando do que resultava de tais atos. Não há duvidar que, por terem sido invalidamente praticados, a Administração – com ressalva de eventuais barreiras à invalidação, dantes mencionadas – deva fulminá-los, impedindo que continuem a desencadear efeitos; mas também é certo que não há razão prestante para desconstituir o que se produziu sob o beneplácito do próprio Poder Público e que o administrado tinha o direito de supor que o habilitava regularmente. Assim, v.g., se alguém é nomeado em conseqüência de concurso público inválido, e por isto vem a ser anulada a nomeação dele decorrente, o nomeado não deverá restituir o que percebeu pelo tempo que trabalhou. Nem se diga que assim há de ser tão só por força da vedação do enriquecimento sem causa, que impediria ao Poder Público ser beneficiário do uso de um bem público e mais tarde vem-se a descobrir que a permissão foi invalidamente outorgada. A invalidação deverá operar daí para o futuro. Descaberia eliminar retroativamente a permissão; isto é, o permissionário, *salvo se estava de má-fé, não terá que devolver tudo o que lucrou durante o tempo em que desfrutou da permissão de uso do bem*" (MELLO, Celso Antônio Bandeira de. *Op. cit.*, p. 484).

[29] REsp. 284.250, Rel. Min. Humberto Gomes de Barros, j. 04.09.2001 e REsp. 326.676, Rel. Min. José Delgado, j. 11.12.2001.

validade decorrente de inobservância ao disposto no artigo 37, II, da CF/88.[30] Deu-se, na ocasião, a contratação de empregados públicos sem a precedente realização de concurso público, afrontando-se o já referido artigo 37, II, da CF, com o que se fez incidir um preceito constitucional – que comprova a exagerada condição analítica da Carta Política – que determina a nulidade de contratações como essa (artigo 37, § 2°, da CF/88).[31] Diante disso, entendia a Administração Pública que a contratação irregular de tais empregados públicos haveria de portar eficácia retroativa total, no sentido de inviabilizar, inclusive, que os destinatários de tal ato de provimento pudessem então movimentar suas contas de FTGS. O STJ entendeu, no entanto, que tudo o quanto houvesse sido produzido de efeitos benéficos em favor dos destinatários dos atos administrativos viciados de provimento, uma vez que eles não teriam contribuído para a invalidade de tais atos, deveria ser mantido. Da ementa do Recurso Especial n° 326.676 extrai-se que "a declaração de nulidade de contrato de trabalho, por inobservância do art. 37, II, da CF/88 (ausência de concurso público), gera efeitos *ex nunc*, resultando para o empregado o direito ao recebimento dos salários e dos valores existentes nas contas vinculadas ao FGTS sem seu nome". Um outro caso é ainda mais elucidativo. Trata-se do Recurso Especial n° 488.905,[32] no qual a questão apreciada poderia ser assim sumarizada: um grupo de servidores percebeu indevidamente, por conta de uma interpretação equivocada de preceitos legais, uma vantagem pecuniária. Reconhecido o equívoco interpretativo que havia levado à prática de atos inválidos, porquanto dotados de objetos contrários à ordem jurídica, restou determinado que se lhes descontassem em folha os valores indevidamente percebidos. Tal grupo de servidores, então, pleiteou em sede de mandado de segurança fosse a autoridade coatora compelida a não promover o referido desconto. Após tramitação processual, o STJ manteve decisão do tribunal de origem, determinando que fosse preservada a percepção do que havia sido percebido até o momento em que se dera a anulação dos atos concessórios. Cumpre salientar que o núcleo argumentativo contido em tal decisão não foi o enriquecimento sem causa (inaplicável na espécie) nem o caráter alimentar e irrepetível de tais verbas. O fundamento principal da decisão foi a boa-fé dos destinatários do ato e, portanto, a confiança que os servidores depositaram na conduta administrativa que lhes concedeu indevidamente uma vantagem – o que se constatou ulteriormente – para cujo vício não haviam contribuído, porquanto resultante de uma má interpretação da lei. Retira-se da ementa de tal aresto que "ante a presunção de boa-fé no recebimento da Gratificação em referência, descabe a restituição do pagamento indevido feito pela Administração em virtude de errônea interpretação ou má aplicação da lei".[33]

---

[30] "Art. 37, II – a investidura em cargo ou emprego público depende de aprovação prévia em concurso público de provas ou de provas e títulos, de acordo com a natureza e a complexidade do cargo ou emprego, na forma prevista em lei, ressalvadas as nomeações para cargo em comissão declarado em lei de livre nomeação e exoneração".

[31] "Art. 37, § 2° – A não observância do disposto nos incisos II e III implicará a nulidade do ato e a punição da autoridade responsável, nos termos da lei".

[32] REsp. 488.905, Rel. Min. José Arnaldo da Fonseca, j. 17.08.2004.

[33] Tal decisão põe em relevo interpretação que vem sendo dada a questões como essa junto ao Tribunal de Contas da União. Em efeito, tal Corte de Contas editou a Súmula 106, pela qual "o julgamento, pela ilega-

No Supremo Tribunal Federal, também é possível encontrar precedentes que chancelam a preservação de efeitos de atos administrativos anulados, em relação a destinatários de boa-fé, como é o caso do Mandado de Segurança nº 26.085, cuja ementa enuncia que "o reconhecimento da ilegalidade da cumulação de vantagens não determina, automaticamente, a restituição ao erário dos valores recebidos, salvo se comprovada a má-fé do servidor".[34]

Com isso, defende-se que, sendo caso de invalidação, a mesma proteção que se outorga a terceiros não causadores do vício que determina a invalidação de um determinado ato administrativo há de ser concedida também, e ainda com maior razão, aos destinatários de um determinado ato administrativo viciado, se esse não houver contribuído ou causado tal invalidade.

Cumpre salientar, nesse sentido, que talvez um dos primeiros preceitos legais estabelecidos para a concreção do princípio da proteção da confiança, prevê justamente a preservação de efeitos decorrentes de condutas administrativas inválidas. Trata-se do artigo 59, parágrafo único, da Lei nº 8.666/93,[35] pelo qual invalidado um contrato administrativo por vício que lhe seja intrínseco ou por vício no processo licitatório (artigo 49, § 2º, da Lei nº 8.666/93), deverá ser o contratado não causador da invalidade indenizado "pelo que este houver executado até a data em que ela [a invalidade] for declarada e por outros prejuízos regularmente comprovados, contanto que não lhe seja imputável".[36] É importante recordar que o artigo 59, *caput*, da Lei nº 8.999/93 prevê expressamente que a anulação de um determinado contrato administrativo

---

lidade, das concessões de reforma, aposentadoria e pensão, não implica, por si só, a obrigatoriedade da reposição das importâncias já recebidas de boa-fé, até a data do conhecimento da decisão pelo órgão competente". Posteriormente, o TCU editou a Súmula 235, segundo a qual "os servidores ativos e inativos, e os pensionistas, estão obrigados, por força de lei, a restituir ao Erário, em valores atualizados, as importâncias que lhes forem pagas indevidamente, mesmo que reconhecida a boa-fé, ressalvados apenas os casos previstos na Súmula 106 da Jurisprudência deste Tribunal". Ocorre que, em decisões mais recentes (Acórdãos 311/2002, 454/2003, 674/2003, dentre outras decisões), o TCU vem entendendo por bem relativizar o teor da Súmula 235, para dispensar o ressarcimento de valores indevidamente percebidos por servidores em casos não abarcados pelo enunciado da Súmula 106, desde que implementadas as seguintes condições: a) existência de razoável dúvida quanto à correta aplicação da norma; b) boa-fé dos envolvidos; c) decurso de lapso temporal significativo de percepção indevida dos valores. Acredita-se mesmo a mais atual das posições do TCU que ainda não se apresenta consentânea com o princípio da proteção da confiança. Em efeito, quer parecer que se deve dispensar o elemento "dúvida razoável sobre a correta aplicação da lei", em face do atributo da presunção de validade dos atos administrativos, além de ser também dispensável o requisito temporal. Não se pode confundir, no caso, a decadência administrativa acima tratada, que reclama o decurso de um determinado prazo e que significará impossibilidade de extinção do ato, com a manutenção dos efeitos jurídicos produzidos em favor de destinatários não causadores do vício, para o que não se faz necessário o decurso de qualquer lapso temporal.

[34] MS 26.085, Rel. Min. Cármen Lúcia, j. 07.04.2008.

[35] Esse preceito legal não difere daquele previsto no artigo 49, parágrafo único, do Decreto-Lei nº 2.300/86, que regrava, antes da Lei nº 8.666/93, a matéria pertinente a licitações e contratos administrativos.

[36] Tal regra, ademais, encontra ampla concordância na doutrina, como se depreende de MEIRELLES, Hely Lopes. *Licitações e contratos administrativos*. 13. ed. São Paulo: Malheiros, 2002, p. 231, pelo qual "[...] como o ato nulo não produz efeitos jurídicos válidos, também o contrato nulo não gera direitos e obrigações entre as partes, pois a nulidade original impede a formação de qualquer vínculo contratual eficaz entre os pretensos contratantes, só deixando subsistir suas conseqüências em relação a terceiros de boa-fé. Mas mesmo no caso de contrato nulo pode tornar-se devido o pagamento dos trabalhos realizados ou dos fornecimentos feitos à Administração, uma vez que tal pagamento não se funda em obrigação contratual, e sim no dever moral de indenizar toda obra, serviço ou material recebido e auferido pelo Poder Público, ainda que sem contrato ou com contrato nulo, porque o Estado não pode tirar proveito da atividade do particular sem a correspondente indenização". O referido "dever moral", ao que parece, possui direta relação com a confiança depositada pelo contratado no contrato administrativo cuja invalidade não se lhe possa atribuir.

possuiria efeito retroativo, "impedindo os efeitos jurídicos que ele [o contrato], ordinariamente, deveria produzir, além de desconstituir os já produzidos". Tal retroeficácia ocorreria, entretanto, em princípio, na medida em que os efeitos patrimoniais decorrentes da execução do contrato em favor do contratado não causador do vício haveriam de ser preservados, reconhecendo-lhes a pretensão indenizatória.[37] É conveniente salientar que, no caso em que o contratado deu causa à invalidade, não poderá esse se valer do princípio da proteção da confiança para assegurar o direito subjetivo de ser indenizado pelo que já houver realizado ou por outros prejuízos. Nesse caso, entretanto, é possível encontrar julgados no STJ reconhecendo o dever da Administração Pública indenizar os contratados em face de prejuízos decorrentes de contratos nulos, ainda que o vício lhes seja atribuível. Nesse caso, como dito, não há de se falar em proteção da confiança, uma vez que não se pode outorgar tutela jurídica, em nome da confiança depositada, se o depositante deu causa à invalidade.[38] Embora criticável tal fundamento teórico, justifica-se o dever da Administração Pública de indenizar o contratado causador da invalidade do contrato administrativo no óbice ao enriquecimento sem causa da Administração Pública.[39]

Diante de tudo quanto se asseverou acerca dos limites à eficácia retroativa da invalidação de condutas administrativas, revela-se importante ser frisado que se está a defender, em termos gerais, uma verdadeira nova perspectiva a propósito dos efeitos da invalidação administrativa ou judicial[40] de atos administrativos, a qual é possível em face do princípio da proteção da confiança, mesmo que não haja positivação explícita de regras legais que a sustente.[41]

---

[37] Para uma relação entre o preceito em análise – artigo 59, parágrafo único, da Lei n° 8.666/93 – e o princípio da proteção da confiança, bem assim para uma interpretação constitucional do que sejam os prejuízos indenizável, vide COUTO E SILVA, Almiro. Responsabilidade pré-negocial e culpa in contrahendo no direito administrativo brasileiro. *Revista de Direito Administrativo*. Rio de Janeiro: Fundação Getúlio Vargas, 1999, v. 217, p. 163-171.

[38] Do REsp. 408.785, Rel. Min. Franciulli Neto, j. 05.06.2003 extrai-se a seguinte passagem: "Do exame dos dispositivos legais acima transcritos, conclui-se que a anulação da licitação, com a conseqüente nulidade do contrato, opera efeitos ex tunc. No entanto, a Administração deve indenizar a empresa contratada pela execução de etapas das obras ajustadas até a data em que declarada a nulidade, ainda que a anulação do contrato tenha ocorrido por utilização de documento fraudado pela empresa, como na hipótese em exame. Com efeito, recebida a prestação executada pelo particular, não pode a Administração se locupletar indevidamente e, com fundamento na nulidade do contrato, requerer a devolução de valores pagos por obras já realizadas, o que configuraria violação ao próprio princípio da moralidade administrativa. Como bem salientou a Corte de origem, 'concordar com esta hipótese é permitir à Administração enriquecer-se ilicitamente, dado que se beneficiou da execução das obras sem necessitar despender um único centavo em troca'".

[39] Em situações em que o contratado causa o vício contido no contrato administrativo, não se revela apropriado, *per se*, o emprego do princípio do enriquecimento sem causa. No entanto, para maiores aprofundamentos sobre o tema, vide: MELLO, Celso Antônio Bandeira de. O princípio do enriquecimento sem causa em direito administrativo. *Revista de Direito Administrativo*. Rio de Janeiro, n. 210, p. 25-35, out./dez. 1997, e, BARACHO, José Alfredo de Oliveira. O enriquecimento injusto como princípio geral do Direito Administrativo. *Revista de Direito Administrativo*. Rio de Janeiro, n. 210, p. 37-83, out./dez. 1997.

[40] Importante salientar que não há nenhuma razão para que se trate de outro modo a questão, se se tratar de invalidação judicial de ato administrativo.

[41] Não se nega a conveniência de preceitos legais que "esclareçam" tão somente tal postura interpretativa, nos moldes do que acontece com o já referido artigo 59, parágrafo único da Lei n° 8.666/93 e com o artigo 61, da Lei Estadual n° 10.177/98, do Estado de São Paulo, pelo qual *"invalidado o ato ou o contrato, a Administração tomará as providências necessárias para desfazer os efeitos produzidos, salvo quanto a terceiros de boa-fé, determinando a apuração de eventuais responsabilidades"*. Esse elogiável preceito peca exclusivamente por não referir explicitamente acerca da proteção em lume, em relação aos destinatários do ato.

Costuma-se encontrar na doutrina que a invalidação de atos administrativos operaria efeitos retroativos (*ex tunc*), ressalvados os efeitos produzidos em relação a terceiros de boa-fé. Propõe-se uma importante extensão à ressalva, para nela incluir também a preservação dos efeitos em favor dos destinatários não causadores do vício, ou seja, está se afirmando que a anulação teria efeitos *ex tunc* somente em relação a destinatário e terceiros que estivessem de má-fé, e efeitos *ex nunc* em relação a todos – terceiros e também destinatário – que não houvessem contribuído para a invalidade. Portanto, em nome da proteção da confiança, defende-se uma verdadeira inversão da posição da regra (ser retroativa a anulação) para uma posição excepcional, na medida em que a regra passaria a ser a preservação dos efeitos produzidos em favor de todos quantos fossem os beneficiados (terceiros ou destinatários) do ato que estivessem de boa-fé, que, é conveniente não ser olvidado, apresenta-se presumida.[42]

6. Limites formais à extinção de atos administrativos

Dentre as várias manifestações que pretendem realinhar o Direito Administrativo ao seu papel atual no Estado de Direito contemporâneo, deflui a noção jurídica que vem sendo denominada de *administração pública dialógica*, pela qual, como se depreende da própria expressão que a designa, se busca impor como condição para a atuação administrativa a prévia realização de um verdadeiro e efetivo diálogo com todos aqueles que terão suas esferas de direitos atingidas pela atuação estatal.[43]

Aliás, se mostra conveniente uma pequena referência ao Direito Comparado para evidenciar tal questão. Trata-se de preceito contido no art. 41 da Carta de Direitos Fundamentais da União Europeia – também denominada de Carta de Nice – pelo qual se estabeleceu um *direito fundamental à boa administração pública*.[44] Juarez Freitas, que trata precursoramente em solo pátrio sobre tal direito fundamental à boa administração, o define como o "direito fundamental à administração pública eficiente e eficaz, proporcional, cumpridora de seus deveres, com transparência, motivação, imparcialidade e respeito à moralidade, à participação social e à plena responsabilidade por suas condutas

---

[42] Parte significativa das considerações acerca da preservação de efeitos em relação a terceiros e destinatários de boa fé já haviam sido aduzidas em MAFFINI, Rafael. *Princípio da proteção substancial da confiança no Direito Administrativo brasileiro*. Porto Alegre: Verbo Jurídico, 2006, esp. p. 168-186.

[43] Para uma análise mais detida de tais novos paradigmas do Direito Administrativo e, em especial, da noção de "*Administração Pública dialógica*", vide MAFFINI, Rafael. Administração Pública dialógica (proteção procedimental da confiança) – em torno da Súmula Vinculante nº 3 do Supremo Tribunal Federal. In: SCHWARZ, Rodrigo Garcia (Org.). *Direito Administrativo Contemporâneo*. Rio de Janeiro: Elsevier, 2010, v. 01, p. 131-143.

[44] Carta de Nice, Artigo 41. Direito a uma boa administração 1. Todas as pessoas têm direito a que os seus assuntos sejam tratados pelas instituições e órgãos da União de forma imparcial, equitativa e num prazo razoável. 2. Este direito compreende, nomeadamente: - o direito de qualquer pessoa a ser ouvida antes de a seu respeito ser tomada qualquer medida individual que a afecte desfavoravelmente, - o direito de qualquer pessoa a ter acesso aos processos que se lhe refiram, no respeito pelos legítimos interesses da confidencialidade e do segredo profissional e comercial, - a obrigação, por parte da administração, de fundamentar as suas decisões. 3. Todas as pessoas têm direito à reparação, por parte da Comunidade, dos danos causados pelas suas instituições ou pelos seus agentes no exercício das respectivas funções, de acordo com os princípios gerais comuns às legislações dos Estados-Membros. 4. Todas as pessoas têm a possibilidade de se dirigir às instituições da União numa das línguas oficiais dos Tratados, devendo obter uma resposta na mesma língua.

omissivas e comissivas; a tal direito corresponde o dever de a administração pública observar, nas relações administrativas, a cogência da totalidade dos princípios constitucionais que a regem".[45]

Demais disso, lastreado por atenta análise da doutrina europeia, o referido autor refere que de tal síntese conceitual se extraem inúmeros consectários, dentre os quais o *direito à administração pública dialógica*, o qual se traduziria nas "garantias do contraditório e da ampla defesa – é dizer, respeitadora do devido processo (inclusive com duração razoável), o que implica do dever de motivação consistente e proporcional".[46]

Tal direito fundamental à boa administração pública, bem assim todos os seus consectários encontram-se absolutamente normatizados no ordenamento jurídico-constitucional pátrio, não obstante a falta de referência expressa, no catálogo contido no Título II da Constituição vigente, tal como encontrada em solo europeu.[47] Ora, tal direito fundamental é cristalizado no Brasil, a partir da conjugação de uma série de normas jurídicas que se encontram expressa e implicitamente postadas em nossa Carta Política.[48]

Especialmente quanto ao consectário do *direito fundamental à boa administração pública* aqui destacado, qual seja, o *direito fundamental à administração pública dialógica*, ele se mostra evidentemente assegurado pela Constituição Fe-

---

[45] FREITAS, Juarez. *Discricionaridade administrativa e o direito fundamental à boa administração pública*. São Paulo: Malheiros, 2007, p. 20.

[46] *Idem*. Ao lado do direito à administração pública dialógica, colocam-se, segundo o autor, como decorrências do direito fundamental à boa administração pública, o direito à administração pública transparente, o direito à administração pública imparcial, o direito à administração pública proba, o direito à administração pública respeitadora da legalidade temperada e o direito à administração pública eficiente e eficaz, além de econômica e teleologicamente responsável.

[47] Não infirma tal conclusão, o fato de inexistir, no rol de direitos e garantias fundamentais contido no Título II da CF/88, qualquer menção ao *direito fundamental à boa administração*. Lembre-se, nesse sentido, que o art. 5º, § 2º, da CF/88 estabelece que "os direitos e garantias expressos nesta Constituição não excluem outros decorrentes do regime e dos princípios por ela adotados, ou dos tratados internacionais em que a República Federativa do Brasil seja parte". Lembre-se, do mesmo modo, que o próprio STF já exarou inúmeras decisões no sentido de que a fundamentalidade de direitos é encontra em preceitos outros da Carta Política, que não aqueles mencionados no Título II (dos direitos e garantias fundamentais) da CF/88. Exemplificativamente, menciona-se o julgado na ADI 939, quando o Pretório Excelso afirmou ser direito ou garantia individual fundamental a anterioridade tributária, referida no artigo 150, III, "b", da CF/88. No plano doutrinário, vide, por todos: SARLET, Ingo Wolfgang. *A eficácia dos direitos fundamentais*. 9. ed. Porto Alegre: Livraria do Advogado, p. 73-156.

[48] Concorda-se, pois, com a conclusão de que existe um *direito fundamental á boa administração pública* no Brasil, tal como o fez FINGER, Julio Cesar. O direito fundamental à boa administração à boa administração e o princípio da publicidade administrativa. *Interesse Público* 58/2009. Belo Horizonte: Fórum, 2009, p. 133-143, especialmente na p. 136, quando o autor assevera que, a partir do rol de consectários apresentado por Juarez Freitas (vide nota 10, supra), é possível "verificar que eles se apóiam em normas constitucionais positivadas na Constituição de 1988, ainda que não todos, dentro do catálogo do Título II: o direito à administração pública atenta à legalidade, imparcial, proba, transparente e eficiente encontra positivação no caput do art. 37; o direito à administração pública dialógica apóia-se nos dispositivos do art. 5º, incisos LIV e LXXVIII; e, finalmente, o direito à administração pública responsável encontra previsão no art. 5º, inciso LXXIII, e art. 37, § 6º. Com isso, não é difícil divisar que os deveres que surgem para a administração pública de qualquer dos países integrantes da União Europeia, decorrentes da sua Carta de Direitos, são passíveis de serem exigidos da administração pública brasileira, por força de normas constitucionais que estão contidas na Constituição de 1988". Mais adiante (FINGER, Julio Cesar. O direito fundamental à boa administração à boa administração e o princípio da publicidade administrativa. *Interesse Público* 58/2009. Belo Horizonte: Fórum, 2009, p. 137), o autor conclui que "é induvidoso que todos esses deveres que foram catalogados como decorrentes do 'direito à boa administração' estão perfeitamente alinhados com o 'regime e os princípios adotados' pela Constituição da República, nos termos do seu art. 5º, § 2º".

deral, a partir de um fenômeno de mediatização proporcionado pelas noções de devido processo legal (art. 5°, LIV, da CF/88) e de contraditório e ampla defesa (art. 5°, LV, da CF/88).

Embora a incidência de tal noção de *administração pública dialógica* apresente-se multifacetada, dada a abrangência das normas constitucionais que lhe conferem supedâneo (devido processo legal, contraditório, ampla defesa, participação), ela se afigura especialmente relevante no tocante ao desfazimento de condutas administrativas não precárias que produzam efeitos favoráveis aos seus destinatários (também denominados de atos ampliativos)[49] ou aos casos de perpetração de condutas administrativas que causam restrições à esfera de direitos de seus destinatários (também denominados de condutas ablativas de direitos).

Diante disso, decorrente de tal noção de administração dialógica se tem que a extinção de condutas administrativas benéficas aos seus destinatários, quando não precárias, devam ser necessariamente antecedidas de contraditório e de ampla defesa, em favor de seus destinatários.[50] Assim, se a Administração Pública entende ser caso de extinção de um ato administrativo não precário (por anulação, revogação, cassação, ou qualquer outro modo extintivo), não poderá fazê-lo sem que os seus destinatários tenham assegurado um momento para a defesa, em termos imediatos, do referido ato, e, em termos mediatos, de seus interesses na preservação da conduta administrativa que lhe beneficia. Igualmente, tal conclusão é encontrada em relação à extinção de contratos públicos, seja caso de rescisão, seja caso de anulação do vínculo negocial.[51] Trata-se, pois, de um limite formal ao exercício da autotutela administrativa,[52] absolutamente consentânea da tendência atual de ponderação entre o interesse público, cujo peso axiológico fundamenta a autotutela administrativa, e os interesses individuais divisados pelos direitos fundamentais ao contraditório e à ampla defesa.

Tal postura interpretativa, que determina o referido limite formal à extinção de condutas administrativas unilaterais ou negociais ampliativas não precárias, aqui considerada uma decorrência da *administração pública dialógica*, vem recebendo sobejo reconhecimento doutrinário e, especialmente, jurisprudencial, como se pode vislumbrar em decisões do STJ (RMS 257) e do STF (RE 158.543, RE 199.733 e, mais recentemente, MS 24.268, MS 22.357, RMS 23.383). Cumpre salientar, outrossim, que sobre a matéria o STF reconheceu sua repercussão geral quando da apreciação do RE 594.296, tendo, em apreciação de mérito, sido mantida sua orientação já vertida em decisões anteriores.[53] Além

---

[49] Atos que conferem benefícios aos destinatários são denominados "atos ampliativos", os quais, segundo José Manuel Sérvulo Correia, são aqueles que "constituam direitos na esfera jurídica do destinatário, eliminem restrições ao exercício de direitos pré-existentes, eliminem ou restrinjam obrigações, ou, ainda, que constituam na esfera jurídica do particular situações jurídicas activas diferentes dos direitos subjectivos, designadamente simples poderes ou faculdades" (SÉRVULO CORREIA, José Manuel. *Legalidade e autonomia contratual nos Contratos Administrativos*. Coimbra: Almedina, 1987, p. 290).

[50] MAFFINI, Rafael. Direito Administrativo. 4. ed. São Paulo: Revista dos Tribunais, 2013, p. 115-116.

[51] Neste sentido, dispõe o art. 78, parágrafo único, da Lei 8.666/93.

[52] MAFFINI, Rafael. *Op. cit.*, p. 115.

[53] Extrai-se do sítio eletrônico do STF, quanto ao tema em debate, cuja repercussão geral restou reconhecida, o seguinte texto: "Direito Administrativo. Anulação de ato administrativo cuja formalização tenha reper-

disso, em alguns casos, há preceitos legais que positivam a necessidade de observância de contraditório e de ampla defesa em casos com tais.[54]

Todo esse arcabouço teórico referente à noção de *administração pública dialógica*, do qual se colocam em posição proeminente primados jurídicos de relevância ímpar, tais como o devido processo legal, o contraditório, a ampla defesa, a noção de participação, dentre outros aspectos dotados de *status* constitucional, pode ser igualmente considerado uma decorrência lógica da noção de *proteção da confiança*, enquanto faceta subjetiva do princípio da segurança jurídica. Com efeito, a proteção da confiança ou das expectativas legítimas pode ser vislumbrada, segundo Soren Schonberg,[55] a partir de uma tríplice perspectiva: a) de um lado, tem-se a proteção substancial da confiança, cujo significado pode ser sumarizado como sendo um conjunto de normas jurídicas que visa à manutenção e à estabilização das relações jurídicas emergentes da ação administrativa do Estado, em face de expectativas que, por razões especiais, apresentam-se legítimas e, assim, dignas de proteção;[56] b) de outro lado, é possível de se cogitar da proteção compensatória da confiança, compreendida como o dever do Estado de ressarcir os prejuízos decorrentes da frustração de expectativas nele legitimamente depositadas pelos cidadãos; c) por fim, justamente

---

cutido no campo de interesses individuais. Poder de autotutela da administração pública. Necessidade de instauração de procedimento administrativo sob o rito do devido processo legal e com obediência aos princípios do contraditório e da ampla defesa. ...". O julgamento de tal processo, em repercussão geral, deu-se em 21.09.2011. O acórdão ainda pende de publicação, mas do informativo 641, do STF, extrai-se a seguinte notícia: "Em conclusão de julgamento, o Plenário desproveu recurso extraordinário em que questionada a legalidade de decisão administrativa por meio da qual foram cancelados 4 qüinqüênios anteriormente concedidos a servidora pública e determinada a devolução dos valores percebidos indevidamente. O ente federativo sustentava que atuara com fundamento no poder de autotutela da Administração Pública e aludia à desnecessidade, na hipótese, de abertura de qualquer procedimento, ou mesmo de concessão de prazo de defesa à interessada, de modo que, após a consumação do ato administrativo, a esta incumbiria recorrer ao Poder Judiciário — v. Informativo 638. Afirmou-se que, a partir da CF/88, foi erigido à condição de garantia constitucional do cidadão, quer se encontre na posição de litigante, em processo judicial, quer seja mero interessado, o direito ao contraditório e à ampla defesa. Asseverou-se que, a partir de então, qualquer ato da Administração Pública capaz de repercutir sobre a esfera de interesses do cidadão deveria ser precedido de procedimento em que se assegurasse, ao interessado, o efetivo exercício dessas garantias. ... Reputou-se que, no caso, o cancelamento de averbação de tempo de serviço e a ordem de restituição dos valores imposta teriam influído inegavelmente na esfera de interesses da servidora. Dessa maneira, a referida intervenção estatal deveria ter sido antecedida de regular processo administrativo, o que não ocorrera, conforme reconhecido pela própria Administração. Ressaltou-se que seria facultado à recorrente renovar o ato ora anulado, desde que respeitados os princípios constitucionais. Destacou-se, ademais, que a servidora teria percebido os citados valores de boa-fé, pois o adicional fora deferido administrativamente. A Min. Cármen Lúcia propôs a revisão do Verbete 473 da Súmula do STF ("A Administração pode anular seus próprios atos, quando eivados de vícios que os tornam ilegais, porque deles não se originam direitos; ou revogá-los, por motivo de conveniência ou oportunidade, respeitados os direitos adquiridos, e ressalvada, em todos os casos, a apreciação judicial"), com eventual alteração do seu enunciado ou com a concessão de força vinculante, para que seja acrescentada a seguinte expressão "garantidos, em todos os casos, o devido processo legal administrativo e a apreciação judicial". Advertiu que, assim, evitar-se-ia que essa súmula fosse invocada em decisões administrativas eivadas de vícios".

[54] *V.g.*: art. 49, § 3º, da Lei 8.666/1993; art. 78, parágrafo único, da Lei 8.666/93; art. 43 da Lei 9.472/97; art. 68, § 1º, da Lei 10.233/01.

[55] SCHONBERG, Soren J. *Legitimate expectations in administrative law*. Oxford: Oxford, 2000, *passim*.

[56] A proteção substancial da confiança pode determinar a preservação de condutas mesmo que perpetradas de modo inválido (vide, *v.g.* art. 54, da Lei nº 9.784/99/99), a preservação de efeitos de condutas invalidadas (eficácia anulatória não retroativa, com a manutenção de efeitos que agraciem terceiros ou destinatários de boa-fé) e até mesma a anulação de condutas administrativas com eficácia *in futurum*. Vide, neste sentido: MAFFINI, Rafael. Modulação temporal *in futurum* dos efeitos da anulação de condutas administrativas. *Revista de Direito Administrativo* 244/2007. São Paulo: Atlas, 2007, p. 231/247.

no sentido destacado no presente ensaio, tem-se a proteção procedimental da confiança, consubstanciada na necessidade de uma atividade administrativa processualizada, em que se assegure a participação dos destinatários da função administrativa, sobretudo nos casos em que administração pública venha a lhe causar prejuízos ou a lhe reduzir vantagens outrora concedidas.[57]

A relação ora proposta entre a segurança jurídica (e o seu consectário *proteção da confiança*) e os direitos fundamentais ao contraditório e à ampla defesa (que, a par do princípio da participação, fundamental o conceito de *administração pública dialógica*) se deve ao fato de que os destinatários da função administrativa não podem ser surpreendidos com a imposição de atos que lhe são prejudiciais ou com a extinção de condutas que lhe são benéficas, de modo abrupto, sem que se lhes assegurem tanto a ciência quanto à iminência de ocorrência de tais eventos danosos, quanto a efetiva participação tendente a evitar que eventuais prejuízos lhes sejam ocasionados. Daí a ideia de que a segurança jurídica e a proteção da confiança, em sua faceta procedimental, impõem sejam asseguradas a ciência e a participação prévia como condição formal para a eventual imposição de gravame pelo Poder Público na esfera de direitos dos cidadãos, aí incluído, por óbvio, a extinção de condutas administrativas que lhes são favoráveis.

Merece destaque o que foi decidido, pelo STF, no MS 24.268. Neste precedente, entendeu-se que o Tribunal de Contas não poderia negar registro (art. 71, III, da CF) a um ato de pensionamento – o que importaria a sua desconstituição – sem que se possibilitasse a manifestação da pensionista, ou seja, daquela que era a destinatária dos efeitos benéficos do ato administrativo em questão. Posteriormente, todavia, o STF, quando do julgamento do MS 25.440, retrocedeu em seu posicionamento em relação aos atos de concessão inicial de aposentadoria, pensão ou reforma. Em tais casos, segundo a Corte Constitucional, ter-se-ia caso de ato administrativo complexo – com o que se discorda, respeitosamente –, razão pela qual o ato administrativo somente seria perfectibilizado quando do pronunciamento da Corte de Contas. Diante disso, até tal momento, o ato de concessão inicial de aposentadoria, pensão ou reforma poderia ser extinto sem a garantia do contraditório ou da ampla defesa. Daí por que o STF editou a Súmula Vinculante 3, segundo a qual "nos processos perante o Tribunal de Contas da União asseguram-se o contraditório e a ampla defesa quando da decisão puder resultar anulação ou revogação de ato administrativo que beneficie o interessado, excetuada a apreciação da legalidade do ato de concessão inicial de aposentadoria, reforma e pensão". Ocorre que, posteriormente à edição da referida Súmula Vinculante, o próprio STF vem temperando seus termos para asseverar que, mesmo em atos de concessão inicial de aposentadoria, reforma e pensão, será necessário assegurar o contraditório e a ampla defesa em favor do beneficiário do ato administrativo sob apreciação da Corte de Contas, caso tal ato tenha sido praticado há mais de cinco anos (MS 24.448 e MS 25.116).

---

[57] Sobre a proteção procedimental da confiança, trata com a costumeira propriedade, ÁVILA, Humberto. Benefícios fiscais inválidos e a legítima expectativa do contribuinte. *Diálogo Jurídico*, Salvador, n. 13, abr./maio, 2002. Disponível em: <http://www.direitopublico.com.br>. Acesso em: 22 nov. 2004, p. 2/5.

Art. 53

De qualquer modo, quando a própria Administração Pública ou o Tribunal de Contas, neste caso com a ressalva dos atos de concessão inicial de aposentadoria, pensão ou reforma, forem extinguir um ato ou conduta administrativa que produzam efeitos favoráveis aos seus destinatários, a estes deverão ser garantidos os princípios do contraditório e da ampla defesa, como requisito formal para a extinção de tais atos ampliativos. Caso não seja respeitado tal limite formal à extinção de atos favoráveis aos cidadãos, a própria extinção apresentar-se-á inválida.

Referências

ARAÚJO, Edmir Netto. *Curso de direito administrativo*. São Paulo: Saraiva, 2005.

ÁVILA, Humberto. Benefícios fiscais inválidos e a legítima expectativa do contribuinte. *Diálogo Jurídico*, Salvador, n. 13, abr./maio, 2002. Disponível em: <http://www.direitopublico.com.br>. Acesso em: 22 nov. 2004, p. 2-5.

BACIGALUPO, Mariano. *La discreciuonalidad administrativa*. Madri: Marcial Pons, 1997.

BARACHO, José Alfredo de Oliveira. O enriquecimento injusto como princípio geral do Direito Administrativo. *Revista de Direito Administrativo*. Rio de Janeiro, n. 210, p. 37-83, out./dez. 1997.

CARINGELLA, F; DELPINO, L.; DEL GIUDICE, F. *Diritto ammnistrativo*. 15. ed. Napoli: Simone, 1999.

CARVALHO FILHO, José dos Santos. *Manual de Direito Administrativo*. 25 ed. São Paulo: Atlas, 2012.

COUTO E SILVA, Almiro. O princípio da segurança jurídica (proteção à confiança) no Direito Público brasileiro e o direito da administração pública de anular os seus próprios atos administrativos: o prazo decadencial do art. 54 da lei do processo administrativo da União (Lei n° 9.784/99). *Revista de Direito Administrativo*, n° 237. Rio de Janeiro: Renovar, jul/set 2004, p. 275.

——. Responsabilidade pré-negocial e culpa in contrahendo no direito administrativo brasileiro. *Revista de Direito Administrativo*. Rio de Janeiro: Fundação Getúlio Vargas, 1999, v. 217.

DI PIETRO, Maria Sylvia Zanella. *Direito Administrativo*. 26. ed. São Paulo: Atlas.

FIGUEIREDO, Lúcia Valle. *Curso de Direito Administrativo*. 5. ed. São Paulo: Malheiros, 2001.

GASPARINI, Diógenes. *Direito Administrativo*. 17. ed. São Paulo: Saraiva, 2012.

FINGER, Julio Cesar. O direito fundamental à boa administração à boa administração e o princípio da publicidade administrativa. *Interesse Público* 58/2009. Belo Horizonte: Fórum, 2009, p. 133-143.

FREITAS, Juarez. *Discricionariedade administrativa e o direito fundamental à boa administração pública*. São Paulo: Malheiros, 2007.

MAFFINI, Rafael. Administração Pública dialógica (proteção procedimental da confiança) – em torno da Súmula Vinculante n° 3 do Supremo Tribunal Federal. In: SCHWARZ, Rodrigo Garcia (Org.). *Direito Administrativo Contemporâneo*. Rio de Janeiro: Elsevier, 2010, v. 01, p. 131-143.

——. *Direito Administrativo*. 4. ed. São Paulo: Revista dos Tribunais, 2013.

——. Modulação temporal *in futurum* dos efeitos da anulação de condutas administrativas. *Revista de Direito Administrativo* 244/2007. São Paulo: Atlas, 2007.

——. *Princípio da proteção substancial da confiança no Direito Administrativo brasileiro*. Porto Alegre: Verbo Jurídico, 2006, esp. p. 168-186.

MEIRELLES, Hely Lopes. *Direito Administrativo Brasileiro*. 37. ed., São Paulo: Malheiros, 2011.

——. *Licitações e contratos administrativos*. 13. ed. São Paulo: Malheiros, 2002.

MELLO, Celso Antônio Bandeira de. *Curso de Direito Administrativo*. 28. ed. São Paulo: Malheiros, 2011.

——. O princípio do enriquecimento sem causa em direito administrativo. *Revista de Direito Administrativo*. Rio de Janeiro, n. 210, p. 25-35, out./dez. 1997.

MELLO, Oswaldo Aranha Bandeira de. *Princípios gerais de direito administrativo*. 3. ed. São Paulo: Malheiros, 2007, v. 1.

MOREIRA NETO, Diogo de Figueiredo. *Curso de direito administrativo*. 14. ed. Rio de Janeiro: Forense, 2005.

MUKAI, Toshio. *Direito Administrativo Sistematizado*. São Paulo: Saraiva, 1999.

NOVELLI, Flávio Bauer. Eficácia do ato administrativo. *Revista de Direito Administrativo*. Rio de Janeiro, n. 61, p. 22-29, 1961.

OLIVEIRA, Odília Ferreira da Luz. *Manual de direito administrativo*. Rio de Janeiro: Revonar, 1997.

SANTOS NETO, João Antunes dos. *Da anulação ex officio do ato administrativo*. Belo Horizonte: Fórum, 2004.

SARLET, Ingo Wolfgang. *A eficácia dos direitos fundamentais*. 9. ed. Porto Alegre: Livraria do Advogado, p. 73-156.

SCHONBERG, Soren J. *Legitimate expectations in administrative law*. Oxford: Oxford, 2000.

SÉRVULO CORREIA, José Manuel. *Legalidade e autonomia contratual nos contratos administrativo*. Coimbra: Almedina, 1987.

TALAMINI, Daniele Coutinho. *Revogação do ato administrativo*. São Paulo: Malheiros, 2002.

Artigo 54

O direito da Administração de anular os atos administrativos de que decorram efeitos favoráveis para os destinatários decai em cinco anos, contados da data em que foram praticados, salvo comprovada má-fé.

§ 1º No caso de efeitos patrimoniais contínuos, o prazo de decadência contar-se-á da percepção do primeiro pagamento.

§ 2º Considera-se exercício do direito de anular qualquer medida de autoridade administrativa que importe impugnação à validade do ato.

SUMÁRIO: 1. Legalidade e autotutela administrativa x segurança jurídica e proteção da confiança; 2. Natureza decadencial do prazo – extinção de um direito potestativo; 3. Decadência e presunção de validade como "base da confiança"; 4. Condutas ampliativas; 5. Decadência e boa-fé; 6. Decurso do tempo e peculiaridades do prazo decadencial de 5 anos; 7. Prazo decadencial da potestade anulatória e controle externo; 8. Casos especiais de ilimitação temporal da potestade anulatória *ex officio;* 9. Produção de efeitos após a invalidação dos atos administrativos; Referências.

1. Legalidade e autotutela administrativa *x* segurança jurídica e proteção da confiança

O tema das invalidades no Direito Administrativo não pode ser considerado um assunto singelo. Diverge-se sobre as mais variadas questões, desde meramente terminológicas, em que se discute não a espécie de invalidade propriamente dita, mas qual é a sua denominação ideal, até – e sobretudo – acerca do regime jurídico aplicável.[58] Por certo, a ausência de uma sistematização completa e racional das invalidades no direito posto, nos moldes do que ocorre em alguns sistemas alienígenas,[59] propicia um estado de coisas em que se poderia afirmar que existem tantas construções teóricas sobre condutas administrativas inválidas quantos são os autores que tratam do assunto.[60]

---

[58] Acerca da complexidade do tema, bem assim da inaplicabilidade pura e simples dos critérios e regras do Direito Civil, vide COUTO E SILVA, Almiro. O princípio da segurança jurídica (proteção à confiança) no Direito Público brasileiro e o direito da administração pública de anular os seus próprios atos administrativos: o prazo decadencial do art. 54 da lei do processo administrativo da União (Lei n° 9.784/99). *Revista de Direito Administrativo*, Rio de Janeiro, n. 237, jul./set. 2004.

[59] É o que ocorre na Alemanha, em termos aproximados, com o § 44, da Lei Federal do Processo Administrativo (*Verwaltungsverfahrengesetz*).

[60] Vale a paráfrase, pois, do que aduziu VACARELLA, Romano. *Titolo esecutivo, precetto opposizione, rist*. Torino: UTET, 1984, p. 32, no sentido de que *"sono proposte tante costruzione quanto sono gli autori che se ne sono ocupati".*

A toda essa complexidade alia-se uma outra, que aqui se pretende colocar em destaque, qual seja, o princípio da proteção substancial da confiança[61] como um obstáculo à invalidação de atos administrativos, isto é, como uma forma de preservação de atos administrativos viciados.

Tal eficácia verdadeiramente impeditiva do que se costuma considerar a autotutela administrativa apresenta-se chocante para alguns, mormente àqueles que operam o Direito Administrativo através de uma visão eivada de um exacerbado "legalismo". A legalidade, não obstante sua insofismável relevância ao Direito Administrativo, não pode, *a priori*, ser postada hermeneuticamente acima dos demais valores jurídicos, mas ao lado deles, para que num exercício de ponderação concreta seja possível assegurar a máxima efetividade a todos os princípios que confluem na construção científica de tal área da ciência jurídica.

Diante disso, merece relativizações a ideia – de resto, retrógrada – de uma absoluta autotutela administrativa, pela qual as condutas administrativas perpetradas à revelia da ordem jurídica deveriam ser "sempre" invalidadas e "todos" os seus efeitos "sempre" desconstituídos. Uma noção assim irrestrita de autotutela administrativa significaria uma apriorística prevalência do postulado da legalidade, ao mesmo tempo em que importaria uma direta e absoluta preterição de quaisquer outros valores não menos importantes contidos na ordem jurídica. Tal como a própria legalidade há de ser ponderada, impõem-se, pois, temperamentos à autotutela administrativa, os quais, nas mais das vezes, embasam-se no que atualmente há de se considerar como o princípio da proteção da confiança.

Embora nem sempre fazendo referência à proteção da confiança, tais considerações já foram há muito esposadas no plano doutrinário, através de – poucas – vozes visionárias. Consoante noticia Almiro do Couto e Silva,[62] a relativização do dever, até então tido como absoluto, de ser invalidado todo e qualquer ato viciado teve seu germe no campo doutrinário brasileiro encontrado num conjunto de pronunciamentos de eminentes juristas. Cita, nesse sentido, Seabra Fagundes, José Frederico Marques, Miguel Reale e José Nery da Silveira.

De Seabra Fagundes extrai-se a clássica passagem pela qual "a infringência legal no ato administrativo, se considerada abstratamente, aparecerá sempre como prejudicial ao interesse público. Mas, por outro lado, vista em face de algum caso concreto, pode acontecer que a situação resultante do ato, em-

---

[61] Sobre proteção da confiança, vide, dentre outros CALMES, Sylvia. *Du principe de protection de la confiance légitime en droits allemand, communautaire et français*. Paris: Dalloz, 2001; CASTILLO BLANCO, Federico A. *La protección de confianza en el derecho administrativo*. Madrid: Marcial Pons, 1998; COUTO E SILVA, Almiro. *Op. cit.*; GARCIA LUENGO, Javier. *El principio de protección de la confianza en el derecho administrativo*. Madrid: Civitas, 2002; MAFFINI, Rafael. *Princípio da proteção substancial da confiança no Direito Administrativo brasileiro*. Porto Alegre: Verbo Jurídico, 2006; SCHONBERG, Soren J. *Legitimate expectations in administrative law*. Oxford: Oxford, 2000.

[62] COUTO E SILVA, Almiro. Princípios da legalidada da Administração Pública e da segurança jurídica no estado de direito contemporâneo. *Revista da Procuradoria-Geral do Estado do Rio Grande do Sul*, Porto Alegre, v. 27, n. 57, p. 13-31, supl., dez. 2003.

bora nascida irregularmente, torne-se útil àquele mesmo interesse".[63] O autor destaca ainda ensinamento sobre a preservação não do ato em si, mas dos seus efeitos, asseverando que "também as numerosas situações pessoais alcançadas e beneficiadas pelo ato vicioso podem aconselhar a subsistência dos seus efeitos".[64] José Frederico Marques abordou a questão dos efeitos do tempo enquanto limite da prerrogativa anulatória em artigo referido em clássica obra de Miguel Reale.[65] De José Néri da Silveira, então Consultor-Geral do Estado

---

[63] FAGUNDES, Miguel Seabra. *O controle dos atos administrativos pelo Poder Judiciário*. 5. ed. Rio de Janeiro: Forense, 1979, p. 47. Em tal passagem, na qual refere obra de Gabino Fraga, Seabra Fagundes aparta exemplo (nota de rodapé n° 5), cuja reprodução apresenta-se conveniente. *In verbis*: "Digamos que a Administração pública seja autorizada, pela legislação tributária, a concede, dentro de certas condições a seu juízo, a chamada anistia fiscal, dispensando os contribuintes das multas de mora. Concedido o benefício certifica-se que o foi sem que procedesse parecer de órgão técnico, cuja audiência era obrigatória. Mas os contribuintes já utilizaram o benefício, recolhendo os tributos devidos, sem o aditamento da multa. O interesse público poder-se-ia considerar presumidamente ofendido, dando motivo à invalidez do ato. Mas, no caso concreto, já isso não teria razão de ser. O Fisco, aceitando as contribuições, beneficiou-se do ato. Também os devedores dele se aproveitaram. Não haveria como cassar-lhe os efeitos só para exigir a multa. Se o Fisco quisesse anulá-lo, deveria repor aos contribuintes o que pagaram, fazendo com isso ressaltar a sua inconformidade e o seu efetivo prejuízo. Mas, em verdade, dano não haveria. A dispensa das multas não implicava redução das rendas normais do Estado. A conciliação dos interesses individuais e coletivos aconselharia manter o ato. Nesta combinação de interesses é assenta, notadamente, a diversidade de critério no que respeita à manutenção do ato vicioso entre o Direito Público e o Direito Privado. Neste é só o unilateral interesse da parte, em favor da qual existe a nulidade, que decide o seu pronunciamento. O Estado, porém, encarnando interesses impessoais e tendo por objetivo a realização do bem público abdica da faculdade de promover a decretação da nulidade, tendo em vista, em caso determinado, o interesse geral, mais bem amparado com a subsistência do ato defeituoso".

[64] FAGUNDES, Miguel Seabra. *Op. cit.*, p. 47. Conveniente trasladar exemplo mencionado pelo autor (nota de rodapé n° 6), agora no que tange à preservação dos efeitos de atos administrativos viciados: "O ato, por exemplo, que sem obediência a preceitos legais, faça numerosas concessões de terras a colonos, com o fim de fixá-los em determinada região, apesar de viciosos, merecerá ser mantido se só após a instalação e fixação dos beneficiários se constatar a sua irregularidade. Os interesses destes, pela sua importância do ponto de vista social e econômico, indicam a necessidade de suja persistência. Esta se pode dar, neste como em casos semelhantes, pela ratificação através de outro regularmente praticado, ou pelo simples silêncio da Administração Pública, renunciando, tacitamente, ao direito de invalidá-lo".

[65] REALE, Miguel. *Revogação e anulamento do ato administrativo*. 2. ed. Rio de Janeiro: Forense, 1980, p. 71. O autor, após referir que o transcurso do tempo pode gerar a preservação de atos que, na origem, foram perpetrados de modo contrário à ordem jurídica, com a extinção da prerrogativa da invalidação de tais atos administrativos, menciona que: "... Escreve com acerto JOSÉ FREDERICO MARQUES que a subordinação do exercício do poder anulatório a um prazo razoável pode ser considerado requisito implícito no princípio do *due process of law*. Tal princípio, em verdade, não é válido apenas no sistema do direito norte-americano, do qual é uma das peças basilares, mas é extensível a todos os ordenamentos jurídicos, visto como corresponde a uma tripla exigência, de regularidade normativa, de economia de meios e formas e de adequação à tipicidade fática. Não obstante a falta de têrmo que em nossa linguagem rigorosamente lhe corresponda, poderíamos traduzir *due process of law* por devida atualização do direito, ficando entendido que haverá infração dêsse ditame fundamental tôda vez que, na prática do ato administrativo, fôr preterido algum dos momentos essenciais à sua ocorrência; forem destruídas, sem motivo plausível, situações de fato, cuja continuidade seja econômicamente aconselhável, ou se a decisão não corresponder ao complexo de notas distintivas da realidade social tipicamente configurada em lei. ...Assim sendo, se a decretação da nulidade é feita tardiamente, quando a inércia da Administração já permitiu se constituíssem situações de fato revestidas de forte aparência de legalidade, a ponto de fazer gerar nos espíritos a convicção de sua legitimidade, seria deveras absurdo que, a pretexto da eminência do Estado, se concedesse às autoridades um poder-dever indefinido de autotutela. Desde o famoso affaire Cachet, é esta a orientação dominante no Direito francês, com os aplausos de MAURICE HAURIOU, que bem soube pôr em realce os perigos que adviriam para a segurança das relações sociais se houvesse possibilidade de indefinida revisão dos atos administrativos. Da França tal doutrina passou para a Itália, grangeando o apoio de seus mais ilustres mestres, como CINO VITTA e D'ALESSIO, cuja doutrina é oportunamente lembrada por JOSÉ FREDERICO MARQUES ao tratar dêste assunto. Consoante ponderação do primeiro dos administrativistas citados, "uma grande distância de tempo, pode parecer oportuno manter o ato em vida, apesar de ilegítimo, a fim de não subverter estados de fato já consolidados, e só por apego formal e abstrato ao princípio de legitimidade. Não se olvide que o ordenamento jurídico é conservador no sentido de respeitar fatos ocorridos há muito tempo, muito embora não conformes à lei".

do Rio Grande do Sul, faz-se referência ao célebre parecer intitulado "Natureza dos Tribunais de Contas – garantias e prerrogativas de seus membros", publicado no Diário Oficial do Estado de 24.09.1965,[66] pelo qual, considerados o decurso de significativo lapso temporal e a presunção de legitimidade dos atos práticos pelo Poder Público, surgiriam limites ao poder anulatório da Administração Pública.

Já houve quem afirmasse que a legalidade seria um princípio absoluto; do mesmo modo, o seria a autotutela administrativa. Também não é árdua a tarefa de se encontrar na antiga doutrina do Direito Administrativo brasileiro a afirmação de que atos nulos não seriam aptos a produzir quaisquer efeitos jurídicos, além de que sua nulificação haveria de proporcionar a desconstituição ou a declaração de inexistência de todos os efeitos porventura gerados por tais atos. Da conjugação dessa série de premissas – nem todas consentâneas com o atual estágio do Direito Administrativo – decorreu uma orientação doutrinária e jurisprudencial no sentido de que a Administração Pública deveria – invariavelmente e a qualquer tempo – promover a invalidação de seus próprios atos administrativos quando vislumbrasse sua contrariedade com a ordem jurídica.[67]

Pois bem, não se pode negar, em princípio, que a legalidade é um dos mais importantes vetores da validade da atuação administrativa. Não é, entretanto, o único. Do mesmo modo não se pode olvidar que a legalidade administrativa seja um dos componentes formais – ou elemento constitutivo – do Estado de Direito, além de ser um importante instrumento voltado a guarnecer a segurança jurídica, em sua feição *ex ante*, ou seja, de previsibilidade.

Ocorre que, consoante já decidido pelo próprio STF,[68] a legalidade não pode mais ser considerada como um fim em si mesmo, porquanto se apresenta dotada de uma índole eminentemente instrumental, justamente orientada à consecução da segurança jurídica e, em termos mediatos, do próprio Estado de Direito. Em outras palavras, a legalidade não existe para a própria legalidade, mas para a obtenção de um estado de coisas que enseje segurança jurídica e, assim, conforme o Estado de Direito.

Justamente por tal razão, em termos gerais, na maior parte dos casos, quando uma conduta administrativa é perpetrada de modo contrário à lei ou ao Direito como um todo, tal circunstância significará uma afronta ao princípio

---

[66] "[...] se é certo, em princípio, que não há direito contra a lei e que a administração pode anular seus atos com infrações a dispositivos legais, consoante ficou largamente analisado acima (itens 38 e 39), não menos exato é que a atividade administrativa possui, em seu favor, uma presunção de legitimidade, e cada ato do Poder Público, oriundo de autoridade competente, há de ter-se, em princípio como válido, perante os cidadãos, máxime quando, por estes aceito, produza conseqüências de direito, em prol dos mesmos, de forma pacífica, iterativamente, no decurso de muitos anos, com inquestionada aparência de regularidade".

[67] Talvez se possa referir como monumento de tal ideia totalizante do dever atemporal de invalidação *ex officio*, o que dispunha o artigo 114 da Lei nº 8.112/90, pelo qual *"a administração deverá rever seus atos, a qualquer tempo, quando eivados de ilegalidade"*. Tal preceito, como será analisado a seguir, restou revogado pelo art. 54 da Lei nº 9.784/99. Vide, nesse sentido, COUTO E SILVA, Almiro. O princípio da segurança jurídica (proteção à confiança) no Direito Público brasileiro e o direito da administração pública de anular os seus próprios atos administrativos: o prazo decadencial do art. 54 da lei do processo administrativo da União (Lei nº 9.784/99). *Revista de Direito Administrativo*, nº 237. Rio de Janeiro: Renovar, jul/set 2004, p. 290.

[68] Dentre os tantos exemplos de decisões nesse sentido destaca-se a Pet 2.900 QO, Rel. Min. Gilmar Mendes, j. 27.05.2003.

da legalidade e, dessa forma, aos princípios da segurança jurídica e do Estado de Direito. Por tal razão, tem-se que a regra geral é o dever – ou dever-poder, como acima referido – de a Administração Pública invalidar *ex officio* a conduta administrativa concretizada à revelia da lei e do Direito. Assim, não se pode negar que a regra geral é a de que um ato administrativo inválido tenha de ser invalidado pela Administração Pública quando constatar o vício que o perverte.

No entanto, não é possível admitir que a prerrogativa invalidatória da Administração Pública seja perpétua, isto é, que possa ocorrer de modo atemporal, sem qualquer restrição objetiva de tempo, sob pena de uma exagerada priorização do princípio da legalidade em total detrimento de outros valores não menos relevantes ao ordenamento jurídico-constitucional vigente.[69] O reconhecimento de um dever-poder perpétuo de a Administração Pública extinguir seus atos administrativos viciados, ao homenagear irrestritamente a legalidade e um de seus principais consectários, a autotutela administrativa, esgotaria o sentido de outros princípios, como é o caso da segurança jurídica e da proteção da confiança. Tratar-se-ia, pois, de uma interpretação contrária ao postulado da "concordância prática".[70]

Nenhum princípio ou valor jurídico se apresenta absoluto,[71] e mesmo a legalidade administrativa reclama ponderações. Dentre tais ponderações, uma há de ser aqui destacada, na medida em que propicia a concordância prática entre a legalidade e a proteção da confiança.[72] Trata-se da fixação de um prazo máximo – de natureza decadencial – para que a Administração Pública exerça a sua prerrogativa de invalidação dos atos administrativos eivados de vícios formais ou materiais de invalidade, de modo que, dentro de tal prazo, tenha o Poder Público o dever, a competência vinculada de promover a anulação da conduta viciada, mas ultrapassado tal lapso temporal, esteja a Administração Pública proibida de promover a invalidação de tal ato.

---

[69] Extrai-se do RE 108.182, Rel. Min. Oscar Corrêa, j. 30.09.1986, passagem em que o STF enunciou que "se não se nega à Administração a faculdade de anular seus próprios atos, não se há de fazer disso o reino do arbítrio".

[70] Sobre o postulado da concordância prática, ensina ÁVILA, Humberto. *Sistema constitucional tributário*. São Paulo: Saraiva, 2004, p. 393 que "o ordenamento constitucional estabelece simultaneamente vários princípios que podem entrelaçar-se no momento da sua aplicação. Como o Estado dever garantir ou preservar o ideal de coisas que cada um dos princípios estabelece, o entrelaçamento concreto entre os princípios exige do Poder Público o encontro de alternativas capazes de compatibilizar todos os princípios. O fundamento constitucional do postulado da concordância prática é precisamente o estabelecimento simultâneo de uma multiplicidade de princípios complementares: diante do caso concreto, o Poder Público, devendo preservar todos, deverá encontrar soluções harmonizadoras".

[71] Aqui se emprega uma argumentação *a fortiori* para justificar a possibilidade de relativização da legalidade administrativa. Em efeito, a ordem jurídico-constitucional protege inquestionavelmente o direito à vida, à propriedade e à liberdade, consoante disposto no artigo 5º da CF/88. Todavia, mesmo tais valores de insofismável relevância constitucional merecem ponderações e relativizações (*v.g.*, respectivamente: a pena de morte, prevista excepcionalmente no art. 5º, XLVII, "a", da CF/88, da CF; a função social da propriedade e as formas de intervenção estatal na propriedade alheia, tal como disposto, dentre outros, no art. 5º, XXIII e XXIV, da CF; e os instrumentos de prisão cautelar). É de se perguntar, portanto: se todos esses princípios constitucionais admitem temperamentos, por que a legalidade – de flagrante caráter instrumental – não haveria de admitir ponderações?

[72] Lembrando de LARENZ, Karl. *Metodologia da ciência do direito*. Lisboa: Calouste, 1983, p. 417, lembra FREITAS, Márcia Bellini. O princípio da confiança no Direito Público. *Revista Jurídica*, Porto Alegre, n. 168, out. 1991, p. 30 que: "entre os princípios (da legalidade e da confiança, por exemplo) não existe qualquer relação hierárquica fixa, no sentido de que o peso dos critérios particulares seja estabelecido de uma vez por todas. O peso, resguardadas as circunstâncias, depende do modo como se apresentam no caso em exame".

Importa salientar, no que tange à decadência administrativa em comento, que a proteção substancial da confiança que lhe é subjacente mostra-se maior do que a simples preservação de efeitos já produzidos em face do ato inválido.[73] Isso porque impossibilita a própria extinção do ato, assegurando, além dos efeitos pretéritos, a existência *pro futuro* do ato administrativo sobre o qual o referido prazo extintivo acoberta a invalidade.

Em face de alguns exemplos destacados de alguns países estrangeiros,[74] bem assim do modo pelo qual a jurisprudência pátria recepcionou o princípio em lume, não seria extremado aduzir que a fixação de uma delimitação prazal para a Administração Pública invalidar seus próprios atos eivados de vícios corresponderia ao principal e mais claro exemplo de concretização do princípio da proteção da confiança.[75]

Vislumbrando-se a legalidade e a proteção substancial da confiança sob os auspícios da "ponderação de princípios" e da "concordância prática", pode-se propor a metafórica referência a uma balança de dois pratos: no primeiro prato, colocam-se a legalidade, a autotutela, o dever de sujeição dos atos estatais ordem jurídica, isto é, todos os valores que induzem à anulação de atos administrativos praticados de modo inválido; no outro, têm-se a proteção da confiança, a segurança jurídica, a boa-fé enquanto pressuposto, ou seja, uma série de valores que inspiram a preservação do ato administrativo mesmo que praticado de modo contrário a regras e princípios aplicáveis. Nesse contexto metafórico, a previsão de um prazo de decadência serviria como o fiel da referida balança, porquanto

---

[73] Essa espécie de proteção – invalidação da conduta viciada, com a preservação de parte ou da totalidade de seus efeitos – merecerá tratamento mais detido.

[74] Conveniente, nesse sentido, recordar passagem de MAURER, Hartmut. *Elementos de Direito Administrativo Alemão*. Trad. Luís Afonso Heck. Porto Alegre, Sérgio Antonio Fabris Editor, 2001, 70/71, ao relatar a origem do princípio no Direito alemão, pela qual o "ponto de partida foi o entendimento que a questão sobre a retratabilidade de atos administrativos beneficentes antijurídicos é dominada por dois princípios, ou seja, por um lado, pelo princípio da legalidade da administração, que exige a eliminação de atos administrativos antijurídicos e, por outro, pelo princípio da proteção à confiança, que pede a manutenção do ato administrativo beneficente. Como ambos os princípios requerem validez, mas também estão em conflito um como ou outro, deve, segundo a opinião do Tribunal Administrativo Federal, se ponderado e examinado, no caso particular, a qual interesse – ao interesse público na retratação ou ao interesse individual na existência do ato administrativo – é devido a primazia. Nisso também são possíveis soluções que diferenciam, por exemplo, uma retratação limitada objetiva ou temporalmente".

[75] Propõe-se aqui um exemplo que, embora proposital e exageradamente detalhado e ilustrado, não é distante de situações que ocorrem quotidianamente na atividade administrativa. Imagine-se um bacharel em Direito que, após a sua graduação, prepare-se para um determinado concurso público, *v.g.*, para provimento do cargo da magistratura, cujo grau de dificuldade é consabido. Imagine-se que tal preparação deu-se no transcurso de muitos anos, com todas as privações, as tensões, enfim, todo o tempo de estudo que reclama a aprovação num certame de tal natureza. Imagine-se tal candidato no concurso público tenha logrado aprovação e sido classificado deste então numa determinada Vara Judicial especializada, de sorte a não mais estudar a generalidade de temas inseridos num edital de concurso, mas, ao contrário, tão somente aqueles temas afetos ao seu labor diário. Imagine-se, ainda, que após dez anos de realizado o concurso, descubra-se que o mesmo foi fraudado por um grupo de candidatos dentre os quais não estava presente o magistrado do exemplo. Pois bem, a invalidação de todo o certame, com a conseqüente desconstituição dos atos de provimento e, pois, exoneração de todos os candidatos que naquele concurso lograram a aprovação seria uma providência justificada tão somente uma estrita e totalizante interpretação da legalidade administrativa. Entretanto, se a questão for vislumbrada numa perspectiva mais ampla de Estado de Direito, não é árdua a tarefa de se constatar que a invalidação do provimento do juiz que não deu causa à fraude no caráter competitivo da seleção pública corresponderia a uma afronta à segurança jurídica e, em sua feição subjetiva, ao princípio da proteção da confiança, sobretudo se considerado que a conduta administrativa beneficiou o destinatário por largo lapso temporal, criando uma consolidada situação de vida, além de a invalidade que a qualifica não ser atribuível ao seu destinatário.

antes de ser implementado o prazo, pesaria mais a carga de valores *contra acti*,[76] no sentido de que os valores decorrentes da noção de legalidade predominariam sobre os demais, ao passo que, uma vez implementado o prazo decadencial em comento, o prato mais pesado seria aquele que contém o conjunto de valores determinantes da preservação do ato inválido e de seus efeitos, com a predominância, assim, dos axiomas *favor acti*, em detrimento dos demais.

Portanto, a decadência é um importante instrumento de ponderação e de concordância prática da legalidade e da proteção da confiança, que, por critérios razoáveis, em determinadas circunstâncias faz predominar um dos valores envolvidos e, em outras situações, prioriza o outro valor em jogo. Cumpre enfatizar que a ponderação entre a legalidade e a proteção da confiança, decorrente da fixação de um prazo decadencial para o exercício do dever-poder de invalidação, mostra-se perfeitamente viável desde que, para tal ponderação, sejam estipulados, tanto mais quanto for o possível, critérios objetivos e predeterminados. A existência de tais critérios objetivos e predeterminados, por seu turno, presta-se à garantia de que não se crie um estado de afronta em segurança jurídica em nome da ponderação de dois de seus principais instrumentos, a legalidade e a proteção da confiança.

Enfatize-se que, não havendo quaisquer critérios – positivados ou não – de ponderação "legalidade/proteção da confiança", poder-se-ia chegar a um temerário risco de recair em mero decisionismo, seja judicial, seja administrativo, em que se poderia manejar, de acordo com o puro alvitre do intérprete, os dois princípios objeto da dita ponderação, com o indevido emprego de fórmulas vagas, despidas, portanto, de qualquer elemento hermenêutico que as aproximasse de um discurso jurídico racional. Em outras palavras, a inexistência de critérios objetivos e previamente determinados quanto à ponderação entre a legalidade e a proteção da confiança, ambos consectários da segurança jurídica e, em termos mediados, do Estado de Direito, geraria, por mais paradoxal que pareça, um estado de insegurança jurídica.[77]

Como um importante dispositivo legal voltado justamente à fixação de critérios de ponderação entre a legalidade e a proteção da confiança, no sentido aqui vislumbrado, qual seja, na fixação de um prazo decadencial para o exercício da prerrogativa invalidatória da Administração Pública, coloca-se em destaque o referido artigo 54 da Lei n° 9.784/99, ora comentado.

2. Natureza decadencial do prazo – extinção de um direito potestativo

Antes de serem analisados os critérios – ou requisitos – necessários para a implementação do prazo decadencial da prerrogativa invalidatória da Admi-

---

[76] GONZÁLES PÉREZ, Jesús. *El principio general de la buena fe en el derecho administrativo*. 3. ed. Madri: Civitas, 1999, p. 103.

[77] Ensina GARCIA LUENGO, Javier. *El principio de protección de la confianza en el derecho administrativo*. Madrid: Civitas, 2002, p. 198, que "*la falta de unos requisitos claros a la hora de determinar la aplicabilidad del principio de protección de la confianza genera, paradójicamente, inseguridad jurídica*". Em outra passagem, o mesmo autor assevera que "*como todo principio, y en general, como cualquier institución jurídica la protección de la confianza no es ilimitada, ni puede hipertrofiarse hasta tal punto que haga imposible la consecución de otros intereses del mismo grado*" (*Ibidem* p. 196).

nistração Pública, mostra-se conveniente uma breve referência acerca da natureza do referido prazo extintivo. Em efeito, a clareza do disposto no artigo 54 da Lei nº 9.784/99 não permite outra conclusão senão a de que tal regra optou por um prazo de índole decadencial. A *quaestio juris*, nesse passo, é saber se se mostra adequada tal opção legislativa, porquanto já houve quem propusesse um prazo de natureza prescricional.[78]

Uma análise voltada para a abordagem suscitada induz à conclusão de que a eleição do legislador por um prazo decadencial afigura-se correta. Consabido que o critério verdadeiramente científico para a diferenciação entre prescrição e decadência consiste na natureza do "direito" sobre o qual incidiria, direta ou indiretamente, o prazo extintivo, bem como sobre a natureza das providências pertinentes à sua extinção. Tais são os ensinamentos de Agnelo Amorim Filho,[79] a partir da distinção entre "direitos a uma prestação" e "direitos potestativos", proposta, por seu turno, por Giuseppe Chiovenda. Diante disso, deveriam ser utilizados os seguintes critérios: a) se a pretensão protegida consiste em um "direito a uma prestação", ou seja, aquele direito cujo polo passivo da relação jurídica consiste num dever de prestação (dar, fazer ou não fazer), então o prazo extintivo da respectiva ação – de natureza condenatória – seria de natureza prescricional; de outro lado, b) se a pretensão disser respeito a um "direito potestativo", isto é, aquele que tem no polo passivo da relação jurídica um dever de sujeição, protegido, via de regra, por uma pretensão constitutiva, positiva ou negativa, nesse caso, se houvesse prazo para o seu exercício, tal prazo seria decadencial; por fim, c) nos casos de pretensão a uma declaração ou, nos casos de direitos potestativos sem qualquer limitação temporal para o exercício, estar-se-ia diante de situações de imprescritibilidade.[80]

Quando se trata da prerrogativa de invalidação de atos administrativos pela Administração, afigura-se insofismável que se está diante de um *"direito – dever-poder, no sentido acima proposto – potestativo"*, em que o destinatário do ato inválido há de submeter-se, sujeitar-se, em princípio, à autotutela administrativa. Ocorre que a própria lei prevê um prazo para que tal direito (dever-poder) possa ser exercido, no caso de ser um ato administrativo que traga benefícios aos destinatários, ou seja, está-se diante de um direito potestativo com prazo para o exercício, fora do qual tal prerrogativa não mais poderia ser utilizada. Assim, o prazo previsto no artigo 54 da Lei nº 9.784/99, segundo os ensinamentos de Agnelo Amorim Filho, não poderia ser outro senão o prazo de natureza decadencial.[81]

---

[78] CARVALHO FILHO, José dos Santos. *Processo administrativo federal* – comentários à Lei nº 9.784/99 de 29/1/99. 5. ed. São Paulo: Atlas, 2013, p. 271.

[79] AMORIM FILHO, Agnelo. Critério científico para distinguir a prescrição da decadência e para identificar as ações imprescritíveis. *Revista Forense*, Rio de Janeiro, n. 193, 1961, *passim*. Ademais, vide interessante ensaio em que se procurou adaptar as clássicas ideias do autor supramencionado às disposições do Código Civil vigente em: THEODORO JÚNIOR, Humberto. Distinção científica entre prescrição e decadência – um tributo à obra de Agnelo Amorim Filho. *Revista dos Tribunais*, São Paulo, v. 836, p. 49-68, jun. 2005.

[80] Tais ideias resumem o trabalho referido em linhas gerais, sendo que tal resumo, quer parecer, é suficiente para as considerações defendidas no texto. Para um aprofundamento sobre o tema da prescrição e decadência, a leitura atenta de tal trabalho – sempre atual – mostra-se imprescindível.

[81] COUTO E SILVA, Almiro. *Op. cit.*, p. 291 ensina que "certos direitos, por outro lado, são despidos de pretensão. Tal é o que sucede com os direitos de crédito resultantes do jogo e da aposta (CC, art. 814), também chamados de direitos mutilados, e com os direitos potestativos, ou formativos, como são conhecidos e

Compreendida a natureza do prazo extintivo da potestade invalidatória da Administração Pública, apresenta-se imperiosa a definição dos requisitos necessários para que a aplicação do art. 54 da LFPA e, por conseguinte, para a manutenção de tal ato viciado, tanto no que tange aos efeitos pretéritos quanto no que diz com os seus efeitos *pro futuro*.

3. Decadência e presunção de validade como "base da confiança"

O primeiro dos requisitos exigidos para que o prazo decadencial seja implementado, enquanto instrumento de concretização do princípio da proteção da confiança, consiste num aspecto invariável, porquanto presente em todas as espécies de condutas oriundas da atividade estatal de administração pública.[82] Trata-se do atributo da "presunção de legitimidade e veracidade" dos atos e condutas administrativas, pelo qual, por maior que seja a aparência de irregularidade, guardarão em seu favor a presunção – *juris tantum* – de que foram perpetrados de acordo com a ordem jurídica,[83] de forma a determinar a todos quantos forem os responsáveis pela atividade administrativa, bem assim aos seus destinatários, que se considerem regulares tais espécies de atuação estatal.[84] É importante salientar que, consoante ensina Odete Medauar,[85] a presunção de validade das ações estatais encontra amparo explícito no próprio texto da Constituição Federal, notadamente no artigo 19, II, da Carta Política, pelo

---

designados no direito alemão desde a clássica conferência de Emil Seekel, pronunciada em 1903, em Berlim. Entre esses direitos potestativos, ou formativos, da espécie dos formativos extintivos, está o de pleitear a decretação de invalidade dos atos jurídicos ou o de pronunciar-lhes diretamente a invalidade, como acontece no exercício da autotutela administrativa. Os direitos formativos não têm pretensão e a eles igualmente não corresponde, no lado passivo da relação jurídica, qualquer dever jurídico. Quem esteja no lado passivo fica, porém, sujeito ou exposto a que, pelo exercício do direito pela outra parte, nasça, se modifique ou se extinga direito, conforme o direito formativo seja gerador, modificativo ou extintivo. No que concerne especificamente ao direito formativo à invalidação de ato jurídico não é diferente. A Administração Pública, quando lhe cabe esse direito relativamente aos seus atos administrativos, não tem qualquer pretensão quanto ao destinatário daqueles atos. Este, o destinatário, entretanto, fica meramente sujeito ou exposto a que a Administração Pública postule a invalidação perante o Poder Judiciário ou que ela própria realize a anulação, no exercício da autotutela administrativa... À luz desses pressupostos, é irrecusável que o prazo do art. 54. da Lei nº 9784/99 é de decadência e não de prescrição".

[82] Justamente por ser um elemento invariável, poder-se-ia considerar – erroneamente, ao que parece – dispensável a sua menção. Entretanto, a sua importância e a sua íntima relação com a proteção da confiança, antes de determinar a sua omissão, impõem que se coloque tal requisito.

[83] Por opção terminológica, prefere-se o emprego da expressão "presunção de validade". Isso se deve ao fato de que o vocábulo "legitimidade" afigura-se polissêmico, equívoco, por vezes. A presunção ora analisada consiste, em verdade, na presunção relativa de que os atos praticados pelo Poder Público apresentam-se válidos.

[84] Acerca do atributo da presunção de validade, vide, na doutrina pátria, dentre outros: MELLO, Celso Antônio Bandeira de. *Curso de Direito Administrativo*. 28. ed. São Paulo: Malheiros, 2011, p. 419; BASTOS, Celso Ribeiro. *Curso de direito administrativo*. São Paulo: Saraiva, 1994, p. 31-32; BERTONCINI, Mateus Eduardo Siqueira Nunes. *Princípios de direito administrativo brasileiro*. São Paulo: Malheiros, 2002, p. 237; CARVALHO FILHO, José dos Santos. *Manual de Direito Administrativo*. 25. ed., 2012, p. 120-121; DI PIETRO, Maria Sylvia Zanella. *Direito administrativo*. 26. ed. São Paulo: Atlas, 2010, p. 205-207; GASPARINI, Diógenes. *Direito administrativo*. 17. ed. São Paulo: Saraiva, 2012, p. 125-126; MEIRELLES, Hely Lopes. *Direito Administrativo Brasileiro*. 37. ed. São Paulo: Malheiros, 2011, p. 163-165; MOREIRA NETO, Diogo de Figueiredo. *Curso de direito administrativo*. 14. ed. Rio de Janeiro: Forense, 2005, p. 89-90; MUKAI, Toshio. *Direito administrativo sistematizado*. São Paulo: Saraiva, 1999, p. 212.

[85] MEDAUAR, Odete. *Direito administrativo moderno*. 13. ed. São Paulo: Revista dos Tribunais, 2009, p. 134.

qual "é vedado à União, ao Distrito Federal e aos Municípios ... recusar fé aos documentos públicos".[86]

Em efeito, quando a Administração Pública pratica um determinado ato administrativo, o próprio Poder Público e, especialmente, os destinatários de tal ato jurídico são incentivados, em nome da presunção de validade, a depositar toda a confiança na validade da referida ação estatal.[87] Há, portanto, não só numa acepção empírica, mas, numa feição eminentemente jurídica, a imposição de que se confie – e não de que se desconfie – dos atos jurídicos oriundos da atividade administrativa, mesmo que perpetrados de modo inválido.[88]

No caso do instrumento de concretização do princípio da proteção da confiança que aqui se destaca, qual seja, a fixação de um prazo decadencial para o exercício da potestade invalidatória da Administração Pública, quer parecer, estreme de dúvidas, que o elemento nuclear determinante de tal proteção é justamente a presunção de validade do ato administrativo que induz os seus destinatários a confiar em sua regularidade.[89] Já se disse no STF que a "presunção de legitimidade do ato administrativo praticado, que não pode ser afastada unilateralmente, porque e comum a Administração e ao particular".[90] Sendo, pois, a presunção de validade um atributo que também protege o destinatário do ato administrativo, não se pode negar à confiança que esse depositou no ato administrativo que lhe beneficia a condição de uma "confiança legítima". Como ensina Almiro do Couto e Silva, "o que o direito protege não é a 'aparência de legitimidade' daqueles atos, mas a confiança gerada nas pessoas em virtude ou por força da presunção de legalidade e da 'aparência de legitimidade' que têm os atos do Poder Público".[91] Afigura-se apropriado, portanto, afirmar que a presunção de validade das condutas administrativas consiste na verdadeira "base da confiança" (*Vertrauengsgrundlage*, no Direito Alemão), apta a ensejar a sua proteção jurídica.

---

[86] Por ocasião do julgamento, junto ao Supremo Tribunal Federal, do MS 24.268, Rel. p/ Acórdão Min. Gilmar Mendes, j. 05.02.2004, pronunciou-se o Min. Carlos Ayres Britto no sentido de que "a própria Constituição assevera, no art. 19, inciso II, que não se pode 'recusar fé aos documentos públicos'. Essa é uma das matrizes do princípio da presunção de validade dos atos jurídicos".

[87] Lembre-se do exemplo contido na nota 304 em relação à aprovação de um candidato em concurso público inválido por conta do comportamento de um outro certamista. Num caso como o lá exemplificado, o candidato, quando logra aprovação no concurso público, não tem nenhuma razão para desconfiar da lisura de tal procedimento de seleção pública. Ao contrário, por certo, nele confiará, deixando de lado a preocupação de se preparar para outros concursos públicos, justamente porque aquele no qual fora aprovado tem em seu favor a presunção de validade.

[88] Por tal razão, entende FRANÇA, Vladimir da Rocha. Classificação dos atos administrativos inválidos no Direito Administrativo brasileiro. *Revista Trimestral de Direito Público*. São Paulo, n. 32, p. 83-100, 2000, que os atos administrativos deverão ser sempre considerados válidos, enquanto não houverem sido considerados nulos em sede de provimento judicial ou administrativo de invalidação, ou não sejam convalidáveis, assim considerados os atos portadores de vícios sanáveis, segundo pronunciamento administrativo. Importante referir que o autor entende que, não havendo pronunciamento judicial ou administrativo acerca da suposta invalidade da ação administrativa, deve ser considerada válida, justamente em nome da presunção de validade.

[89] GONZÁLES PÉREZ, Jesus. *Op. cit.*, p. 130.

[90] RE 158.543, Rel. Min. Marco Aurélio, j. 30.08.1994 e RE 199.733, Rel. Min. Marco Aurélio, j. 15.12.1998.

[91] COUTO E SILVA, Almiro. O princípio da segurança jurídica (proteção à confiança) no Direito Público brasileiro e o direito da administração pública de anular os seus próprios atos administrativos: o prazo decadencial do art. 54 da lei do processo administrativo da União (Lei n° 9.784/99). *Revista de Direito Administrativo*, n° 237. Rio de Janeiro: Renovar, jul/set 2004, p. 275.

Além de tal requisito, que de resto é pertinente a todos os atos estatais, sendo justamente por tal razão invariável, como antes asseverado, outros requisitos devem ser conjugados para que se implemente o prazo extintivo aqui apontado como um instrumento de ponderação entre a legalidade e a proteção da confiança.

4. Condutas ampliativas

O segundo critério de aplicação do art. 54 da LFPA diz respeito à natureza do ato administrativo, que, mesmo porquanto inválido, restará acobertado pela decadência em comento, em face da ponderação entre a legalidade e a proteção da confiança. Em efeito, num dos tantos critérios taxionômicos pelos quais se podem sistematizar os atos administrativos, no que tange à sua eficácia em relação aos destinatários, tal espécie de atuação estatal pode ensejar benefícios ou restrições. Aqueles, ou seja, os benéficos, são denominados "atos ampliativos",[92] ao passo esses, ou seja, os restritivos de direitos, são chamados de "atos ablativos". Diante de tal classificação, há de se ter que o prazo decadencial para o exercício da potestade invalidatória da Administração Pública somente diz respeito aos atos administrativos que produzem efeitos benéficos aos seus destinatários, ou seja, aos atos administrativos ampliativos. Isso porque, como será oportunamente demonstrado, a proteção da confiança reclamará – e esse será o terceiro requisito, a seguir examinado – que o destinatário tenha obrado de boa-fé, assim entendido não ter contribuído para a invalidade que vicia o ato administrativo. Do mesmo modo, o núcleo teórico da decadência, que torna legítima a confiança depositada pelo destinatário de um ato, qual seja, a presunção de legitimidade que o qualifica, não pode se prestar à justificação de uma situação prejudicial ao depositante. Ora, não se há de admitir que a boa-fé do destinatário de um ato administrativo viciado ou que a confiança por ele depositada possam ser empregadas para a preservação de uma conduta administrativa que seja contrária aos seus interesses.[93] Em outras palavras, somente se poderá empregar a proteção da confiança, no intuito de se implementar a decadência aqui analisada, quando se tratar de uma conduta administrativa benéfica ao destinatário depositante de tal confiança.

Assim, segundo tal critério, o prazo decadencial previsto no artigo 54 da Lei nº 9.784/99 somente existiria no caso de invalidade de atos administrativos ampliativos, ou seja, atos administrativos dos quais decorram efeitos favoráveis aos seus destinatários. *Contrario sensu*, se o ato administrativo inválido for ablativo, ou seja, daqueles que impõem restrições, gravames ou sanções aos

---

[92] Atos que conferem benefícios aos destinatários são denominados "atos ampliativos", os quais, segundo SÉRVULO CORREIA, José Manuel. *Op. cit.*, p. 290, são aqueles que "constituem direitos na esfera jurídica do destinatário, eliminem restrições ao exercício de direitos pré-existentes, eliminem ou restrinjam obrigações, ou, ainda, que constituam na esfera jurídica do particular situações jurídicas activas diferentes dos direitos subjectivos, designadamente simples poderes ou faculdades". Na redação do artigo 54, da Lei nº 9.784/99 utilizou-se a expressão "atos de que decorram efeitos favoráveis para os destinatários".

[93] CASTILLO BLANCO, Federico A. *La protección de confianza en el derecho administrativo.* Madrid: Marcial Pons, 1998, p. 139/140, para quem *"cuestión, por otra parte, bastante lógica, pues, por lo general, el ciudadano gravado por un acto administrativo no habrá puesto ninguna confianza digna de protección en el mantenimiento de ese acto".*

seus destinatários, não haverá de se cogitar do referido prazo decadencial, podendo ser sua invalidação promovida *ad aeternum*.

Tal critério objetivamente considerado – ser o ato administrativo inválido produtor de efeitos benéficos (ampliativos) ou de efeitos restritivos (ablativos) – não é imune a problemas, segundo informa José Manuel Sérvulo Correia.[94] O primeiro deles diz com aqueles casos em que se conjugam num mesmo ato, em relação a um mesmo destinatário, efeitos benéficos e detrimentos, ou seja, um mesmo ato pode ser, a um só tempo e em relação a um mesmo destinatário, ampliativo e ablativo.Imagine-se, a título de exemplo, um ato administrativo negocial em que, ao mesmo tempo, se garanta a possibilidade de desempenho de certas atividades comerciais e se imponham restrições de horários de funcionamento. Um outro problema que advém do critério pertinente à natureza ampliativa ou ablativa do ato inválido consiste na hipótese de que um mesmo ato administrativo tem vários destinatários, sendo ampliativo em relação a alguns deles e ablativo em relação aos demais. Pense-se num ato resultante de qualquer mecanismo de seleção pública – licitação, concurso público, etc. – em que há destinatários que gozarão de seus efeitos, ao passo que outros serão preteridos pelo ato. Tais problemas, uma vez diversos, exigem, ao que parece, soluções também diversas.

Quanto ao primeiro dos problemas que decorre do critério "natureza do ato", ou seja, quanto ao fato de que pode haver atos administrativos dos quais decorram, a um só tempo e em relação a um mesmo destinatário, efeitos benéficos e efeitos prejudiciais, a solução deveria consistir em não ser aplicado o prazo decadencial previsto no artigo 54 da Lei n° 9.784/99. Tal conclusão, ao que parece, é um imperativo de interpretação jurídica. Tem-se que, quando se está diante de uma regra dotada de exceções, interpreta-se aquela de modo extensivo e estas de modo restritivo. Trata-se da já referida regra hermenêutica traduzida pela parêmia *"odiosa restringenda, favorrabilia amplianda"*. No caso da invalidação dos atos administrativos pela própria Administração Pública, não se pode questionar que a regra é o dever-poder de invalidação, aliás, como determinado pelo artigo 53 da Lei n° 9.784/99. A implementação do prazo decadencial proibindo a invalidação é verdadeiramente uma exceção à regra. Assim, deve-se interpretar tal exceção restritivamente, ou seja, a decadência somente ocorrerá naquelas hipóteses em que do ato administrativo inválido decorrerem exclusivamente efeitos benéficos ao destinatário, com o que, se coexistentes efeitos ampliativos e ablativos em relação a um mesmo destinatário, a invalidação poderá ocorrer independentemente de qualquer limitação prazal.[95]

O segundo problema que decorre da natureza do ato inválido diz respeito àquelas situações em que o ato traz benefícios a alguns destinatários, impon-

---

[94] CASTILLO BLANCO, Federico. *Op. cit.*, p. 93.

[95] Discorda-se, nesse aspecto, do que defende COUTO E SILVA. *Op. cit.*, p. 304 para quem *"para fins, porém, de revogação ou de anulação de ato administrativo* [portador da característica acima referida] *a autoridade competente levará em conta apenas o aspecto positivo do administrativo, mesmo quando ele não puder ser separado do aspecto negativo"*.

do restrições a outros. Trata-se dos chamados atos de duplo efeito.[96] Em tais circunstâncias, ao que parece, a solução dependerá das providências eventualmente tomadas pelos destinatários preteridos ou prejudicados. Como se pode depreender do próprio dispositivo em comento, o que se pretende é justamente a estabilização de atos administrativos que, a despeito de terem sido praticados de modo inválido, já produziram seus efeitos jurídicos por largo tempo sem que as providências invalidatórias houvessem sido tomadas. Assim, se os destinatários preteridos – os principais interessados na invalidação, ao lado da Administração Pública – não utilizarem qualquer meio de impugnação administrativa, não poderá a Administração Pública promover a invalidação do referido ato administrativo, se implementadas as demais condições para a ocorrência da decadência. Aplica-se, analogicamente, o preceituado no artigo 54, § 2°, da Lei n° 9.784/99, regra pela qual "considera-se exercício do direito de anular qualquer medida de autoridade administrativa que importe impugnação à validade do ato". Assim, se os preteridos pelo ato administrativo em questão houverem interposto, por exemplo, o recurso administrativo cabível, enquanto esse tramitar, não haverá o transcurso do prazo de implementação da decadência. Caso os destinatários não se utilizem dos meios que lhes são colocados à disposição para a insurgência administrativa contra o ato e, além disso, se a Administração Pública ficar inerte, ultrapassados o prazo decadencial previsto, não mais poderá ocorrer a invalidação do ato.

5. Decadência e boa-fé

Outro pressuposto para a aplicação do art. 54 da LFPA consiste num elemento relacionado com um aspecto subjetivo dos destinatários do ato administrativo inválido. Trata-se da boa-fé, que, de resto, é presumida.[97]

Tal aspecto merece uma análise cuidadosa, sobretudo em função da distinção entre o princípio da proteção da confiança e a boa-fé. Embora sejam con-

---

[96] SÉRVULO CORREIA, José Manuel. *Op. cit.*, p. 93 denomina tal situação de "dupla virtualidade de providências (*Doppelköpfigkeit der Massnahamen*)".

[97] Nesse sentido, a parte final do disposto no artigo 54 da Lei n° 9.784/99 estabelece que a decadência se implementará "salvo comprovada má-fé". Faz-se, nesse particular uma referência acerca de uma regra que chegou a existir, pela qual se criou uma presunção contrária à presunção de boa-fé referida no texto. Ocorre que, ao ser editada a Medida Provisória n° 242, de 24.03.2005, estabeleceu-se que, em relação ao prazo decadencial para a invalidação de atos praticados pela Previdência Social – prazo excepcional de 10 anos, como será analisado –, para o qual também se exigiria o requisito da boa-fé, seria presumida a má-fé do "beneficiário nos casos de percepção cumulativa de benefícios vedada por lei, devendo ser cancelado o benefício mantido indevidamente". Tal presunção de má-fé, contrária a basilares princípios gerais de direito, foi, ao menos em sede de decisão monocrática, chancelada pelo STF. Em efeito, quando da apreciação conjunta do pleito cautelar vertido nas ADIn n° 3.467, 3.473 e 3.505, deduzido com vistas à suspensão da íntegra dos dispositivos da MP n° 242, o Min. Marco Aurélio entendeu que "no mais, e neste exame preliminar, o que se tem é a disciplina da anulação, presente, até o mesmo, as fraudes notadas no âmbito da Previdência Social. O princípio da legalidade estrita há de ser respeitado na satisfação de todo e qualquer benefício, mês a mês, consideradas as mensalidades em que esteja desdobrado. Não vinga a questão referente ao duplo benefício. A outorga se faz mediante requerimento do interessado e a ninguém é dado eximir-se do crivo legal, alegando ignorância. Daí ter-se como a revelar a má-fé a percepção cumulativa de benefícios vedada por lei. Indefiro, no particular, a medida acauteladora". Cumpre esclarecer que tal questão não foi apreciada pela composição plena do STF, nem em sede de referendo da Medida Cautelar, seja em sede de mérito, porquanto, em 20.07.2005, deu-se o superveniente arquivamento da MP, pelo Senado Federal, dada a ausência dos pressupostos constitucionais da relevância e urgência.

ceitos muito próximos e normalmente empregados indistintamente, não são sinônimos, propondo-se que a boa-fé seria, em verdade, um pressuposto da incidência do princípio da proteção da confiança, especialmente no que tange aos atos administrativos de efeitos concretos.

Por primeiro, há de ser indagado de quem seria a boa-fé exigida para fins de implementação do prazo decadencial. A resposta, ao que parece, deve ser no sentido de que a boa-fé reclamada é a dos destinatários dos atos administrativos inválidos, não a dos responsáveis, junto à Administração Pública, pela concretização do ato administrativo em tela. Rogando-se vênia a quem pensa o contrário,[98] não parece existir congruência em se condicionar a proteção da confiança que administrados depositam legitimamente em favor de atos que lhe são benéficos a um elemento subjetivo atribuível a outras pessoas.[99] Não se pode perder de vista, nesse sentido, que o instrumento de ponderação consistente na estipulação de um prazo decadencial para a invalidação *ex officio* de atos administrativos apresenta-se como uma forma de proteção da legítima confiança depositada por um administrado em relação a um ato que guarda em seu favor a presunção de validade, atributo esse que, por seu turno, não reclama a boa-fé de quem o pratica ou de terceiros.

Assim, não se poderia condicionar a incidência da decadência a um aspecto de índole subjetiva ou comportamental – a boa-fé – atribuível a quem não fosse o próprio destinatário de tal proteção, seja o agente público responsável pela prática do ato administrativo, seja um terceiro qualquer. Nesse sentido, mesmo outros princípios, como é o caso da moralidade administrativa – argumento utilizado para se exigir indevidamente a boa-fé de outros que não o destinatário do ato –, podem e devem ser ponderados com a proteção da confiança.

Questão interessante diz respeito aos atos administrativos que produzem efeitos benéficos a uma gama de destinatários, dos quais somente alguns contribuíram para a invalidade, ao passo que os demais nada fizeram para que o ato administrativo tivesse sido praticado à revelia da ordem jurídica. Imagine-se, nesse sentido, um concurso público em que somente um candidato houvesse fraudado o certame, por exemplo, tendo acesso às provas antes de sua realização, ao passo que todos os demais candidatos aprovados o foram por seus próprios méritos. Em casos como esse, quer parecer que não haverá

---

[98] É o caso, por exemplo, de FREITAS, Juarez. Dever de motivação, de convalidação e de anulação: deveres correlacionados e proposta harmonizadora. *Interesse Público*, Porto Alegre, n. 16, out./dez. 2002, p. 44, para quem "parece que não se deve restringir a compreensão do dispositivo sem perda de parcela significativa do seu conteúdo: o dispositivo alude à má-fé em geral, seja a do administrado, seja a do administrador, isoladamente consideradas ou em conjunto, porquanto o prisma de restrição macularia, entre outros, o princípio da moralidade jurídica. Dito clara e objetivamente: havendo má-fé do "administrado" ou do agente público (neste caso, configurando improbidade administrativa), não se aplica o prazo de cinco anos (ainda que outro prazo decadencial exista e seja o proposto interpretativamente), nem se aplica, do mesmo jeito, o critério do cômputo do prazo". Antes disso, o mesmo autor havia vertido tais considerações em FREITAS, Juarez. Processo administrativo federal: reflexões sobre o prazo anulatório e a amplitude do dever de motivação dos atos administrativos. In: SUNDFELD, Carlos Ari; MUÑOZ, Guillermo Andrés (Org.) *As leis de processo administrativo:* Lei Federal 9.784/99 e Lei Paulista 10.177/98. São Paulo: Malheiros, 2006, p. 100.

[99] No sentido defendido, ou seja, de que se exige a boa-fé do destinatário, não de quem pratica o ato ou de terceira qualquer vide, dentre outros: FRANÇA, Vladimir da Rocha. *Invalidação judicial da discricionariedade administrativa no regime jurídico-administrativo brasileiro*. Rio de Janeiro: Forense, 2000, p. 110 e SIMÕES, Mônica Martins Toscano. *O processo administrativo e a invalidação de atos*. São Paulo: Malheiros, 2004, p. 169.

nenhum problema em ser a conduta administrativa cindida, para fins de diferenciar o tratamento jurídico – relativo à decadência – em relação aos destinatários que deram causa (destinatários de má-fé) e aqueles que não deram causa à invalidade (destinatário de boa-fé). Assim, a solução seria a seguinte: em relação aos destinatários de boa-fé, implementadas as outras condições ora analisadas, impõe-se a configuração da decadência, obstando-se a Administração Pública de invalidar a conduta; em relação aos terceiros causadores do vício intrínseco ao ato, não há de se falar em decadência, consoante oportunamente analisado.

Ainda em relação ao pressuposto da boa-fé, um outro aspecto há de ser colocado em relevo quanto à implementação da decadência administrativa. Já se fez referência acerca "de quem" se exige a boa-fé, concluindo-se que se a reclama do destinatário, e não da autoridade que praticou o ato ou de terceiros. Remanesce a indagação acerca de "o quê" é a boa-fé condicionante de tal prazo decadencial da prerrogativa de invalidação *ex officio*. Propõe-se, quanto a tal aspecto, que o significado que se deva atribuir a tal exigência anda no sentido – que conflui nos sentidos objetivo e subjetivo da boa-fé – de não serem atribuíveis ao destinatário do ato as razões pelas quais tal ato administrativo se apresenta viciado,[100] ou seja, estará cumprida a exigência de boa-fé referida no artigo 54 da Lei n° 9.784/99 quando não for possível imputar – direta ou indiretamente – a invalidade do ato administrativo ao seu beneficiário.[101] Em

---

[100] "O que é, pois, agir de boa fé? É agir sem malícia, sem intenção de fraudar a outrem. É atuar na suposição de que a conduta tomada é correta, é permitida ou devida nas circunstâncias em que ocorre. É, então, o oposto da atuação de má fé, a qual se caracteriza como o comportamento consciente e deliberado produzido com o intento de captar uma vantagem indevida (que pode ser ou não ilícita) ou de causar a alguém um detrimento, um gravame, um prejuízo, injustos" (MELLO, Celso Antônio Bandeira de. O princípio do enriquecimento sem causa em Direito Administrativo. *Revista de Direito Administrativo*, Rio de Janeiro, n. 210, out./dez 1997, p. 34).

[101] COUTO E SILVA, Almiro. *Op. cit.*, p. 305, para quem "a boa fé, a que alude o preceito, quer significar que o destinatário não tenha contribuído, com sua conduta, para a prática do ato administrativo ilegal. A doutrina alemã, neste ponto, fala numa 'área de responsabilidade' (*Verantwortungsbereich*) do destinatário. Seria incoerente proteger a confiança de alguém que, intencionalmente, mediante dolo, coação ou suborno, ou mesmo por haver fornecido dados importantes falsos, inexatos ou incompletos, determinou ou influiu na edição de ato administrativo em seu próprio benefício". Problema interessante abordado por Almiro do Couto e Silva, quanto ao requisito da boa-fé, diz respeito à pressuposição da boa-fé do destinatário de uma conduta administrativa se o mesmo conhece – ou deveria conhecer – a invalidade do ato. Enfrentando tal questão ensina o autor que "questão complexa é a que diz com o conhecimento da ilegalidade do ato administrativo pelo destinatário, ou seu desconhecimento, por grave negligência (*infolge grober Fahrlässigkeit*), que, no direito alemão, é excludente da aplicação do princípio de proteção à confiança. Desde logo não se pode esquecer que a proteção da confiança do destinatário, no tocante aos atos administrativos, resulta da presunção de legalidade de que esses atos gozam. É a Administração Pública que tem o dever de exarar atos administrativos que estejam em plena conformidade com as leis e com a Constituição. De outra parte, é muito comum que os atos administrativos contemplem um grande número de beneficiários, como freqüentemente ocorre, por exemplo, nas relações com servidores públicos. Os destinatários, nesses casos, têm, de regra, níveis diferenciados de conhecimento e de informação. Assim, conquanto alguns pudessem ter dúvidas quanto à legalidade das medidas que os favoreciam, outros estariam convencidos de que as medidas seriam legítimas, tornando-se muito difícil, se não impossível, determinar quem teria conhecimento da ilegalidade e quem não teria; quem desconheceria a ilegalidade por negligência grave e quem, apesar de diligente, dela não tomara conhecimento. Como se percebe, análises dessa espécie dariam margem a juízos altamente subjetivos e a tratamentos desiguais, baseados nesses mesmos juízos, o que facilmente poderia escorregar para a arbitrariedade. Além disso, até nas situações individuais em que o número de beneficiários fosse restrito ou se reduzisse a uma única pessoa, será forçoso admitir que eventuais dúvidas sobre a legalidade iriam gradativamente perdendo relevo, à medida que o tempo fosse passando, sendo a pouco e pouco suplantadas, desse modo, pela crescente e sempre mais robustecida confiança na legalidade do ato administrativo. ... Os precedentes apontam sentido. A jurisprudência de nossos tribunais, como se viu, tem

sentido contrário, sempre que as razões pelas quais o ato se apresenta viciado puderem ser consideradas como originadas de condutas atribuíveis ao destinatário do ato, terá esse obrado de má-fé, não sendo, pois, a sua confiança digna de qualquer proteção.[102]

6. Decurso do tempo e peculiaridades do prazo decadencial de 5 anos

Outro requisito para a aplicação do art. 54 da LFPA corresponde ao elemento mais objetivo de todos, qual seja, o decurso de um prazo, correspondente ao quinquênio,[103] a contar da prática do ato viciado ou, no caso de efeitos patrimoniais contínuos, da percepção do primeiro pagamento.[104] Com efeito, o lapso temporal é, como não poderia deixar de ser, determinante para a implementação do prazo extintivo decadencial.

Como já referido, o mecanismo do prazo decadencial em comento deve ser assim considerado: de um lado, se do ato administrativo inválido houver transcorrido um prazo inferior a cinco anos, a Administração Pública não somente terá o direito de invalidá-lo, como, aliás, terá o dever de fazê-lo, mesmo que o destinatário do ato esteja de boa-fé; de outra banda, se da prática do ato exceder o prazo de cinco anos, a Administração Pública estará proibida de

---

mantido situações ilegais, assim reconhecidas pela Administração Pública, mas que ficaram provisoriamente sustentadas por liminares concedidas pelo poder Judiciário, mesmo quando a decisão final, proferida após o transcurso de largo lapso de tempo, foi desfavorável ao interessado. Igualmente, nos abundantes casos de alunos de estabelecimentos de ensino superior que, só após volvidos anos da conclusão dos cursos e da expedição do respectivo diploma, verificou-se a existência de falhas em seus currículos (p. ex., falta de disciplinas que deveriam ter sido cursadas), nunca se questionou se essas pessoas tinham conhecimento de tais irregularidades ou as desconheciam por grave negligência. Isso, portanto, sempre pareceu irrelevante. ... Aliás, tais perquirições sobre o conhecimento da ilegalidade são também desconhecidas no direito francês, onde a investigação da boa fé do destinatário, para efeito da aplicação ou não do prazo decadencial de 60 dias, se esgota na apuração da existência de manobras fraudulentas do interessado na obtenção do ato administrativo que o beneficiou".

[102] Concorda-se, nesse particular, com o julgado encontra na jurisprudência do STJ, qual seja, o REsp 603.135, Rel. Min. Teori Zavascki, j. 08.06.2004, pelo qual "o prazo decadencial de cinco anos para a Administração anular seus próprios atos (art. 54 da Lei nº 9.784/99/99) não se aplica aos casos de comprovada a má-fé". Extrai-se do voto do ilustre relator, nesse sentido, elucidativa passagem acerca da má-fé do destinatário do ato. *Verbis*: "da situação fática consolidada no acórdão recorrido vê-se que o recorrente teve sua matrícula cancelada depois de constatada a ocorrência de fraude no vestibular. O relator refere que restou comprovada a fraude em razão da confissão do recorrente e da 'apresentação de carteira falsa, com a aposição da fotografia de uma outra pessoa' (fl. 341). Estando comprovada a má-fé do administrado na obtenção de sua aprovação no vestibular, ainda que se aplicasse o disposto no art. 54 da Lei nº 9.784/99/99, o prazo decadencial de cinco anos restaria afastado por expressa determinação legal".

[103] Importante ser dito que, em criticável providência, adotou-se o imperial instrumento previsto no artigo 62 da Constituição Federal, para, através da Medida Provisória nº 138, de 20.11.2003, convertida na Lei nº 10.839/04, inserir-se o artigo 103-A da Lei nº 8.213/91, o qual previu que o "direito da Previdência Social de anular os atos administrativos de que decorram efeitos favoráveis para os seus beneficiários decai em dez anos, contados da data em que foram praticados, salvo comprovada má-fé". Tal regra, que obviamente não revogou o artigo 54 da Lei nº 9.784/99, trouxe norma especial em relação à *"Previdência Social"*, em que se ampliou o prazo decadencial de cinco para dez anos. Quanto ao novel dispositivo tem-se a dizer, inicialmente, que o prazo decenário é irrazoável, se considerada a regra geral de um prazo qüinqüenal e, sobretudo se lembrado qual o "público-alvo" dos destinatários dos atos praticados pela Previdência Social. Não há qualquer problema e serem estabelecidos prazos diferenciados em situações diversas, desde que os critérios de diferenciação sejam empregados com razoabilidade, o que não é, neste caso, observado.

[104] Em relação aos atos dos quais decorrem efeitos patrimoniais sucessivos, estabelece o artigo 54, § 1º, da Lei nº 9.784/99 que *"no caso de efeitos patrimoniais contínuos, o prazo de decadência contar-se-á da percepção do primeiro pagamento"*.

invalidar o ato viciado, dada a concretização da decadência. Tal ponderação revela-se cristalina, ou seja, a contar da prática do ato administrativo inválido até o decurso do prazo de cinco anos, a legalidade administrativa deverá preponderar e, no exercício de autotutela administrativa, a Administração Pública deverá invalidar o ato, desconstituindo retroativamente os seus efeitos.[105] Ao contrário, se o prazo de cinco anos houver sido ultrapassado, preponderará a proteção da confiança depositada pelo destinatário, ficando a Administração Pública proibida de invalidar seus próprios atos administrativos, qualquer que seja a espécie de invalidade.[106]

O prazo de cinco anos serve, portanto, como uma espécie de marco divisor da concessão de efeitos jurídicos à inércia da Administração Pública quanto ao dever de invalidação dos seus atos administrativos viciados. Por certo, o que se pretende é que a Administração Pública invalide seus próprios atos administrativos quando constatar a invalidade que os qualificada. Isso consiste num primado, inclusive, de aprimoramento da atividade administrativa, bem assim de garantia à legalidade objetiva, já referida. O que não se pode admitir é que tal prerrogativa anulatória se perpetue, porque, deixando-se de fixar prazo para o exercício de tal prerrogativa invalidatória, propícias seriam situações de flagrante insegurança jurídica, ocasionadas em nome de uma proteção – cega e desmedida – à legalidade, esquecendo-se, assim, que a própria legalidade é um instrumento de consecução de segurança jurídica.

---

[105] Como será abordado no item seguinte, devem ser ressalvados, nesse caso, os efeitos produzidos em favor de terceiros de boa-fé, ou seja, que não contribuíram para a invalidade do ato.

[106] Embora o tema – espécies de invalidades – não seja objeto do presente ensaio, há de ser afirmado que a regra em comento não traz qualquer restrição aos atos administrativos nulos ou inconstitucionais, de forma que, sendo a proteção da confiança um princípio que, tal qual a legalidade, dá supedâneo formal ao Estado de Direito, num mesmo nível de importância, não poderia o intérprete, na aplicação do artigo 54 da Lei nº 9.784/99, reduzi-la em significado, ou seja, o prazo decadencial há de incidir tanto em relação a atos nulos quanto em relação aos atos anuláveis, consoante entendimento de MELLO, Celso Antônio Bandeira de. *Curso de Direito Administrativo*. 28. ed. São Paulo: Malheiros, 2011, p. 489. Nesse sentido, ao que parece, não se mostra a melhor decisão restringir a aplicação do artigo 54 da Lei nº 9.784/99 tão somente aos atos administrativos anuláveis. Diferente é a proposta de COUTO E SILVA, Almiro. *Op. cit*, p. 294-302, que define, ou redefine – de forma inovadora e com substancial redução de significado, ao menos no Direito pátrio – os atos administrativos nulos como sendo tão somente os "casos patológicos exacerbados, consistentes em vícios gravíssimos, grosseiros, manifestos e evidentes, independentemente da hierarquia da norma violada, se da Constituição ou da legislação ordinária". Em relação a tais atos entende o autor que não haveria de se falar em decadência, podendo a Administração Pública invalidá-lo a qualquer tempo. Pois bem, tal posição, embora precisa como sói ocorrer, merece uma compreensão cuidadosa. Em efeito, é verdade que casos extremamente graves, de uma manifesta e grosseira contrariedade à ordem jurídica, como é o caso exemplificado por Almiro do Couto e Silva de um ato "de autorização de funcionamento de casa de prostituição infantil, ou de aposentadoria, como servidor público, de quem não é servidor público", não podem ter o curso do tempo como um instrumento de preservação. Ora, em casos grosseiros como tais, a inexistência de um prazo decadencial pode ser justificada no fato de que atos tão absurdos assim não guardam em seu favor a presunção de legitimidade o que, como visto, é um elemento nuclear de legitimação da confiança nos atos praticados pela Administração Pública. O que não pode ocorrer, todavia, é a simples aplicação de teorias de invalidade do Direito Privado, em que há uma ampla definição de atos nulos para, aproveitando-se forçosamente tais teorias no Direito Administrativo, reduzir-se significativamente a aplicação do prazo decadencial aqui estudado. Assim, a afirmação de que atos nulos não seriam suscetíveis de decadência administrativa somente seria aceitável numa noção restrita de "ato administrativo nulo", como a proposta por Almiro do Couto e Silva. Ao contrário, a regra do artigo 169, do CC/02, por geral e por ser pertinente ao Direito Privado, não tem o condão de afastar a aplicabilidade de um prazo decadencial para a Administração Pública invalidar os seus próprios atos. Daí porque não se pode concordar com a orientação jurisprudencial encontrada no CNJ, inclusive com lastro regimental daquele Conselho, quanto à inexistência de prazo decadencial em caso de atos que afronte à Constituição Federal, sobretudo porquanto datada de texto deveras analítico, com a vigente em nosso país.

Nesse sentido, pode-se dizer, tal como faz Paulo Otero, que o "tempo desempenha em Direito Administrativo, tal como em qualquer outro sector do ordenamento, um papel de facto gerador do 'esquecimento' de situações jurídicas contrárias ou conformes à legalidade jurídico-positiva, modificando e invertendo o seu sentido ou os seus efeitos".[107]

O critério prazal, não obstante sua objetiva condição, já vem propiciando algumas perplexidades, especialmente nos tribunais superiores. Destacam-se, dentre tais discussões, três dos referidos problemas.[108]

O primeiro problema diz respeito à aplicação do prazo decadencial em relação aos atos administrativos praticados antes da vigência da Lei n° 9.784/99, mais precisamente, antes de 29.01.1999. A orientação que vem predominando no Superior Tribunal de Justiça anda no sentido de que, não se podendo aplicar retroativamente a Lei n° 9.784/99, os atos administrativos praticados antes de tal Diploma Legal teriam a contagem do prazo decadencial iniciada não da sua prática, mas tão somente da vigência da referida lei.[109] Tais decisões, em termos gerais, fundamentam-se na premissa de que o prazo decadencial somente teria "surgido" com o advento do referido Diploma Legal. Se essa premissa teórica fosse verdadeira, seriam as decisões referidas elogiáveis. Essa é a questão. A premissa utilizada para se afirmar que o termo *a quo* do prazo decadencial é a própria lei, nos casos dos atos viciados praticados anteriormente à sua vigência, revela-se, ao que parece, equivocada.

Discorda-se de tal orientação por se entender que o prazo decadencial em lume não se encontra fundamentado "somente" no artigo 54 da Lei n° 9.784/99, mas do próprio princípio constitucional da proteção da confiança, com vistas à mantença de situações já consolidadas há largo tempo. Por certo, como já asseverado, a ponderação "legalidade/proteção da confiança" reclama e exige critérios objetivos e preestabelecidos, sendo, por certo, vantajoso que sejam preestabelecidos numa regra jurídica presente no direito posto. A positivação, no entanto, não pode ser considerada um requisito indispensável.

Ocorre que não se pode considerar que a ponderação aqui analisada, que é refletida no prazo decadencial, tenha sua aplicabilidade condicionada à existência de preceitos legais. Tal pensamento, em termos de analogia, equivaleria à absurda afirmação de que não se aplicariam, por exemplo, os princípios do contraditório e da ampla defesa se inexistissem preceitos infraconstitucionais que os previssem. Diz-se que tal afirmação seria absurda porquanto olvidaria

---

[107] OTERO, Paulo. *Legalidade e administração pública:* o sentido da vinculação administrativa à juridicidade. Coimbra: Almedina, 2003, p. 1069.

[108] Ainda não ocorreu nos tribunais superiores pátrios a dita "marcha triunfal do princípio da proteção da confiança", nos moldes do que ocorreu no Direito Alemão (*Siegeszug des Vetrauensschutzprinzips*), embora já tenha tal jornada se iniciado. Ocorre que, como toda caminhada, é natural que ocorram alguns percalços. Isso é o que parece ter ocorrido com as orientações jurisprudenciais a seguir analisadas.

[109] Citam-se, nesse sentido, os seguintes julgados: REsp 603.135, Rel. Min. Teori Zavascki, j. 08.06.2004; MS 9.157, Rel. Min. Eliana Calmon, j. 20.10.2004; MS 9.115, Rel. Min. César Asfor Rocha, j. 16.02.2005; MS 9.112, Rel. Min. Eliana Calmon, j. 16.02.2005; MS 7.702, Rel. Min. Gilson Dipp, j. 14.09.2005. Segundo tal orientação, num ato inválido que tenha sido praticado pela Administração Pública Federal, por exemplo, em 1950, desde então produzindo efeitos benéficos, em favor de um destinatário que não contribuiu para a invalidade do ato, a decadência somente se implementara em 29.01.2004, ou seja, cinco anos após o início da vigência da Lei n° 9.784/99. No STF não existe, ao menos até o presente momento, decisão que tenha enfrentado, de forma direta, tal tema.

a insofismável condição de princípio constitucional de que o contraditório e a ampla defesa são portadores. Com a proteção da confiança, ao que parece, o mesmo ocorre. Considerando-se a sua condição de princípio constitucional, a proteção da confiança deve ser considerada determinante de um prazo decadencial, mesmo que não existam, como não existia antes de 29.01.1999, regras legais que positivem tal prazo. Isso porque, é possível que se extraiam diretamente de uma interpretação constitucional de tal princípio os critérios objetivos necessários a sua aplicação. Mantendo-se a analogia referida, poder-se-ia dizer que, assim como é possível extrair um significado mínimo do princípio constitucional do contraditório,[110] independentemente de regras legais que o positivem, é também possível extrair da proteção da confiança que desfruta de um significado mínimo, do qual se depreende, indubitavelmente, a fixação de um prazo decadencial em posição de destaque. Justamente por tal razão, defende-se que, mesmo em relação a entes federados[111] – Estados e Municípios – que não tenham lei própria positivando o prazo decadencial para a invalidação administrativa, nos moldes do que sucede, em âmbito federal, com o artigo 54 da Lei nº 9.784/99, não se poderia deixar de observar um limite temporal para a invalidação *ex officio* de atos administrativos. O prazo quinquenal cumpriria a condição de "prazo razoável"[112] porquanto tradicionalmente esse é o

---

[110] Para um análise moderna e precisa acerca do contraditório, vide, por todos: ALVARO DE OLIVEIRA, Carlos Alberto. Garantia do contraditório. In: TUCCI, José Rogério Cruz e (Coord.) *Garantias constitucionais do processo civil*. São Paulo: Revista dos Tribunais, 1999, p. 132-150.

[111] Cumpre recordar que a matéria em comento é uma daquelas sobre as quais cada ente federado porta autonomia para legislar, consoante anteriormente asseverado. Isso implica dizer que se os Estados-Membros, o Distrito Federal ou Municípios editarem as suas respectivas regras tratando da matéria, essas, por óbvio, serão as aplicáveis, mesmo que estipulem prazo diversos do prazo qüinqüenal. Citam-se, por exemplo, a Lei Estadual nº 10.177/98, que previu um prazo decadencial de dez anos, em relação ao Estado de São Paulo, e a Lei Estadual nº 3.870/02 e a Lei Distrital nº 2.834/01, que estabelecem, para o Estado do Rio de Janeiro e para o Distrito Federal, um prazo de cinco anos para que a Administração Pública exerça a sua prerrogativa invalidatória. O que parece não ser possível, por uma inconstitucionalidade material, seria a fixação de um prazo tão dilatado (30 anos, por exemplo) que não cumprisse o seu desiderato de concretizar a proteção da confiança. Ponderação interessante, nesse sentido, é feita por FERRAZ, Sérgio. Extinção de atos administrativos: algumas reflexões. *Revista de Direito Administrativo*, Rio de Janeiro, n. 231, jan./mar. 2003, p. 65, para quem "impende sublinhar que a lei paulista pertinente (n. 10.177, de 1998), em seu art. 10, ao dispor sobre o tema de que estamos a cogitar, fixou em dez anos o prazo decadencial para os casos de anulação, silenciando quanto à revogação. O lapso de dez anos para o exercício da pretensão administrativa anulatória, pessoalmente, nos parece excessivo. Mas não chega, em nossa opinião, a configurar hipótese de infringência ao princípio constitucional da razoabilidade". No entanto, ocorreria, ao que parece, afronta ao princípio da proteção da confiança e da razoabilidade, regra contida em legislação estadual ou municipal que simplesmente torne ilimitada temporalmente a prerrogativa anulatória da Administração Pública, como ocorre com a Lei Complementar nº 33/96, do Estado do Sergipe.

[112] NOBRE JÚNIOR, Edilson Pereira. *Princípio da boa-fé e sua aplicação no direito administrativo brasileiro*. Porto Alegre: SAFE, 2002, p. 201, assevera que "quanto aos demais Estados e Municípios, em que as respectivas leis não demarquem um interregno temporal ao exercício da competência de invalidar, de seguir a recomendação estabilizada pela doutrina, conforme a qual as situações jurídicas consolidadas pela passagem de razoável lapso de tempo, cuja fixação, dadas as particularidades do caso concreto, hão de ser fixadas pela Administração, ou pelo Judiciário, não mais podendo ensejar a superveniência de invalidação, contanto verificada a boa-fé [a proteção da confiança, da qual, no caso, a boa-fé é pressuposto, como se prefere] dos destinatários". Concorda-se com o autor, em relação às bases de sua opinião. Acredita-se, entretanto, que uma fixação casuística do prazo, em hipóteses como essa, poderia ensejar, ao contrário do pretendido, um *status* de insegurança jurídica. Justamente por tal razão é que se opta, mesmo em relação aos casos em que não há fixação do prazo por intermédio de uma regra legal positivada, ainda assim se fixar o tal prazo razoável nos tradicionais cinco anos, como sugerido, dentre outros, por COUTO E SILVA, Almiro. Prescrição qüinqüenária da pretensão anulatória da administração pública com relação a seus atos administrativos. *Revista de Direito Administrativo*, Rio de Janeiro, n. 204, abr./jun. 1996.

prazo extintivo que se estabelece tanto em favor como contra os interesses da Administração Pública.

Com razão, assim, quem reconhece que, mesmo diante da ausência de regras jurídicas que explicitem a decadência em tela, ela deveria ser observada,[113] justamente no intuito de se evitar a perpetuação de uma prerrogativa administrativa dotada de grave potencial de alcance no rol de direitos dos destinatários da função administrativa. Diante de tudo quanto se afirmou, embora se conheça a posição ora dominante no Superior Tribunal de Justiça, não se pode com a mesma concordar, porquanto vai de encontro ao que se poderia considerar o conteúdo jurídico mínimo do princípio da proteção da confiança. Espera-se, respeitosamente, que tal orientação não perdure.

O segundo problema já encontrado nos tribunais superiores em relação ao termo inicial do prazo diz respeito aos atos administrativos sujeitos a registro pelos Tribunais ou Cortes de Contas. Vem entendendo o STF que, em atos sujeitos a registro pelos Tribunais de Contas (art. 71, III, da CF/88), como é o caso da aposentadoria de servidores públicos, o termo inicial do prazo decadencial não seria o da prática do ato, mas da concessão de registro pela Corte de Contas, o que, em geral, ocorre muito tempo após a prática do ato administrativo.[114] Pretendida, pelos interessados, a incidência do princípio da proteção da confiança, em face do transcurso de largo período de tempo – mais de cinco anos – entre a prática do ato e a negativa de registro pelos Tribunais de Contas, o STF, nas palavras do Min. Eros Grau, considerou que a Corte Constitucional "tem entendido que o ato de aposentadoria configura ato administrativo complexo, aperfeiçoando-se somente com o registro perante o Tribunal de Contas. Submetido, pois, à condição resolutiva, não se operam os efeitos da decadência antes da integração da vontade final da Administração". Tal posicionamento jurisprudencial, rogando-se a devida vênia ao guardião precípuo da Constituição Federal,[115] não parece ser consentâneo com o já referido conteúdo jurídico mínimo do princípio da proteção da confiança.[116]

---

[113] No sentido de que o prazo em tela é uma imanência do próprio princípio da boa-fé, com vistas à obtenção de um estado de segurança jurídica, inclusive com a sugestão da utilização do prazo de cinco anos, em analogia ao artigo 21, da Lei n° 4.717/65, importante é a leitura de um dos vários ensaios de lavra de Almiro do Couto e Silva sobre o assunto antes da vigência da Lei n° 9.784/99: COUTO E SILVA, Almiro. *Op. cit.*. Do mesmo modo, vide NOBRE JÚNIOR, Edilson Pereira. *Op. cit.*, p. 201.

[114] Citam-se, por exemplo, as seguintes decisões MS 24.958-7/DF, Rel. Min. Marco Aurélio, j. 02.02.2005; MS 24.997-8/DF, Rel. Min. Eros Grau, j. 02.02.2005; MS 25.015-1/DF, Rel. Min. Eros Grau, j. 02.02.2005; MS 25.036-4/DF, Rel. Min. Eros Grau, j. 02.02.2005; MS 25.037-2/DF, Rel. Min. Eros Grau, j. 02.02.2005; MS 25.090-9/DF, Rel. Min. Eros Grau, j. 02.02.2005; MS 25.095-0/DF, Rel. Min. Eros Grau, j. 02.02.2005; MS 25.192-1/DF, Rel. Min. Eros Grau, j. 07.04.2005.

[115] A condição de "guardião precípuo" da Constituição cometida ao STF, além de ter embasamento na literalidade do disposto no artigo 102 da CF/88, encontra supedâneo na máxima pela qual a Constituição é o que a Corte Constitucional diz que ela é ("A supreme tribunal has the last word in saying what the law is and, when it has said it, the statement that the court was wrong has no consequences within the system: no one's rights or duties are thereby altered. .... This leads to another from of the denial that courts in deciding are ever bound by rules: "The law (or the constitution) is what the court say it is." (HART, Herbert L. A. *The concept of law*. London: Oxford, 1961, p. 138).

[116] Já se teve a oportunidade de se criticar, respeitosamente, tal posicionamento em MAFFINI, Rafael Da Cás. Atos administrativos sujeitos a registro pelos Tribunais de Conta e a decadência da prerrogativa anulatória da administração pública. *Revista Brasileira de Direito Público*, Belo Horizonte, n. 10, p. 143-163, jul./set. 2005.

É verdade que vários são os julgados exarados pelo Supremo Tribunal Federal,[117] tanto quanto pelo Superior Tribunal de Justiça,[118] no sentido de que tais atos seriam "atos administrativos complexos". Tal premissa, *per se*, já se apresenta criticável.[119] Mesmo que não fosse incorreta, entretanto, quer parecer que não pode levar à conclusão a que chegou o STF, de que o termo inicial do prazo se iniciaria com o registro do ato pelo Tribunal de Contas, não com a sua prática. Com efeito, a decadência administrativa corresponde a uma garantia que terá o destinatário de um ato administrativo inválido para que, mesmo reconhecido tal vício, não seja o ato administrativo anulado. No cerne de tal proteção, encontra-se a legitimidade da expectativa depositada pelo administrado, oriunda, como visto, especialmente da conjugação da presunção de legitimidade do ato, de sua natureza ampliativa e da boa-fé do destinatário. Considerando-se que tal expectativa se inicia não com o registro pelo Tribunal de Contas, mas com a prática do ato, impõe-se a conclusão de que é desse momento (da prática do ato) – não daquele (do registro pelo Tribunal de Contas respectivo) – que há de se iniciar a contagem do prazo de decadência administrativa. Não se pode negar, assim, que é da prática do ato – não do registro – que se inicia o "depósito" de confiança do ato administrativo sujeito a registro.

A terceira questão referente à contagem do prazo, mais precisamente do seu termo final, diz respeito ao que pode ser considerado como exercício da potestade invalidatória. Ocorre que, em interessante decisão, o Superior Tribunal de Justiça, por ocasião do julgamento do Agravo Regimental no Mandado de Segurança n° 8.717,[120] assentou que tal limite temporal existiria para que a Administração Pública efetivamente promovesse a invalidação do ato administrativo, e não para que simplesmente iniciasse o procedimento de anulação. Assim, mesmo em face do disposto no artigo 54, § 2°, da Lei n° 9.784/99, pelo qual se considera "exercício do direito de anular qualquer medida de autoridade administrativa que importe impugnação à validade do ato", tal preceito deveria ser interpretado no sentido de que a anulação do ato deveria ser concluída até o decurso do prazo decadencial. Depreende-se do voto vencedor que a regra legal em análise não concede à Administração Pública prazo para iniciar o processamento da anulação "por isso que se assim o fosse, a conclusão poder-se-ia eternizar a pretexto de ter-se iniciado tempestivamente. Destarte, a segurança jurídica como bem tutelável em primeiro lugar pela Administração não conviveria com tamanha iniqüidade e instabilidade".

---

[117] Além dos julgados referidos na nota anterior, podem ser citados os seguintes precedentes: MS 8.886, Rel. Min. Candido Motta, j. 06.12.1963; MS 19.861, Rel. Min. Thompson Flores, j. 31.03.1971; MS 19.873, Rel. Min. Amaral Santos, j. 09.06.1971; RE 195.861, Rel. Min. Marco Aurélio, j. 26.08.1997; MS 24.754, Rel. Min. Marco Aurélio, j. 07.10.2004.

[118] REsp 1.560, Rel. Min. Carlos Velloso, j. 05.02.1990; RMS 693, Rel. Min. Luiz Vicente Cernicchiaro, j. 28.11.1990; RMS 6.777, Rel. Min. Gilson Dipp, j. 11.09.2001; EDcl nos EDcl no RMS 10.983, Rel. Min. José Arnaldo da Fonseca, j. 11.12.2001.

[119] Tal questão renderia um excurso próprio, o que se afastaria do tema aqui proposto. Para maiores considerações sobre a natureza jurídica dos atos administrativos sujeitos a registro, vide MAFFINI, Atos administrativos sujeitos a registro pelos Tribunais de Conta e a decadência da prerrogativa anulatória da administração pública. *Revista Brasileira de Direito Público*, Belo Horizonte, n. 10, p. 143-163, jul./set. 2005.

[120] MS 8.717 AgRg, Rel. p/ Acórdão Min. Luiz Fux, j. 26.03.2003.

7. Prazo decadencial da potestade anulatória e controle externo

Para finalizar essas considerações que põem em destaque a decadência para o exercício da invalidação administrativa, duas outras conclusões devem ser referidas. A primeira delas é a de que o prazo decadencial em lume há de ser observado também pelo Poder Judiciário ou por qualquer outro órgão ou poder de controle da atividade de Administração Pública, como por exemplo os Tribunais de Contas.

É verdade que as regras que positivam o prazo decadencial – por exemplo, o artigo 54 da Lei nº 9.784/99 – não fazem referência explícita à aplicabilidade de tal prazo em relação ao controle jurisdicional da Administração Pública. Contudo, nem poderiam fazê-lo, porquanto contêm dispositivos que tratam da invalidação de atos pela própria Administração Pública, incumbindo-se, pois, de regulamentar tão somente o que se poderia denominar de "controle interno" da Administração Pública. Em outras palavras, não se poderia exigir que uma lei orientada à fixação de preceitos pertinentes à atividade decisória da Administração Pública estivesse preocupada em "esclarecer" – não "estabelecer" – qual é o prazo decadencial a ser observado pelo Poder Judiciário, o qual, indubitavelmente, também se encontra adstrito aos princípios – segurança jurídica, proteção da confiança, boa-fé, presunção de legitimidade – que embasam a delimitação prazal para a invalidação de atos administrativos.

Ademais, o Poder Judiciário, no controle jurisdicional que promove da ação administrativa, não só estará também submetido, segundo os mesmos critérios, ao prazo decadencial em questão, como terá o dever de reconhecer como inválida, por infração do prazo, a invalidação praticada pela própria Administração Pública.

Em outras palavras: de um lado, o Poder Judiciário terá de observar o prazo em comento, abstendo-se de invalidar um determinado ato administrativo quando um interessado – seja a própria Administração Pública, seja um terceiro – pleitear a anulação judicial de tal ato se o mesmo implementar as condições acima referidas (presunção de legitimidade, ato ampliativo, boa-fé do destinatário e decurso do prazo);[121] de outro, se implementado o prazo decadencial e, ainda assim, a Administração Pública promover a – indevida, portanto – invalidação de um ato administrativo, terá o Poder Judiciário de invalidar a invalidação administrativa, porquanto perpetrada essa de modo a infringir a decadência administrativa.[122]

---

[121] Nesse sentido, vide, dentre outros: COUTO E SILVA, Almiro. *Op. cit.*, p. 292; FREITAS, Juarez. Dever de motivação, de convalidação e de anulação: deveres correlacionados e proposta harmonizadora. *Interesse Público*, Porto Alegre, n. 16, out./dez. 2002, p. 42; SIMÕES, Mônica Martins Toscano. O processo administrativo e a invalidação de atos. São Paulo: Malheiros, 2004, p. 165; NOBRE JÚNIOR, Edilson Pereira. *Princípio da boa-fé e sua aplicação no direito administrativo brasileiro*. Porto Alegre: SAFE, 2002, p. 195. Em sentido contrário: RAMOS, Elival da Silva. A valorização do processo administrativo: o poder regulamentar e a invalidação dos atos administrativos. In: SUNDFELD, Carlos Ari; MUÑOZ, Guillermo Andrés (Org.) *As leis de processo administrativo*: Lei Federal 9.784/99 e Lei Paulista 10.177/98. São Paulo: Malheiros, 2006, p. 90.

[122] GONZÁLES PÉREZ, Jesús. *Op. cit.*, p. 101.

8. Casos especiais de ilimitação temporal da potestade anulatória *ex officio*

Uma consideração há de ser feita, nesse momento, em relação à seguinte situação: não sendo implementadas quaisquer das condições necessárias à configuração da decadência administrativa em comento,[123] haveria de se falar de um outro limite temporal para o exercício da invalidação administrativa de atos viciados. Por exemplo, tendo o destinatário do ato contribuído para a invalidade que vicia tal espécie de conduta estatal – pense-se, nesse sentido, num candidato que tenha fraudado o caráter competitivo de um concurso público no qual restara aprovado, ou num licitante que subornou a Comissão de Licitação para celebrar um determinado contrato ou, ainda, em um administrado que dolosamente prestou informações incorretas à Administração para fins de usufruir indevidamente de uma determinada vantagem –, em tais casos, haveria de se falar em prazo decadencial, prescricional ou de qualquer outra natureza no que tange à prerrogativa da Administração Pública de invalidar os seus próprios atos? Do mesmo modo, sendo o ato administrativo ensejador de efeitos prejudiciais ao administrado – ato administrativo ablativo – haveria de se falar em preservação do mesmo pelo decurso da decadência, em homenagem à proteção que tal cidadão nele depositou?

Esse problema vem suscitando interessante debate, existindo vários autores que entendem que, mesmo em tais casos, ou seja, mesmo em casos em que não há a conjugação de todos os elementos necessários para a configuração do prazo decadencial em comento, deveria existir uma limitação prazal à prerrogativa anulatória da Administração Pública. Mônica Martins Toscano Simões, por exemplo, entende que, seja nos casos de má-fé do destinatário, isto é, nos casos em que o administrado tenha dado causa à invalidade,[124] seja nos casos em que o ato administrativo seja daqueles que produzem efeitos prejudiciais aos seus destinatários,[125] a solução, diante da impossibilidade de aplicação do

---

[123] Conveniente ser recordado que a implementação do prazo decadencial aqui analisado pressupõe a conjugação dos seguintes requisitos: a) presunção de legitimidade do ato, que se apresenta na generalidade dos atos administrativos e que culmina por consistir na pedra de toque que tornará legítima a confiança nele depositada; b) a natureza ampliativa do ato, isto é, ser o mesmo produtor de efeitos benéficos; c) a boa-fé – presumida – do destinatário, no sentido de não ter o mesmo contribuído para a invalidade do ato; d) o decurso do lapso temporal fixado em lei, ou não havendo lei, do lapso razoável de tempo, assim entendido o transcurso do prazo de cinco anos, tradicionalmente fixado nos prazos extintivos havidos em favor ou contra os interesses da Administração Pública.

[124] "É bem de ver que a lei, no dispositivo em comento [trata-se do artigo 54, da Lei n° 9.784/99], ressalva a aplicação do prazo qüinqüenal nos casos em que reste comprovada a má-fé. Mas nem por isso é lícito concluir que nessas situações a anulação poderá ocorrer a qualquer tempo, na medida em que a ausência de prazo para que a Administração anule atos inválidos acarreta indiscutível ofensa ao princípio da segurança jurídica. É, pois, absolutamente necessária a fixação de prazo para o exercício da pretensão invalidatória, mesmo nos caos de comprovada má-fé. Diante do silêncio do legislador, deve-se tomar com parâmetro o prazo prescricional mais longo previsto no Código Civil Brasileiro – qual seja, o de 10 anos. Essa solução parece a mais adequada, na medida em que, de um lado, preserva a segurança jurídica e, de outro, assegura à Administração um prazo mais dilatado para repelir a má-fé" (SIMÕES, Mônica Martins Toscano. *Op. cit.*, p. 128-129).

[125] "No que diz respeito ao prazo para anulação de atos restritivos de direitos igualmente silenciou o legislador federal. Ao contrário do que se dá com a anulação de atos ampliativos, a anulação de atos restritivos opera a ampliação da esfera jurídica do interessado. Assim, para maior resguardo do administrado que teve sua esfera jurídica restringida invalidamente pela Administração, deve-se igualmente considerar aplicável o prazo de 10 anos para que a Administração Pública restaure a legalidade" (*Ibidem*, p. 129).

prazo decadencial previsto no artigo 54 da Lei n° 9.784/99, seria a aplicação de um prazo prescricional segundo ditames da legislação ordinária, diga-se, do Código Civil, mais precisamente, de um prazo prescricional de dez anos, em face do disposto no artigo 205 do Código Civil.[126] Essa, de resto, também é a orientação atual de Juarez Freitas, embora o autor defenda que o termo inicial da contagem do prazo seja o da ciência do fato, não o da sua prática,[127] embora em passagem anterior houvesse defendido a inexistência de qualquer prazo extintivo para a invalidação de atos administrativos cujos destinatários houvessem obrado com má-fé.[128] Também nesse sentido, ou seja, no sentido de aplicação do prazo geral de prescrição previsto no Código Civil, mencionam-se Celso Antônio Bandeira de Mello[129] e Elival da Silva Ramos.[130]

Sérgio Ferraz, por seu turno, propondo especialmente quanto ao requisito da inexistência de má-fé uma solução por ele mesmo denominada de "radical", entende que "a cláusula final 'salvo comprovada má fé' é inconstitucional, por isso que afrontosa ao princípio da razoabilidade".[131] Tal autor, portanto, entende que, mesmo em caso de má-fé do destinatário, o prazo quinquenal de decadência da invalidação administrativa de atos seria implementável, in-

---

[126] "A prescrição ocorre em 10 (dez) anos, quando a lei não lhe haja fixado prazo menor". Conveniente lembrar que no Código Civil de 1916, face ao disposto no seu artigo 177, a regra geral quanto ao prazo prescricional era de 20 anos.

[127] "Com certeza, havendo má-fé, não pode ser acolhido o prazo que funciona como espécie de regra em Direito Administrativo, isto é, de cinco anos, pois tal inteligência minaria o sentido da própria ressalva. Contudo, prazo deve haver. E mais: precisa ser suficientemente maior para contemplar a segurança das relações jurídicas sem ofender, de modo letal, a moralidade administrativa. A aplicação do prazo do art. 177 do Código Civil, apesar de prescricional, desponta como boa alternativa. Força acolhê-la, contudo, com a proposta de um acréscimo hermenêutico:a expressão "salvo comprovada má-fé" prevista no art. 54, aplica-se também ao modo de contagem do prazo. Desta forma, nas hipóteses de comprovada má-fé, tanto o prazo decadencial como o respectivo cômputo haverão de ser diferenciados, de modo que: 1°) o prazo máximo de decadência será, por ora, de vinte anos para as ações pessoais; 2°) o cômputo do prazo será a partir da ciência do ato lesivo, não da data da ocorrência do vício. Com esta adição interpretativa, tudo indica que se harmonizam os princípios em tela. Logo, o art. 54 da Lei n° 9.784/99/99 deve ser entendido de maneira que, havendo má-fé (v.g., fraude ou participação em fraude por parte do beneficiário dos efeitos do ato viciado), o prazo decadencial para o direito/dever de anulação deve ser contado de modo distinto, isto é, a partir da ciência da fraude (o que evita, no caso paulista – cujo prazo decadencial é de dez anos –, a coincidência de prazo em se tratando das ações reais, algo que ocorreria se se aplicasse apenas o art. 177 do antigo Código Civil)" (FREITAS, Juarez. Op. cit., p. 43).

[128] "Em relação à questão [abrangência do art. 54, da Lei n° 9.784/99], imperioso destacar, de plano, que havendo má-fé (v.g. fraude ou participação em fraude por parte do beneficiário dos efeitos do ato viciado) inexiste, pela simples e boa leitura da lei, prazo algum decadencial para o direito/dever de anulação. Em outras palavras, a má-fé do beneficiário torna o ato incorrigivelmente nulo e não simplesmente anulável. Para a decretação de nulidade absoluta, continua a inexistir, neste caso, qualquer prazo legal. Convenhamos: nem poderia ser diferente, pois seria escárnio, além da violação grave ao sistema, se a imoralidade tivesse o condão de provocar fato consumado em prol de desonesto beneficiário" (FREITAS, Juarez. Processo administrativo federal – reflexão sobre o prazo anulatório e a amplitude do dever de motivação dos atos administrativos. In: MUÑOS, Guillermo Andrés e SUNDFELD, Carlos Ari. As leis de processo administrativo – Lei federal 9.784/99 e Lei paulista 10.177/98. São Paulo: Malheiros, 2006, p. 99).

[129] "Como os cinco anos a que alude o art. 54 da Lei n° 9.784/99, de 29.1.1999, disciplinadora do processo administrativo, contempla apenas os casos em que não houve comprovada má-fé, ter-se-á de indagar: e naquel'outros em que houve comprovada má-fé? Estamos e quem, aí, não haveria remédio, salvo o de buscar analogia com o direito privado, a teor do art. 205 do Código Civil, isto é: 10 anos" (MELLO, Celso Antônio Bandeira de. Op. cit., p. 1072).

[130] RAMOS, Elival da Silva. Op. cit., p. 90, nota 35. Cumpre salientar que o autor faz referência a um prazo vintenário em face de ser esse o prazo previsto como regra geral no Código Civil de 1916, sob a égide do qual o trabalho aqui referido foi elaborado.

[131] FERRAZ, Sérgio. Op. cit., p. 65.

viabilizando, pois, a retirada do ato. Por outros argumentos, chega à idêntica conclusão Fábio Barbalho Leite, para quem um critério de interpretação por analogia de um sem-número de preceitos legais que estabelecem prazos extintivos em face da Administração Pública, independentemente de qualquer perquirição acerca da boa-fé ou da má-fé de quem quer que seja, levaria à aplicação de tal quinquênio para a fixação de um limite temporal da invalidação mesmo de atos administrativos cujas invalidades sejam atribuíveis aos seus destinatários.[132] Em tal caso, entretanto, sugere o autor que o prazo teria termos iniciais de contagem articulados com regras de improbidade administrativa e com o próprio Código Civil, para que fosse contado não da prática do ato, mas de sua ciência. Clarissa Sampaio Silva, também considerando que o prazo extintivo deveria, mesmo em caso de má-fé do destinatário, ser quinquenal, assevera, nessa hipótese, que o prazo deveria correr "a partir da descoberta da fraude, do ardil, da inequívoca ciência deste por parte da Administração".[133]

Outro grupo de autores, trilhando caminho contrário, aduz que, faltando qualquer dos elementos necessários para a aplicação do prazo decadencial da prerrogativa invalidatória da Administração Pública, a solução corresponderia à inexistência de qualquer prazo, podendo, pois, a Administração Pública anular o ato viciado a qualquer tempo, *ad aeternum*. Destacam-se, dentre tais autores Vladimir da Rocha França[134] e Edílson Pereira Nobre Júnior.[135]

A questão apresenta-se, por certo, tormentosa. O entendimento pelo qual, mesmo na falta de algum dos requisitos do prazo decadencial (*v.g.* boa-fé do destinatário, ato ampliativo, etc.), embasa sua orientação numa premissa pela qual a prescritibilidade – aqui entendida num sentido amplo, de existência de prazo extintivo – encontraria respaldo constitucional, de forma que a regra seria a existência de um prazo extintivo, não a sua inexistência. Tal premissa, trabalhada por brilhantes doutrinadores,[136] embora absolutamente apropriada na ordem jurídico-constitucional vigente, não tem o condão de determinar a conclusão proposta, qual seja, a de que deveria haver a delimitação de um prazo para a Administração Pública invalidar seus atos viciados, mesmo quando houvesse agido o seu destinatário de forma dolosa, ou que o ato em questão lhe fosse prejudicial.

Dentre as – contrapostas – posições acima referidas, entende-se que a razão é portada pela segunda, ou seja, adere-se à orientação pela qual a falta de qualquer dos elementos exigidos – não necessariamente em regras positivadas, como já referido – induz à conclusão de que a potestade invalidatória da

---

[132] LEITE, Fábio Barbalho. Rediscutindo a estabilização, pelo decurso temporal, dos atos administrativos supostamente viciados. *Revista de Direito Administrativo*, Rio de Janeiro, n. 231, p. 101-104, jan./mar. 2003.

[133] SILVA, Clarissa Sampaio. *Limites à invalidação dos atos administrativos*. São Paulo: Max Limonad, 2001, p. 124.

[134] "Entendemos que em situações não abrangidas pelo art. 54, *caput*, da Lei n. 9.784/99, o exercício da potestade de invalidar é insuscetível de decadência" (FRANÇA, *Op. cit.*, p. 111).

[135] "Dessarte, constatado que, para a produção do ato, contribuíra comportamento de má-fé, o elemento temporal resta impossibilidade para o fim de obstar a invalidação". NOBRE JÚNIOR, Edilson Pereira. *Op. cit.*, p. 197.

[136] Para um aprofundamento acerca do princípio da prescrição, recomenda-se a leitura de OSÓRIO, Fábio Medina. *Direito Administrativo Sancionador*. São Paulo: Revista dos Tribunais, 2000, p. 412-414. Vide, ainda, BARROSO, Luís Roberto. Prescrição administrativa: autonomia do Direito Administrativo e inaplicabilidade da regra geral do Código Civil. *Revista Trimestral de Direito Público*, São Paulo, n. 27, p. 89-107, 1999.

Art. 54

Administração Pública não poderia sofrer quaisquer limites temporais. Não sendo caso de decadência, então, é de se admitir a invalidação *ex officio* a qualquer tempo. O presente trabalho traz subjacente – o que se espera de modo nítido – uma defesa à aplicabilidade do princípio da proteção da confiança no Direito Administrativo brasileiro. Tal empreitada, ademais, traz implicitamente a defesa de um operatividade de tal princípio num grau maior do que vem sendo reconhecido pelos tribunais pátrios. No entanto, a exagerada, descabida e, por que não dizer, forçosa aplicação de tal princípio levaria, inevitavelmente, ao enfraquecimento das linhas teóricas que lhe conferem supedâneo científico. Pretender a fixação de um prazo qualquer, como é o caso do previsto no artigo 205 do CC/02, o qual não tem qualquer relação com o instituto decadencial aqui analisado, não se mostra apropriado.

Não se pode perder de vista quais são as bases sobre as quais se coloca a fixação de um prazo decadencial como um instrumento de ponderação entre a legalidade e a proteção da confiança. Nesse sentido, não é permitido olvidar que a regra é a invalidação de atos inválidos e que a decadência é uma exceção, devendo justamente, porquanto isso, ser interpretada com cuidado. Isso significa dizer que, postos os requisitos para que se concretize tal prazo decadencial – repise-se que tais requisitos não precisam necessariamente de positivação legal –, somente se poderá falar em decadência se tais condições forem implementadas. Em sentido contrário, faltando um os elementos, impõe-se a invalidação, mesmo que transcorrido largo lapso temporal.

Demais disso, o próprio fundamento material do prazo decadencial em lume impõe tal conclusão. Ocorre que, como visto, o fundamento nuclear da decadência administrativa é justamente o princípio da proteção da confiança. Em face disso, tem-se que a presunção de legitimidade é um dos principais argumentos para a configuração do prazo decadencial, uma vez que é tal requisito que confere a legitimidade à confiança depositada no ato. Ora, de um lado, atos praticados com a má-fé ou o dolo do seu destinatário elidem por completo a "legitimidade" da confiança depositada por ele em relação ao ato que lhe é benéfico. Em outras palavras, se um destinatário se depara com a prática de um determinado ato administrativo que lhe produz efeitos benéficos, mas para cuja invalidade contribuíra determinantemente, não há de se falar em decadência. Diz-se que não é toda a confiança que merece proteção. Diz-se, ainda, que somente casos de confiança portadores de um elemento de "legitimação" é que seriam dignos de tutela jurídica. Ora, a confiança depositada por quem contribuir para a prática inválida de um determinado ato administrativo, por certo, não é digna de proteção.

Já em relação aos atos administrativos ablativos, assim compreendidos aqueles que produzem efeitos prejudiciais aos seus destinatários, também se apresenta singela a tarefa de se demonstrar a razão pela qual há de ser ilimitada temporalmente a invalidação administrativa. A questão pode sucintamente ser assim colocada: não se pode utilizar a proteção da confiança contra aquele que a depositou legitimamente. Se um ato foi praticado criando situações prejudiciais a um administrado, não pode a Administração Pública ter qualquer limite temporal para manter um determinado ato contra aquele que depositou a confiança no ato justamente porque a invalidação seria a tal administrado contrária.

9. Produção de efeitos após a invalidação dos atos administrativos

Das noções de segurança jurídica e de proteção da confiança decorrem os dois temperamentos já referidos à potestade anulatória da Administração Pública:

a) a preservação total ou parcial, em relação às condutas administrativas invalidadas, dos efeitos por elas produzidos até o momento da invalidação (vide comentários ao art. 53 da LFPA);

b) a fixação de um limite prazal para o exercício de tal prerrogativa anulatória (tema pertinente ao art. 54, da LFPA, ora comentado).

Embora não referida expressamente na LFPA, parece conveniente ser aqui destacada uma terceira dimensão de proteção da confiança legítima depositada pelos administrados, em relação a condutas administrativas inválidas. Entende-se ser possível que uma conduta administrativa, mesmo que reconhecidamente inválida, produza efeitos futuros, até um termo vindouro, fixado, sob os parâmetros da razoabilidade e da proporcionalidade, pelas autoridades legitimadas à invalidação.[137]

Em termos provocativos, propõe-se um exemplo em que seria necessário reconhecer a possibilidade de um termo inicial posterior à anulação para que a conduta invalidade deixe de surtir efeitos. Em primeiro lugar, imagine-se um aluno da rede pública de ensino, cujo ingresso tenha sido inválido (sem que tal vício seja atribuível a tal destinatário, por óbvio), mas cuja anulação tenha se operado no meio do ano letivo. Neste caso, qual seria o termo inicial da invalidação do ato de ingresso? Observe-se que mesmo a eficácia *ex nunc* da invalidação seria insuficiente para a proteção da confiança legitimamente depositada pelo hipotético aluno. Isto porque atribuir-se eficácia *ex nunc* só significaria preservar a sua situação até o momento da anulação, fazendo com que, na prática, tal aluno perdesse o ano escolar, uma vez que dificilmente seria possível sua matrícula em outras escolas da rede pública ou privada.

Neste caso, parece incontroverso que não sendo caso de circunstâncias proibitivas à invalidação (*v.g.* decadência ou convalidação), a simples concessão de efeitos *ex nunc* à invalidação administrativa seria insuficiente para a tutela jurídica das expectativas legítimas. Dever-se-ia, em ambos casos, admitir que a conduta administrativa viciada tivesse seus efeitos projetados *pro futuro*, com a fixação de um termo inicial *in futurum*, portanto.

Tal projeção futura de efeitos de condutas administrativas invalidadas – a despeito de certamente provocar a perplexidade e, assim, a resistência daqueles que preferem o "legalismo" à legalidade – deve ser admitida em face de um novo paradigma proposto em relação à legalidade administrativa, que a coloca em necessária ponderação com a proteção da confiança e com a segurança jurídica.

---

[137] Tais ideias foram desenvolvidas, pela primeira vez, em MAFFINI, Rafael. Modulação temporal *in futurum* dos efeitos da anulação de condutas administrativas. *Revista de Direito Administrativo*, 244/2007. São Paulo: Atlas, 2007, p. 231/247.

Com efeito, a fixação de termo futuro para o início da eficácia típica da anulação, tal como aqui proposto, encontra paralelo no controle de constitucionalidade brasileiro, segundo vem decidindo o Supremo Tribunal Federal.

Neste sentido, muitos são os casos em que o STF reconheceu a inconstitucionalidade de leis ou atos normativos, mas, em nome da segurança jurídica e excepcional interesse social, preservou sua vigência e aplicabilidade até um termo futuro.[138] Três exemplos devem ser aqui destacados.

De início, deve-se lembrar de inúmeras decisões que levaram ao surgimento, no Pretório Excelso, da teoria da *"lei ainda constitucional"*. O nascimento desta teoria – preciosamente explicada pelo Min. Gilmar Mendes[139] – pode ser considerado o julgamento do *Habeas Corpus* n° 70.514,[140] em que se decidiu que o prazo em dobro, para a interposição de recursos, em favor das Defensorias Públicas (artigo 5°, § 5°, da Lei n° 1.060/50), embora contrário ao texto constitucional vigente, não deveria ter sua inconstitucionalidade reconhecida até que tais órgãos de assistência judiciária estivessem estruturados nos Estados, em nível de organização semelhante àquele do Ministério Público. Esta mesma ideia reapareceu na jurisprudência do STF quando do julgamento do Recurso Extraordinário n° 135.328,[141] a propósito da análise da recepção do art. 68 do Código de Processo Penal pela atual ordem vigente. Neste caso, entendeu-se que a competência atribuída pelo referido preceito legal ao Ministério Público de assistência jurídica aos desamparados não teria sido recepcionada pela Constituição Federal, mas enquanto não houvesse a estruturação da Defensoria Pública seria tal competência ministerial mantida.[142]

---

[138] Tal modulação de efeitos para o futuro, encontra respaldo na legislação infraconstitucional que regulamenta as ações de controle concentrado de constitucionalidade Nesse sentido, a Lei n° 9.868/99, que trata do processo e do julgamento da ADIn e da ADC, prevê, em seu art. 27 que, "ao declarar a inconstitucionalidade de lei ou ato normativo, e tendo em vista razões de segurança jurídica ou de excepcional interesse social, poderá o Supremo Tribunal Federal, por maioria de dois terços de seus membros, restringir os efeitos daquela declaração ou decidir que ela só tenha eficácia a partir de seu trânsito em julgado ou de outro momento que venha a ser fixado". Do mesmo modo, o artigo 11 da Lei n° 9.882/99, que regulamenta a ADPF, dispõe que "ao declarar a inconstitucionalidade de lei ou ato normativo, no processo de argüição de descumprimento de preceito fundamental, e tendo em vista razões de segurança jurídica ou de excepcional interesse social, poderá o Supremo Tribunal Federal, por maioria de dois terços de seus membros, restringir os efeitos daquela declaração ou decidir que ela só tenha eficácia a partir de seu trânsito em julgado ou de outro momento que venha a ser fixado". Importante recordar,contudo, que setores importantes da doutrina pátria já esposaram entendimento de que o termo inicial dos efeitos da declaração de inconstitucionalidade não poderiam ser ulteriores à publicação da decisão no DOU. Este é o caso de MORAES, Alexandre de. *Direito Constitucional*. 25. ed. São Paulo: Atlas, 2010, p. 766, para quem "não poderá o STF estipular como termo inicial para a produção dos efeitos da decisão, data posterior à publicação da decisão no Diário Oficial, uma vez que a norma inconstitucional não mais pertence ao ordenamento jurídico, não podendo produzir efeitos". Tal posição, como será demonstrado, não vem sendo acatada pelo STF.

[139] MENDES, Gilmar Ferreira. *Jurisdição Constitucional*. 5. ed. São Paulo: Saraiva, 2005, p. 364-370.

[140] HC 70.514, Rel. Min. Sydney Sanches, j. 23.03.1994.

[141] RE 135.328, Rel. Min. Marco Aurélio, j. 29.06.1994. Neste mesmo sentido, RE 147.776, Rel. Min. Sepúlveda Pertence, j. 19.05.1998.

[142] Da ementa do RE 135.328, extrai-se a seguinte passagem: "...A teor do disposto no artigo 134 da Constituição Federal, cabe à Defensoria Pública, instituição essencial à função jurisdicional do Estado, a orientação e a defesa, em todos os graus, dos necessitados, na forma do artigo 5°, LXXIV, da Carta, estando restrita a atuação do Ministério Público, no campo dos interesses sociais e individuais, àqueles indisponíveis (parte final do artigo 127 da Constituição Federal). INCONSTITUCIONALIDADE PROGRESSIVA – VIABILIZAÇÃO DO EXERCÍCIO DE DIREITO ASSEGURADO CONSTITUCIONALMENTE – ASSISTÊNCIA JURÍDICA E JUDICIÁRIA DOS NECESSITADOS – SUBSISTÊNCIA TEMPORÁRIA DA LEGITIMAÇÃO DO MINISTÉRIO PÚBLICO. Ao Estado, no que assegurado constitucionalmente certo direito, cumpre viabilizar o res-

Outro exemplo de modulação temporal futura que se encontra na jurisprudência do STF diz respeito ao julgamento de inconstitucionalidade de normas contidas em Leis Orgânicas Municipais acerca do número excessivo de parlamentares integrantes das Câmaras de Vereadores. O *leading case* pode ser considerado o Recurso Extraordinário n° 197.917.[143] A par de se ter decidido pela aplicação de critérios de proporcionalidade aritmética, julgando inconstitucionais os preceitos que deles se desgarrassem, entendeu-se que tal decisão somente deveria surtir efeitos para a legislatura seguinte àquela já instalada, pelo sufrágio, na época em que a decisão foi proferida.[144]

O exemplo, contudo, que melhor traduz a noção ora propagada ocorreu quando do julgamento da Ação Direta de Inconstitucionalidade n° 3.430,[145] ocasião em que o STF julgou a inconstitucionalidade de contratação temporária de agentes públicos por afronta ao art. 37, IX, da CF/88. No entanto, segundo se extrai de sua decisão, "o Tribunal, ... julgou procedente a ação e ... nos termos do artigo 27, da Lei n° 9.868/99, modulou os efeitos da decisão para que tenha eficácia a partir de 60 dias da data de sua comunicação, tendo em conta a situação excepcional pela qual passa o país, em virtude do surto da denominada 'gripe suína'".

Assim, percebe-se que a jurisprudência do STF entende ser possível projetar para o futuro os efeitos de uma decisão de inconstitucionalidade de determinada norma quando isto se impuser em face de fundamentos razoáveis de segurança jurídica ou de excepcional interesse social.

Em relação às condutas administrativas que venham a ter sua invalidade reconhecida deve também ser admitida tal modulação temporal *in futurum* quando isto for justificado em razões de proteção da confiança ou, *ultima ratio*, de segurança jurídica. Por certo, pressupõe-se, neste caso, que o destinatário de tais condutas administrativas inválidas não tenha contribuído para o vício que lhe é intrínseco. Do mesmo modo, não se pode pretender que tal conduta invalidada produza efeitos *ad aeternum*, o que ocorreria fosse caso das situações proibitivas do exercício da prerrogativa anulatória da Administração Pública, como é o caso da decadência, acima analisada.

Haveria, em tais casos, a necessidade de um termo inicial futuro para a anulação de condutas administrativas serviria como uma espécie de regra transitória, no sentido de que um determinado ato ou contrato administrativo continue a produzir efeitos até um momento a ser fixado pela autoridade – judicial ou administrativa – promotora da anulação. A fixação de tal termo inicial fu-

---

pectivo exercício. Enquanto não criada por lei, organizada – e, portanto, preenchidos os cargos próprios, na unidade da Federação – a Defensoria Pública, permanece em vigor o artigo 68 do Código de Processo Penal, estando o Ministério Público legitimado para a ação de ressarcimento nele prevista....".

[143] RE 197.917. Rel. Min. Maurício Corrêa, j. 24.03.2004. Também neste sentido: RE 199.522, Rel. Min. Maurício Corrêa, j. 31.04.2004; RE 266.994, Rel. Min. Maurício Corrêa, j. 31.04.2004; RE 273.844, Rel. Min. Maurício Corrêa, j. 31.04.2004; RE 274.048, Rel. Min. Maurício Corrêa, j. 31.04.2004; RE 274.384, Rel. Min. Maurício Corrêa, j. 31.04.2004; RE 276.546, Rel. Min. Maurício Corrêa, j. 31.04.2004; RE 282.606, Rel. Min. Maurício Corrêa, j. 31.04.2004; RE 300.343, Rel. Min. Maurício Corrêa, j. 31.04.2004.

[144] Da ementa do *leading case* acima referido, retira-se a seguinte passagem: "...8. Efeitos. Princípio da segurança jurídica. Situação excepcional em que a declaração de nulidade, com seus normais efeitos *ex tunc*, resultaria grave ameaça a todo o sistema legislativo vigente. Prevalência do interesse público para assegurar, em caráter de exceção, efeitos pro futuro à declaração incidental de inconstitucionalidade. Recurso extraordinário conhecido e em parte provido".

[145] ADI 3.430, Rel. Min. Ricardo Lewandowski, j. 12.08.2009.

turo deverá, em face da extensa e variável casuística possível, atender, dentre outros, aos postulados da razoabilidade, da proporcionalidade e da concordância prática, para que sejam devidamente ponderados, de um lado, a legalidade administrativa e, de outro, a proteção da confiança e a segurança jurídica.

Referências

ALVARO DE OLIVEIRA, Carlos Alberto. Garantia do contraditório. In: TUCCI, José Rogério Cruz e (Coord.) *Garantias constitucionais do processo civil*. São Paulo: Revista dos Tribunais, 1999, p. 132-150.

AMORIM FILHO, Agnelo. Critério científico para distinguir a prescrição da decadência e para identificar as ações imprescritíveis. *Revista Forense*, Rio de Janeiro, n. 193, 1961.

ÁVILA, Humberto. *Sistema constitucional tributário*. São Paulo: Saraiva, 2004.

BARROSO, Luís Roberto. Prescrição administrativa: autonomia do Direito Administrativo e inaplicabilidade da regra geral do Código Civil. *Revista Trimestral de Direito Público*, São Paulo, n. 27, p. 89-107, 1999.

BASTOS, Celso Ribeiro. *Curso de direito administrativo*. São Paulo: Saraiva, 1994.

BERTONCINI, Mateus Eduardo Siqueira Nunes. *Princípios de direito administrativo brasileiro*. São Paulo: Malheiros, 2002.

CALMES, Sylvia. *Du principe de protection de la confiance légitime en droits allemand, communautaire et français*. Paris: Dalloz, 2001.

CARVALHO FILHO, José dos Santos. *Manual de Direito Administrativo*. 25. ed. 2012.

――. *Processo administrativo federal*: comentários à Lei nº 9.784/99 de 29/1/99. 5. ed. São Paulo: Atlas, 2013.

CASTILLO BLANCO, Federico A. *La protección de confianza en el derecho administrativo*. Madrid: Marcial Pons, 1998.

COUTO E SILVA, Almiro. O princípio da segurança jurídica (proteção à confiança) no Direito Público brasileiro e o direito da administração pública de anular os seus próprios atos administrativos: o prazo decadencial do art. 54 da lei do processo administrativo da União (Lei nº 9.784/99). *Revista de Direito Administrativo*, Rio de Janeiro, n. 237, jul./set. 2004.

――. Prescrição quinquenária da pretensão anulatória da administração pública com relação a seus atos administrativos. *Revista de Direito Administrativo*, Rio de Janeiro, n. 204, abr./jun. 1996.

――. Princípios da legalidade da Administração Pública e da segurança jurídica no estado de direito contemporâneo. *Revista da Procuradoria-Geral do Estado do Rio Grande do Sul*, Porto Alegre, v. 27, n. 57, p. 13-31, supl., dez. 2003.

DI PIETRO, Maria Sylvia Zanella. *Direito administrativo*. 26. ed. São Paulo: Atlas, 2013.

FAGUNDES, Miguel Seabra. *O controle dos atos administrativos pelo Poder Judiciário*. 5. ed. Rio de Janeiro: Forense, 1979.

FERRAZ, Sérgio. Extinção de atos administrativos: algumas reflexões. *Revista de Direito Administrativo*, Rio de Janeiro, n. 231, jan./mar. 2003.

FRANÇA, Vladimir da Rocha. Classificação dos atos administrativos inválidos no Direito Administrativo brasileiro. *Revista Trimestral de Direito Público*. São Paulo, n. 32, p. 83-100, 2000.

――. *Invalidação judicial da discricionariedade administrativa no regime jurídico-administrativo brasileiro*. Rio de Janeiro: Forense, 2000.

FREITAS, Juarez. Dever de motivação, de convalidação e de anulação: deveres correlacionados e proposta harmonizadora. *Interesse Público*, Porto Alegre, n. 16, out./dez. 2002.

――. Processo administrativo federal: reflexões sobre o prazo anulatório e a amplitude do dever de motivação dos atos administrativos. In: SUNDFELD, Carlos Ari; MUÑOZ, Guillermo Andrés (Org.) *As leis de processo administrativo*: Lei Federal 9.784/99 e Lei Paulista 10.177/98. São Paulo: Malheiros, 2006.

FREITAS, Márcia Bellini. O princípio da confiança no Direito Público. *Revista Jurídica*, Porto Alegre, n. 168, out. 1991.

GARCIA LUENGO, Javier. *El principio de protección de la confianza en el derecho administrativo*. Madrid: Civitas, 2002.

GASPARINI, Diógenes. *Direito administrativo*. 17. ed. São Paulo: Saraiva, 2012.

GONZÁLES PÉREZ, Jesús. *El principio general de la buena fe en el derecho administrativo*. 3. ed. Madri: Civitas, 1999.

HART, Herbert L. A. *The concept of law*. London: Oxford, 1961.

LARENZ, Karl. *Metodologia da ciência do direito*. Lisboa: Calouste, 1983.

LEITE, Fábio Barbalho. Rediscutindo a estabilização, pelo decurso temporal, dos atos administrativos supostamente viciados. *Revista de Direito Administrativo*, Rio de Janeiro, n. 231, p. 101-104, jan./mar. 2003.

MAFFINI, Rafael Da Cás. Atos administrativos sujeitos a registro pelos Tribunais de Conta e a decadência da prerrogativa anulatória da administração pública. *Revista Brasileira de Direito Público*, Belo Horizonte, n. 10, p. 143-163, jul./set. 2005.

MAURER, Hartmut. *Elementos de Direito Administrativo Alemão*. Trad. Luís Afonso Heck. Porto Alegre, Sergio Antonio Fabris Editor, 2001.

——. Modulação temporal *in futurum* dos efeitos da anulação de condutas administrativas. *Revista de Direito Administrativo*, 244/2007. São Paulo: Atlas, 2007

——. Princípio da proteção substancial da confiança no Direito Administrativo brasileiro. Porto Alegre: Verbo Jurídico, 2006.

MEDAUAR, Odete. *Direito administrativo moderno*. 13.. ed. São Paulo: Revista dos Tribunais, 2009.

MEIRELLES, Hely Lopes. *Direito Administrativo Brasileiro*. 37. ed. São Paulo: Malheiros, 2011.

MELLO, Celso Antônio Bandeira de. *Curso de Direito Administrativo*. 28. ed. São Paulo: Malheiros, 2011.

——. O princípio do enriquecimento sem causa em Direito Administrativo. *Revista de Direito Administrativo*, Rio de Janeiro, n. 210, out./dez 1997.

MENDES, Gilmar Ferreira. *Jurisdição Constitucional*. 5. ed. São Paulo: Saraiva, 2005.

MORAES, Alexandre de. *Direito Constitucional*. 25. ed. São Paulo: Atlas, 2010.

MOREIRA NETO, Diogo de Figueiredo. *Curso de direito administrativo*. 14. ed. Rio de Janeiro: Forense, 2005.

MUKAI, Toshio. *Direito administrativo sistematizado*. São Paulo: Saraiva, 1999.

NOBRE JÚNIOR, Edilson Pereira. *Princípio da boa-fé e sua aplicação no direito administrativo brasileiro*. Porto Alegre: SAFE, 2002.

OSÓRIO, Fábio Medina. *Direito Administrativo Sancionador*. São Paulo: Revista dos Tribunais, 2000.

OTERO, Paulo. *Legalidade e administração pública: o sentido da vinculação administrativa à juridicidade*. Coimbra: Almedina, 2003.

RAMOS, Elival da Silva. A valorização do processo administrativo: o poder regulamentar e a invalidação dos atos administrativos. In: SUNDFELD, Carlos Ari; MUÑOZ, Guillermo Andrés (Org.) *As leis de processo administrativo*: Lei Federal 9.784/99 e Lei Paulista 10.177/98. São Paulo: Malheiros, 2006.

REALE, Miguel. *Revogação e anulamento do ato administrativo*. 2. ed. Rio de Janeiro: Forense, 1980.

SCHONBERG, Soren J. *Legitimate expectations in administrative law*. Oxford: Oxford, 2000.

SILVA, Clarissa Sampaio. *Limites à invalidação dos atos administrativos*. São Paulo: Max Limonad, 2001.

SIMÕES, Mônica Martins Toscano. *O processo administrativo e a invalidação de atos*. São Paulo: Malheiros, 2004.

THEODORO JÚNIOR, Humberto. Distinção científica entre prescrição e decadência – um tributo à obra de Agnelo Amorim Filho. *Revista dos Tribunais*, São Paulo, v. 836, p. 49-68, jun. 2005.

VACARELLA, Romano. *Titolo esecutivo, precetto opposizione, rist*. Torino: UTET, 1984.

Artigo 55
Em decisão na qual se evidencie não acarretarem lesão ao interesse público nem prejuízo a terceiros, os atos que apresentarem defeitos sanáveis poderão ser convalidados pela própria Administração.

SUMÁRIO: 1. Considerações gerais; 2. Requisitos legais; 3. Natureza quanto ao regramento; Referências.

1. Considerações gerais

A convalidação consiste na sanação, com efeitos retroativos, de um vício dos atos administrativos.[146] Ou, como prefere Weida Zancaner, a convalidação consiste num "ato, exarado pela Administração Pública, que se refere expres-

---

[146] MAFFINI, Rafael. *Direito Administrativo*. 4. ed. São Paulo: Revista dos Tribunais, 2013, p. 114.

samente ao ato a convalidar para suprir seus defeitos e resguardar os efeitos por ele produzidos".[147] Trata-se, pois, de instituto que, tanto quanto à decadência, analisada nos comentários do art. 54 da LFPA, consiste em um verdadeiro limite material à anulação de atos administrativos.

Contudo, tal limite material à anulação de atos administrativos justifica-se por razões diversas. A decadência, como visto, possui, fundamento jurídico-constitucional nos princípios da segurança jurídica e da proteção da confiança. Já a convalidação consiste em instrumento jurídico cujo fundamento principiológico recai sobre a noção de eficiência da Administração Pública, a qual preza pela utilidade dos atos administrativos.

Em linhas gerias, a pedra de toque da convalidação consiste na preservação de um determinado ato administrativo para o futuro, bem como a manutenção dos efeitos até então produzidos, a despeito de tal ato ter sido praticado de modo contrário à ordem jurídica, uma vez que seu vício não se apresenta grave o bastante para justificar o desfazimento de tal ato estatal.

Considerando-se, pois, que se trata de institutos diversos – a decadência e a convalidação – impõe-se sejam observadas suas diferenças, sobretudo quanto aos requisitos que cada um deles reclama. Assim, não se mostra conveniente que se confundam os pressupostos da decadência com aqueles que são exigidos para a convalidação de atos administrativos. A título de exemplo, pode-se afirmar que a decadência não tem relação com a natureza do vício do ato,[148] assim como a convalidação nada tem com prazo de vigência do ato inválido.

2. Requisitos legais

Tendo se afirmado que a convalidação possui um rol de pressupostos próprios e diversos daqueles encontrados nos outros casos de limites materiais à anulação, impõe-se sejam tais requisitos destacados neste momento. Segundo enuncia o art. 55 da Lei nº 9.784/99, ocorrerá quando houver a conjugação dos seguintes requisitos: a) a convalidação não pode acarretar lesão ao interesse público; b) a convalidação não pode acarretar prejuízo a terceiros; c) o ato deve apresentar algum defeito sanável.

Parece que todos estes requisitos merecem uma análise mais detida.

Em relação ao primeiro deles, a regra até poderia ser considerada redundante, uma vez que toda e qualquer atividade da Administração Pública há de ser pautada pelo princípio do interesse público, como estabelece o próprio art. 2º da LFPA. Assim, e considerando que não se pode atribuir à lei palavras inúteis, mostra-se recomendável que se procure a verdadeira *ratio* de tal exigência. Com efeito, a condição em destaque – não acarretar a convalidação lesão ao interesse público – consiste em requisito que deve ser interpretado no sentido de que a convalidação não pode agravar, seja de modo direto seja de modo indireto, o interesse público, considerado, por óbvio, em sua acepção própria,

---

[147] ZANCANER, Weida. *Da convalidação e da invalidação dos atos administrativos*. 3. ed. São Paulo: Malheiros, 2008, p. 124.

[148] Vide item 6, dos comentários ao art. 54 da LFPA.

ou como preferem alguns autores, na acepção de interesse público primário.[149] Dito de outra forma, não pode a convalidação ocasionar lesão ao interesse geral e legítimo, de que a sociedade é titular, ainda que eventualmente possa ir de encontra com o interesse meramente patrimonial do Estado.

Já em relação ao segundo dos pressupostos – não ocasionar a decadência prejuízos a terceiro –, a interpretação mais adequada é a de que tal requisito deva ser interpretado de modo a que não se podem convalidar atos que tenham sido objeto de alguma impugnação, até que tal impugnação seja apreciada pela Administração Pública. Contudo, uma vez decidida a impugnação pela Administração Pública no sentido de inexistir razões para tutelar os interesses daquele que a deduz, não mais existirá qualquer embaraço à convalidação.

Já em relação ao conceito de "defeitos sanáveis", a questão se mostra deveras tormentosa, seja no plano jurisprudencial, seja, em especial, no plano doutrinário.

Entende-se que são convalidáveis os vícios de competência (desde que não se trate de competência exclusiva), esta situação também chamada de confirmação. Neste caso, a autoridade competente para a prática de um determinado ato administrativo poderia convalidá-lo, caso tivesse sido praticado por autoridade que, embora incompetente, pudesse ter recebido, por delegação, a incumbência de praticá-lo. Daí por que em atos de competência exclusiva – e em outros nos quais a delegação se mostra descabida, como nos casos previstos no art. 13 da LFPA –, a convalidação por vício de incompetência não seria convalidável.

São igualmente convalidáveis os vícios de forma (desde que não se trate de forma essencial e, portanto, seja viável a renovação da forma correta). A essencialidade da forma deve ser analisada casuisticamente por falta de elementos seguros que possam ser utilizados em termos abstratos.

Discute-se, igualmente, se o vício correspondente à falta de motivação mostra-se convalidável. Embora a motivação corresponda a uma faceta do elemento forma, trata-se de um de seus aspectos essenciais. Desse modo, a falta de motivação consiste em vício de forma essencial, sendo, portanto, insuscetível de convalidação. Isso porque admitir-se a convalidação do vício de falta de motivação corresponderia à possibilidade de, por vias oblíquas, ser feita a motivação posterior à prática do ato, o que seria descabido, uma vez que a motivação, por definição, deve ser anterior ou contemporânea à sua perpetração.

Contrario sensu, não podem ser convalidados os vícios que alcançam os elementos finalidade (desvio de finalidade), motivo (inexistência ou incongruência dos motivos) e objeto (ilicitude lato sensu do objeto).[150]

É de ser destacada a controvérsia acerca da convalidação em relação aos vícios de objeto. Para alguns, nestes casos, haveria a possibilidade de conversão substancial ou de reforma. Para José dos Santos Carvalho Filho, "a reforma implica a supressão da parte viciada do objeto plúrimo, ao passo que a conversão resulta de substituição dessa parte inválida por outra parte, esta sem os vícios

---

[149] Vide item 10, dos comentários ao art. 2º da LFPA.
[150] MAFFINI, Rafael. *Op. cit.*, p. 114.

da parte anterior".[151] Roga-se vênia para discordar de tal afirmação. Isso porque embora até se possa cogitar da reforma e da conversão, nos casos em que o ato se mostra parcialmente inválido, e o compartimento válido se mostra, *per se*, digno de manutenção, parece não ser adequado qualificarem tais fenômenos como hipóteses de convalidação, mas justamente do instituto que lhe é contraposto, qual seja, a anulação parcial do ato. Reconhece-se que a controvérsia proposta não é de fundo e sim de perspectiva teórica de análise, tendo em vista que viáveis em alguns casos a conversão e a reforma. O que se defende é que tais figuras jurídicas correspondem à anulação parcial do ato, e não de convalidação.

3. Natureza quanto ao regramento

Questão das mais tormentosas, especialmente no plano doutrinário, diz com a natureza da convalidação quanto ao regramento. Discute-se, pois, se a convalidação seria discricionária ou vinculada.

Qualquer que seja a posição adotada, parece não ser adequado fundamentá-la somente no modo que a regra do art. 55 da LFPA se mostra redigida, por utilizar do verbo "poder", e não do verbo "dever". Com efeito, o verbo "poder", no mais das vezes, deve ser interpretado como prerrogativa, ou seja, como poder-dever (ou dever-poder), e não como mera liberalidade. Daí por que, em geral, a interpretação gramatical não se mostra satisfatória quando se está diante do verbo "poder" em temas de Direito Administrativo.

Propõe-se, aqui, uma interpretação intermediária, pela qual a natureza da convalidação dependeria da natureza originária do ato que apresenta defeito sanável. Assim, se o ato administrativo convalidável[152] fosse, na origem um ato administrativo vinculado, vinculada também seria a convalidação. No entanto, se o ato administrativo convalidável fosse, na origem, discricionário, abrir-se-ia novo juízo discricionário acerca da convalidação, no qual deveria se analisar, sobretudo, se as razões fático-jurídicas que levaram à sua prática encontram-se ou não preservadas.[153]

Referências

CARVALHO FILHO, José dos Santos. *Processo Administrativo Federal* – Comentários à Lei nº 9.784 de 29/1/1999. 5. ed. São Paulo: Atlas, 2013.

MAFFINI, Rafael. *Direito Administrativo*. 4. ed. São Paulo: Revista dos Tribunais, 2013.

——. Princípio da proteção substancial da confiança no Direito Administrativo brasileiro. Porto Alegre: Verbo Jurídico, 2006.

ZANCANER, Weida. Da convalidação e da invalidação dos atos administrativos. 3. ed. São Paulo: Malheiros, 2008.

---

[151] CARVALHO FILHO, José dos Santos. *Processo Administrativo Federal* – Comentários à Lei nº 9.784 de 29/1/1999. 5. ed. São Paulo: Atlas, 2013, p. 282.

[152] Aqui, "ato administrativo convalidável" é expressão empregada como o ato administrativo cuja convalidação se mostra viável por portar defeito sanável, além de não ser a convalidação prejudicial ao interesse público ou a terceiros.

[153] Aproveitável, neste sentido, a teoria da base do ato que, embora seja pertinente à revogação pode ser utilizada também em matéria da convalidação. Neste sentido, vide MAFFINI, Rafael. *Princípio da proteção substancial da confiança no Direito Administrativo brasileiro*. Porto Alegre: Verbo Jurídico, 2006, esp. p. 197-209.

PRISCILIA SPARAPANI
Artigos 56 ao 62

CAPÍTULO XV – DO RECURSO ADMINISTRATIVO E DA REVISÃO

Artigo 56

Das decisões administrativas cabe recurso, em face de razões de legalidade e de mérito.

§ 1º O recurso será dirigido à autoridade que proferiu a decisão, a qual, se não a reconsiderar no prazo de cinco dias, o encaminhará à autoridade superior.

§ 2º Salvo exigência legal, a interposição de recurso administrativo independe de caução.

§ 3º Se o recorrente alegar que a decisão administrativa contraria enunciado da súmula vinculante, caberá à autoridade prolatora da decisão impugnada, se não a reconsiderar, explicitar, antes de encaminhar o recurso à autoridade superior, as razões da aplicabilidade ou inaplicabilidade da súmula, conforme o caso. (Incluído pela Lei nº 11.417, de 2006).

SUMÁRIO: 1. Recursos administrativos; 2. Recurso de ofício; 3. Recurso voluntário ou hierárquico; 4. Em face de razões de legalidade e de mérito; 5. Pedido de reconsideração; 6. Recurso hierárquico próprio e impróprio; 7. Pedido de reconsideração, recurso administrativo e impetração de mandado de segurança; 8. Recurso administrativo e caução; 9. Súmula Vinculante e administração pública; Jurisprudência; Referências.

1. Recursos administrativos

O art. 56, *caput*, da LPA determina que, das decisões da Administração Pública, se poderá interpor recurso em face de razões de legalidade e de mérito. Consagra, desse modo, o primado da recorribilidade das decisões administrativas (assegurando uma amplitude maior do que o controle feito pelo Judiciário, uma vez que abarca também as razões ligadas à conveniência e oportunidade do Poder Público).

Com efeito, "Recurso é uma manifestação fundamentada de inconformidade com alguma decisão proferida, visando à sua alteração. Nesse sentido, o vocábulo 'recurso' comporta diferentes significados, mais amplos ou mais estritos, como gênero ou como espécie, conforme a natureza da decisão recorrida, as circunstâncias de sua interposição e a competência para o reexame postulado".[1] Contudo, tenham os recursos acepção ampla ou restrita, encontram seu fundamento de validade no primado do duplo grau de jurisdição que também se aplica à esfera administrativa.

---
[1] DALLARI, Adilson de Abreu; FERRAZ, Sérgio. *Op. cit.*, p. 276.

Art. 56

Embora não esteja previsto expressamente na Constituição, o princípio do duplo grau de jurisdição está inserido em nosso ordenamento jurídico constitucional.[2] Ainda que este pensamento não seja pacífico, já que muitos autores entendem não existir na nossa Lei Maior o direito ao duplo grau,[3] é da essência de um Estado Democrático de Direito, que se garanta o reexame das decisões, como forma de se dar obediência ao princípio do devido processo legal. Na sua faceta substantiva, o *due process of law* requer que se proceda ao exame da razoabilidade das normas e atos estatais, a fim de que se possam proteger os direitos e as liberdades individuais contra qualquer decisão que se revele tirânica, arbitrária ou desprovida do indispensável nível de razoabilidade. É exatamente porque as decisões proferidas pela Administração Pública o são enquanto sujeito parcial no processo administrativo, que a necessidade de novo exame das soluções dadas pelo administrador se faz imprescindível. Apesar das decisões editadas pelo Poder Público só serem válidas se condicionadas à concretização do interesse público primário do Estado, sabe-se que o ser humano comete enganos, está sujeito a falhar, o que recomenda uma segunda apreciação, ou mesmo terceira (cf. art. 57 da LPA), em relação ao resultado do processo.

Há certas vantagens em se interpor recurso na esfera administrativa: é possível alegar em instância superior o que não foi arguido de início; possível reexaminar a matéria de fato; admissível, inclusive, produzir novas provas. Tudo isso não pode ser feito no âmbito jurisdicional. Além do mais, na esfera administrativa, em regra, os recursos, assim como o processo, são gratuitos (§ 2º do art. 56 da LPA), pois se tem a Administração como parte interessada. Se a máquina estatal não é movida para proferir uma decisão imparcial, como acontece na seara do Judiciário, não é lícito que o processo administrativo seja oneroso.

Conquanto o duplo grau esteja garantido na esfera administrativa, isto não afasta a garantia fundamental do controle da legalidade dos atos administrativos pelo Poder Judiciário, garantida no art. 5º, XXXV, da Carta Maior.

Pois bem, já que o direito ao reexame está, segundo aqui se defende, constitucionalmente assegurado, inclusive no âmbito da Administração Pública, é de ver-se que o art. 56, *caput*, ora em comento, contempla previsão que espelha exatamente essa garantia. Contudo, refere-se particularmente ao recurso administrativo *stricto sensu*, ou propriamente dito, também conhecido por recurso voluntário ou hierárquico. Este se difere do recurso de ofício, do pedido de reconsideração (§ 1º do art. 56 da LPA) e de revisão (art. 65 da LPA).

---

[2] Comunga-se aqui do pensamento de Sérgio Ferraz e Adilson Abreu Dallari que defendem "a existência de um direito constitucionalmente assegurado a um segundo exame, que deve ser integral, por força dos princípios do devido processo legal, da impessoalidade e da imparcialidade, em face da natural e inevitável falibilidade humana e, também, muito acentuadamente, por entender que o recurso jamais significa um desdouro, uma diminuição ou qualquer coisa de negativo com relação à pessoa do recorrido". (*Ibidem*, p. 277). No mesmo sentido, Maria Sylvia Zanella Di Pietro quando afirma que o direito de recorrer na esfera administrativa "é assegurado pelo artigo 5º, inciso LV, da Constituição, como inerente ao direito de defesa e ao contraditório". (DI PIETRO, Maria Sylvia Zanella. *Op. cit.*, p. 696).

[3] Segundo o pensamento dominante na doutrina e majoritário na jurisprudência, em especial das nossas Cortes Superiores, a Constituição Federal não acolheu a garantia do duplo grau de jurisdição administrativa. Essa garantia seria apenas legal (porque prevista nas legislações infraconstitucionais).

2. Recurso de ofício

Antes de se versar sobre o recurso administrativo voluntário, torna-se relevante comentar o recurso de ofício na esfera administrativa. Em verdade, não se pode dizer que se trata de recurso administrativo em sentido estrito, embora receba a designação de recurso.

É cabível quando a Administração profere uma decisão em favor do administrado (total ou parcialmente) e em seu próprio desfavor. Diante dessa situação, sabendo-se que o Poder Público tem o dever de tutelar o interesse da coletividade, sendo a Administração guardiã dos interesses metaindividuais, e não podendo dispor da coisa pública, o legislador entendeu por bem instituir a garantia da dupla apreciação na hipótese de haver decisão contrária ao Estado. Nesses termos, a decisão proferida pela autoridade decisória no processo administrativo somente terá plena eficácia após a confirmação dessa solução por outro órgão que lhe seja superior.

Na verdade, constitui-se em remessa obrigatória para órgão decisório de grau mais elevado, diferenciando-se do recurso em sentido estrito da seguinte maneira: a) o ato que impulsiona a decisão para ser reapreciada pelo órgão administrativo de segunda instância é despido das peculiaridades e objetivos típicos de um recurso administrativo *stricto sensu* ou voluntário, na medida em que não é possível ao órgão decisor impugnar as decisões que profere, e, de igual modo, manifestar o inconformismo com suas soluções, requerendo que as mesmas sejam substituídas por outras; b) não se pode falar em motivação no tocante ao ato de remessa à instância superior, já que ele ocorre automaticamente; c) prescinde de contraditório, até porque a decisão é favorável ao particular.

Note-se que o recurso de ofício não deriva do mandamento do duplo grau de jurisdição administrativa, que é garantia constitucional do administrado. A remessa oficial existirá somente quando houver previsão expressa em lei.

3. Recurso voluntário ou hierárquico

Na sistemática do processo administrativo, o recurso voluntário ou decorrente da hierarquia, tem sido um *remedium juris* para o administrado, perante a autoridade de segunda instância, a fim de que esta reexamine a decisão proferida pela autoridade ou órgão decisor de primeira instância administrativa. É recurso voluntariamente interposto pelo interessado diante de uma decisão que lhe foi desfavorável.

4. Em face de razões de legalidade e de mérito

Conforme a redação do *caput* pode-se interpor recurso administrativo em face de razões de legalidade e de mérito. Nesse viés, para tratar desses dois aspectos, cabe trazer a lume a distinção entre o ato administrativo proveniente do exercício de competência vinculada e aquele resultante do exercício de competência discricionária, retomando-se aqui a diferenciação feita nos comentários ao art. 31 da LPA. Quanto ao primeiro ato, "haverá *vinculação* quando o administrador público não tem qualquer margem de liberdade para decidir a não ser de um só modo, uma vez que a norma determina previamente qual a única solução cabível ou o único comportamento admissível perante o caso concreto. Ao contrário, haverá *discricionariedade* quando residir para o administrador certa margem de liberdade para decidir de tal ou qual maneira ante dada situação, segundo o que dispõe a norma, com base em critérios de oportunidade e conveniência (*mérito* do ato), com o fim de atender a finalidade legal, ou quando, em virtude de conceitos plurissignificativos contidos na norma, não se puder determinar uma única solução cabível ou um único comportamento admissível diante da hipótese fática".[4]

Sob esse viés, as decisões no processo administrativo que forem de caráter vinculado, dirão respeito apenas ao aspecto da legalidade; deve-se examinar se a solução está em conformidade com as normas que regem a Administração Pública. A decisão só não será válida se o Poder Público chegar a um resultado diverso do único que seria cabível para a hipótese. De outro canto, as decisões de caráter discricionário têm dois prismas diversos: a) o primeiro diz respeito ao aspecto da legalidade, tal qual no "ato vinculado"; b) o segundo tem relação com o mérito administrativo, baseado em critérios de oportunidade ou conveniência; só existe nos atos em que a Administração pode exercer sua liberdade de escolha. Significa dizer que a discricionariedade só será legítima, se o administrador, depois de avaliar e analisar o plano concreto, escolher a melhor solução, mediante motivação válida e consistente, pautada em parâmetros de razoabilidade e proporcionalidade.

De qualquer modo, o art. 56, *caput*, garante a recorribilidade da decisão administrativa, quando desfavorável ao interessado, seja no tocante ao "ato vinculado", em que a autoridade procederá ao reexame somente do aspecto da legalidade, seja com relação ao "ato discricionário", em que o Poder Público fará novo exame tanto da legalidade quanto do mérito. E nisto, a nova apreciação, feita na via administrativa, difere-se do controle realizado pelo Judiciário, em que é vedado a este "Poder" do Estado analisar o aspecto meritório do ato administrativo decorrente do exercício de competência discricionária.

5. Pedido de reconsideração

O § 1º determina que o recurso será dirigido à autoridade que proferiu a decisão, a qual poderá então reconsiderá-la. Isto denota que o citado parágrafo está se referindo à possibilidade que tem o órgão decisório de emitir nova solução, diversa da que havia editado anteriormente, considerando o pedido do administrado. Em outras palavras, o pedido de reconsideração é a solicitação feita pelo interessado à autoridade, que proferiu uma solução para o caso, a fim de que realize o reexame do ato, propensa ou não a dar outro rumo à decisão antes adotada. Como o recurso pressupõe novo exame da solução tomada

---

[4] Esse é o nosso entendimento a respeito do tema referente ao exercício de competência discricionária e vinculada, baseado nos ensinamentos de Celso Antônio Bandeira de Mello. (SPARAPANI, Priscilia. O controle jurisdicional das provas nos concursos públicos. In: SCHWARZ, Rodrigo Garcia, 1971- (Org.). *Direito administrativo contemporâneo*: administração pública, justiça e cidadania, garantias fundamentais e direitos sociais. Rio de Janeiro: Elsevier, 2010, p. 291-306).

por autoridade diversa daquela que a proferiu, fácil é verificar que a reconsideração não é um recurso *stricto sensu*, pois é encaminhado à mesma autoridade prolatora do ato.

O objetivo da LPA, ao prever o pedido de reconsideração, que acaba sendo sempre prévio à análise do recurso, é o de possibilitar que a autoridade decisória reveja seu ato, e, se acaso verificar que cometeu algum erro, equívoco, omissão ou injustiça, volte atrás e profira outra decisão livre de vícios de caráter formal e/ou material. Desse modo, seguem-se os princípios da celeridade, economia processual e informalismo no âmbito do processo administrativo, com a finalidade de não movimentar desnecessariamente a máquina administrativa. Somente se a autoridade não reconsiderar sua decisão, no prazo de 05 (cinco) dias, é que ela deverá encaminhar ao órgão superior o recurso do administrado.

Vale destacar que "a simples interposição tempestiva do recurso quebra a definitividade da decisão recorrida. Ela somente se tornará definitiva se não for reconsiderada em até cinco dias a contar da interposição do recurso, dado que até então ela sempre poderá ser alterada. Passados os cinco dias, o silêncio quanto à reconsideração tornará definitiva em primeira instância a decisão recorrida, mesmo que eventualmente, por alguma falha, não tenha havido o encaminhamento devido à autoridade superior. Já o simples encaminhamento à autoridade superior, antes mesmo de decorrido o prazo máximo de cinco dias, deve ser tomado como negativa ao pedido de reconsideração".[5] Desta maneira, se a autoridade não reconsiderar sua decisão, tendo havido a interposição de recurso por parte do interessado, caberá ao órgão de primeira instância dirigir as razões de inconformismo do administrado à autoridade superior.

6. Recurso hierárquico próprio e impróprio

Uma vez encaminhado o recurso à autoridade superior, importa diferenciar se o recurso hierárquico é próprio ou impróprio. O primeiro é o pedido de reexame encaminhado à autoridade superior àquela que editou o ato decisório impugnado, ou seja, seu trâmite ocorre na linha hierárquica dentro da mesma pessoa jurídica; já o último é o pedido de novo exame dirigido à autoridade que integra outra pessoa jurídica e, portanto, não é, em termos de hierarquia interna, a autoridade superior em sequência àquela que proferiu o ato objeto de recurso; vale dizer que a autoridade responsável por proceder ao reexame da decisão não faz parte da mesma estrutura hierárquica do órgão decisor, não tendo normalmente a atribuição de fazer o novo exame dos atos da outra autoridade; neste caso, a lei deverá atribuir poderes expressos para tanto.

7. Pedido de reconsideração, recurso administrativo e impetração de mandado de segurança

Como é sabido, e dantes já se disse, a possibilidade de haver o reexame da matéria objeto do processo administrativo pela Administração Pública

---

[5] DALLARI, Adilson de Abreu; FERRAZ, Sérgio. *Op. cit.*, p. 306.

não afasta a análise jurisdicional da questão, diante do princípio da inafastabilidade da jurisdição (art. 5º, XXXV, CF). Nesse passo, em face das decisões administrativas que negam o pedido do administrado, um ponto relevante a ser considerado seria o momento inicial para a impetração de mandado de segurança contra a decisão adotada. Assegurado no art. 5º, inc. LXIX da CF, o *mandamus* é remédio constitucional que serve como instrumento que propicia o controle judiciário dos atos e decisões da Administração Pública. E é exatamente porque se constitui em um meio de fortalecer a cláusula democrática de obediência do Poder Público à Constituição e às leis, que sua impetração não está condicionada ao prévio exaurimento das instâncias administrativas.

Sobre a discussão referente ao prazo para a impetração do *writ*, segundo a Súmula nº 430 do STF o "pedido de reconsideração na via administrativa não interrompe o prazo para o mandado de segurança". Deste enunciado surgiram dois entendimentos diferentes, devendo-se distinguir entre: a) o pedido de reconsideração que tenha previsão legal; e, b) aquele que não está previsto em lei, sendo que só nesta hipótese deve correr o prazo para a interposição do mandando se segurança. Há, ainda, pensamento que defende que o prazo para que se possa impetrar o mandado de segurança, deve centrar-se na questão dos recursos administrativos propriamente ditos, pois são eles que importam para a referida discussão, e não o pedido de reconsideração. Isto porque a súmula do STF é clara ao fazer menção apenas à reconsideração, sendo então somente esta incapaz de interromper o prazo para interpor o *writ*; deste modo, *a contrario sensu*, infere-se do enunciado sumular que cabe ao recurso administrativo interromper o prazo para a impetração do remédio constitucional cinquentenário (já que a reconsideração de recurso não se trata). Destarte, indubitavelmente é "admissível que seja o prazo decadencial para a interposição da segurança, quando o interessado decide usar o recurso administrativo, mesmo sem efeito suspensivo", contando-se o início do lapso de 120 (cento e vinte) dias (art. 23 da L. 12.016/09) a partir da ciência da denegação do recurso administrativo.[6] Esta concepção centra-se na ideia de que a decisão administrativa em face da qual se impetra o mandado de segurança é aquela proveniente da autoridade de instância superior, que profere solução definitiva no âmbito da Administração Pública, e não a decisão emanada do órgão de primeira instância, pois concepção diversa desta estaria desprestigiando a recorribilidade nas instâncias administrativas. Todavia, a posição que parece ter força é aquela que defende que mesmo quando se usa o recurso administrativo, ele precisa ser dotado de efeito suspensivo para que interrompa a contagem do prazo para a interposição do mandado de segurança.

Além disso, retomando a questão referente à não obrigatoriedade do esgotamento da via recursal administrativa para se impetrar o mandado de segurança na esfera judicial, afirmou-se que não há a necessidade de se percorrer todas as instâncias administrativas como condição para o exercício do direito de impetrar a ação mandamental. Cabe ao administrado escolher entre recorrer na via administrativa ou impetrar mandado de segurança. Usualmente, na prática, o interessado, se não optar pelo *mandamus*, elege o recurso adminis-

---

[6] DALLARI, Adilson de Abreu; FERRAZ, Sérgio. *Op. cit*, p. 291.

trativo, como meio de impugnação, apenas se o mesmo for dotado de efeito suspensivo, pois somente este tem o condão de impedir a execução da decisão na esfera administrativa.

Com efeito, nas seguintes hipóteses haverá interesse em se impetrar o *writ*: a) quando o recurso administrativo não possuir efeito suspensivo; b) quando for concedido efeito suspensivo, mas for exigida caução (sobre este assunto será feito comentário quando da análise do § 2º do art. 56 da LPA); e c) quando configurar-se a inércia ou o silêncio por parte da Administração Pública; nesta situação, diante da inatividade administrativa, o interessado poderá socorrer-se do Judiciário, pois ausente qualquer ato por parte do Estado-Administração. Neste sentido é a Súmula 429 do STF: "a existência de recurso administrativo com efeito suspensivo não impede o uso do mandado de segurança contra omissão da autoridade".

De outra banda, faltará interesse para a interposição do mandado de segurança perante: a) ato do qual caiba recurso administrativo com efeito suspensivo sem exigência de caução (art. 5º, inc. I, da Lei 12.016/09); e b) houver a interposição de recurso administrativo com efeito suspensivo perante a Administração e a impetração simultânea da ação mandamental.

8. Recurso administrativo e caução

O § 2º do art. 56 da LPA determina que a interposição de recurso administrativo independe de caução, salvo se a lei fizer referida exigência. Com isto, o que se verifica é a consagração, como regra, do princípio da gratuidade no processo administrativo.

Em relação à caução, é possível afirmar que esta não pode ser considerada como pressuposto de admissibilidade dos recursos, mesmo nos casos em que a legislação a preveja, por ser flagrante a sua inconstitucionalidade. Diferentemente do preparo exigido em juízo, que pode ser tido como um requisito de admissibilidade do recurso –, já que consiste no custeio dos gastos atinentes ao regular processamento do expediente processual em grau recursal –, o depósito prévio e outras formas de garantia de instância, restringem, indubitavelmente, o direito de interpor recurso e conseguir a suspensão da exequibilidade da decisão. A Administração não deve exigir que o administrado ofereça garantias para poder exercer seu direito à ampla defesa, que inclui a possibilidade de interposição das razões de seu inconformismo.

Nesse sentido, o Supremo Tribunal Federal já pacificou o seu entendimento de que a exigência de depósito prévio, como requisito de admissibilidade do recurso administrativo, para a suspensão do ato administrativo exequível, viola o art. 5º, incs. XXXIV, *a*, e LV, da Constituição Federal, referentes respectivamente às garantias do direito de petição e da ampla defesa.

Entendimento diverso desconsideraria o duplo grau na via administrativa e inutilizaria a amplitude de defesa como corolário do devido processo legal, depreciaria o recurso administrativo que se veria sem serventia, e fortaleceria a suspeita dos administrados em relação ao Poder Público e ao seu papel de tutor dos interesses públicos primários do Estado. Assim sendo, a questão deve permanecer sob a égide do princípio da gratuidade do processo administrativo, que está em absoluta conformidade com os ditames constitucionais.

9. Súmula Vinculante e administração pública

O § 3ª do art. 56 da LPA dispõe que se presente estiver, nas razões recursais, alegação do recorrente, afirmando que a decisão na via administrativa contraria enunciado de súmula vinculante, a autoridade prolatora da decisão impugnada, se não a reconsiderar, deverá explicitar, antes de encaminhar o recurso à autoridade superior, quais os motivos da aplicabilidade ou inaplicabilidade da súmula, conforme o caso.

Em relação à súmula vinculante, após muita controvérsia e intensa discussão no âmbito jurídico e político, até mesmo com argumentos trazidos do direito estrangeiro, o debate foi superado e o novel instituto aprovado, com previsão na Constituição Federal, por intermédio da EC nº 45/04, que acrescentou o art. 103-A, na CF, disciplinado no plano infraconstitucional pela Lei nº 11.417/06, que incluiu o presente parágrafo no art. 56 da LPA, como também os arts. 64-A e 64-B (adiante comentados).

Dessa maneira, em virtude de alteração constitucional, o Supremo Tribunal Federal poderá de ofício ou por provocação, mediante decisão de dois terços dos seus membros, depois de reiteradas decisões concernentes à matéria constitucional, aprovar súmula que, após ser publicada na imprensa oficial, conterá efeito vinculante no tocante aos demais órgãos do Poder Judiciário, bem como em relação à Administração Pública direta e indireta, nas três esferas de governo (federal, estadual e municipal), e, do mesmo modo, efetuar a sua revisão ou cancelamento, na forma instituída em lei (art. 103-A, *caput*, CF e art. 2º, Lei nº 11.417/06).

Com base no texto constitucional, a súmula vinculante terá por finalidade a validade, a interpretação e a eficácia de normas determinadas, sobre as quais exista controvérsia atual entre órgãos judiciários ou entre esses e a Administração Pública que ocasione grave insegurança jurídica e relevante multiplicação de processos em relação à questão idêntica (art. 103-A, § 1º, da CF). Sob este prisma, as súmulas vinculantes têm o escopo de tornar uniformes as decisões das Cortes brasileiras no tocante a determinado assunto jurídico, evidenciando quais são os entendimentos do Judiciário no que diz respeito a certa matéria, servindo como norte não só para os órgãos que integram a função jurisdicional, como também para os órgãos administrativos, obstando que a Administração emita decisões contrárias às súmulas editadas pelo Judiciário.

Nesse diapasão, infere-se do § 3º do art. 56 que se a autoridade administrativa decidir de forma contrária ao que está sumulado vinculativamente, o administrado poderá recorrer da decisão requerendo que a Administração observe o conteúdo da súmula vinculante ou então explique porque a súmula não se aplica àquela dada situação. Por isto é fundamental que o interessado explicite, nas suas razões de recurso, quão adequado é o teor da súmula para resolver aquela hipótese fática e porque deve ser aplicada. Assim sendo, deixa-se patente ao Poder Público que ele está descumprindo verdadeira norma, já que dotada de caráter impositivo.

Jurisprudência

Pedido de reconsideração e mandado de segurança

MANDADO DE SEGURANÇA INTEMPESTIVO. PEDIDO DE RECONSIDERAÇÃO NA VIA ADMINISTRATIVA NÃO INTERROMPE O PRAZO (SÚMULA 430). NÃO CONHECIMENTO. (STF, MANDADO DE SEGURANÇA: MS 20031 DF, Relator(a): XAVIER DE ALBUQUERQUE, Julgamento: 29/04/1975, Órgão Julgador: TRIBUNAL PLENO).

PROCESSUAL CIVIL E ADMINISTRATIVO – MANDADO DE SEGURANÇA – CERTIFICADO DE UTILIDADE PÚBLICA – PRAZO DECADENCIAL – FLUÊNCIA – PEDIDO DE RECONSIDERAÇÃO – INTERRUPÇÃO DO PRAZO – INOCORRÊNCIA. 1. O prazo decadencial para a impetração do mandado de segurança flui a partir da ciência do ato capaz de produzir lesão ao direito do impetrante. 2. É pacífico o entendimento do STJ de que o prazo decadencial para impetração do mandado de segurança não se interrompe nem se suspende em razão de pedido de reconsideração ou da interposição de recurso administrativo, exceto quanto concedido efeito suspensivo. 3. Segurança denegada. (STJ, Processo: MS 15158 DF 2010/0059856-3, Relator(a): Ministra ELIANA CALMON, Julgamento: 25/08/2010, Órgão Julgador: S1 – PRIMEIRA SEÇÃO).

AGRAVO REGIMENTAL EM MANDADO DE SEGURANÇA. APOSENTADORIA. IMPETRAÇÃO. PRAZO DECADENCIAL. FLUÊNCIA. RECURSO ADMINISTRATIVO SEM EFEITO SUSPENSIVO. INTERRUPÇÃO. INOCORRÊNCIA. I – A fluência do prazo decadencial para a impetração do mandado de segurança se inicia na data em que o ato se torna capaz de produzir lesão ao direito do impetrante. II – Consoante entendimento jurisprudencial, o pedido de reconsideração (Súmula 430) e o recurso administrativo destituído de efeito suspensivo não têm o condão de interromper o prazo decadencial do mandado de segurança. Precedentes. (...). (STJ, AGRAVO REGIMENTAL NO MANDADO DE SEGURANÇA: AgRg no MS 14178 DF 2009, Relator(a): Ministro FELIX FISCHER, Julgamento: 25/03/2009, Órgão Julgador: S3 – TERCEIRA SEÇÃO).

RECURSO ADMINISTRATIVO E PRAZO PARA A INTERPOSIÇÃO DO MANDADO DE SEGURANÇA

PROCESSUAL CIVIL. RECURSO ESPECIAL. TRIBUTÁRIO. IMPUGNAÇÃO DO AUTO DE LANÇAMENTO POR MEIO DE RECURSO ADMINISTRATIVO COM EFEITO SUSPENSIVO. MANDADO DE SEGURANÇA. TERMO INICIAL DO PRAZO PARA IMPETRAÇÃO. (...) "o direito de requerer mandado de segurança extinguir-se-á decorridos cento e vinte dias contados da ciência, pelo interessado, do ato impugnado". Contudo, apresentado recurso administrativo com efeito suspensivo, mostra-se inadequada a utilização do *writ*, enquanto não efetuado seu julgamento (...). (STJ – RECURSO ESPECIAL: REsp 778008 RS 2005/0144807-9, Relator(a): Ministra DENISE ARRUDA, Julgamento: 16/09/2008, Órgão Julgador: T1 – PRIMEIRA TURMA).

PROCESSUAL CIVIL -AGRAVO REGIMENTAL -MANDADO DE SEGURANÇA – RECURSO ADMINISTRATIVO SEM EFEITO SUSPENSIVO – NÃO – INTERRUPÇÃO DO PRAZO DECADENCIAL – PRECEDENTES. "É pacífico o entendimento do STJ no sentido de que o prazo decadencial para impetração do mandado de segurança não se interrompe nem se suspende em razão de pedido de reconsideração ou da interposição de recurso administrativo, exceto quanto concedido efeito suspensivo." (...). (STJ – AGRAVO REGIMENTAL NO RECURSO ESPECIAL: AgRg no REsp 1051765 RJ 2008/0088258-6, Relator(a): Ministro HUMBERTO MARTINS, Julgamento: 20/11/2008, Órgão Julgador: T2 – SEGUNDA TURMA).

NÃO CABIMENTO DO MANDADO DE SEGURANÇA

AGRAVO REGIMENTAL NO MANDADO DE SEGURANÇA. INTERPOSIÇÃO DE RECURSO ADMINISTRATIVO COM EFEITO SUSPENSIVO PERANTE O TRIBUNAL DE CONTAS DA UNIÃO. IMPETRAÇÃO SIMULTÂNEA DE MANDADO DE SEGURANÇA. IMPOSSIBILIDADE. (STF – AG.REG.NO MANDADO DE SEGURANÇA: MS 27772 DF, Relator(a): CÁRMEN LÚCIA, Julgamento: 15/04/2009, Órgão Julgador: Tribunal Pleno).

MANDADO DE SEGURANÇA. AGRAVO REGIMENTAL. ATO ADMINISTRATIVO. PENDÊNCIA DE RECURSO ADMINISTRATIVO COM EFEITO SUSPENSIVO. 1. "Não se dará mandado de segurança quando se tratar de ato de que caiba recurso administrativo com efeito suspensivo" (...). (STF – AG.REG.NO MANDADO DE SEGURANÇA: MS-AgR 26178 DF, Relator(a): CARLOS BRITTO, Julgamento: 05/06/2007, Órgão Julgador: Tribunal Pleno).

QUESTÃO DE ORDEM. AGRAVO DE INSTRUMENTO. CONVERSÃO EM RECURSO EXTRAORDINÁRIO (CPC, ART. 544, PARÁGRAFOS 3º E 4º). EXIGÊNCIA DE DEPÓSITO PRÉVIO EM RECURSO ADMINIS-

TRATIVO. RELEVÂNCIA ECONÔMICA, SOCIAL E JURÍDICA DA CONTROVÉRSIA. RECONHECIMENTO DA EXISTÊNCIA DE REPERCUSSÃO GERAL DA QUESTÃO DEDUZIDA NO APELO EXTREMO INTERPOSTO. PRECEDENTES DESTA CORTE A RESPEITO DA INCONSTITUCIONALIDADE DA EXIGÊNCIA COMO REQUISITO DE ADMISSIBILIDADE DE RECURSO ADMINISTRATIVO. RATIFICAÇÃO DO ENTENDIMENTO. POSSIBILIDADE DE APLICAÇÃO DOS PROCEDIMENTOS DA REPERCUSSÃO GERAL (CPC, ART. 543-B). (...) 2. A exigência de depósito prévio como requisito de admissibilidade de recurso administrativo – assunto de indiscutível relevância econômica, social e jurídica – já teve a sua inconstitucionalidade reconhecida por esta Corte, no julgamento do RE 388.359, do RE 389.383 e do RE 390.513, todos de relatoria do eminente Ministro Marco Aurélio. 3. Ratificado o entendimento firmado por este Supremo Tribunal Federal, aplicam-se aos recursos extraordinários os mecanismos previstos no parágrafo 1º do art. 543-B, do CPC. 4. Questão de ordem resolvida, com a conversão do agravo de instrumento em recurso extraordinário, o reconhecimento da existência da repercussão geral da questão constitucional nele discutida, bem como ratificada a jurisprudência desta Corte a respeito da matéria, a fim de possibilitar a aplicação do art. 543-B, do CPC. (STF, AI 698626 QO-RG / SP – SÃO PAULO, REPERCUSSÃO GERAL NA QUESTÃO DE ORDEM NO AGRAVO DE INSTRUMENTO, Relator(a): Min. MIN. ELLEN GRACIE, Julgamento: 02/10/2008).

AGRAVO REGIMENTAL NO AGRAVO DE INSTRUMENTO. ADMINISTRATIVO. IMPOSSIBILIDADE DE EXIGÊNCIA DE DEPÓSITO PRÉVIO OU ARROLAMENTO DE BENS COMO PRESSUPOSTO DE ADMISSIBILIDADE DE RECURSO. PRECEDENTES. RECONSIDERAÇÃO DA DECISÃO AGRAVADA. ANÁLISE, DESDE LOGO, DO AGRAVO. AGRAVO E RECURSO PROVIDOS. (...). 8. Razão de direito assiste à Agravante. 9. No julgamento da Ação Direta de Inconstitucionalidade n. 1.976, Relator o Ministro Joaquim Barbosa, o Supremo Tribunal Federal decidiu que a exigência do depósito prévio ou do arrolamento de bens, como condição para a interposição de recurso administrativo, afronta o art. 5º, inc. XXXIV e LV, da Constituição da República. (...). (STF – AG.REG. NO AGRAVO DE INSTRUMENTO: AI 666165 RS, Relator(a): Min. CÁRMEN LÚCIA, Julgamento: 16/12/2009).

Referências

DALLARI, Adilson de Abreu; FERRAZ, Sérgio. *Processo Administrativo*. 3. ed. São Paulo: Malheiros, 2012.

DI PIETRO, Maria Sylvia Zanella. *Direito administrativo*. 26. ed. São Paulo: Atlas, 2013.

SPARAPANI, Priscilia. O controle jurisdicional das provas nos concursos públicos. In: SCHWARZ, Rodrigo Garcia, 1971. (org.). *Direito administrativo contemporâneo*: administração pública, justiça e cidadania, garantias fundamentais e direitos sociais. Rio de Janeiro: Elsevier, 2010.

Artigo 57
O recurso administrativo tramitará no máximo por três instâncias administrativas, salvo disposição legal diversa.

SUMÁRIO: 1. Instâncias administrativas; 2. Última instância e a coisa julgada administrativa; Jurisprudência; Referências.

1. Instâncias administrativas

O art. 57 da LPA estabelece a possibilidade de recorrer na esfera administrativa de forma limitada, ou seja, o recurso tramitará por, no máximo, três instâncias administrativas. E esta previsão é que deverá prevalecer se não houver legislação específica disciplinando a recorribilidade de forma diversa, não importando se haja ato administrativo normativo contendo regra distinta da LPA, uma vez que ato infralegal não pode dispor de maneira a desrespeitar o que está estipulado na lei, pois afrontaria gravemente o princípio da legalidade (arts. 5º, II e 37, *caput*, da CF).

Da redação legal do art. 57 é possível depreender que a expressão *recurso administrativo* está empregada em sentido estrito; vale dizer, refere-se aos recursos hierárquicos próprios e impróprios, uma vez que são eles que podem tramitar por instâncias diversas e que têm novo exame procedido por autoridade superior àquela que proferiu a decisão, o que não acontece com o pedido de reconsideração nem com a revisão. Consoante dantes já se viu, os recursos próprios são aqueles que tramitam por autoridades diferentes dentro do mesmo ente público, obedecendo a uma hierarquia interna. Já os recursos impróprios consistem nas razões de inconformismo endereçadas à autoridade que integra outra pessoa jurídica e, que, portanto, não é hierarquicamente superior àquela que editou o ato recorrido; a interposição deste último recurso precisa estar expressamente regulada em lei. Destarte, com base nesses conceitos é lícito afirmar que as instâncias administrativas podem ficar restritas ao interior de um ente público, conforme a distribuição interna de competências; haverá então a competência recursal vertical, iniciando-se, em regra, na autoridade de menor hierarquia até chegar ao órgão hierárquico superior máximo, respeitado o limite de três instâncias. Ou estas podem ultrapassar a esfera interna, para que o recurso seja apreciado em outra entidade pública, com competência para apreciar o recurso administrativo impróprio, desde que exista previsão de legislação federal específica para tanto. Assim, as instâncias podem ser repartidas dentro do mesmo ente, ou entre entes diferentes.

2. Última instância e a coisa julgada administrativa

Após a interposição de todos os recursos administrativos e o esgotar-se dos meios de análise das razões de inconformismo do interessado, a decisão se torna definitiva na esfera administrativa. Se esta solução for favorável ao interessado, parte da doutrina defende que dita decisão administrativa final, que não comporta mais apreciação, modificação ou retratação, faz coisa julgada no âmbito da Administração. Deste modo, a "coisa julgada administrativa" só se caracteriza quando a decisão definitiva no âmbito do Poder Público for tal que nem o administrado tenha interesse em dela recorrer ao Judiciário, nem a Administração, o que acontece quando a solução conclusiva administrativa é ampliativa de direitos dos interessados; por conseguinte trata-se, "de instituto que cumpre uma função de garantia dos administrados e que concerne ao tema da segurança jurídica estratificada já na própria órbita da Administração".[7]

Embora o instituto da *res judicata* administrativa seja um tema polêmico, cuja discussão requer muito mais do que algumas linhas, comunga-se aqui do posicionamento daqueles que entendem pela admissibilidade do referido instituto, guardadas as devidas diferenças com a coisa julgada no âmbito do Judiciário. Deveras, apenas na seara jurisdicional é que há propriamente a coisa julgada, cuja decisão não admite mais discussão ou questionamentos, pois só o Judiciário, tendo o magistrado como sujeito imparcial e estranho à controvérsia, que diz o direito, pode fazê-lo de forma definitiva, pondo fim à lide. Por

---

[7] MELLO, Celso Antônio Bandeira de. *Curso de Direito Administrativo*. 28. ed. São Paulo: Malheiros, 2011, p. 463.

isto, a expressão "coisa julgada administrativa" deve vir entre aspas, porque, em verdade, na seara administrativa, o Estado-Administração é sujeito parcial, e partindo do pressuposto de que "ninguém é juiz e parte ao mesmo tempo, a decisão não se torna definitiva, podendo ser sempre apreciada pelo Poder Judiciário, se causar lesão ou ameaça de lesão".[8] Neste sentido, a solução final não está sob o manto da verdadeira coisa julgada, sendo que esta significa, no âmbito administrativo, tão só que a decisão se tornou irretratável, irrevogável para a própria Administração, sempre que benéfica ao interessado.

Jurisprudência

ADMINISTRATIVO. MANDADO DE SEGURANÇA. AUTO DE INFRAÇÃO AMBIENTAL. RECURSO ADMINISTRATIVO. ARTIGO 16, § 2º DA INSTRUÇÃO NORMATIVA Nº 08/2003-IBAMA. RESTRIÇÃO DE RECURSO DEVIDO AO VALOR DA MULTA. ILEGALIDADE. VIOLAÇÃO AOS PRINCÍPIOS DA AMPLA DEFESA E DEVIDO PROCESSO LEGAL. LEI Nº 9.784/99. AUSÊNCIA DE RESTRIÇÕES À REMESSA DE RECURSO ÀS INSTÂNCIAS SUPERIORES. 1. A exigência do IBAMA, de somente admitir recursos administrativos cujo valor da multa seja superior a R$ 50.000,00 (cinqüenta mil reais), extrapola a previsão legal, violando o princípio da legalidade previsto no art. 5º, II c/c art. 37, caput, ambos da Constituição Federal, pois a legislação de regência não condiciona a remessa de recursos administrativo às instâncias superiores. 2 A Lei nº 9.784/99 não traz a restrição ora impugnada, admitindo até três instâncias administrativas, salvo disposição legal diversa. A Lei nº 9.605/98, por sua vez, expressamente prevê a hipótese de recurso à instância superior do SISNAMA. Conclui-se, portanto, que a Instrução Normativa em questão limita a interposição de recurso, sem contudo possuir base legal para a condição imposta. 3. Ainda que compreensível seu objetivo, já que necessária a limitação para evitar a eternização dos conflitos, eis que depois da via administrativa ainda dispõe o autuado da via judicial, o certo é que o ato administrativo em foco não tem respaldo em lei. E, cria uma restrição ao recurso ao limitá-lo de acordo com o valor da multa imposta. Certamente referida restrição poderia ser feita mediante lei, mas não por meio de um ato administrativo. 4. A Administração não pode, por sua própria iniciativa e sem base legal, criar obstáculos ao processamento dos recursos, causando cerceamento de defesa aos administrados. Cabe ao órgão ambiental, entendendo necessária e justificável a restrição, mover o Congresso Nacional a fim de regulá-la adequadamente através de lei específica. 5. Apelação e remessa oficial improvidas. (TRF4 – APELAÇÃO/REEXAME NECESSÁRIO: APELREEX 25171 PR 2007.70.00.025171-6, Relator(a): JOÃO PEDRO GEBRAN NETO, Julgamento: 08/09/2009, Órgão Julgador: TERCEIRA TURMA).

ADMINISTRATIVO. DECISÃO DE JUNTA DE RECURSOS DA PREVIDÊNCIA SOCIAL QUE NEGA SEGUIMENTO A RECURSO PARA O CONSELHO DE RECURSOS DA PREVIDÊNCIA SOCIAL COM BASE EM NORMAS INTERNAS DA ADMINISTRAÇÃO. VIOLAÇÃO AO ARTS. 5º, LV E 37 DA CONSTITUIÇÃO FEDERAL. LEI Nº 9.784/99. APLICAÇÃO SUBSIDIÁRIA (ART. 69). GARANTIA DE TRÊS INSTÂNCIAS ADMINISTRATIVAS, EXCETO SE HOUVER LEI ESPECÍFICA EM SENTIDO CONTRÁRIO (ART. 57). APLICAÇÃO AOS PROCESSOS EM TRAMITAÇÃO (CPP, ART. 2º, APLICAÇÃO SUBSIDIÁRIA). 1. Decisão que nega seguimento a recurso administrativo com base em norma interna da Administração, viola os arts. 5º, LV e 37 da Constituição Federal, relativamente ao princípio da legalidade. 2. A Lei nº 9.784/99 é aplicável subsidiariamente aos processos administrativos específicos (art. 69) e garante até três instâncias administrativas, exceto se houver lei específica em sentido contrário. Referida Lei é aplicável aos processos administrativos em tramitação, em razão da aplicação subsidiária do art. 2º do CP. 3. Remessa oficial a que se nega provimento. (TRF1 – REMESSA *EX OFFICIO*: REO 92817 BA 1998.01.00.092817-3, Relator(a): JUIZ FEDERAL MANOEL JOSÉ FERREIRA NUNES (CONV.), Julgamento: 18/11/2003, Órgão Julgador: PRIMEIRA TURMA SUPLEMENTAR).

PREVIDENCIÁRIO. ADMINISTRATIVO. PROCESSO ADMINISTRATIVO PREVIDENCIÁRIO. APOSENTADORIA. TEMPO DE SERVIÇO ESPECIAL. COISA JULGADA ADMINISTRATIVA. 1. Segundo Maria Sylvia Di Pietro, coisa julgada administrativa "significa (...) que a decisão se tornou irretratável pela própria Administração". Além da "hipótese em que se exauriu a via administrativa, não cabendo mais qualquer recurso, existem outras possibilidades que abrangem os casos de irrevogabilidade dos atos administrativos (...)", "(...) como os que geraram direitos subjetivos" (idem). 2. *In casu*, o autor, ora apelante, pretende a anulação da revisão e reforma pela 2ª Câmara de Julgamento do Conselho de Recursos da Previdência Social de acórdão, proferido

---

[8] DI PIETRO, Maria Sylvia Zanella. *Op cit.*, p. 809.

pela 1ª Câmara, que havia concedido aposentadoria proporcional por tempo de serviço ao autor, reconhecendo, para tanto, a contagem como especial do tempo por ele trabalhado na empresa BAYER S/A, como Técnico Químico, entre 29/04/1995 e 05/03/1997. Portanto, aqui se operou a coisa julgada administrativa por duplo motivo. Primeiramente porque as Câmaras de Julgamento são o órgão máximo do sistema processual administrativo do INSS, não cabendo de suas decisões nenhum outro recurso, tendo sido portanto exaurida a via administrativa com o primeiro julgamento procedido pela 2ª Câmara. Depois, a decisão abortada gerou para o autor o direito subjetivo à percepção de benefício previdenciário de aposentadoria por tempo de serviço proporcional. 3. Apelação provida. (TRF2 – APELAÇÃO CIVEL: AC 200451100051112 RJ 2004.51.10.005111-2, Relator(a): Desembargadora Federal LILIANE RORIZ, Julgamento: 27/10/2010, Órgão Julgador: SEGUNDA TURMA ESPECIALIZADA).

TRIBUTÁRIO. CONTENCIOSO ADMINISTRATIVO. DESRESPEITO À DECISÃO ADMINISTRATIVA DE INSTÂNCIA SUPERIOR. DEVIDO PROCESSO LEGAL. Violados os princípios da ampla defesa e o do devido processo legal, quando a Autoridade coatora retoma a tese da decadência, desconsiderando decisão administrativa de instância superior que a afastou, ofendendo a coisa julgada administrativa (...). (TRF4 – APELAÇÃO/REEXAME NECESSÁRIO: APELREEX 5988 RS 2005.71.00.005988-4, Relator(a): ÁLVARO EDUARDO JUNQUEIRA, Julgamento: 09/06/2010, Órgão Julgador: PRIMEIRA TURMA).

Referências

DI PIETRO, Maria Sylvia Zanella. *Direito administrativo*. 26. ed. São Paulo: Atlas, 2013.

MELLO, Celso Antônio Bandeira de. *Curso de direito administrativo*. 28. ed. São Paulo: Malheiros, 2011.

Artigo 58

Têm legitimidade para interpor recurso administrativo:

I – os titulares de direitos e interesses que forem parte no processo;

II – aqueles cujos direitos ou interesses forem indiretamente afetados pela decisão recorrida;

III – as organizações e associações representativas, no tocante a direitos e interesses coletivos;

IV – os cidadãos ou associações, quanto a direitos ou interesses difusos.

SUMÁRIO: 1. Legitimados para interposição de recurso; Jurisprudência; Referências.

1. Legitimados para interposição de recurso

O art. 58 da LPA diz quais são os legitimados para a interposição de recurso administrativo em seus incisos. São legitimados *os titulares de direitos e interesses que forem parte no processo* (art. 58, I). Ou seja, todas as pessoas físicas ou jurídicas que têm seus direitos amparados pelo ordenamento jurídico podem recorrer, e, do mesmo modo, todos que têm interesse no processo, podendo ser, inclusive, alguém que seja detentor de mero interesse, como, *v.g.*, quando o administrado faz sua postulação no processo "por razões de mérito, com o fim de obter revogação de decisões".[9] Suficiente, por conseguinte, que da decisão da Administração resulte ofensa ou prejuízo ao interesse juridicamente tutelado do particular.

---

[9] CARVALHO FILHO, José dos Santos. *Processo administrativo federal*: comentários à Lei nº 9.784/99 de 29/1/99. 5. ed. São Paulo: Atlas, 2013, p. 304.

Deve-se levar em conta, além disso, que o representante também pode interpor recurso. Com efeito, "O representante, porém, age em nome do titular do direito ou interesse, não se submetendo, portanto, aos efeitos da decisão administrativa". Ressalta-se que o representante, contudo, não se confunde com o substituto (cf. previsão dos incs. III e IV que trata dos casos de substituição).[10]

Igualmente, têm legitimidade para a interposição de recurso administrativo *aqueles cujos direitos ou interesses forem indiretamente afetados pela decisão recorrida* (art. 58, II). Enquadram-se nesta hipótese os interessados que sofreram de forma indireta com o ato decisório, sendo este capaz de afetar-lhes a esfera de direitos e interesses protegidos juridicamente, causando-lhes danos e prejuízos. Importa na necessidade de que o administrado demonstre que a decisão lhe acarretou gravame para que o seu recurso seja conhecido.

Ainda, as organizações e associações representativas são legitimadas para recorrer no que diz respeito a direitos e interesses coletivos (art. 58, III). Aqui sim se trata da substituição processual, em que essas entidades poderão atuar no processo e, até mesmo, interpor recurso administrativo. De tal modo, esses entes representam grupos de pessoas que titularizam direitos e interesses agasalhados pelo ordenamento jurídico, que ultrapassam o âmbito do individual e integram o gênero dos direitos e interesses metaindividuais.

Inseridos nesse grande gênero dos direitos transindividuais estão os direitos coletivos que constituem direitos de pessoas unidas entre si por uma relação jurídica ou ligadas à parte adversária, em que existem sujeitos indeterminados, mas determináveis. O direito é indivisível, pois não é lícito tratar de forma diferente os vários interessados coletivamente, contanto que estejam atrelados por uma mesma relação jurídica base.

Neste passo, referidos direitos e interesses caracterizam-se por relacionarem-se a um grupo, classe ou categorias de pessoas que encerram entre si um vínculo de natureza jurídica. São exemplos: associação de moradores de um bairro, associação de servidores de certa categoria funcional. Tais entes estão legitimados para interporem recurso no processo administrativo.

E para finalizar o rol daqueles que têm legitimidade para a interposição de recurso, têm-se *os cidadãos ou associações, quanto a direitos ou interesses difusos* (art. 58, IV). Nesta última disposição do art. 58 da LPA também pode ocorrer a substituição processual quando a questão se ligar aos direitos ou interesses difusos. Estes podem ser tidos como aqueles direitos que igualmente suplantam a seara individual, isto é, vão além da esfera de um só sujeito; da mesma maneira, o direito caracteriza-se por sua indivisibilidade, todavia, refere-se a uma coletividade indeterminada, conectada por uma circunstância fática. Interessa notar que a ligação existente entre a generalidade de indivíduos é "por mero acaso, inexistindo aquela relação jurídica base que marca os direitos coletivos. Exatamente pelo fato de a vinculação jurídica ser meramente episódica e casual, legitimam-se os cidadãos ao oferecimento de recursos administrativos, porque, ao serem legitimados, a lei está permitindo que procurem a tutela de direitos do próprio grupo ao qual pertencem. Quanto às associações, com

---

[10] MARRARA, Thiago; NOHARA, Irene Patrícia. *Op. cit.*, p. 377-378.

maior razão têm legitimidade, já que representam o grupo de indivíduos e podem buscar a proteção de seus direitos".[11]

Em síntese, ao arrolar quem tem legitimidade para recorrer nesses quatro incisos do art. 58, o legislador da LPA delimitou o tema e o circunscreveu às situações em que: a) o interessado é parte no processo; b) se não for parte, o administrado é atingido indiretamente pela decisão; ou c) ocorre a substituição processual.

Jurisprudência

RECURSO ADMINISTRATIVO. SINDICATO. SUBSTITUIÇÃO PROCESSUAL. LEGITIMIDADE. CÔMPUTO DO TEMPO DE SERVIÇO. FILIADOS. SITUAÇÃO INDIVIDUALIZADA. NECESSIDADE. PEDIDO GENÉRICO. INÉPCIA DA INICIAL. Em que pese o reconhecimento da legitimidade do sindicato para atuar como substituto processual de seus filiados, na defesa de direitos individuais ou coletivos, é inepta peça inicial que se limita a fazer pedido genérico, sem individualizar a situação de cada um dos pretensos beneficiários. (TRE-RO – Processo Administrativo: PA 393 RO, Relator(a): Roosevelt Queiroz Costa, Julgamento: 06/12/2007).

Referências

CARVALHO FILHO, José dos Santos. Processo administrativo federal: comentários à Lei n° 9.784/99 de 29/1/99. 5. ed. São Paulo: Atlas, 2013., p. 304.

MARRARA, Thiago; NOHARA, Irene Patrícia. *Processo Administrativo* – Lei n° 9.784/99 Comentada. São Paulo: Atlas, 2009.

Artigo 59

Salvo disposição legal específica, é de dez dias o prazo para interposição de recurso administrativo, contado a partir da ciência ou divulgação oficial da decisão recorrida.

§ 1º Quando a lei não fixar prazo diferente, o recurso administrativo deverá ser decidido no prazo máximo de trinta dias, a partir do recebimento dos autos pelo órgão competente.

§ 2º O prazo mencionado no parágrafo anterior poderá ser prorrogado por igual período, ante justificativa explícita.

SUMÁRIO: 1. Prazo de interposição do recurso administrativo; 2. Prazo de decisão do recurso administrativo; 3. Prorrogação do prazo para decidir o recurso; Jurisprudência; Referência.

1. Prazo de interposição do recurso administrativo

O art. 59, *caput,* da LPA prevê que é de dez dias o prazo para interposição de recurso administrativo, contado a partir da ciência ou divulgação oficial da decisão recorrida, salvo se legislação especial contiver previsão diversa. A contagem se faz com início no dia seguinte àquele em que o interessado tem conhecimento da decisão administrativa proferida pelo órgão decisor, incluindo o dia do final. O cômputo sempre deve iniciar no primeiro dia útil posterior à ciência da decisão. Note-se que a redação não fala em dias úteis, como acontece, em regra, nas outras disposições contidas na LPA. Com isto, os dias

---

[11] CARVALHO FILHO, José dos Santos. *Op. cit.*, p. 305.

são corridos. O último dia do prazo deve ser um dia em que há funcionamento normal da repartição, assim como o dia de início do lapso temporal.

Sendo possível que legislação específica preveja prazo maior ou menor, no caso de redução, o prazo não deve ser exíguo a ponto de impedir o exercício do direito de recorrer. Também não deve ser amplo demais, de modo a dilatar em excesso a fase recursal. O importante é que, de toda forma, o prazo diferente, seja estabelecido por lei e não por ato normativo infralegal.

2. Prazo de decisão do recurso administrativo

Em relação à decisão na fase recursal, se a lei não estipular prazo diferente, o recurso administrativo deverá ser decidido no prazo máximo de trinta dias, contado do recebimento dos autos pelo órgão competente. Da mesma forma que no *caput*, aqui também os dias são contados de maneira corrida, sendo que apenas o *dies a quo* e o *dies ad quem* devem recair em dias com expediente normal. O prazo se inicia no dia seguinte àquele em que a autoridade recebe os autos.

Aqui também, somente por intermédio de legislação específica é que o prazo estipulado para a decisão recursal poderá ser diverso. Atos normativos editados pela Administração não têm o condão de estabelecer lapso distinto, porque o dispositivo da LPA reclama *lei* para tanto.

Em relação ao termo inicial para contagem do prazo, como se vê da disposição contida neste parágrafo primeiro, ele valerá a partir do momento em que a autoridade competente para decidir o recurso recebe os autos. Por conseguinte, recordando-se do trâmite processual recursal, em que a autoridade que proferiu a decisão pode reconsiderar em cinco dias a solução proferida e, em não o fazendo, encaminhará o recurso à autoridade competente para julgá-lo, será somente a partir daí, com o recebimento dos autos pelo órgão julgador das razões de inconformismo, que terá início o prazo de 30 dias. Não se computa, portanto, o lapso de tempo que a autoridade decisória de primeira instância tem para reconsiderar a decisão que emitiu.

Veja-se que se o órgão competente para apreciar o recurso não o faz no prazo de 30 dias (excetuada a hipótese do § 2º do art. 59), caracterizado estará o silêncio administrativo, ferindo os primados da ampla defesa, da legalidade e da eficiência. Diante da inatividade do Poder Público caberá ao administrado provocar o Judiciário para que a lesão ao direito do interessado seja sanada.

3. Prorrogação do prazo para decidir o recurso

O prazo para que se decida o recurso poderá ser prorrogado por igual período, desde que haja justificativa expressa por parte da autoridade competente. Vale dizer que o prazo máximo para que se chegue a uma conclusão no tocante ao recurso administrativo interposto é de 60 dias, desde que a autoridade explicite as razões pelas quais está dilatando o prazo para editar solução referente ao recurso interposto. Ultrapassado esse lapso temporal, sem decisão emitida, haverá inércia por parte da Administração. Ela deixará de praticar um ato que é um dever seu, que lhe foi atribuído por lei, para incorrer em pura omissão. E o mutismo administrativo fere frontalmente o ordenamento jurídico, uma vez que o administrado tem direito não apenas a uma resposta, mas a uma resposta devidamente fundamentada, pois só assim será possível controlar e fiscalizar os atos e decisões da Administração.

Contudo, mesmo não sendo cumprido o prazo limite autorizado pelo parágrafo ora em comento, não desaparece o dever que tem o Poder Público de proferir uma decisão nos autos. Isto em virtude da atribuição imposta pela LPA à Administração de editar uma solução em face do inconformismo do administrado.

O ideal é que a LPA tivesse atribuído um determinado efeito (positivo ou negativo)[12] à ausência de atuação da Administração, isto é, ao silêncio administrativo. Como não o fez, permanecendo a inatividade administrativa, restará ao particular socorrer-se do Judiciário.

Todavia, a autoridade ou órgão competente para emitir uma decisão em face do recurso do interessado, que deixa de fazê-lo, será alvo de processo instaurado para apurar sua responsabilização, seja na via administrativa (nos termos da Lei 8.112/90), seja na via judicial. Sendo que nesta, poderá ser instaurado: processo por improbidade administrativa (consoante art. 11 da Lei 8.429/92), processo por crimes contra a Administração Pública (como o crime de prevaricação – art. 319 do CP), e, também, processo para responsabilizar o Estado em face do atraso ou inércia da Administração em proferir decisão (art. 37, § 6º, da CF).[13]

Jurisprudência

AÇÃO CAUTELAR. DESPACHANTE ADUANEIRO. PENA DE PERDA DO CREDENCIAMENTO. PROCESSO ADMINISTRATIVO. INTIMAÇÃO PESSOAL. TEMPESTIVIDADE RECURSAL. 1. A intimação, nos processos administrativos, deve ser pessoal, contando-se o prazo para recursos a partir deste ato, nos termos do § 3º do art. 26, combinado com o art. 59, da Lei 9.784/99. 2. O recurso administrativo interposto pelo autor foi tempestivo, visto que ele foi intimado pessoalmente em 10 de janeiro de 2001 e protocolou sua insurgência em 19 de janeiro do mesmo ano, cumprindo, assim, o prazo do art. 59 da citada lei. 3. Insofismável a presença do *fumus boni iuris*. Indiscutível, ainda, o *periculum in mora*, visto que o requerente corre o risco de ser impedido de exercer a atividade profissional que lhe garante o sustento. 4. Cabimento da condenação em honorários advocatícios, tratando-se de cautelar de natureza contenciosa. 5. Apelação a que se nega provimento. (TRF3 – APELAÇÃO CÍVEL: AC 5532 SP 2001.61.04.005532-7, Relator(a): JUIZ CONVOCADO RUBENS CALIXTO, Julgamento: 25/06/2009, Órgão Julgador: TERCEIRA TURMA).

CONSTITUCIONAL. PREVIDENCIÁRIO. PROCESSUAL CIVIL. ATO ADMINISTRATIVO. REVOGAÇÃO. APOSENTADORIA. CONCESSÃO E POSTERIOR CANCELAMENTO. LEGALIDADE DO PROCESSO ADMINISTRATIVO. (....). III – O processo administrativo de que derivou o cancelamento da aposentadoria por tempo de serviço da impetrante norteou-se pela obediência ao devido processo legal, ao contraditório e à ampla defesa. IV – Restou obedecido o prazo do art. 59, § 1º, da Lei nº 9.784/99, eis que, apresentada a defesa pela beneficiária em 26-7-2004, o julgamento do recurso deu-se em 27-7-2004, antes, portanto, do transcurso dos 30 (trinta) dias a que alude o dispositivo legal citado. (...). (TRF3 – APELAÇÃO EM MANDADO DE

---

[12] A lei atribui ao silêncio determinados efeitos objetivos; assim, a tal fato administrativo, concede-se um efeito positivo ou negativo. Significa dizer que se o efeito for positivo, por ficção jurídica, conceder-se-á o próprio pedido solicitado pelo administrado; se o efeito for negativo, entender-se-á que o pedido do interessado foi negado, livrando-o da espera por uma solução que nunca vem ou é extremamente demorada.

[13] Este é o entendimento de MARRARA, Thiago; NOHARA, Irene Patrícia. *Op. cit.*, p. 387.

Art. 60

SEGURANÇA: AMS 10287 SP 2004.61.05.010287-0, Relator(a): DESEMBARGADORA FEDERAL MARISA SANTOS, Julgamento: 21/06/2010, Órgão Julgador: NONA TURMA).

PREVIDENCIÁRIO. MANDADO DE SEGURANÇA. ANÁLISE E CONCESSÃO DE BENEFÍCIO. PRAZO RAZOÁVEL. PRINCÍPIO DA EFICIÊNCIA. PRAZO LEGAL. LEI nº 9.784/99, artigo 59. 1. A demora na análise dos requerimentos administrativos dos impetrantes, desatende ao princípio da eficiência e ao prazo legal do artigo 59, da Lei nº 9.784/99. 2. Os requerimentos administrativos efetuados em datas entre novembro de 2004 a março de 2005 só foram analisados após a concessão da ordem e intimação da autarquia para seu cumprimento, em 17/01/2006. 3. Remessa oficial a que se nega provimento. (TRF3 – REMESSA EX OFFICIO EM MANDADO DE SEGURANÇA: REOMS 12968 SP 2005.61.02.012968-2, Relator(a): JUIZA CONVOCADA LOUISE FILGUEIRAS, Julgamento: 30/09/2008, Órgão Julgador: TURMA SUPLEMENTAR DA TERCEIRA SEÇÃO).

Referência

MARRARA, Thiago; NOHARA, Irene Patrícia. *Processo Administrativo* – Lei 9.784/99 comentada. São Paulo: Atlas, 2009.

Artigo 60

O recurso interpõe-se por meio de requerimento no qual o recorrente deverá expor os fundamentos do pedido de reexame, podendo juntar os documentos que julgar convenientes.

SUMÁRIO: 1. Interposição do recurso; Referência.

1. Interposição do recurso

Segundo determina o art. 60 da LPA o recurso deve ser interposto por intermédio de requerimento escrito à autoridade competente que proferiu a decisão impugnada (segundo o § 1º do art. 56 da LPA). Isto porque o órgão decisório pode reconsiderar (ou não) a solução dada à hipótese fática. Se não a reconsiderar, encaminhará o recurso à instância superior para que seja julgado.

A previsão do artigo em comento aplica-se, e só tem sentido, quando o recurso é voluntário, seja ele hierárquico próprio ou impróprio.

A redação legal exige que o recorrente exponha os fundamentos do pedido de reexame, significando que, de acordo com a convicção do particular, ele poderá discordar da decisão administrativa proferida no processo e, diante disto, interpor recurso em que constem as razões de fato e de direito referentes à solução emitida; as razões recursais devem apontar as ilegalidades (o que contraria a lei) e ilegitimidades (o que contraria a Constituição) para que as instâncias superiores possam analisar o inconformismo do interessado e acolhê-lo (total ou parcialmente) ou não. Esclarece-se que "os termos *conhecimento* ou *recebimento* do recurso dizem respeito a um juízo sobre os requisitos formais de sua interposição. Já os termos *deferimento* e *apreciação* se referem a um juízo sobre o conteúdo do recurso".[14]

Interessa destacar que o recorrente poderá, ao interpor o recurso, juntar os documentos que julgar convenientes. Esta possibilidade é importante, pois

---

[14] MARRARA, Thiago; NOHARA, Irene Patrícia. *Op. cit.*, p. 389.

permite ao interessado apresentar novos elementos probatórios à superior instância e exercer plenamente seu direito à amplitude de defesa. Além do mais, privilegia a busca da verdade material, conferindo à Administração a chance de analisar novos fatos e provas, para que profira uma decisão mais condizente com a verdade e a justeza.

Referência

MARRARA, Thiago; NOHARA, Irene Patrícia. *Processo Administrativo* – Lei 9.784/99 comentada. São Paulo: Atlas, 2009.

Artigo 61
Salvo disposição legal em contrário, o recurso não tem efeito suspensivo.

Parágrafo único. Havendo justo receio de prejuízo de difícil ou incerta reparação decorrente da execução, a autoridade recorrida ou a imediatamente superior poderá, de ofício ou a pedido, dar efeito suspensivo ao recurso.

SUMÁRIO: 1. Efeitos do recurso administrativo; 2. Concessão de efeito suspensivo ao recurso; 2.1. Justo receio de prejuízo de difícil ou de incerta reparação; 2.2. Concessão de efeito suspensivo pela autoridade recorrida ou a imediatamente superior – de ofício ou a pedido; 2.3. Efeito suspensivo e mandado de segurança; Jurisprudência; Referências.

1. Efeitos do recurso administrativo

Nos termos do art. 61, *caput*, da LPA, o recurso administrativo não tem efeito suspensivo. Esta previsão está ligada a um dos atributos do ato administrativo que é a sua autoexecutoriedade,[15] ou seja, a prerrogativa que tem a Administração de poder executar seus atos e decisões independentemente de prévia autorização do Judiciário para tanto.

Nesse sentido, a LPA estabelece como regra apenas o efeito devolutivo ao recurso na via administrativa. Em relação a este efeito, há a transferência para a instância superior (ou para a mesma instância, como na hipótese do pedido de reconsideração e a revisão)[16] do conhecimento da matéria objeto do processo. Deveras, o efeito devolutivo está presente nos recursos administrativos em sentido amplo: na reconsideração, na revisão, no recurso de ofício (ou remessa oficial) e no recurso voluntário (ou hierárquico). Devolve-se ao órgão administrativo a matéria para o reexame do assunto sobre o qual o Poder Público emitiu uma solução. A devolução será total no caso do recurso de ofício; poderá ser total ou parcial na hipótese de interposição do recurso voluntário; neste caso, cabe ao interessado delimitar o âmbito da impugnação referente à decisão. Se o recurso só tem efeito devolutivo a decisão proferida pelo órgão decisório inicial comporta execução imediata.

---

[15] CARVALHO FILHO, José dos Santos. *Op. cit.*, p. 310.
[16] Na revisão, o pedido é endereçado à mesma autoridade que proferiu a decisão sancionadora.

Permite o dispositivo em comento que lei em sentido contrário, atribua-lhe também efeito suspensivo. Neste viés, lei federal específica poderá prever as hipóteses em que o recurso administrativo, uma vez interposto, se dotado de efeito suspensivo, impedirá a eficácia da decisão, que não poderá ser executada até que ocorra o seu julgamento pela instância superior. No silêncio da lei, o recurso não evita que a decisão recorrida seja executada. Igualmente, poderá ser atribuído efeito suspensivo ao recurso diante das situações contidas no parágrafo único do art. 61 da LPA, a seguir comentado. Fora dessas hipóteses, deve prevalecer a regra do efeito devolutivo.

2. Concessão de efeito suspensivo ao recurso

O parágrafo único do art. 61 dispõe que havendo recurso, no caso de haver justo receio de prejuízo de difícil ou incerta reparação decorrente da execução, a autoridade recorrida ou a imediatamente superior poderá, de ofício ou a pedido, conceder efeito suspensivo às razões de inconformismo do interessado. Portanto, apesar do recurso administrativo ter, em regra, apenas a devolutividade como efeito, caracterizada a hipótese do parágrafo único, é possível entender-se pela concessão do efeito suspensivo.

2.1. Justo receio de prejuízo de difícil ou de incerta reparação

Sempre que o órgão competente vislumbrar justo receio de prejuízo de difícil ou de incerta reparação decorrente da execução, poderá ser concedido efeito suspensivo ao recurso. Novamente, o legislador utiliza conceitos jurídicos fluidos para atribuir ao intérprete, com base no caso concreto, a tarefa de dizer se aquela dada hipótese encaixa-se no *prejuízo de difícil reparação* ou no *prejuízo de incerta reparação*.

O prejuízo é o dano, a restrição, a perda causada ao interessado diante de um acontecimento fático que influi na sua esfera de direitos e liberdades juridicamente protegidos. Ficam de fora dessa situação as limitações que o Poder Público impõe, por lei, aos administrados, de caráter geral, pois atinge a todos indistintamente.

O prejuízo também pode afetar o próprio interesse público e terceiros estranhos ao processo. Mesmo a Administração Pública pode ser afetada pela solução proferida no expediente processual. Daí que a concessão de efeito suspensivo dar-se-á quando a autoridade entender que a decisão administrativa, proferida nos autos do expediente processual, executável desde logo, causará danos à coletividade e a terceiros ou ao Poder Público. Portanto, além do interessado, todos estes sujeitos (inclusive os indeterminados) podem ser alvo de uma solução administrativa causadora de prejuízo, caso em que a concessão de efeito suspensivo ao recurso se faz necessária. Todavia, não pode ser qualquer prejuízo; apenas aquele de difícil ou incerta reparação.

Nesse passo, prejuízo de difícil reparação é aquela ocorrência danosa que até admite reversão; porém, essa tentativa de retorno é complexa e intrincada, demandando gasto de tempo e de dinheiro. Torna-se praticamente impossível voltar à situação original diante dos acontecimentos fáticos. Já o prejuízo de incerta reparação é aquele em que não se sabe se a reparação ocorrerá ou não; o evento é duvidoso, girando em torno da probabilidade, em que existe tão só uma mera expectativa. Contudo, referida distinção importa muito mais no plano teórico do que em termos práticos, já que normalmente quando há a aplicação da regra do parágrafo único do art. 61 da LPA são utilizadas as expressões *prejuízo de difícil reparação* ou *prejuízo de incerta reparação* sem se fazer distinção entre uma e outra.

2.2. Concessão de efeito suspensivo pela autoridade recorrida ou a imediatamente superior – de ofício ou a pedido

A quem compete conceder o efeito suspensivo? A redação do parágrafo único fala que tem competência para referida concessão, a autoridade recorrida (aquela que proferiu a decisão impugnada) ou a imediatamente superior (aquela responsável por apreciar as razões do recurso). Isto porque o art. 56, § 1º, da LPA determina que o recurso será encaminhado primeiramente à autoridade prolatora da decisão, pois na via administrativa há a possibilidade de reconsideração da solução emitida. Se a autoridade não reconsiderar sua decisão, ela mesma poderá atribuir efeito suspensivo ao recurso, hipótese em que a decisão não produzirá efeito de imediato e, em seguida, dirigirá o recurso à instância superior para sua apreciação. Se entender pela não concessão do efeito suspensivo ao recurso, encaminhará as razões recursais à autoridade superior que poderá atribuir-lhe dito efeito.

Note-se que a concessão do efeito suspensivo pode se dar *ex officio*, partindo da própria autoridade decisória, ou do órgão superior, responsável por apreciar o recurso, com base no dever-poder de agir e de zelar pelo interesse público que incumbe à Administração; ou pode decorrer de pedido do interessado, situação em que o órgão público é provocado a se manifestar nesse sentido. Agindo de ofício ou mediante provocação, a concessão do efeito que suspende a decisão administrativa enquadra-se no exercício de competência discricionária por parte da autoridade.

2.3. Efeito suspensivo e mandado de segurança

Como dantes já se afirmou, somente o recurso com efeito suspensivo impede a exequibilidade do ato administrativo. Além disso, o efeito suspensivo do recurso administrativo também não permite que comece a fluir o prazo decadencial de 120 dias para a impetração do mandado de segurança, que tem início tão só a partir do momento em que a Administração profere decisão no recurso interposto perante a última instância recursal (limitada no máximo a três – art. 57 da LPA) ou então quando se esgotar o prazo para sua interposição. Logo, somente se negado o efeito suspensivo pela autoridade, caso em que o recurso terá exclusivamente efeito devolutivo, é que começará a contagem do lapso temporal para a impetração do *mandamus*. A intenção, quando o recurso é dotado de efeito suspensivo, é a de evitar a interposição concomitante do recurso administrativo e da ação mandamental.

Art. 61

Jurisprudência

MANDADO DE SEGURANÇA. DESAPROPRIAÇÃO PARA FINS DE REFORMA AGRÁRIA. OFENSA AOS PRINCÍPIOS DO DEVIDO PROCESSO LEGAL E DA AMPLA DEFESA. INOCORRÊNCIA. 1. Recurso administrativo. Art. 61 da Lei nº 9.784/99. Inexistência de efeito suspensivo e de impedimento à edição do decreto expropriatório. (...). (STF – MANDADO DE SEGURANÇA: MS 24449 DF, Relator(a): Min. ELLEN GRACIE, Julgamento: 06/03/2008, Órgão Julgador: Tribunal Pleno).

AGRAVO DE INSTRUMENTO. PREVIDENCIÁRIO. MANDADO DE SEGURANÇA. RECURSO ADMINISTRATIVO. EFEITO SUSPENSIVO. ART. 61 DA LEI Nº 9.784/99. DECADÊNCIA. CTPS. PROVA PLENA. AUSÊNCIA DE ILEGALIDADE NA CONCESSÃO DE BENEFÍCIO. NOVA INTERPRETAÇÃO DOS FATOS. VEDAÇÃO. 1. Nos termos do artigo 61 da Lei nº 9.784/99, a regra geral no procedimento administrativo é a não-atribuição de efeito suspensivo ao recurso, não havendo necessidade do esgotamento da via para a suspensão do benefício. (...). (TRF4 – AGRAVO DE INSTRUMENTO: AG 6913 SC 2008.04.00.006913-8, Relator(a): LUIZ ANTONIO BONAT, Julgamento: 24/06/2008, Órgão Julgador: QUINTA TURMA).

PROCESSUAL CIVIL – ADEQUAÇÃO DO MANDADO DE SEGURANÇA – PRETENSÃO DE CONCESSÃO DE EFEITO SUSPENSO A RECURSO ADMINISTRATIVO – QUESTÃO DE DIREITO QUE INDEPENDE DE PRODUÇÃO DE PROVA PERICIAL. PROCESSO ADMINISTRATIVO – SERVIDOR PÚBLICO – EFEITO SUSPENSIVO A RECURSO ADMINISTRATIVO – ARTIGO 61 DA LEI 9784/99. II – Nos termos do artigo 61 e respectivo parágrafo primeiro da Lei nº 9.784/99, os recursos administrativos, via de regra, não são recebidos no efeito suspensivo, devendo, contudo, sê-lo, se houver justo receio de prejuízo de difícil ou incerta reparação. III – No caso dos autos, o não recebimento do recurso administrativo interposto pelo apelante – o pedido de realização de uma segunda inspeção médica para fins de prorrogação de licença médica equivale a recurso administrativo – no efeito suspensivo implicaria na necessidade dele retomar as suas atividades, o que, conforme se infere da documentação encartada, ensejaria um "prejuízo de difícil ou incerta reparação decorrente da execução" imediata da decisão administrativamente prolatada. (TRF3 – APELAÇÃO EM MANDADO DE SEGURANÇA: AMS 27036 SP 2007.61.00.027036-9, Relator(a): DESEMBARGADORA FEDERAL CECILIA MELLO, Julgamento: 14/12/2010, Órgão Julgador: SEGUNDA TURMA).

TRIBUTÁRIO. AGRAVO DE INSTRUMENTO. EXCLUSÃO DO PROGRAMA DE RECUPERAÇÃO FISCAL – REFIS. RECURSO ADMINISTRATIVO PENDENTE DE APRECIAÇÃO. SUSPENSÃO DOS EFEITOS DO ATO DE EXCLUSÃO ATÉ O TÉRMINO DO PROCESSO ADMINISTRATIVO. EFEITO SUSPENSIVO AO RECURSO ADMINISTRATIVO. POSSIBILIDADE. ART. 61 DA Lei nº 9.784/99. AGRAVO REGIMENTAL PREJUDICADO. 1. A empresa, tomando conhecimento de seu afastamento do Programa REFIS, apresentou, perante o Comitê Gestor, manifestação de inconformidade contra sua exclusão do Programa, não obtendo resposta até a data do ajuizamento da ação judicial. 2. Enquanto pendente requerimento administrativo no qual se pleiteia a insubsistência da exclusão do Programa de Recuperação Fiscal – REFIS, coerente e plausível é a suspensão de seus efeitos, privilegiando-se, assim, os princípios constitucionais do contraditório e a ampla defesa. 3. A Lei nº 9.784/99, que regulariza o processo administrativo, no âmbito da Administração Pública Federal, possibilita, na redação do parágrafo único, art. 61, que se dê efeito suspensivo ao recurso administrativo, em caso de justo receio de prejuízo de difícil ou incerta reparação. 4. *In casu*, a medida justifica-se tendo em vista a exigibilidade imediata da quantia referente aos débitos tributários incluídos no Programa e a conseqüente impossibilidade de obtenção de Certidões de Regularidade Fiscal. 5. Agravo de instrumento a que se dá provimento. 6. Agravo regimental prejudicado. (TRF1 – AGRAVO DE INSTRUMENTO: AG 5154 DF 2007.01.00.005154-8, Relator(a): DESEMBARGADORA FEDERAL MARIA DO CARMO CARDOSO, Julgamento: 26/02/2008, Órgão Julgador: OITAVA TURMA).

ADMINISTRATIVO. TRIBUTÁRIO. APELAÇÃO EM MANDADO DE SEGURANÇA. SUSPENSÃO DE EXIGIBILIDADE DE CRÉDITO TRIBUTÁRIO. PENDENTE JULGAMENTO DE REQUERIMENTO ADMINISTRATIVO. RECEIO DE PREJUÍZO DE DIFÍCIL REPARAÇÃO. (...). Razoável, na hipótese, a teor do artigo 151, inciso III, do CTN c/c o parágrafo único do artigo 61 da Lei nº 9.784/99, a suspensão de exigibilidade do crédito tributário em quanto não há decisão final em sede administrativa, ante a situação de perigo concreto. Impedir que a concessionária de serviço público participe de leilões para a aquisição de energia elétrica – já que a inscrição no Cadastro da Dívida Ativa (dos débitos alvo de impugnação administrativa) impossibilita a concessão da CND ou CPD-EM – denota justo receio de prejuízo de difícil ou incerta reparação. Portanto, face a ilegalidade do atos omissivos das Autoridades Coatoras e o potencial prejuízo de difícil reparação daí decorrente, manifesta-se pela manutenção da decisão concessiva da segurança vindicada. Recurso e remessa necessária desprovidos. (TRF2 – APELAÇÃO EM MANDADO DE SEGURANÇA: AMS 200350010080712 RJ 2003.50.01.008071-2, Relator(a): Desembargador Federal POUL ERIK DYRLUND, Julgamento: 18/01/2011, Órgão Julgador: OITAVA TURMA ESPECIALIZADA).

ADMINISTRATIVO – MANDADO DE SEGURANÇA – CERTIFICADO DE ENTIDADE BENEFICENTE DE ASSISTÊNCIA SOCIAL – CEBAS – RECURSO ADMINISTRATIVO – EFEITOS – ART. 377 DO DECRETO 3.048/99 QUE VEDA A CONCESSÃO DE EFEITO SUSPENSIVO – ART. 61 DA Lei nº 9.784/99 – EFEITO SUSPENSIVO SUJEITO A JUÍZO DISCRICIONÁRIO DO ADMINISTRADOR. (...). 3. O art. 61 da Lei nº 9.784/99 prevê que a atribuição de efeito suspensivo a recurso administrativo situa-se na esfera discricionária da autoridade administrativa competente, não competindo ao Poder Judiciário substituir referido juízo de valor realizado nos limites da lei. 4. Segurança denegada. Prejudicada a análise do agravo regimental. (STJ – MANDADO DE SEGURANÇA: MS 13901 DF 2008/0228449-6, Relator(a): Ministra ELIANA CALMON, Julgamento: 10/12/2008, Órgão Julgador: S1 – PRIMEIRA SEÇÃO).

MANDADO DE SEGURANÇA. PROCEDIMENTO ADMINISTRATIVO. RECURSO. EFEITO SUSPENSIVO. AUSÊNCIA DE PREVISÃO LEGAL. LEI Nº 9.784/99, ART. 61. SEGURANÇA DENEGADA. RECURSO IMPROVIDO. SENTENÇA CONFIRMADA. 1. "O art. 61 da Lei nº 9.784/99 prevê que a atribuição de efeito suspensivo a recurso administrativo situa-se na esfera discricionária da autoridade administrativa competente, não competindo ao Poder Judiciário substituir referido juízo de valor realizado nos limites da lei" (MS 13.901/DF, Rel. Ministra Eliana Calmon, Primeira Seção, julgado em 10/12/2008, DJe 09/02/2009). 2. Apelação improvida. (TRF1 – APELAÇÃO EM MANDADO DE SEGURANÇA: AMS 36128 MG 2001.38.00.036128-7, Relator(a): DESEMBARGADORA FEDERAL SELENE MARIA DE ALMEIDA, Julgamento: 13/07/2009, Órgão Julgador: QUINTA TURMA).

Referências

CARVALHO FILHO, José dos Santos. *Processo administrativo federal* – comentários à Lei nº 9.784/99 de 29/1/99. 5. ed. São Paulo: Atlas, 2013.

MARRARA, Thiago; NOHARA, Irene Patrícia. *Processo Administrativo* – Lei 9.784/99 comentada. São Paulo: Atlas, 2009.

Artigo 62

Interposto o recurso, o órgão competente para dele conhecer deverá intimar os demais interessados para que, no prazo de cinco dias úteis, apresentem alegações.

SUMÁRIO: 1. Intimação dos demais interessados referente à interposição de recurso; Referência.

1. Intimação dos demais interessados referente à interposição de recurso

Importante previsão é esta contida no artigo 62 da LPA, que consagra, no caso de existirem vários interessados no processo, a observância da amplitude de defesa e do contraditório, garantindo que todos sejam intimados quando da interposição de recurso administrativo por um dos interessados.

Fundamental, portanto, que os outros interessados possam ter ciência do recurso interposto para poderem apresentar suas alegações, expondo, por conseguinte, o seu ponto de vista, seus argumentos, perante questões relevantes, fatos, dados, documentos, provas, que foram trazidos pelo recorrente, inclusive em grau recursal, já que o processo administrativo é regido pela busca da verdade material. Ou simplesmente para contra-argumentar o que já foi afirmado pelo interessado durante o trâmite processual e agora novamente manifestado nas suas razões de recurso (apesar de que estas não se confundem necessariamente com as alegações finais). Também não se pode olvidar que a própria Administração pode, desde que entenda necessário, determinar que se produzam novas provas, a fim de que haja um julgamento mais justo e correto do caso, sendo igualmente importante a intimação para que os interessados tomem ciência desses atos instrutórios na etapa recursal.

Pois bem, assim que houver a interposição do recurso, a autoridade competente para conhecê-lo, deve mandar intimar os demais interessados, para que apresentem suas alegações no prazo de cinco dias úteis; estas devem ser apresentadas e juntadas aos autos, antes do julgamento do recurso. Note-se que o órgão competente para determinar referida intimação é aquele que proferiu a decisão no expediente processual.

Quanto ao prazo de apresentação de alegações de cinco dias úteis, sua contagem exclui o dia do começo, ou seja, o dia em que recebe a intimação, começando a ser contado a partir do dia seguinte ao recebimento desta, e inclui-se o dia do final. Dia útil é aquele em que há expediente normal, em que há funcionamento da repartição pública. Ressalta-se que legislação especial poderá dispor de prazo diferente para a apresentação das alegações, todavia, se reduzir o prazo, ele não pode ser exíguo, a ponto de ferir os princípios do contraditório e da ampla defesa.

Da análise das disposições referentes à fase recursal é possível resumir esta etapa da seguinte maneira: (1) interposição do recurso perante a autoridade decisória; (2) abertura do prazo de cinco dias úteis para apresentação de alegações pelos demais interessados; (3) análise dos requisitos formais para conhecimento do recurso; (4) análise do pedido de reconsideração; (5) presentes os requisitos de conhecimento do recurso e não havendo reconsideração, encaminha-se o recurso para o órgão recursal competente, seja de hierarquia imediatamente superior (recurso próprio), seja um órgão de outro ente da Administração (recurso impróprio); (6) possíveis atos instrutórios complementares; (7) decisão do recurso em segunda instância; (8) eventuais razões de recurso para a terceira instância; (9) decisão do recurso em terceira e última instância.[17]

Assim, com base em todos esses passos percorre-se e exaure-se a via recursal administrativa. Se ao final, a decisão for desfavorável ao interessado restar-lhe-á a via jurisdicional já que nenhum lesão ou ameaça a direito pode ser excluída da apreciação do Judiciário (art. 5°, XXXV, da CF).

Referência

MARRARA, Thiago; NOHARA, Irene Patrícia. *Processo Administrativo* – Lei 9.784/99 comentada. São Paulo: Atlas, 2009.

---

[17] MARRARA, Thiago; NOHARA, Irene Patrícia. *Op.cit.*, p. 398.

JULIANO HEINEN
Artigos 63 ao 70

Artigo 63
O recurso não será conhecido quando interposto:
I – fora do prazo;
II – perante órgão incompetente;
III – por quem não seja legitimado;
IV – após exaurida a esfera administrativa.
§ 1º Na hipótese do inciso II, será indicada ao recorrente a autoridade competente, sendo-lhe devolvido o prazo para recurso.
§ 2º O não conhecimento do recurso não impede a Administração de rever de ofício o ato ilegal, desde que não ocorrida preclusão administrativa.

SUMÁRIO: 1. Não conhecimento e não provimento; 2. Espécies elencadas pelo dispositivo; 2.1. Tempestividade; 2.2. Competência para conhecer o recurso; 2.3. Ilegitimidade; 2.4. Exaurimento da esfera administrativa; 2.5. Outros requisitos não previstos no artigo 63; 3. REvisão do ato administrativo de ofício – autotutela; Jurisprudência; Referências.

1. Não conhecimento e não provimento

Recurso é a pretensão processual que a lei concede ao interessado, em um procedimento, para reclamar a revisão da resolução de uma determinada autoridade. Em Direito Administrativo, trata-se de uma impugnação em face de certa resolução, perante uma autoridade com este mesmo caráter.[1] Visa, pois, à defesa de um direito que é lesionado por um ato ou fato administrativo, buscando-se como efeito prático a melhora ou a superação de uma situação pré-existente. Logo, a causa toma um "novo curso" (daí: "re-curso"), permitindo uma reapreciação das conclusões antes obtidas pela resolução posta em debate.[2]

---

[1] VÁZQUEZ, Emilio Fernández. *Diccionairo de derecho publico* – administrativo, constitucional, fiscal. Buenos Aires: Astrea, 1981, p. 633.

[2] O inconformismo é uma marca do ser humano. E este sentimento torna-se muito mais agudo quando se está diante de uma decisão desfavorável sobre um dos bens do indivíduo: liberdade, propriedade, etc. Logo, pode-se facilmente perceber que os recursos estão e estarão presentes no limiar do procedimento administrativo, como corolário lógico do sistema arquitetado sob a égide do Estado Democrático de Direito.

Art. 63

Em linguagem jurídica, a palavra "recurso" é empregada no sentido de denominar todo o meio utilizado pela parte litigante, a fim de defender o seu direito, visando à reforma de uma decisão. É o meio ou o poder de provocar o reexame de uma decisão, pela mesma autoridade judiciária, ou por outra hierarquicamente superior, pretendendo obter a sua reforma ou modificação, ou apenas sua invalidação.[3]

No recurso, ao contrário do que acontece com outras vias de impugnação de decisão administrativa, essa finalidade é obtida dentro da mesma relação processual, com vista à sua reforma, invalidação, esclarecimento ou integração, bem como para impedir que a decisão impugnada se torne preclusa. A doutrina reiteradamente repete o conceito de recurso ofertado por Barbosa Moreira, o qual merece ser destacado: "Recurso é o remédio voluntário idôneo a ensejar, dentro do mesmo processo, a reforma, a invalidação, o esclarecimento ou a integração da decisão judicial que se impugna) para explicar os seus elementos".[4]

Para que este direito seja exercido, a lei elencou alguns requisitos a serem preenchidos por aquele que pretende exercer esta pretensão. E este é o papel do artigo 63 da Lei do Processo Administrativo Federal, pois trata dos elementos necessários para que um recurso administrativo possa ser conhecido. Define quais são as condições imprescindíveis para que o julgador possa apreciar o objeto do pedido de revisão do ato impugnado. Em linhas simples, somente se cumpridas as exigências do dispositivo comentado é que o mérito do recurso, ou seja, seu objeto poderá se conhecido. Portanto, as condições e os pressupostos do recurso (fase de conhecimento) são analisados *antes* de se passar ao pedido de impugnação, propriamente dito.[5]

Para não pairar dúvidas: este pleito não será sequer examinado caso ausente qualquer um dos itens especificados pelo artigo, ou seja, a pretensão impugnativa não prospera se não estiverem presentes os *pressupostos subjetivos* (legitimidade e interesse em recorrer) e os *pressupostos objetivos* (cabimento, adequação, fundamentação, tempestividade e ausência de fatos impeditivos ou extintivos de recurso). Essencialmente, estas são as exigências gerais para

---

[3] "Existem inúmeras maneiras de impugnação de atos judiciais, mas nem todas configuram hipóteses de recursos. Embora os recursos sejam uma via de impugnação de ato judicial, existem outros caminhos que podem ser utilizados para essa mesma finalidade, tais como o Mandado de Segurança, os embargos de terceiro, os embargos do executado e a ação rescisória." (MARINONI, Luiz Guilherme. *Processo de Conhecimento*. 5. ed. São Paulo: Revista do Tribunais, 2006, p. 517).

[4] MOREIRA, José Carlos Barbosa. *Comentários ao Código de Processo Civil*. Rio de Janeiro: Forense, 1974, v. 9, p. 191. No mesmo sentido: NERY JÚNIOR, Nelson. *Teoria Geral dos Recursos*. 6 ed. São Paulo: Revista dos Tribunais, 2004, p. 212. Sendo a justiça operada por homens e a falibilidade uma característica de todo o ser humano, há razão bastante para os ordenamentos processuais, com o propósito de assegurar justiça o quanto possível perfeita, propiciarem a possibilidade de reexame de suas decisões.

[5] "Observe-se que os pressupostos recursais constituem matéria preliminar do procedimento recursal. Vale dizer que, se não atendido qualquer destes pressupostos, fica vedado ao tribunal conhecer do mérito do recurso. Tais são as causas (e as únicas causas) de não-conhecimento dos recursos, não sendo correto confundir o exame desta matéria com o mérito do recurso – que pode englobar tanto questões processuais da ação ou do processo (falta de condições da ação ou pressupostos processuais). Faltando algum dos pressupostos recursais, deve o tribunal deixar de conhecer o recurso. Caso contrário, deve-se dar ou negar provimento ao recurso (ainda que seja para reconhecer a carência de ação ou falta de pressuposto processual." (ARENHART, Sérgio Cruz; MARINONI, Luiz Guilherme. *Manual do Processo de Conhecimento*. São Paulo: Revista dos Tribunais, 2005, p. 519).

qualquer recurso, seja judicial ou administrativo.[6] Nos casos de recursos de natureza *especial*[7] ou *extraordinária*,[8] os requisitos a se conhecer o mérito da impugnação são ainda mais intensos.

Os pressupostos são os requisitos de admissibilidade do recurso. O exame destes é feito em duas oportunidades, no caso de se ter outra instância que julgará o mérito do recurso. Inicialmente, o juízo recorrido, no qual é interposta a medida impugnativa, faz uma primeira analisa dos pressupostos. Da mesma forma, a autoridade processante *ad quem*, para a qual o recurso é dirigido (enfim, que proferirá julgamento), quando os autos do processo são a ela encaminhados, pode fazer a mesma apreciação. Conclui-se, portanto, que a primeira decisão, feita pelo órgão *recorrido*, não preclui.

A natureza do juízo de admissibilidade, positivo ou negativo, é essencialmente *declaratória*. O efeito é o de permitir, se positivo, o julgamento do mérito, ou de impedi-lo, se negativo. Mas o juízo positivo de admissibilidade, na jurisdição inferior não basta para assegurar ao recorrente o juízo de mérito, não ficando preclusa a reapreciação da matéria.[9] Em não sendo conhecido o recurso, a situação equipara-se à que existiria se o recurso não tivesse sido interposto. Caso outra medida que combata a decisão não exista, surge a coisa julgada administrativa.[10] Ela existe a partir da *configuração da inadmissibilidade*, e não a partir de sua *declaração*.

Superada a fase de conhecimento dos recursos, a análise do mérito deverá responder ao questionamento que é objeto do pedido de revisão, enfim, se trará ao recorrente alguma vantagem. O recurso terá sucesso caso tenha abertura bastante para que novas questões possam trazer uma nova visão sobre a causa.

O artigo 63 prescreve que o recurso administrativo possui quatro pressupostos para ser conhecido: *tempestividade, competência do órgão julgador, legitimidade* e *exaurimento da via administrativa*. Os pressupostos calcados nos incisos I e IV (tempestividade e exaurimento da via administrativa, respectivamente) são peremptórios, ou seja, causam, de plano, a impossibilidade de se conhecer o recurso.[11]

Já os outros dois incisos tratam de causas em que se permite à parte a correção de eventual defeito, quando possível, salvo no caso da *ilegitimidade manifesta*, esta sim capaz de impedir de plano o prosseguimento da impugnação. Caso a parte não tome as providências necessárias, a preclusão se impõe.

---

[6] Destaca-se que, na seara judicial, deve ser adicionado outro pressuposto: o preparo.

[7] São recursos que somente podem ser utilizados se uma disposição normativa autoriza, bem como são dirigidos para rever determinadas situações.

[8] Os recursos extraordinários podem ser utilizados em situações especialíssimas, quando não caiba nem o recurso ordinário, nem o especial.

[9] Porque os pressupostos processuais configuram matéria de ordem pública (SOUZA, Bernardo Pimentel. *Introdução aos recursos cíveis e à ação rescisória*. São Paulo: Saraiva, 2004).

[10] "A chamada 'coisa julgada administrativa' implica para ela a definitividade dos efeitos de uma decisão que haja tomado." (MELLO, Celso Antônio Bandeira de. *Curso de Direito Administrativo*. 28. ed. São Paulo: Malheiros, 2011, p. 463-464).

[11] "O disposto no art. 63 da Lei nª 9.784/99 estabelece critérios objetivos sobre as condições para o conhecimento dos recursos administrativos pelas autoridades competentes." (FIGUEIREDO, Lúcia Valle. *Comentários à Lei Federal de Processo Administrativo:* Lei nº 9.784/99). 2. ed. Belo Horizonte, Fórum, 2009, p. 254).

2. Espécies elencadas pelo dispositivo

2.1. Tempestividade

O inciso I do artigo 63 dispõe que os recursos interpostos não serão conhecidos caso sejam protocolados fora do prazo. "A tempestividade é um dos pressupostos recursais extrínsecos e, tratando-se de matéria de ordem pública, pode ser reconhecido a qualquer tempo pelo órgão julgador".[12]

A leitura do mencionado inciso I deve estar relacionada, é claro, com a leitura do artigo 59, *caput* e parágrafos, da Lei nº 9.784/99, porque o prazo e a forma de contagem são definidos nestes dispositivos. Por exemplo, a parte inicial da cabeça do artigo 59 diz que, em regra, o prazo para se interpor um recurso administrativo é de dez dias.

Assim, o inciso I do mencionado artigo 63 refere-se ao prazo fixado na lei para a interposição do recurso. Na dúvida, deve se decidir em favor da sua admissibilidade. Os prazos recursais são contínuos e peremptórios, não se interrompendo nos domingos e feriados.[13]

A fixação do prazo liga-se com a coisa julgada (administrativa), visto que uma das maneiras de se chegar a ela consiste em se deixar escoar o prazo aberto ao recurso sem interpô-lo. O prazo para a interposição do recurso inicia no momento em que o interessado (legitimado) toma ciência da decisão ou quando esta é divulgada oficialmente – parte final do *caput* do artigo 59.

Outra informação importante a compor a matéria em pauta situa-se na distinção entre o instituto do *pedido de revisão* e o *recurso administrativo*, especialmente porque a tempestividade é requisito de conhecimento somente do segundo. Enfim, os pedidos de revisão não possuem prazo preclusivo, ou seja, podem ser exercidos desde que eventual prazo de prescrição[14] não alcance a pretensão revisional.[15] Além disso, a revisão é necessariamente analisada pela mesma autoridade prolatora da decisão.

Assim, recursos devem ser interpostos dentro dos prazos estabelecidos para cada qual. Caso assim não se proceda, haverá a perda do direito que se tinha desejado usar pela via recursal, e os recursos já não mais poderão ser articulados neste sentido. Mesmo assim, entende-se que o recurso intempestivo

---

[12] STJ, EResp. nº 310.435, 1ª Turma, Rel. Min. Denise Arruda, j. 20/09/2004.

[13] Cumprir o requisito da tempestividade representa um ônus a quem deseja recorrer. Este ônus se traduz na configuração da preclusão temporal, gerando o não-conhecimento da impugnação. No processo administrativo federal deve ser aplicado, por analogia, aquilo que dispõe o art. 575 do Código de Processo Penal: "Não serão prejudicados os recursos que, por erro, falta ou omissão dos funcionários, não tiverem seguimento ou não forem apresentados dentro do prazo.". Completa este dispositivo a Súmula nº 428 do Supremo Tribunal Federal: "Não fica prejudicada a apelação entregue em cartório no prazo legal, embora despachada tardiamente".

[14] Logo, prazo de direito material (destaca-se).

[15] MANDADO DE SEGURANÇA. PROCESSO ADMINISTRATIVO. PEDIDO DE REVISÃO. ADEQUAÇÃO DA SANÇÃO. CIRCUNSTÂNCIA RELEVANTE. CABIMENTO. 1. "Os processos administrativos de que resultem sanções poderão ser revistos, a qualquer tempo, a pedido ou de ofício, quando surgirem fatos novos ou circunstâncias relevantes suscetíveis de justificar a inadequação da sanção aplicada." (artigo 65 da Lei nº 9.784/99). 2. Cabível o pedido de revisão, não há falar em impossibilidade jurídica do pedido, tampouco em intempestividade, exsurgindo o direito líquido e certo do impetrante de ver apreciado seu requerimento como apresentado – pedido de revisão – e integralmente. 3. Ordem concedida. (STJ, MS 14.965-DF, Rel. Min. Hamilton Carvalhido, Primeira Seção, j. 13/12/2010).

ainda assim pode ser conhecido como um pedido de revisão, não impedindo que a Administração Pública exerça, de ofício, claro, seu poder de *autotutela* – artigo 63, § 2º, da Lei nº 9.784/99. Por trás desta afirmação está a interpretação de que um recurso intempestivo não pode ser reputado como um abandono voluntário de um direito.

2.2. Competência para conhecer o recurso

O primeiro juízo de admissibilidade é feito pelo próprio órgão perante o qual se interpõe o recurso, definido no §1º do artigo 56 da Lei do Processo Administrativo Federal. A competência do juízo *recorrido* restringe-se a aferir a existência ou a inexistência dos requisitos *no momento da interposição do recurso*. Não estão sujeitas ao seu controle as causas de inadmissibilidade superveniente ao recebimento do recurso. Caso falte algum requisito depois de admitido o recurso, mas antes da sua subida, não é possível ao juízo *a quo* negar-lhe seguimento.

Por outro lado, o órgão de interposição do recurso não poderá jamais subtrair do órgão *ad quem* a possibilidade de um juízo de admissibilidade. Portanto, não havendo previsão legal de recurso admissível contra a decisão que rejeitar o recurso, não poderá o órgão *a quo* não dar prosseguimento à pretensão. Por conseguinte, enquanto o mérito do recurso é, em regra, objeto de uma única apreciação, o juízo de admissibilidade submete-se, em geral, a duplo controle.

Caso o recorrente enderece seu recurso a uma autoridade incompetente, o §1º determina que o interessado seja devidamente orientado, ou seja, que deva ser indicada "[...] a autoridade competente, sendo-lhe devolvido o prazo para recurso". Entende-se que esta providência deva ser tomada pela autoridade processante recorrida, que por primeiro recebe o recurso. Apesar do silêncio da lei – o que é uma lástima, diga-se de passagem –, pode a autoridade processante, que se julga incompetente, encaminhar o recurso, *ex officio,* a quem de direito.[16]

Assim, a prescrição do parágrafo primeiro dirige-se à autoridade recorrida, e não ao órgão que julgará o recurso. Caso este último perceba que não possui competência para conhecer e julgar a impugnação, *deverá de ofício encaminhar ao órgão competente*.

Contudo, a autoridade que recebe o apelo pode negar conhecimento ao recurso de plano, quando existir uma impossibilidade manifesta de se dar prosseguimento à fase recursal. Por exemplo: um sujeito interpõe um *recurso hierárquico* de uma decisão de certa autoridade processante. Contudo, no caso em apreço, a estrutura orgânica não revela um escalonamento vertical de instâncias, o que impede que se tenha a possibilidade de recorrer na hipótese mencionada. Ou no caso de se recorrer ao delegante de um ato praticado pelo delegado, ou no caso de competência exclusiva de um órgão inferior.[17]

Resumindo: "A autoridade julgadora da decisão recorrida é a integrante do denominado juízo de admissibilidade do recurso. A ela é a peça do requeri-

---

[16] FIGUEIREDO, Lúcia Valle. *Op. cit.*, p. 254.
[17] Exemplos dados por Diogo Freitas do Amaral (*Curso de Direito Administrativo*. Coimbra: Almedina, 2. ed. 2006, v. 1, p. 614).

mento endereçada".[18]. A entidade processante que recebe o recurso poderá se retratar. Caso não o faça, deve encaminhar o pedido de reforma para o superior hierárquico. Então, para não pairar dúvidas: "O recurso é *dirigido* (obrigatoriamente) ao órgão administrativo *ad quem*, pode no entanto ser *apresentado* ao próprio autor do acto recorrido, ao órgão *a quo*, em vez de o ser nos serviços (ou no gabinete) do próprio órgão de recurso".[19]

No entanto, a autoridade processante deverá tomar cuidado para que os legitimados não utilizem o dispositivo de forma abusiva. Poderiam, deliberadamente, protocolar recurso à autoridade incompetente, com o fim de protelar indevidamente o processo. Então, como bem adverte Hely Lopes Meirelles, esta norma deve ser aplicada com cautela.[20]

2.3. Ilegitimidade

A legitimação recursal está relacionada ao *interesse* que uma parte tem em recorrer. E este interesse liga-se, por sua vez, ao *prejuízo* causado por uma decisão, devendo este signo ser interpretado extensivamente. A legitimidade (ou melhor, o interesse) surge ainda que o dito "prejuízo" seja parcial. Para que se tenha legitimidade, é necessário que, no limiar do processo administrativo, exista uma ofensa ao direito do recorrente: "[...] na medida em que sofreria os efeitos adversos da decisão, o recurso é o meio apto para afastar tal efeito injusto".[21] Então, não terá legitimidade aquele interessado que é favorecido pela decisão recorrida.

A partir dessas premissas fica clara uma legitimidade recursal de caráter subjetivo, não atrelada a um simples interesse de agir, mas calcada na coincidência da relação jurídica procedimental com a relação jurídica figurada no limiar de todo o processo que se passou. Assim, a satisfação adquirida pelo recurso deve ser direta e pessoal, salvo nos casos de substituição processual.[22]

A Lei nº 9.784/99, no artigo 58,[23] definiu quem pode ou não recorrer. E é a este espectro de sujeitos processuais que o artigo 63, inciso III, faz referência. Então, o referido dispositivo é nitidamente complementado pelo artigo 58, *caput* e incisos.

Os principais legitimados para recorrer de uma decisão administrativa são aqueles que figuraram no polo ativo ou passivo do processo, que receberam a decisão. Atrelado a isso, como dito, devem estes sujeitos ter sofrido alguma espécie de lesão, ainda que de cunho processual. Não é outra, neste sentido, a disposição feita no Código do Procedimento Administrativo de Portugal

---

[18] VELOSO, Waldir de Pinho. *Direito Processual Administrativo*. Curitiba: Juruá, 2010, p. 184.

[19] AMORIM, João Pacheco de; GONÇALVES, Pedro Costa; OLIVEIRA, Mário Esteves de. *Código do Procedimento Administrativo Comentado*. Coimbra: Almedina, 2006, p. 779.

[20] *Direito Administrativo Brasileiro*. 37. ed. São Paulo: Malheiros, 2011, p. 725.

[21] MOREIRA, Egon Bockmann. *Processo Administrativo* – Princípios Constitucionais e a Lei nº 9.784/99. 4. ed. São Paulo: Malheiros, 2010, p. 376.

[22] AMORIM, João Pacheco de; GONÇALVES, Pedro Costa; OLIVEIRA, Mário Esteves de. *Op. cit.*, p. 755.

[23] Art. 58. Têm legitimidade para interpor recurso administrativo: I – os titulares de direitos e interesses que forem parte no processo; II – aqueles cujos direitos ou interesses forem indiretamente afetados pela decisão recorrida; III – as organizações e associações representativas, no tocante a direitos e interesses coletivos; IV – os cidadãos ou associações, quanto a direitos ou interesses difusos.

(Artigo 160º, 1.). Nele, considera-se legítimo para recorrer: "[...] os titulares de direitos subjectivos ou interesses legalmente protegidos que se considerem lesados pelo acto administrativo".

No caso de uma coletividade de sujeitos ter intervindo no processo, e somente um destes indivíduos interponha recurso, deve a autoridade processante intimar os demais para que tomem ciência do conteúdo da pretensão recursal.[24]

2.4. Exaurimento da esfera administrativa

Outro fator que impede o conhecimento do recurso administrativo ocorre quando a esfera administrativa foi esgotada. Assim, de nada adiantaria interpor um recurso quando superada a instância pertinente.

2.5. Outros requisitos não previstos no artigo 63

Além disso, muito embora ausente no dispositivo em apreço, é necessário que o recurso administrativo, para ser conhecido, deva cumprir outros requisitos. Estas exigências advêm naturalmente, ou seja, da própria essência do ato administrativo impugnativo. Uma destas exigência é que o recurso detenha *regularidade formal*.

Em regra, a prática dos atos em processo administrativo não reclama maior formalismo, salvo quando em lei é prescrita maneira diversa. E, para recorrer, o informalismo esta presente, sendo que a Lei nº 9.784/99 não fez maiores exigências neste sentido. As únicas disposições que devem ser cumpridas no que tange à forma advêm da própria natureza, em si, dos recursos. Significa dizer, por exemplo, que o ato processual em pauta deva ter a forma escrita como regra, salvo se admitida a interposição de forma oral. Ou ainda, que o recurso conserve o *princípio da dialeticidade,* enfim que detenha uma fundamentação,[25] um pedido e a congruência entre eles. O recorrente deverá declinar os motivos pelos quais pede o reexame da decisão, porque somente assim a parte contrária poderá apresentar suas contrarrazões, formando-se o contraditório.

Além disso, caso o recurso esteja despido de assinatura, deve a autoridade processante marcar prazo para ser sanado tal vício. Caso o recorrente permaneça inerte, a impugnação não deve ser conhecida.[26] O mesmo raciocínio deve ser aplicado para o caso de o recurso ser interposto por representante e, no ato do protocolo, não se junte o devido mandato para patrocinar a causa. Então, da mesma forma, deve a autoridade processante marcar prazo para ser anexada procuração aos autos.[27]

---

[24] VELOSO, Waldir de Pinho. *Op. Cit.*, p. 182.

[25] O dever de fundamentar os recursos administrativos é expresso no artigo 60 da Lei do Processo Administrativo Federal.

[26] Lembrando que, no âmbito do Processo Civil, somente nos Tribunais Superiores (ex. STJ), a ausência de assinatura causa, de plano, o não conhecimento do recurso. Nas demais cortes, deve ser marcado prazo para sanar tal vício (Resp. 447.766/SP, j. 10/9/2003).

[27] Na mesma linha, somente diante dos Tribunais Superiores é que o recurso despido de procuração não é conhecido de plano. Conferir Súmula nº 115 do Superior Tribunal de Justiça: "Na instância especial é inexistente recurso interposto por advogado sem procuração nos autos.".

Outro fator muito comum no que tange ao não conhecimento dos recursos situa-se na *ausência de fato impeditivo*. Por exemplo, caso o interessado tenha renunciado ao seu direito de recorrer e, em momento posterior, mesmo ainda dentro do prazo, interponha o recurso, este não poderá ser conhecido, porque um fato anterior impede.[28]

3. Revisão do ato administrativo de ofício – autotutela

Diante da digressão feita, ficou claro que os incisos do artigo 63 da Lei Federal de Processo Administrativo consubstanciam hipóteses de preclusão do direito de continuar um processo. Salvo previsão expressa em lei, o processo termina neste momento, valendo aquilo que ficou decidido. Vale o que foi por último dito pela autoridade processante.[29]

Uma espécie de superação ao contexto demonstrado está consagrada no § 2ª do artigo 63, quando afirma que o "[...] não conhecimento do recurso não impede a Administração de rever de ofício o ato ilegal, desde que não ocorrida preclusão administrativa.". Perceba como Sérgio Ferraz e Adilson de Abreu Dallari percebem o § 2º do artigo 63:

> De toda sorte, não tem sentido, tecnicamente, falar-se em revisão de ofício do ato ilegal, "desde que não ocorrida preclusão administrativa" no caso de recurso intempestivo (inciso I do art. 63) ou de exaustão da esfera administrativa (inciso IV do art. 63): nessas duas hipóteses *sempre* terá ocorrido, até mesmo como efeito inelutável das duas figuras nelas tratadas, preclusão administrativa, *máxima* até (coisa julgada administrativa). Tem-se assim que o § 2º, em exame, nenhuma pertinência apresenta com a matéria dos aludidos incisos, eis que o pressuposto fático de sua incidência (não-ocorrência de preclusão administrativa) é de absolutamente impossível configuração (por isso que, em tais casos, sempre terá ocorrido a preclusão).
>
> No que diz respeito às duas outras hipóteses do focalizado art. 63, somente não ocorrerá preclusão administrativa se a parte, atingida pela decisão de não-conhecimento, insurgir-se contra tal. Fora daí, a preclusão é efeito inevitável da própria dinâmica processual.[30]

Os autores estabelecem um raciocínio cartesiano: a revisão administrativa de ofício somente pode ocorrer se inexistente a preclusão administrativa (nos estritos termos do parágrafo segundo). Como os incisos I (intempestividade) e IV (exaurimento da esfera administrativa) causam de plano a preclusão, impossível permitir a revisão de ofício. Nas duas outras hipóteses, em que se permite ao interessado sanar a ausência de pressuposto, a revisão pode operar, desde que ocorra neste ínterim.

---

[28] Neste caso, a preclusão lógica é fator que causa a impossibilidade de se conhecer o recurso administrativo.

[29] Lembrando o que foi dito outrora, ou seja, que os incisos I e IV tratam de pressupostos peremptórios ao direito de recorrer. Já diante da previsão do inciso II ou III, a parte pode sanar a ausência destes últimos pressupostos.

[30] DALLARI, Adilson de Abreu; FERRAZ, Sérgio. Processo Administrativo. 3. ed. São Paulo: Malheiros, 2012, p. 75.

Primeiramente, considera-se que a parte interessada pode recorrer diante das hipóteses dos incisos I e IV. Logo, nestes casos, não se visualizaria uma "preclusão automática", mas somente advinda quando ausente qualquer possibilidade de interpor recurso. Pense na hipótese de a autoridade processante recorrida não receber um recurso, porque o considera intempestivo. Contudo, equivocou-se na contagem do prazo. Esta decisão pode sim ser objeto de impugnação a outra instância administrativa. E, assim, a causa não precluiu, permitindo a incidência do §2º, ou seja, da revisão de ofício.

Por conseguinte, não se pode perder de vista que a autoridade administrativa tem o dever de corrigir os atos ilegais. E esta conduta não preclui pelo simples fato de se ter acabado o processo administrativo. Os atos *contra legem* podem ser reformulados no limite do prazo prescricional ou decadencial (p. ex., aquele constante no artigo 54, da Lei nº 9.78499). Então, para este caso específico, a barreira da parte final do §2º do artigo 63 não se aplica. Nas palavras de Hely Lopes Meirelles: "Ressalva-se, todavia, a anulação de atos ilegais, que independe de recurso e, por isso mesmo, pode ser declarada a qualquer tempo e em qualquer processo que a denuncie, mesmo quando se tratar de recurso fora do prazo".[31]

Ademais, mesmo diante da previsão de um recurso, a Administração Pública pode revisar os atos de ofício. Uma conduta não anula a outra, mas sim, caminham em paralelo. Então, enquanto uma autoridade de segunda ou de terceira instância administrativa julga o recurso, as inferiores podem sim rever seus atos, tanto em nível formal, como em nível material. Com a diferença de que, se a revisão for pedida por um particular, tal pretensão pode consubstanciar-se no que se entende por "recurso administrativo".[32] Então, correta a previsão do artigo 63, §2º, da Lei nº 9.784/99, a ser interpretada, claro, com os devidos limites impostos pelo próprio procedimento.

Nesse espaço normativo, dois institutos não podem ser confundidos: *preclusão administrativa* e *coisa julgada administrativa* (este último ainda que com questionável aceitação). A preclusão ocorre quando "[...] a Administração Pública já se manifestou, no bojo do processo administrativo, sobre determinado assunto, não cabendo ao interessado propor sua rediscussão".[33] Claro que ambos os fenômenos possuem intimidade, porque fazem parte de momentos diversos do mesmo fenômeno, ou seja, impedem que uma questão seja rediscutida na mesma relação processual. Mas se diferenciam porque a coisa julgada possui um *plus* em relação à preclusão.

Claro que, caso a parte interessada já tiver direito adquirido sobre a decisão, não se poderá mais ofertar qualquer modificação a respeito, ainda que

---

[31] *Op. cit.*, p. 723.

[32] Certo, pois, considerar-se o recurso administrativo como sendo um "[..] derecho subjetivo de carácter público del particular, solicitar la anulación o reforma de um acto administrativo, como concreta manifestación del derecho a peticionar reconocido por la Constituición en general a todos los ciudadanos." (VÁZQUEZ, Emilio Fernández. *Op. cit.*, p. 633). Nas palavras de Hely Lopes Meirelles: "[...] são todos os meios hábeis a propiciar o reexame da decisão interna pela própria Administração, por razões de legalidade e de mérito administrativo" (*Op. cit.*, p. 722). Considera-se que o recurso administrativo (como qualquer manifestação que pretenda a revisão de um ato processual) seja muito mais um direito potestativo advindo do direito fundamental à ampla defesa e ao devido processo legal.

[33] FIGUEIREDO, Lúcia Valle. *Op. cit.*, p. 255.

de ofício, dada a incidência da segurança jurídica. A *coisa julgada administrativa* funcionará como um anteparo a pedidos constantes e desenfreados de revisão daquilo que no processo se resolveu.

Jurisprudência

(...) Ressalto, mais uma vez que, "no que se refere ao não impedimento de a Administração 'rever de ofício o ato ilegal, desde que não ocorrida a preclusão administrativa' (art. 63, § 2º), essa é quaestio alheia ao objeto do processo. A autoridade não pode rever ato ilegal, porque dele não tomou parte e não agiu ilegalmente". Evidenciada a moldura fática-jurídica do objeto da impetração, não se pode acolher o argumento de deficiência na fundamentação do ato atacado a violar o disposto no artigo 50, § 1º, da Lei nº 9.784/99. (...) (STF, MS 28.481-MA, Rel. Min. Dias Toffoli, j. 10/8/2010).

CONSTITUCIONAL. AGRÁRIO. REFORMA AGRÁRIA: DESAPROPRIAÇÃO. DEVIDO PROCESSO LEGAL. C.F., art. 5º, LV. Lei nº 9.784/99, de 29.01.99, art. 5º, art. 63, I. I. – Inocorrência, no procedimento administrativo da desapropriação, de ofensa ao devido processo legal – C.F., art. 5º, LV – dado que o não conhecimento do recurso administrativo decorreu do fato de o mesmo ter sido apresentado a destempo: Lei nº 9.784/99, art. 59 e art. 63, I. II. – M.S. indeferido. (STF, MS 24.095-DF, Rel. Min. Carlos Velloso, Pleno, j. 1/7/2002).

Referências

AMARAL, Diogo Freitas do. *Curso de Direito Administrativo*. 2. ed. Coimbra: Almedina, 2006, v. 1.

AMORIM, João Pacheco de; GONÇALVES, Pedro Costa; OLIVEIRA, Mário Esteves de. *Código de Procedimento Administrativo Comentado*. Coimbra: Almedina, 2006.

ARENHART, Sérgio Cruz e MARINONI, Luiz Guilherme. *Manual do Processo de Conhecimento*. São Paulo: Revista dos Tribunais, 2005.

DALLARI, Adilson de Abreu; FERRAZ, Sérgio. *Processo Administrativo*. 3. ed. São Paulo: Malheiros, 2012.

FIGUEIREDO, Lúcia Valle. *Comentários à Lei Federal de Processo Administrativo:* lei nº 9.784/99. 2. ed. Belo Horizonte: Fórum, 2009.

MARINONI, Luiz Guilherme. *Processo de Conhecimento*. 5. ed. São Paulo: Revista do Tribunais, 2006.

MELLO, Celso Antônio Bandeira de. *Curso de Direito Administrativo*. 28. ed. São Paulo: Malheiros, 2011.

MOREIRA, José Carlos Barbosa. *Comentários ao Código de Processo Civil*. Rio de Janeiro: Forense, 1974, v. 9.

NERY JÚNIOR, Nelson. Teoria Geral dos Recursos. 6. ed. São Paulo: Revista dos Tribunais, 2004.

SOUZA, Bernardo Pimentel. *Introdução aos recursos cíveis e à ação rescisória*. São Paulo: Saraiva, 2004.

VÁZQUEZ, Emilio Fernández. *Diccionario de derecho publico* – administrativo, constitucional, fiscal. Buenos Aires: Astrea, 1981.

VELOSO, Waldir de Pinho. *Direito Processual Administrativo*. Curitiba: Juruá, 2010.

Artigo 64

O órgão competente para decidir o recurso poderá confirmar, modificar, anular ou revogar, total ou parcialmente, a decisão recorrida, se a matéria for de sua competência.

Parágrafo único. Se da aplicação do disposto neste artigo puder decorrer gravame à situação do recorrente, este deverá ser cientificado para que formule suas alegações antes da decisão.

SUMÁRIO: 1. Efeitos dos recursos; 2. *Reformatio in pejus*; Jurisprudência; Referências.

1. Efeitos dos recursos

Na estrutura hierárquica, conforme mencionado em outro momento da obra, um órgão fica togado a ofertar uma decisão sobre o objeto do recurso.

Esta decisão poderá, segundo o artigo 64, *caput*, causar os seguintes efeitos: confirmar, modificar, anular ou revogar, total ou parcialmente, a decisão recorrida.

As hipóteses elencadas, em verdade, traduzem os efeitos de um ato administrativo. E não seria diferente, dado que a decisão de um recurso administrativo consagra-se, da mesma maneira, também como uma espécie daquele.[34] Ademais, no momento da decisão será canalizada uma "vontade administrativa", que, como dito, deverá compor uma das opções mencionadas pelo *caput* do artigo 64.

No caso de a autoridade que julga o recurso confirmar o resultado da decisão posta em debate, a parte interessada poderá conformar-se com a decisão, recorrer a um superior hierárquico (caso ainda exista mais uma instância passível de recurso), ou demandar pela via jurisdicional.[35]

A possibilidade de a autoridade administrativa julgadora anular ou revogar a decisão posta sob foco amplia consideravelmente o efeito devolutivo do recurso, porque permite discutir, inclusive, outras matérias que não somente aquelas limitadas pelas balizas cognitivas da impugnação. Logo, amplia-se a visão sobre todo o processo, não se limitando, como dito, ao objeto do recurso.

A possibilidade de anulação da decisão deve ser baseada em uma ilegalidade, possuindo efeitos *ex tunc*. Contudo, a autoridade que julga o recurso pode entender que, apesar de se ter uma conduta dentro da legalidade, a manutenção da decisão é inoportuna ou inconveniente. Então, pode revogá-la, com efeitos *ex nunc*. Previsão similar pode ser encontrada no artigo 167°, 1. e 2., do Código do Procedimento Administrativo de Portugal.[36]

Qualquer que seja o conteúdo da decisão em processo administrativo, é necessário ser exarada motivação pertinente, sendo importante que, quando exista qualquer modificação, deva ter a apresentação de uma nova versão que justifique aplicação de um entendimento diverso. Assim, o recurso se transforma, evidentemente, em um mecanismo de autocontrole interno dos atos da administração pública.

Logo, o artigo em comento nada mais faz do que plasmar o direito potestativo de recorrer, que objetiva alterar situações jurídicas. Em temos sintéticos, a cabeça do artigo 64 se ocupa dos efeitos do ato que julga um recurso, sendo a decisão combatida seu objetivo.

Ainda, importante referir que, no caso de se decidir pela anulação da decisão recorrida, outra deve ser prolatada pela autoridade administrativa, cuja decisão é objeto de recurso. E esta anulação não pode ser requerida pela simples injustiça da decisão.

---

[34] Afinal: "[...] ato administrativo é toda manifestação unilateral de vontade da Administração Pública que, agindo nessa qualidade, tenha por fim imediato adquirir, resguardar, transferir, modificar, extinguir e declarar direitos, ou impor obrigações aos administrados ou a si própria." (MEIRELLES, Hely Lopes. *Curso de Direito Administrativo Brasileiro*. 37. ed. São Paulo: Malheiros, 2011,p. 154).

[35] VELOSO, Waldir de Pinho. *Direito Processual Administrativo*. Curitiba: Juruá, 2010, p. 189.

[36] Especialmente no n° 2. do artigo 167° percebe-se a possibilidade de revogação ou de anulação do ato, de acordo com o fundamento que subjaz a decisão.

2. Reformatio in pejus

O parágrafo único do artigo 64 trata de um tema peculiar no sistema processual como um todo: pode a decisão de um recurso causar um gravame àquele que recorre, ou seja, pode piorar a situação daquele que interpôs recurso?

Trata-se da proibição de uma reforma para pior em prejuízo do próprio recorrente, designada, em doutrina, de "proibição da *reformatio in pejus*". Argumenta-se ser despropositado que, do próprio recurso, possa decorrer um ônus ainda maior àquele que recorre, porque justamente um dos efeitos do recurso é buscar a melhora da situação daquele que impugna. O interesse em recorrer pressupõe benefício a alcançar.

Então, o instituto da *reformatio in pejus* pode ser compreendido como a diferença, para pior, comparando-se a decisão recorrida e a decisão proferida no recurso. Este agravamento deve ser percebido qualitativa e quantitativamente.

No processo penal, por exemplo, a regra proibitiva da *reformatio in pejus*, seja direta ou indireta,[37] tem sido sistematicamente respeitada. Como manifestação jurisprudencial à proibição referida, tem-se a Súmula 160, do Supremo Tribunal Federal: "É nula a decisão do tribunal que acolhe, contra o réu, nulidade não arguida no recurso de acusação, ressalvados os casos de recurso de ofício". E em âmbito legislativo, o artigo 617 do Código de Processo Penal[38] completa a proibição.

Mas em Direito Administrativo a aplicação do postulado da *non reformatio in pejus* não é tranquila, como será adiante detalhado. Enfim, o processo administrativo admite peculiaridades que fragilizam os argumentos mencionados, especialmente quando se podem perceber, em essência, a incidência dos princípios do inquisitivo, do interesse público, da possibilidade de autotutela dos atos administrativos a qualquer tempo e, principalmente, *em qualquer instância*.

Já no processo civil brasileiro, a proibição da *reformatio in pejus*, ou da "reforma para pior" é aplicada quando a alegação depender da própria parte, como corolário do princípio do dispositivo ou da proibição de se decidir fora dos limites do recurso (artigo 515 do Código de Processo Civil). Em matérias de ordem pública, enfim, que podem ser conhecidas de ofício, a *non reformatio in pejus* não incide. O efeito translativo permite que se reconheçam estas questões de ofício, ainda que possam causar um gravame ao recorrente.[39] Então, no processo civil, este postulado é aplicado em termos.

---

[37] Ocorre *"reformatio in pejus* indireta", quando uma decisão recorrida é anulada por conta de recurso interposto, e o julgador da instância inferior, que teve sua primeira decisão nulificada, não pode, na decisão posterior, piorar a situação do recorrente. Logo, fica vinculado, qualitativamente e quantitativamente, aos limites objetivos da primeira decisão (RANGEL, Paulo. *Direito processual penal*. Rio de Janeiro: Lúmen Juris, 2004, p. 720, *passim*).

[38] Código de Processo Penal, artigo 617: "O tribunal, câmara ou turma atenderá nas suas decisões ao disposto nos arts. 383, 386 e 387, no que for aplicável, não podendo, porém, ser agravada a pena, quando somente o réu houver apelado da sentença".

[39] NERY JÚNIOR, Nelson; NERY, Rosa Maria Andrade de. *Código de Processo Civil Comentado e Legislação Extravagante*. 8. ed. São Paulo: Revista dos Tribunais, 2004, p. 972. Ainda: "A proibição da *reformatio in peius* não afasta de modo algum a possibilidade de o tribunal revisar aquilo que *ex vi legis* se sujeita ao duplo grau

Eis a espinha dorsal do princípio da *non reformatio in pejus*: a vantagem obtida por um litigante em grau anterior não pode ser retirada pelo julgador de uma instância superior. Esta premissa não está prevista expressamente no processo civil, mas é aceita sem contestações pela generalidade da doutrina e da jurisprudência,[40] ainda que de forma relativa – conforme exposto. Não é à toa que a Súmula nº 45 do Superior Tribunal de Justiça proíbe que a Fazenda Pública seja prejudicada quando do julgamento de recurso *ex officio* – remessa necessária.[41] A aplicação da reforma para pior seria tida, neste âmbito, como um julgamento *extra* ou *ultra petita*.[42]

Em processo administrativo, a maioria (para não dizer a unanimidade) das matérias postas em causa é de ordem pública. Então, esta premissa tributa a possibilidade de sempre se permitir a reforma para pior, ainda que prejudique o recorrente, sendo esta a opção tomada pelo parágrafo único do artigo 64.

Contudo, o dispositivo comentado toma o cuidado de guarnecer a higidez do direito fundamental à ampla defesa e ao contraditório, no momento em que determina da prévia intimação do recorrente a juntar aos autos alegações, caso se perceba que possa ocorrer *reformatio in pejus*. Assim, o contraditório é respeitado previamente, pois o interessado pode defender-se e tentar demonstrar a impossibilidade de sua situação pessoal ser ainda mais prejudicada.

Aliás, se é franqueado a um agente estatal anular os atos administrativos a qualquer tempo, sendo esta uma das possibilidades de decisão em recurso administrativo (*caput* do artigo 64), a reforma com gravame ao recorrente pode sempre ser concretizada, desde que guardado, como dito, o direito fundamental à ampla defesa e ao contraditório. Diante da redação do parágrafo único mencionado, percebe-se que, em matéria recursal, o princípio do dispositivo não se faz presente.

Então, no âmbito federal, a regra expressa no artigo 64, parágrafo único, da Lei nº 9.784/99, estampou com muita clareza a inaplicabilidade da premissa da *non reformatio in pejus*, o que significa dizer que é possível, em uma outra instância recursal, aplicar um gravame maior ao administrado. Com base nesta norma, o Superior Tribunal de Justiça já permitiu, inclusive, o agravamento de penalidades administrativas aplicadas em decisão de recurso interposto exclusivamente pela parte prejudicada. No caso, multas administrativas ministradas pela via do processo administrativo federal[43] foram agravadas em recurso exclusivo do penalizado.

---

de jurisdição, como por exemplo as questões de ordem pública que, se acolhida em detrimento do interesse do recorrente, poderão, de certo modo, levara uma reforma para pior." (DIDIER JÚNIOR, Fredie. *Direito processual civil*: meios de impugnação às decisões judiciais e processo nos tribunais. Salvador: JusPodivm, 2009, p. 79).

[40] DIDIER JÚNIOR, Fredie. *Op. cit.*, p. 78.

[41] Muito embora Nelson Nery Júnior discorde deste posicionamento (*Teoria Geral dos Recursos*. 6. ed. São Paulo: Revista dos Tribunais, 2004, p. 189-191).

[42] THEODORO JÚNIOR, Humberto. *Curso de Direito Processual Civil* – Teoria Geral do Direito Processual Civil e Processo de Conhecimento. 54. ed. Rio de Janeiro: Forense, 2013, v. 1, p. 609.

[43] STJ, RMS 17580-RJ, Rel. Min. Francisco Peçanha Martins, Segunda Turma, j. 18/08/2005 – Ementa disponibilizada ao final.

O fundamento para admitir a aplicação da reforma para pior decorre da possibilidade de o administrador público controlar a legalidade de seus atos,[44] mas somente quando existam critérios objetivos relacionados a tal controle. Logo, quando o julgador perceber que a decisão recorrida não se amolda – subsume – ao suporte fático de uma regra poderá, inclusive, qualificar o fato narrado com uma sanção ainda mais gravosa. O que não se pode conceber é a reforma para pior baseada em critérios meramente subjetivos, despidos de uma ilegalidade evidente. Então, a (im)possibilidade de agravamento da situação do recorrente no âmbito do processo administrativo confere muito mais a aplicação do *princípio da autotutela dos atos administrativos* do que a incidência o princípio processual que veda a *reformatio in pejus*.

Claro que o dispositivo ora comentado foi alvo de críticas, até porque nunca foi pacífico o entendimento sobre a (in)aplicabilidade da *reformatio in pejus* no âmbito do processo administrativo. E o pano de fundo para esta discussão reside na razoabilidade, ou melhor, no balanceamento entre dois institutos: a possibilidade de autotutela dos atos administrativos por parte do Poder Público e a segurança jurídica.[45]

Nesse contexto, o Brasil vivencia a existência de três correntes doutrinárias a respeito do tema, delineadas no limiar do voto-vista do Min. Castro Meira (STJ, RMS 21981-RJ, Rel. Min. Eliana Calmon, Segunda Turma, j. 22/06/2010):

> a) minoritária: para a qual é possível a aplicação da *reformatio in pejus* pela Administração desde que se paute nos princípios da legalidade, indisponibilidade do interesse público, inquisitivo, oficialidade e verdade material;
>
> b) majoritária: que entende não ser possível a *reformatio in pejus*, mesmo que a Administração abra prazo para manifestação do recorrente, na medida em que tal ato administrativo não afastaria a afronta aos princípios constitucionais do devido processo legal;
>
> c) mista: segundo a qual é possível o agravamento da sanção desde que observadas certas condições, sendo uma delas a intimação do recorrente para se manifestar sobre o aumento da pena anteriormente imposta.

O primeiro entendimento – que permite a aplicação da *reformatio in pejus* como corolário da autotutela dos atos administrativos – pode ser resumida na explicação de Oswaldo Aranha Bandeira de Mello:

> Igualmente, a *reformatio in pejus* não é interdita ao Direito Administrativo, sob pena de frustrar ação fiscalizadora ou diretora dos órgãos de controle e hierarquia, a fim de não agravar a situação do administrado, com prejuízos à Administração Pública. Esse princípio tem a sua aplicação restrita ao Direito Judiciário e

---

[44] Súmula nº 346, STF: "A administração Pública pode declarar a nulidade dos seus próprios atos". E Súmula nº 476, STF: "A Administração pode anular seus próprios atos, quando eivados de vícios que os tornem ilegais, porque deles não se originam direitos; ou revogá-los, por motivo de conveniência ou oportunidade, respeitados os direitos adquiridos e ressalvada, em todos os casos, a apreciação judicial".

[45] Esta dúvida fica plasmada nas palavras de José Santos Carvalho Filho: "Se no âmbito do processo penal, a matéria é pacífica, o mesmo não se passa no seio do Direito Administrativo. Há aqueles que entendem que a norma deve ser aplicada, por interpretação extensiva, no processo administrativo, e outros que advogam entendimento contrário, ou seja, no sentido de que não há por que estender o postulado no processo administrativo, por serem diversos os elementos inspiradores desse modelo". (*Processo Administrativo Federal*. 5. ed. São Paulo: Atlas, 2013, p. 325-326)

se estende ao terreno do Direito Administrativo tão-somente quando se trata de recurso do próprio interessado em processos quase contenciosos.[46]

Já a segunda posição encontra guarita no argumento de que existe uma violação da segurança jurídica neste sentido. A possibilidade de se agravar em recurso, a situação daquele que visa à reforma de uma decisão desestimula o manejo do próprio recurso, desvalorizando, por consequência, a ampla defesa.

Por fim, a última corrente é acolhida pelo próprio parágrafo único do artigo 64 e por José Santos Carvalho Filho.[47] Dessa forma, considera-se possível a incidência da reforma para pior desde que garantida a manifestação prévia do possível prejudicado.

Contudo, em processos administrativos disciplinares, a aplicação do *non reformatio in pejus* deve ser percebida com mais atenção. Tanto é que já se decidiu que a revisão de uma ato administrativo que ministra uma sanção disciplinar pode ser revisto "[...] tão somente quando houver possibilidade de abrandamento da sanção disciplinar aplicada ao servidor público".[48]

Por outro lado, a regra ora comentada peca ao não fixar um prazo específico à manifestação prévia quando puder perceber a incidência de um possível gravame ao recorrente. Assim, o interstício de tempo para que o prejudicado venha a juntar alegações ficou ao alvedrio do julgador administrativo. Esta, sem dúvida, não é uma boa técnica, uma vez que é corriqueira a fixação estrita de prazos determinados no sistema recursal. Dessa forma, considera-se como razoável que o interessado disponha do mesmo prazo que detete para recorrer originariamente para se manifestar nos casos do parágrafo único do artigo 64. Esta, salvo melhor juízo, pode ser considerada uma interpretação razoável e sistemática à lacuna deixada pela legislação.

Por fim, entende-se que o parágrafo único deveria ser alargado, na medida em que seria interessante notificar todos os *cointeressados possivelmente prejudicados, ainda que não tenham recorrido.*[49] Perceba-se que o dispositivo se limita a notificar apenas do recorrente, mesmo que outros que não recorreram venham a ser atingidos, negativamente, pelos efeitos da decisão.

Para suprir a lacuna normativa diagnosticada, poder-se-ia, ainda que em analogia, incidir à espécie a Súmula Vinculante nº 3, STF.[50] Logo, na linha de um *conceito de juridicidade* do princípio da legalidade,[51] qualquer administrado

---

[46] *Princípios gerais de direito administrativo*. Rio de Janeiro: Forense, 1969, v. 2, p. 197.

[47] *Manual de Direito Administrativo*. 25. ed. São Paulo: Atlas, 2012, p. 952.

[48] STJ, MS 13341-DF, Rel. Min. Haroldo Rodrigues (Des. Convocado), Terceira Seção, j. 22/06/2011.

[49] Posição referendada por AMORIM, João Pacheco de; GONÇALVES, Pedro Costa; OLIVEIRA, Mário Esteves de. *Código do Procedimento Administrativo Comentado*. Coimbra: Almedina, 2006, p. 783.

[50] "Nos processos perante o tribunal de contas da união asseguram-se o contraditório e a ampla defesa quando da decisão puder resultar anulação ou revogação de ato administrativo que beneficie o interessado, excetuada a apreciação da legalidade do ato de concessão inicial de aposentadoria, reforma e pensão".

[51] O padrão de *juridicidade* rompe com o elo entre a legalidade e o direito. Este abarca as regras e os princípios, sendo que a atuação do Poder Público deve ter por base estas duas fontes normativas, e não somente a lei. Segundo Raquel Melo Urbano de Carvalho (*Curso de Direito Administrativo* – Parte Geral, Intervenção do Estado e Estrutura da Administração. Salvador: Juspodivm, 2008, p. 52-54), rompe-se com o conceito simplista de legalidade, momento em que o ato administrativo praticado encontrava legitimidade no mero cumprimento da lei. No bojo da juridicidade inserem-se as noções de proporcionalidade, eficiência, segurança jurídica, etc. Assim, a Administração Pública fica vinculada ao bloco de legalidade.

que seja atingido por um ato administrativo ablativo – no caso, com a decisão de um recurso neste sentido – deve ser cientificado para, previamente, exercer a ampla defesa. Assim, nada impede, diante da interpretação exposta, que a autoridade julgadora notifique os eventuais prejudicados pela decisão, ainda que não tenham interposto qualquer medida impugnativa.

Jurisprudência

Em processo administrativo não se observa o princípio da "non reformatio in pejus" como corolário do poder de auto tutela da administração, traduzido no princípio de que a administração pode anular os seus próprios atos. As exceções devem vir expressas em lei. (STJ, RMS 21981-RJ, Rel. Min. Eliana Calmon, Segunda Turma, j. 22/06/2010).

É possível à autoridade julgadora discordar do relatório final elaborado pela Comissão Disciplinar, sem que isso importe indevida *reformatio in pejus*, desde que o faça de forma fundamentada, como se verifica na espécie, nos termos dos artigos 168 e 169 da Lei nº 8.112/90. (STJ, MS 1403-DF, Rel. Min. Felix Fischer, Terceira Seção, j. 24/06/2009).

ADMINISTRATIVO – MANDADO DE SEGURANÇA – ATO DE SECRETÁRIO DE ESTADO – MULTA POR INFRAÇÃO AO CÓDIGO DE DEFESA DO CONSUMIDOR – VALOR FIXADO NO MÁXIMO LEGAL – REEXAME DE PROVAS – IMPOSSIBILIDADE – SÚMULA 07/STJ – DIREITO LÍQUIDO E CERTO NÃO CONFIGURADO – PROCESSO ADMINISTRATIVO – "REFORMATIO IN PEJUS" – POSSIBILIDADE – PRECEDENTES. – Os critérios adotados pela administração pública para gradação da penalidade por infração ao Código de Defesa do Consumidor não são passíveis de discussão na estreita via do mandado de segurança, haja vista que ensejam reexame de provas. – A ação mandamental não se presta para amparar direito controvertido que, por isso, não se caracteriza como líquido e certo. – Motivada a decisão que julgou o recurso administrativo, com indicação dos fatos e dos fundamentos jurídicos, não se há que falar em ilegalidade ou abuso de autoridade. – No âmbito do processo administrativo, a autoridade superior pode aplicar pena mais gravosa do que a imposta pela autoridade inferior. – Recurso conhecido e improvido. (STJ, RMS 17580-RJ, Rel. Min. Francisco Peçanha Martins, Segunda Turma, j. 18/08/2005).

Referências

AMORIM, João Pacheco de; GONÇALVES, Pedro Costa; OLIVEIRA, Mário Esteves de. *Código do Procedimento Administrativo Comentado*. Coimbra: Almedina, 2006.

CARVALHO, Raquel Melo Urbano de. *Curso de Direito Administrativo* – Parte Geral, Intervenção do Estado e Estrutura da Administração. Salvador: Juspodivm, 2008.

CARVALHO FILHO, José Santos. *Manual de Direito Administrativo*. 25. ed. São Paulo: Atlas, 2012.

———. *Processo Administrativo Federal*. 5. ed. São Paulo: Atlas, 2013.

DIDIER JÚNIOR, Fredie. *Direito processual civil*: meios de impugnação às decisões judiciais e processo nos tribunais. Salvador: JusPodivm, 2009.

MEIRELLES, Hely Lopes. *Curso de Direito Administrativo Brasileiro*. 37. ed. São Paulo: Malheiros, 2011.

MELLO, Oswaldo Aranha Bandeira de. *Princípios gerais de direito administrativo*. Rio de Janeiro: Forense, 1969, v. 2.

NERY JÚNIOR, Nelson. *Teoria Geral dos Recursos*. 6. ed. São Paulo: Revista dos Tribunais, 2004.

———. NERY, Rosa Maria Andrade de. *Código de Processo Civil Comentado e Legislação Extravagante*. 8. ed. São Paulo: Revista dos Tribunais, 2004.

RANGEL, Paulo. *Direito processual penal*. Rio de Janeiro: Lúmen Juris, 2004.

THEODORO JÚNIOR, Humberto. *Curso de Direito Processual Civil:* Teoria geral do Direito Processual Civil e Processo de conhecimento. 54. ed. Rio de Janeiro: Forense, 2013.

VELOSO, Waldir de Pinho. *Direito Processual Administrativo*. Curitiba: Juruá, 2010.

Artigo 64-A
Se o recorrente alegar violação de enunciado da súmula vinculante, o órgão competente para decidir o recurso explicitará as razões da aplicabilidade ou inaplicabilidade da súmula, conforme o caso. (Incluído pela Lei nº 11.417, de 2006).

SUMÁRIO: 1. Súmula vinculante; 2. (In)aplicabilidade do precedente; Jurisprudência; Referências.

1. Súmula vinculante

A Emenda Constitucional (EC) nº 45 de 2004 indexou no texto da Constituição Federal o artigo 103-A. Logo, possibilitou ao Supremo Tribunal Federal (STF), de forma exclusiva, de ofício ou por provocação de uma parte, aprovar uma súmula que ganhou uma qualificação especial, qual seja, tem o efeito de determinar uma conduta (atuação) *vinculante* aos demais tribunais do País e à administração pública em todos os graus da federação, seja ela direta ou indireta. Para que este especial verbete seja constituído, é necessária a anuência de dois terços dos Ministros da Suprema Corte, depois de reiteradas decisões sobre a matéria.

A revisão, o cancelamento ou a aprovação da súmula vinculante somente pode se dar por provocação daqueles que detêm legitimidade para propor ação direito da inconstitucionalidade (ADI). Para o fim de se dar uma especificação maior ao comando constitucional que criou a *súmula vinculante*, foi editada a Lei nº 11.417/06 que deu redação ao dispositivo comentado.[52] Em verdade: "É na edição das súmulas vinculantes que se poderá obter a síntese entre a uniformidade da aplicação das leis e o da criação jurisprudencial de normas jurídicas".[53]

Aliás, o "poder normativo dos tribunais" é considerado uma característica contemporânea do Poder Judiciário.[54] Este poder não é apenas interno (no sentido de apregoar uma disciplina interna), mas sim, confere um "poder extroverso" (para se utilizar de uma expressão pode deveras conhecida em Direito Administrativo), onde se pode perceber uma regulação de situações jurídicas

---

[52] Lenio Luiz Streck (O efeito vinculante e a busca da efetividade da prestação jurisdicional: da revisão constitucional de 1993 à reforma do Judiciário. In: AGRA, Walber de Moura (Coord.). *Comentários à reforma do poder judiciário*. Rio de Janeiro: Forense, 2005, p. 152-153), Ovídio Baptista da Silva (*Processo e ideologia*: o paradigma racionalista. Rio de Janeiro: Forense, 2004, p. 240) e tantos outros criticam com bastante eloquência a adoção da súmula vinculante em nosso País. Essencialmente, estes autores afirmam que a súmula vinculante causará um engessamento sistêmico no Poder Judiciário, retomando um paradigma racionalista da época do iluminismo, que a muito custo tentou-se combater. Em sentido contrário: BERMUDES, Sérgio. *A reforma do judiciário pela Emenda Constitucional nº 45*. Rio de Janeiro: Forense, 2005, p. 118.

[53] CADORE, Márcia Regina Lusa. *Súmula vinculante e uniformização de jurisprudência*. São Paulo: Atlas, 2007, p. 109. A súmula vinculante tem como antecedente, na história da nossa Nação, a tentativa de impor uma padronização por meio do que, na época do Império, chamou-se de *"assentos"*. Em 1843, José Thomaz Nabuco de Araújo propôs tal ideia que, em momento posterior, foi abandonada (SILVA, José Afonso da. *Curso de direito constitucional positivo*. 33. ed. São Paulo: Malheiros, 2009, p. 564).

[54] Muito embora a doutrina já há muito tem debatido sobre o poder normativo do judiciário. Conferir, p. ex., a obra de Victor Nunes Leal (*Problemas de Direito Público*. Rio de Janeiro: Forense, 1960 – destacando-se que existe edição datada de 1946. Conferir o capítulo entitulado "Funções normativas de órgãos judiciários"). Existe ainda uma obra de Oliveira Viana que é pioneira na matéria: *Problemas de Direito Corporativo*. Rio de Janeiro: José Olympio, 1938.

Art. 64-A

da vida quotidiana das pessoas.[55] Um exemplo do uso pragmático do *poder normativo do judiciário* justamente se encontra na edição das súmulas vinculantes.

A edição de súmulas, uma criação de Victor Nunes Leal, é por deveras conhecida no sistema processual pátrio. O estabelecimento de verbetes desta natureza espelha a jurisprudência dominante, sendo uma prerrogativa estendida a todos os Tribunais pelo Código do Processo Civil (artigos 476 a 479, especialmente o parágrafo único deste último dispositivo).[56] E a súmula vinculante pode ser inserida neste contexto.

Então, o ponto nodal na matéria assenta-se, sem sombra de dúvidas, sobre a peculiaridade de ser o verbete "vinculante".[57] Esta característica surge de forma candente no controle de constitucionalidade brasileiro, especialmente quando prevista no parágrafo único do artigo 28 da Lei nº 9.868, de 11 de novembro de 1999,[58] momento em que as decisões em controle abstrato passam a gerar um efeito cogente "[...] não apenas à parte dispositiva da decisão, mas também aos chamados fundamentos determinantes".[59] Esta peculiaridade deve ser bem absorvida, uma vez que os fundamentos da decisão que, segundo o Código de Processo Civil, não fazem coisa julgada (não obrigam as partes), neste caso, agregam-se ao dispositivo para gerarem efeitos.

Outrossim, ainda que o Código de Processo Civil, em seu art. 469, inciso I,[60] ressalve que os motivos de uma decisão derradeira não fazem coisa julgada, no que tange ao controle de constitucionalidade, a perspectiva é diversa. Já tivemos oportunidade de escrever que: "[...] as razões de decidir, (...), devem gerar efeitos juntamente com o dispositivo".[61] E sustentamos que: "[...]

---

[55] Conforme destaca Marcelo Caetano: "A primeira manifestação do alargamento dessa tendência revelou-se, quanto à Justiça do Trabalho, quando o art. 123, § 2º a Constituição de 1946, admitiu que a lei permitisse que as suas decisões, nos dissídios coletivos, pudessem estabelecer normas e condições de trabalho, preceito que continua acolhido no § 1º art. 142 da Constituição de 1969. A Consolidação das Leis do Trabalho de 1943 consagrou essa competência e, mais, permitiu ao Tribunal Superior estabelecer *prejulgados* (art. 702, I, f) obrigatórios para todos os julgadores investidos na jurisdição do trabalho (art. 902)." (*Direito Constitucional*. Rio de Janeiro: Forense, 1977, v. 2, p. 423).

[56] CAETANO, Marcello. *Op. cit.*, p. 424.

[57] "As decisões consubstanciadoras de declaração de constitucionalidade ou de inconstitucionalidade, inclusive aquelas que importem em interpretação conforme à Constituição e em declaração parcial de inconstitucionalidade sem redução de texto, quando proferidas pelo Supremo Tribunal Federal, em sede de fiscalização normativa abstrata, revestem-se de eficácia contra todos (erga omnes) e possuem efeito vinculante em relação a todos os magistrados e Tribunais, bem assim em face da Administração Pública federal, estadual, distrital e municipal, impondo-se, em consequência, à necessária observância por tais órgãos estatais, que deverão adequar-se, por isso mesmo, em seus pronunciamentos, ao que a Suprema Corte, em manifestação subordinante, houver decidido, seja no âmbito da ação direta de inconstitucionalidade, seja no da ação declaratória de constitucionalidade, a propósito da validade ou da invalidade jurídico-constitucional de determinada lei ou ato normativo." (STF, AgRg na Rcl nº 2.143-2 – SP).

[58] Artigo 28, parágrafo único: "A declaração de constitucionalidade ou de inconstitucionalidade, inclusive a interpretação conforme a Constituição e a declaração parcial de inconstitucionalidade sem redução de texto, têm eficácia contra todos e efeito vinculante em relação aos órgãos do Poder Judiciário e à Administração Pública federal, estadual e municipal". Maiores referências ao dispositivo mencionado podem ser encontradas na obra de Gilmar Ferreira Mendes (*Direitos fundamentais e controle de constitucionalidade*. São Paulo: Celso Bastos Editor, 1998, p. 433-434).

[59] MARTINS, Ives Gandra da Silva; MENDES, Gilmar Ferreira. *Controle Concentrado de Constitucionalidade*. São Paulo: Saraiva, 2001, p. 337.

[60] "Art. 469. Não fazem coisa julgada: I – os motivos, ainda que importantes para determinar o alcance da parte dispositiva da sentença;"

[61] HEINEN, Juliano. *Interpretação conforme a constituição*. Análise a partir da doutrina e da jurisprudência. Porto Alegre: Verbo Jurídico, 2011, p. 68.

no controle de constitucionalidade, os fundamentos deveriam ser anexados ao dispositivo, fazendo parte integrante da coisa julgada, a par da previsão do CPC. Portanto, os motivos que fundamentaram dada interpretação de um dispositivo jurídico, (...), fazem coisa julgada. Não se aplica, então, nesse caso, o art. 469, inciso I, do CPC".[62]

A súmula vinculante produz a adoção de um padrão hermenêutico vinculante, na linha do art. 28, parágrafo único, da Lei nº 9.868/99. Causa, assim, um "congelamento" de possíveis variantes interpretativas acerca de uma dada situação fática. Logo, as súmulas vinculantes acabam obrigando os tribunais e juízes inferiores, ou seja, conduzem à aplicação das leis nos termos fixados.[63] E este poder normativo é diverso do poder de iniciativa junto aos órgãos legislativos, bem como do poder de normatização interna. Segundo Marcelo Caetano: "Os Tribunais Brasileiros possuem importante função de criação de normas jurídicas de aplicação genérica".[64] A súmula vinculante, então, permite ao Supremo Tribunal Federal padronizar a interpretação das normas e, por consequência, a atuação com base nelas, evitando a insegurança e a disparidade em situações idênticas.[65]

Somente a *ratio decidendi*[66] é que vinculará a administração pública e os demais órgãos do Poder Judiciário e a administração pública, ou seja, é a tese central (essencial), que deu base ao julgamento. A argumentação acessória, que circunda o julgado, chamada de *"obter dictium"*, não possui valor vinculante.

Além disso, a súmula vinculante não surge diante de um único direito subjetivo posto em causa. É necessário que "[...] para permanecer efetiva, a Suprema Corte deve continuar a decidir apenas os casos que contenham questões cuja resolução haverá de ter importância imediata para além das situações particulares e das partes envolvidas".[67] Quase que em um paradoxo, a súmula vinculante é a "[...] decisão do caso concreto com força genérica".[68]

Em verdade, a súmula vinculante é mais um instituto a dar força aos precedentes judiciais, aproximando nosso sistema jurídico do modelo anglo-saxão (*comon law*).[69] Os precedentes definem como as regras são interpretadas e certos critérios importantíssimos à hermenêutica. O precedente possui um importante papel na uniformização da jurisprudência, gerando no seio do judiciário a igualdade, a economicidade, a segurança, entre outros valores.

---

[62] HEINEN, Juliano. *Op. cit.*, p. 68

[63] CAETANO, Marcello. *Op. cit.*, p. 424 – ainda que o autor apenas esteja a falar sobre súmula, sem o qualificativo de ser ela vinculante.

[64] *Op. cit.*, p. 425.

[65] BULOS, Uadi Lamêgo. *Curso de Direito Constitucional*. São Paulo: Saraiva, 2010, p. 1301. No mesmo sentido: NERY JÚNIOR, Nelson; NERY Rosa Maria de Andrade. *Constituição Federal comentada e legislação constitucional*. São Paulo: Revista dos Tribunais, 2009, p. 529-530; SILVA, José Afonso da. *Op. cit.*, p. 565; FERREIRA FILHO, Manoel Gonçalves. *Curso de Direito Constitucional*. São Paulo: 2009, p. 45-46.

[66] Esta expressão é comumente usada na Inglaterra. Já nos Estados Unidos, costuma-se usar a palavra *holding* para designar a mesma coisa.

[67] STF, AgRg no AI nº 375.011-RS.

[68] VARELA, João de Matos Antunes. *Do projecto ao Código Civil*. Lisboa: Imprensa Nacional de Lisboa, 1967, p. 22.

[69] Esta aproximação foi diagnosticada com muita propriedade por Michele Taruffo (Observações sobre os modelos processuais de *civil law* e de *comon law*. *Revista de Processo*. São Paulo, n. 110, 2005, p. 153).

A ênfase da argumentação jurídica recai, agora, muito mais fortemente no debate da busca do precedente mais adequado, a despeito de normas rígidas porventura existentes no limiar do sistema jurídico. E é justamente esta a função do precedente: estabelecer um padrão de julgamento para os casos que aparecerão no futuro. O certo é que a fixação de um precedente transborda efeitos para além dos limites da causa, ou seja, "Quer o Tribunal descubra, quer crie a lei que aplica, a solução que dá ao litígio tem um impacto que se estende além das partes litigantes".[70] Então, quando um caso análogo surgir no futuro, muito provavelmente será decidido da mesma forma.

No *common law*, força dos precedentes, ou melhor, sua cultura, não está estabelecida em regra escrita. Não é encontrada na Constituição ou nas leis dos países que adotam o sistema do *stare decisis*.[71] Ela advém de uma justificação plasmada na tradição, e possui quatro argumentos: oferta de maior economia, igualdade, previsibilidade e respeito, sendo aplicada tanto em âmbito jurisdicional, como na seara administrativa norte-americana.[72] Então, o modelo da súmula vinculante brasileiro, que possui nítida inspiração no sistema do *stare decisis*, estruturou a força do precedente também nos dois âmbitos, judicial e administrativo. A exemplo disso, tem-se os artigos 64-A e 64-B, da Lei do Processo Administrativo Federal.

E daí por que não se pode equiparar a súmula vinculante a uma espécie de regra, ao mesmo nível de uma lei, por exemplo. O verbete em pauta é concebido como fonte do direito, mas com natureza diversa de uma prescrição normativa.[73]

2. (In)aplicabilidade do precedente

Quem quer caminhar pelo direito não pode colocar na sua mochila verdades absolutas, sob pena de estar fadado ao completo insucesso. Ao intérprete cabe sim a prerrogativa ou, em variados casos, a *obrigação* de mudar de en-

---

[70] FARNSWORTH, E. Allan. *Introdução ao sistema jurídico dos Estados Unidos*. Rio de Janeiro: Forense, 1963, p. 61.

[71] A expressão advém do brocado *"stare decisis et non quieta movere"*, que, em tradução livre, significa "apoiar a decisão e não perturbar os pontos pacíficos", sendo sinônimo da doutrina do precedente.

[72] *Op. cit.*, p. 63. No sistema do *common law*, os precedentes possuem graus de vinculatividade, ou melhor, de persuasão. Os *precedentes persuasivos* podem ter um grau maior ou menor de convencimento, dependendo do *Justice* (Ministro) que proclama o julgamento (ex., os julgados de Holmes e de Cardozo têm mais peso), da preeminência do tribunal, da quantidade de outras cortes que acompanham o entendimento, etc. Existem, contudo, precedentes com autoridade obrigatória, que são aqueles proclamados pelas cortes superiores, sendo que as inferiores não devem desrespeitar o entendimento fixado em um grau superior, na hierarquia do Poder Judiciário. Conferir: Revista dos Tribunais 782/90-91.

[73] Neste sentido, imprescindível consultar: "O reconhecimento de que a súmula vinculante é fonte formal de Direito não significa, em absoluto, equipará-la à norma emitida pelo Poder Legislativo. Não mesmo. A lei e a jurisprudência são fontes do direito, mas fontes distintas, com metódica diversa para a solução das controvérsias jurídicas." (CADORE, Márcia Regina Lusa. *Op. cit.*, p. 108). Em sentido contrário se posicionam Nelson Nery Júnior e Rosa Maria de Andrade Nery, *Op. cit.*, p. 532. Ambos os autores afirmam que: "A súmula vinculante, por sua vez, tem alcance maior do que a própria lei, porque vincula os órgãos do Poder Judiciário e a administração pública (...)". Ao mesmo passo que, logo adiante, expõem: "Concluímos que os verbetes da súmula vinculante, tal como o antigo assento português, configuram *disposições legislativas*." (*Idem*).

tendimento. Essa conduta é percebida no âmbito judicial ou administrativo.[74] Quando a situação social que dava base a determinado entendimento ou outras razões invocam um câmbio na interpretação a ser proferida, cabe ao intérprete demonstrar esta alteração motivadamente.

No momento em que abandona um precedente, é necessária uma justificação adicional. Não bastam as razões ordinárias que lastreiam a formação da decisão ou a constituição do próprio precedente. No momento em que o administrador público deixar de aplicar a súmula vinculante, como preconiza a parte final do artigo 64-A, deverá assumir o ônus de uma argumentação suplementar, qual seja, as razões que o fizeram abandonar o precedente ou os motivos pelos quais o caso não se subsume à súmula vinculante.

A parte final do dispositivo comentado, que permite ao administrador justificar a não aplicação do precedente no caso concreto invoca uma técnica muito conhecida no sistema jurídico dos Estados Unidos: o *distinghishing* (que se diferencia do *overruling*). Vejamos cada um destes institutos.

Quando um precedente deixa de ser aplicado porque não existe, no caso sob exame, os pressupostos de fato que assim permitiriam a incidência, está-se diante da técnica do *distinghishing*.[75] No sistema do *stare decisis*, quando um determinado caso não tem qualquer parâmetro em um precedente, o julgador poderá inaugurar o processo de formação de um precedente inédito. Contudo, caso exista um prévio parâmetro fixado pela jurisprudência, deve o magistrado respeitá-lo, dando, pois, simetria e coerência ao sistema. Mas para isso, deve o caso sob julgamento conter elementos que o aproximem do precedente.

A semelhança não basta, é preciso que exista um nexo claro entre o conteúdo do julgamento e o precedente. Então, o intérprete deve demonstrar esta aproximação nas razões de decidir. Caso o precedente não se aproxime, não tenha nexo com o caso em julgamento, o intérprete não aplicará o precedente. Neste caso, deve demonstrar que ambos possuem contornos cognitivos diversos, enfim, distinguem-se. E, então, aplicará a técnica do *distinguish*.

Tanto quem vincula como quem está vinculado pode demonstrar que o caso posto sob exame possui características tais que o afastam do conteúdo do precedente.[76] Assim, a parte final do artigo 64-A da Lei nº 9.784/99, nada mais fez do que disciplinar a técnica do *distinguish*, permitindo que, no caso concreto, a autoridade administrativa vinculada pela súmula possa "[...] explicitar as razões da aplicabilidade ou inaplicabilidade da súmula, conforme o caso".

Já a técnica do *overruling* é utilizada quando se supera o precedente, enfim, este é revogado, substituído ou modificado. No sistema do *common law*, quando se lança mão desta técnica, o sistema jurídico passa a contar com um novo contorno, ou seja, a partir de então, brota um outro direito a ser

---

[74] Não raras vezes as Consultorias Jurídicas alteram entendimentos, disciplinando a conduta da administração público por meio da revogação (superação) de anteriores pareceres.
[75] "Distinguishing a case: *The process of providing reasons of deciding a case under consideration differetly from a similar case referred to as a precedent*". (GOOCH, Graham; WILLIAMS, Michael. *Oxford dictionary law enforcement*. Oxford: Oxford University Press, 2007, p. 122).
[76] MELLO, Patrícia Perrone Campos. *Precedentes*: o desenvolvimento judicial do direito no constitucionalismo contemporâneo. Rio de Janeiro: Renovar, 2008, p. 202.

Art. 64-A

aplicado.[77] Enquanto o *overruling* aplica-se a todos os casos futuros, o *distinguish* foca-se no caso concreto sob julgamento.

Já no sistema jurídico brasileiro, somente o Supremo Tribunal Federal pode manejar esta técnica, provocado pelos legitimados a propor ação direta de inconstitucionalidade (ADI). Então, a parte final do dispositivo ora comentado não se refere à técnica do *overruling*, mas do *distinguish*.[78] A última técnica, como visto, é utilizada quando o precedente não vincula o caso concreto, por conta de estar ausente um nexo entre ambos. "Nenhum órgão judicial ou da Administração Pública direta e indireta, da União, Estados, Distrito Federal e Municípios pode ser obrigado a acatar a súmula vinculante que em nada se amolde ao caso concreto. Isso porque o *princípio da adequabilidade das súmulas ao fato* é condição indispensável à incidência do efeito vinculante".[79]

Já a técnica do *overruling* retira o precedente do mundo jurídico, ou seja, supera-o, não servindo este de base para qualquer julgamento futuro, ou seja, não mais vincula. Caso uma súmula vinculante fosse revista ou revogada, estar-se-ia diante desta técnica, e não frente ao *distinguish*.[80]

Jurisprudência

Em processo administrativo não se observa o princípio da "non reformatio in pejus" como corolário do poder de auto tutela da administração, traduzido no princípio de que a administração pode anular os seus próprios atos. As exceções devem vir expressas em lei. (STJ, RMS 21981-RJ, Rel. Min. Eliana Calmon, Segunda Turma, j. 22/06/2010).

É possível à autoridade julgadora discordar do relatório final elaborado pela Comissão Disciplinar, sem que isso importe indevida *reformatio in pejus*, desde que o faça de forma fundamentada, como se verifica na espécie, nos termos dos artigos 168 e 169 da Lei nº 8.112/90. (STJ, MS 1403-DF, Rel. Min. Felix Fischer, Terceira Seção, j. 24/06/2009).

ADMINISTRATIVO – MANDADO DE SEGURANÇA – ATO DE SECRETÁRIO DE ESTADO – MULTA POR INFRAÇÃO AO CÓDIGO DE DEFESA DO CONSUMIDOR – VALOR FIXADO NO MÁXIMO LEGAL – REEXAME DE PROVAS – IMPOSSIBILIDADE – SÚMULA 07/STJ – DIREITO LÍQUIDO E CERTO NÃO CONFIGURADO – PROCESSO ADMINISTRATIVO – "REFORMATIO IN PEJUS" – POSSIBILIDADE – PRECEDENTES. – Os critérios adotados pela administração pública para gradação da penalidade por infração ao Código de Defesa do Consumidor não são passíveis de discussão na estreita via do mandado de segurança, haja vista que ensejam reexame de provas. – A ação mandamental não se presta para amparar direito controvertido que, por isso, não se caracteriza como líquido e certo. – Motivada a decisão que julgou o recurso administrativo, com indicação dos fatos e dos fundamentos jurídicos, não se há que falar em ilegalidade ou abuso de autoridade.

---

[77] A tamanha intensidade da mudança causada quando um precedente é superado ou modificado pode, quem sabe, explicar o porquê do uso altamente restrito da técnica do *overruling*. Por exemplo, nos Estados Unidos, em quase um século e meio (1810-1957), a Suprema Corte lançou mão do instituto apenas 90 vezes (FARNSWORTH, E. Allan. *Introdução ao sistema jurídico dos Estados Unidos*. Rio de Janeiro: Forense, 1963, p. 62).

[78] A diferença entre os dois institutos pode ser percebida em Robert Alexy: "[...] la tecnica del *distinguishing* sirve para interpretar de forma estricta la norma que hay que considerar desde la perspectiva del precedente, por ejemplo, mediante la introducción de una característica del supuesto de hecho no existente en el caso a decidir, de manera que no sea aplicable al caso. Con esto, el precedente como tal sigue siendo respetado. La tecnica del *overruling*, por el contrario, consiste en el rechazo del precedente". E conclui que "[...] tanto el *distinguishing* como el *overruling* tienen que ser fundamentados. Según Kriele, para ello se necesitan razones jurídicas. Es pues correcto pensar que los argumentos prácticos de tipo general juegan en tales situaciones un papel especial. Pero junto a ellos son admisibles todos los otros argumentos posibles en el discurso jurídico." (ALEXY, Robert. *Teoria de la argumentación jurídica*: la teoria del discurso racional como teoria de la fundamentación jurídica. Madrid: Centro de Estudios Constitucionales, 1997. p. 266)

[79] BULOS, *Op. cit.*, p. 1304.

[80] Justamente por isso que se consideram raros os casos de *overruling* (CADORE, Márcia Regina Lusa. *Op. cit.*, p. 78).

– No âmbito do processo administrativo, a autoridade superior pode aplicar pena mais gravosa do que a imposta pela autoridade inferior. – Recurso conhecido e improvido. (STJ, RMS 17580-RJ, Rel. Min. Francisco Peçanha Martins, Segunda Turma, j. 18/08/2005).

Referências

ALEXY, Robert. *Teoria de la argumentación jurídica*: la teoria del discurso racional como teoria de la fundamentación jurídica. Madrid: Centro de Estudios Constitucionales, 1997.

BERMUDES, Sérgio. *A reforma do judiciário pela Emenda Constitucional nº 45*. Rio de Janeiro: Forense, 2005.

BULOS, Uadi Lamêgo. *Curso de Direito Constitucional*. São Paulo: Saraiva, 2010, p. 1301.

CADORE, Márcia Regina Lusa. *Súmula vinculante e uniformização de jurisprudência*. São Paulo: Atlas, 2007.

CAETANO, Marcelo. *Direito Constitucional*. Rio de Janeiro: Forense, 1977, v. 2.

FARNSWORTH, E. Allan. *Introdução ao sistema jurídico dos Estados Unidos*. Rio de Janeiro: Forense, 1963.

FERREIRA FILHO, Manoel Gonçalves. *Curso de Direito Constitucional*. São Paulo: 2009.

GOOCH, Graham; WILLIAMS, Michael. *Oxford dictionary law enforcement*. Oxford: Oxford University Press, 2007.

HEINEN, Juliano. *Interpretação conforme a constituição*. Análise a partir da doutrina e da jurisprudência. Porto Alegre: Verbo Jurídico, 2011.

LEAL, Victor Nunes. *Problemas de Direito Público*. Rio de Janeiro: Forense, 1960.

MARTINS, Ives Gandra da Silva; MENDES, Gilmar Ferreira. *Controle Concentrado de Constitucionalidade*. São Paulo: Saraiva, 2001.

MELLO, Patrícia Perrone Campos. *Precedentes*: o desenvolvimento judicial do direito no constitucionalismo contemporâneo. Rio de Janeiro: Renovar, 2008.

MENDES, Gilmar Ferreira. *Direitos fundamentais e controle de constitucionalidade*. São Paulo: Celso Bastos Editor, 1998.

NERY JÚNIOR, Nelson e NERY Rosa Maria de Andrade. *Constituição Federal comentada e legislação constitucional*. São Paulo: Revista dos Tribunais, 2009.

SILVA, José Afonso da. *Curso de direito constitucional positivo*. 33. ed. São Paulo: Malheiros, 2009.

SILVA, Ovídio Baptista da. *Processo e ideologia*: o paradigma racionalista. Rio de Janeiro: Forense, 2004.

STRECK, Lenio Luiz. O efeito vinculante e a busca da efetividade da prestação jurisdicional: da revisão constitucional de 1993 à reforma do Judiciário. In: AGRA, Walber de Moura (Coord.). *Comentários à reforma do poder judiciário*. Rio de Janeiro: Forense, 2005.

TARUFFO, Michele. Observações sobre os modelos processuais de *civil law* e de *comon law*. *Revista de Processo*. São Paulo, n. 110, 2005.

VARELA, João de Matos Antunes. *Do projecto ao Código Civil*. Lisboa: Imprensa Nacional de Lisboa, 1967.

VIANA, Francisco José Oliveira. *Problemas de Direito Corporativo*. Rio de Janeiro: José Olympio, 1938.

Artigo 64-B
Acolhida pelo Supremo Tribunal Federal a reclamação fundada em violação de enunciado da súmula vinculante, dar-se-á ciência à autoridade prolatora e ao órgão competente para o julgamento do recurso, que deverão adequar as futuras decisões administrativas em casos semelhantes, sob pena de responsabilização pessoal nas esferas cível, administrativa e penal. (Incluído pela Lei nº 11.417, de 2006).

SUMÁRIO: 1. Descumprimento das súmula vinculante; Jurisprudência; Referências.

1. Descumprimento da súmula vinculante

O artigo 64-B da Lei nº 9.784/99, com redação dada pela Lei nº 11.417/06 – que disciplinou na esfera infraconstitucional a aplicação da Súmula Vincu-

Art. 64-B

lante – tem por objeto ofertar mecanismos de cumprimento deste verbete. De nada adiantaria qualificar como vinculativo o enunciado sem a existência de ferramentas que guarnecessem o cumprimento do comando ali disposto.

O artigo 103-A da Constituição Federal refere que a administração pública e os demais órgãos do poder judiciário devem obrigatoriamente cumprir com aquilo que prescreve a súmula vinculante. Então, o dispositivo em pauta tem a finalidade de ofertar ferramentas que deem efetividade ao comando do verbete vinculante, no caso deste não ser respeitado.

Para tanto, o texto do artigo 64-B traça um procedimento que pode ser dividido em três partes:

a) inicialmente, caso a Administração Pública não aplique aquilo que determina a súmula vinculante, o prejudicado pode propor reclamação junto ao Supremo Tribunal Federal.[81] Esta conclusão é retirada da parte inicial da regra comentada: "Acolhida pelo Supremo Tribunal Federal a reclamação fundada em violação de enunciado da súmula vinculante (...)." Perceba que o dispositivo já pressupõe o manejo de uma reclamação constitucional, junto ao Supremo Tribunal Federal (STF), a qual comunicou que o Poder Público descumpriu aquilo que dita determinada súmula vinculante, justamente porque o artigo 103-A, §3º, da CF e art. 7º da Lei nº 11.417/06, assim dispõem;[82]

b) Julgada procedente a reclamação constitucional proposta por eventual prejudicado pelo descumprimento da súmula vinculante, o STF comunicará a "[...] autoridade prolatora e ao órgão competente para o julgamento do recurso, que deverão adequar as futuras decisões administrativas em casos semelhantes". Enfim, a parte central do art. 64-B impõe que não se reitere o descumprimento, ou seja, que o precedente ganhe força efetiva. Em termos simples: não se tolera a reincidência, ou melhor, pretende-se que em uma segunda oportunidade a súmula vinculante não seja descumprida;

c) Caso o descumprimento seja recalcitrante, o agente estatal pode sofrer "[...] responsabilização pessoal nas esferas cível, administrativa e penal." (parte final do art. 64-B);

Este seria o procedimento-base estipulado pela regra comentada. Contudo, inúmeras peculiaridades e idiossincrasias devem ser apontadas. Primeiramente, daremos cabo de precisar o conceito dogmático de reclamação constitucional. Possui legitimidade ativa para esta demanda aquele que venha a ser afetado, em sua esfera jurídica, por atos da Administração Pública ou

---

[81] Esta reclamação somente será admitida depois de exauridas as vias administrativas de impugnação (artigo 7º, §1º, da Lei nº 11.417/06). Nelson Nery Júnior e Rosa Maria de Andrade Nery consideram este dispositivo inconstitucional, por violar o princípio da isonomia (*Constituição Federal comentada e legislação constitucional*. São Paulo: Revista dos Tribunais, 2009, p. 533).

[82] CF, Art. 103-A (...) § 3º Do ato administrativo ou decisão judicial que contrariar a súmula aplicável ou que indevidamente a aplicar, caberá reclamação ao Supremo Tribunal Federal que, julgando-a procedente, anulará o ato administrativo ou cassará a decisão judicial reclamada, e determinará que outra seja proferida com ou sem a aplicação da súmula, conforme o caso. Lei nº 11.417/06, Art. 7º Da decisão judicial ou do ato administrativo que contrariar enunciado de súmula vinculante, negar-lhe vigência ou aplicá-lo indevidamente caberá reclamação ao Supremo Tribunal Federal, sem prejuízo dos recursos ou outros meios admissíveis de impugnação. § 1º Contra omissão ou ato da administração pública, o uso da reclamação só será admitido após esgotamento das vias administrativas. § 2º Ao julgar procedente a reclamação, o Supremo Tribunal Federal anulará o ato administrativo ou cassará a decisão judicial impugnada, determinando que outra seja proferida com ou sem aplicação da súmula, conforme o caso.

decisões de outros magistrados ou Tribunais que são contrárias àquilo que foi fixado, em caráter *vinculante* pelo Supremo Tribunal Federal. Este legitimado pode ser particular ou não.[83] Conforme decisão proferida na Questão de Ordem (QO) formulada no julgamento do Agravo Regimental (AgR) interposto contra a decisão liminar proferida na Reclamação (Rcl) nº 1.880, o Supremo Tribunal Federal decidiu, por maioria de votos, que todos aqueles que foram atingidos por decisões contrárias ao entendimento firmado pela Corte, no julgamento de mérito proferido em Ação Direta de Inconstitucionalidade (ADIn) são ativamente legitimados para propor a Reclamação.[84] Então, todos aqueles que são atingidos por decisões que descumprem a súmula vinculante podem se valer do remédio constitucional mencionado.

A reclamação está também prevista nos arts. 102, inc. I, "l", e 105, inc. I, "f", todos da CF/88, e tem por finalidade manter a autoridade dos julgamentos do Superior Tribunal de Justiça e do Supremo Tribunal Federal, bem como de preservar suas competências.[85] Além disso, a *ratio decidendi* da súmula vinculante deve estar revestida de efeito transcendente para viabilizar a reclamação.[86]

Também, importante mencionar que a reclamação somente é permitida, quando o ato que descumpriu a súmula vinculante é *posterior* à edição desta. Logo, não cabe reclamação quando praticado um determinado ato administrativo e, em momento posterior, o STF promulga um verbete cogente que é contrário ao ato anteriormente praticado.[87]

Como visto, então, a reclamação somente é possível se descumprida súmula que foi qualificada como *vinculante*. Eventual ato administrativo que contrarie um verbete comum não autoriza o manejo do remédio judicial mencionado.[88]

Por conseguinte, na segunda fase do procedimento, o STF comunicará a Administração Pública para que, em uma nova oportunidade, não descumpra a súmula vinculante. Esta deverá orientar os seus demais atos. Então este seria o marco temporal para que, a partir de então, possa ser configurada a reincidência. Ao que tudo indica, a notificação é feita à pessoa jurídica de direito público que descumpriu o verbete sumulado, devendo ser dada ciência do conteúdo da decisão a todos os agentes estatais que compõe o referido ente.

A terceira fase apresenta problemas de maior monta. Dispõe que, se em uma nova oportunidade for configurado o descumprimento à súmula vincu-

---

[83] STF, RTJ 187/151, Rel. Min. Celso de Mello, Pleno.

[84] STF, QO em AgR 1.880, Rel. Min. Maurício Corrêa, j. 6/11/2001.

[85] MORATO, Leonardo Lins. A reclamação prevista na Constituição Federal. In: Nelson Nery Junior (Coord.). *Aspectos Polêmicos e Atuais do Recursos*. São Paulo: Revista dos Tribunais, 2000, p. 444.

[86] STF, Rcl 1.987/DF, Rel. Min. Maurício Correa e Rcl 2.363/PA, Rel. Min. Gilmar Mendes.

[87] Conferir a jurisprudência do Supremo Tribunal Federal mencionada ao final dos comentários a este artigo.

[88] STF, AgR em Rcl 5063-PR, Rel. Min. Carlos Britto, Pleno, j. 20/08/2011. Muito embora o próprio STF já tenha se posicionado da seguinte maneira: "INEXISTÊNCIA DE "DISTINÇÃO ONTOLÓGICA" ENTRE A SÚMULA VINCULANTE E A SÚMULA COMUM (LUIZ GUILHERME MARINONI, "Precedentes obrigatórios", 2010, Revista dos Tribunais), NÃO OBSTANTE O USO DA RECLAMAÇÃO SOMENTE SE LEGITIME, CONSTITUCIONALMENTE, EM FACE DO MODELO JURÍDICO DA SÚMULA VINCULANTE. AS MÚLTIPLAS FUNÇÕES, DO ENUNCIADO SUMULAR. O PERFIL ORDINÁRIO DA SÚMULA DO STF COMO MÉTODO DE TRABALHO, COMO INSTRUMENTO DE TUTELA DA SEGURANÇA JURÍDICA E DA." (Informativo nº 612, STF).

Art. 64-B

lante, caberá a responsabilização pessoal do agente público.[89] Em um primeiro momento a questão deve ser focada na legitimidade passiva em sofrer a expiação penal, administrativa ou civil, ou seja, quem deverá ser responsabilizado?

O dispositivo em pauta menciona a responsabilização da "autoridade prolatora [da decisão]" e do "órgão competente para o julgamento do recurso". No primeiro caso, o problema parece ser de fácil solução. Mas não é.

Tomemos como exemplo a situação de uma universidade pública que resolva cobrar taxa de matrícula, o que é vedado pela Súmula Vinculante nº 12: "A cobrança de taxa de matrícula nas universidades públicas viola o disposto no art. 206, IV, da Constituição Federal.". Então, um aluno inaugura processo administrativo e a autoridade competente decide que o interessado deve pagar tal "tributo". Este, então, reclama ao STF e obtém a procedência do seu pedido, ao mesmo tempo em que a Suprema Corte comunica o referido estabelecimento de ensino da decisão, determinando que se abstenha de praticar este expediente em uma nova oportunidade e de decidir contrariamente em processo administrativo.

Caso novamente um aluno seja compelido a pagar taxa para se matricular no referido estabelecimento público, fica a dúvida no sentido de quem deva ser responsabilizado. Enfim, a culpa seria do novo agente que decidiu novamente pela cobrança da taxa, conforme regras da universidade, estando ciente da decisão anterior do STF? Do reitor ou do diretor que, por hipótese, não comunicou à autoridade processante o conteúdo da decisão? De ambos?

Ou ainda, um servidor "X" decide pela cobrança da taxa de matrícula em determinado processo. O discente prejudicado reclama ao STF, o qual determina que a universidade pública se abstenha de assim proceder novamente, de acordo com o que define a Súmula Vinculante nº 12. O servidor "Y", que em uma segunda oportunidade, decide contra o verbete da Suprema Corte, pode ser responsabilizado? Enfim, deve ser punido *o servidor* que descumpre pelo menos duas vezes o enunciado vinculativo, ou a sanção recai sobre a reiteração *do ente*, ainda que as condutas tenham sido praticadas por servidores diversos? E se o servidor "Y" nunca soube, outrora, da primeira conduta praticada pelo "X", poderia ainda assim ser responsabilizado?

A casuística leva o intérprete a enfrentar a situação em pauta da seguinte maneira: o dispositivo, como vista, reclama que a responsabilização do agente somente ocorra quando exista uma reiteração do descumprimento de súmula vinculante. Mais especificamente, existe quando os administradores públicos não ajustam suas futuras condutas, após serem comunicados pelo STF.

Então, diante da primeira legitimidade passiva mencionada pelo dispositivo, deve-se levar em conta os seguintes elementos:

a) que a autoridade prolatora decida em desacordo com súmula vinculante;

b) que o STF, diante de reclamação constitucional, dê ciência de que não se deva mais proceder desta maneira;

---

[89] A punição do subordinado que descumpre o precedente não é um fenômeno desconhecido no sistema jurídico norte-americano. Há possibilidade de a Suprema Corte punir um magistrado que desrespeita aquilo que foi outrora decidido por um tribunal de hierarquia superior. Contudo, isso nunca chegou a ser aplicado (BULOS, Uadi Lamêgo. *Curso de Direito Constitucional*. São Paulo: Saraiva, 2010, p. 1303).

c) que a mesma autoridade administrativa prolatora da primeira decisão *ou outra* descumpra novamente a súmula vinculante;

d) que ambas tenham ciência de que a Suprema Corte determinou a adequação das condutas.

A outra hipótese de responsabilidade recai sobre o "órgão competente para o julgamento do recurso". Ao nosso ver, este caso é de difícil compreensão, uma vez que não encontra respaldo em qualquer fonte que autorize a responsabilização de um "órgão", dada sua despersonalização. Sabe-se que a responsabilidade é sempre do ente (pessoa jurídica de direito público) ou do agente (pessoa natural), dependendo da legislação. Nunca do órgão.

Imagine que uma comissão de concurso público para cargo específico não ajuste suas condutas de acordo com súmula vinculante, mesmo comunicada pelo STF para assim proceder. Ou a Secretaria de Saúde de um município, mesmo sendo cientificada pelo STF, continue a contratar parentes em flagrante descompasso com a Súmula Vinculante nº 13, que proíbe o nepotismo na Administração Pública. Em ambos os casos, seria incompreensível responsabilizar, literalmente, a "comissão de concurso" ou a "Secretaria de Saúde". No caso, deveriam ser responsabilizados os membros da comissão de concurso, os funcionários da secretaria de saúde, ou o ente público pertinente, conforme o caso.

E o segundo ponto que merece um debate mais profundo situa-se na materialidade do ilícito, ou seja, em se saber qual o tipo incidente e em que medida o autor da irregularidade será aplicada. Perceba que não existe um ilícito penal dispondo que comete crime aquele que descumpre uma súmula vinculante, o que, em matéria criminal, é imprescindível, dado que a responsabilização neste âmbito reclama uma tipicidade estrita. Até poder-se-ia advogar que aquele que deixa de aplicar a súmula vinculante poderia cometer o crime de prevaricação – art. 319 do Código Penal.

Diz o texto do artigo 319 que comete o referido delito aquele que: "Retardar ou deixar de praticar, indevidamente, ato de ofício, ou praticá-lo contra disposição expressa de lei, para satisfazer interesse ou sentimento pessoal.". O texto criminaliza três condutas: a) retardar ou b) deixar de praticar, indevidamente, ato de ofício, ou c) praticá-lo contra o texto de lei. No primeiro e segundo casos, o Código Penal dispôs uma conduta omissiva, ou seja, um ato normativo impõe ao funcionário um ato e ele não pratica *no prazo determinado pela regra*. No caso, poder-se-ia advogar que o fato de se deixar de aplicar a súmula vinculante, mesmo comunicado pelo STF para adequar-se, seria similar à conduta de "deixar de praticar, indevidamente, ato de ofício.". Claro que se está diante de uma interpretação por deveras divergente acerca do dispositivo criminal referido, e não pode ser, pois, oculta.

Já a segunda conduta descrita no crime de prevaricação não tem qualquer chance de criminalizar aquele que não cumpre com a súmula vinculante, tendo em vista que o tipo determina a aplicação de sanção quando uma ação contraria dispositivo de "lei". E, como visto, a súmula vinculante não se confunde com lei, sendo, por oportuno, inadmissível uma interpretação extensiva neste sentido.

Para a punição no âmbito administrativo, cada estatuto ou legislação regedora do agente estatal deverá conter uma previsão disciplinar que possa abarcar, em seu suporte fático, o fato de o servidor deixar de aplicar súmula vinculante. Importante destacar que a sanção disciplinar deve ter expressa previsão em lei.

Por fim, no âmbito civil, a autoridade processante pode ser responsabilizada caso o descumprimento de um verbete resulte em um dano. No exemplo dado, aquele que decidiu pela cobrança da taxa de matrícula pode ser demandado a devolver o valor, acrescido de eventuais perdas e danos.

O artigo 64-B, como um todo, não deve merecer uma interpretação literal. Diga-se mais. O seu rigorismo ostenta sim um cerceamento da liberdade de pensamento do julgador administrativo. Aliás, o legislador constituinte derivado, quando formatou o artigo 103-A, em nenhum momento fez menção a qualquer punição, muito embora pudesse assim fazê-lo. Portanto, no mínimo, há de se ter extrema cautela na aplicação deste dispositivo.[90]

Jurisprudência

AGRAVO REGIMENTAL NA RECLAMAÇÃO. CONSTITUCIONAL. INSCRIÇÃO NO CADASTRO DA DÍVIDA ATIVA. ALEGAÇÃO DE DESCUMPRIMENTO DA SÚMULA VINCULANTE N. 32 DO SUPREMO TRIBUNAL FEDERAL. AGRAVO REGIMENTAL AO QUAL SE NEGA PROVIMENTO. 1. O cabimento de reclamação, nos termos art. 103-A, § 3º, da Constituição da República, pressupõe a existência de súmula vinculante anterior ao ato administrativo impugnado. 2. Inexistência de identidade material entre a Súmula Vinculante n. 32 do Supremo Tribunal Federal e a inscrição da Agravante no Cadastro da Dívida Ativa. 3. Impossibilidade de utilização da reclamação como sucedâneo de recursos ou ações cabíveis e eventualmente não utilizadas pela Agravante. Precedentes. (STF, AgR na Rcl 11667/RS, Rel. Min. Cármen Lúcia, Pleno, j. 30/06/2011).

AGRAVO REGIMENTAL NA RECLAMAÇÃO. ALEGAÇÃO DE DESCUMPRIMENTO DA SÚMULA VINCULANTE N. 4 DO SUPREMO TRIBUNAL FEDERAL. DECISÃO RECLAMADA ANTERIOR À EDIÇÃO DESSA SÚMULA: INADMISSIBILIDADE DA RECLAMAÇÃO. PRECEDENTES. AGRAVO REGIMENTAL AO QUAL SE NEGA PROVIMENTO. (STF, AgR na Rcl 8111-SP, Rel. Min. Cármen Lúcia, Pleno, j. 02/03/2011).

AGRAVO REGIMENTAL. DECISÃO QUE NEGOU SEGUIMENTO A RECLAMAÇÃO EM QUE SE ALEGAVA DESCUMPRIMENTO A SÚMULA DO SUPREMO TRIBUNAL FEDERAL, DESPIDA DE EFEITO VINCULANTE. 1. Eventual descumprimento de súmula do Supremo Tribunal Federal, mas desprovida de efeito vinculante, não autoriza o manejo da reclamação. 2. Agravo a que se nega provimento. (STF, AgR em Rcl 5063-PR, Rel. Min. Carlos Britto, Pleno, j. 20/08/2011).

O DESRESPEITO À EFICÁCIA VINCULANTE, DERIVADA DE DECISÃO EMANADA DO PLENÁRIO DA SUPREMA CORTE, AUTORIZA O USO DA RECLAMAÇÃO. – O descumprimento, por quaisquer juízes ou Tribunais, de decisões proferidas com efeito vinculante, pelo Plenário do Supremo Tribunal Federal, em sede de ação direta de inconstitucionalidade ou de ação declaratória de constitucionalidade, autoriza a utilização da via reclamatória, também vocacionada, em sua específica função processual, a resguardar e a fazer prevalecer, no que concerne à Suprema Corte, a integridade, a autoridade e a eficácia subordinante dos comandos que emergem de seus atos decisórios. Precedente: Rcl 1.722/RJ, Rel. Min. CELSO DE MELLO (Pleno). (STF, RTJ 187/151, Rel. Min. Celso de Mello, Pleno).

Referências

BULOS, Uadi Lamêgo. *Curso de Direito Constitucional*. São Paulo: Saraiva, 2010, p. 1301.

MORATO, Leonardo Lins. A reclamação prevista na Constituição Federal. In: Nelson Nery Junior (Coord.). *Aspectos Polêmicos e Atuais dos Recursos*. São Paulo: Revista dos Tribunais, 2000.

NERY JÚNIOR, Nelson; NERY Rosa Maria de Andrade. *Constituição Federal comentada e legislação constitucional*. São Paulo: Revista dos Tribunais, 2009.

---

[90] No mesmo sentido: BULOS, *Op. cit.*, p. 1303.

Artigo 65

Os processos administrativos de que resultem sanções poderão ser revistos, a qualquer tempo, a pedido ou de ofício, quando surgirem fatos novos ou circunstâncias relevantes suscetíveis de justificar a inadequação da sanção aplicada.

Parágrafo único. Da revisão do processo não poderá resultar agravamento da sanção.

SUMÁRIO: 1. Revisão do processo administrativo; 2. Impossibilidade de *reformatio in pejus* nesse caso; Jurisprudência; Referências.

1. Revisão do processo administrativo

O pedido de revisão do processo administrativo não é instituto inédito no nosso País, como se pode ver, por exemplo, diante do texto dos artigos 174 a 182, da Lei nº 8.112/90.[91] Estes dispositivos instituíram a hipótese de rever, a qualquer tempo, o processo administrativo disciplinar desde que surjam "[...] fatos novos ou circunstâncias suscetíveis de justificar a inocência do punido ou a inadequação da penalidade aplicada" – artigo 174. Aliás, a legislação mencionada, que disciplina o regime jurídico único dos servidores civis da União, acaba por dar uma dimensão muito precisa ao instituto da revisão, mencionado, prevendo, p. ex., quem são os legitimados a propô-la, o procedimento específico da revisão, a distribuição do ônus da prova, o prazo para conclusão dos trabalhos, etc.

Já a Lei nº 9.784/99 ficou aquém. Apenas disciplinou os pressupostos objetivos para a propositura da revisão administrativa. Enfim, seria o mesmo que a Lei nº 8.112/90 somente manter vigente o texto do artigo 174, dado o art. 65 ser uma cópia daquele. Então, em analogia, para suprir eventuais lacunas processuais, podem ser aplicados à Lei do Processo Administrativo Federal os artigos 175 a 182 da lei dos servidores públicos civis federais.

Em termos bem simples, Marcello Caetano afirma que: "A revisão é o meio outorgado ao condenado para provar erro da condenação em que for vítima".[92] Com base em provas novas ou em circunstâncias relevantes, pode o interessado retomar a marcha processual, a fim de demonstrar que houve um equívoco no julgamento. Visa a corrigir uma sanção aplicada de forma injusta a quem assim não merecia.

As situações ilícitas, ilegítimas ou injustas não podem ser perpetuadas no limiar do Estado, sendo que este deve ser o farol da justiça e da equidade, especialmente frente aos julgamentos em processo administrativo. E este farol deve, pois, iluminar o respeito e a admiração dos administrados. Daí a importância do instituto.

Os pressupostos objetivos para se permitir a revisão do processo administrativo são dois:

a) o surgimento de fatos novos;

---

[91] Aliás, a Constituição Federal de 1934, no então vigente artigo 170, 8º, previa expressamente a revisão administrativa em favor de funcionário público que tivesse sofrido punição disciplinar.

[92] *Manual de direito administrativo*. Rio de Janeiro: Forense, 1970, v. 2, p. 806.

b) a existência de circunstâncias relevantes suscetíveis de justificar a inadequação da sanção aplicada.

A regra permite que exista revisão quando as circunstâncias justificarem a inocência do acusado ou se perceba a inadequação da expiação. Vejamos cada uma destas hipóteses:

a) O surgimento de fatos novos por si só autoriza somente o recebimento da revisão, considerando-se como "novos" aqueles que aconteceram após a decisão atacada pela impugnação em pauta ou aqueles que a parte justificadamente desconhecia. Neste último caso, seriam fatos "velhos", ocorridos até mesmo antes de se iniciar o processo, mas somente conhecidos depois. Esta interpretação extensiva é que deve ser feita com regularidade.

Contudo, para o acolhimento da revisão, necessita-se que os fatos novos sejam eficazes a desfazer e a contrastar a situação outrora provada e posta em debate, sobre a qual a decisão administrativa se baseou. Precisam ser eficazes a tal ponto de provar o erro no julgamento.[93] A simples reapreciação da prova não autoriza o manejo da revisão, podendo, inclusive, ser rejeitada de plano pela autoridade processante.

b) O segundo pressuposto pode ser considerado típico *conceito jurídico indeterminado*, reclamando a densificação cognitiva por parte do intérprete, ou seja, o preenchimento do conteúdo do conceito vago diante do caso concreto. Consideram-se como sendo "circunstâncias relevantes" os seguintes casos:

b1) manifesto erro de direito;

b2) vício de ilegalidade insanável;

b3) vício insanável no procedimento, como, p. ex., quando a instrução processual não completou seu ciclo;

b4) decisão contrária à prova nos autos;

b5) decisão fundada em provas falsas ou viciadas;[94]

b6) desrespeito às garantias fundamentais, especialmente aquelas inseridas no devido processo legal[95] ou advindas do dever de garantia da ampla defesa, do contraditório, da imparcialidade do julgamento.[96]

---

[93] Lei nº 8.112/90: "Art. 176. A simples alegação de injustiça da penalidade não constitui fundamento para a revisão, que requer elementos novos, ainda não apreciados no processo originário.". No mesmo sentido: CARVALHO, Antônio Carlos Alencar. *Manual de processo administrativo disciplinar e sindicância*. Belo Horizonte: Fórum, 2011, p. 1110. Ainda: STJ, MS 8485-DF, Rel. Min. Paulo Gallotti, 3ª Seção, j. 13/11/2002 – ementa disponibilizada ao final.

[94] LUZ, Egberto Maia. *Direito administrativo disciplinar*: teoria e prática. São Paulo: José Bushatsky, 1977, p. 179.

[95] Afinal: "[...] a noção de devido processo seria extensível ao processo administrativo." (STF, Informativo nº 643, de 3 a 7 de outubro de 2011).

[96] O art. 22 do Decreto-Lei nº 19.549/72, da República da Argentina, menciona expressamente quais são os casos de revisão do processo administrativo, podendo subsidiar a interpretação do conceito jurídico indeterminado catalogado no limiar do artigo 65, da Lei nº 9;784/99: "Podrá disponerse en sede administrativa la revisión de un acto firme: *a)* cuando resultaren contradicciones en la parte dispositiva, háyase pedido o no su aclaración; *b)* cuando después de dictado se recobraren o descubrieren documentos decisivos cuya existencia se ignoraba o no se pudieron presentar como prueba por fuerza mayor o por obra de tercero; *c)* cuando hubiere sido dictado basándose en documentos cuya declaración de falsedad se desconocía o se hubiere declarado después de emanado el acto; *d)* cuando hubiere sido dictado mediante cohecho, prevaricato, violencia o cualquier otra maquinación fraudulenta o grave irregularidad comprobada".

Poder-se-ia questionar se, para além dos pressupostos mencionados, existiria mais um: *o prévio exaurimento das vias recursais*. O próprio texto do artigo 65, quando menciona que a revisão poderá se dar "a qualquer tempo", implica dizer que não se necessita esgotar as vias administrativas. O que se reclama é a existência de uma sanção consolidada, decidida. Não importa se, p. ex., este julgamento ganhou imutabilidade já na primeira instância, por inércia do condenado que se quedou inerte ou se a imutabilidade somente surgiu no último estamento recursal, por conta do manejo de todos os recursos.[97] Enfim, a condição efetiva para que se possa propor a revisão administrativa é a existência de imutabilidade do julgado.

A revisão administrativa não tem natureza de recurso, mas de uma medida impugnativa disposta em favor daquele que sofreu uma sanção injusta ou ilegal. Não pode ser considerada mais uma fase do procedimento. Ela deve ser percebida como uma medida processual extraordinária, com pressupostos e condições próprias para o seu conhecimento e julgamento. Daí por que impossível ser confundida com um pedido de recurso ou de reconsideração,[98] especialmente por inaugurar um procedimento novo e reclamar todo um arcabouço de inéditas circunstâncias. Na Argentina, p. ex., doutrina tem interpretado a regra local no sentido de que a revisão não se confunde com recurso, porque se estabelece um procedimento próprio de revisão, o qual independe de meios e de diversas outras formas existentes.[99]

Assim, a revisão é uma medida impugnativa própria. Tanto é verdade, que dois juízos devem ser instalados: um primeiro que avalie, de forma prévia, se a revisão está a discutir fatos novos ou circunstâncias relevantes; e um segundo, o juízo de mérito propriamente dito.

Tem competência para julgá-la a autoridade que proferiu a sanção. Muito embora, como a Lei nº 9.784/99 nada menciona a este respeito, a lacuna poderia ser suprida pelo artigo 181 da Lei nº 8.112/90: "O julgamento caberá à autoridade que aplicou a penalidade, nos termos do art. 141".

São legítimos a propor a revisão administrativa a Administração Pública, de ofício – como corolário da autotutela dos atos administrativos –, o interessado sancionado e seus sucessores, na impossibilidade do primeiro.[100] O prazo para ser proposta a revisão administrativa se sujeita ao lapso prescricional que todo administrado tem para reclamar uma pretensão para com o Poder Público. Então, em regra, o administrado terá prazo de cinco anos para pedir a revisão administrativa (artigo 54 da Lei nº 9.784/99), salvo disposição em sentido contrário.

Ainda que ausente previsão expressa na Lei do Processo Administrativo Federal, o ônus da prova em pedido revisional recai sobre aquele promove a

---

[97] CARVALHO, Antônio Carlos Alencar. *Op. cit.*, p. 1110-1111.
[98] GONZÁLEZ PÉREZ, Jesús; GONZÁLEZ NAVARRO, Francisco. *Comentarios a la Ley de Régimen Jurídico de las Administraciones Públicas y Procedimiento Administrativo común* (Ley 30/1992, de 26 de noviembre). Madrid: Civitas, 1997, t. 2, p. 1768, passim.
[99] Conferir: GORDILLO, Agustín. *Tratado de Derecho Administrativo*. 9. ed. Buenos Aires: F.D.A., 2004, t. 4, p. IX-28.
[100] Por analogia ao artigo 174, *caput* e parágrafos, da Lei nº 8.112/90.

pretensão.[101] Este entendimento mostra-se coerente na medida em que a revisão não é considerada recurso, mas uma pretensão que inaugura novamente o processo administrativo.

A desistência da revisão seguirá as mesmas regras constantes no artigo 51, *caput* e parágrafos,[102] da Lei nº 9.784/99. Então, o abandono desta medida impugnativa é possível, desde que não prejudique terceiros que não anuíram ao pedido. Além disso, a Administração Pública pode não acolher a solicitação de desistência, prosseguindo com o julgamento do pleito revisional, porque bem pode ter interesse em investigar e provar a existência de fatos novos alegados. Estes, por exemplo, podem revelar elementos que podem proteger um erário dilapidado.

Por fim, um limite importante ao objeto da revisão administrativa concentra-se no fato de que esta somente é admissível diante de decisões que aplicam *sanções*. E este signo deve ser interpretado extensivamente, abarcando quaisquer tipos de expiação. Contudo, decisões que denegam pretensões ou impõem ônus não albergados pelo termo "sanção", enfim, sem caráter punitivo, não poderão ser objeto desta via impugnativa.

2. Impossibilidade de *reformatio in pejus* nesse caso

De forma expressa o parágrafo único do artigo 65 afasta a possibilidade de incidência do princípio da *reformatio in pejus*, ou seja, o pedido de revisão do processo administrativo não pode causar um gravame ao requerente. A decisão neste expediente não pode, ainda que de forma indireta, causar um ônus ainda maior àquele que postula pedido de revisão.

Os elementos dogmáticos do princípio da reforma para pior foram diagnosticados no limiar dos comentários ao artigo 64 da Lei nº 9.784/99, cuja remissão ao texto se julga imprescindível. Mas aqui, merece destaque uma conclusão extraída da interpretação sistemática da Lei do Processo Administrativo Federal: *quando o legislador quis que a medida impugnativa pudesse ou não prejudicar a situação processual do recorrente, fez previsão expressa*. Para tanto, basta comparar os parágrafos únicos dos artigos 64 e 65.

Então, este seria um argumento muito sólido para aqueles que defendem a possibilidade de reforma para pior, no caso de recursos administrativos.[103] Enfim, quando o texto legal quis que o princípio do *non reformatio in pejus* incidisse, assim o fez.

---

[101] A Lei nº 8.112/90, ao contrário, possui previsão expressa: "Art. 175. No processo revisional, o ônus da prova cabe ao requerente".

[102] Art. 51. O interessado poderá, mediante manifestação escrita, desistir total ou parcialmente do pedido formulado ou, ainda, renunciar a direitos disponíveis. § 1º Havendo vários interessados, a desistência ou renúncia atinge somente quem a tenha formulado. § 2º A desistência ou renúncia do interessado, conforme o caso, não prejudica o prosseguimento do processo, se a Administração considerar que o interesse público assim o exige.

[103] De acordo com os comentários feitos ao artigo 64, *caput* e parágrafo único, não existe consenso em saber se pode incidir ou não a *reformatio in pejus* no caso de recurso em processo administrativo, a par do texto legal.

A incidência do princípio que veda a reforma para pior em sede de revisão administrativa deve ser bem delimitada. A sua aplicabilidade somente ocorre sobre *os mesmos fatos em que se baseou a decisão primitiva, que se intenta revisar*. Caso, no limiar da revisão, perceba-se a existência de novos fatos que, em tese, configuram a possibilidade de outras sanções, é plenamente possível ser aberto novo processo para aplicar tais penalidades, ainda que mais graves.

Antônio de Alencar Carvalho[104] fornece um exemplo que ilustra bem a situação exposta, ainda que esteja a tecer comentários sobre o processo disciplinar da Lei nº 8.112/90: um servidor público é condenado por promover manifestação de apreço ou de desapreço no recinto da repartição (artigo 117, V). Em revisão, novas provas colhidas apontam que o mencionado agente estatal também cometeu crime de advocacia administrativa. Então, novo processo pode ser instaurado, porque lastreado em um quadro fático diferente. Como bem adverte o autor, o que não pode é a "[...] reapreciação dos mesmos fatos, nos autos da revisão, em prejuízo do processado".[105]

Em tese, portanto, não se poderia impor pena mais grave no lugar da outra aplicada em anterior processo administrativo, ora anulado, justamente porque não há que se falar em revisão de processo administrativo que imponha a reforma para pior. Se um processo administrativo foi extinto, outro não poderia ser aberto para se aplicar sanção ainda mais severa. Este é teor do enunciado da Súmula nº 19, STF: "É inadmissível segunda punição de servidor público, baseada no mesmo processo em que se fundou a primeira".[106]

A par da dicção do parágrafo único do artigo 65 da lei ora comentada, bem como frente aos entendimentos doutrinários e jurisprudenciais mencionados, o Superior Tribunal de Justiça, recentemente, permitiu a revisão para pior em segundo julgamento, dado que o processo administrativo primitivo fora anulado.[107] E esta posição não foi inédita, sendo que, em 2006, outra decisão no mesmo sentido fora prolatada, autorizando a sanção mais gravosa em outro processo, sendo que o primeiro havia sido extinto por vício insanável.[108]

O próprio Supremo Tribunal Federal, autor da referida Súmula nº 19, já decidiu que é possível aplicar pena mais severa em segundo processo, caso o primeiro tenha sido extinto por nulidade. No caso, a punição havia sido aplicada por agente estatal incompetente, fato que levou à anulação do processo e instauração de um novo. Neste último, a Suprema Corte permitiu a aplicação

---

[104] *Op. cit.*, p. 1138. No mesmo sentido: ARAÚJO, Edmir Netto de. *Curso de direito administrativo*. São Paulo: Saraiva, 2005, p. 888.

[105] *Idem*.

[106] No mesmo sentido: STJ, MS 13523, Rel. Min. Arnaldo Esteves Lima, Terceira Seção, j. 13/5/2009 – ementas disponibilizadas ao final. Ainda, sustentando posição no sentido da impossibilidade de novo julgamento para aplicar sanção mais grave: RMS-AgRg 24.308, Rel. Min. Ellen Gracie, Primeira Turma, DJ de 25/4/03; MS 7.034/DF, Rel. Min. Maria Thereza de Assis Moura, Terceira Seção, DJ de 22/10/07. Palhares Moreira Reis possui interessante arremate sobre o tema: "De qualquer modo, não poderá haver *reformatio in pejus*, pois a lei não admite, de modo taxativo, que a decisão revisora venha a agravar a pena anteriormente imposta." (*Processo disciplinar*. São Paulo: Malheiros, 1996, p. 320).

[107] STJ, AgRg no MS 15463-DF, Rel. Min. Herman Benjamin, Primeira Seção, j. 9/2/2011.

[108] STJ, MS 8.192-DF, Rel. Min. Arnaldo Esteves Lima, Terceira Seção, j. 22/2/2006 – ementa disponibilizada ao final. Ainda, poderia ser citado acórdão: STJ, MS 6.902-DF, Rel. Min. Gilson Dipp, Terceira Seção, j. 31/3/2003.

de sanção mais grave, considerando que não se incidia ao caso o princípio do *non reformatio in pejus*.[109]

Jurisprudência

Servidor público: punição administrativa: *ne bis in idem* (Súm. 19): inocorrência. Não obstante as sanções de suspensão e demissão tenham sido sucessivamente aplicadas ao mesmo fato, não há *bis in idem*, vedado pela Súmula 19, se, para aplicar a demissão, o Presidente da República anulou previamente a suspensão, por incompetência da autoridade inferior que a impusera. (STF, MS 23.146-MS, Rel. Min. Sepúlveda Pertence, Pleno, j. 19/8/1999).

(...) Não houve *reformatio in pejus*. Após ter sido o agravante punido em PAD anulado, não se vislumbra contrariedade ao teor do art. 65 da Lei nº 9.784/99, visto que a hipótese não é de revisão de sanção disciplinar, mas sim de apreciação dos fatos como se nunca tivesse existido o primeiro procedimento. 6. Agravo Regimental não provido. (STJ, AgRg no MS 15.463-DF, Rel. Min. Herman Benjamin, Primeira Seção, j. 9/2/2011).

MANDADO DE SEGURANÇA. PROCESSO ADMINISTRATIVO. PEDIDO DE REVISÃO. ADEQUAÇÃO DA SANÇÃO. CIRCUNSTÂNCIA RELEVANTE. CABIMENTO. 1. "Os processos administrativos de que resultem sanções poderão ser revistos, a qualquer tempo, a pedido ou de ofício, quando surgirem fatos novos ou circunstâncias relevantes suscetíveis de justificar a inadequação da sanção aplicada." (artigo 65 da Lei nº 9.784/99). 2. Cabível o pedido de revisão, não há falar em impossibilidade jurídica do pedido, tampouco em intempestividade, exsurgindo o direito líquido e certo do impetrante de ver apreciado seu requerimento como apresentado – pedido de revisão – e integralmente. 3. Ordem concedida. (STJ, MS 14.965-DF, Rel. Min. Hamilton Carvalhido, Primeira Seção, j. 13/12/2010).

O simples rejulgamento do processo administrativo disciplinar ofende o devido processo legal, por não encontrar respaldo na Lei 8.112/90, que prevê sua revisão tão-somente quando houver possibilidade de abrandamento da sanção disciplinar aplicada ao servidor público. (STJ, MS 13.523, Rel. Min. Arnaldo Esteves Lima, Terceira Seção, j. 13/5/2009).

MANDADO DE SEGURANÇA. SERVIDOR PÚBLICO. PROCESSO ADMINISTRATIVO DISCIPLINAR. REVISÃO. 1. Não há ilegalidade no despacho que nega a ex-servidor público pedido de revisão do processo administrativo disciplinar, quando não se esta diante de fato novo ou circunstância comprobatória de sua inocência, e nem se evidencia a inadequação da sanção imposta, não bastando, para tanto, a mera alegação de injustiça e a reiteração dos fundamentos deduzidos por ocasião da defesa no processo administrativo. 2. Segurança denegada. (STJ, MS 8.485-DF, Rel. Min. Paulo Gallotti, 3ª Seção, j. 13/11/2002).

[...] A sindicância que concluiu pela inexistência de irregularidades cometidas pelos impetrantes foi anulada, pelo que não há falar em *reformatio in pejus* indireta em razão de posterior aplicação de pena de suspensão como resultado de processo administrativo disciplinar. (STJ, MS 8.192-DF, Rel. Min. Arnaldo Esteves Lima, Terceira Seção, j. 22/2/2006).

Referências

ARAÚJO, Edmir Netto de. *Curso de direito administrativo*. São Paulo: Saraiva, 2005.

CAETANO, Marcello. *Manual de direito administrativo*. Rio de Janeiro: Forense, 1970, v. 2.

CARVALHO, Antônio Carlos Alencar. *Manual de processo administrativo disciplinar e sindicância*. Belo Horizonte: Fórum, 2011.

GORDILLO, Agustín. *Tratado de Derecho Administrativo*. 9. ed. Buenos Aires: F.D.A., 2004, t. 4.

LUZ, Egberto Maia. *Direito administrativo disciplinar*: teoria e prática. São Paulo: José Bushatsky, 1977.

GONZÁLEZ PÉREZ, Jesús; GONZÁLEZ NAVARRO, Francisco. *Comentarios a la Ley de Régimen Jurídico de las Administraciones Públicas y Procedimiento Administrativo común (Ley 30/1992, de 26 de noviembre)*. Madrid: Civitas, 1997, t. 2.

REIS, Palhares Moreira. *Processo disciplinar*. São Paulo: Malheiros, 1996.

---

[109] STF, MS 23.146-MS, Rel. Min. Sepúlveda Pertence, Pleno, j. 19/8/1999 – ementa ao final exposta.

CAPÍTULO XVI – DOS PRAZOS

Artigo 66

Os prazos começam a correr a partir da data da cientificação oficial, excluindo-se da contagem o dia do começo e incluindo-se o do vencimento.

§ 1º Considera-se prorrogado o prazo até o primeiro dia útil seguinte se o vencimento cair em dia em que não houver expediente ou este for encerrado antes da hora normal.

§ 2º Os prazos expressos em dias contam-se de modo contínuo.

§ 3º Os prazos fixados em meses ou anos contam-se de data a data. Se no mês do vencimento não houver o dia equivalente àquele do início do prazo, tem-se como termo o último dia do mês.

SUMÁRIO: 1. Contagem de prazos processuais; Jurisprudência; Referências.

1. Contagem de prazos processuais

Prazo é o espaço de tempo para praticar um ato. Este interregno possui dois marcos: o de início, tido por termo *a quo*, e o de fim, nominado de termo *ad quem*. Existem para demarcar quando certas posições jurídicas podem ser exercidas dentro do processo. Isso porque, a ideia de processo justamente surge a partir da noção de "seguir adiante", ou seja, de chegar ao seu curso final. Assim, o processo não pode ficar estancado infinitamente, ou seja, possui fases que devem ser executadas em determinados lapsos de tempo.[110] Tanto que Arruda Alvim chega a mencionar que o processo "[...] constitui-se em uma realidade jurídica que nasce para se desenvolver e morrer".[111]

No artigo 66, a Lei do Processo Administrativo Federal passou a disciplinar, com especificidade, a contagem dos prazos processuais. Tal matéria mostra-se importante, tendo em vista que a perda de um prazo processual causa, de forma indelével, a preclusão temporal, ou seja, o perecimento do direito de praticar um ato processual.[112]

O dispositivo não é inovador (e nem deveria), porque copia, quase que literalmente, o texto do artigo 184, *caput* e §§ 1º e 2º dp CPC.[113] Em verdade, ambas as normas processuais mencionadas atendem a duas premissas: *dies a quo non computatur in termino e dies ad quem computatur in termino*.[114]

---

[110] ALMEIDA, Flávio Renato Correia de; TALAMINI, Eduardo. WAMBIER, Luiz Rodrigues (Coord.). *Curso Avançado de Processo Civil*. São Paulo: Revista dos Tribunais, 2007, p 198.

[111] *Manual de Direito Processual Civil*. São Paulo: Revista dos Tribunais, 2006, v. 1, p. 452.

[112] A observância dos prazos constitui um direito das partes, que podem exigir o cumprimento rigoroso dos lapsos temporais previstos – STJ, Resp. 280.382-MG, Rel. Min. Sálvio de Figueiredo Teixeira, Quarta Turma, j. 22/3/2001.

[113] Art. 184. Salvo disposição em contrário, computar-se-ão os prazos, excluindo o dia do começo e incluindo o do vencimento. § 1º Considera-se prorrogado o prazo até o primeiro dia útil se o vencimento cair em feriado ou em dia em que:
I – for determinado o fechamento do fórum; II – o expediente forense for encerrado antes da hora normal. § 2º Os prazos somente começam a correr a partir do primeiro dia útil após a intimação (art. 240). § 2º Os prazos somente começam a correr do primeiro dia útil após a intimação (art. 240 e parágrafo único).

[114] MARINONI, Luiz Guilherme; MITIDIERO, Daniel. *Código de Processo Civil*. Comentado artigo por artigo. São Paulo: Revista dos Tribunais, 2010, p. 207.

Art. 66

No processo administrativo, o início do prazo opera-se quando da "cientificação oficial" (sic) – artigo 66, caput. Esta ciência pode ser conferida de várias formas, a saber: por meio de um funcionário público que comparece perante a parte processual e certifica acerca da notificação/intimação; por meio de carta com aviso de recebimento; mediante publicação no Diário Oficial etc. O ato que cientifica um interessado deverá conter, em regra, o objeto (enfim, a informação a ser passada), o nome das partes ou de eventuais representantes, bem como o número do processo, ou à qual processo o ato se refere.

Em resumo, o que dará validade à ciência oficial do ato processual, marcando o início do prazo, será a regra específica que disciplina a matéria. Enfim, será a norma pertinente que definirá os requisitos de validade de um ato processual que visa a intimar/notificar um interessado. A ciência dos atos processuais está calcada, claro, no princípio da publicidade. Em processo civil, por exemplo, os prazos correm da citação ou da intimação – artigos 240 a 241, todos do Código de Processo Civil.[115]

Caso o prazo final caia em um feriado ou em data na qual o expediente administrativo não funciona, considera-se prorrogado o prazo até o primeiro dia útil subsequente, ou seja, quando efetivamente a autoridade processante estiver em atividade.[116] Mesmo a Lei nº 9.784/99 sendo omissa a respeito, considera-se que os atos processuais reputados urgentes podem ser praticados em dia que não há expediente, em analogia ao artigo 173 do Código de Processo Civil.

O § 2º do artigo em comento menciona que os prazos expressos em dias serão contados de forma contínua.[117] Quer dizer que, salvo disposição legal em contrário, não haverá solução no transcurso do tempo marcado entre o termo inicial e o final. De forma pragmática, contar-se-ão os dias um após o outro continuamente. Se, por hipótese, algum feriado ou fim de semana (sábado e domingo) perpassar o limiar do prazo, ou seja, caso, na contagem, um feriado, sábado ou domingo estiver presente no meio do lapso de tempo, mas não no início ou no fim, isso não influenciará na contagem, porque esta é *contínua*.

O Código do Procedimento Administrativo de Portugal disciplinou a forma de contagem de maneira diametralmente oposta. O art. 72º, 1., "b", menciona que: "O prazo começa a correr independentemente de quaisquer formalidades e suspende-se nos sábados, domingos e feriados". Perceba que a

---

[115] "Segundo a melhor doutrina, a publicidade dos atos processuais é a forma mais eficaz de *controle do comportamento* no processo do juiz, dos advogados, do promotor, e até mesmo das partes. Ao admitir a publicidade dos atos, facultando a presença de qualquer um do povo numa audiência, o acesso aos autos do processo a qualquer pessoa que, por qualquer razão queria conhecer seu teor, bem como a leitura do diário oficial (em alguns casos até o acesso à internet) garante-se a aplicação do princípio". (NEVES, Daniel Amorim Assumpção. *Manual de Direito Processual Civil*. São Paulo: Método, 2010, p. 69). Ainda, sobre o princípio da publicidade, conferir a obra de Nelson Nery Júnior (*Princípios do Processo Civil na Constituição Federal*. São Paulo: Revista dos Tribunais, 2002, p.173-174 [grifos no original]).

[116] No âmbito do processo civil, "são feriados, para efeito forense, os domingos e os dias declarados por lei." – artigo 175 do CPC. A Lei nº 9.093/1995 prevê inúmeros dias que, no ano, serão considerados feriado. O Superior Tribunal de Justiça já considerou que a *quarta-feira de cinzas* é dia útil para efeitos processuais, salvo disposição local em contrário (AgRg Resp. 614.496-RJ, Rel. Min. Denise Arruda, Primeira Turma, j. 6/12/2005).

[117] Na linha do que dispõe o artigo 178 do CPC: "O prazo, estabelecido pela lei ou pelo juiz, é contínuo, não se interrompendo nos feriados".

continuidade não foi adotada, sendo que somente os dias úteis são computados para demarcar a preclusão ou não de um ato processual.[118]

Estes prazos poderão ser contados de duas formas: progressiva ou regressivamente. "Os prazos progressivos contam-se para o futuro, ao passo que os prazos regressivos contam-se para trás no tempo a partir de um marco preestabelecido".[119] Então, subtrai-se o dia marcado e conta-se a partir do imediato dia útil que segue, até o final do prazo. Este dia deverá ser reputado útil, sob pena de se prorrogar a contagem até a próxima data em que se tenha o funcionamento do expediente administrativo.

Sálvio de Figueiredo Teixeira é bastante didático a respeito: "Procedida a intimação na sexta-feira (§ 2º do art. 184), ou juntado aos autos o mandado de citação nesse dia (art. 241), o início da contagem do prazo ocorrerá na segunda-feira. E não no sábado".[120]

Por fim, o § 3º do artigo 66 determina a forma como se contarão os prazos alocados em meses ou em anos, enquanto que, como visto, o § 2º se ocupou da contagem de prazos em dias. O Código Civil detalhou a mesma matéria de forma um tanto similar, sendo uma fonte hermenêutica sólida neste sentido – artigo 132, *caput* e parágrafos, especialmente o § 3º.[121]

O dispositivo mencionado deve ser complementado pelos artigos 1º a 3º, da Lei nº 810, de 16/9/1949. Confira:

Art. 1º Considera-se ano o período de 12 (doze) meses contados do dia do início ao dia e mês correspondentes do ano seguinte.

Art. 2º Considera-se mês o período do tempo contado do dia do início ao dia correspondente do mês seguinte.

Art. 3º Quando no ano ou mês do vencimento não houver o dia correspondente ao do início do prazo, este findará no primeiro dia subseqüente.

A norma acima citada pauta uma verdadeira interpretação autêntica no que tange aos prazos processuais. Define o que se considerará como mês e ano, bem como as implicações derivadas destes marcos teóricos.

---

[118] A regra lusitana é excepcionada no item "2" do artigo 72º: "Na contagem dos prazos legalmente fixados em mais de seis meses incluem-se os sábados, domingos e feriados".

[119] *Idem*.

[120] *Código de Processo Civil Anotado*. São Paulo: Saraiva, 1996, p. 131. Luiz Rodrigues Wambier *et al* são ainda mais específicos: "O §1º do art. 184 trata da possibilidade de prorrogação dos prazos, inclusive peremptórios, até o primeiro dia útil subseqüente ao do vencimento, se for determinado o fechamento do fórum ou se o expediente forense for encerrado antes do normal (incisos I e II, respectivamente). A prorrogação do *dies a quo*, isto é, do dia do início da contagem do prazo, a que aludimos rapidamente acima, pode ocorrer se a intimação se der em dia imediatamente anterior a dia em que não haja expediente forense. Se, por exemplo, a intimação se der numa sexta-feira, o prazo dever-se-ia iniciar no dia seguinte (*caput* do art. 184); mas sua contagem se inicia somente na segunda-feira seguinte (§2º do art. 184). Isso, na verdade, deve ser dito com ressalvas, pois se constitui na regra geral. Se ocorrer, todavia, de ser também feriado na segunda-feira, então a contagem do prazo tem início na terça-feira." (*Op. cit.*, p. 201).

[121] Art. 132. Salvo disposição legal ou convencional em contrário, computam-se os prazos, excluído o dia do começo, e incluído o do vencimento. § 1º Se o dia do vencimento cair em feriado, considerar-se-á prorrogado o prazo até o seguinte dia útil. § 2º Meado considera-se, em qualquer mês, o seu décimo quinto dia. § 3º Os prazos de meses e anos expiram no dia de igual número do de início, ou no imediato, se faltar exata correspondência. § 4º Os prazos fixados por hora contar-se-ão de minuto a minuto.

Art. 66

Importante mencionar que não se incluem nesta regra de contagem de prazos aqueles que visam a demarcar o "[...] próprio prazo fixado em lei como condição de exercício (factor de caducidade ou de prescrição)".[122] Da mesma forma, não incide o artigo 66 da Lei nº 9.784/99 naqueles prazos que demarcam posições processuais.

Jurisprudência

MANDADO DE SEGURANÇA. CERTIFICADO DE ENTIDADE DE ASSISTÊNCIA SOCIAL. RENOVAÇÃO. RECURSO ADMINISTRATIVO DO INSS. OFERECIMENTO DAS RAZÕES APÓS O TÉRMINO DO PRAZO RECURSAL. INTEMPESTIVIDADE. SEGURANÇA CONCEDIDA. 1. O recurso administrativo deve ser interposto com as razões do pedido de reforma. 2. O prazo para o recurso é peremptório e contínuo, ou seja, ultrapassado o lapso temporal ou exercido o direito de recorrer, opera-se a preclusão consumativa para a prática de qualquer ato relacionado com a interposição do recurso, em homenagem aos princípios da preclusão consumativa e da segurança jurídica. 3. Segurança concedida. (STJ, MS 7897-DF, Rel. Min. João Otávio Noronha, Primeira Seção, j. 24/10/2007).

MANDADO DE SEGURANÇA. INTERPOSIÇÃO DE RECURSO ADMINISTRATIVO. TEMPESTIVIDADE. INSTRUÇÃO NORMATIVA N. 7 DO IBAMA. LEGITIMIDADE. 1. Inexiste conflito entre a disposição inserida no art. 16 da Instrução Normativa n. 7, de 25/4/2002, editada pelo Ibama, e os arts. 66 da Lei n. 9.784/99 e 71 da Lei n. 9.605/98. 2. A edição do citado dispositivo no âmbito da autarquia federal veio apenas suprir a necessidade de serem adequadamente regulamentados os preceitos legais constantes dos arts. 71 e 66 das Leis n. 9.605/98 e 9.784/99, de modo a facilitar a correta aplicação do princípio processual ali estabelecido. 3. Segurança concedida. !STJ, MS 9.524-DF, Rel. Min. João Otávio Noronha, Primeira Seção, j. 25/10/2006).

ADMINISTRATIVO. TRÂNSITO. INFRAÇÃO. AUTUAÇÃO. EXPEDIÇÃO DE NOTIFICAÇÃO. TEMPESTIVIDADE. REGULARIDADE DO AUTO DE INFRAÇÃO. I – É entendimento firmado nesta Corte que deve ser procedido o arquivamento do auto de infração de trânsito, sendo também julgado insubsistente, se porventura não for expedida a notificação da autuação, no prazo de trinta dias, consoante disciplina do art. 281, parágrafo único, II, da Lei nº 9.503/97 (Código de Trânsito Brasileiro – CTB) . Precedentes: REsp nº 682.965/RS, Rel. Min. CASTRO MEIRA, DJ de 18/04/05, EDcl no Ag nº 569.863/RS, Rel. Min. FRANCIULLI NETTO, DJ de 14/03/05, REsp nº 657.248/SC, Rel. Min. JOSÉ DELGADO, DJ de 16/11/04 e REsp nº 472.789/RS, Rela. Min. ELIANA CALMON, DJ de 14/06/04. II – O Tribunal a quo não realizou a correta contagem do prazo para a expedição da notificação da autuação de trânsito. Conforme o art. 66, caput e § 1º, da Lei nº 9.784/99, que regula o processo administrativo no âmbito da Administração Pública Federal, e que tem aplicação analógica na espécie, na contagem do aludido prazo, não se inclui o dia do começo ou da autuação. Ainda, o último dia do prazo deve ser útil. A aplicação dessas regras impõe o reconhecimento da tempestividade das notificações em tela. Assim, inexistindo a argüição de qualquer outro motivo que acarrete a nulidade dos autos de infração de trânsito, implica o reconhecimento da regularidade daqueles. III – Recurso especial provido. (STJ, REsp. 861.756-AL, Rel. Min. Francisco Falcão, Primeira Turma, j. 10/10/2006).

ADMINISTRATIVO. "DUMPING". APURAÇÃO. INTERPRETAÇÃO DO § 2º, DO ART. 64, DO DECRETO Nº 1.602/95. PRAZO. DECADÊNCIA. 1. Pretensão de nulidade do ato administrativo buscada, unicamente, por o ato administrativo atacado ter sido publicado (Portaria Interministerial nº 22) em 19/04/2000, quando o prazo de término para o encerramento do procedimento de investigação ter se esgotado em 16/04/00. Por se entender que o referido prazo é de decadência, a referida Portaria Interministerial é nula, por ter sido expedida além da data permitida em lei. 2. O Decreto nº 1.602/95 não esclarece se o prazo é peremptório ou dilatório, apenas determina que o mesmo deverá ser corrido. A Lei nº 9.784, de 29 de janeiro de 1999, que veio regular todo o processo administrativo no âmbito da Administração Federal, explicita em seu artigo 66, §1º, que o prazo deverá ser prorrogado até o primeiro dia útil seguinte se o vencimento cair em dia que não houver expediente. Essa Lei deve sempre ser aplicada subsidiariamente quando norma específica não dispuser em contrário, como no caso em exame. Logo, o prazo foi corretamente prorrogado para a segunda-feira imediatamente posterior ao domingo, termo final do prazo. (STJ, MS 7.045-DF, Rel. Min. José Delgado, Primeira Seção, j. 22/11/2000).

---

[122] AMORIM, João Pacheco de; GONÇALVES, Pedro Costa; OLIVEIRA, Mário Esteves de. *Código do Procedimento Administrativo Comentado*. Coimbra: Almedina, 2006, p. 368.

Trata-se de questão de direito a consistente em qualificar feriados consecutivos ou a circunstância de o fórum ficar fechado por três dias consecutivos em razão de trabalhos de apuração eleitoral como feriados (que não têm o condão de suspender nem de interromper prazos recursais) ou como férias/recesso (que suspendem os prazos já iniciados). Esta questão foi decidida, no sentido que são feriados e não férias. (STJ, REsp. 54.467-0-SP, Rel. Min. Sálvio de Figueiredo, j. em 11/10/94).

Referências

ALMEIDA, Flávio Renato Correia de; TALAMINI, Eduardo. WAMBIER, Luiz Rodrigues (Coord.). *Curso Avançado de Processo Civil*. São Paulo: Revista dos Tribunais, 2007.

ALVIM, Arruda. *Manual de Direito Processual Civil*, São Paulo: Revista dos Tribunais, v. 1, 2006.

AMORIM, João Pacheco de; GONÇALVES, Pedro Costa; OLIVEIRA, Mário Esteves de. *Código do Procedimento Administrativo Comentado*. Coimbra: Almedina, 2006.

MARINONI, Luiz Guilherme; MITIDIERO, Daniel. *Código de Processo Civil. Comentado artigo por artigo*. São Paulo: Revista dos Tribunais, 2010.

NERY JÚNIOR, Nelson. *Princípios do Processo Civil na Constituição Federal*. São Paulo: Revista dos Tribunais, 2002.

NEVES, Daniel Amorim Assumpção. *Manual de Direito Processual Civil*. São Paulo: Método, 2010.

TEIXEIRA, Sálvio de Figueiredo. *Código de Processo Civil Anotado*. São Paulo: Saraiva, 1996.

Artigo 67
Salvo motivo de força maior devidamente comprovado, os prazos processuais não se suspendem.

SUMÁRIO: 1. Continuidade dos prazos processuais; Jurisprudência; Referências.

1. Continuidade dos prazos processuais

O artigo 67 da Lei nº 9.784/99 realça ainda mais princípio da continuidade dos prazos. Significa dizer que, uma vez iniciado, o prazo não estanca, a não ser por motivo de força maior, como bem advertido já no início do texto da regra.

O dispositivo em destaque não se mostra complexo senão por um único aspecto: definir a expressão "força maior". No momento em que se delimita o âmbito de proteção deste signo, permite-se visualizar os casos em que os processos serão suspensos, ou seja, deixarão de fluir.

A força maior, juntamente com o caso fortuito, normalmente ocupam um espaço suntuoso na doutrina que estuda a responsabilidade civil, tendo em vista que atuam como uma excludente do nexo de causalidade,[123] ainda que não exista um consenso a respeito de suas definições. Assim, os elementos constitutivos de cada instituto foram dissecados com maior propriedade nesta seara.

O próprio Código Civil forneceu, normativamente, um conceito à espécie – artigo 393, parágrafo único: "O caso fortuito ou de força maior verifica-se no

---

[123] MUKAI, Toshio. *Direito administrativo sistematizado*. São Paulo: Saraiva, 1999, p. 530.

fato necessário, cujos efeitos não era possível evitar ou impedir.". Então, diante do texto do dispositivo de direito privado, pode-se concluir que o Código Civil igualou os conceitos de caso fortuito e força maior, apesar de a doutrina procurar estabelecer distinções teóricas que, para a maioria, não fazem diferença na prática.[124]

O Código de Processo Civil afirma que os prazos se suspendem por "força maior" – artigo 265, inciso V. Contudo, é o artigo 183, *caput* e parágrafos que ofertam um conceito mais específico ao instituto. Neste último dispositivo, a força maior é nominada de "justa causa".[125]

O caso fortuito e a força maior são determinados eventos que geram consequências incontroláveis, ou seja, contra os quais os desígnios humanos não possuem eficácia. Normalmente são atrelados a efeitos da natureza, como um raio, um furacão, uma enxurrada, etc.

Para Di Pietro, força maior é um "[...] acontecimento imprevisível, inevitável e estranho à vontade das partes",[126] vinculado à natureza. Já para Hely Lopes Meirelles, força maior está ligada a um evento humano, enquanto o caso fortuito advém de um evento da natureza.[127] O autor ainda aloca três importantes características: tais eventos são imprevisíveis, inevitáveis e criam um impedimento absoluto no cumprimento das obrigações.[128]

Para o direito processual, importa saber se estes eventos insuperáveis estão na raiz da possibilidade de se suspender prazos em curso. A solução à *questio juris* advém das circunstâncias em que o incidente ocorreu. "Suspende-se o processo por força maior, caracterizada ela pela inevitabilidade e irresistibilidade do evento".[129] Existem eventos insuperáveis à vontade das partes, impedindo, de forma absoluta, o interessado de praticar o ato processual. O evento invencível pode ser alegado antes ou depois de escoado o prazo.[130]

---

[124] Maria Sylvia Zanella Di Pietro afirma que a força maior advém de um advento da natureza, enquanto que o caso fortuito está atrelado a um fato humano. Assim, somente o primeiro viria a excluir a responsabilidade da Administração Pública (*Curso de Direito Administrativo*. 26. ed. São Paulo: Atlas, 2013, p. 713). Celso Antônio Bandeira de Mello confirma tal entendimento, ao afirmar que somente a força maior exclui a responsabilidade da Administração Pública (*Elementos de Direito Administrativo*. 3. ed. São Paulo: Malheiros, 1992, p. 349).

[125] Art. 183. Decorrido o prazo, extingue-se, independentemente de declaração judicial, o direito de praticar o ato, ficando salvo, porém, à parte provar que o não realizou por justa causa. § 1º Reputa-se justa causa o evento imprevisto, alheio à vontade da parte, e que a impediu de praticar o ato por si ou por mandatário. § 2º Verificada a justa causa o juiz permitirá à parte a prática do ato no prazo que lhe assinar.

[126] Idem.

[127] *Direito Administrativo Brasileiro*. 37. ed. São Paulo: Malheiros, 2011, p. 245. No mesmo sentido: FURTADO, Lucas Rocha. *Curso de Direito Administrativo*. Belo Horizonte: Fórum, 2007, p. 1.027-1.032, *passim*.

[128] *Op. cit.*, p. 228.

[129] MARINONI, Luiz Guilherme; MITIDIERO, Daniel. *Código de Processo Civil*. Comentado artigo por artigo. São Paulo: Revista dos Tribunais, 2010, p. 255.

[130] "Tratándose de causas de fuerza mayor que impidan recurrir en término, va de suyo que su alegación forzosamente se puede realizar recién una vez terminada la imposibilidad, por lo que la alegación de la suspensión casi siempre se presentará una vez vencido el término para recurrir." (GORDILLO, Augustrín. *Tratado de Derecho Administrativo*. 9. ed. Buenos Aires: F.D.A., 2004, t. 2, p. VIII-25).

Como exemplos, temos:

a) a internação do genitor do advogado na UTI, o que fez com que tivesse de viajar às pressas e, por conta disso, tenha perdido o prazo a um ato processual peremptório,[131] ou mesmo

b) a doença do único advogado da parte;[132]

c) greve do pessoal responsável pelo serviço técnico-administrativo;[133]

d) greve nos serviços que atendem ou prestam auxílio ao desenvolvimento do processo[134] – no caso, os prazos somente recomeçam a fluir após a ciência dos interessados do término da paralisação.

Ao contrário, já se decidiu que não constitui força maior o assalto de advogado quando se dirigia ao fórum,[135] ou mesmo quando a greve na Empresa Brasileira de Correios e Telégrafos (EBTC) fez com que a peça processual fosse protocolada intempestivamente.[136] Ainda, cabe mencionar que o prazo ficará suspenso enquanto perdurar a causa extraordinária que originou tal paralisia. "A suspensão do processo por força maior tem sua duração condicionada à duração do acontecimento inevitável e irresistível".[137]

Jurisprudência

O Superior Tribunal de Justiça, na sessão da Corte Especial do dia 13.3.2008, entendeu que o movimento paredista deflagrado pelos Procuradores Federais em 2008 não constituiu motivo de força maior apto a suspender os prazos, nos termos dos arts. 265, inc. V, e 507 do CPC. Incidência da Súmula n. 83 desta Corte Superior. 3. Agravo regimental não provido. (STJ, AgRg no Ag 1203657-MT, Rel. Min. Mauro Campbell Marques, Segunda Turma, j. 17/6/2010).

EMBARGOS DE DECLARAÇÃO. AGRAVO REGIMENTAL. RECURSO ESPECIAL. ADICIONAL DE INSALUBRIDADE. SÚMULA 07/STJ. RECURSO ESPECIAL A QUE SE NEGA SEGUIMENTO. AGRAVO REGIMENTAL DECLARADO INTEMPESTIVO. SUSPENSÃO DOS PRAZOS PROCESSUAIS DOS FEITOS DO ESTADO DE SANTA CATARINA. MOTIVO DE FORÇA MAIOR. EMBARGOS DE DECLARAÇÃO ACOLHIDOS PARA AFASTAR A INTEMPESTIVIDADE DO AGRAVO REGIMENTAL. RETORNO DOS AUTOS PARA RENOVAÇÃO DO JULGAMENTO DO AGRAVO REGIMENTAL. 1. É fato público e notório que no final de 2008 o Estado de Santa Catarina foi atingido por severas enchentes, o que levou a Corte Especial do STJ a deferir a suspensão dos prazos processuais em relação aos processos oriundos daquela Unidade Federativa, no período de 24 de novembro a 1º de dezembro de 2008. 2. Na espécie, o agravo regimental fora declarado intempestivo. Todavia, não merecia a pecha da intempestividade, pois o prazo recursal transcorreu, exatamente, no período de suspensão do prazo. 3. Embargos de declaração acolhidos com injunção no resultado, para afastar a intempestividade do recurso de agravo regimental, determinando-se o retorno dos autos a esta Relatoria, para apreciação do agravo regimental. (STJ, EDcl no AgRg no REsp 843758-SC, Rel. Min. Celso Limongi (Desembargador convocado do TJ/SP), Sexta Turma, j. 07/06/2010).

[...] 2. O acórdão recorrido está em consonância com a jurisprudência do Superior Tribunal de Justiça no sentido de que o movimento grevista não caracteriza força maior, a caracterizar a incidência da Súmula 83 do STJ. (STJ, AgRg no Ag 1233511-MG, Rel. Min. Humberto Martins, Segunda Turma, j. 04/02/2010).

---

[131] STJ, Recurso Especial nº 215.999-MA, Rel. Min. Ruy Rosado de Aguiar Júnior, DJU de 06/09/1999.

[132] STJ, AgRg no Resp. 533.852-RJ, Rel. Min. Nancy Andrighi, Terceira Turma, j. 21/6/2005. Em sentido contrário: STJ, AgRg no AI 66.055-SP, Rel Min. Leitão de Abreu, RTJ 96/653.

[133] STJ, AgRg no Resp. 899.018-RS, Rel. Min. Felix Fischer, j. 20/3/2007 – julgado retirado de: MARINONI, Luiz Guilherme; MITIDIERO, Daniel. *Op. cit.*, p. 206.

[134] STJ, Resp. 17.649-SP, Rel. Min. Athos Carneiro, DJ 13/4/1992.

[135] RF 289/267.

[136] STJ, AgRg no EDcl no REsp 708.165-SP, Rel. Min. Aldir Passarinho Júnior, Quarta Turma, DJ de 28/11/2005.

[137] MARINONI, Luiz Guilherme; MITIDIERO, Daniel. *Op. cit.*, p. 255.

Art. 68

AGRAVO REGIMENTAL EM AGRAVO DE INSTRUMENTO. PROCESSUAL CIVIL. INDEFERIMENTO DE PEDIDO DE SUSPENSÃO DO PRAZO PROCESSUAL. GREVE. FORÇA MAIOR NÃO CARACTERIZADA. 1. A Corte Especial firmou já compreensão, em espécie idêntica à presente, no sentido da incaracterização da força maior de que cuida o artigo 265, inciso V, do Código de Processo Civil, não comportando a própria natureza do movimento grevista a suspensão dos prazos processuais. 2. Agravo regimental improvido. (STJ, AgRg no Ag 1214985-DF, Rel. Min. Hamilton de Carvalho, Primeira Turma, j. 17/12/2009).

Não configura justa causa (art. 183 do CPC), suficiente a ensejar restituição do prazo recursal, o erro na prestação de serviço não oficial contratado pelo advogado, quanto à data de publicação da decisão agravada, sendo de sua responsabilidade o acompanhamento dos prazos recursais. Embargos de Declaração rejeitados. (STJ, EDcl no AgRg no Agravo de Instrumento 1.079.755/RS (2008/0132728-4), Rel. Min. Sidnei Beneti, Terceira Turma, j. 23.06.2009, unânime, DJ 26.06.2009).

RECURSO ORDINÁRIO. PROCESSO ADMINISTRATIVO. PODER JUDICIÁRIO ESTADUAL. PRAZOS. FLUÊNCIA. FÉRIAS FORENSES. AUSÊNCIA DE PREVISÃO. Lei nº 9.784/99. APLICAÇÃO SUBSIDIÁRIA. Silente o Regimento Interno do Tribunal de Justiça do Estado do Paraná acerca da fluência dos prazos durante as férias forenses, deve ser aplicado subsidiariamente, no caso dos recursos administrativos, o disposto no art. 67 da Lei nº 9.784/99. Isso porque, sendo a norma que regulamenta os procedimentos de igual espécie do âmbito federal, tem preeminência em relação ao Código de Processo Civil, que cuida dos processos judiciais. Recurso desprovido. (STJ, RMS 16776-PR, Rel. Min. Felix Fischer, Quinta Turma, j. 25/5/2004).

Referências

DI PIETRO, Maria Sylvia Zanella. *Curso de Direito Administrativo*. 26. ed. São Paulo: Atlas, 2013.

FURTADO, Lucas Rocha. *Curso de Direito Administrativo*. Belo Horizonte: Fórum, 2007.

GORDILLO, Agustín. *Tratado de Derecho Administrativo*. 9. ed. Buenos Aires: F.D.A., 2004, t. 2.

MARINONI, Luiz Guilherme; MITIDIERO, Daniel. *Código de Processo Civil*. Comentado artigo por artigo. São Paulo: Revista dos Tribunais, 2010.

MEIRELLES, Hely Lopes. *Direito Administrativo Brasileiro*. 37. ed. São Paulo: Malheiros, 2011.

MELLO, Celso Antônio Bandeira de. *Elementos de Direito Administrativo*. 3. ed. São Paulo: Malheiros, 1992.

MUKAI, Toshio. *Direito administrativo sistematizado*. São Paulo: Saraiva, 1999.

CAPÍTULO XVII – DAS SANÇÕES

Artigo 68

As sanções, a serem aplicadas por autoridade competente, terão natureza pecuniária ou consistirão em obrigação de fazer ou de não fazer, assegurado sempre o direito de defesa.

SUMÁRIO: 1. Da aplicação de sanções; Jurisprudência; Referências.

1. Da aplicação de sanções

Ao final do processo administrativo, pode se ter a aplicação de sanções, ou seja, de penalidades. Segundo a dicção do texto legal, a aplicação de expiações por parte da Administração Pública pode se resumir em três tipos, ou seja, criar três espécies de obrigações:

a) de dar, ou melhor, de entregar uma soma monetária;

b) de fazer;

c) de não fazer.

A sanção é a aplicação lógica e razoável de uma coerção para o cumprimento de um ato normativo que determina uma conduta a ser praticada. Enfim, seria toda a força advinda da lei e aplicada de forma impositiva, para a intenção de disciplinar um comportamento social.[138] Não se trata, então, de aplicar um "mal" ao sujeito, castigando-o por certa conduta. Definitivamente esta não é a finalidade da pena administrativa. Da mesma forma, a sanção não pode ter como fim a captação de recursos para o ente público, porque não possui finalidade fiscal de qualquer espécie.[139]

Há, ainda, aqueles que defendem que a sanção não possui somente caráter punitivo, porque consideram a existência de "sanções-prêmio". Estas consistiriam na oferta de benefícios ao cidadão, para que este praticasse condutas lícitas. Enfim, são benesses indutivas à prática de determinado comportamento. Seria o caso de se dar um desconto no Imposto sobre a Propriedade de Veículos Automotores (IPVA) ao "bom motorista", ou seja, àquele que não praticou nenhuma penalidade de trânsito no limiar do ano-base do fato gerador. Essa medida incentivaria os condutores ao cumprimento das normas no tráfego de veículos automotores. Já as sanções administrativas negativas causam ao administrado uma privação de um direito por conta da prática de uma conduta ilícita.

A aplicação de uma penalidade deve ser ministrada por uma autoridade administrativa, produzindo, em regra, um efeito aflitivo (ablativo). Além disso, combate a prática de um ato ilícito, cumprindo uma finalidade repressora a esta conduta social que se queria evitar. Por fim, sua aplicação pressupõe um processo administrativo regular, no qual a ampla defesa e o contraditório devem ser garantidos.[140]

Para Celso Antônio Bandeira de Mello, infração administrativa "[...] é o descumprimento voluntário de uma norma administrativa para o qual se prevê sanção cuja imposição é decidida por uma autoridade no exercício de função administrativa – ainda que não necessariamente aplicada nesta esfera".[141] Percebe-se que o autor trata a sanção administrativa pelo prisma da tipicidade,[142] ou seja, para obrigar um administrado, deve existir prévia positivação da conduta ilícita e da sanção.

Mas, por outro lado, a existência de uma sanção administrativa deve ser ligada ao interesse público, o que implica dizer que o Administrador Público tem o poder-dever de infligir a penalidade.[143] Desta assertiva, pode-se retirar outra conclusão: a aplicação de uma pena administrativa é atividade de natureza vinculada. A gradação da sanção, por outro lado, caso exista previsão

---

[138] PEREZ, Jesús Gonzalez. *Manual de Procedimiento Administrativo*. Madri: Civitas, 2000.

[139] MELLO, Celso Antônio Bandeira de. *Curso de Direito Administrativo*. 28. ed. São Paulo: Malheiros, 2011, p. 856.

[140] MORÓN, Miguel Sánchez. *Direito Administrativo*. Parte Geral. Madri: Tecnos, 2006, p. 651 e ss.

[141] *Op. cit.*, p. 854.

[142] Um clássico conceito de *tipicidade* pode ser encontrado na obra de Maria Sylvia Zanella Di Pietro: "Tipicidade é o atributo pelo qual o ato administrativo deve corresponder a figuras definidas previamente pela lei como aptas a produzir determinados resultados." (*Direito* Administrativo. 26. ed. São Paulo: Atlas, 2013, p.209).

[143] Até porque eventual omissão neste sentido pode caracterizar o tipo penal de condescendência criminosa – artigo 320, do Código Penal. No mesmo sentido é o entendimento de Diogo de Figueiredo Moreira Neto (*Curso de Direito Administrativo*. 14. ed. Rio de Janeiro: Forense, 2005, p. 322).

neste sentido, poderá ser discricionária. Por exemplo, quando a autoridade estatal pode graduar a quantidade da pena pecuniária.

Contudo, o processo administrativo pode causar um ônus ao administrado e, mesmo assim, não necessariamente resultar em uma sanção. O que se quer dizer é que, do resultado do processo administrativo, pode advir uma situação desfavorável ao cidadão, sem que se tenha a ele aplicado uma pena. Em todos estes casos, seja diante da aplicação de uma sanção, seja diante de decisão ministrando um ônus, a ampla defesa e o contraditório deverão ser assegurados.

Resumindo: o resultado do processo administrativo não necessariamente gera uma expiação, muito embora possa proporcionar uma ablação. Por exemplo, em pedido de expedição da Carteira Nacional de Habilitação de trânsito (CNH), percebe-se que o cidadão não possui a acuidade visual necessária para conduzir um veículo automotor. Por não preencher os requisitos à licença para dirigir, será indeferida tal pretensão. Perceba-se que não se aplicou qualquer expiação ao motorista, porque este não violou qualquer regra, não praticou nenhuma ilegalidade. Apenas não implementou os requisitos que a legislação de trânsito exige para conduzir veículo automotor. Certamente, o indeferimento do direito de dirigir causa um ônus ao cidadão, sem que se esteja diante da aplicação de uma penalidade. Mesmo neste caso, em que não se visualiza a aplicação de uma pena, deve ser garantida a ampla defesa.

Portanto, poder-se-ia fazer uma leitura superficial e equivocada do dispositivo em comento, ao afirmar que a ampla defesa e o contraditório somente seriam assegurados no caso de se aplicarem sanções. Tais direitos fundamentais derivam, muito antes, da Constituição Federal (artigo 5°, inciso LV) e dos artigos 2°, *caput*, e 27, parágrafo único, estes últimos da Lei n° 9.784/99. Sendo assim, mesmo quando o processo administrativo não resultar na aplicação de uma sanção, nos moldes relatados pelo artigo 68, mas, de toda sorte, causar um ônus ao administrado, a ampla defesa e o contraditório devem ser resguardados.[144]

Aliás, nunca é demais repetir, que tais garantias fundamentais derivam muito antes da Constituição Federal, do que da Lei n° 9.784/99. E essa observação ficou patente no voto do Min. Luiz Fux, quando do julgamento do MS 10.016-DF, STJ.[145] Para o magistrado, não importou, no caso concreto, se a Lei do Processo Administrativo Federal era posterior à aplicação de uma penalidade, porque não foi esta norma que trouxe ao arcabouço normativo tais direitos fundamentais. O contraditório e a ampla defesa deveriam estar guarnecidos por imposição da Carta Maior.[146]

Ademais, entende-se que o dispositivo comentado possui uma redação por deveras ruim. Considera-se que o artigo 68 disse menos do que deveria e, ao mesmo tempo, disse mais do que poderia.

---

[144] FALHA, Fernando Garrido. *Tratado de Direito Administrativo*. Madri: Tecnos, 1987.

[145] Ementa disponibilizada ao final.

[146] No MS n° 8150/DF, 1ª Seção, Rel. Min. Francisco Falcão, Sessão de 27.10.2004, DJ de 29.11.2004, ficou estampado que a Lei n° 9.784/99 apenas ratificou o que já constava na Constituição Federal de 1988, especificamente no que se refere ao contraditório e à ampla defesa.

Primeiro: aloca as penalidades de forma genérica. Um princípio basilar, quando da normatização de penalidades, consiste no seu maior detalhamento possível. Tal fato pode causar situações extremas, só mesmo corrigidas pela razoabilidade. Assim como posto, considera-se que o artigo 68 não prima pela segurança jurídica, tendo em vista que alarga as penalidades em um grau de abstração extremo. Veja: para determinada conduta pode ser aplicada uma obrigação de fazer. Qual? Poderiam ser inúmeras as obrigações.

Além disso, há uma omissão no que tange aos critérios de aplicação da pena. A forma de gradação das obrigações a serem impostas simplesmente não existe. Veja que pode ser determinado ao faltante o pagamento de uma quantia, que poderá varia de dez a um milhão de reais!...

Adiciona-se a este fato outro problema: qualquer sanção, para ser aplicada, deve, antes, definir expressamente, em lei, a conduta a ser coibida. Veja que o artigo 68 apenas deu cabo de positivar o preceito – as penas – que são as consequências em se cometer um ilícito. Mas não previu quais serão os ilícitos. Estes deverão ser encontrados por aí, no limiar da rede normativa nacional, porque, do contrário, penalidade não há. Aliás, esta é a única interpretação passível de salvar o artigo 68 de uma completa ineficiência jurídica.

O artigo 68 trouxe a normatização de um preceito despido de antecedente. É norma com *haftung*, mas sem *Shuld*. Uma regra com *posterius*, mas sem *primus*. Enfim, tem-se uma "meia-norma", uma regra "pela metade", porque a outra parte, ou seja, o suporte fático que define as condutas ilegais deverá, ao que tudo indica, ser encontrado em outras leis.

Aliás, nunca é demais dizer que é vedado ao intérprete "criar" condutas ilegais. A proibição de certos comportamentos sociais, para os quais corresponde uma pena, deverá estar previamente catalogada em lei, de forma especificada. Enfim, o binômio "descumprimento de um dever = sanção" ficou claudicante no artigo 68.

Marçal Justen Filho, quando comenta as sanções administrativas previstas na Lei nº 8.666/93, é categórico ao dizer que, "[...] embora não seja possível confundir Direito Penal e Direito Administrativo (Repressivo), é inquestionável a proximidade dos fenômenos e institutos".[147] Eduardo Garcia Enterría e Ramon Fernández[148] entendem que os princípios da proporcionalidade, da culpabilidade, da legalidade, da tipicidade e da presunção de inocência são aplicados ao direito administrativo sancionador. Heraldo Garcia Vita[149] chega ao ponto de diferenciar as sanções administrativas das criminais apenas no que concerne à autoridade competente para aplicá-las.

Então, trazendo os princípios penais ao bojo do direito administrativo sancionador, pode-se facilmente concluir ser impossível existir uma pena sem tipificação pertinente. Ou mesmo, é completamente vedada a criação de sanções ou crimes pela via jurisdicional.

---

[147] JUSTEN FILHO, Marçal. *Comentários à Lei de Licitações e Contratos Administrativos*. São Paulo: Dialética, 2006, p. 615.

[148] GARCÍA DE ENTERRÍA, Eduardo; FERNÁNDEZ, Tomás-Ramón. *Curso de Derecho Administrativo*. 8. ed. Madri: Civitas, 2002, v. II, p. 174-183.

[149] *A Sanção no Direito Administrativo*. São Paulo: Malheiros, 2003, p. 34.

Art. 68

Os doutrinadores são claros: a ausência de especificidade das condutas a serem sancionadas viola a segurança jurídica, porque os administrados têm o direito de saber quais serão as penas a serem ministradas e por quais condutas podem ser penalizados. A ausência de previsão a respeito facilmente pode gerar decisões muito diferentes para situações iguais. Fábio Medina Osório, quem se ocupou detidamente do direito administrativo sancionador, afirma que o tipo administrativo deve ter um mínimo grau de certeza e de previsibilidade jurídica.[150]

Contudo, ainda que um tipo administrativo esteja previsto em outra lei, enfim, uma *fattispecie* que mencione uma conduta social vedada, dificilmente ele remeterá às penas do artigo 68, ou se omitirá em fazer previsão de penalidade específica a respeito, o que poderia trazer à tona a incidência da regra em comento. Normalmente, para não dizer sempre, quando se prevê uma conduta a ser sancionada, desde já é detalhada normativamente a pena específica ao caso. Esta conclusão esvazia quase que por inteiro a utilidade do artigo 68.

É o que ocorre, por exemplo, na seara ambiental. O artigo 70 da Lei nº 9.605/98, define as espécies de infração administrativa. Complementa tal tipo administrativo, o artigo 72, fazendo previsão específica das várias penas ambientais. E não são sanções genéricas, do tipo "obrigação de fazer", "obrigação de não fazer" (*sic*). São penas pontuais: "apreensão dos animais, produtos e subprodutos da fauna e flora, instrumentos, petrechos, equipamentos ou veículos de qualquer natureza utilizados na infração"; "destruição ou inutilização do produto"; "suspensão de venda e fabricação do produto"; etc.

Imagine se a Lei Ambiental mencionada tivesse adotado o texto do artigo 68 da Lei nº 9.784/99. Ficaria com uma duvidosa redação, apresentada conforme segue: "'toda ação ou omissão que viole as regras jurídicas de uso, gozo, promoção, proteção e recuperação do meio ambiente' será sancionada com uma 'obrigação pecuniária, de fazer ou de não fazer'". Genérico, não?[151]

Caso fossem superados os problemas estruturais do artigo 68, ainda assim seriam encontrados problemas na aplicação das sanções ali previstas. Perceba o caso. Certo comerciante coloca no mercado produtos considerados ilegais. Imaginando que nenhuma norma de direito do consumidor, sanitária, fiscal, ambiental etc., tutelasse o caso e, ainda assim, a comercialização de tais bens tivesse sido proscrita,[152] a Administração Pública, após o regular transcurso do processo administrativo, não poderá aplicar uma pena de perdimento de tais bens, porque somente pode ministrar uma sanção de entrega de soma, de fazer (que, definitivamente, não se confunde com a obrigação de dar), ou de não fazer. No caso, o artigo 68 omitiu-se em permitir a aplicação de pena de obrigação de dar, o que, no caso, geraria uma situação no mínimo curiosa, porque o comerciante poderia ser multado, ter proibida a mercancia, mas não poderá ser compelido a entregar as mercadorias ilícitas, postas à venda.

---

[150] *Direito Administrativo Sancionador*. São Paulo: Revista dos Tribunais, 2000, p. 271.

[151] Ainda, como exemplo de legislação que possui catalogados tipos administrativos e suas respectivas penas, podem ser mencionados os artigos 86 a 88 da Lei nº 8.666/93, os quais preveem certas condutas ilícitas no âmbito das licitações e dos contratos administrativos, bem como as sanções pertinentes.

[152] Veja o esforço a ser feito para superar os vícios do artigo 68, e dar uma utilidade a ele.

Aliás, as sanções administrativas correspondem a inúmeras outras expiações não elencados pelo artigo 68, que, dada a omissão legislativa, não poderão ser aplicadas. Por exemplo, comum em Direito Administrativo Sancionador serem ministradas advertências, interdição de locais, inabilitação para a prática de determinada atividade, cassação de direitos, extinção de uma relação jurídica mantida com o Poder Público, apreensão ou destruição de bens.[153] A prisão administrativa, como sanção de natureza extrajudicial, não mais subsiste diante da dicção dos incisos LV e LVI do artigo 5º da CF/88.

Conclui-se, pois, que o artigo 68 possui uma duvidosa utilidade prática. E caso visualizada uma finalidade pragmática, ainda assim teriam de ser superados os problemas estruturais diagnosticados.

Por fim, deve ser feita a ressalva acerca da incidência complementar da Lei nº 9.873/99, que estabelece "prazo de prescrição para o exercício de ação punitiva pela Administração Pública Federal, direta e indireta". Nela foram estabelecidos prazos de prescrição da ação punitiva levada a cabo pela Administração Pública federal, bem como os termos de interrupção e suspensão dos prazos ali previstos.

Jurisprudência

(...) O Supremo Tribunal Federal assentou premissa calcada nas cláusulas pétreas constitucionais do contraditório e do devido processo legal, que a anulação dos atos administrativos cuja formalização haja repercutido no âmbito dos interesses individuais deve ser precedida de ampla defesa. Em conseqüência, não é absoluto o poder do administrador, conforme insinua a Súmula 473. (STJ, REsp. nº 658.130-SP, Rel. Min. Luiz Fux, DJ de 28/09/2006).[154]

(...) Para invalidação de atos ampliativos de direitos dos cidadãos, isto é, atos cuja nulidade importe diminuição da esfera patrimonial dos indivíduos, ainda que o exercício da competência administrativa esteja respaldado pelo poder de autotutela, não se afasta a necessidade imperiosa de instauração do devido processo administrativo, garantindo-se o contraditório e a ampla defesa aos interessados, nos termos do art. 5º, inciso LV, da CR/88. (STJ, AgRg nos EDcl no RMS 17.718-AC, Rel. Min. Paulo Medina, Sexta Turma, j. 11/4/2006).

(...) 4. É irrelevante a argumentação expendida pela autoridade coatora no sentido de que a Resolução CONDEL/SUDAM nº 7.077/91 não previa, à época da decisão da rejeição da defesa, a apresentação de recurso. Correta é a interpretação de que a Lei nº 9.784/99 garante ao administrado amplo direito de defesa, com todas as garantias constitucionais inerentes. 5. O contraditório é um dos princípios basilares do Direito Administrativo, decorrendo diretamente do princípio da legalidade. A edição da Lei nº 9.784/99 apenas ratificou a sua importância, incluindo-o dentre os princípios da Administração Pública. 6. Em homenagem aos postulados democráticos, devem ser rigorosamente aplicadas as regras do art. 2º e do art. 68 da Lei nº 9.784/99. 7. Mandado de segurança concedido para suspender a cobrança da dívida e, consequentemente, a sua inscrição em dívida ativa. Determinação para que a autoridade coatora abra prazo para a impetrante valer-se dos recursos finais admitidos. (STJ, MS 10.016-DF, Rel. Min. José Delgado, Primeira Seção, j. 26/10/2005).

Referências

DI PIETRO, Maria Sylvia Zanella. *Direito Administrativo*. 26. ed. São Paulo: Atlas, 2013.

---

[153] Exemplos fornecidos por Celso Antônio Bandeira de Mello (*Op. cit.*, p. 855). Alguns destes exemplos bem podem ser "adaptados" às três espécies de obrigações previstas no artigo 68. Outras não, como a advertência, destruição de bens, etc.

[154] No mesmo sentido: AgRg no RE 342.593, Rel. Min. Maurício Corrêia, DJ de 14/11/2002 e RE 158.543/RS, DJ 06.10.95.

GARCÍA DE ENTERRÍA, Eduardo; FERNÁNDEZ, Tomás-Ramón. *Curso de Derecho Administrativo*. 11. ed. Madri: Civitas, 2002, v. I.

———. *Curso de Derecho Administrativo*. 8. ed. Madri: Civitas, 2002, v. II.

FALHA, Fernando Garrido. *Tratado de Direito Administrativo*. Madri: Tecnos, 1987.

JUSTEN FILHO, Marçal. *Comentários à Lei de Licitações e Contratos Administrativos*. São Paulo: Dialética, 2006.

MELLO, Celso Antônio Bandeira de. *Curso de Direito Administrativo*. 28. ed. São Paulo: Malheiros, 2011.

MOREIRA NETO, Diogo de Figueiredo. *Curso de Direito Administrativo*. 14. ed. Rio de Janeiro: Forense, 2005.

MORÓN, Miguel Sánchez. *Direito Administrativo*. Parte Geral. Madri: Tecnos, 2006.

PEREZ, Jesús Gonzalez. *Manual de Procedimiento Administrativo*. Madri: Civitas, 2000.

OSÓRIO, Fábio Medina. *Direito Administrativo Sancionador*. São Paulo: Revista dos Tribunais, 2000.

VITA, Heraldo Garcia. *A Sanção no Direito Administrativo*. São Paulo: Malheiros, 2003.

CAPÍTULO XVIII – DAS DISPOSIÇÕES FINAIS

Artigo 69

Os processos administrativos específicos continuarão a reger-se por lei própria, aplicando-se-lhes apenas subsidiariamente os preceitos desta Lei.

SUMÁRIO: 1. Âmbito de incidência da Lei do Processo Administrativo Federal; 1.1. Aplicabilidade da Lei do Processo Administrativo Federal a outros procedimentos com regramento próprio; 1.2. Aplicabilidade da Lei do Processo Administrativo Federal aos outros entes da Federação; Jurisprudência; Referências.

1. Âmbito de incidência da Lei do Processo Administrativo Federal

O âmbito de vigência da Lei nº 9.784/99 não possui consenso na doutrina e na jurisprudência. Após mais de uma década da data que entrou em vigor o referido diploma legal, ainda seriam questionáveis, de forma significativa, dois pontos nodais à espécie, quais sejam: (a) os limites de aplicação da regra em outros procedimentos administrativos específicos (com regramento próprio), ainda que o diploma normativo comentado funcione como parâmetro hermenêutico ou seja aplicado subsidiariamente; (b) aplicabilidade da Lei do Processo Administrativo Federal aos outros entes da Federação, ou seja, pergunta-se se é possível que um Estado ou que um Município utilize a regra em pauta em seu âmbito de competência, especialmente em caso de ausência de legislação específica.

Contudo, não se pode negar a pretensão universalista da Lei nº 9.784/99, ou seja, sua tentativa de uniformizar, ao máximo, os procedimentos no âmbito da Administração Pública federal. Claro que as situações especiais levarão à edição de leis especiais de procedimento.

1.1. Aplicabilidade da Lei do Processo Administrativo Federal a outros procedimentos com regramento próprio

Antes da vigência da Lei nº 9.784/99, existiam inúmeras outros diplomas normativos que impunham procedimentos administrativos no limiar dos vários entes e órgãos da União. Cada esfera adotava um determinado procedimento, e isto gerava uma total ausência de sistematização a respeito da matéria. Além disso (o que era ainda mais grave), em muitas situações ou esferas de governo não existia qualquer regramento sobre o procedimento administrativo a se seguir.

Dessa forma, a fim de permitir uma sistematização da matéria, bem como para dar previsão legal acerca de um procedimento administrativo em todas as esferas de governo, é editada a Lei do Processo Administrativo Federal, tombada sob nº 9.784/99. Esta legislação confere, pois, um resumo da generalidade das legislações que então vigiam, bem como normatiza, em todas as esferas do governo federal, o processo administrativo.

A par da necessária e importante generalização feita pela Lei nº 9.784/99, muitos processos federais continuaram a ser regidos por regras próprias, dadas as especificidades da matéria tratada. Certos objetos jurídicos demandam uma sequência de atos processuais próprios. A especialidade encontrada em certas situações impõe uma tutela processual muito peculiar.

Então, o artigo 69 procurou ressalvar a incidência da Lei do Processo Administrativo Federal nestas específicas situações, que, claro, reclamarão procedimento administrativo adequado, com previsão expressa. A par disso, a lei em pauta criou um verdadeiro cabedal de normas gerais sobre a matéria. No momento em que uma determinada situação o não possui processo administrativo especial previsto em lei, as normas gerais da Lei nº 9.784/99 serão aplicadas.

Cabe fazer a ressalva, por oportuno, no sentido de que a Lei do Processo Administrativo Federal somente não regerá um procedimento específico se a legislação especial for no mínimo de mesma hierarquia. Além disso, a simples referência em uma lei à necessidade de se ter processo ou à sua disciplina, não afasta a incidência da Lei nº 9.784/99. Por exemplo, caso estejam previstas, em lei especial, certas sanções administrativas, e elas não possuam regramento processual específico, ou seja, esta norma hipotética não tenha disciplinado qualquer processo administrativo para a imposição das penalidades ali previstas, conclui-se que inexiste um "regime especial administrativo" com autonomia bastante a excluir a aplicação da legislação geral – da Lei nº 9.784/99.

Em resumo, a legislação comentada aplica-se a todos os casos, salvo quando diplomas legais expressamente assim ressalvarem um procedimento próprio. Em uma simples comparação, a Lei nº 9.784/99 seria o Livro I ("Do processo de conhecimento"), do Código de Processo Civil, e as demais legislações específicas seriam tais qual o Livro IV ("Dos procedimentos especiais"), do mesmo Código.

O artigo 69 informa que caberá a aplicação da Lei do Processo Administrativo Federal subsidiariamente nos procedimentos administrativos específicos. A aplicação subsidiária significa reduzir a incidência normativa da Lei do Processo Administrativo Federal diante de procedimentos que tenham previsão de um rito específico ou, "[...] caso a Lei nº 9.784/99 traga algum dispositivo que não conflite com os processos específicos, o dispositivo é de aplicação cogente".[155]

---

[155] MOREIRA, Egon Bockmann. *Processo Administrativo* – Princípios Constitucionais e a Lei nº 9.784/99. 4. ed. São Paulo: Malheiros, 2010, p. 308.

Art. 69

Por exemplo: a defesa no procedimento licitatório, quando da aplicação de uma sanção administrativa, possui prazo específico (de cinco dias ou de dez dias, conforme o caso – artigo 87, §§ 2º e 3º, da Lei nº 8.666/93. Estes prazos não foram alterados pela Lei do Processo Administrativo Federal. Mas esta legislação é, em alguns aspectos, aplicada ao processo licitatório, como no caso do artigo 50, que impõe ao órgão julgador uma motivação clara, explícita e congruente.[156] Logo, se esta lei específica não exige a formação de um processo administrativo, não cabe "criar" um, aplicando-se subsidiariamente a Lei nº 9.784/99.[157]

Nesse sentido, poderiam ser citados inúmeros procedimentos especiais que guardam um rito próprio, aplicando-se a Lei nº 9.784/99 de forma subsidiária. Exemplificativamente, tem-se a Lei nº 8.112/90, que instituiu o Estatuto dos Servidores Públicos Civis Federais. No caso de apuração de infrações disciplinares cometidas pelos funcionários mencionados, o processo seguirá a disciplina dos artigos 143 a 182, aplicando-se subsidiariamente, no que couber, as premissas da Lei do Processo Administrativo federal. Sobre a incidência analógica da Lei nº 9.784/99 no processo administrativo disciplinar, diz José Armando da Costa:

> [...] que tal supletividade analógica somente encontra objeção quando esteja diante de norma que, mesmo guardando a característica processual, imponha defecção libertária ou patrimonial. Em tais casos, em que a norma que se rebusca para suprir lacunas restrinja direitos ou diminua o alcance do direito de defesa, a analogia torna-se expediente defeso. Em outras palavras, a analogia *in bonam partem* é sempre bem vinda; já a analogia *in malam partem*, restringindo direitos, não encontra simílima receptividade, nem poderia, pois, assim definindo-se, configurar norma de direito excepcional que somente aplica-se às hipóteses previstas e definidas (...).[158]

Assim, quando o estatuto especial, no caso a Lei nº 8.112/90, nada dispuser, caberá à Lei nº 9.784/99 suprir as lacunas.

A antiga Lei nº 8.884/94, conhecida como a Lei Antitruste (hoje disciplinada pela Lei 12.529/11), dimanava normas nacionais aplicáveis a toda a sociedade civil e detalhava específicos procedimentos administrativos no âmbito do Conselho Administrativo de Defesa Econômica (CADE), autarquia federal. Conferir, por exemplo, os artigos 30 e seguintes, da lei. Essencialmente são previstos processos administrativos de proteção à concorrência. Complementa tal diploma legislativo o Decreto nº 1.602/95, que estabelece o processo administrativo antidumping, o qual visa a proteger o mercado nacional da influência nociva das empresas estrangeiras e multinacionais. Carlos Ari Sundfeld[159] defende que a Lei nº 9.784/99 aplica-se subsidiariamente nos processos regidos

---

[156] Exemplo ofertado por Egon Bockmann Moreira (*Idem*).

[157] "[...] todos os processos *administrativos* federais (vinculados ao exercício da função administrativa) deverão, quando menos, dar aplicação subsidiária à Lei nº 9.784/99." (Idem). No mesmo sentido: STJ, Resp. 910.830-DF, Rel. Min. Denise Arruda, j. 2/8/2007 – ementa disponibilizada no item "2", que segue.

[158] *Teoria e prática do processo administrativo disciplinar*. 5. ed. Brasília: Brasília Jurídica, 2005, p. 37.

[159] A função administrativa no controle dos atos de concentração. *RDPE*. n. 21. Belo Horizonte, Fórum, abr.-jun/2003, p. 145.

pela Lei Antitruste, inclusive com prioridade à aplicação subsidiária do Código de Processo Civil.

O Código de Trânsito Brasileiro (CTB), instituído pela Lei n° 9.503/95, estrutura normativamente o processo administrativo específico incidente neste âmbito. O Capítulo XVIII, que congrega os artigos 280 a 290, prevê um tipo especial de processo administrativo,[160] tendo em vista que os atos processuais são diversificados, caso comparados àqueles previstos na Lei n° 9.784/99. Dessa forma, o processo administrativo para aplicar uma multa de trânsito segue o rito estabelecido no CTB, cabendo aplicação subsidiária, no que couber, da Lei do Processo Administrativo Federal.

Já o processo administrativo fiscal previdenciário tem previsão expressa na Lei n° 11.457, de 11 de março de 2007. Em verdade, a legislação mencionada criou a nominada "Super-Receita", permitindo a unificação da Receita Federal e da Receita Previdenciária em um único órgão. "Como houve a extinção da Secretaria da Receita do Ministério da Previdência Social, todo o procedimento passou a ser feito igual ao que somente a Receita Federal adotava".[161] E o autor conclui que: "Assim, o processo administrativo federal fiscal é o método para ser observado ao processo administrativo previdenciário".[162]

O Direito Ambiental, cuja normatização-base encontra-se na Lei n° 9.605/98, é pródigo em determinar processos administrativos próprios. No caso de infrações administrativas ambientais, sua apuração segue a referida norma e o Decreto n° 3.179/99. Mas, a par da previsão expressa de rito próprio, a Lei n° 9.784/99 será aplicada subsidiariamente, suprindo eventual lacuna, diante de uma interpretação sistemática da matéria em pauta.

Poder-se-ia, ainda, citar a Lei n° 8.443/92, que regula o processo administrativo no limiar do Tribunal de Contas da União, sendo esta sua Lei Orgânica. Neste caso, a Lei do Processo Administrativo Federal também é aplicada subsidiariamente.

Conclui-se que a incidência da Lei n° 9.784/99 ocorre também no âmbito dos Poderes Legislativo e Judiciário, quando no exercício da função administrativa e não exista, claro, legislação específica impingindo ressalva[163] – conferir comentários ao artigo 1°, §1°.[164]

Em Portugal, a Lei do Procedimento Administrativo lá vigente é regra geral. Contudo, os seus dispositivos aplicam-se igualmente aos processos administrativos especiais (como os de concurso público, de abertura de loteamento etc.), na medida em que a regulamentação própria destes não disponha de modo diverso, e desde que essa aplicação não cause diminuição das garantias dos particulares (artigo 2°).[165]

---

[160] VELOSO, Waldir de Pinho. *Direito Processual Administrativo*. Curitiba: Juruá, 2010, p. 346.

[161] *Op. cit.*, p. 234/235.

[162] *Op. cit.*, p. 235.

[163] COSTA, Nelson Nery. *O processo administrativo e suas espécies*. 3. ed. Rio de Janeiro: Forense, 2001, p. 257/258.

[164] Art. 1°, § 1° Os preceitos desta Lei também se aplicam aos órgãos dos Poderes Legislativo e Judiciário da União, quando no desempenho de função administrativa.

[165] AMORIM, João Pacheco de; GONÇALVES, Pedro Costa; OLIVEIRA, Mário Esteves de. *Código do Procedimento Administrativo Comentado*. Coimbra: Almedina, 2006, p. 857/860.

1.2. Aplicabilidade da Lei do Processo Administrativo Federal aos outros entes da Federação

Um primeiro passo na busca de uma resposta a *questio júris* posta em discussão consistiria em definir se a Lei n° 9.784/99 possui natureza federal ou nacional. A Constituição Federal atribuiu ao Congresso Nacional uma representação em duas vias, sendo que este delibera e produz dois tipos de normas: as federais, que possuem conteúdo, cujo interesse é afeto somente à União (como pessoa jurídica de direito interno), e as normas nacionais, cujo conteúdo aloca um interesse para todo o País, nos três níveis da federação.[166] Como exemplo de regra nacional tem-se o Código Civil, o Código Penal, etc. Já como exemplo de regra federal, pode-se perceber a Lei n° 8.112/90, que disciplina o estatuto dos servidores públicos civis federais.

Assim, partindo destes pressupostos, naturalmente conclui-se que a Lei n° 9.784/99 é ato normativo de natureza federal, porque instaura dispositivos específicos à União, e não a todos os entes federados, sendo esta premissa alocada de forma expressa na Exposição de Motivos. Se o objeto da Lei n° 9.784/99 consiste na afirmação de um processo administrativo para a União e demais entes a ela agregados, todos federais, impossível, em tese, transportar os dispositivos em pauta a quaisquer outras partes da Federação. Caso assim fosse autorizado, seria perfeitamente possível aplicar a Lei n° 8.112/90 – Lei que rege os funcionários públicos federais estatutários – aos servidores de qualquer município.

Contudo, a conclusão quase que cartesiana apresentada não vem a ser facilmente aceita. Muitas vezes a Lei n° 9.784/99 é aplicada em outras esferas da Federação brasileira, à revelia de uma legislação local ou regional pertinente. E isso se deve, entre outros fatores a serem analisados a seguir, pelo fato de que a referida legislação, de 29 de janeiro de 1999, compilou, em um grande esforço, os principais princípios e regras que seriam incidentes na maioria dos processos administrativos que tramitavam, à época, perante a Administração Pública de outros entes federais. Enfim, inspirou-se em leis de processo administrativo que já vigiam em outros Estados da Nação e em outras entidades federais.

Mas, quando vigente, a influência da Lei n° 9.784/99 foi inegável, o que impulsionou o surgimento de inúmeras outras regras de procedimento administrativo dos outros membros da federação. Assim, poder-se-ia dizer que quando há um diploma normativo instituindo o processo administrativo no âmbito de um ente-federado, descabe a aplicação da Lei n° 9.784/99, por violar a autonomia de cada pessoa política, consagrada no artigo 2° da Constituição da República Federativa do Brasil de 1988.[167]

A (im)possibilidade de outros entes da federação adotarem as regras do processo administrativo federal, dispostas na Lei n° 9.784/99, é uma ques-

---

[166] CARVALHO, Paulo de Barros. *Curso de direito tributário*. São Paulo: Saraiva, 1999, p. 55.

[167] A autonomia dos entes que compõe a Federação brasileira se estrutura em um conhecido tripé: *autolegislação*, *autogoverno* e *autoadministração*. Esta última característica, que importa precisamente ao tópico em pauta, é definida da seguinte forma: "A estrutura administrativa dos Estados-membros é por eles fixada livremente, no exercício de sua autonomia constitucional de auto-administração, sujeitando-se a certos princípios que são inerentes à administração em geral (...) que se impõem a todas as esferas governamentais." (SILVA, José Afonso da. *Curso de Direito Constitucional Positivo*. 33. ed. São Paulo: Malheiros, 2009, p. 621)

tão ligada ao princípio da autonomia dos entes federados, prevista no artigo 18 da Constituição Federal de 1988. Enfim, a questão-base se desenvolve na (in)existência de uma interferência na auto-organização política e administrativa dos Estados, Municípios e Distrito Federal, no momento em que estes adotassem a Lei nº 9.784/99 como catálogo positivo regedor do processo administrativo aplicável internamente.

A jurisprudência do Superior Tribunal de Justiça, há anos, tem se posicionado favorável à aplicação da Lei nº 9.784/99 aos outros entes federados, especialmente quando permite a aplicação do prazo decadência do artigo 54, à revelia de norma expressa no interior de outra pessoa política que não a União.[168] O argumento principal para o transporte de uma regra federal ao âmbito de outros entes federados consiste em ofertar segurança jurídica e boa-fé às relações administrativas.[169]

No caso, certos Estados e Municípios da Nação não possuíam lei que dissesse qual era o prazo para estas pessoas políticas pudessem anular seus próprios atos. Logo, os entes estatais defendiam ser imprescritível o direito de declarar nulos certos atos administrativos ampliativos, mesmo que se subtraíssem direitos dos administrados que estavam de boa-fé.

Todavia, o Superior Tribunal de Justiça considerou que não poderia o administrado ficar indefinidamente sujeito ao poder de autotutela do Estado. Tal situação fragilizaria um pilar muito caro do Estado Democrático de Direito, qual seja, o princípio da segurança das relações jurídicas.[170] Pode-se perceber que são raros os casos de imprescritibilidade no ordenamento brasileiro, daí a necessidade, segundo o STJ, de se procurar um prazo de prescrição ou de decadência aplicável à espécie.[171]

Jurisprudência

(In)aplicabilidade da Lei nº 9.784/99 de forma subsidiária no âmbito de outros processos administrativos federais. (...) A incidência imediata das garantias constitucionais referidas dispensariam previsão legal expressa de audiência dos interessados; de qualquer modo, nada exclui os procedimentos do Tribunal de Contas da aplicação subsidiária da lei geral de processo administrativo federal (L. 9.784/99), que assegura aos administrados,

---

[168] Tais julgados podem ser conferidos a seguir.

[169] "O princípio da segurança jurídica é considerado como uma das vigas mestras da ordem jurídica, sendo, segundo J.J. Gomes Canotilho, um dos subprincípios básicos do próprio conceito do Estado de Direito. Para Almiro do Couto e Silva, um 'dos temas mais fascinantes do Direito Público neste século é o crescimento da importância do princípio da segurança jurídica, entendido como princípio da boa-fé dos administrados ou da proteção da confiança. A ele está visceralmente ligada a exigência de maior estabilidade das situações jurídicas, mesmo daquelas que na origem apresentam vícios de ilegalidade. A segurança jurídica é geralmente caracterizada como um das vigas mestras do Estado de Direito. É ela, ao lado da legalidade, um dos subprincípios integradores do próprio conceito de Estado de Direito'. A Lei nº 9.784/99, de 29.1.99, que 'regula o processo administrativo no âmbito da Administração Pública Federal' determina a obediência ao princípio da segurança jurídica (art. 2º)." (MEIRELLES, Hely Lopes. *Direito Administrativo Brasileiro*. 37. ed. São Paulo: Malheiros, 2011, p. 99/100).

[170] STJ, Resp. 645.856-RS, Rel. Min. Laurita Vaz, Quinta Turma, j. 13/9/2004.

[171] "'A Lei nº 9.784/99, de 29.1.99, que 'regula o processo administrativo no âmbito da Administração Pública Federal' determina a obediência ao princípio da segurança jurídica (art. 1º)' (*Direito Administrativo Brasileiro*. 37. edição, São Paulo, 2011, p. 99/100) [citação feita anteriormente] em ambas as partes de relação jurídica que envolva atos ampliativos de direito dos administrados, o prazo para a Administração proceder judicialmente contra eles é, como regra, de cinco anos, quer se trate de atos nulos, quer se trate de atos anuláveis." (MELLO, Celso Antônio Bandeira de. *Curso de Direito Administrativo*. 28. ed. São Paulo: Malheiros, 2011, p. 1072).

Art. 69

entre outros, o direito a "ter ciência da tramitação dos processos administrativos em que tenha a condição de interessado, ter vista do s autos (art. 3º, II), formular alegações e apresentar documentos antes da decisão, os quais serão objeto de consideração pelo órgão competente". (...). (STF, MS 23.550-DF, Rel. Min. Marco Aurélio, Rel. para o Acórdão Min. Sepúlveda Pertence, Tribunal Pleno, j. 4/4/2001).

1. A Lei 9.964/00 (legislação específica do REFIS), regime posterior e especial que afasta o geral (Lei nº 9.784/99), determina que o procedimento de exclusão do programa será disciplinado por normas regulamentares (art. 9º, inciso III). 2. O Poder Executivo, sem exorbitar da delegação, editou regra no sentido de que a publicação do ato no Órgão Oficial de Imprensa e na internet é suficiente para a ciência do contribuinte. 3. Válida a notificação do ato de exclusão pelo Diário Oficial, o prazo decadencial para a impetração de Mandado de Segurança começa a correr do dia seguinte à publicação. 4. Recurso Especial provido. (STJ, REsp. 638.425-DF, Rel. Min. Herman Benjamin, Segunda Turma, j. 14/11/2006).

(...) A omissão existente no Regime Jurídico dos Servidores Públicos – Lei 8.112/90 – quanto ao prazo a ser observado para a notificação do acusado em processo administrativo disciplinar é sanada pela regra existente na Lei nº 9.784/99, que regula o processo administrativo no âmbito da Administração Pública Federal. 3. O servidor público deve ser intimado com antecedência mínima de 3 (três) dias úteis a respeito de provas ou diligências ordenadas pela comissão processante, mencionando-se data, hora e local de realização do ato. Inteligência dos arts. 41 e 69 da Lei nº 9.784/99 e 156 da Lei 8.112/90. (...). (STJ, MS 9.511-DF, Min. Rel. Arnaldo Esteves Lima, Terceira Seção, j. 23/02/2005).

No âmbito do TCU, este Tribunal já decidiu que a Lei do Processo Administrativo Federal não tem aplicação obrigatória (TC-013.829/00-0, Rel. Min. Marcos Vinicios Vilaça, DOU 15/12/2000). Também, o STF já determinou a aplicação da Lei nº 9.78499 nos processos de desapropriação (STF, MS 24.095-DF, Rel. Min. Carlos Velloso, DJ 23/8/2002 e STF, MS 24.163-DF, Rel. Min. Marco Aurélio, DJ 29/9/2003).

Nos processos frente ao Tribunal de Contas da União (TCU), o STF também já determinou aplicação da Lei do Processo Administrativo Federal (STF, MS 23.550-DF, Rel. Min. Marco Aurélio, DJ 21/10/2001).

(In)aplicabilidade da Lei nº 9.784/99 em outros entes federados. 1. A partir da clássica lição de GERALDO ATALIBA ("Regime constitucional e leis nacionais e federais". In Revista de Direito Público. Ano XIII, Janeiro/Junho 1980, nos 53-54, p. 58-75), verifica-se que a Lei Federal 9.784/99 se trata de uma típica lei federal, porquanto aplicável exclusivamente à UNIÃO, voltada ao seus próprios assuntos político-administrativos, diferentemente do que ocorre com as leis federativas, que não se circunscrevem ao âmbito exclusivo de nenhum dos entes federados, na medida em que se destinam à organização político-administrativa do próprio Estado brasileiro, como v.g, a Lei Federal 8.666/93, ou, ainda, das leis nacionais, aplicáveis a toda Nação, tais como o Código Penal Brasileiro e o Código Civil. 2. A eventual aplicação das regras e princípios elencados na Lei Federal 9.784/99 no âmbito dos demais entes federados somente é possível de forma analógica, quando ausente lei local específica,não havendo falar, portanto, em afronta direta ao mencionado diploma legal. 3. Outrossim, a existência da Lei Estadual Paulista 10.177, de 30/12/98, destinada a reger o processo administrativo no âmbito das respectivas competências do Estado de São Paulo, afasta a pretensão de que fosse aplicada a Lei Federal 9.784/99 ao caso concreto. 4. "A divergência entre julgados do mesmo tribunal não enseja recurso especial" (Súmula 13/STJ). 5. Agravo regimental não provido. (STJ, AgRg no Ag 1.375.802-SP, Rel. Min. Arnaldo Esteves Lima, 1ª Turma, j. 17/03/11).

RECURSO ESPECIAL. LEI Nº 9.784/99. APLICAÇÃO SUBSIDIÁRIA. ESTADOS E MUNICÍPIOS. PRAZO DECADENCIAL. SUSPENSÃO. INTERRUPÇÃO. NÃO-OCORRÊNCIA. REVISÃO. FATOS. NÃO-CABIMENTO. SÚMULA 07/STJ. 1. A recorrida teve alvará de construção cassado pelo Município recorrente. O Tribunal de origem manteve a licença para construir, à vista dos seguintes fundamentos: a) transcurso do prazo quinquenal, previsto no art. 54 da Lei nº 9.784/99, para a revisão da referida licença; b) ausência de causas suspensivas ou interruptivas, devido à natureza decadencial do prazo quinquenal previsto na Lei nº 9.784/99; c) inexistência de direito de terceiro, eventualmente lesado, por culpa do recorrido. 2. O recorrente, por sua vez, alega ofensa ao disposto no art. 1º da Lei nº 9.784/99, vez que a instância ordinária aplicou, no âmbito municipal, diploma destinado à Administração Pública Federal. Outrossim, sustenta que houve violação dos artigos 54 e 55, da Lei nº 9.784/99, vez que o Tribunal de origem considerara como termo a quo do prazo quinquenal a data da primeira concessão do alvará, desprezando posteriores cassações, suspensões e anulações desta licença, afirmando, ainda, que o alvará de construção somente fora expedido, porque o recorrido teria induzido a Municipalidade a erro. (...) 4. Ademais, o prazo de 05 (cinco) anos, previsto na Lei nº 9.784/99, para que a Administração Pública anule os atos de que decorram efeitos favoráveis para os administrados, tem natureza decadencial. (...) 10. A Lei nº 9.784/99 pode ser aplicada de forma subsidiária no âmbito dos demais Estados-Membros, se ausente lei própria regulando o processo administrativo no âmbito local. Precedentes do STJ. 11. Recurso especial conhecido em parte e não provido. (STJ, REsp. 1.148.460-PR, Rel. Min. Castro Meira, Segunda Turma, j. 19/10/2010).

ADMINISTRATIVO. PROCESSUAL CIVIL. SERVIDOR PÚBLICO. RECURSO ESPECIAL. APOSENTADORIA. CASSAÇÃO PELA ADMINISTRAÇÃO. ART. 54 DA LEI FEDERAL 9.784/99. APLICAÇÃO AOS ESTADOS-MEMBROS. AUSÊNCIA DE LEI LOCAL. POSSIBILIDADE. DECADÊNCIA ADMINISTRATIVA. OCORRÊNCIA. DIREITO DE PETIÇÃO AOS PODERES PÚBLICOS. ART. 5º, XXXIV, "A", DA CONSTITUIÇÃO FEDERAL. EXERCÍCIO. MÁ-FÉ. CARACTERIZAÇÃO. NÃO OCORRÊNCIA. RECURSO CONHECIDO E PROVIDO. 1. Ausente lei local específica, é possível a aplicação do prazo decadencial previsto no art. 54 da Lei Federal 9.784/99 no âmbito dos demais Estados-Membros. Precedente do STJ. 2. O simples exercício do direito de petição aos Poderes Públicos previsto no art. 5º, XXXIV, "a", da Constituição Federal, por se tratar de um direito fundamental geral e incondicionado, não caracteriza má-fé. 3. "Após a Lei nº 9.784/99 incide o prazo decadencial de 5 anos nela previsto, tendo como termo inicial a data de sua vigência (01.02.99)" (AgRg no Ag 1.157.156/SP, Rel. Min. NAPOLEÃO NUNES MAIA FILHO, Quinta Turma, DJe 28/6/10). 4. Hipótese em que a Administração, em 2005, cancelou o pagamento de pensão que vinha sendo paga ao autor há mais de 16 (dezesseis) anos, quando já evidenciada a decadência do direito de rever referido ato concessório. 5. Recurso especial conhecido e provido para reformar o acórdão recorrido e julgar procedente o pedido formulado na inicial. (STJ, REsp. 1.200.981-PR, Rel. Min. Arnaldo Esteves Lima, Primeira Turma, j. 5/10/2010).

DECADÊNCIA. LEI ESTADUAL. EXTENSÃO. GRATIFICAÇÃO. Diante da falta de lei específica, precedentes deste Superior Tribunal permitem a aplicação, no âmbito estadual, da Lei n. 9.784/1999, que regula o processo administrativo no âmbito federal. Contudo, na hipótese, existe lei estadual (n. 10.177/1998) a regular esse processo. Assim, ao se verificar que é anterior à vigência da referida lei estadual o ato que concedeu aos recorrentes, assistentes técnicos aposentados da câmara municipal, a gratificação especial por assessoramento (verba honorária), o prazo decenal previsto nessa legislação para que a Administração o anulasse só começaria a ser contado da vigência da aludida lei, a impor a conclusão de que não está configurada a decadência. Ainda que se considere o prazo quinquenal da Lei n. 9.784/1999, tampouco haveria decadência, visto que esse prazo também deveria ser contado da vigência dessa lei federal (princípio da irretroatividade das leis). (...). (STJ, RMS 21.070-SP, Rel. Min. Laurita Vaz, julgado em 17/11/2009).[172]

ADMINISTRATIVO. SERVIDOR PÚBLICO. FILHA SOLTEIRA MAIOR DE 21 ANOS. DEPENDÊNCIA. PENSÃO POR MORTE. INÉRCIA DA ADMINISTRAÇÃO. DECADÊNCIA ADMINISTRATIVA. JUROS DE MORA. PERCENTUAL. INÍCIO DO PROCESSO APÓS A EDIÇÃO DA MP Nº 2.180-35/2001. INCIDÊNCIA. (...) 2. Na ausência de lei estadual específica, a Administração Pública Estadual poderá rever seus próprios atos, quando viciados, desde que observado o prazo decadencial de cinco anos. Aplicação analógica da Lei n. 9.784/99. (...) 4. Recurso Especial parcialmente provido. (STJ, REsp 645.856/RS, Rel. Min. Laurita Vaz, Quinta Turma, DJ 13/9/04).

Silente o Regimento Interno do Tribunal de Justiça do Estado do Paraná acerca da fluência dos prazos durante as férias forenses, deve ser aplicado subsidiariamente, no caso dos recursos administrativos, o disposto no art. 67 da Lei nº 9.784/99. Isso porque, sendo a norma que regulamenta os procedimentos de igual espécie em âmbito federal, tem preeminência em relação ao Código de Processo Civil, que cuida dos processos judiciais. (ATJ, RMS 16.776-PR).[173]

Referências

AMORIM, João Pacheco de; GONÇALVES, Pedro Costa; OLIVEIRA, Mário Esteves de. *Código do Procedimento Administrativo Comentado*. Coimbra: Almedina, 2006.

CARVALHO, Paulo de Barros. *Curso de direito tributário*. São Paulo: Saraiva, 1999.

---

[172] Segundo foi noticiado no Informativo nº 416 do Superior Tribunal de Justiça (STJ), de 16 a 20 de novembro de 2009, pode ser aplicada a Lei nº 9.784/99 no âmbito estadual, no caso de ausência de lei específica tratando da matéria. Afirmou-se, no julgamento, que o prazo decadencial começa a fluir quando da vigência do diploma legal específico. Então, quando o ato a ser reputado caduco surgiu, nenhuma legislação sobre processo administrativo existia no ente federado paulista, sendo aplicável a lei federal a respeito. Quando o diploma estadual surgiu (Lei nº 10.177/1998), passou a incidir os dispositivos pertinentes. Precedentes acerca da matéria: Ag 935.624-RJ, DJe 31/3/2008; RMS 21.414-SP, DJe 4/8/2008; RMS 22.585-RN, DJe 2/4/2009; RMS 7.892-RO, DJe 3/3/2008.

[173] No julgamento do RMS 16.776-PR, decidido em 25 de maio de 2004, o Superior Tribunal de Justiça já anunciava a aplicação subsidiária da Lei nº 9.784/99 no âmbito interno dos Estados-membros. No caso em questão, o Ministro Felix Fischer foi mais além, supriu a lacuna de um prazo não previsto no Regimento Interno do Tribunal de Justiça do Estado do Paraná pela Lei do Processo Administrativo Federal.

Art. 69-A

COSTA, José Armando da. *Teoria e prática do processo administrativo disciplinar*. 5. ed. Brasília: Brasília Jurídica, 2005.

COSTA, Nelson Nery. *O processo administrativo e suas espécies*. 3. ed. Rio de Janeiro: Forense, 2001.

MEIRELLES, Hely Lopes. *Direito Administrativo Brasileiro*. 37. ed. São Paulo: Malheiros, 2011.

MELLO, Celso Antônio Bandeira de. *Curso de Direito Administrativo*. 28. ed. São Paulo: Malheiros, 2011.

MOREIRA, Egon Bockmann. *Processo Administrativo – Princípios Constitucionais e a Lei nº 9.784/99*. 4. ed. São Paulo: Malheiros, 2010.

SILVA, José Afonso da. *Curso de Direito Constitucional Positivo*. 33. ed. São Paulo: Malheiros, 2009.

SUNDFELD, Carlo Ari. A função administrativa no controle dos atos de concentração. *RDPE*. n. 21. Belo Horizonte, Fórum, abr./jun. 2003, p. 145-162.

VELOSO, Waldir de Pinho. *Direito Processual Administrativo*. Curitiba: Juruá, 2010.

Artigo 69-A

Terão prioridade na tramitação, em qualquer órgão ou instância, os procedimentos administrativos em que figure como parte ou interessado:

I – pessoa com idade igual ou superior a 60 (sessenta) anos;

II – pessoa portadora de deficiência, física ou mental;

III – (VETADO)

IV – pessoa portadora de tuberculose ativa, esclerose múltipla, neoplasia maligna, hanseníase, paralisia irreversível e incapacitante, cardiopatia grave, doença de Parkinson, espondiloartrose anquilosante, nefropatia grave, hepatopatia grave, estados avançados da doença de Paget (osteíte deformante), contaminação por radiação, síndrome de imunodeficiência adquirida, ou outra doença grave, com base em conclusão da medicina especializada, mesmo que a doença tenha sido contraída após o início do processo.

§ 1º A pessoa interessada na obtenção do benefício, juntando prova de sua condição, deverá requerê-lo à autoridade administrativa competente, que determinará as providências a serem cumpridas.

§ 2º Deferida a prioridade, os autos receberão identificação própria que evidencie o regime de tramitação prioritária.

§ 3º (VETADO).

§ 4º (VETADO).

SUMÁRIO: 1. Prioridade na tramitação e ações afirmativas; Jurisprudência; Referências.

1. Prioridade na tramitação e ações afirmativas

A Lei nº 12.008, de 29 de julho de 2009, instituiu, para certas pessoas com características especiais, a prioridade na tramitação dos processos administrativos e judiciais. Na mesma linha do dispositivo em comento, foram inseridas normas no limiar do Código de Processo Civil que também priorizam a celeridade processual diferenciada no que tange a certas pessoas. Para tanto, a Lei nº 12.008/99 acresceu ao CPC os artigos 1.211-A a C, cuja redação é parecida com aquela conferida ao artigo 69-A da Lei nº 9.784/99.

Art. 1.211-A. Os procedimentos judiciais em que figure como parte ou interessado pessoa com idade igual ou superior a 60 (sessenta) anos, ou portadora de doença grave, terão prioridade de tramitação em todas as instâncias.

Parágrafo único. (VETADO).[174]

Contudo, o texto do artigo 69-A é muito mais detalhista do que o texto do artigo 1.211-A, do CPC, porque:

a) previu uma hipótese de tramitação prioritária não alocada no âmbito judicial, qual seja, aquela prevista no inciso II ("pessoa portadora de deficiência, física ou mental");

b) além disso, o artigo 69-A não se limitou em acoplar uma expressão genérica no que tange aos "portadores de doença grave" (*sic.*), mas sim, elencou um rol de moléstias consideradas desta natureza para o fim de deferir uma celeridade diferenciada na tramitação do processo – texto do inciso IV.

Em verdade, o dispositivo comentado privilegia, com a máxima razão, a tramitação dos processos administrativos em que figure como interessado pessoa com idade avançada, no caso, com mais de 60 (sessenta) anos (inciso I),[175] portadora de necessidades especiais (inciso II) e aquele sujeito que está acometido de doença grave, na sua maioria degenerativa e/ou que comprometa a saúde com intensidade (inciso IV). A parte que detenha estas características deverá fazer prova desta condição, anexando-a aos autos (§ 1°).

A celeridade processual, seja em âmbito judicial ou administrativo, é uma garantia fundamental pertencente a todos – art. 5°, inciso LXXVIII, da Constituição Federal de 1988.[176] Contudo, quando se tratar de interessados portadores de uma das características dos incisos do artigo 69-A, a rapidez na conclusão do processo deverá ser ainda mais diferenciada.

A autoridade processante, então, deverá analisar a prova trazida aos autos e, caso incidente o suporte fático previsto em um dos incisos do artigo 69-A, da Lei n° 9.784/99, deverá determinar a prioridade na tramitação.[177] Além disso,

---

[174] O artigo alterado dispunha o seguinte: "Art. 1.211-A. Os procedimentos judiciais em que figure como parte ou interveniente pessoa com idade igual ou superior a sessenta e cinco anos terão prioridade na tramitação de todos os atos e diligências em qualquer instância.". Tal regra havia sido acrescidos pela Lei n° 10.173, de 09.01.2001, DOU de 10.01.2001, em vigor desde sua publicação. Vide, também, o que dispôs a Lei n° 10.741, de 01.10.2003, DOU de 03.10.2003.

[175] Este inciso deve ter como referência constitucional, entre outros dispositivos, o artigo 230. Em âmbito infraconstitucional, podem ser conferidas as disposições trazidas pela Lei n° 10.741/03: Art. 71. É assegurada prioridade na tramitação dos processos e procedimentos e na execução dos atos e diligências judiciais em que figure como parte ou interveniente pessoa com idade igual ou superior a 60 (sessenta) anos, em qualquer instância. § 1° O interessado na obtenção da prioridade a que alude este artigo, fazendo prova de sua idade, requererá o benefício à autoridade judiciária competente para decidir o feito, que determinará as providências a serem cumpridas, anotando-se essa circunstância em local visível nos autos do processo. § 2° A prioridade não cessará com a morte do beneficiado, estendendo-se em favor do cônjuge supérstite, companheiro ou companheira, com união estável, maior de 60 (sessenta) anos. § 3° A prioridade se estende aos processos e procedimentos na Administração Pública, empresas prestadoras de serviços públicos e instituições financeiras, ao atendimento preferencial junto à Defensoria Pública da União, dos Estados e do Distrito Federal em relação aos Serviços de Assistência Judiciária.

[176] LXXVIII a todos, no âmbito judicial e administrativo, são assegurados a razoável duração do processo e os meios que garantam a celeridade de sua tramitação. (Incluído pela Emenda Constitucional n° 45, de 2004).

[177] Em sentido similar, dispõe o Código de Processo Civil: Art. 1.211-B. A pessoa interessada na obtenção do benefício, juntando prova de sua condição, deverá requerê-lo à autoridade judiciária competente para decidir o feito, que determinará ao cartório do juízo as providências a serem cumpridas.

o processo administrativo no qual a tramitação prioritária foi deferida, deverá possuir uma indicação externa, referente a este peculiaridade, a fim de que se dê ciência a todos que manuseiem os autos e principalmente a quem toca dar impulso ao processo.[178]

A prioridade na tramitação pode ser requerida a qualquer tempo, mesmo que o interessado que a ela faz jus somente ingresse após o início do procedimento, ou mesmo adentre somente na instância recursal. Ademais, caso o interessado tenha adquirido as condições previstas em um dos incisos I, II e IV, do artigo 69-A, após o início do processo, ainda assim poderá fazer jus à benesse. Por exemplo, um sujeito com cinquenta e nove anos ingressa com pedido administrativo, inaugurando um processo, No curso deste, o interessado completa sessenta anos, idade limite para merecer a prioridade na tramitação de sua causa. Caso requeira, poderá, agora, fazer jus ao beneplácito.

Na hipótese de se ter vários interessados em um dos polos da relação processual, compondo um verdadeiro litisconsórcio, caso somente um deles faça jus à prioridade na tramitação, mesmo assim o processo deverá seguir uma marcha diferenciada. A prioridade mencionada poderá ser percebida no direcionamento de pautas de audiência rápidas e em datas próximas, na presteza da autuação, na confecção célere dos atos processuais, na imediata notificação dos interessados etc.

Importante destacar que, no âmbito administrativo, não foi feita semelhante previsão consagrada na seara jurisdicional, constante no artigo 1.211-C, do Código de Processo Civil: "Concedida a prioridade, essa não cessará com a morte do beneficiado, estendendo-se em favor do cônjuge supérstite, companheiro ou companheira, em união estável.". Interessante que o legislador, diante de situações iguais, tenha alocado uma irrazoável desigualdade. Não se consegue compreender os motivos de se deferir um privilégio aos parentes do portador de uma característica física especial em âmbito jurisdicional e, ao mesmo tempo, não deferi-la em processo administrativo. Afinal, o *telos* da norma é: dar prioridade de tramitação de um processo a certos sujeitos, seja em âmbito judicial, seja em âmbito administrativo. Dessa forma, a desigualdade conferida às duas instâncias não se revela justa. Inexplicável!...

Na realidade, o dispositivo em questão aloca, em nível legislativo, uma ação afirmativa. As ações afirmativas (*affirmative action*) tiveram esta denominação consagrada especialmente nos Estados Unidos. Na Europa, são denominadas de "discriminações positivas".[179] Estas são percebidas no momento em que é implementada uma política pública ou privada, ou mesmo uma medida legislativa – como é o caso –, de cunho distributivo, ou seja, que procura refrear as diferenças sociais históricas entre dois ou mais segmentos sociais. Procura implementar medidas que visem à distribuição racional dos recursos, o que viria ao encontro da igualdade material.

---

[178] Art. 69-A, § 2º Deferida a prioridade, os autos receberão identificação própria que evidencie o regime de tramitação prioritária.
[179] GOMES, Joaquim Barbosa. *Ação Afirmativa & Princípio Constitucional da Igualdade*. Rio de Janeiro e São Paulo: Renovar, 2001, p. 23.

Art. 69-A

As ações afirmativas procuram superar uma postura estatal negativa, ou seja, a postura que simplesmente proíbe a discriminação. Procuram dar lugar a uma postura positiva, que se esforça em refazer a desigualdade histórica por meio de medidas concretizadoras (e reais), favorecendo as camadas que encontram dificuldades de inserção e de acesso aos bens essenciais ao ser humano, ou favorecendo as camadas que sofrem marginalização (discriminação).[180]

Cabe dizer que, em um primeiro momento, o Estado tomou uma posição repressora no que tange às discriminações. Por exemplo, proibia com sanções criminais ou civis que um portador de necessidades especiais fosse objeto de preconceito. Expoente desta fase é a Lei nº 7.716/89, que combate criminalmente o preconceito racial. Contudo, em momento histórico posterior, agora sob a égide das *affirmative action*, o Estado passou a exigir que, tanto não se discriminasse o portador de necessidade especial (para continuar com o exemplo), como também impôs condutas positivas no sentido de incluir este marginalizado no seio social. Assim, permitiu-se que um grupo de excluídos obtivesse o pertencimento, a inclusão.[181] Gradativamente e de forma "coativa", as pessoas passam a conviver com as diferenças, para, então, após certo tempo, galgar-se respeito a elas.[182]

Na verdade, o que está em jogo é a tese da justiça compensatória em contraponto à tese da justiça distributiva.[183] Em verdade, as *affirmativeactionsprocuram* diminuir a exclusão de certo número de pessoas, bem como procuram criam um sentimento de autossuficiência (com talento e iniciativa) em prol dos marginalizados.

Diante deste quadro, a Lei nº 12.008/09 inseriu o artigo 69-A na Lei nº 9.784/99, alocando uma discriminação positiva em relação a certas pessoas acometidas de características especiais ali definidas. Dessa forma, a constitucionalidade na tramitação mais rápida dos processos administrativos que abarquem os interessados classificados nos incisos I, II e IV, é manifesta, respaldada especialmente pelo princípio da igualdade (substancial, no caso) – artigo 5º, *caput*, da Constituição da República Federativa do Brasil de 1988.[184]

---

[180] Joaquim Barbosa Gomes define que as ações afirmativas "[...] consistem em políticas públicas (e também privadas) voltadas à concretização do princípio constitucional da igualdade material e à neutralização dos efeitos da discriminação racial, de gênero, de idade, de origem nacional e de compleição física." (*Op. cit.*, p. 6).

[181] *Mainstream*.

[182] LORENTZ, Lutiana Nacur. A luta do direito contra a discriminação no trabalho. *Síntese Trabalhista*, n. 146. São Paulo: Síntese, ago. 2001, p. 39. Quanto ao surgimento das ações afirmativas, Carmen Lúcia Antunes Rocha menciona que: "Quanto ao princípio constitucional da igualdade jurídica, que desde os primeiros momentos do Estado Moderno foi formalizado como direito fundamental, indagava o Presidente LYNDON B. JOHNSON, em 4 de junho de 1965, na Howard University, se todos ali eram livres para competir com os demais membros da mesma sociedade em igualdade de condições. Coube, então, a partir daquele momento, àquela autoridade norte-americana inflamar o movimento que ficou conhecido e foi posteriormente adotado, especialmente pela Suprema Corte norte-americana, como a affirmative action, que comprometeu organizações públicas e privadas numa nova prática do princípio constitucional da igualdade no Direito. A expressão ação afirmativa, utilizada pela primeira vez numa ordem executiva federal norte-americana do mesmo ano de 1965, passou a significar, desde então, a exigência de favorecimento de algumas minorias socialmente inferiorizadas, vale dizer, juridicamente desigualadas. (...) Naquela ordem se determinava que as empresas empreiteiras contratadas pelas entidades públicas ficassem obrigadas a uma 'ação afirmativa' para aumentar a contratação de grupos ditos das minorias, desigualados social, por extensão, juridicamente." (Ação Afirmativa. *Revista de Informação Legislativa*. Brasília: Legislativo, 1996, p. 286).

[183] DWORKIN, Ronald. *Uma questão de princípio*. São Paulo: Martins Fontes, 2001, p. 486/489.

[184] Outro exemplo claro de ação afirmativa pode ser percebido diante do artigo 230, § 2º, da CF/88: "Aos maiores de sessenta e cinco anos é garantida a gratuidade dos transportes coletivos urbanos."; ou diante do

Jurisprudência

- Sem descurar das ressalvas da jurisprudência do STJ, mas por encerrar a hipótese peculiaridade concernente à idade avançada de um dos recorridos, que se socorre do Estatuto do Idoso para conferir-lhe prioridade na tramitação do processo, e, sob o esteio da garantia fundamental prevista no art. 5º, inc. LXXVIII, da CF, que assegura a razoável duração do processo e os meios que garantam a celeridade no andamento do processual, mantém-se o acórdão impugnado, para que a demanda principal siga seu curso, sem interrupções e delongas desnecessárias. – O arrastar de um processo por tempo indefinido, tema corriqueiro em debates jurídicos, não pode impingir a uma pessoa idosa o ônus daí decorrente, máxime quando a ação regressiva da fornecedora do produto poderá ser movida em momento posterior, sem prejuízo ao direito a ela assegurado. – A regra formal, de índole processual, não deve prevalecer frente a um direito decorrente de condição peculiar da pessoa envolvida no processo, que tem nascedouro em diretrizes constitucionais, como se dá com a proteção ao Idoso. (STJ, REsp. 105.244-MG, Rel. Min. Nancy Andrighi, Terceira Turma, j. 26/82008).

PROCESSUAL CIVIL. AGRAVO REGIMENTAL NO RECURSO ESPECIAL. PRIORIDADE NA TRAMITAÇÃO PROCESSUAL. ADVOGADO MAIOR DE 65 ANOS. ESTATUTO DO IDOSO. NÃO INCIDÊNCIA. DESPROVIMENTO. I. As disposições do Estatuto do Idoso, Lei n. 10.741 de 1º de outubro de 2003, e do art. 1.211-A do Código de Ritos, somente se aplicam às partes da relação jurídica processual. II. A prioridade na tramitação processual não alcança o causídico que não figura como parte ou interveniente, e nem está a executar honorários decorrentes de sucumbência definitivamente fixada. III. Agravo regimental a que se nega provimento. (STJ, AgRg no REsp. 282.812-ES, Rel. Min. Aldir Passarinho, Quarta Turma, j. 7/6/2005).

RECURSO. AGRAVO REGIMENTAL. PRIORIDADE NA TRAMITAÇÃO. PESSOA JURÍDICA. Quadro societário que apresenta pessoas com mais de sessenta anos. Irrelevância. Inaplicabilidade do art. 71 da Lei 10.741/03 (Estatuto do Idoso). Recurso improvido. (TJSP, Agravo Regimental nº 7.100.223-2/01, 16ª Câmara de Direito Privado, Rel. Candido Alem. j. 13.02.2007, unânime).

Referências

DWORKIN, Ronald. Uma questão de princípio. São Paulo: Martins Fontes, 2001.

GOMES, Joaquim Barbosa. Ação Afirmativa & Princípio Constitucional da Igualdade.Rio de Janeiro e São Paulo: Renovar, 2001.

LORENTZ, Lutiana Nacur. A luta do direito contra a discriminação no trabalho. Síntese Trabalhista, n. 146. São Paulo: Síntese, p. 39-55, ago. 2001.

ROCHA, Cármem Lúcia Antunes. Ação Afirmativa. Revista de Informação Legislativa. Brasília: Legislativo, p. 286-295, 1996.

Artigo 70
Esta Lei entra em vigor na data de sua publicação.

A Lei do Processo Administrativo Federal passou a produzir efeitos no momento em que foi publicada, ou seja, em 1º de fevereiro de 1999. Não foi aplicado o comando constante no artigo 1º, *caput*, da Lei de Introdução ao Código Civil: "Salvo disposição contrária, a lei começa a vigorar em todo o país 45 (quarenta e cinco) dias depois de oficialmente publicada.".

---

artigo 201, § 1º: "É vedada a adoção de requisitos e critérios diferenciados para a concessão de aposentadoria aos beneficiários do regime geral de previdência social, ressalvados os casos de atividades exercidas sob condições especiais que prejudiquem a saúde ou a integridade física e quando se tratar de segurados portadores de deficiência, nos termos definidos em lei complementar.".

Referências consolidadas

AGUADO I CUDOLÀ, Vicenç. *Silencio administrativo e inactividad – Limites y técnicas alteranativa*. Madri: Marcial Pons, 2001.

ALESSI, Renato. *Instituciones de Derecho Administrativo*. Barcelona: Bosch, 1970, t. 1.

ALEXY, Robert. *Teoria de la argumentación jurídica: la teoria del discurso racional como teoria de la fundamentación jurídica*. Madrid: Centro de Estudios Constitucionales, 1997.

ALMEIDA, Flávio Renato Correia de; TALAMINI, Eduardo. WAMBIER, Luiz Rodrigues (Coord.). *Curso Avançado de Processo Civil*. São Paulo: Revista dos Tribunais, 2007.

ALMEIDA, Joaquim Canuto Mendes de. *A contrariedade na instrução criminal*. São Paulo: Saraiva, 1937.

ALVARO DE OLIVEIRA, Carlos Alberto. Garantia do contraditório. In: TUCCI, José Rogério Cruz (Coord.). *Garantias constitucionais do processo civil*. São Paulo: Revista dos Tribunais, 1999, p. 132-150.

ALVIM, Arruda. *Manual de Direito Processual Civil*. São Paulo: Revista dos Tribunais, 2006, v. 1.

——. Substituição Processual In: *Revista dos Tribunais*. São Paulo: Revista dos Tribunais, v. 426, 1971, p. 20-32.

AMARAL, Antônio Araújo Cintra do. *Teoria do ato administrativo*. Belo Horizonte: Fórum, 2008.

AMARAL, Diogo Freitas do. *Curso de Direito Administrativo*. 2. ed. Coimbra: Almedina, 2006, v. 1.

——. *Curso de Direito Administrativo*. 2. ed. Coimbra: Almedina, 2006, v. 2.

AMORIM, João Pacheco de; GONÇALVES, Pedro Costa; OLIVEIRA, Mário Esteves de. *Código de Procedimento Administrativo Comentado*. Coimbra: Almedina, 2006.

AMORIM FILHO, Agnelo. Critério científico para distinguir a prescrição da decadência e para identificar as ações imprescritíveis. *Revista Forense*, Rio de Janeiro, n. 193, 1961.

ARAGÃO, Alexandre Santos de. A 'supremacia do interesse público' no advento do estado de direito e na hermenêutica do direito público contemporâneo. *Revista Brasileira de Direito Público*, Belo Horizonte, n. 8, p. 7-21, jan./mar. 2005.

ARAÚJO, Edmir Netto de. *Curso de direito administrativo*. São Paulo: Saraiva, 2005.

ARBELÁEZ, Grabriel Rojas. *El espírito del derecho administrativo*. Bogotá: Temis, 1972.

ARENHART, Sérgio Cruz; MARINONI, Luiz Guilherme. *Manual do Processo de Conhecimento*. São Paulo: Revista dos Tribunais, 2005.

ASSIS, Araken. Substituição processual. *Revista Dialética de Direito Processual*. São Paulo, p. 9-23, 2003, v. 9.

ATALIBA, Geraldo. *Pareceres de direito tributário*. São Paulo: Revista dos Tribunais, 1980, v. 3.

ÁVILA, Ana Paula Oliveira. *O princípio da impessoalidade da Administração Pública – Para uma Administração imparcial*. Rio de Janeiro: Revonar, 2004.

ÁVILA, Humberto. Benefícios fiscais inválidos e a legítima expectativa do contribuinte. *Diálogo Jurídico*, Salvador, n. 13, abr./maio, 2002. Disponível em: <http://www.direitopublico.com.br>. Acesso em: 22 nov. 2004.

——. Repensando o "princípio da supremacia do interesse público sobre o particular". *Revista Trimestral de Direito Público*, São Paulo, n. 24, p. 159-180, 1998.

——. *Sistema constitucional tributário*. São Paulo: Saraiva, 2004, p. 296-297.

——. *Teoria dos princípios*: da definição à aplicação dos princípios jurídicos. 11. ed. São Paulo: Malheiros, 2010.

BACELLAR FILHO, Romeu Felipe. *Princípios constitucionais do processo administrativo disciplinar*. São Paulo: Max Limonad, 1998.

BACIGALUPO, Mariano. *La discreciuonalidad administrativa*. Madri: Marcial Pons, 1997.

BAPTISTA, Patrícia. *Transformações do Direito Administrativo*. Rio de Janeiro: Renovar, 2003.

BARACHO, José Alfredo de Oliveira. O enriquecimento injusto como princípio geral do Direito Administrativo. *Revista de Direito Administrativo*. Rio de Janeiro, n. 210, p. 37-83, out./dez. 1997.

BARROS, Wellington Pacheco. *Curso de processo administrativo*. Porto Alegre: Livraria do Advogado, 2005.

BARROSO, Luís Roberto. Prescrição administrativa: autonomia do Direito Administrativo e inaplicabilidade da regra geral do Código Civil. *Revista Trimestral de Direito Público*, São Paulo, n. 27, p. 89-107, 1999.

BASTOS, Celso Ribeiro. *Curso de direito administrativo*. São Paulo: Saraiva, 1994.

——; MARTINS, Ives Gandra. *Comentários à Constituição do Brasil*: promulgada em 5 de outubro de 1988. 3. ed. São Paulo: Saraiva, 2004, v. 2.

BERMUDES, Sérgio. *A reforma do judiciário pela Emenda Constitucional nº 45*. Rio de Janeiro: Forense, 2005.

BERTONCINI, Mateus Eduardo Siqueira Nunes. *Princípios de direito administrativo brasileiro*. São Paulo: Malheiros, 2002.

BINENBOJM, Gustavo. Da supremacia do interesse público ao dever de proporcionalidade: um novo paradigma para o direito administrativo. *Revista Brasileira de Direito Público*, Belo Horizonte, n. 8, p. 77-113, jan./mar. 2005.

——. *Uma teoria do Direito Administrativo – Direitos Fundamentais, Democracia e Constitucionalização*. 2. ed. Rio de Janeiro, Renovar, 2008.

BITTAR, Carlos Alberto. *Direitos do consumidor*. Rio de Janeiro: Forense Universitária. 1990.

BOBBIO, Norberto. *A Era dos Direitos*. Rio de Janeiro: Campus, 1992.

BRASIL, Tribunal de Contas da União. *Licitações e contratos*: orientações da jurisprudência do TCU. Brasília: Senado Federal, 2010.

BRAIBANT, Guy; STIRN, Bernard. *Le droit administratif français*. Paris: Dalloz, 1999.

BRUNA, Sérgio Varella. *Agências Reguladoras*. São Paulo: Saraiva, 2003.

BUENO, Cássio Scarpinella. *Curso sistematizado de direito processual civil*: procedimento comum:ordinário e sumário. São Paulo: Saraiva, 2007, v. 2.

——. *Partes e terceiros no processo civil brasileiro*. São Paulo: Saraiva, 2003.

BULOS, Uadi Lamêgo. *Curso de Direito Constitucional*. São Paulo: Saraiva, 2010.

CADORE, Márcia Regina Lusa. *Súmula vinculante e uniformização de jurisprudência*. São Paulo: Atlas, 2007.

CAETANO, Marcello. *Manual de Direito Administrativo*. Rio de Janeiro: Forense, 1970, v.1.

——. *Manual de direito administrativo*. Rio de Janeiro: Forense, 1970, v. 2.

——. *Direito Constitucional*. Rio de Janeiro: Forense, 1977, v. 2.

CALMES, Sylvia. D*u principe de protection de la confiance légitime en droits allemand, communautaire et français*. Paris: Dalloz, 2001.

CANOTILHO, José Joaquim Gomes. *Direito Constitucional e Teoria da Constituição*. Coimbra: Almedina, 1999.

CARINGELA, F.; DELPINO, L.; DEL GIUDICE, F. *Diritto Amministrativo*. Napoli: Ed. Giuridiche Simone, 1999.

CARNEIRO, Athos Gusmão. *Intervenção de terceiros*. São Paulo: Saraiva, 2000.

CARVALHO, Antônio Carlos Alencar. *Manual de processo administrativo disciplinar e sindicância*. Belo Horizonte: Fórum, 2011.

CARVALHO, Milton Paulo de. *Do Pedido no Processo Civil*. Porto Alegre: Sérgio Fabris-FIEO, 1992.

CARVALHO, Paulo de Barros. *Curso de direito tributário*. São Paulo: Saraiva, 1999.

CARVALHO, Raquel Melo Urbano de. *Curso de Direito Administrativo – Parte Geral, Intervenção do Estado e Estrutura da Administração*. Salvador: Juspodivm, 2008.

CARVALHO FILHO, José dos Santos. *Ação Civil Pública: comentários por artigo*. Rio de Janeiro: Lumen Juris, 2007.

——. *Manual de Direito Administrativo*. 25. ed. São Paulo: Atlas, 2012.

——. *Processo Administrativo Federal*. 5. ed. São Paulo: Atlas, 2013.

CASSAGNE, Juan Carlos. *Derecho administrativo*. Buenos Aires: Abeledo-Perrot, 2002, t. 1.

CASTILLO BLANCO, Federico A. *La protección de confianza en el derecho administrativo*. Madrid: Marcial Pons, 1998.

CATALDI, Giuseppe. *Il procedimento amministrativo nei suoi attuali orientamenti giuridici e non giuridici*. Milano: Dott. A. Giuffré, 1967.

CAVALCANTI, João Barbalho Uchôa. *Constituição Federal Brasileiro*, 1891: comentada. Brasília: Ed. Senado Federal, 2002.

CAVALCANTI, Themístocles Brandão. *Teoria dos atos administrativos*. São Paulo: Revista dos Tribunais, 1973.

CERNICCHIARO, Luiz Vicente. *A Prova no Processo Administrativo*. Caderno Direito & Justiça – Correio Braziliense, 29.03.99, p. 01.

CIMMA, Enrique Silva. *Derecho Administrativo Chileno y Comparado*. Snatiago: Jurídica de Chile, 1969, v. 2.

CINTRA, Antônio Carlos de Araújo. *Motivo e motivação do ato administrativo*. São Paulo: Revista dos Tribunais, 1979.

——; DINAMARCO, Cândido Rangel; GRINOVER, Ada Pellegrini. *Teoria Geral do Processo*. 20. ed. São Paulo: Malheiros, 2004.

COMADIRA, Julio R. *Procedimiento administrativo y denuncia de ilegitimidad*. Buenos Aires: Abeledo-Perrot, 1996.

CORREIA, Fernando Alves. *Alguns conceitos de Direito Administrativo*. Coimbra: Almedina, 2001.

COSTA, José Armando da. *Teoria e prática do processo administrativo disciplinar*. 5. ed. Brasília: Brasília Jurídica, 2005.

COSTA, Nelson Nery. *O processo administrativo e suas espécies*. 3. ed. Rio de Janeiro: Forense, 2001.

COSTA, Regina Helena. Conceitos Jurídicos Indeterminados e Discricionariedade administrativa. *Justitia*. São Paulo, v. 51, n. 145, jan./mar. 1989, p. 34-54.

COUTO E SILVA, Almiro. O princípio da segurança jurídica (proteção à confiança) no Direito Público brasileiro e o direito da administração pública de anular os seus próprios atos administrativos: o prazo decadencial do art. 54 da lei do processo administrativo da União (Lei nº 9.784/99). *Revista de Direito Administrativo*, n. 237. Rio de Janeiro: Renovar, jul/set 2004.

——. Prescrição quinquenária da pretensão anulatória da administração pública com relação a seus atos administrativos. *Revista de Direito Administrativo*, Rio de Janeiro, n. 204, abr./jun. 1996.

——. Princípios da legalidade da Administração Pública e da segurança jurídica no estado de direito contemporâneo. *Revista da Procuradoria-Geral do Estado do Rio Grande do Sul*, Porto Alegre, v. 27, n. 57, p. 13-31, supl., dez. 2003.

——. Responsabilidade pré-negocial e culpa in contrahendo no direito administrativo brasileiro. *Revista de Direito Administrativo*. Rio de Janeiro: Fundação Getúlio Vargas, 1999, v. 217.

CRETELLA JÚNIOR, José. *Tratado de Direito Administrativo*. Rio de Janeiro: Forense, 1972, v. 1.

DALLARI, Adilson de Abreu. O uso do solo metropolitano. *Revista de Direito Público*, n. 14, 1970.

DALLARI, Adilson de Abreu; FERRAZ, Sérgio. *Processo administrativo*. 3. ed. São Paulo: Malheiros, 2012.

DALLARI, Dalmo de Abreu. *Elementos de Teoria Geral do Estado*. São Paulo: Saraiva, 1995.

DI PIETRO, Maria Sylvia Zanella. *Direito Administrativo*. 26. ed. São Paulo: Atlas, 2013.

——. *Discricionariedade administrativa na Constituição de 1988*. São Paulo: Atlas, 1991.

——. Participação popular na Administração Pública, *RTDP* nº 1, 1993, p. 128-139.

DIDIER JÚNIOR, Fredie. *Direito processual civil: meios de impugnação às decisões judiciais e processo nos tribunais*. Salvador: JusPodivm, 2009.

DIES, Manuel Maria. *El acto administrativo*. Buenos Aires: TEA, 1961.

DINAMARCO, Cândido Rangel. *Instituições de direito processual civil*. São Paulo: Malheiros, 2001, v. 2.

——. *Instituições de direito processual civil*. São Paulo: Malheiros, 2001, v. 3.

——. *Litisconsórcio*. São Paulo: Malheiros, 2002.

DROMI, Roberto. *Derecho Administrativo*. Buenos Aires: Ediciones Ciudad Argentina, 1996.

——. *Derecho subjetivo y responsabilidad publica*. Madrid: Editorial Grouz, 1986.

——. *Instituciones de Derecho Administrativo*. Buenos Aires: Editorial Astrea de Rodolfo Depalma y Hnos, 1973.

DUEZ, Paul; DEBEYRE, Guy. *Traite de droit administratif*. Paris: Dalloz, 1952.

DWORKIN, Ronald. *Uma questão de princípio*. São Paulo: Martins Fontes, 2001.

ESCOLA, Héctor Jorge. *Otras Actividades Administrativas*. Compendio de Derecho Administrativo: Ediciones Depalma Buenos Aires, 1990, vol. 2.

FAGUNDES, Miguel Seabra. *O controle dos atos administrativos pelo Poder Judiciário*. 5. ed. Rio de Janeiro: 1979.

FALCÃO, Amílcar de Araújo. *Introdução ao direito administrativo*. São Paulo: Resenha Universitária, 1977.

FALHA, Fernando Garrido. *Tratado de Direito Administrativo*. Madri: Tecnos, 1987.

FARNSWORTH, E. Allan. *Introdução ao sistema jurídico dos Estados Unidos*. Rio de Janeiro: Forense, 1963.

FAZIO, Guisseppe. *La delega amministrativa e i rapporti di delegazione*. Milão: Giuffrè, 1964.

FAZZALARI, Elio. *Note in tema di diritto e processo*. Milano: Giuffrè, 1957.

——. Procedimento e processo (teoria general), *Enciclopedia di Diritto*, XXXV. Milano: Giuffrè, 1986.

FERNÁNDEZ VÁZQUEZ, Emilio. *Diccionairo de derecho publico – administrativo, constitucional, fiscal*. Buenos Aires: Astrea, 1981.

FERRAZ, Sérgio. Extinção de atos administrativos: algumas reflexões. *Revista de Direito Administrativo*, Rio de Janeiro, n. 231, jan./mar. 2003.

FERREIRA FILHO, Manoel Gonçalves. *Curso de Direito Constitucional*. São Paulo: 2009.

FIGUEIREDO, Lúcia Valle. *Curso de Direito Administrativo*. 5. ed. São Paulo: Malheiros, 2001.

——. Estado de Direito e Devido Processo Legal. *Revista Diálogo Jurídico*. Salvador, CAJ – Centro de Atualização jurídica, n. 11, fevereiro, 2002. Disponível em: <http://www.direitopublico.com.br.> Acesso em: 21 fev. 2011.

——. Instrumentos da administração consensual. A Audiência pública e sua finalidade, *Revista de Direito Administrativo*, Rio de Janeiro, n. 230, out./dez 2002, p. 237-250.

FIGUEIREDO, Lúcia Valle (Coord.). *Comentários à Lei Federal de Processo Administrativo: Lei n° 9.784/99*. 2. ed. Belo Horizonte: Fórum, 2009.

FINGER, Julio Cesar. O direito fundamental à boa administração à boa administração e o princípio da publicidade administrativa. *Interesse Público* 58/2009. Belo Horizonte: Fórum, 2009, p. 133-143.

FIORINI, Bartolomé. *Procedimiento administrativo y recurso jerárquico*. Buenos Aires: Abeledo-Perrot, 1972.

FORTINI, Cristiana; PEREIRA, Maria Fernanda Pires de Carvalho; CAMARÃO, Tatiana Martins da Costa. *Processo administrativo*: comentários à Lei n° 9.784/99. 3. ed. Belo Horizonte: Fórum, 2012.

FRAGA, Gabino. *Derecho administrativo*. México: Porrúa, 1969.

FRANÇA, Vladimir da Rocha. Classificação dos atos administrativos inválidos no Direito Administrativo brasileiro. *Revista Trimestral de Direito Público*. São Paulo, n. 32, p. 83-100, 2000.

——. *Invalidação judicial da discricionariedade administrativa no regime jurídico-administrativo brasileiro*. Rio de Janeiro: Forense, 2000.

FRANCESCHETTI, Paolo. *Corso di diritto ammnistrativo*. Milano: Casa Editrice La Tribuna, 2002.

FRANCHINI, Flaminio. *La delegazione amministrativa*. Milão: Dott A. Giuffrè, 1950.

FRANCO SOBRINHO, Manoel de Oliveira. *Da competência administrativa*. São Paulo: Resenha Universitária, 1977.

FREITAS, Juarez. Dever de motivação, de convalidação e de anulação: deveres correlacionados e proposta harmonizadora. *Interesse Público*, Porto Alegre, n. 16, out./dez. 2002.

——. *Discricionariedade administrativa e o direito fundamental à boa administração pública*. São Paulo: Malheiros, 2007.

——. *A interpretação sistemática do Direito*. São Paulo: Malheiros, 1995.

——. Processo administrativo federal: reflexão sobre o prazo anulatório e a amplitude do dever de motivação dos atos administrativos. In: MUÑOS, Guillermo Andrés e SUNDFELD, Carlos Ari. *As leis de processo administrativo – Lei federal 9.784/99 e Lei paulista 10.177/98*. São Paulo: Malheiros, 2006.

FREITAS, Márcia Bellini. O princípio da confiança no Direito Público. *Revista Jurídica*, Porto Alegre, n. 168, out. 1991.

FRIER, Pierre-Laurent; PETIT, Jacques. *Précis de droit administratif*. Paris: Montchrestien, 2010.

FURTADO, Lucas. *Curso de Direito Administrativo*, Belo Horizonte: Fórum, 2007.

GARCIA DE ENTERRÍA, Eduardo. O princípio da legalidade na Constituição espanhola. *Revista de Direito Público*, v. 86, 1988.

——; FERNÁNDEZ, Tomás-Ramón. *Curso de derecho administrativo*. 11. ed. Madrid: Civitas, 2002, v. 1.

——; FERNÁNDEZ, Tomás-Ramón. *Curso de derecho administrativo*. 8. ed. Madrid: Civitas, 2002, v. 2.

GARCIA LUENGO, Javier. *El principio de protección de la confianza en el derecho administrativo*. Madrid: Civitas, 2002.

GASPARINI, Diógenes. *Direito Administrativo*. 17. ed. São Paulo: Saraiva, 2012.

GAUDEMET, Yves. *Traité de droit administratif*. Paris: L.G.D.J, 2001.

GIDI, Antônio. *Coisa julgada e litispendência em ações coletivas*. São Paulo: Saraiva, 1995.

GINGENA. Julio Isidro Altamira. *Lecciones de derecho administrativo*. Córdoba: Advocatus, 2005.

GOMES, Joaquim Barbosa. *Ação Afirmativa & Princípio Constitucional da Igualdade*. Rio de Janeiro e São Paulo: Renovar, 2001.

GONZÁLES PÉREZ, Jesús. *El principio general de la buena fe en el derecho administrativo*. 3. ed. Madri: Civitas, 1999.

―――. *Manual de Procedimiento Administrativo*. Madri: Civitas, 2000.

GONZÁLEZ PÉREZ, Jesús; GONZÁLEZ NAVARRO, Francisco. *Comentarios a la Ley de Régimen Jurídico de las Administraciones Públicas y Procedimiento Administrativo común* (Ley 30/1992, de 26 de noviembre). Madrid: Civitas, t. II, 1997.

GOOCH, Graham; WILLIAMS, Michael. *Oxford dictionary law enforcement*. Oxford: Oxford University Press, 2007.

GORDILLO, Agustín. *Derecho administrativo de la economía*. Buenos Aires: Macchi, 1967.

―――. *Procedimiento y recursos administractivos*. Buenos Aires: Macchi, 1971.

―――. *Princípios gerais de direito público*. São Paulo: Revista dos Tribunais, 1977.

―――. *Tratado de Derecho Administrativo*. 9. ed. Buenos Aires: F.D.A., 2004, t. 1.

―――. *Tratado de Derecho Administrativo*. 9. ed. Buenos Aires: F.D.A, 2004, t. 2.

―――. *Tratado de Derecho administrativo*. 9. ed. Buenos Aires: F.D.A., 2004, t. 3.

―――. *Tratado de Derecho Administrativo*. 9. ed. Buenos Aires: F.D.A., 2004, t. 4.

GRAU, Eros Roberto. *Ensaio e Discurso sobre a Interpretação/Aplicação do Direito*. 3. ed. São Paulo: Malheiros, 2005.

―――. *O direito posto e o direito pressuposto*. São Paulo: Malheiros, 1996.

GRECO FILHO, Vicente. *Manual de Processo Penal*. 3. ed. São Paulo: Saraiva, 1995.

GRINOVER, Ada Pellegrini et al. *Código Brasileiro de Defesa do Consumidor Comentado pelos Autores do Anteprojeto*. Rio de Janeiro: Forense Universitária, 1995.

―――. O acesso à justiça no ano 2000. In: MARINONI, Luiz Guilherme. *O processo civil contemporâneo*. Curitiba: Juruá, 2000.

GRINOVER, Ada Pellegrini; DINAMARCO, Cândido Rangel; CINTRA, Antônio Carlos Araújo. *Teoria Geral do Processo*. 20. ed. São Paulo: Malheiros, 2004.

HARGER, Marcelo. *Princípios Constitucionais do Processo Administrativo*. Rio de Janeiro: Forense, 2001.

HART, Herbert L. A. *The concept of law*. London: Oxford, 1961.

HEINEN, Juliano. *Comentários à Lei de Acesso à Informação – Lei nº 12.527/2011*. Belo Horizonte: Fórum, 2013.

―――. *Interpretação conforme à Constituição. Análise a partir da doutrina e da jurisprudência*. Porto Alegre: Verbo Jurídico, 2011.

IPSEN, Jörn. *Alligemeines Verwaltungsrecht*. 5. Aulf. Colônia: Munique, Carl Heymann, 2007.

JÈZE, Gaston. *Principios generales del derecho administrativo*. Buenos Aires: Depalma, 1982, v. 3.

JUSTEN FILHO, Marçal. *Comentários à Lei de Licitações e Contratos Administrativos*. São Paulo: Dialética, 2006.

―――. Conceito de interesse público e a 'personalização' do Direito Administrativo. *Revista Trimestral de Direito Público* 26/1999. São Paulo: Malheiros, p. 115-136.

―――. *Curso de Direito Administrativo*. 7. ed. Belo Horizonte: Forum, 2011.

KUHN, Thomas. *A estrutura das Revoluções Científicas*. São Paulo: Perspectiva, 2005.

LARENZ, Karl. *Metodologia da ciência do direito*. Lisboa: Calouste, 1983.

LEAL, Victor Nunes. *Problemas de Direito Público*. Rio de Janeiro: Forense, 1960.

LEITE, Fábio Barbalho. Rediscutindo a estabilização, pelo decurso temporal, dos atos administrativos supostamente viciados. *Revista de Direito Administrativo*, Rio de Janeiro, n. 231, p. 101-104, jan./mar. 2003.

LEITE, Luciano Ferreira. *Discricionariedade administrativa e controle judicial*. São Paulo: Revista dos Tribunais, 1981.

LIMA, Alcides de Mendonça. *Comentários ao Código de Processo Civil*. São Paulo: Revista dos Tribunais, 1982.

LIMA, Ruy Cirne. *Princípios de Direito Administrativo*. 6. ed. São Paulo: Revista dos Tribunais, 1987.

LORENTZ, Lutiana Nacur. A luta do direito contra a discriminação no trabalho. *Síntese Trabalhista*, n. 146. São Paulo: Síntese, p. 39-55, ago. 2001.

LUZ, Egberto Maia. *Direito administrativo disciplinar*: teoria e prática. São Paulo: José Bushatsky, 1977.

MAFFINI, Rafael. Administração Pública Dialógica (Proteção Procedimental da Confiança) – Em Torno da Súmula Vinculante Nº 3 do Supremo Tribunal Federal. *Direito Administrativo Contemporâneo*. Org. Rodrigo Garcia Schwarz. Rio de Janeiro: Elsevier, 2010, v. 1, p. 131-143.

―――. Atos administrativos sujeitos a registro pelos Tribunais de Contas e a decadência da prerrogativa anulatória da administração pública. *Revista Brasileira de Direito Público*, Belo Horizonte, n. 10, p. 143-163, jul./set. 2005.

―――. *Direito Administrativo*. 4 ed. São Paulo: Revista dos Tribunais, 2013.

——. Modulação temporal in futurum dos efeitos da anulação de condutas administrativas. *Revista de Direito Administrativo*, 244/2007. São Paulo: Atlas, 2007.

——. O direito administrativo nos quinze anos da Constituição Federal. *Revista da Ajuris*, Porto Alegre, n. 94, jun. 2004.

——. *Princípio da proteção substancial da confiança no Direito Administrativo brasileiro*. Porto Alegre: Verbo Jurídico, 2006.

MANCUSO, Rodolfo de Camargo. *Ação Popular*. São Paulo: Revista dos Tribunais, 1996.

MARINONI, Luiz Guilherme. *Processo de Conhecimento*. 5. ed. São Paulo: Revista do Tribunais, 2006.

——; MITIDIERO, Daniel. *Código de Processo Civil*. Comentado artigo por artigo. São Paulo: Revista dos Tribunais, 2010.

MARRARA, Thiago. Competência, delegação e avocação na LPA. *Revista Brasileira de Direito Público*. Belo Horizonte: Fórum, n. 8, v. 29, 2010, p. 29-50.

——. Direito administrativo e novas tecnologias. *Revista de Direito Administrativo*. Rio de Janeiro: Fundação Getúlio Vargas, v. 256, jan.-abr. 2011.

——; NOHARA, Irene Patrícia. *Processo Administrativo – Lei n° 9.784/99 Comentada*. São Paulo: Atlas, 2009.

MARTINS, Ives Gandra da Silva; MENDES, Gilmar Ferreira. *Controle Concentrado de Constitucionalidade*. São Paulo: Saraiva, 2001.

MARTINS FILHO, Wallace Paiva. *Transparência administrativa: publicidade, motivação e participação popular*. São Paulo: Saraiva, 2004.

MAURER, Hartmut. *Elementos de Direito Administrativo Alemão*. Trad. Luís Afonso Heck. Porto Alegre, Sergio Antonio Fabris Editor, 2001.

MAXIMILIANO, Carlos. *Hermenêutica e aplicação do Direito*. Rio de Janeiro: Forense, 1997.

MAYER, Otto. *Derecho Administrativo Alemán*, T. I, trad. Horacio H. Heredia e Ernesto Krotoschin. Buenos Aires: Depalma, 1949.

MAZZILLI, Hugo Nigro. *A defesa dos interesses difusos em juízo*: meio ambiente, consumidor, patrimônio cultural, patrimônio público e outros interesses. São Paulo: Saraiva, 2003.

MEDAUAR, Odete. *A processualidade do Direito Administrativo*. 2. ed. São Paulo: Revista dos Tribunais: 2008.

——. *Direito administrativo moderno*. 13. ed. São Paulo: Revista dos Tribunais, 2009.

MARINONI, Luiz Guilherme. *Processo de Conhecimento*. 5. ed. São Paulo: Revista do Tribunais, 2006.

MEIRELLES, Hely Lopes. *Direito Administrativo Brasileiro*. 37. ed. São Paulo: Malheiros, 2011.

——. *Licitações e contratos administrativos*. 13. ed. São Paulo: Malheiros, 2002.

——. *Mandado de Segurança, Ação Popular, Ação Civil Pública, Mandado de Injunção, "Habeas Data", Ação direta de inconstitucionalidade, Ação declaratória de constitucionalidade, e Argüição de descumprimento de preceito fundamental*. 24. ed. São Paulo: Malheiros, 2002.

MELLO, Celso Antônio Bandeira de. *Curso de Direito Administrativo*. 28. ed. São Paulo: Malheiros, 2011.

——. *Elementos de Direito Administrativo*. 3. ed. São Paulo: Malheiros, 1992.

——. O princípio do enriquecimento sem causa em Direito Administrativo. *Revista de Direito Administrativo*. Rio de Janeiro, n. 210, out./dez 1997.

——. "Relatividade" da Competência Discricionária, Anuario Iberoamericano de Justicia Constitucional, Número 8, Enero – Diciembre 2004. Disponível em: <http://www.cepc.es/rap/Publicaciones/Revistas/8/AIB_008_017.pdf>. Acesso em: 21 fev. 2011.

MELLO, Oswaldo Aranha Bandeira de. *Princípios Gerais de Direito Administrativo*. 3. ed. São Paulo: Malheiros, 2007, v. 1.

——. *Princípios Gerais de Direito Administrativo*. Rio de Janeiro: Forense, 1969, v. 2.

MELLO, Patrícia Perrone Campos. *Precedentes: o desenvolvimento judicial do direito no constitucionalismo contemporâneo*. Rio de Janeiro: Renovar, 2008.

MENDES, Aluisio Gonçalves de Castro. *Ações coletivas: no direito comparado e nacional*. São Paulo: Revista dos Tribunais, 2001.

MENDES, Fernando Marcelo. O dever de decidir e a motivação dos atos administrativos (arts. 48 a 50). FIGUEIREDO, Lúcia Valle (coord.). *Comentários à Lei Federal de Processo Administrativo* (Lei n° 9.784/99). 2. ed. Belo Horizonte: Fórum, 2009.

MENDES, Gilmar Ferreira. *Direitos fundamentais e controle de constitucionalidade*. São Paulo: Celso Bastos Editor, 1998.

——. *Jurisdição Constitucional*. 5. ed. São Paulo: Saraiva, 2005.

MENDES, Gilmar; COELHO, Inocêncio Mártires; BRANCO, Paulo Gustavo Gonet. *Curso de Direito Constitucional*. São Paulo: Saraiva, 2007.

MERKL, Adolf. *Teoria general del derecho administrativo*. México: Nacional, 1980.

MILARÉ, Édis. *Direito do Ambiente*. São Paulo: Revista dos Tribunais, 2000.

MILMAN, Fabio. *Improbidade processual – comportamento das partes e de seus procuradores no processo civil*. 2. ed. Rio de Janeiro: Forense, 2009.

MIRANDA, Jorge. *Constituição Portuguesa Anotada*. Coimbra: Coimbra Editora, 2005, v. 1.

MODESTO, Paulo. Participação popular na administração pública. Mecanismos de operacionalização. Revista Eletrônica de Direito do Estado, Salvador, Instituto de Direito Público da Bahia, n. 2, abril/maio/junho, 2005. Disponível em: <http://www.direitodoestado.com.br.> Acesso em: 20 fev. 2011.

MORAES, Alexandre de. *Direito Constitucional*. 25. ed. São Paulo: Atlas, 2010.

MORAES, Germana de Oliveira. *Controle jurisdicional da administração pública*. São Paulo: Dialética, 1999.

MORAES, Voltaire de Lima. Ministério Público e a tutela dos interesses difusos. In: ——. *Ministério Público, Direito e Sociedade*. Porto Alegre: Sergio Antônio Fabris Editor, 1986.

MORATO, Leonardo Lins. A reclamação prevista na Constituição Federal. In: Nelson Nery Junior (Coord.). *Aspectos Polêmicos e Atuais do Recursos*. São Paulo: Revista dos Tribunais, 2000.

MOREIRA, Egon Bockmann. *Processo Administrativo – Princípios Constitucionais e a Lei nº 9.784/99*. 4. ed. São Paulo: Malheiros, 2010.

MOREIRA, José Carlos Barbosa. *Comentários ao Código de Processo Civil*. Rio de Janeiro: Forense, 1974, v. 9.

MOREIRA NETO, Diogo de Figueiredo. *Curso de Direito Administrativo*. 14. ed. Rio de Janeiro: Forense, 2005.

——. *Mutações do Direito Administrativo*. 3. ed. Rio de Janeiro: Renovar, 2007.

——. *Direito da Participação Política*. Legislativa – Administrativa – Judicial. Rio de Janeiro: Renovar, 1992.

MORIN, Edgar. *O paradigma perdido: a natureza humana*. Lisboa: Europa-américa, 2006.

MORÓN, Miguel Sánchez. *Direito Administrativo*. Parte Geral. Madri: Tecnos, 2006.

MUKAI, Toshio. *Direito administrativo sistematizado*. São Paulo: Saraiva, 1999.

NERY JÚNIOR, Nelson. *Princípios do Processo Civil na Constituição Federal*. São Paulo: Revista dos Tribunais, 2002.

——. *Teoria Geral dos Recursos*. 6. ed. São Paulo: Revista dos Tribunais, 2004.

——; NERY Rosa Maria de Andrade. *Constituição Federal comentada e legislação constitucional*. São Paulo: Revista dos Tribunais, 2009.

——. *Código de Processo Civil Comentado e Legislação Extravagante*. 8. ed. São Paulo: Revista dos Tribunais, 2004.

——. *Código Civil Comentado e Legislação Extravagante*. São Paulo: Revista dos Tribunais, 2009.

NEVES, Daniel Amorim Assumpção. *Manual de Direito Processual Civil*. São Paulo: Método, 2010.

NOBRE JÚNIOR, Edilson Pereira. *Princípio da boa-fé e sua aplicação no direito administrativo brasileiro*. Porto Alegre: SAFE, 2002.

NOGUEIRA, Paulo Lúcio. *Curso Completo de Processo Penal*. São Paulo: Saraiva, 10. ed., 1996.

NOVELLI, Flávio Bauer. Eficácia do ato administrativo. *Revista de Direito Administrativo*. Rio de Janeiro, n. 61, p. 22-29, 1961.

NOVOA, César García. Seguridad jurídica y derecho tributario. In: MELLO, Celso Antônio Bandeira de. (Org.). *Direito tributário*: Estudos em homenagem a Geraldo Ataliba. São Paulo: Malheiros, 1997, v. 1.

NUCCI, Guilherme de Souza. *Código de Processo Penal Comentado*. São Paulo: Revista dos Tribunais, 3. ed., 2004.

NUNES, Rizzatto. *Comentários ao Código de Defesa do Consumidor*. São Paulo: Saraiva, 2009.

OLIVEIRA, Carlos Alberto Alvaro de. A ação coletiva de responsabilidade civil e seu alcance In: BITTAR, Carlos Alberto (coord.). *Responsabilidade civil por danos a consumidores*. São Paulo: Saraiva, 1992, p. 87-116.

OLIVEIRA, José Roberto Pimenta. *Os princípios da razoabilidade e da proporcionalidade no Direito Administrativo brasileiro*. São Paulo: Malheiros, 2006.

OLIVEIRA, Odília Ferreira da Luz. *Manual de direito administrativo*. Rio de Janeiro: Revonar, 1997.

OLIVEIRA, Régis Fernandes de. *Delegação e Avocação Administrativas*. 2. ed. São Paulo: Revista dos Tribunais, 2005.

OSÓRIO, Fábio Medina. *Direito Administrativo Sancionador*. São Paulo: Revista dos Tribunais, 2000.

——. Existe uma supremacia do interesse público sobre o privado no direito administrativo brasileiro? *Revista Trimestral de Direito Público*, São Paulo, n. 28, p. 32-65, 1998.

OTERO, Paulo. *Conceito e fundamento da hierarquia administrativa*. Coimbra: Coimbra Editora, 1992.

——. Legalidade e Administração Pública. *O sentido da vinculação administrativa à juridicidade*. Coimbra: Almedina, 2003.

PASSOS, José Joaquim Calmon de. *Comentários ao Código de Processo Civil*. Rio de Janeiro: Forense, 1998, v. 3.

PAZZAGLINI FILHO, Marino. *Princípios constitucionais reguladores da administração pública*: agentes públicos, discricionariedade administrativa, extensão da atuação do Ministério Público e do controle do poder judiciário. São Paulo: Atlas, 2003.

PERDOMO, Jaime Vidal. *Derecho Administrativo*. Santa Fé de Bogotá: Temis, 1994.

PINHO, José Cândido de. *Breve ensaio sobre a competência hierárquica*. Coimbra: Almedina, 2000.

PIRES, Lílian Regina Gabriel Moreira. Da instrução do processo (arts. 36 a 47). In: Figueiredo, Lúcia Valle (Coord.). *Comentários à lei federal de processo administrativo*. 2. ed. Belo Horizonte: Fórum, 2009, p. 167-188.

PORTANOVA, Rui. *Princípios do Processo Civil*. Porto Alegre: Livraria do Advogado, 1999.

RAMOS, Elival da Silva. A valorização do processo administrativo: o poder regulamentar e a invalidação dos atos administrativos. In: SUNDFELD, Carlos Ari; MUÑOZ, Guillermo Andrés (Org.) *As leis de processo administrativo*: Lei Federal 9.784/99 e Lei Paulista 10.177/98. São Paulo: Malheiros, 2006.

RANGEL, Paulo. *Direito processual penal*. Rio de Janeiro: Lúmen Juris, 2004.

REAL, Alberto R. La regulación del procedimiento administrativo en el Uruguay. In: *Acto y procedimiento administrativo*. Buenos Aires: Plus Ultra, 1975.

REALE, Miguel. *Revogação e anulamento do ato administrativo*. 2. ed. Rio de Janeiro: Forense, 1980.

REIS, Palhares Moreira. *Processo disciplinar*. São Paulo: Malheiros, 1996.

RIVERO, Jean. *Curso de Direito Administrativo Comparado*. São Paulo: Revista dos Tribunais, 2004.

——. Droit Administratif. Paris: Dalloz, 1970.

ROCHA, Cármem Lúcia Antunes. Ação Afirmativa. *Revista de Informação Legislativa*. Brasília: Legislativo, p. 286-295, 1996.

——. *Princípios constitucionais da Administração Pública*. Belo Horizonte: Del Rey, 1994.

——. Princípios constitucionais do processo administrativo no Direito brasileiro. *Revista de Direito Administrativo*, Rio de Janeiro, 2004, jul./set. 1997.

SANTOS NETO, João Antunes dos. *Da anulação "ex officio" do ato administrativo*. Belo Horizonte: Fórum, 2004.

SARLET, Ingo Wolfgang. *A eficácia dos direitos fundamentais*. 9. ed. Porto Alegre: Livraria do Advogado, 2007.

SCHIER, Paulo Ricardo. Ensaio sobre a supremacia do interesse público sobre o privado e o regime jurídico dos direitos fundamentais. *Revista Brasileira de Direito Público*, Belo Horizonte, n. 4, p. 167-185, jan./mar. 2004.

SCHONBERG, Soren J. *Legitimate expectations in administrative law*. Oxford: Oxford, 2000.

SÉRVULO CORREIA, José Manuel. O incumprimento do dever de decidir. In: *Cadernos de justiça administrativa*. n. 54 (Nov./Dez. 2005), p. 6-32.

SILVA, Clarissa Sampaio. *Limites à invalidação dos atos administrativos*. São Paulo: Max Limonad, 2001.

SILVA, José Afonso da. *Curso de direito constitucional positivo*. 33 ed. São Paulo: Malheiros, 2009.

SILVA, Ovídio Baptista da. *Comentários ao Código de Processo Civil*. São Paulo: Revista dos Tribunais, 2000, v. 1.

——. *Processo e ideologia: o paradigma racionalista*. Rio de Janeiro: Forense, 2004.

SIMÕES, Mônica Martins Toscano. *O processo administrativo e a invalidação de atos*. São Paulo: Malheiros, 2004.

SOUZA, Bernardo Pimentel. *Introdução aos recursos cíveis e à ação rescisória*. São Paulo: Saraiva, 2004.

SOUZA, Eduardo Stevanato Pereira de. *Atos administrativos inválidos*. Belo Horizonte: Fórum, 2012.

SPARAPANI, Priscilia. O controle jurisdicional das provas nos concursos públicos. In: SCHWARZ, Rodrigo Garcia, 1971- (Org.). *Direito administrativo contemporâneo: administração pública, justiça e cidadania, garantias fundamentais e direitos sociais*. Rio de Janeiro: Elsevier, 2010, p. 291-306.

——. O Silêncio Administrativo e os Direitos Humanos Fundamentais: o Direito de Petição e o Direito de Resposta. In: MARTINS, Rui Décio; SPARAPINI, Priscilia. *Direitos Humanos – Um enfoque multidisciplinar*. São Paulo: Suprema Cultura, 2008, p. 145-168.

STASSINPOULOS, Michel. *Traité des Actes Administratifs*. Atenas: Sirey, 1954.

STRECK, Lenio Luiz. O efeito vinculante e a busca da efetividade da prestação jurisdicional: da revisão constitucional de 1993 à reforma do Judiciário. In: AGRA, Walber de Moura (Coord.). *Comentários à reforma do poder judiciário*. Rio de Janeiro: Forense, 2005.

SUNDFELD, Carlo Ari. A função administrativa no controle dos atos de concentração. *RDPE*. n° 21. Belo Horizonte, Fórum, abr.-jun/2003, p. 145-162.

——. *Direito Administrativo Ordenador*. São Paulo: Malheiros, 1997.

——. Processo e procedimento administrativo no Brasil. In: SUNDFELD, Carlos Ari; MUÑOZ, Guillermo Andrés (Coords.). *As leis de processo administrativo: Lei Federal 9.784/99 e Lei Paulista 10.177/98*. São Paulo: Malheiros, 2006.

TÁCITO, Caio. *Direito Administrativo*. São Paulo: Saraiva, 1975.

——. *Temas de Direito Público (Estudos e Pareceres)*. Rio de Janeiro: Renovar, 1997, v. 1.

TALAMINI, Daniele Coutinho. *Revogação do ato administrativo*. São Paulo: Malheiros, 2002.

TARUFFO, Michele. Observações sobre os modelos processuais de *civil law* e de *comon law*. *Revista de Processo*. São Paulo, n. 110, 2005.

TEIXEIRA, Sálvio de Figueiredo. *Código de Processo Civil Anotado*. São Paulo: Saraiva, 1996.

THEODORO JÚNIOR, Humberto. *Curso de Direito Processual Civil*: Teoria geral do Direito Processual Civil e Processo de conhecimento. 54. ed. Rio de Janeiro: Forense, 2013.

——. Distinção científica entre prescrição e decadência – um tributo à obra de Agnelo Amorim Filho. *Revista dos Tribunais*, São Paulo, v. 836, p. 49-68, jun. 2005.

UYEDA, Massami. *Da competência em matéria administrativa*. São Paulo: Cone, 1997.

VACARELLA, Romano. *Titolo esecutivo, precetto opposizione, rist*. Torino: UTET, 1984.

VARELA, João de Matos Antunes. *Do projecto ao Código Civil*. Lisboa: Imprensa Nacional de Lisboa, 1967.

VÁZQUEZ, Emilio Fernández. *Diccionario de derecho publico – administrativo, constitucional, fiscal*. Buenos Aires: Astrea, 1981.

VELOSO, Waldir de Pinho. *Direito Processual Administrativo*. Curitiba: Juruá, 2010.

VIANA, Francisco José Oliveira. *Problemas de Direito Corporativo*. Rio de Janeiro: José Olympio, 1938.

VIEIRA DE ANDRADE, José Carlos. *O dever de fundamentação expressa de actos administrativos*. Coimbra: Almedina, 1992.

VIGLIAR, José Marcelo Menezes. *Tutela jurisdicional coletiva*. São Paulo: Atlas, 2001.

VITA, Heraldo Garcia. *A Sanção no Direito Administrativo*. São Paulo: Malheiros, 2003.

WALINE, Marcel. *Précis de droit administratif*. Paris: Montchrestien, 1969 v. 1.

WATANABE, Kazuo. Arts. 81 a 90. In: GRINOVER, Ada Pellegrini et al. *Código brasileiro de defesa do consumidor: comentado pelos autores do anteprojeto*. Rio de Janeiro: Forense Universitária, 1998.

ZANCANER, Weida. *Da convalidação e da invalidação dos atos administrativos*. 3. ed. São Paulo: Malheiros, 2008.

ZANETTI JÚNIOR, Hermes. Direitos coletivos **lato sensu**: a definição conceitual dos direitos difusos, dos direitos coletivos **stricto sensu** e dos direitos individuais homogêneos. In: AMARAL, Guilherme; CARPENA, Márcia Louzada Carpena (Coord.). *Visões críticas do Processo Civil*. Porto Alegre, Livraria do Advogado, 2005.

ZAVASCKI, Teori Albino. *Processo Coletivo*: tutela de direitos coletivos e tutela coletiva de direitos. São Paulo: Revista dos Tribunais, 2007.

ZYMLER, Benjamin. A procedimentalização do direito administrativo brasileiro. *Fórum Administrativo – Direito Público*, Belo Horizonte, ano 2, n. 22, dez. 2002.

Impressão:
Evangraf
Rua Waldomiro Schapke, 77 - POA/RS
Fone: (51) 3336.2466 - (51) 3336.0422
E-mail: evangraf.adm@terra.com.br